DAY OF ATONEMENT
PART II

ISBN 0 7100 2103 8

מחזור
עבדת אהל מועד
כמנהג פולין

מונה ומדויק היטב כפי מחזור של החכם
וואלף היידנהיים ז"ל וכתבי יד ישנים
על ידי
נפתלי בן החכ' ר' מרדכי אדלר הכהן
ויעקב בן ר' יצחק דעים
עם תרנום אננליש

עבדת יום הכפורים
חלק שני
שחרית מוסף מנחה ונעילה

לונדון

Service of the Synagogue

A New Edition of the Festival Prayers with an English Translation in Prose and Verse

DAY OF ATONEMENT

PART II

CONTAINING THE

MORNING, ADDITIONAL, AFTERNOON AND
CONCLUDING SERVICES

ROUTLEDGE & KEGAN PAUL
LONDON AND HENLEY

CONTENTS

תפלת שחרית

Prayers on entering the Synagogue:

וַאֲנִי בְּרֹב חַסְדְּךָ אָבוֹא בֵיתֶךָ אֶשְׁתַּחֲוֶה אֶל הֵיכַל
קָדְשְׁךָ בְּיִרְאָתֶךָ:

בְּבֵית אֱלֹהִים נְהַלֵּךְ בְּרָגֶשׁ:

מַה טֹּבוּ אֹהָלֶיךָ יַעֲקֹב מִשְׁכְּנֹתֶיךָ יִשְׂרָאֵל: וַאֲנִי בְּרֹב
חַסְדְּךָ אָבוֹא בֵיתֶךָ אֶשְׁתַּחֲוֶה אֶל הֵיכַל קָדְשְׁךָ בְּיִרְאָתֶךָ:
יְיָ אָהַבְתִּי מְעוֹן בֵּיתֶךָ וּמְקוֹם מִשְׁכַּן כְּבוֹדֶךָ: וַאֲנִי
אֶשְׁתַּחֲוֶה וְאֶכְרָעָה אֶבְרְכָה לִפְנֵי יְיָ עֹשִׂי: וַאֲנִי תְפִלָּתִי
לְךָ יְיָ עֵת רָצוֹן אֱלֹהִים בְּרָב חַסְדֶּךָ עֲנֵנִי בֶּאֱמֶת יִשְׁעֶךָ:

שַׁחַר אֲבַקֶּשְׁךָ · צוּרִי וּמִשְׂגַּבִּי אֶעֱרֹךְ לְפָנֶיךָ
שַׁחְרִי וְגַם עַרְבִּי:

לִפְנֵי גְדֻלָּתְךָ אֶעֱמֹד וְאֶבָּהֵל · כִּי עֵינְךָ תִרְאֶה
כָּל מַחְשְׁבוֹת לִבִּי:

מַה זֶּה אֲשֶׁר יוּכַל הַלֵּב וְהַלָּשׁוֹן לַעֲשׂוֹת · וּמַה כֹּחִי
רוּחִי בְּתוֹךְ קִרְבִּי:

הִנֵּה לְךָ תִיטַב זִמְרַת אֱנוֹשׁ · עַל כֵּן אוֹדְךָ בְּעוֹד תִּהְיֶה
נִשְׁמַת אֱלוֹהַּ בִּי:

MORNING SERVICE

Prayers on entering the Synagogue :

AND as for me, in the multitude of thy loving-kindness I will come into thy house : in thy fear will I worship toward thy holy temple.

Into the house of God we will walk in company.

How goodly are thy tents, O Jacob ; thy tabernacles, O Israel. And as for me, in the multitude of thy loving-kindness I will come into thy house : in thy fear will I worship toward thy holy temple. Lord, I love the habitation of thy house and the place where thy glory dwelleth. And I will worship and bow down, I will bend the knee before the Lord, my Maker. And as for me, my prayer be unto thee, O Lord, in an acceptable time : O God, in the multitude of thy mercy, answer me in the truth of thy salvation.

At the dawn I seek Thee,
   Refuge and rock sublime ;
Set my prayer before Thee in the morning,
   And my prayer at eventime.

I before Thy greatness
   Stand and am afraid :
All my secret thoughts Thine eye beholdeth
   Deep within my bosom laid.

And withal what is it
   Heart and tongue can do ?
What is this my strength, and what is even
   This the spirit in me too ?

But indeed man's singing
   May seem good to Thee ;
So I praise Thee, singing, while there dwelleth
   Yet the breath of God in me.

The Reader commences here.

יִגְדַּל אֱלֹהִים חַי וְיִשְׁתַּבַּח· נִמְצָא וְאֵין עֵת אֶל מְצִיאוּתוֹ׃

אֶחָד וְאֵין יָחִיד כְּיִחוּדוֹ· נֶעְלָם וְגַם אֵין סוֹף לְאַחְדוּתוֹ׃

אֵין לוֹ דְמוּת הַגּוּף וְאֵינוֹ גוּף· לֹא נַעֲרוֹךְ אֵלָיו קְדֻשָּׁתוֹ׃

קַדְמוֹן לְכָל דָּבָר אֲשֶׁר נִבְרָא· רִאשׁוֹן וְאֵין רֵאשִׁית
לְרֵאשִׁיתוֹ׃

הִנּוֹ אֲדוֹן עוֹלָם לְכָל נוֹצָר· יוֹרֶה גְדֻלָּתוֹ וּמַלְכוּתוֹ׃

שֶׁפַע נְבוּאָתוֹ נְתָנוֹ אֶל אַנְשֵׁי סְגֻלָּתוֹ וְתִפְאַרְתּוֹ׃

לֹא קָם בְּיִשְׂרָאֵל כְּמֹשֶׁה עוֹד· נָבִיא· וּמַבִּיט אֶת תְּמוּנָתוֹ׃

תּוֹרַת אֱמֶת נָתַן לְעַמּוֹ אֵל· עַל יַד נְבִיאוֹ נֶאֱמַן בֵּיתוֹ׃

לֹא יַחֲלִיף הָאֵל וְלֹא יָמִיר דָּתוֹ לְעוֹלָמִים לְזוּלָתוֹ׃

צוֹפֶה וְיוֹדֵעַ סְתָרֵינוּ· מַבִּיט לְסוֹף דָּבָר בְּקַדְמָתוֹ׃

גּוֹמֵל לְאִישׁ חֶסֶד כְּמִפְעָלוֹ· נוֹתֵן לְרָשָׁע רַע כְּרִשְׁעָתוֹ׃

יִשְׁלַח לְקֵץ יָמִין מְשִׁיחֵנוּ· לִפְדּוֹת מְחַכֵּי קֵץ יְשׁוּעָתוֹ׃

מֵתִים יְחַיֶּה אֵל בְּרֹב חַסְדּוֹ· בָּרוּךְ עֲדֵי עַד שֵׁם תְּהִלָּתוֹ׃

The last verse is repeated.

בְּטֶרֶם כָּל יְצִיר נִבְרָא ׃   אֲדוֹן עוֹלָם אֲשֶׁר מָלַךְ

אֲזַי מֶלֶךְ שְׁמוֹ נִקְרָא ׃   לְעֵת נַעֲשָׂה בְחֶפְצוֹ כֹּל·

לְבַדּוֹ יִמְלוֹךְ נוֹרָא ׃   וְאַחֲרֵי כִּכְלוֹת הַכֹּל·

וְהוּא יִהְיֶה בְּתִפְאָרָה ׃   וְהוּא הָיָה וְהוּא הֹוֶה

The Reader commences here.

1. The living God O magnify and bless,
   Transcending Time and here eternally.

2. One Being, yet unique in unity ;
   A mystery of Oneness measureless.

3. Lo ! form or body He has none, and man
   No semblance of His holiness can frame.

4. Before Creation's dawn He was the same ;
   The first to be, though never He began.

5. He is the world's and every creature's Lord ;
   His rule and majesty are manifest,

6. And through His chosen, glorious sons exprest
   In prophecies that through their lips are poured.

7. Yet never like to Moses rose a seer,
   Permitted glimpse behind the veil divine.

8. This faithful prince of God's prophetic line
   Received the Law of Truth for Israel's ear.

9. The Law God gave He never will amend,
   Nor ever by another Law replace.

10. Our secret things are spread before His face ;
    In all beginnings He beholds the end.

11. The saint's reward He measures to his meed ;
    The sinner reaps the harvest of his ways.

12. Messiah He will send at end of days,
    And all the faithful to salvation lead.

13. God will the dead again to life restore
    In His abundance of almighty love.

Then blessèd be His Name, all names above,
And let His praise resound for evermore.

Lord of the world, He reigned alone
   While yet the universe was naught.
   When by His will all things were wrought,
Then first His sovran name was known.

And when the All shall cease to be,
   In dread lone splendour He shall reign.
   He was, He is, He shall remain
In glorious eternity.

וְהוּא אֶחָד וְאֵין שֵׁנִי · לְהַמְשִׁיל לוֹ לְהַחְבִּירָה :

בְּלִי רֵאשִׁית בְּלִי תַכְלִית · וְלוֹ הָעֹז וְהַמִּשְׂרָה :

וְהוּא אֵלִי וְחַי גּוֹאֲלִי · וְצוּר חֶבְלִי בְּעֵת צָרָה :

וְהוּא נִסִּי וּמָנוֹס לִי · מְנָת כּוֹסִי בְּיוֹם אֶקְרָא :

בְּיָדוֹ אַפְקִיד רוּחִי · בְּעֵת אִישָׁן וְאָעִירָה :

וְעִם רוּחִי גְּוִיָּתִי · יְיָ לִי וְלֹא אִירָא :

בָּרוּךְ אַתָּה יְיָ אֱלֹהֵינוּ מֶלֶךְ הָעוֹלָם אֲשֶׁר קִדְּשָׁנוּ בְּמִצְוֹתָיו וְצִוָּנוּ עַל נְטִילַת יָדָיִם :

בָּרוּךְ אַתָּה יְיָ אֱלֹהֵינוּ מֶלֶךְ הָעוֹלָם אֲשֶׁר יָצַר אֶת הָאָדָם בְּחָכְמָה וּבָרָא בוֹ נְקָבִים נְקָבִים חֲלוּלִים חֲלוּלִים · גָּלוּי וְיָדוּעַ לִפְנֵי כִסֵּא כְבוֹדֶךָ שֶׁאִם יִפָּתֵחַ אֶחָד מֵהֶם אוֹ יִסָּתֵם אֶחָד מֵהֶם אִי אֶפְשַׁר לְהִתְקַיֵּם וְלַעֲמוֹד לְפָנֶיךָ · בָּרוּךְ אַתָּה יְיָ רוֹפֵא כָל בָּשָׂר וּמַפְלִיא לַעֲשׂוֹת :

בָּרוּךְ אַתָּה יְיָ אֱלֹהֵינוּ מֶלֶךְ הָעוֹלָם אֲשֶׁר קִדְּשָׁנוּ בְּמִצְוֹתָיו וְצִוָּנוּ לַעֲסוֹק בְּדִבְרֵי תוֹרָה :

וְהַעֲרֶב נָא יְיָ אֱלֹהֵינוּ אֶת דִּבְרֵי תוֹרָתְךָ בְּפִינוּ וּבְפִי עַמְּךָ בֵּית יִשְׂרָאֵל · וְנִהְיֶה אֲנַחְנוּ וְצֶאֱצָאֵינוּ וְצֶאֱצָאֵי עַמְּךָ בֵּית יִשְׂרָאֵל כֻּלָּנוּ יוֹדְעֵי שְׁמֶךָ וְלוֹמְדֵי תוֹרָתֶךָ לִשְׁמָהּ · בָּרוּךְ אַתָּה יְיָ הַמְלַמֵּד תּוֹרָה לְעַמּוֹ יִשְׂרָאֵל : בָּרוּךְ אַתָּה יְיָ אֱלֹהֵינוּ מֶלֶךְ הָעוֹלָם אֲשֶׁר בָּחַר בָּנוּ מִכָּל הָעַמִּים וְנָתַן לָנוּ אֶת תּוֹרָתוֹ · בָּרוּךְ אַתָּה יְיָ נוֹתֵן הַתּוֹרָה :

יְבָרֶכְךָ יְיָ וְיִשְׁמְרֶךָ : יָאֵר יְיָ פָּנָיו אֵלֶיךָ וִיחֻנֶּךָּ : יִשָּׂא יְיָ פָּנָיו אֵלֶיךָ וְיָשֵׂם לְךָ שָׁלוֹם :

For He is one, no second shares
His nature or His loneliness ;
Unending and beginningless,
All strength is His, all sway He bears.

He is the living God to save,
My Rock while sorrow's toils endure,
My banner and my stronghold sure,
The cup of life whene'er I crave.

I place my soul within His palm
Before I sleep as when I wake,
And though my body I forsake,
Rest in the Lord in fearless calm.

Blessed art thou, O Lord our God, King of the Universe, who hast sanctified us with thy commandments and commanded us concerning the washing of the hands.

Blessed art thou, O Lord our God, King of the Universe, who hast fashioned man in wisdom and created in him many orifices and tubes. It is revealed and known before thy glorious throne that if but one of these be stopped or opened it would be impossible to exist and to stand before thy presence. Blessed art thou, O Lord, who healest all flesh and workest wondrously.

Blessed art thou, O Lord our God, King of the Universe, who hast sanctified us with thy commandments and commanded us to study the words of the Law.

And mayest thou make the words of thy Law, O Lord our God, pleasant in our mouth and in the mouth of thy people, the house of Israel, so that we and our descendants and the descendants of thy people, the house of Israel, may all have knowledge of thy Name and may study thy Law for its own sake. Blessed art thou, O Lord, who teachest the Law to thy people Israel. Blessed art thou, O Lord our God, King of the Universe, who hast chosen us from all peoples and hast given us thy Law. Blessed art thou, O Lord, giver of the Law.

The Lord bless thee and keep thee. The Lord make his face to shine upon thee and be gracious unto thee. The Lord incline his countenance unto thee and give thee peace.

אֵלוּ דְבָרִים שֶׁאֵין לָהֶם שִׁעוּר· הַפֵּאָה וְהַבִּכּוּרִים
וְהָרֵאָיוֹן וּגְמִילוּת חֲסָדִים וְתַלְמוּד תּוֹרָה: אֵלוּ דְבָרִים
שֶׁאָדָם אוֹכֵל פֵּרוֹתֵיהֶם בָּעוֹלָם הַזֶּה וְהַקֶּרֶן קַיֶּמֶת לָעוֹלָם
הַבָּא· וְאֵלוּ הֵן· כִּבּוּד אָב וָאֵם וּגְמִילוּת חֲסָדִים וְהַשְׁכָּמַת
בֵּית הַמִּדְרָשׁ שַׁחֲרִית וְעַרְבִית וְהַכְנָסַת אוֹרְחִים וּבִקּוּר
חוֹלִים וְהַכְנָסַת כַּלָּה וְהַלְוָיַת הַמֵּת וְעִיּוּן תְּפִלָּה וַהֲבָאַת
שָׁלוֹם בֵּין אָדָם לַחֲבֵרוֹ· וְתַלְמוּד תּוֹרָה כְּנֶגֶד כֻּלָּם:

אֱלֹהַי נְשָׁמָה שֶׁנָּתַתָּ בִּי טְהוֹרָה הִיא· אַתָּה בְרָאתָהּ
אַתָּה יְצַרְתָּהּ אַתָּה נְפַחְתָּהּ בִּי וְאַתָּה מְשַׁמְּרָהּ בְּקִרְבִּי·
וְאַתָּה עָתִיד לִטְּלָהּ מִמֶּנִּי וּלְהַחֲזִירָהּ בִּי לֶעָתִיד לָבֹא:
כָּל זְמַן שֶׁהַנְּשָׁמָה בְקִרְבִּי מוֹדֶה אֲנִי לְפָנֶיךָ יְיָ אֱלֹהַי
וֵאלֹהֵי אֲבוֹתַי רִבּוֹן כָּל הַמַּעֲשִׂים אֲדוֹן כָּל הַנְּשָׁמוֹת:
בָּרוּךְ אַתָּה יְיָ הַמַּחֲזִיר נְשָׁמוֹת לִפְגָרִים מֵתִים:

בָּרוּךְ אַתָּה יְיָ אֱלֹהֵינוּ מֶלֶךְ הָעוֹלָם אֲשֶׁר נָתַן לַשֶּׂכְוִי
בִינָה לְהַבְחִין בֵּין יוֹם וּבֵין לָיְלָה:
בָּרוּךְ אַתָּה יְיָ אֱלֹהֵינוּ מֶלֶךְ הָעוֹלָם שֶׁלֹּא עָשַׂנִי נָכְרִי·:
בָּרוּךְ אַתָּה יְיָ אֱלֹהֵינוּ מֶלֶךְ הָעוֹלָם שֶׁלֹּא עָשַׂנִי עָבֶד:

Men say:
בָּרוּךְ אַתָּה יְיָ אֱלֹהֵינוּ מֶלֶךְ הָעוֹלָם שֶׁלֹּא עָשַׂנִי אִשָּׁה:

Women say:
בָּרוּךְ אַתָּה יְיָ אֱלֹהֵינוּ מֶלֶךְ הָעוֹלָם שֶׁעָשַׂנִי כִּרְצוֹנוֹ:

בָּרוּךְ אַתָּה יְיָ אֱלֹהֵינוּ מֶלֶךְ הָעוֹלָם פּוֹקֵחַ עִוְרִים:

בָּרוּךְ אַתָּה יְיָ אֱלֹהֵינוּ מֶלֶךְ הָעוֹלָם מַלְבִּישׁ עֲרֻמִּים:

בָּרוּךְ אַתָּה יְיָ אֱלֹהֵינוּ מֶלֶךְ הָעוֹלָם מַתִּיר אֲסוּרִים:

Mishnah Peah 1, and Baraithoth.

The following are the commandments as to which no measure is imposed : leaving the corner of the field, offering the first-fruits, gifts on appearing at the sanctuary on the three festivals, charity and the study of the Law. The following are the commandments of which a man enjoys the fruit in this world, whilst the principal is laid up for him in the world to come : honouring one's father and mother and practising charity, visiting the house of study morning and evening, entertaining wayfarers, visiting the sick, dowering a bride, following the dead to the grave, praying with devotion and making peace between a man and his fellow ; but the study of the Law is equal to all of them.

O my God, the soul which thou hast set within me is pure. Thou didst create it, thou didst fashion it, thou hast breathed it into me and thou preservest it within me. Thou wilt take it from me ; but thou wilt restore it to me again hereafter. Whilst yet the soul is within me, I will give thanks unto thee, O Lord my God and God of my fathers, Sovereign of all works, Master of all souls. Blessed art thou, O Lord, who restorest the soul to the dead.

Blessed art thou, O Lord our God, King of the Universe, who hast given the cock understanding to distinguish between day and night.

Blessed art thou, O Lord our God, King of the Universe, who hast not made me a heathen.

Blessed art thou, O Lord our God, King of the Universe, who hast not made me a slave.

Men say :

Blessed art thou, O Lord our God, King of the Universe, who hast not made me a woman.

Women say :

Blessed art thou, O Lord our God, King of the Universe, who hast made me according to thy will.

Blessed art thou, O Lord our God, King of the Universe, who enlightenest the blind.

Blessed art thou, O Lord our God, King of the Universe, who clothest the naked.

Blessed art thou, O Lord our God, King of the Universe, who loosest the bound.

בָּרוּךְ אַתָּה יְיָ אֱלֹהֵינוּ מֶלֶךְ הָעוֹלָם זוֹקֵף כְּפוּפִים:

בָּרוּךְ אַתָּה יְיָ אֱלֹהֵינוּ מֶלֶךְ הָעוֹלָם רוֹקַע הָאָרֶץ עַל הַמָּיִם:

בָּרוּךְ אַתָּה יְיָ אֱלֹהֵינוּ מֶלֶךְ הָעוֹלָם שֶׁעָשָׂה לִי כָּל צָרְכִּי:

בָּרוּךְ אַתָּה יְיָ אֱלֹהֵינוּ מֶלֶךְ הָעוֹלָם אֲשֶׁר הֵכִין מִצְעֲדֵי גָבֶר:

בָּרוּךְ אַתָּה יְיָ אֱלֹהֵינוּ מֶלֶךְ הָעוֹלָם אוֹזֵר יִשְׂרָאֵל בִּגְבוּרָה:

בָּרוּךְ אַתָּה יְיָ אֱלֹהֵינוּ מֶלֶךְ הָעוֹלָם עוֹטֵר יִשְׂרָאֵל בְּתִפְאָרָה:

בָּרוּךְ אַתָּה יְיָ אֱלֹהֵינוּ מֶלֶךְ הָעוֹלָם הַנּוֹתֵן לַיָּעֵף כֹּחַ:

בָּרוּךְ אַתָּה יְיָ אֱלֹהֵינוּ מֶלֶךְ הָעוֹלָם הַמַּעֲבִיר שֵׁנָה מֵעֵינַי
וּתְנוּמָה מֵעַפְעַפָּי · וִיהִי רָצוֹן מִלְּפָנֶיךָ יְיָ אֱלֹהֵינוּ וֵאלֹהֵי
אֲבוֹתֵינוּ שֶׁתַּרְגִּילֵנוּ בְּתוֹרָתֶךָ וְדַבְּקֵנוּ בְּמִצְוֹתֶיךָ וְאַל תְּבִיאֵנוּ
לֹא לִידֵי חֵטְא וְלֹא לִידֵי עֲבֵרָה וְעָוֹן וְלֹא לִידֵי נִסָּיוֹן
וְלֹא לִידֵי בִזָּיוֹן · וְאַל תַּשְׁלֶט בָּנוּ יֵצֶר הָרָע וְהַרְחִיקֵנוּ
מֵאָדָם רָע וּמֵחָבֵר רָע · וְדַבְּקֵנוּ בְּיֵצֶר הַטּוֹב וּבְמַעֲשִׂים
טוֹבִים וְכוֹף אֶת יִצְרֵנוּ לְהִשְׁתַּעְבֶּד לָךְ · וּתְנֵנוּ הַיּוֹם וּבְכָל
יוֹם לְחֵן וּלְחֶסֶד וּלְרַחֲמִים בְּעֵינֶיךָ וּבְעֵינֵי כָל רוֹאֵינוּ
וְתִגְמְלֵנוּ חֲסָדִים טוֹבִים · בָּרוּךְ אַתָּה יְיָ גּוֹמֵל חֲסָדִים
טוֹבִים לְעַמּוֹ יִשְׂרָאֵל:

יְהִי רָצוֹן מִלְּפָנֶיךָ יְיָ אֱלֹהַי וֵאלֹהֵי אֲבוֹתַי שֶׁתַּצִּילֵנִי
הַיּוֹם וּבְכָל יוֹם מֵעַזֵּי פָנִים וּמֵעַזּוּת פָּנִים · מֵאָדָם רָע
וּמֵחָבֵר רָע וּמִשָּׁכֵן רָע וּמִפֶּגַע רָע וּמִשָּׂטָן הַמַּשְׁחִית
מִדִּין קָשֶׁה וּמִבַּעַל דִּין קָשֶׁה בֵּין שֶׁהוּא בֶן בְּרִית וּבֵין
שֶׁאֵינוֹ בֶן בְּרִית:

לְעוֹלָם יְהֵא אָדָם יְרֵא שָׁמַיִם בַּסֵּתֶר וּמוֹדֶה עַל הָאֱמֶת
וְדוֹבֵר אֱמֶת בִּלְבָבוֹ וְיַשְׁכֵּם וְיֹאמַר ·

Blessed art thou, O Lord our God, King of the Universe, who raisest them that are bowed down.

Blessed art thou, O Lord our God, King of the Universe, who stretchest out the earth upon the waters.

Blessed art thou, O Lord our God, King of the Universe, who hast provided me with all my necessities.

Blessed art thou, O Lord our God, King of the Universe, who hast ordained the steps of man.

Blessed art thou, O Lord our God, King of the Universe, who girdest Israel with might.

Blessed art thou, O Lord our God, King of the Universe, who crownest Israel with glory.

Blessed art thou, O Lord our God, King of the Universe, who givest strength to the weary.

Blessed art thou, O Lord our God, King of the Universe, who causest sleep to pass from mine eyes and slumber from mine eyelids. And may it be thy will, O Lord our God and God of our fathers, to cause us to walk in thy Law and to cleave to thy commandments ; bring us not into sin, transgression or iniquity, nor lead us into temptation or contempt. Let not the evil inclination rule over us, but keep us far from evil men and evil companions, and cause us to cleave to our good inclination and to good deeds. O bend our will to thy service, and grant us this day and every day grace, favour and mercy both in thy sight and in the sight of all who see us, and bestow thy loving-kindness upon us. Blessed art thou, O Lord, who bestowest loving-kindnesses upon thy people Israel.

May it be thy will, O Lord my God and God of my fathers, to deliver me this day and every day from shamelessness and shameless men, from an evil man, an evil companion and an evil neighbour, and from an evil occurrence : from the corrupting tempter, from an unjust judgment and an unjust opponent, be he a son of the covenant or be he not a son of the covenant.

A man should ever fear Heaven even in private. He should acknowledge the truth and speak the truth in his heart. Let him rise up early and say : —

רִבּוֹן כָּל הָעוֹלָמִים לֹא עַל צִדְקוֹתֵינוּ אֲנַחְנוּ מַפִּילִים
תַּחֲנוּנֵינוּ לְפָנֶיךָ כִּי עַל רַחֲמֶיךָ הָרַבִּים· מָה אֲנַחְנוּ· מֶה
חַיֵּינוּ· מֶה חַסְדֵּנוּ· מַה צִּדְקוֹתֵינוּ· מַה יְשׁוּעָתֵנוּ· מַה כֹּחֵנוּ·
מַה גְּבוּרָתֵנוּ· מַה נֹּאמַר לְפָנֶיךָ יְיָ אֱלֹהֵינוּ וֵאלֹהֵי אֲבוֹתֵינוּ·
הֲלֹא כָל הַגִּבּוֹרִים כְּאַיִן לְפָנֶיךָ· וְאַנְשֵׁי הַשֵּׁם כְּלֹא הָיוּ
וַחֲכָמִים כִּבְלִי מַדָּע וּנְבוֹנִים כִּבְלִי הַשְׂכֵּל· כִּי רֹב
מַעֲשֵׂיהֶם תֹּהוּ וִימֵי חַיֵּיהֶם הֶבֶל לְפָנֶיךָ· וּמוֹתַר הָאָדָם
מִן הַבְּהֵמָה אָיִן כִּי הַכֹּל הָבֶל:

אֲבָל אֲנַחְנוּ עַמְּךָ בְּנֵי בְרִיתֶךָ· בְּנֵי אַבְרָהָם אֹהַבְךָ
שֶׁנִּשְׁבַּעְתָּ לוֹ בְּהַר הַמֹּרִיָּה· זֶרַע יִצְחָק יְחִידוֹ שֶׁנֶּעֱקַד
עַל גַּב הַמִּזְבֵּחַ· עֲדַת יַעֲקֹב בִּנְךָ בְּכוֹרֶךָ שֶׁמֵּאַהֲבָתְךָ
שֶׁאָהַבְתָּ אֹתוֹ וּמִשִּׂמְחָתְךָ שֶׁשָּׂמַחְתָּ בּוֹ קָרָאתָ אֶת שְׁמוֹ
יִשְׂרָאֵל וִישֻׁרוּן:

לְפִיכָךְ אֲנַחְנוּ חַיָּבִים לְהוֹדוֹת לְךָ וּלְשַׁבֵּחֲךָ וּלְפָאֶרְךָ
וּלְבָרֶךְ וּלְקַדֵּשׁ וְלָתֵת שֶׁבַח וְהוֹדָיָה לִשְׁמֶךָ: אַשְׁרֵינוּ·
מַה טּוֹב חֶלְקֵנוּ וּמַה נָּעִים גּוֹרָלֵנוּ וּמַה יָּפָה יְרֻשָּׁתֵנוּ·
אַשְׁרֵינוּ שֶׁאֲנַחְנוּ מַשְׁכִּימִים וּמַעֲרִיבִים עֶרֶב וָבֹקֶר וְאוֹמְרִים
פַּעֲמַיִם בְּכָל יוֹם
שְׁמַע יִשְׂרָאֵל יְיָ אֱלֹהֵינוּ יְיָ אֶחָד:
בָּרוּךְ שֵׁם כְּבוֹד מַלְכוּתוֹ לְעוֹלָם וָעֶד:

אַתָּה הוּא עַד שֶׁלֹּא נִבְרָא הָעוֹלָם· אַתָּה הוּא מִשֶּׁנִּבְרָא
הָעוֹלָם· אַתָּה הוּא בָּעוֹלָם הַזֶּה וְאַתָּה הוּא לָעוֹלָם
הַבָּא: קַדֵּשׁ אֶת שִׁמְךָ עַל מַקְדִּישֵׁי שְׁמֶךָ וְקַדֵּשׁ אֶת
שִׁמְךָ בְּעוֹלָמֶךָ· וּבִישׁוּעָתְךָ תָּרִים וְתַגְבִּיהַ קַרְנֵנוּ· בָּרוּךְ
אַתָּה יְיָ מְקַדֵּשׁ אֶת שִׁמְךָ בָּרַבִּים:

Sovereign of all the worlds, not because of our righteous deeds do we present our supplications before thee, but for thy great mercies. What are we ? What is our life ? What is our piety ? What our acts of righteousness ? What our salvation ? What is our strength ? What is our might ? What shall we say before thee, O Lord our God and God of our fathers ? Are not all the mighty ones like naught before thee, and men of fame as though they were not, wise men as if they were without knowledge, and men of understanding as though they were void of discretion ? For the multitude of their works is emptiness, and the days of their life are vanity before thee ; and the pre-eminence of man over beast is naught : for all is vanity.

Howbeit we are thy people, the children of thy covenant, the children of Abraham that loved thee and to whom thou didst make oath on Mount Moriah, the seed of Israel his only son, who was bound upon the altar, the congregation of Jacob thy son and first-born, whose name out of the love thou didst bear him and the joy with which thou didst rejoice over him thou didst call Israel and Jeshurun.

It is therefore our duty to give thanks unto thee, to praise thee and to glorify thee, to bless and hallow and render praise and thanksgiving to thy Name. Happy are we ! How goodly is our portion, how pleasant our lot, how beautiful our inheritance ! Happy are we who pray morning and evening, at sunrise and sunset, saying twice every day :—

[1] Hear, O Israel : the Lord our God, the Lord is One.
Blessed be his glorious, sovereign Name for ever and ever.

Thou wast ere yet the world was created. Thou wast after its creation, thou art in this world and will be in the world to come. O hallow thy Name through them that call it holy. Yea, hallow thy Name in thy world, and in thy salvation uplift and exalt our horn. Blessed art thou, O Lord, who hallowest thy Name amongst the multitude.

[1] See notes II. and III. to the preceding volume.

אַתָּה הוּא יְיָ אֱלֹהֵינוּ בַּשָּׁמַיִם וּבָאָרֶץ וּבִשְׁמֵי הַשָּׁמַיִם
הָעֶלְיוֹנִים · אֱמֶת אַתָּה הוּא רִאשׁוֹן וְאַתָּה הוּא אַחֲרוֹן
וּמִבַּלְעָדֶיךָ אֵין אֱלֹהִים: קַבֵּץ קֹוֶיךָ מֵאַרְבַּע כַּנְפוֹת
הָאָרֶץ · יַכִּירוּ וְיֵדְעוּ כָּל בָּאֵי עוֹלָם כִּי אַתָּה הוּא הָאֱלֹהִים
לְבַדְּךָ לְכֹל מַמְלְכוֹת הָאָרֶץ · אַתָּה עָשִׂיתָ אֶת הַשָּׁמַיִם
וְאֶת הָאָרֶץ אֶת הַיָּם וְאֶת כָּל אֲשֶׁר בָּם · וּמִי בְּכָל
מַעֲשֵׂה יָדֶיךָ בָּעֶלְיוֹנִים אוֹ בַתַּחְתּוֹנִים שֶׁיֹּאמַר לְךָ מַה
תַּעֲשֶׂה: אָבִינוּ שֶׁבַּשָּׁמַיִם עֲשֵׂה עִמָּנוּ חֶסֶד בַּעֲבוּר שִׁמְךָ
הַגָּדוֹל שֶׁנִּקְרָא עָלֵינוּ · וְקַיֶּם לָנוּ יְיָ אֱלֹהֵינוּ מַה שֶּׁכָּתוּב ·
בָּעֵת הַהִיא אָבִיא אֶתְכֶם וּבָעֵת קַבְּצִי אֶתְכֶם כִּי אֶתֵּן
אֶתְכֶם לְשֵׁם וְלִתְהִלָּה בְּכֹל עַמֵּי הָאָרֶץ בְּשׁוּבִי אֶת
שְׁבוּתֵיכֶם לְעֵינֵיכֶם אָמַר יְיָ:

במדבר כ״ח א׳—ח׳

וַיְדַבֵּר יְהֹוָה אֶל־מֹשֶׁה לֵּאמֹר: צַו אֶת־בְּנֵי יִשְׂרָאֵל
וְאָמַרְתָּ אֲלֵהֶם אֶת־קָרְבָּנִי לַחְמִי לְאִשַּׁי רֵיחַ נִיחֹחִי
תִּשְׁמְרוּ לְהַקְרִיב לִי בְּמוֹעֲדוֹ: וְאָמַרְתָּ לָהֶם זֶה הָאִשֶּׁה
אֲשֶׁר תַּקְרִיבוּ לַיהֹוָה כְּבָשִׂים בְּנֵי־שָׁנָה תְמִימִם שְׁנַיִם
לַיּוֹם עֹלָה תָמִיד: אֶת־הַכֶּבֶשׂ אֶחָד תַּעֲשֶׂה בַבֹּקֶר וְאֵת
הַכֶּבֶשׂ הַשֵּׁנִי תַּעֲשֶׂה בֵּין הָעַרְבָּיִם: וַעֲשִׂירִית הָאֵיפָה
סֹלֶת לְמִנְחָה בְּלוּלָה בְּשֶׁמֶן כָּתִית רְבִיעִת הַהִין: עֹלַת
תָּמִיד הָעֲשֻׂיָה בְּהַר סִינַי לְרֵיחַ נִיחֹחַ אִשֶּׁה לַיהֹוָה: וְנִסְכּוֹ
רְבִיעִת הַהִין לַכֶּבֶשׂ הָאֶחָד בַּקֹּדֶשׁ הַסֵּךְ נֶסֶךְ שֵׁכָר
לַיהֹוָה: וְאֵת הַכֶּבֶשׂ הַשֵּׁנִי תַּעֲשֶׂה בֵּין הָעַרְבָּיִם כְּמִנְחַת
הַבֹּקֶר וּכְנִסְכּוֹ תַּעֲשֶׂה אִשֵּׁה רֵיחַ נִיחֹחַ לַיהֹוָה:

Thou art the Lord our God in heaven and on earth and the highest heaven of heavens. Of a truth thou art the first and thou art the last, and beside thee there is no god. O gather those that hope in thee from the four corners of the earth. Let all that come into the world understand and acknowledge that thou alone art God over all the kingdoms of the earth. Thou hast made the heavens and the earth, the sea and all that is therein. And who is there of all thy handiwork of those above or those below that shall direct thy doing ? Our Father which art in heaven, deal mercifully with us for the sake of thy great Name by which we are called ; and fulfil unto us, O Lord our God, that which is written : At that time will I bring you in, and at that time will I gather you : for I will make you a name and a praise among all the peoples of the earth, when I bring again your captivity before your eyes, saith the Lord.

Numbers xxviii. 1-8.

And the Lord spake unto Moses, saying, Command the children of Israel, and say unto them, My offering, my food for my sacrifices made by fire, of a sweet savour unto me, shall ye observe to offer unto me in their due season. And thou shalt say unto them, This is the offering made by fire which ye shall offer unto the Lord ; two he-lambs of the first year without blemish day by day, for a continual burnt offering. The one lamb shalt thou offer in the morning, and the other lamb shalt thou offer at even ; and a tenth part of an ephah of fine flour for a meal-offering, mingled with the fourth part of an hin of beaten oil. It is a continual burnt offering, which was ordained on Mount Sinai for a sweet savour, a sacrifice made by fire unto the Lord. And the drink-offering thereof shall be the fourth part of an hin for the one lamb : in the holy place shalt thou pour out a drink-offering of strong drink unto the Lord. And the other lamb shalt thou offer at even : as the meal-offering of the morning, and as the drink-offering thereof, thou shalt offer it, a sacrifice made by fire, of a sweet savour unto the Lord.

ויקרא א' י"א

וְשָׁחַט אֹתוֹ עַל יֶרֶךְ הַמִּזְבֵּחַ צָפֹנָה לִפְנֵי יְהוָה וְזָרְקוּ
בְּנֵי אַהֲרֹן הַכֹּהֲנִים אֶת־דָּמוֹ עַל־הַמִּזְבֵּחַ סָבִיב:

On Sabbath the following is added:

במדבר כ"ח ט'—י'

וּבְיוֹם הַשַּׁבָּת שְׁנֵי־כְבָשִׂים בְּנֵי־שָׁנָה תְּמִימִם וּשְׁנֵי
עֶשְׂרֹנִים סֹלֶת מִנְחָה בְּלוּלָה בַשֶּׁמֶן וְנִסְכּוֹ: עֹלַת שַׁבַּת
בְּשַׁבַּתּוֹ עַל־עֹלַת הַתָּמִיד וְנִסְכָּהּ:

משנה זבחים פ"ה

א אֵיזֶהוּ מְקוֹמָן שֶׁל זְבָחִים· קָדְשֵׁי קָדָשִׁים שְׁחִיטָתָן
בַּצָּפוֹן· פָּר וְשָׂעִיר שֶׁל יוֹם הַכִּפּוּרִים שְׁחִיטָתָן בַּצָּפוֹן
וְקִבּוּל דָּמָן בִּכְלִי שָׁרֵת בַּצָּפוֹן וְדָמָן טָעוּן הַזָּיָה עַל בֵּין
הַבַּדִּים וְעַל הַפָּרֹכֶת וְעַל מִזְבַּח הַזָּהָב מַתָּנָה אַחַת מֵהֶן
מְעַכָּבֶת· שְׁיָרֵי הַדָּם הָיָה שׁוֹפֵךְ עַל יְסוֹד מַעֲרָבִי שֶׁל
מִזְבֵּחַ הַחִיצוֹן אִם לֹא נָתַן לֹא עִכֵּב: ב פָּרִים הַנִּשְׂרָפִים
וּשְׂעִירִים הַנִּשְׂרָפִים שְׁחִיטָתָן בַּצָּפוֹן וְקִבּוּל דָּמָן בִּכְלִי
שָׁרֵת בַּצָּפוֹן וְדָמָן טָעוּן הַזָּיָה עַל הַפָּרֹכֶת וְעַל מִזְבַּח
הַזָּהָב מַתָּנָה אַחַת מֵהֶן מְעַכָּבֶת· שְׁיָרֵי הַדָּם הָיָה שׁוֹפֵךְ
עַל יְסוֹד מַעֲרָבִי שֶׁל מִזְבֵּחַ הַחִיצוֹן אִם לֹא נָתַן לֹא
עִכֵּב· אֵלּוּ וָאֵלּוּ נִשְׂרָפִין בְּבֵית הַדָּשֶׁן: ג חַטֹּאת הַצִּבּוּר
וְהַיָּחִיד· אֵלּוּ הֵן חַטֹּאת הַצִּבּוּר שְׂעִירֵי רָאשֵׁי חֳדָשִׁים
וְשֶׁל מוֹעֲדוֹת· שְׁחִיטָתָן בַּצָּפוֹן וְקִבּוּל דָּמָן בִּכְלִי שָׁרֵת
בַּצָּפוֹן וְדָמָן טָעוּן אַרְבַּע מַתָּנוֹת עַל אַרְבַּע קְרָנוֹת:
כֵּיצַד· עָלָה בַכֶּבֶשׁ וּפָנָה לַסּוֹבֵב וּבָא לוֹ לְקֶרֶן דְּרוֹמִית
מִזְרָחִית· מִזְרָחִית צְפוֹנִית· צְפוֹנִית מַעֲרָבִית· מַעֲרָבִית
דְּרוֹמִית· שְׁיָרֵי הַדָּם הָיָה שׁוֹפֵךְ עַל יְסוֹד דְּרוֹמִי· וְנֶאֱכָלִין
לִפְנִים מִן הַקְּלָעִים לְזִכְרֵי כְהֻנָּה בְּכָל מַאֲכָל לְיוֹם

Leviticus i. 11.

And he shall kill it on the side of the altar, northward before the Lord ; and the priests, Aaron's sons, shall sprinkle its blood upon the altar round about.

On Sabbath the following is added :
Numbers xxviii. 9–10.

And on the Sabbath day two he-lambs of the first year without blemish, and two tenth parts of fine flour for a meal-offering, mingled with oil, and the drink-offering thereof ; this is the burnt offering of every Sabbath, beside the continual burnt-offering and the drink-offering thereof.

Mishnah Zebachim v.

1. Which are the places where the sacrifices were offered ? The most holy were killed at the north of the altar. The bull and he-goat of the Day of Atonement were killed at the north, and their blood, which was received in a vessel of ministration at the north, required sprinkling between the staves of the ark, before the veil and on the golden altar. The omission of any of these sprinklings invalidated the ceremony. The rest of the blood the priest poured upon the western base of the outer altar ; but if he did not do so, the ceremony was not invalid. 2. The bulls and he-goats which had to be burnt were killed at the north, and their blood, which was received in a vessel of ministration at the north, required sprinkling before the veil and on the golden altar. The omission of either of these sprinklings invalidated the ceremony. The rest of the blood the priest poured upon the western base of the outer altar ; but if he omitted to do so, the ceremony was not invalid. Both alike were burnt in the repository of ashes. 3. As to the sin-offerings of the congregation and of the individual—the following are the sin-offerings of the congregation : the he-goats of new moons and festivals—these were killed at the north, and their blood, which was received in a vessel of ministration at the north, required four sprinklings on the four horns of the altar. How was this done ? The priest went up the ascent, and, turning to the middle ledgment bordering the altar, he walked along it to the south-east, north-east, north-west and south-west corners successively. The rest of the blood he poured upon the southern base. These sacrifices had to be eaten within the hangings of the court by males of the priesthood, and might be dressed in any fashion, but had to be consumed within the same day

וְלַיְלָה עַד חֲצוֹת: ד הָעוֹלָה קֹדֶשׁ קָדָשִׁים· שְׁחִיטָתָהּ
בַּצָּפוֹן וְקִבּוּל דָּמָהּ בִּכְלִי שָׁרֵת בַּצָּפוֹן וְדָמָהּ טָעוּן שְׁתֵּי
מַתָּנוֹת שֶׁהֵן אַרְבַּע וּטְעוּנָה הַפְשֵׁט וְנִתּוּחַ וְכָלִיל לָאִשִּׁים:
ה זִבְחֵי שַׁלְמֵי צִבּוּר וַאֲשָׁמוֹת· אֵלּוּ הֵן אֲשָׁמוֹת אֲשַׁם
גְּזֵלוֹת אֲשַׁם מְעִילוֹת אֲשַׁם שִׁפְחָה חֲרוּפָה אֲשַׁם נָזִיר
אֲשַׁם מְצוֹרָע אָשָׁם תָּלוּי· שְׁחִיטָתָן בַּצָּפוֹן וְקִבּוּל דָּמָן
בִּכְלִי שָׁרֵת בַּצָּפוֹן וְדָמָן טָעוּן שְׁתֵּי מַתָּנוֹת שֶׁהֵן אַרְבַּע·
וְנֶאֱכָלִין לִפְנִים מִן הַקְּלָעִים לְזִכְרֵי כְהֻנָּה בְּכָל מַאֲכָל
לְיוֹם וָלַיְלָה עַד חֲצוֹת: ו הַתּוֹדָה וְאֵיל נָזִיר קָדָשִׁים
קַלִּים· שְׁחִיטָתָן בְּכָל מָקוֹם בָּעֲזָרָה וְדָמָן טָעוּן שְׁתֵּי
מַתָּנוֹת שֶׁהֵן אַרְבַּע· וְנֶאֱכָלִין בְּכָל הָעִיר לְכָל אָדָם בְּכָל
מַאֲכָל לְיוֹם וָלַיְלָה עַד חֲצוֹת: הַמּוּרָם מֵהֶם כַּיּוֹצֵא בָהֶם
אֶלָּא שֶׁהַמּוּרָם נֶאֱכָל לַכֹּהֲנִים לִנְשֵׁיהֶם וְלִבְנֵיהֶם
וּלְעַבְדֵּיהֶם: ז שְׁלָמִים קָדָשִׁים קַלִּים שְׁחִיטָתָן בְּכָל
מָקוֹם בָּעֲזָרָה וְדָמָן טָעוּן שְׁתֵּי מַתָּנוֹת שֶׁהֵן אַרְבַּע וְנֶאֱכָלִין
בְּכָל הָעִיר לְכָל אָדָם בְּכָל מַאֲכָל לִשְׁנֵי יָמִים וְלַיְלָה
אֶחָד: הַמּוּרָם מֵהֶם כַּיּוֹצֵא בָהֶם אֶלָּא שֶׁהַמּוּרָם נֶאֱכָל
לַכֹּהֲנִים לִנְשֵׁיהֶם וְלִבְנֵיהֶם וּלְעַבְדֵּיהֶם: ח הַבְּכוֹר
וְהַמַּעֲשֵׂר וְהַפֶּסַח קָדָשִׁים קַלִּים שְׁחִיטָתָן בְּכָל מָקוֹם
בָּעֲזָרָה וְדָמָן טָעוּן מַתָּנָה אֶחָת· וּבִלְבַד שֶׁיִּתֵּן כְּנֶגֶד
הַיְסוֹד: שִׁנָּה בַּאֲכִילָתָן הַבְּכוֹר נֶאֱכָל לַכֹּהֲנִים וְהַמַּעֲשֵׂר
לְכָל אָדָם וְנֶאֱכָלִין בְּכָל הָעִיר בְּכָל מַאֲכָל לִשְׁנֵי יָמִים
וְלַיְלָה אֶחָד· הַפֶּסַח אֵינוֹ נֶאֱכָל אֶלָּא בַלַּיְלָה וְאֵינוֹ
נֶאֱכָל אֶלָּא עַד חֲצוֹת וְאֵינוֹ נֶאֱכָל אֶלָּא לִמְנוּיָיו וְאֵינוֹ
נֶאֱכָל אֶלָּא צָלִי:

and the following night until midnight. 4. The burnt offering
belonged to the most holy sacrifices. It had to be killed at the
north, and its blood, which was received in a vessel of minis-
tration at the north, required two sprinklings at opposite angles
of the altar, making four in all. The offering had to be flayed
and cut up, and entirely consumed by fire. 5. As to the peace-
offerings of the congregation and trespass-offerings—the following
are the trespass-offerings : the trespass-offerings for robbery, for
appropriating sanctified objects, in regard to a betrothed
handmaid, the trespass-offerings of a Nazarite who has become
defiled, of a leper on his cleansing, and for a sin, the commission
of which is doubtful—all these were killed at the north, and
their blood, which was received in a vessel of ministration at
the north, required two sprinklings at opposite angles of the
altar, making four in all. They had to be eaten within the
hangings of the court by males of the priesthood, and might be
dressed in any fashion, but had to be consumed within the same
day and the following night until midnight. 6. The thank-
offering and the ram offered by the Nazarite on the termination
of his vow were of a minor degree of holiness. They might be
killed in any part of the court, and their blood required two
sprinklings at opposite angles of the altar, making four in all. They
might be eaten, dressed in any fashion, in any part of the city and
by any person ; but had to be consumed within the same day
and the following night until midnight. The heaved and waved
portions were treated like the rest, except that they might only
be eaten by the priests, their wives, children and servants.
7. Peace-offerings were also of a minor degree of holiness. They
might be killed in any part of the court, and their blood required
two sprinklings at opposite angles of the altar, making four in all ;
and they might be eaten, dressed in any fashion, in any part of the
city, and by any person within two days and one night. The heaved
and waved portions were treated like the rest, except that they
might only be eaten by the priests, their wives, children and
servants. 8. The first-born, the tithe of animals and the paschal
lamb, were of a minor degree of holiness. They were
killed in any part of the court, and their blood required one
sprinkling ; only the priest had to direct it towards the base of
the altar. The difference in their consumption was that the first-
born might only be eaten by the priests, but the tithe by any per-
son. They might both be eaten, dressed in any fashion, in any
part of the city, and by any person within two days and one night.
The paschal lamb, however, might only be eaten by night, only
up till midnight, only by members of each previously appointed
number, and only roasted.

רַבִּי יִשְׁמָעֵאל אוֹמֵר בִּשְׁלֹשׁ עֶשְׂרֵה מִדּוֹת הַתּוֹרָה נִדְרָשֶׁת:

מִקַּל וָחְמֶר·

וּמִגְּזֵרָה שָׁוָה·

מִבִּנְיַן אָב מִכָּתוּב אֶחָד· וּמִבִּנְיַן אָב מִשְּׁנֵי כְתוּבִים·

מִכְּלָל וּפְרָט וּמִפְּרָט וּכְלָל·

כְּלָל וּפְרָט וּכְלָל אִי אַתָּה דָן אֶלָּא כְּעֵין הַפְּרָט·

מִכְּלָל שֶׁהוּא צָרִיךְ לִפְרָט· וּמִפְּרָט שֶׁהוּא צָרִיךְ לִכְלָל·

כָּל דָּבָר שֶׁהָיָה בִכְלָל וְיָצָא מִן הַכְּלָל לְלַמֵּד לֹא לְלַמֵּד

עַל עַצְמוֹ יָצָא אֶלָּא לְלַמֵּד עַל הַכְּלָל כֻּלּוֹ יָצָא·

כָּל דָּבָר שֶׁהָיָה בִכְלָל וְיָצָא לִטְעוֹן טַעַן אַחֵר שֶׁהוּא

כְעִנְיָנוֹ יָצָא לְהָקֵל וְלֹא לְהַחֲמִיר·

כָּל דָּבָר שֶׁהָיָה בִכְלָל וְיָצָא לִטְעוֹן טַעַן אַחֵר שֶׁלֹּא

כְעִנְיָנוֹ יָצָא לְהָקֵל וּלְהַחֲמִיר·

כָּל דָּבָר שֶׁהָיָה בִכְלָל וְיָצָא לִדּוֹן בִּדְבָר הֶחָדָשׁ אִי אַתָּה

יָכוֹל לְהַחֲזִירוֹ לִכְלָלוֹ עַד שֶׁיַּחֲזִירֶנּוּ הַכָּתוּב לִכְלָלוֹ

בְּפֵרוּשׁ·

דָּבָר הַלָּמֵד מֵעִנְיָנוֹ· וְדָבָר הַלָּמֵד מִסּוֹפוֹ·

וְכֵן שְׁנֵי כְתוּבִים הַמַּכְחִישִׁים זֶה אֶת זֶה עַד שֶׁיָּבוֹא הַכָּתוּב

הַשְּׁלִישִׁי וְיַכְרִיעַ בֵּינֵיהֶם:

יְהִי רָצוֹן לְפָנֶיךָ יְיָ אֱלֹהֵינוּ וֵאלֹהֵי אֲבוֹתֵינוּ שֶׁיִּבָּנֶה

בֵּית הַמִּקְדָּשׁ בִּמְהֵרָה בְיָמֵינוּ וְתֵן חֶלְקֵנוּ בְּתוֹרָתֶךָ:

וְשָׁם נַעֲבָדְךָ בְּיִרְאָה כִּימֵי עוֹלָם וּכְשָׁנִים קַדְמוֹנִיּוֹת:

Sifra i.

Rabbi Ishmael says the Torah is expounded by thirteen methods : —

1. From a light case and from a weighty one.
2. From an identical expression.
3. From a principle drawn from one text and from a principle drawn from two texts.
4. From a general and a special law.
5. From a special and a general law.
6. A general law, a special and a general law; one may not draw inferences save in accordance with the meaning of the special law.
7. From a general law that requires a special one, and from a special law that requires a general one.
8. Any matter which is included in a general law and which is detached therefrom to predicate concerning a special case, is not detached to predicate concerning that case only, but concerning the whole of the general law.
9. Any matter which is included in a general law and which is detached to elucidate something in harmony therewith, is detached to relax and not to restrict.
10. Any matter which is included in a general law and which is detached to elucidate something different and not in harmony therewith, is detached both to relax and to restrict.
11. Any matter included in a general law and detached to determine something fresh, must not be restored to the general law until the text itself so restores it.
12. A passage that is understood from its context, and a passage that is understood from its concluding terms.
13. And thus two texts may contradict each other until a third text is found that will harmonize the two.

May it be thy will, O Lord our God and God of our fathers, that the Temple be speedily rebuilt in our days, and grant our portion in thy Law. And there we will serve thee with awe, as in the days of old and as in ancient years.

On putting on the Tallith say:

בָּרוּךְ אַתָּה יְיָ אֱלֹהֵינוּ מֶלֶךְ הָעוֹלָם· אֲשֶׁר קִדְּשָׁנוּ
בְּמִצְוֹתָיו וְצִוָּנוּ לְהִתְעַטֵּף בַּצִיצִת:

מַה יָּקָר חַסְדְּךָ אֱלֹהִים וּבְנֵי אָדָם בְּצֵל כְּנָפֶיךָ יֶחֱסָיוּן:
יִרְוְיֻן מִדֶּשֶׁן בֵּיתֶךָ וְנַחַל עֲדָנֶיךָ תַשְׁקֵם: כִּי עִמְּךָ מְקוֹר
חַיִּים בְּאוֹרְךָ נִרְאֶה אוֹר: מְשׁוֹךְ חַסְדְּךָ לְיֹדְעֶיךָ וְצִדְקָתְךָ
לְיִשְׁרֵי לֵב:

Psalm for the second day of the week:

הַיּוֹם יוֹם שֵׁנִי בְּשַׁבָּת שֶׁבּוֹ הַלְוִיִּם הָיוּ אֹמְרִים בַּמִּקְדָּשׁ·

מ״ח שִׁיר מִזְמוֹר לִבְנֵי־קֹרַח: גָּדוֹל יְהוָה וּמְהֻלָּל מְאֹד
בְּעִיר אֱלֹהֵינוּ הַר־קָדְשׁוֹ: יְפֵה נוֹף מְשׂוֹשׂ כָּל־הָאָרֶץ
הַר־צִיּוֹן יַרְכְּתֵי צָפוֹן קִרְיַת מֶלֶךְ רָב: אֱלֹהִים בְּאַרְמְנוֹתֶיהָ
נוֹדַע לְמִשְׂגָּב: כִּי־הִנֵּה הַמְּלָכִים נוֹעֲדוּ עָבְרוּ יַחְדָּו:
הֵמָּה רָאוּ כֵּן תָּמָהוּ נִבְהֲלוּ נֶחְפָּזוּ: רְעָדָה אֲחָזָתַם שָׁם
חִיל כַּיּוֹלֵדָה: בְּרוּחַ קָדִים תְּשַׁבֵּר אֳנִיּוֹת תַּרְשִׁישׁ: כַּאֲשֶׁר
שָׁמַעְנוּ | כֵּן רָאִינוּ בְּעִיר יְהוָה־צְבָאוֹת בְּעִיר אֱלֹהֵינוּ
אֱלֹהִים יְכוֹנְנֶהָ עַד־עוֹלָם סֶלָה: דִּמִּינוּ אֱלֹהִים חַסְדֶּךָ
בְּקֶרֶב הֵיכָלֶךָ: כְּשִׁמְךָ | אֱלֹהִים כֵּן תְּהִלָּתְךָ עַל־קַצְוֵי־
אֶרֶץ צֶדֶק מָלְאָה יְמִינֶךָ: הַר־צִיּוֹן | תָּגֵלְנָה בְּנוֹת
יְהוּדָה לְמַעַן מִשְׁפָּטֶיךָ: סֹבּוּ צִיּוֹן וְהַקִּיפוּהָ סִפְרוּ מִגְדָּלֶיהָ:
שִׁיתוּ לִבְּכֶם | לְחֵילָה פַּסְּגוּ אַרְמְנוֹתֶיהָ לְמַעַן תְּסַפְּרוּ
לְדוֹר אַחֲרוֹן: כִּי זֶה | אֱלֹהִים אֱלֹהֵינוּ עוֹלָם וָעֶד הוּא
יְנַהֲגֵנוּ עַל־מוּת:

On putting on the Tallith say :

Blessed art thou, O Lord our God, King of the Universe, who hast sanctified us with thy commandments and hast commanded us to robe in the garment with fringes.

How excellent is thy loving-kindness, O God ! therefore the children of men put their trust under·the shadow of thy wings. They shall be abundantly satisfied with the fatness of thy house ; and thou shalt make them drink of the river of thy pleasures. For with thee is the fountain of life : in thy light shall we see light. O continue thy loving-kindness unto them that know thee, and thy righteousness to the upright in heart.

Psalm for the second day of the week :
This is the Second day in the week on which the Levites in the Temple used to say :
Psalm xlviii. : A Song and Psalm for the sons of Korah.

Great is the Lord, and greatly to be praised in the city of our God, in the mountain of his holiness. Beautiful in elevation, the joy of the whole earth, is mount Zion, on the sides of the north, the city of the great King. God hath made himself known in her palaces for a refuge. For, lo, the kings assembled, they passed by together. They saw it, then they were amazed ; they were troubled, and hasted away. Trembling took hold upon them there, and pain, as of a woman in travail. Thou breakest the ships of Tarshish with an east wind. As we have heard, so have we seen in the city of the Lord of hosts, in the city of our God : God will establish it for ever. Selah. We have thought of thy loving-kindness, O God, in the midst of thy temple. According to thy Name, O God, so is thy praise unto the ends of the earth : thy right hand is full of righteousness. Let mount Zion rejoice, let the daughters of Judah be glad, because of thy judgments. Walk about Zion, and go round about her : tell the towers thereof. Mark ye well her bulwarks, consider her palaces ; that ye may tell it to the generation following. For this God is our God for ever and ever : he will be our guide even beyond death.

Psalm for the fourth day of the week:

הַיּוֹם יוֹם רְבִיעִי בְּשַׁבָּת שֶׁבּוֹ הַלְוִיִּם הָיוּ אֹמְרִים בַּמִּקְדָּשׁ׃

צ״ד אֵל־נְקָמוֹת יְהֹוָה אֵל נְקָמוֹת הוֹפִיעַ׃ הִנָּשֵׂא שֹׁפֵט
הָאָרֶץ הָשֵׁב גְּמוּל עַל־גֵּאִים׃ עַד־מָתַי רְשָׁעִים | יְהֹוָה
עַד־מָתַי רְשָׁעִים יַעֲלֹזוּ׃ יַבִּיעוּ יְדַבְּרוּ עָתָק יִתְאַמְּרוּ כָּל־
פֹּעֲלֵי אָוֶן׃ עַמְּךָ יְהֹוָה יְדַכְּאוּ וְנַחֲלָתְךָ יְעַנּוּ׃ אַלְמָנָה וְגֵר
יַהֲרֹגוּ וִיתוֹמִים יְרַצֵּחוּ׃ וַיֹּאמְרוּ לֹא יִרְאֶה־יָּהּ וְלֹא־יָבִין
אֱלֹהֵי יַעֲקֹב׃ בִּינוּ בֹּעֲרִים בָּעָם וּכְסִילִים מָתַי תַּשְׂכִּילוּ׃
הֲנֹטַע אֹזֶן הֲלֹא יִשְׁמָע אִם־יֹצֵר עַיִן הֲלֹא יַבִּיט׃ הֲיֹסֵר
גּוֹיִם הֲלֹא יוֹכִיחַ הַמְלַמֵּד אָדָם דָּעַת׃ יְהֹוָה יֹדֵעַ מַחְשְׁבוֹת
אָדָם כִּי־הֵמָּה הָבֶל׃ אַשְׁרֵי הַגֶּבֶר אֲשֶׁר־תְּיַסְּרֶנּוּ יָּהּ
וּמִתּוֹרָתְךָ תְלַמְּדֶנּוּ׃ לְהַשְׁקִיט לוֹ מִימֵי רָע עַד יִכָּרֶה
לָרָשָׁע שָׁחַת׃ כִּי | לֹא־יִטֹּשׁ יְהֹוָה עַמּוֹ וְנַחֲלָתוֹ לֹא יַעֲזֹב׃
כִּי־עַד־צֶדֶק יָשׁוּב מִשְׁפָּט וְאַחֲרָיו כָּל־יִשְׁרֵי־לֵב׃ מִי־
יָקוּם לִי עִם־מְרֵעִים מִי־יִתְיַצֵּב לִי עִם־פֹּעֲלֵי אָוֶן׃ לוּלֵי
יְהֹוָה עֶזְרָתָה לִּי כִּמְעַט | שָׁכְנָה דוּמָה נַפְשִׁי׃ אִם־אָמַרְתִּי
מָטָה רַגְלִי חַסְדְּךָ יְהֹוָה יִסְעָדֵנִי׃ בְּרֹב שַׂרְעַפַּי בְּקִרְבִּי
תַּנְחוּמֶיךָ יְשַׁעַשְׁעוּ נַפְשִׁי׃ הַיְחָבְרְךָ כִּסֵּא הַוּוֹת יֹצֵר עָמָל
עֲלֵי־חֹק׃ יָגוֹדּוּ עַל־נֶפֶשׁ צַדִּיק וְדָם נָקִי יַרְשִׁיעוּ׃ וַיְהִי
יְהֹוָה לִי לְמִשְׂגָּב וֵאלֹהַי לְצוּר מַחְסִי׃ וַיָּשֶׁב עֲלֵיהֶם |
אֶת־אוֹנָם וּבְרָעָתָם יַצְמִיתֵם יַצְמִיתֵם יְהֹוָה אֱלֹהֵינוּ׃

Psalm for the fifth day of the week:

הַיּוֹם יוֹם חֲמִישִׁי בְּשַׁבָּת שֶׁבּוֹ הַלְוִיִּם הָיוּ אֹמְרִים בַּמִּקְדָּשׁ׃

פ״א לַמְנַצֵּחַ עַל־הַגִּתִּית לְאָסָף׃ הַרְנִינוּ לֵאלֹהִים עוּזֵּנוּ
הָרִיעוּ לֵאלֹהֵי יַעֲקֹב׃ שְׂאוּ־זִמְרָה וּתְנוּ־תֹף כִּנּוֹר נָעִים
עִם־נָבֶל׃ תִּקְעוּ בַחֹדֶשׁ שׁוֹפָר בַּכֶּסֶה לְיוֹם חַגֵּנוּ׃ כִּי

Psalm for the fourth day of the week :
This is the fourth day of the week, on which the Levites in the
Temple used to say :

Psalm xciv.

O Lord God, to whom vengeance belongeth ; O God, to
whom vengeance belongeth, shine forth. Lift up thyself,
thou judge of the earth : render to the proud their desert.
Lord, how long shall the wicked, how long shall the wicked
triumph ? They prate, they speak arrogantly : all the
workers of iniquity boast themselves. They break in pieces
thy people, O Lord, and afflict thine heritage. They slay
the widow and the stranger, and murder the fatherless.
Yet they say, The Lord shall not see, neither shall the God
of Jacob consider. Understand, ye brutish among the
people : and ye fools, when will ye be wise ? He that
planted the ear, shall he not hear ? he that formed the eye,
shall he not see ? He that chastiseth the heathen, shall not
he correct, even he that teacheth man knowledge ? The
Lord knoweth the thoughts of man, that they are vanity.
Blessed is the man whom thou chastenest, O Lord, and
teachest him out of thy Law ; that thou mayest give him
rest from the days of adversity, until the pit be digged for
the wicked. For the Lord will not cast off his people,
neither will he forsake his inheritance. But judgment shall
return unto righteousness : and all the upright in heart
shall follow it. Who will rise up for me against evildoers ?
or who will stand up for me against the workers of iniquity ?
Unless the Lord had been my help, my soul had almost
dwelt in silence. When I said, My foot slippeth, thy
mercy, O Lord, held me up. In the multitude of my
doubts within me thy comforts delight my soul. Shall the
throne of iniquity have fellowship with thee, which frameth
mischief by statute ? They gather themselves together
against the soul of the righteous, and condemn innocent
blood. But the Lord hath been my fortress ; and my God
the rock of my refuge. And he hath brought upon them
their own iniquity, and shall cut them off in their own
wickedness ; yea, the Lord our God shall cut them off.

Psalm for the fifth day of the week :
This is the fifth day of the week, on which the Levites in the
Temple used to say :
Psalm lxxxi. : To the chief Musician upon Gittith, a Psalm of Asaph.

Sing aloud unto God our strength : make a joyful noise
unto the God of Jacob. Take up the psalm, and bring
hither the timbrel, the pleasant harp with the psaltery.
Blow the horn in the new moon, in the time appointed, on
our solemn feast day. For it is a statute for Israel, an

חָק לְיִשְׂרָאֵל הוּא מִשְׁפָּט לֵאלֹהֵי יַעֲקֹב: עֵדוּת ׀ בִּיהוֹסֵף
שָׂמוֹ בְּצֵאתוֹ עַל־אֶרֶץ מִצְרָיִם שְׂפַת לֹא־יָדַעְתִּי אֶשְׁמָע:
הֲסִירוֹתִי מִסֵּבֶל שִׁכְמוֹ כַּפָּיו מִדּוּד תַּעֲבֹרְנָה: בַּצָּרָה
קָרָאתָ וָאֲחַלְּצֶךָּ אֶעֶנְךָ בְּסֵתֶר רָעַם אֶבְחָנְךָ עַל־מֵי מְרִיבָה
סֶלָה: שְׁמַע עַמִּי וְאָעִידָה בָּךְ יִשְׂרָאֵל אִם־תִּשְׁמַע־לִי:
לֹא־יִהְיֶה בְךָ אֵל זָר וְלֹא תִשְׁתַּחֲוֶה לְאֵל נֵכָר: אָנֹכִי ׀
יְהֹוָה אֱלֹהֶיךָ הַמַּעַלְךָ מֵאֶרֶץ מִצְרָיִם הַרְחֶב־פִּיךָ וַאֲמַלְאֵהוּ:
וְלֹא־שָׁמַע עַמִּי לְקוֹלִי וְיִשְׂרָאֵל לֹא־אָבָה לִי: וָאֲשַׁלְּחֵהוּ
בִּשְׁרִירוּת לִבָּם יֵלְכוּ בְּמוֹעֲצוֹתֵיהֶם: לוּ עַמִּי שֹׁמֵעַ לִי
יִשְׂרָאֵל בִּדְרָכַי יְהַלֵּכוּ: כִּמְעַט אוֹיְבֵיהֶם אַכְנִיעַ וְעַל־
צָרֵיהֶם אָשִׁיב יָדִי: מְשַׂנְאֵי יְהֹוָה יְכַחֲשׁוּ־לוֹ וִיהִי עִתָּם
לְעוֹלָם: וַיַּאֲכִילֵהוּ מֵחֵלֶב חִטָּה וּמִצּוּר דְּבַשׁ אַשְׂבִּיעֶךָ:

Psalm for the Sabbath:

הַיּוֹם יוֹם שַׁבַּת קֹדֶשׁ שֶׁבּוֹ הַלְוִיִּם הָיוּ אוֹמְרִים בַּמִּקְדָּשׁ׃

צ״ב מִזְמוֹר שִׁיר לְיוֹם הַשַּׁבָּת: טוֹב לְהֹדוֹת לַיהֹוָה וּלְזַמֵּר
לְשִׁמְךָ עֶלְיוֹן: לְהַגִּיד בַּבֹּקֶר חַסְדֶּךָ וֶאֱמוּנָתְךָ בַּלֵּילוֹת:
עֲלֵי־עָשׂוֹר וַעֲלֵי־נָבֶל עֲלֵי הִגָּיוֹן בְּכִנּוֹר: כִּי שִׂמַּחְתַּנִי יְהֹוָה
בְּפָעֳלֶךָ בְּמַעֲשֵׂי יָדֶיךָ אֲרַנֵּן: מַה־גָּדְלוּ מַעֲשֶׂיךָ יְהֹוָה מְאֹד
עָמְקוּ מַחְשְׁבֹתֶיךָ: אִישׁ־בַּעַר לֹא יֵדָע וּכְסִיל לֹא־יָבִין
אֶת־זֹאת: בִּפְרֹחַ רְשָׁעִים ׀ כְּמוֹ עֵשֶׂב וַיָּצִיצוּ כָּל־פֹּעֲלֵי אָוֶן
לְהִשָּׁמְדָם עֲדֵי־עַד: וְאַתָּה מָרוֹם לְעֹלָם יְהֹוָה: כִּי הִנֵּה
אֹיְבֶיךָ ׀ יְהֹוָה כִּי־הִנֵּה אֹיְבֶיךָ יֹאבֵדוּ יִתְפָּרְדוּ כָּל־פֹּעֲלֵי
אָוֶן: וַתָּרֶם כִּרְאֵים קַרְנִי בַּלֹּתִי בְּשֶׁמֶן רַעֲנָן: וַתַּבֵּט
עֵינִי בְּשׁוּרָי בַּקָּמִים עָלַי מְרֵעִים תִּשְׁמַעְנָה אָזְנָי:
צַדִּיק כַּתָּמָר יִפְרָח כְּאֶרֶז בַּלְּבָנוֹן יִשְׂגֶּה: שְׁתוּלִים בְּבֵית

ordinance of the God of Jacob. This he ordained in Joseph for a testimony, when he went out through the land of Egypt : where I heard a language that I understood not. I removed his shoulder from the burden : his hands were delivered from the basket. Thou calledst in trouble, and I delivered thee ; I answered thee in the secret place of thunder : I proved thee at the waters of Meribah. Selah. Hear, O my people, and I will testify unto thee : O Israel, if thou wouldst hearken unto me ! There shall no strange god be in thee ; neither shalt thou worship any strange god. I am the Lord thy God, which brought thee out of the land of Egypt : open thy mouth wide, and I will fill it. But my people would not hearken to my voice ; and Israel would none of me. So I let them go after the stubbornness of their heart : and they walked in their own counsels. Oh that my people would hearken unto me, Israel would walk in my ways ! I should soon subdue their enemies, and turn my hand against their adversaries. The haters of the Lord would have submitted themselves unto him : but their time should have endured for ever. He would feed them also with the finest of the wheat : and with honey out of the rock would satisfy thee.

Psalm for the Sabbath :
This is the Holy Sabbath, whereon the Levites in the Temple used to say :
Psalm xcii. A Psalm, a Song for the Sabbath Day.

It is a good thing to give thanks unto the Lord, and to sing praises unto thy Name, O Most High : to show forth thy loving-kindness in the morning, and thy faithfulness every night, upon an instrument of ten strings, and upon the psaltery ; upon the harp with a solemn sound. For thou, Lord, hast made me glad through thy work : I will triumph in the works of thy hands. How great are thy works, O Lord ! thy thoughts are very deep. A brutish man knoweth not ; neither doth a fool understand this. When the wicked spring as the grass, and when all the workers of iniquity do flourish ; it is that they shall be destroyed for ever. But thou, O Lord, art most high for evermore. For, lo, thine enemies, O Lord, for, lo, thine enemies shall perish ; all the workers of iniquity shall be scattered. But my horn hast thou exalted like the horn of the wild ox : I am anointed with fresh oil. Mine eye hath seen mine enemies ; mine ears have heard of the wicked who rise up against me. The righteous shall flourish like the palm tree : he shall grow like a cedar in Lebanon.

יְהֹוָה בְּחַצְרוֹת אֱלֹהֵינוּ יַפְרִיחוּ: עוֹד יְנוּבוּן בְּשֵׂיבָה
דְשֵׁנִים וְרַעֲנַנִּים יִהְיוּ: לְהַגִּיד כִּי־יָשָׁר יְהֹוָה צוּרִי וְלֹא־
עַוְלָתָה בּוֹ:   יְעֵילָתָה קרי

Psalm for the Day of Atonement:

ל״ב לְדָוִד מַשְׂכִּיל אַשְׁרֵי נְשׂוּי־פֶּשַׁע כְּסוּי חֲטָאָה:
אַשְׁרֵי אָדָם לֹא־יַחְשֹׁב יְהֹוָה לוֹ עָוֹן וְאֵין בְּרוּחוֹ רְמִיָּה:
כִּי־הֶחֱרַשְׁתִּי בָּלוּ עֲצָמָי בְּשַׁאֲגָתִי כָּל־הַיּוֹם: כִּי | יוֹמָם
וָלַיְלָה | תִּכְבַּד עָלַי יָדֶךָ נֶהְפַּךְ לְשַׁדִּי בְּחַרְבֹנֵי קַיִץ סֶלָה:
חַטָּאתִי אוֹדִיעֲךָ וַעֲוֹנִי לֹא־כִסִּיתִי אָמַרְתִּי אוֹדֶה עֲלֵי פְשָׁעַי
לַיהֹוָה וְאַתָּה נָשָׂאתָ עֲוֹן חַטָּאתִי סֶלָה: עַל־זֹאת יִתְפַּלֵּל
כָּל־חָסִיד | אֵלֶיךָ לְעֵת מְצֹא רַק לְשֵׁטֶף מַיִם רַבִּים
אֵלָיו לֹא יַגִּיעוּ: אַתָּה סֵתֶר לִי מִצַּר תִּצְּרֵנִי רָנֵּי פַלֵּט
תְּסוֹבְבֵנִי סֶלָה: אַשְׂכִּילְךָ | וְאוֹרְךָ בְּדֶרֶךְ־זוּ תֵלֵךְ אִיעֲצָה
עָלֶיךָ עֵינִי: אַל־תִּהְיוּ | כְּסוּס כְּפֶרֶד אֵין הָבִין בְּמֶתֶג
וָרֶסֶן עֶדְיוֹ לִבְלוֹם בַּל קְרֹב אֵלֶיךָ: רַבִּים מַכְאֹבִים
לָרָשָׁע וְהַבּוֹטֵחַ בַּיהֹוָה חֶסֶד יְסוֹבְבֶנּוּ: שִׂמְחוּ בַיהֹוָה
וְגִילוּ צַדִּיקִים וְהַרְנִינוּ כָּל־יִשְׁרֵי־לֵב:

Penitential Psalm:

כ״ז לְדָוִד | יְהֹוָה | אוֹרִי וְיִשְׁעִי מִמִּי אִירָא יְהֹוָה מָעוֹז
חַיַּי מִמִּי אֶפְחָד: בִּקְרֹב עָלַי | מְרֵעִים לֶאֱכֹל אֶת־בְּשָׂרִי
צָרַי וְאֹיְבַי לִי הֵמָּה כָשְׁלוּ וְנָפָלוּ: אִם־תַּחֲנֶה עָלַי | מַחֲנֶה
לֹא־יִירָא לִבִּי אִם־תָּקוּם עָלַי מִלְחָמָה בְּזֹאת אֲנִי בוֹטֵחַ:
אַחַת | שָׁאַלְתִּי מֵאֵת־יְהֹוָה אוֹתָהּ אֲבַקֵּשׁ שִׁבְתִּי בְּבֵית־

They shall be planted in the house of the Lord ; they shall flourish in the courts of our God. They shall still bring forth fruit in old age ; they shall be full of sap, and green ; to show that the Lord is upright : he is my rock, and there is no unrighteousness in him.

Psalm for the Day of Atonement :
Psalm xxxii. A Psalm of David. Maschil.

Happy is he whose transgression is forgiven, whose sin is covered. Happy is the man unto whom the Lord imputeth not iniquity, and in whose spirit there is no guile. When I kept silence, my bones waxed old through my roaring all the day long. For day and night thy hand was heavy upon me : my sap was changed into the drought of summer. Selah. I acknowledged my sin unto thee and mine iniquity have I not hid : I said, I will confess my transgressions unto the Lord ; and thou forgavest the iniquity of my sin. Selah. For this let every one that is godly pray unto thee in a time when thou mayest be found : surely when the great waters overflow they shall not reach unto him. Thou art my hiding-place ; thou wilt preserve me from trouble ; thou wilt compass me about with songs of deliverance. Selah. I will instruct thee and teach thee in the way which thou shalt go : I will counsel thee with mine eye upon thee. Be ye not as the horse, or as the mule, which have no understanding : whose trappings must be bit and bridle to hold them in, that they come not near unto thee. Many sorrows shall be unto the wicked : but he that trusteth in the Lord, mercy shall compass him about. Be glad in the Lord and rejoice, ye righteous : and shout for joy, all ye that are upright in heart.

Penitential Psalm :
Psalm xxvii. A Psalm of David.

The Lord is my light and my salvation ; whom shall I fear ? the Lord is the strength of my life ; of whom shall I be afraid ? When evildoers came upon me to eat up my flesh, even mine enemies and my foes, they stumbled and fell. Though an host should encamp against me, my heart shall not fear : though war should rise against me, in this will I be confident. One thing have I desired of the Lord, that will I seek after ; that I may dwell in the house of the

יְהֹוָה כָּל־יְמֵי חַיֵּי לַחֲזוֹת בְּנֹעַם־יְהֹוָה וּלְבַקֵּר בְּהֵיכָלוֹ:
כִּי יִצְפְּנֵנִי ׀ בְּסֻכֹּה בְּיוֹם רָעָה יַסְתִּירֵנִי בְּסֵתֶר אָהֳלוֹ בְּצוּר
יְרוֹמְמֵנִי: וְעַתָּה יָרוּם רֹאשִׁי עַל־אֹיְבַי סְבִיבוֹתַי וְאֶזְבְּחָה
בְאָהֳלוֹ זִבְחֵי תְרוּעָה אָשִׁירָה וַאֲזַמְּרָה לַיהֹוָה: שְׁמַע־
יְהֹוָה קוֹלִי אֶקְרָא וְחָנֵּנִי וַעֲנֵנִי: לְךָ אָמַר לִבִּי בַּקְּשׁוּ פָנָי
אֶת־פָּנֶיךָ יְהֹוָה אֲבַקֵּשׁ: אַל־תַּסְתֵּר פָּנֶיךָ ׀ מִמֶּנִּי אַל־תַּט
בְּאַף עַבְדֶּךָ עֶזְרָתִי הָיִיתָ אַל־תִּטְּשֵׁנִי וְאַל־תַּעַזְבֵנִי אֱלֹהֵי
יִשְׁעִי: כִּי־אָבִי וְאִמִּי עֲזָבוּנִי וַיהֹוָה יַאַסְפֵנִי: הוֹרֵנִי יְהֹוָה
דַּרְכֶּךָ וּנְחֵנִי בְּאֹרַח מִישׁוֹר לְמַעַן שׁוֹרְרָי: אַל־תִּתְּנֵנִי
בְּנֶפֶשׁ צָרָי כִּי קָמוּ־בִי עֵדֵי־שֶׁקֶר וִיפֵחַ חָמָס: לוּלֵא
הֶאֱמַנְתִּי לִרְאוֹת בְּטוּב־יְהֹוָה בְּאֶרֶץ חַיִּים: קַוֵּה אֶל־
יְהֹוָה חֲזַק וְיַאֲמֵץ לִבֶּךָ וְקַוֵּה אֶל־יְהֹוָה:

For the Hymns of Unity and the Hymn of Glory, see
the preceding volume pp. 60—74.

Lord all the days of my life, to behold the beauty of the Lord, and to inquire in his temple. For in the time of trouble he shall keep me secretly in his pavilion : in the secret of his tabernacle shall he hide me ; he shall lift me up upon a rock. And now shall mine head be lifted up above mine enemies round about me : therefore will I offer in his tabernacle sacrifices of joy ; I will sing, yea, I will sing praises unto the Lord. Hear my voice, O Lord, when I cry : have mercy also upon me, and answer me. When thou saidst, Seek ye my face ; my heart said unto thee, Thy face, Lord, will I seek. Hide not thy face far from me ; put not thy servant away in anger : thou hast been my help ; leave me not, neither forsake me, O God of my salvation. When my father and my mother forsake me, then the Lord will take me up. Teach me thy way, O Lord, and lead me in a plain path, because of mine enemies. Deliver me not over unto the will of mine enemies : for false witnesses are risen up against me, and such as breathe out cruelty. I had fainted, unless I had believed to see the goodness of the Lord in the land of the living. Wait on the Lord : be strong, and let thine heart take courage ; yea, wait thou on the Lord.

For the Hymns of Unity and the Hymn of Glory, see the preceding volume, pp. 60-75.

בָּרוּךְ שֶׁאָמַר וְהָיָה הָעוֹלָם· בָּרוּךְ הוּא· בָּרוּךְ עוֹשֶׂה
בְרֵאשִׁית· בָּרוּךְ אוֹמֵר וְעוֹשֶׂה· בָּרוּךְ גּוֹזֵר וּמְקַיֵּם·
בָּרוּךְ מְרַחֵם עַל הָאָרֶץ· בָּרוּךְ מְרַחֵם עַל הַבְּרִיּוֹת·
בָּרוּךְ מְשַׁלֵּם שָׂכָר טוֹב לִירֵאָיו· בָּרוּךְ חַי לָעַד וְקַיָּם
לָנֶצַח· בָּרוּךְ פּוֹדֶה וּמַצִּיל· בָּרוּךְ שְׁמוֹ· בָּרוּךְ אַתָּה
יְיָ אֱלֹהֵינוּ מֶלֶךְ הָעוֹלָם· הָאֵל הָאָב הָרַחֲמָן הַמְהֻלָּל
בְּפִי עַמּוֹ· מְשֻׁבָּח וּמְפֹאָר בִּלְשׁוֹן חֲסִידָיו וַעֲבָדָיו· וּבְשִׁירֵי
דָוִד עַבְדֶּךָ נְהַלֶּלְךָ יְיָ אֱלֹהֵינוּ· בִּשְׁבָחוֹת וּבִזְמִירוֹת
נְגַדֶּלְךָ וּנְשַׁבֵּחֲךָ וּנְפָאֶרְךָ וְנַזְכִּיר שִׁמְךָ וְנַמְלִיכְךָ מַלְכֵּנוּ
אֱלֹהֵינוּ יָחִיד חֵי הָעוֹלָמִים· מֶלֶךְ מְשֻׁבָּח וּמְפֹאָר עֲדֵי
עַד שְׁמוֹ הַגָּדוֹל· בָּרוּךְ אַתָּה יְיָ מֶלֶךְ מְהֻלָּל בַּתִּשְׁבָּחוֹת:

דברי הימים א' ט"ז ח"—ל"ו

הוֹדוּ לַיהֹוָה קִרְאוּ בִשְׁמוֹ הוֹדִיעוּ בָעַמִּים עֲלִילֹתָיו:
שִׁירוּ לוֹ זַמְּרוּ־לוֹ שִׂיחוּ בְּכָל־נִפְלְאֹתָיו: הִתְהַלְלוּ בְּשֵׁם
קָדְשׁוֹ יִשְׂמַח לֵב מְבַקְשֵׁי יְהֹוָה: דִּרְשׁוּ יְהֹוָה וְעֻזּוֹ בַּקְּשׁוּ
פָנָיו תָּמִיד: זִכְרוּ נִפְלְאֹתָיו אֲשֶׁר עָשָׂה מֹפְתָיו וּמִשְׁפְּטֵי־
פִיהוּ: זֶרַע יִשְׂרָאֵל עַבְדּוֹ בְּנֵי יַעֲקֹב בְּחִירָיו: הוּא יְהֹוָה
אֱלֹהֵינוּ בְּכָל־הָאָרֶץ מִשְׁפָּטָיו: זִכְרוּ לְעוֹלָם בְּרִיתוֹ דָּבָר
צִוָּה לְאֶלֶף דּוֹר: אֲשֶׁר כָּרַת אֶת־אַבְרָהָם וּשְׁבוּעָתוֹ
לְיִצְחָק: וַיַּעֲמִידֶהָ לְיַעֲקֹב לְחֹק לְיִשְׂרָאֵל בְּרִית עוֹלָם:
לֵאמֹר לְךָ אֶתֵּן אֶרֶץ־כְּנָעַן חֶבֶל נַחֲלַתְכֶם: בִּהְיוֹתְכֶם
מְתֵי מִסְפָּר כִּמְעַט וְגָרִים בָּהּ: וַיִּתְהַלְּכוּ מִגּוֹי אֶל־גּוֹי
וּמִמַּמְלָכָה אֶל־עַם אַחֵר: לֹא־הִנִּיחַ לְאִישׁ לְעָשְׁקָם וַיּוֹכַח
עֲלֵיהֶם מְלָכִים: אַל־תִּגְּעוּ בִמְשִׁיחָי וּבִנְבִיאַי אַל־תָּרֵעוּ:

Blessed be he who spake and the world was, blessed be he. Blessed be he who created the world in the beginning. Blessed be he who speaketh and doeth. Blessed be he who ordaineth and performeth. Blessed be he who hath compassion upon the earth. Blessed be he who hath compassion upon his creatures. Blessed be he who bestoweth a good reward upon them that fear him. Blessed be he who liveth for ever and endureth to all eternity. Blessed be he who ransometh and delivereth ; blessed be his Name. Blessed art thou, O Lord our God, King of the Universe, O God, merciful Father, praised by the mouth of thy people, extolled and glorified by the tongue of thy pious ones and servants. With the psalms of David thy servant we will praise thee, O Lord our God ; with hymns and songs we will magnify thee and extol thee and glorify thee ; we will make mention of thy Name and do homage to thee, our King and God, that art one and everlasting. O King, who art extolled and glorified, thy Name endureth to all eternity. Blessed art thou, O Lord, King adored with praises.

1 Chronicles xvi. 8–36.

Give thanks unto the Lord, call upon his Name, make known his deeds among the people. Sing unto him, sing psalms unto him, talk ye of all his wondrous works. Glory ye in his holy Name : let the heart of them rejoice that seek the Lord. Seek the Lord and his strength, seek his face continually. Remember his marvellous works that he hath done, his wonders, and the judgments of his mouth ; O ye seed of Israel his servant, ye children of Jacob, his chosen ones. He is the Lord our God ; his judgments are in all the earth. Remember his covenant for ever ; the word which he commanded to a thousand generations, the covenant which he made with Abraham, and his oath unto Isaac ; and confirmed the same to Jacob for a statute, and to Israel for an everlasting covenant, saying, Unto thee will I give the land of Canaan, the lot of your inheritance ; when ye were but few, even a few, and strangers in it. And when they went from nation to nation, and from one kingdom to another people ; he suffered no man to do them wrong : yea, he reproved kings for their sakes, saying, Touch not mine anointed, and do my prophets no harm.

שִׁירוּ לַיהוָה כָּל־הָאָרֶץ בַּשְּׂרוּ מִיּוֹם־אֶל־יוֹם יְשׁוּעָתוֹ: סַפְּרוּ בַגּוֹיִם אֶת־כְּבוֹדוֹ בְּכָל־הָעַמִּים נִפְלְאֹתָיו: כִּי גָדוֹל יְהוָה וּמְהֻלָּל מְאֹד וְנוֹרָא הוּא עַל־כָּל־אֱלֹהִים: כִּי כָּל־ אֱלֹהֵי הָעַמִּים אֱלִילִים וַיהוָה שָׁמַיִם עָשָׂה: הוֹד וְהָדָר לְפָנָיו עֹז וְחֶדְוָה בִּמְקֹמוֹ: הָבוּ לַיהוָה מִשְׁפְּחוֹת עַמִּים הָבוּ לַיהוָה כָּבוֹד וָעֹז: הָבוּ לַיהוָה כְּבוֹד שְׁמוֹ שְׂאוּ מִנְחָה וּבֹאוּ לְפָנָיו הִשְׁתַּחֲווּ לַיהוָה בְּהַדְרַת־קֹדֶשׁ: חִילוּ מִלְּפָנָיו כָּל־הָאָרֶץ אַף־תִּכּוֹן תֵּבֵל בַּל־תִּמּוֹט: יִשְׂמְחוּ הַשָּׁמַיִם וְתָגֵל הָאָרֶץ וְיֹאמְרוּ בַגּוֹיִם יְהוָה מָלָךְ: יִרְעַם הַיָּם וּמְלֹאוֹ יַעֲלֹץ הַשָּׂדֶה וְכָל־אֲשֶׁר־בּוֹ: אָז יְרַנְּנוּ עֲצֵי הַיָּעַר מִלְּפְנֵי יְהוָה כִּי־בָא לִשְׁפּוֹט אֶת־הָאָרֶץ: הוֹדוּ לַיהוָה כִּי טוֹב כִּי לְעוֹלָם חַסְדּוֹ: וְאִמְרוּ הוֹשִׁיעֵנוּ אֱלֹהֵי יִשְׁעֵנוּ וְקַבְּצֵנוּ וְהַצִּילֵנוּ מִן־הַגּוֹיִם לְהֹדוֹת לְשֵׁם קָדְשֶׁךָ לְהִשְׁתַּבֵּחַ בִּתְהִלָּתֶךָ: בָּרוּךְ יְהוָה אֱלֹהֵי יִשְׂרָאֵל מִן־ הָעוֹלָם וְעַד־הָעֹלָם וַיֹּאמְרוּ כָל־הָעָם אָמֵן וְהַלֵּל לַיהוָה:

רוֹמְמוּ יְיָ אֱלֹהֵינוּ וְהִשְׁתַּחֲווּ לַהֲדֹם רַגְלָיו קָדוֹשׁ הוּא: רוֹמְמוּ יְיָ אֱלֹהֵינוּ וְהִשְׁתַּחֲווּ לְהַר קָדְשׁוֹ כִּי קָדוֹשׁ יְיָ אֱלֹהֵינוּ: וְהוּא רַחוּם יְכַפֵּר עָוֹן וְלֹא יַשְׁחִית וְהִרְבָּה לְהָשִׁיב אַפּוֹ וְלֹא יָעִיר כָּל־חֲמָתוֹ: אַתָּה יְיָ לֹא תִכְלָא רַחֲמֶיךָ מִמֶּנִּי חַסְדְּךָ וַאֲמִתְּךָ תָּמִיד יִצְּרוּנִי: זְכֹר רַחֲמֶיךָ יְיָ וַחֲסָדֶיךָ כִּי מֵעוֹלָם הֵמָּה: תְּנוּ עֹז לֵאלֹהִים עַל יִשְׂרָאֵל גַּאֲוָתוֹ וְעֻזּוֹ בַּשְּׁחָקִים: נוֹרָא אֱלֹהִים מִמִּקְדָּשֶׁיךָ אֵל יִשְׂרָאֵל הוּא נֹתֵן עֹז וְתַעֲצֻמוֹת לָעָם בָּרוּךְ אֱלֹהִים: אֵל נְקָמוֹת יְיָ אֵל נְקָמוֹת הוֹפִיעַ: הִנָּשֵׂא שֹׁפֵט הָאָרֶץ הָשֵׁב גְּמוּל

Sing unto the Lord, all the earth ; shew forth from day to day his salvation. Declare his glory among the heathen ; his marvellous works among all nations. For great is the Lord, and greatly to be praised : he also is to be feared above all gods. For all the gods of the people are idols : but the Lord made the heavens. Glory and honour are in his presence ; strength and gladness are in his place. Give unto the Lord, ye kindreds of the people, give unto the Lord glory and strength. Give unto the Lord the glory due unto his Name: bring an offering, and come before him : worship the Lord in the beauty of holiness. Tremble before him, all the earth : the world also shall be stablished, that it be not moved. Let the heavens be glad, and let the earth rejoice : and let men say among the nations, The Lord reigneth. Let the sea roar, and the fulness thereof : let the fields rejoice, and all that is therein. Then shall the trees of the wood sing for joy before the Lord, because he cometh to judge the earth. O give thanks unto the Lord ; for he is good ; for his mercy endureth for ever And say ye, Save us, O God of our salvation, and gather us together, and deliver us from the nations, to give thanks unto thy holy Name and to triumph in thy praise. Blessed be the Lord God of Israel for ever and ever. And all the people said, Amen, and praised the Lord.

Exalt ye the Lord our God, and worship at his footstool ; for he is holy. Exalt ye the Lord our God, and worship at his holy hill ; for the Lord our God is holy. And he being full of compassion forgiveth iniquity and destroyeth not : yea, many a time he turneth his anger away and stirreth not up all his wrath. Thou, O Lord, wilt not withhold thy tender mercies from me : let thy loving-kindness and thy truth continually preserve me. Remember, O Lord, thy tender mercies and thy loving-kindnesses ; for they are of old. Ascribe ye strength unto God : his excellency is over Israel, and his strength is in the skies. O God, thou art terrible out of thy holy places : the God of Israel is he that giveth strength and power unto his people. Blessed be God. O Lord God, to whom vengeance belongeth ; O God to whom vengeance belongeth, shine forth. Lift up thyself, thou judge of the earth : render to the proud their

עַל גֵּאִים: לַיָי הַיְשׁוּעָה עַל עַמְּךָ בִרְכָתֶךָ סֶּלָה: יְיָ
צְבָאוֹת עִמָּנוּ מִשְׂגָּב לָנוּ אֱלֹהֵי יַעֲקֹב סֶּלָה: יְיָ צְבָאוֹת
אַשְׁרֵי אָדָם בֹּטֵחַ בָּךְ: יְיָ הוֹשִׁיעָה הַמֶּלֶךְ יַעֲנֵנוּ בְיוֹם
קָרְאֵנוּ: הוֹשִׁיעָה אֶת עַמֶּךָ וּבָרֵךְ אֶת נַחֲלָתֶךָ וּרְעֵם
וְנַשְּׂאֵם עַד הָעוֹלָם: נַפְשֵׁנוּ חִכְּתָה לַיָי עֶזְרֵנוּ וּמָגִנֵּנוּ הוּא:
כִּי בוֹ יִשְׂמַח לִבֵּנוּ כִּי בְשֵׁם קָדְשׁוֹ בָטָחְנוּ: יְהִי חַסְדְּךָ
יְיָ עָלֵינוּ כַּאֲשֶׁר יִחַלְנוּ לָךְ: הַרְאֵנוּ יְיָ חַסְדֶּךָ וְיֶשְׁעֲךָ תִּתֶּן
לָנוּ: קוּמָה עֶזְרָתָה לָּנוּ וּפְדֵנוּ לְמַעַן חַסְדֶּךָ: אָנֹכִי יְיָ
אֱלֹהֶיךָ הַמַּעַלְךָ מֵאֶרֶץ מִצְרָיִם הַרְחֶב פִּיךָ וַאֲמַלְאֵהוּ:
אַשְׁרֵי הָעָם שֶׁכָּכָה לוֹ אַשְׁרֵי הָעָם שֶׁיְיָ אֱלֹהָיו: וַאֲנִי
בְחַסְדְּךָ בָטַחְתִּי יָגֵל לִבִּי בִּישׁוּעָתֶךָ אָשִׁירָה לַיָי כִּי
גָמַל עָלָי:

יט לַמְנַצֵּחַ מִזְמוֹר לְדָוִד: הַשָּׁמַיִם מְסַפְּרִים כְּבוֹד־
אֵל וּמַעֲשֵׂה יָדָיו מַגִּיד הָרָקִיעַ: יוֹם לְיוֹם יַבִּיעַ אֹמֶר
וְלַיְלָה לְּלַיְלָה יְחַוֶּה־דָּעַת: אֵין אֹמֶר וְאֵין דְּבָרִים בְּלִי
נִשְׁמָע קוֹלָם: בְּכָל־הָאָרֶץ| יָצָא קַוָּם וּבִקְצֵה תֵבֵל
מִלֵּיהֶם לַשֶּׁמֶשׁ שָׂם| אֹהֶל בָּהֶם: וְהוּא כְּחָתָן יֹצֵא
מֵחֻפָּתוֹ יָשִׂישׂ כְּגִבּוֹר לָרוּץ אֹרַח: מִקְצֵה הַשָּׁמַיִם| מוֹצָאוֹ
וּתְקוּפָתוֹ עַל־קְצוֹתָם וְאֵין נִסְתָּר מֵחַמָּתוֹ: תּוֹרַת יְהוָה
תְּמִימָה מְשִׁיבַת נָפֶשׁ עֵדוּת יְהוָה נֶאֱמָנָה מַחְכִּימַת פֶּתִי:
פִּקּוּדֵי יְהוָה יְשָׁרִים מְשַׂמְּחֵי־לֵב מִצְוַת יְהוָה בָּרָה מְאִירַת
עֵינָיִם: יִרְאַת יְהוָה| טְהוֹרָה עוֹמֶדֶת לָעַד מִשְׁפְּטֵי־יְהוָה
אֱמֶת צָדְקוּ יַחְדָּו: הַנֶּחֱמָדִים מִזָּהָב וּמִפַּז רָב וּמְתוּקִים
מִדְּבַשׁ וְנֹפֶת צוּפִים: גַּם־עַבְדְּךָ נִזְהָר בָּהֶם בְּשָׁמְרָם

desert. Salvation belongeth unto the Lord : thy blessing be upon thy people. Selah. The Lord of Hosts is with us ; the God of Jacob is a high tower unto us. Selah. O Lord of Hosts, happy is the man that trusteth in thee. Save, O Lord : may the King answer us on the day we call. Save thy people and bless thine inheritance : feed them also, and lift them up for ever. Our soul hath waited for the Lord ; he is our help and our shield. For our heart shall rejoice in him, because we have trusted in his holy Name. Let thy mercy, O Lord, be upon us, according as we have hoped in thee. Shew us thy mercy, O Lord, and grant us thy salvation. Rise up for our help and redeem us for thy mercy's sake. I am the Lord thy God which brought thee out of the land of Egypt : open thy mouth wide and I will fill it. Happy is the people that is in such a case ; happy is the people whose God is the Lord. And as for me, I have trusted in thy mercy ; my heart shall rejoice in thy salvation. I will sing unto the Lord, because he hath dealt bountifully with me.

Psalm xix. For the Chief Musician, a Psalm of David.

The heavens declare the glory of God ; and the firmament sheweth his handiwork. Day unto day uttereth speech, and night unto night sheweth knowledge. There is no speech nor language, where their voice is not heard. Their line is gone out through all the earth, and their words to the end of the world. In them hath he set a tabernacle for the sun, which is as a bridegroom coming out of his chamber, and rejoiceth as a strong man to run a race. His going forth is from the end of the heaven, and his circuit unto the ends of it : and there is nothing hid from the heat thereof. The Law of the Lord is perfect, restoring the soul : the testimony of the Lord is sure, making wise the simple. The statutes of the Lord are right, rejoicing the heart : the commandment of the Lord is pure, enlightening the eyes. The fear of the Lord is clean, enduring for ever : the judgments of the Lord are true and righteous altogether. More to be desired are they than gold, yea, than much fine gold : sweeter also than honey and the honeycomb. Moreover by them is thy servant warned : and in keeping of them there is great reward. Who can discern his errors ? clear

עֵקֶב רָב: שְׁנִיאוֹת מִי־יָבִין מִנִּסְתָּרוֹת נַקֵּנִי: גַּם מִזֵּדִים ׀
חֲשֹׁךְ עַבְדֶּךָ אַל־יִמְשְׁלוּ־בִי אָז אֵיתָם וְנִקֵּיתִי מִפֶּשַׁע רָב:
יִהְיוּ לְרָצוֹן ׀ אִמְרֵי־פִי וְהֶגְיוֹן לִבִּי לְפָנֶיךָ יְהוָה צוּרִי
וְגֹאֲלִי:

ל״ד לְדָוִד בְּשַׁנּוֹתוֹ אֶת־טַעְמוֹ לִפְנֵי אֲבִימֶלֶךְ וַיְגָרֲשֵׁהוּ
וַיֵּלַךְ: אֲבָרֲכָה אֶת־יְהוָה בְּכָל־עֵת תָּמִיד תְּהִלָּתוֹ בְּפִי:
בַּיהוָה תִּתְהַלֵּל נַפְשִׁי יִשְׁמְעוּ עֲנָוִים וְיִשְׂמָחוּ: גַּדְּלוּ לַיהוָה
אִתִּי וּנְרוֹמְמָה שְׁמוֹ יַחְדָּו: דָּרַשְׁתִּי אֶת־יְהוָה וְעָנָנִי וּמִכָּל־
מְגוּרוֹתַי הִצִּילָנִי: הִבִּיטוּ אֵלָיו וְנָהָרוּ וּפְנֵיהֶם אַל־יֶחְפָּרוּ:
זֶה עָנִי קָרָא וַיהוָה שָׁמֵעַ וּמִכָּל־צָרוֹתָיו הוֹשִׁיעוֹ: חֹנֶה
מַלְאַךְ־יְהוָה סָבִיב לִירֵאָיו וַיְחַלְּצֵם: טַעֲמוּ וּרְאוּ כִּי־טוֹב
יְהוָה אַשְׁרֵי הַגֶּבֶר יֶחֱסֶה־בּוֹ: יְראוּ אֶת־יְהוָה קְדֹשָׁיו כִּי
אֵין מַחְסוֹר לִירֵאָיו: כְּפִירִים רָשׁוּ וְרָעֵבוּ וְדֹרְשֵׁי יְהוָה
לֹא־יַחְסְרוּ כָל־טוֹב: לְכוּ־בָנִים שִׁמְעוּ־לִי יִרְאַת יְהוָה
אֲלַמֶּדְכֶם: מִי־הָאִישׁ הֶחָפֵץ חַיִּים אֹהֵב יָמִים לִרְאוֹת
טוֹב: נְצֹר לְשׁוֹנְךָ מֵרָע וּשְׂפָתֶיךָ מִדַּבֵּר מִרְמָה: סוּר
מֵרָע וַעֲשֵׂה־טּוֹב בַּקֵּשׁ שָׁלוֹם וְרָדְפֵהוּ: עֵינֵי יְהוָה אֶל־
צַדִּיקִים וְאָזְנָיו אֶל־שַׁוְעָתָם: פְּנֵי יְהוָה בְּעֹשֵׂי רָע לְהַכְרִית
מֵאֶרֶץ זִכְרָם: צָעֲקוּ וַיהוָה שָׁמֵעַ וּמִכָּל־צָרוֹתָם הִצִּילָם:
קָרוֹב יְהוָה לְנִשְׁבְּרֵי־לֵב וְאֶת־דַּכְּאֵי־רוּחַ יוֹשִׁיעַ: רַבּוֹת
רָעוֹת צַדִּיק וּמִכֻּלָּם יַצִּילֶנּוּ יְהוָה: שֹׁמֵר כָּל־עַצְמוֹתָיו
אַחַת מֵהֵנָּה לֹא נִשְׁבָּרָה: תְּמוֹתֵת רָשָׁע רָעָה וְשֹׂנְאֵי
צַדִּיק יֶאְשָׁמוּ: פּוֹדֶה יְהוָה נֶפֶשׁ עֲבָדָיו וְלֹא יֶאְשְׁמוּ כָּל־
הַחֹסִים בּוֹ:

thou me from secret faults. Keep back thy servant also from presumptuous sins ; let them not have dominion over me : then shall I be upright, and I shall be clear from great transgression. Let the words of my mouth and the meditation of my heart be acceptable before thee, O Lord, my Rock and my Redeemer.

Psalm xxxiv. A Psalm of David; when he changed his behaviour before Abimelech, who drove him away, and he departed.

I will bless the Lord at all times : his praise shall continually be in my mouth. My soul shall make her boast in the Lord : the meek shall hear thereof, and be glad. O magnify the Lord with me, and let us exalt his name together. I sought the Lord, and he heard me, and delivered me from all my fears. They looked unto him, and were lightened : and their faces were not ashamed. This poor man cried, and the Lord heard him, and saved him out of all his troubles. The angel of the Lord encampeth round about them that fear him, and delivereth them. O taste and see that the Lord is good : blessed is the man that trusteth in him. O fear the Lord, ye his holy ones : for there is no want to them that fear him. The young lions do lack, and suffer hunger : but they that seek the Lord shall not want any good thing. Come, ye children, hearken unto me : I will teach you the fear of the Lord. What man is he that desireth life, and loveth many days, that he may see good ? Keep thy tongue from evil, and thy lips from speaking guile. Depart from evil, and do good ; seek peace, and pursue it. The eyes of the Lord are toward the righteous, and his ears are open unto their cry. The face of the Lord is against them that do evil, to cut off the remembrance of them from the earth. The righteous cry, and the Lord heareth, and delivereth them out of all their troubles. The Lord is nigh unto them that are of a broken heart ; and saveth such as be of a contrite spirit. Many are the afflictions of the righteous : but the Lord delivereth him out of them all. He keepeth all his bones : not one of them is broken. Evil shall slay the wicked : and they that hate the righteous shall be condemned. The Lord redeemeth the soul of his servants : and none of them that trust in him shall be desolate.

צ׳ תְּפִלָּה לְמֹשֶׁה אִישׁ־הָאֱלֹהִים אֲדֹנָי מָעוֹן אַתָּה הָיִיתָ
לָּנוּ בְּדֹר וָדֹר: בְּטֶרֶם ׀ הָרִים יֻלָּדוּ וַתְּחוֹלֵל אֶרֶץ
וְתֵבֵל וּמֵעוֹלָם עַד־עוֹלָם אַתָּה אֵל: תָּשֵׁב אֱנוֹשׁ עַד־
דַּכָּא וַתֹּאמֶר שׁוּבוּ בְנֵי־אָדָם: כִּי אֶלֶף שָׁנִים בְּעֵינֶיךָ
כְּיוֹם אֶתְמוֹל כִּי יַעֲבֹר וְאַשְׁמוּרָה בַלָּיְלָה: זְרַמְתָּם שֵׁנָה
יִהְיוּ בַּבֹּקֶר כֶּחָצִיר יַחֲלֹף: בַּבֹּקֶר יָצִיץ וְחָלָף לָעֶרֶב
יְמוֹלֵל וְיָבֵשׁ: כִּי־כָלִינוּ בְאַפֶּךָ וּבַחֲמָתְךָ נִבְהָלְנוּ: שַׁתָּ
עֲוֹנֹתֵינוּ לְנֶגְדֶּךָ עֲלֻמֵנוּ לִמְאוֹר פָּנֶיךָ: כִּי כָל־יָמֵינוּ פָּנוּ
בְעֶבְרָתֶךָ כִּלִּינוּ שָׁנֵינוּ כְמוֹ־הֶגֶה: יְמֵי־שְׁנוֹתֵינוּ ׀ בָּהֶם
שִׁבְעִים שָׁנָה וְאִם בִּגְבוּרֹת שְׁמוֹנִים שָׁנָה וְרָהְבָּם עָמָל
וָאָוֶן כִּי־גָז חִישׁ וַנָּעֻפָה: מִי־יוֹדֵעַ עֹז אַפֶּךָ וּכְיִרְאָתְךָ
עֶבְרָתֶךָ: לִמְנוֹת יָמֵינוּ כֵּן הוֹדַע וְנָבִא לְבַב חָכְמָה:
שׁוּבָה יְהוָה עַד־מָתָי וְהִנָּחֵם עַל־עֲבָדֶיךָ: שַׂבְּעֵנוּ בַבֹּקֶר
חַסְדֶּךָ וּנְרַנְּנָה וְנִשְׂמְחָה בְּכָל־יָמֵינוּ: שַׂמְּחֵנוּ כִּימוֹת
עִנִּיתָנוּ שְׁנוֹת רָאִינוּ רָעָה: יֵרָאֶה אֶל־עֲבָדֶיךָ פָעֳלֶךָ
וַהֲדָרְךָ עַל־בְּנֵיהֶם: וִיהִי ׀ נֹעַם אֲדֹנָי אֱלֹהֵינוּ עָלֵינוּ
וּמַעֲשֵׂה יָדֵינוּ כּוֹנְנָה עָלֵינוּ וּמַעֲשֵׂה יָדֵינוּ כּוֹנְנֵהוּ:

צ״א יֹשֵׁב בְּסֵתֶר עֶלְיוֹן בְּצֵל שַׁדַּי יִתְלוֹנָן: אֹמַר לַיהוָה
מַחְסִי וּמְצוּדָתִי אֱלֹהַי אֶבְטַח־בּוֹ: כִּי הוּא יַצִּילְךָ מִפַּח
יָקוּשׁ מִדֶּבֶר הַוּוֹת: בְּאֶבְרָתוֹ ׀ יָסֶךְ לָךְ וְתַחַת־כְּנָפָיו
תֶּחְסֶה צִנָּה וְסֹחֵרָה אֲמִתּוֹ: לֹא תִירָא מִפַּחַד לָיְלָה
מֵחֵץ יָעוּף יוֹמָם: מִדֶּבֶר בָּאֹפֶל יַהֲלֹךְ מִקֶּטֶב יָשׁוּד
צָהֳרָיִם: יִפֹּל מִצִּדְּךָ ׀ אֶלֶף וּרְבָבָה מִימִינֶךָ אֵלֶיךָ לֹא
יִגָּשׁ: רַק בְּעֵינֶיךָ תַבִּיט וְשִׁלֻּמַת רְשָׁעִים תִּרְאֶה: כִּי־

Psalm xc. A Prayer of Moses the man of God.

Lord, thou hast been our dwelling place in all generations. Before the mountains were brought forth, or ever thou hadst formed the earth and the world, even from everlasting to everlasting, thou art God. Thou turnest man to destruction ; and sayest, Return, ye children of men. For a thousand years in thy sight are but as yesterday when it is past, and as a watch in the night. Thou carriest them away as with a flood ; they are as in sleep : in the morning they are like grass which groweth up. In the morning it flourisheth and groweth up ; in the evening it is cut down and withereth. For we are consumed by thine anger, and by thy wrath are we troubled. Thou hast set our iniquities before thee, our secret sins in the light of thy countenance. For all our days are passed away in thy wrath : we spend our years as a tale that is told. The days of our years are threescore years and ten ; and if by reason of strength they be fourscore years, yet is their pride labour and sorrow ; for it is soon cut off, and we fly away. Who knoweth the power of thine anger ? even according to thy fear, so is thy wrath. So teach us to number our days, that we may apply our hearts unto wisdom. Return, O Lord; how long ? and let it repent thee concerning thy servants. O satisfy us early with thy mercy ; that we may rejoice and be glad all our days. Make us glad according to the days wherein thou hast afflicted us, and the years wherein we have seen evil. Let thy work appear unto thy servants, and thy glory unto their children. And let the beauty of the Lord our God be upon us : and establish thou the work of our hands upon us ; yea, the work of our hands establish thou it.

Psalm xci.

He dwelleth in the secret place of the most High, he abideth under the shadow of the Almighty. I will say of the Lord, He is my refuge and my fortress : my God ; in him will I trust. For he shall deliver thee from the snare of the fowler, and from the noisome pestilence. He shall cover thee with his pinions, and under his wings shalt thou trust : his truth shall be a shield and a buckler. Thou shalt not be afraid for the terror by night ; nor for the arrow that flieth by day ; nor for the pestilence that walketh in darkness ; nor for the destruction that wasteth at noonday. A thousand shall fall at thy side, and ten thousand at thy right hand ; but it shall not come nigh thee. Only with thine eyes shalt thou behold and see the reward of the wicked. For thou, O Lord, art my refuge ;

אַתָּה יְהֹוָה מַחְסִי עֶלְיוֹן שַׂמְתָּ מְעוֹנֶךָ: לֹא־תְאֻנֶּה אֵלֶיךָ
רָעָה וְנֶגַע לֹא־יִקְרַב בְּאָהֳלֶךָ: כִּי מַלְאָכָיו יְצַוֶּה־לָּךְ
לִשְׁמָרְךָ בְּכָל־דְּרָכֶיךָ: עַל־כַּפַּיִם יִשָּׂאוּנְךָ פֶּן־תִּגֹּף בָּאֶבֶן
רַגְלֶךָ: עַל־שַׁחַל וָפֶתֶן תִּדְרֹךְ תִּרְמֹס כְּפִיר וְתַנִּין: כִּי
בִי חָשַׁק וַאֲפַלְּטֵהוּ אֲשַׂגְּבֵהוּ כִּי־יָדַע שְׁמִי: יִקְרָאֵנִי |
וְאֶעֱנֵהוּ עִמּוֹ אָנֹכִי בְצָרָה אֲחַלְּצֵהוּ וַאֲכַבְּדֵהוּ: אֹרֶךְ יָמִים
אַשְׂבִּיעֵהוּ וְאַרְאֵהוּ בִּישׁוּעָתִי:

The last verse is repeated.

קל״ה הַלְלוּיָהּ | הַלְלוּ אֶת־שֵׁם יְהֹוָה הַלְלוּ עַבְדֵי יְהֹוָה:
שֶׁעֹמְדִים בְּבֵית יְהֹוָה בְּחַצְרוֹת בֵּית אֱלֹהֵינוּ: הַלְלוּיָהּ
כִּי־טוֹב יְהֹוָה זַמְּרוּ לִשְׁמוֹ כִּי נָעִים: כִּי־יַעֲקֹב בָּחַר־לוֹ
יָהּ יִשְׂרָאֵל לִסְגֻלָּתוֹ: כִּי אֲנִי יָדַעְתִּי כִּי־גָדוֹל יְהֹוָה וַאֲדֹנֵינוּ
מִכָּל־אֱלֹהִים: כֹּל אֲשֶׁר־חָפֵץ יְהֹוָה עָשָׂה בַּשָּׁמַיִם וּבָאָרֶץ
בַּיַּמִּים וְכָל־תְּהֹמוֹת: מַעֲלֶה נְשִׂאִים מִקְצֵה הָאָרֶץ בְּרָקִים
לַמָּטָר עָשָׂה מוֹצֵא רוּחַ מֵאוֹצְרוֹתָיו: שֶׁהִכָּה בְּכוֹרֵי
מִצְרַיִם מֵאָדָם עַד־בְּהֵמָה: שָׁלַח | אֹתוֹת וּמֹפְתִים בְּתוֹכֵכִי
מִצְרַיִם בְּפַרְעֹה וּבְכָל־עֲבָדָיו: שֶׁהִכָּה גּוֹיִם רַבִּים וְהָרַג
מְלָכִים עֲצוּמִים: לְסִיחוֹן | מֶלֶךְ הָאֱמֹרִי וּלְעוֹג מֶלֶךְ
הַבָּשָׁן וּלְכֹל מַמְלְכוֹת כְּנָעַן: וְנָתַן אַרְצָם נַחֲלָה נַחֲלָה
לְיִשְׂרָאֵל עַמּוֹ: יְהֹוָה שִׁמְךָ לְעוֹלָם יְהֹוָה זִכְרְךָ לְדֹר־
וָדֹר: כִּי־יָדִין יְהֹוָה עַמּוֹ וְעַל־עֲבָדָיו יִתְנֶחָם: עֲצַבֵּי הַגּוֹיִם
כֶּסֶף וְזָהָב מַעֲשֵׂה יְדֵי אָדָם: פֶּה־לָהֶם וְלֹא יְדַבֵּרוּ עֵינַיִם
לָהֶם וְלֹא יִרְאוּ: אָזְנַיִם לָהֶם וְלֹא יַאֲזִינוּ אַף אֵין־יֶשׁ־
רוּחַ בְּפִיהֶם: כְּמוֹהֶם יִהְיוּ עֹשֵׂיהֶם כֹּל אֲשֶׁר־בֹּטֵחַ בָּהֶם:

thou hast set thine habitation on high. There shall no
evil befall thee, neither shall any plague come nigh thy
tent. For he shall give his angels charge over thee, to
keep thee in all thy ways. They shall bear thee up in
their hands, lest thou dash thy foot against a stone. Thou
shalt tread upon the lion and adder : the young lion and
the dragon shalt thou trample under foot. Because he
hath set his love upon me, therefore will I deliver him : I
will set him on high, because he hath known my Name.
He shall call upon me, and I will answer him : I will be
with him in trouble ; I will deliver him, and honour him.
With long life will I satisfy him, and shew him my salvation.

Psalm cxxxv.

Praise ye the Lord. Praise ye the Name of the Lord ;
praise him, O ye servants of the Lord. Ye that stand in
the house of the Lord, in the courts of the house of our God,
praise the Lord ; for the Lord is good : sing praises unto
his Name ; for it is pleasant. For the Lord hath chosen
Jacob unto himself, and Israel for his peculiar treasure.
For I know that the Lord is great, and that our Lord is
above all gods. Whatsoever the Lord pleaseth, that hath
he done in heaven and in earth, in the seas and all deeps.
He causeth vapours to ascend from the ends of the earth ;
he maketh lightnings for the rain ; he bringeth the wind
out of his treasuries. Who smote the firstborn of Egypt,
both of man and beast. Who sent tokens and wonders
into the midst of thee, O Egypt, upon Pharaoh, and upon
all his servants. Who smote great nations, and slew mighty
kings ; Sihon king of the Amorites, and Og king of Bashan,
and all the kingdoms of Canaan : and gave their land for
an heritage, an heritage unto Israel his people. Thy
Name, O Lord, endureth for ever ; thy memorial, O Lord,
throughout all generations. For the Lord will judge his
people, and he will repent him concerning his servants.
The idols of the heathen are silver and gold, the work of
men's hands. They have mouths, but they speak not ;
eyes have they, but they see not ; they have ears, but they
hear not ; neither is there any breath in their mouths.
They that make them shall be like unto them : yea, every
one that trusteth in them. Bless the Lord, O house of

בֵּית יִשְׂרָאֵל בָּרְכוּ אֶת־יְהֹוָה בֵּית אַהֲרֹן בָּרְכוּ אֶת־יְהֹוָה׃
בֵּית הַלֵּוִי בָּרְכוּ אֶת־יְהֹוָה יִרְאֵי יְהֹוָה בָּרְכוּ אֶת־יְהֹוָה׃
בָּרוּךְ יְהֹוָה ׀ מִצִּיּוֹן שֹׁכֵן יְרוּשָׁלָ͏ִם הַלְלוּיָהּ׃

כִּי לְעוֹלָם חַסְדּוֹ׃	קל״י הוֹדוּ לַיהוָה כִּי־טוֹב
כִּי לְעוֹלָם חַסְדּוֹ׃	הוֹדוּ לֵאלֹהֵי הָאֱלֹהִים
כִּי לְעוֹלָם חַסְדּוֹ׃	הוֹדוּ לַאֲדֹנֵי הָאֲדֹנִים
כִּי לְעוֹלָם חַסְדּוֹ׃	לְעֹשֵׂה נִפְלָאוֹת גְּדֹלוֹת לְבַדּוֹ
כִּי לְעוֹלָם חַסְדּוֹ׃	לְעֹשֵׂה הַשָּׁמַיִם בִּתְבוּנָה
כִּי לְעוֹלָם חַסְדּוֹ׃	לְרֹקַע הָאָרֶץ עַל־הַמָּיִם
כִּי לְעוֹלָם חַסְדּוֹ׃	לְעֹשֵׂה אוֹרִים גְּדֹלִים
כִּי לְעוֹלָם חַסְדּוֹ׃	אֶת־הַשֶּׁמֶשׁ לְמֶמְשֶׁלֶת בַּיּוֹם
כִּי לְעוֹלָם חַסְדּוֹ׃	אֶת־הַיָּרֵחַ וְכוֹכָבִים לְמֶמְשְׁלוֹת בַּלָּיְלָה
כִּי לְעוֹלָם חַסְדּוֹ׃	לְמַכֵּה מִצְרַיִם בִּבְכוֹרֵיהֶם
כִּי לְעוֹלָם חַסְדּוֹ׃	וַיּוֹצֵא יִשְׂרָאֵל מִתּוֹכָם
כִּי לְעוֹלָם חַסְדּוֹ׃	בְּיָד חֲזָקָה וּבִזְרוֹעַ נְטוּיָה
כִּי לְעוֹלָם חַסְדּוֹ׃	לְגֹזֵר יַם־סוּף לִגְזָרִים
כִּי לְעוֹלָם חַסְדּוֹ׃	וְהֶעֱבִיר יִשְׂרָאֵל בְּתוֹכוֹ
כִּי לְעוֹלָם חַסְדּוֹ׃	וְנִעֵר פַּרְעֹה וְחֵילוֹ בְיַם־סוּף
כִּי לְעוֹלָם חַסְדּוֹ׃	לְמוֹלִיךְ עַמּוֹ בַּמִּדְבָּר
כִּי לְעוֹלָם חַסְדּוֹ׃	לְמַכֵּה מְלָכִים גְּדֹלִים
כִּי לְעוֹלָם חַסְדּוֹ׃	וַיַּהֲרֹג מְלָכִים אַדִּירִים
כִּי לְעוֹלָם חַסְדּוֹ׃	לְסִיחוֹן מֶלֶךְ הָאֱמֹרִי
כִּי לְעוֹלָם חַסְדּוֹ׃	וּלְעוֹג מֶלֶךְ הַבָּשָׁן
כִּי לְעוֹלָם חַסְדּוֹ׃	וְנָתַן אַרְצָם לְנַחֲלָה

Israel : bless the Lord, O house of Aaron : bless the Lord,
O house of Levi : ye that fear the Lord, bless the Lord.
Blessed be the Lord out of Zion, which dwelleth at Jeru-
salem. Praise ye the Lord.

Psalm cxxxvi.

O give thanks unto the Lord ; for he is good : for his mercy
endureth for ever.

O give thanks unto the God of gods : for his mercy endureth
for ever.

O give thanks to the Lord of lords : for his mercy endureth
for ever.

To him who alone doeth great wonders : for his mercy
endureth for ever.

To him that in wisdom made the heavens : for his mercy
endureth for ever.

To him that stretched out the earth above the waters : for
his mercy endureth for ever.

To him that made great lights : for his mercy endureth for
ever :

The sun to rule by day : for his mercy endureth for ever :

The moon and stars to rule by night : for his mercy en-
dureth for ever.

To him that smote Egypt in their firstborn : for his mercy
endureth for ever :

And brought out Israel from among them : for his mercy
endureth for ever :

With a strong hand, and with a stretched-out arm : for
his mercy endureth for ever.

To him which divided the Red Sea into parts : for his mercy
endureth for ever.

And made Israel to pass through the midst of it : for his
mercy endureth for ever :

But overthrew Pharaoh and his host in the Red Sea : for
his mercy endureth for ever.

To him which led his people through the wilderness : for
his mercy endureth for ever.

To him which smote great kings : for his mercy endureth
for ever :

And slew famous kings : for his mercy endureth for ever :

Sihon king of the Amorites : for his mercy endureth for
ever :

And Og the king of Bashan : for his mercy endureth for ever :

And gave their land for an heritage : for his mercy en-
dureth for ever :

נָחֲלָה לְיִשְׂרָאֵל עַבְדּוֹ | כִּי לְעוֹלָם חַסְדּוֹ:
שֶׁבְּשִׁפְלֵנוּ זָכַר לָנוּ | כִּי לְעוֹלָם חַסְדּוֹ:
וַיִּפְרְקֵנוּ מִצָּרֵינוּ | כִּי לְעוֹלָם חַסְדּוֹ:
נֹתֵן לֶחֶם לְכָל־בָּשָׂר | כִּי לְעוֹלָם חַסְדּוֹ:
הוֹדוּ לְאֵל הַשָּׁמָיִם | כִּי לְעוֹלָם חַסְדּוֹ:

ל״ד רַנְּנוּ צַדִּיקִים בַּיהוָה לַיְשָׁרִים נָאוָה תְהִלָּה: הוֹדוּ
לַיהוָה בְּכִנּוֹר בְּנֵבֶל עָשׂוֹר זַמְּרוּ־לוֹ: שִׁירוּ לוֹ שִׁיר
חָדָשׁ הֵיטִיבוּ נַגֵּן בִּתְרוּעָה: כִּי־יָשָׁר דְּבַר־יְהוָה וְכָל־
מַעֲשֵׂהוּ בֶּאֱמוּנָה: אֹהֵב צְדָקָה וּמִשְׁפָּט חֶסֶד יְהוָה מָלְאָה
הָאָרֶץ: בִּדְבַר יְהוָה שָׁמַיִם נַעֲשׂוּ וּבְרוּחַ פִּיו כָּל־צְבָאָם:
כֹּנֵס כַּנֵּד מֵי הַיָּם נֹתֵן בְּאֹצָרוֹת תְּהוֹמוֹת: יִירְאוּ מֵיְהוָה
כָּל־הָאָרֶץ מִמֶּנּוּ יָגוּרוּ כָּל־יֹשְׁבֵי תֵבֵל: כִּי הוּא אָמַר
וַיֶּהִי הוּא־צִוָּה וַיַּעֲמֹד: יְהוָה הֵפִיר עֲצַת גּוֹיִם הֵנִיא
מַחְשְׁבוֹת עַמִּים: עֲצַת יְהוָה לְעוֹלָם תַּעֲמֹד מַחְשְׁבוֹת
לִבּוֹ לְדֹר וָדֹר: אַשְׁרֵי הַגּוֹי אֲשֶׁר־יְהוָה אֱלֹהָיו הָעָם |
בָּחַר לְנַחֲלָה לוֹ: מִשָּׁמַיִם הִבִּיט יְהוָה רָאָה אֶת־כָּל־
בְּנֵי הָאָדָם: מִמְּכוֹן־שִׁבְתּוֹ הִשְׁגִּיחַ אֶל כָּל־יֹשְׁבֵי הָאָרֶץ:
הַיֹּצֵר יַחַד לִבָּם הַמֵּבִין אֶל־כָּל־מַעֲשֵׂיהֶם: אֵין הַמֶּלֶךְ
נוֹשָׁע בְּרָב־חָיִל גִּבּוֹר לֹא־יִנָּצֵל בְּרָב־כֹּחַ: שֶׁקֶר הַסּוּס
לִתְשׁוּעָה וּבְרֹב חֵילוֹ לֹא יְמַלֵּט: הִנֵּה עֵין יְהוָה אֶל־
יְרֵאָיו לַמְיַחֲלִים לְחַסְדּוֹ: לְהַצִּיל מִמָּוֶת נַפְשָׁם וּלְחַיּוֹתָם
בָּרָעָב: נַפְשֵׁנוּ חִכְּתָה לַיהוָה עֶזְרֵנוּ וּמָגִנֵּנוּ הוּא: כִּי־בוֹ
יִשְׂמַח לִבֵּנוּ כִּי בְשֵׁם קָדְשׁוֹ בָטָחְנוּ: יְהִי־חַסְדְּךָ יְהוָה
עָלֵינוּ כַּאֲשֶׁר יִחַלְנוּ לָךְ:

An heritage unto Israel his servant : for his mercy endureth for ever.

Who remembered us in our low estate : for his mercy endureth for ever :

And hath redeemed us from our enemies : for his mercy endureth for ever.

Who giveth food to all flesh : for his mercy endureth for ever.

O give thanks unto the God of heaven : for his mercy endureth for ever.

Psalm xxxiii.

Rejoice in the Lord, O ye righteous : for praise is comely for the upright. Give thanks unto the Lord with harp : sing unto him with the psaltery of ten strings. Sing unto him a new song ; play skilfully with a loud noise. For the word of the Lord is right ; and all his works are done in faithfulness. He loveth righteousness and judgment : the earth is full of the goodness of the Lord. By the word of the Lord were the heavens made ; and all the host of them by the breath of his mouth. He gathereth the waters of the sea together as an heap : he layeth up the depth in storehouses. Let all the earth fear the Lord : let all the inhabitants of the world stand in awe of him. For he spake, and it was done ; he commanded, and it stood fast. The Lord bringeth the counsel of nations to naught : he maketh the devices of peoples of none effect. The counsel of the Lord standeth for ever, the thoughts of his heart to all generations. Happy is the nation whose God is the Lord ; the people whom he hath chosen for his own inheritance. The Lord looketh from heaven ; he beholdeth all the sons of men. From the place of his habitation he looketh upon all the inhabitants of the earth, he that fashioneth the hearts of them all, that considereth all their works. The king is not saved by the multitude of an host : a mighty man is not delivered by much strength. An horse is a vain thing for safety : neither shall he deliver any by his great strength. Behold, the eye of the Lord is upon them that fear him, upon them that hope for his mercy ; to deliver their soul from death, and to keep them alive in famine. Our soul hath waited for the Lord : he is our help and our shield. For our heart shall rejoice in him, because we have trusted in his holy Name. Let thy mercy, O Lord, be upon us, according as we have hoped in thee.

צ"ב מִזְמוֹר שִׁיר לְיוֹם הַשַּׁבָּת: טוֹב לְהוֹדוֹת לַיהוָה
וּלְזַמֵּר לְשִׁמְךָ עֶלְיוֹן: לְהַגִּיד בַּבֹּקֶר חַסְדֶּךָ וֶאֱמוּנָתְךָ
בַּלֵּילוֹת: עֲלֵי־עָשׂוֹר וַעֲלֵי־נָבֶל עֲלֵי הִגָּיוֹן בְּכִנּוֹר: כִּי
שִׂמַּחְתַּנִי יְהוָה בְּפָעֳלֶךָ בְּמַעֲשֵׂי יָדֶיךָ אֲרַנֵּן: מַה־גָּדְלוּ
מַעֲשֶׂיךָ יְהוָה מְאֹד עָמְקוּ מַחְשְׁבֹתֶיךָ: אִישׁ־בַּעַר לֹא
יֵדָע וּכְסִיל לֹא־יָבִין אֶת־זֹאת: בִּפְרֹחַ רְשָׁעִים ׀ כְּמוֹ עֵשֶׂב
וַיָּצִיצוּ כָּל־פֹּעֲלֵי אָוֶן לְהִשָּׁמְדָם עֲדֵי־עַד: וְאַתָּה מָרוֹם
לְעֹלָם יְהוָה: כִּי הִנֵּה אֹיְבֶיךָ ׀ יְהוָה כִּי־הִנֵּה אֹיְבֶיךָ
יֹאבֵדוּ יִתְפָּרְדוּ כָּל־פֹּעֲלֵי אָוֶן: וַתָּרֶם כִּרְאֵים קַרְנִי
בַּלֹּתִי בְּשֶׁמֶן רַעֲנָן: וַתַּבֵּט עֵינִי בְּשׁוּרָי בַּקָּמִים עָלַי מְרֵעִים
תִּשְׁמַעְנָה אָזְנָי: צַדִּיק כַּתָּמָר יִפְרָח כְּאֶרֶז בַּלְּבָנוֹן יִשְׂגֶּה:
שְׁתוּלִים בְּבֵית יְהוָה בְּחַצְרוֹת אֱלֹהֵינוּ יַפְרִיחוּ: עוֹד
יְנוּבוּן בְּשֵׂיבָה דְּשֵׁנִים וְרַעֲנַנִּים יִהְיוּ: לְהַגִּיד כִּי־יָשָׁר
יְהוָה צוּרִי וְלֹא־עַלְתָה בּוֹ: *עוֹלָתָה קרי

צ"ג יְהוָה מָלָךְ גֵּאוּת לָבֵשׁ לָבֵשׁ יְהוָה עֹז הִתְאַזָּר אַף־
תִּכּוֹן תֵּבֵל בַּל־תִּמּוֹט: נָכוֹן כִּסְאֲךָ מֵאָז מֵעוֹלָם אָתָּה:
נָשְׂאוּ נְהָרוֹת ׀ יְהוָה נָשְׂאוּ נְהָרוֹת קוֹלָם יִשְׂאוּ נְהָרוֹת דָּכְיָם:
מִקֹּלוֹת ׀ מַיִם רַבִּים אַדִּירִים מִשְׁבְּרֵי־יָם אַדִּיר בַּמָּרוֹם
יְהוָה: עֵדֹתֶיךָ ׀ נֶאֶמְנוּ מְאֹד לְבֵיתְךָ נָאֲוָה־קֹּדֶשׁ יְהוָה
לְאֹרֶךְ יָמִים:

יְהִי כְבוֹד יְיָ לְעוֹלָם יִשְׂמַח יְיָ בְּמַעֲשָׂיו: יְהִי שֵׁם יְיָ
מְבֹרָךְ מֵעַתָּה וְעַד עוֹלָם: מִמִּזְרַח שֶׁמֶשׁ עַד מְבוֹאוֹ
מְהֻלָּל שֵׁם יְיָ• רָם עַל כָּל גּוֹיִם יְיָ עַל הַשָּׁמַיִם כְּבוֹדוֹ:

Psalm xcii. A Psalm, a Song for the Sabbath Day.

It is a good thing to give thanks unto the Lord, and to sing praises unto thy Name, O most High : to shew forth thy loving-kindness in the morning, and thy faithfulness every night, upon an instrument of ten strings; and upon the psaltery ; upon the harp with a solemn sound. For thou, Lord, hast made me glad through thy work : I will triumph in the works of thy hands. How great are thy works, O Lord ! thy thoughts are very deep. A brutish man knoweth not ; neither doth a fool understand this. When the wicked spring as the grass, and when all the workers of iniquity do flourish ; it is that they shall be destroyed for ever : But thou, O Lord, art most high for evermore. For, lo, thine enemies, O Lord, for, lo, thine enemies shall perish ; all the workers of iniquity shall be scattered. But my horn hast thou exalted like the horn of the wild ox : I am anointed with fresh oil. Mine eye hath seen mine enemies ; mine ears have heard of the wicked who rise up against me. The righteous shall flourish like the palm tree : he shall grow like a cedar in Lebanon. They shall be planted in the house of the Lord ; they shall flourish in the courts of our God. They shall still bring forth fruit in old age ; they shall be full of sap, and green ; to shew that the Lord is upright : he is my rock, and there is no unrighteousness in him.

Psalm xciii.

The Lord reigneth, he is clothed with majesty ; the Lord is clothed with strength, wherewith he hath girded himself ; the world also is stablished, that it cannot be moved. Thy throne is established of old : thou art from everlasting. The floods have lifted up, O Lord, the floods have lifted up their voice ; the floods lift up their waves. The Lord on high is mightier than the noise of many waters, yea, than the mighty breakers of the sea. Thy testimonies are very sure : holiness becometh thine house, O Lord, for ever.

Let the glory of the Lord endure for ever ; let the Lord rejoice in his works. Blessed be the Name of the Lord from this time forth and for evermore. From the rising of sun unto the going down of the same the Lord's Name is praised. The Lord is high above all nations, and his glory above the heavens. Thy Name, O Lord, endureth for ever ; thy

יְיָ שִׁמְךָ לְעוֹלָם יְיָ זִכְרְךָ לְדֹר וָדֹר: יְיָ בַּשָּׁמַיִם הֵכִין
כִּסְאוֹ וּמַלְכוּתוֹ בַּכֹּל מָשָׁלָה: יִשְׂמְחוּ הַשָּׁמַיִם וְתָגֵל
הָאָרֶץ וְיֹאמְרוּ בַגּוֹיִם יְיָ מָלָךְ: יְיָ מֶלֶךְ יְיָ מָלָךְ יְיָ יִמְלֹךְ
לְעֹלָם וָעֶד: יְיָ מֶלֶךְ עוֹלָם וָעֶד אָבְדוּ גוֹיִם מֵאַרְצוֹ: יְיָ
הֵפִיר עֲצַת גּוֹיִם הֵנִיא מַחְשְׁבוֹת עַמִּים: רַבּוֹת מַחֲשָׁבוֹת
בְּלֶב אִישׁ וַעֲצַת יְיָ הִיא תָקוּם: עֲצַת יְיָ לְעוֹלָם תַּעֲמֹד
מַחְשְׁבוֹת לִבּוֹ לְדֹר וָדֹר: כִּי הוּא אָמַר וַיֶּהִי הוּא צִוָּה
וַיַּעֲמֹד: כִּי בָחַר יְיָ בְּצִיּוֹן אִוָּה לְמוֹשָׁב לוֹ: כִּי יַעֲקֹב
בָּחַר לוֹ יָהּ יִשְׂרָאֵל לִסְגֻלָּתוֹ: כִּי לֹא יִטֹּשׁ יְיָ עַמּוֹ
וְנַחֲלָתוֹ לֹא יַעֲזוֹב: וְהוּא רַחוּם יְכַפֵּר עָוֹן וְלֹא יַשְׁחִית
וְהִרְבָּה לְהָשִׁיב אַפּוֹ וְלֹא יָעִיר כָּל חֲמָתוֹ: יְיָ הוֹשִׁיעָה
הַמֶּלֶךְ יַעֲנֵנוּ בְיוֹם קָרְאֵנוּ:

אַשְׁרֵי יוֹשְׁבֵי בֵיתֶךָ עוֹד יְהַלְלוּךָ סֶּלָה :
אַשְׁרֵי הָעָם שֶׁכָּכָה לּוֹ אַשְׁרֵי הָעָם שֶׁיְיָ אֱלֹהָיו :

תְּהִלָּה לְדָוִד

קמ״ה

אֲרוֹמִמְךָ אֱלוֹהַי הַמֶּלֶךְ וַאֲבָרְכָה שִׁמְךָ לְעוֹלָם וָעֶד :
בְּכָל־יוֹם אֲבָרְכֶךָ וַאֲהַלְלָה שִׁמְךָ לְעוֹלָם וָעֶד :
גָּדוֹל יְהוָה וּמְהֻלָּל מְאֹד וְלִגְדֻלָּתוֹ אֵין חֵקֶר :
דּוֹר לְדוֹר יְשַׁבַּח מַעֲשֶׂיךָ וּגְבוּרֹתֶיךָ יַגִּידוּ :
הֲדַר כְּבוֹד הוֹדֶךָ וְדִבְרֵי נִפְלְאֹתֶיךָ אָשִׂיחָה :
וֶעֱזוּז נוֹרְאֹתֶיךָ יֹאמֵרוּ וּגְדֻלָּתְךָ אֲסַפְּרֶנָּה :   וגדולתך ק׳
זֵכֶר רַב־טוּבְךָ יַבִּיעוּ וְצִדְקָתְךָ יְרַנֵּנוּ :
חַנּוּן וְרַחוּם יְהוָה אֶרֶךְ אַפַּיִם וּגְדָל־חָסֶד :   יתיר ו׳
טוֹב־יְהוָה לַכֹּל וְרַחֲמָיו עַל־כָּל־מַעֲשָׂיו :

memorial, O Lord, throughout all generations. The Lord
hath established his throne in the heavens ; and his king-
dom ruleth over all. Let the heavens rejoice and let the
earth be glad, and let men say among the nations, The
Lord reigneth. The Lord reigneth : the Lord hath reigned :
the Lord will reign for ever and ever. The Lord is King for
ever and ever : the heathen are perished out of his land.
The Lord bringeth the counsel of nations to naught : he
maketh the devices of peoples of none effect. There are
many devices in a man's heart ; but the counsel of the Lord,
that shall stand. The counsel of the Lord standeth for ever,
the thoughts of his heart to all generations. For he spake
and it was done ; he commanded, and it stood fast. For
the Lord hath chosen Zion ; he hath desired it for his habi-
tation. For the Lord hath chosen Jacob unto himself, and
Israel for his peculiar treasure. For the Lord will not cast
off his people, neither will he forsake his inheritance. And
he being full of compassion forgiveth iniquity and destroyeth
not : yea, many a time he turneth his anger away and
stirreth not up all his wrath. Save, O Lord : may the King
answer us on the day we call.

Happy are they that dwell in thy house ; they will be
ever praising thee. Selah. Happy is the people that is in
such a case ; happy is the people whose God is the Lord.

Psalm cxlv.   A Psalm of Praise of David.

I will extol thee, my God, O King ; and I will bless thy
Name for ever and ever. Every day will I bless thee ; and
I will praise thy Name for ever and ever. Great is the Lord
and greatly to be praised ; and his greatness is unsearchable.
One generation shall laud thy works to another, and shall
declare thy mighty acts. Of the glorious honour of thy
majesty, and of thy wondrous works, will I speak. And
men shall speak of the might of thy terrible acts : and I
will declare thy greatness. They shall utter the memory
of thy great goodness, and shall sing of thy righteousness.
The Lord is gracious and full of compassion ; slow to anger,
and of great mercy. The Lord is good to all ; and his
tender mercies are over all his works. All thy works shall

יְרוּךָ יְהוָה כָּל־מַעֲשֶׂיךָ וַחֲסִידֶיךָ יְבָרֲכוּכָה :

כְּבוֹד מַלְכוּתְךָ יֹאמֵרוּ וּגְבוּרָתְךָ יְדַבֵּרוּ :

לְהוֹדִיעַ ׀ לִבְנֵי הָאָדָם גְּבוּרֹתָיו וּכְבוֹד הֲדַר מַלְכוּתוֹ :

מַלְכוּתְךָ מַלְכוּת כָּל־עֹלָמִים וּמֶמְשַׁלְתְּךָ בְּכָל־דּוֹר וָדֹר :

סוֹמֵךְ יְהוָה לְכָל־הַנֹּפְלִים וְזוֹקֵף לְכָל־הַכְּפוּפִים :

עֵינֵי כֹל אֵלֶיךָ יְשַׂבֵּרוּ וְאַתָּה נוֹתֵן־לָהֶם אֶת־אָכְלָם בְּעִתּוֹ :

פּוֹתֵחַ אֶת־יָדֶךָ וּמַשְׂבִּיעַ לְכָל־חַי רָצוֹן :

צַדִּיק יְהוָה בְּכָל־דְּרָכָיו וְחָסִיד בְּכָל־מַעֲשָׂיו :

קָרוֹב יְהוָה לְכָל־קֹרְאָיו לְכֹל אֲשֶׁר יִקְרָאֻהוּ בֶאֱמֶת :

רְצוֹן־יְרֵאָיו יַעֲשֶׂה וְאֶת־שַׁוְעָתָם יִשְׁמַע וְיוֹשִׁיעֵם :

שׁוֹמֵר יְהוָה אֶת־כָּל־אֹהֲבָיו וְאֵת כָּל־הָרְשָׁעִים יַשְׁמִיד :

תְּהִלַּת יְהוָה יְדַבֶּר־פִּי וִיבָרֵךְ כָּל־בָּשָׂר שֵׁם קָדְשׁוֹ
לְעוֹלָם וָעֶד :

וַאֲנַחְנוּ נְבָרֵךְ יָהּ מֵעַתָּה וְעַד־עוֹלָם הַלְלוּיָהּ :

קמ"ו הַלְלוּיָהּ הַלְלִי נַפְשִׁי אֶת־יְהוָה : אֲהַלְלָה יְהוָה
בְּחַיָּי אֲזַמְּרָה לֵאלֹהַי בְּעוֹדִי : אַל־תִּבְטְחוּ בִנְדִיבִים בְּבֶן־
אָדָם ׀ שֶׁאֵין לוֹ תְשׁוּעָה : תֵּצֵא רוּחוֹ יָשֻׁב לְאַדְמָתוֹ בַּיּוֹם
הַהוּא אָבְדוּ עֶשְׁתֹּנֹתָיו : אַשְׁרֵי שֶׁאֵל יַעֲקֹב בְּעֶזְרוֹ שִׂבְרוֹ
עַל־יְהוָה אֱלֹהָיו : עֹשֶׂה ׀ שָׁמַיִם וָאָרֶץ אֶת־הַיָּם וְאֶת־כָּל־
אֲשֶׁר־בָּם הַשֹּׁמֵר אֱמֶת לְעוֹלָם : עֹשֶׂה מִשְׁפָּט ׀ לָעֲשׁוּקִים
נֹתֵן לֶחֶם לָרְעֵבִים יְהוָה מַתִּיר אֲסוּרִים : יְהוָה ׀ פֹּקֵחַ
עִוְרִים יְהוָה זֹקֵף כְּפוּפִים יְהוָה אֹהֵב צַדִּיקִים : יְהוָה ׀ שֹׁמֵר
אֶת־גֵּרִים יָתוֹם וְאַלְמָנָה יְעוֹדֵד וְדֶרֶךְ רְשָׁעִים יְעַוֵּת : יִמְלֹךְ
יְהוָה ׀ לְעוֹלָם אֱלֹהַיִךְ צִיּוֹן לְדֹר וָדֹר הַלְלוּיָהּ :

give thanks unto thee, O Lord ; and thy pious servants shall bless thee. They shall speak of the glory of thy kingdom, and talk of thy power ; to make known to the sons of men his mighty acts, and the glory of the majesty of his kingdom. Thy kingdom is an everlasting kingdom, and thy dominion endureth throughout all generations. The Lord upholdeth all that fall, and raiseth up all those that be bowed down. The eyes of all wait upon thee ; and thou givest them their meat in due season. Thou openest thine hand, and satisfiest the desire of every living thing. The Lord is righteous in all his ways, and merciful in all his works. The Lord is nigh unto all them that call upon him, to all that call upon him in truth. He will fulfil the desire of them that fear him ; he also will hear their cry, and will save them. The Lord preserveth all them that love him ; but all the wicked will he destroy. My mouth shall speak the praise of the Lord ; and let all flesh bless his holy Name for ever and ever.

And as for us, we will bless the Lord from this time forth, and for evermore. Praise ye the Lord.

Psalm cxlvi.

Praise ye the Lord. Praise the Lord, O my soul. While I live will I praise the Lord : I will sing praises unto my God while I have any being. Put not your trust in princes, nor in the son of man, in whom there is no help. His breath goeth forth, he returneth to his earth ; in that very day his purposes perish. Happy is he that hath the God of Jacob for his help, whose hope is in the Lord his God. Which made heaven and earth, the sea and all that therein is : which keepeth truth for ever : which executeth judgment for the oppressed : which giveth food to the hungry. The Lord looseth prisoners : the Lord openeth the eyes of the blind : the Lord raiseth them that are bowed down : the Lord loveth the righteous : the Lord preserveth the strangers ; he relieveth the fatherless and widow : but the way of the wicked he subverteth. The Lord shall reign for ever, thy God, O Zion, unto all generations. Praise ye the Lord.

קמ״ז הַלְלוּיָהּ | כִּי־טוֹב זַמְּרָה אֱלֹהֵינוּ כִּי־נָעִים נָאוָה
תְהִלָּה: בּוֹנֵה יְרוּשָׁלַ͏ִם יְהֹוָה נִדְחֵי יִשְׂרָאֵל יְכַנֵּס: הָרוֹפֵא
לִשְׁבוּרֵי לֵב וּמְחַבֵּשׁ לְעַצְּבוֹתָם: מוֹנֶה מִסְפָּר לַכּוֹכָבִים
לְכֻלָּם שֵׁמוֹת יִקְרָא: גָּדוֹל אֲדוֹנֵינוּ וְרַב־כֹּחַ לִתְבוּנָתוֹ
אֵין מִסְפָּר: מְעוֹדֵד עֲנָוִים יְהֹוָה מַשְׁפִּיל רְשָׁעִים עֲדֵי־
אָרֶץ: עֱנוּ לַיהֹוָה בְּתוֹדָה זַמְּרוּ לֵאלֹהֵינוּ בְכִנּוֹר: הַמְכַסֶּה
שָׁמַיִם | בְּעָבִים הַמֵּכִין לָאָרֶץ מָטָר הַמַּצְמִיחַ הָרִים
חָצִיר: נוֹתֵן לִבְהֵמָה לַחְמָהּ לִבְנֵי עֹרֵב אֲשֶׁר יִקְרָאוּ:
לֹא בִגְבוּרַת הַסּוּס יֶחְפָּץ לֹא־בְשׁוֹקֵי הָאִישׁ יִרְצֶה: רוֹצֶה
יְהֹוָה אֶת־יְרֵאָיו אֶת־הַמְיַחֲלִים לְחַסְדּוֹ: שַׁבְּחִי יְרוּשָׁלַ͏ִם
אֶת־יְהֹוָה הַלְלִי אֱלֹהַיִךְ צִיּוֹן: כִּי־חִזַּק בְּרִיחֵי שְׁעָרָיִךְ
בֵּרַךְ בָּנַיִךְ בְּקִרְבֵּךְ: הַשָּׂם־גְּבוּלֵךְ שָׁלוֹם חֵלֶב חִטִּים
יַשְׂבִּיעֵךְ: הַשֹּׁלֵחַ אִמְרָתוֹ אָרֶץ עַד־מְהֵרָה יָרוּץ דְּבָרוֹ:
הַנֹּתֵן שֶׁלֶג כַּצָּמֶר כְּפוֹר כָּאֵפֶר יְפַזֵּר: מַשְׁלִיךְ קַרְחוֹ
כְפִתִּים לִפְנֵי קָרָתוֹ מִי יַעֲמֹד: יִשְׁלַח דְּבָרוֹ וְיַמְסֵם יַשֵּׁב
רוּחוֹ יִזְּלוּ־מָיִם: מַגִּיד דְּבָרָיו לְיַעֲקֹב חֻקָּיו וּמִשְׁפָּטָיו
לְיִשְׂרָאֵל: לֹא־עָשָׂה כֵן | לְכָל־גּוֹי וּמִשְׁפָּטִים בַּל־יְדָעוּם
הַלְלוּיָהּ: *דבריו קרי

קמ״ח הַלְלוּיָהּ | הַלְלוּ אֶת־יְהֹוָה מִן־הַשָּׁמַיִם הַלְלוּהוּ
בַּמְּרוֹמִים: הַלְלוּהוּ כָל־מַלְאָכָיו הַלְלוּהוּ כָּל־צְבָאָו:
הַלְלוּהוּ שֶׁמֶשׁ וְיָרֵחַ הַלְלוּהוּ כָּל־כּוֹכְבֵי אוֹר: הַלְלוּהוּ
שְׁמֵי הַשָּׁמָיִם וְהַמַּיִם אֲשֶׁר | מֵעַל הַשָּׁמָיִם: יְהַלְלוּ אֶת־
שֵׁם יְהֹוָה כִּי הוּא צִוָּה וְנִבְרָאוּ: וַיַּעֲמִידֵם לָעַד לְעוֹלָם
חָק־נָתַן וְלֹא יַעֲבוֹר: הַלְלוּ אֶת־יְהֹוָה מִן־הָאָרֶץ תַּנִּינִים
*צבאיו קרי

Psalm cxlvii.

Praise ye the Lord : for it is good to sing praises unto our God ; for it is pleasant ; and praise is comely. The Lord doth build up Jerusalem : he gathereth together the outcasts of Israel. He healeth the broken in heart, and bindeth up their wounds. He telleth the number of the stars ; he calleth them all by their names. Great is our Lord, and of great power : his understanding is infinite. The Lord lifteth up the meek : he casteth the wicked down to the ground. Sing unto the Lord with thanksgiving ; sing praise upon the harp unto our God : who covereth the heaven with clouds, who prepareth rain for the earth, who maketh grass to grow upon the mountains. He giveth to the beast his food, and to the young ravens which cry. He delighteth not in the strength of the horse : he taketh no pleasure in the legs of a man. The Lord taketh pleasure in them that fear him, in those that hope for his mercy. Praise the Lord, O Jerusalem ; praise thy God, O Zion. For he hath strengthened the bars of thy gates ; he hath blessed thy children within thee. He maketh thy border peace ; he filleth thee with the fat of the wheat. He sendeth forth his commandment upon earth : his word runneth very swiftly. He giveth snow like wool : he scattereth the hoarfrost like ashes. He casteth forth his ice like morsels : who can stand before his cold ? He sendeth out his word, and melteth them : he causeth his wind to blow, and the waters flow. He sheweth his word unto Jacob, his statutes and his judgments unto Israel. He hath not dealt so with any nation : and as for his judgments, they have not known them. Praise ye the Lord.

Psalm cxlviii.

Praise ye the Lord. Praise ye the Lord from the heavens : praise him in the heights. Praise ye him, all his angels : praise ye him, all his hosts. Praise ye him, sun and moon : praise him, all ye stars of light. Praise him, ye heavens of heavens, and ye waters that be above the heavens. Let them praise the name of the Lord : for he commanded, and they were created. He hath also stablished them for ever and ever : he hath made a decree which shall not pass. Praise the Lord from the earth, ye sea monsters, and all

וְכָל־תְּהֹמוֹת: אֵשׁ וּבָרָד שֶׁלֶג וְקִיטוֹר רוּחַ סְעָרָה עֹשָׂה
דְבָרוֹ: הֶהָרִים וְכָל־גְּבָעוֹת עֵץ פְּרִי וְכָל־אֲרָזִים: הַחַיָּה
וְכָל־בְּהֵמָה רֶמֶשׂ וְצִפּוֹר כָּנָף: מַלְכֵי־אֶרֶץ וְכָל־לְאֻמִּים
שָׂרִים וְכָל־שֹׁפְטֵי אָרֶץ: בַּחוּרִים וְגַם־בְּתוּלֹת זְקֵנִים עִם־
נְעָרִים: יְהַלְלוּ ׀ אֶת־שֵׁם יְהֹוָה כִּי־נִשְׂגָּב שְׁמוֹ לְבַדּוֹ
הוֹדוֹ עַל־אֶרֶץ וְשָׁמָיִם: וַיָּרֶם קֶרֶן ׀ לְעַמּוֹ תְּהִלָּה לְכָל־
חֲסִידָיו לִבְנֵי יִשְׂרָאֵל עַם קְרֹבוֹ הַלְלוּיָהּ:

קמ״ט הַלְלוּיָהּ ׀ שִׁירוּ לַיהֹוָה שִׁיר חָדָשׁ תְּהִלָּתוֹ בִּקְהַל
חֲסִידִים: יִשְׂמַח יִשְׂרָאֵל בְּעֹשָׂיו בְּנֵי־צִיּוֹן יָגִילוּ בְמַלְכָּם:
יְהַלְלוּ שְׁמוֹ בְמָחוֹל בְּתֹף וְכִנּוֹר יְזַמְּרוּ־לוֹ: כִּי־רוֹצֶה
יְהֹוָה בְּעַמּוֹ יְפָאֵר עֲנָוִים בִּישׁוּעָה: יַעְלְזוּ חֲסִידִים בְּכָבוֹד
יְרַנְּנוּ עַל־מִשְׁכְּבוֹתָם: רוֹמְמוֹת אֵל בִּגְרוֹנָם וְחֶרֶב פִּיפִיּוֹת
בְּיָדָם: לַעֲשׂוֹת נְקָמָה בַּגּוֹיִם תּוֹכֵחוֹת בַּלְאֻמִּים: לֶאְסֹר
מַלְכֵיהֶם בְּזִקִּים וְנִכְבְּדֵיהֶם בְּכַבְלֵי בַרְזֶל: לַעֲשׂוֹת בָּהֶם ׀
מִשְׁפָּט כָּתוּב הָדָר הוּא לְכָל־חֲסִידָיו הַלְלוּיָהּ:

ק״נ הַלְלוּיָהּ ׀ הַלְלוּ־אֵל בְּקָדְשׁוֹ הַלְלוּהוּ בִּרְקִיעַ עֻזּוֹ:
הַלְלוּהוּ בִּגְבוּרֹתָיו הַלְלוּהוּ כְּרֹב גֻּדְלוֹ: הַלְלוּהוּ בְּתֵקַע
שׁוֹפָר הַלְלוּהוּ בְּנֵבֶל וְכִנּוֹר: הַלְלוּהוּ בְּתֹף וּמָחוֹל
הַלְלוּהוּ בְּמִנִּים וְעֻגָב: הַלְלוּהוּ בְצִלְצְלֵי־שָׁמַע הַלְלוּהוּ
בְּצִלְצְלֵי תְרוּעָה: כֹּל הַנְּשָׁמָה תְּהַלֵּל יָהּ הַלְלוּיָהּ:

The last verse is repeated.

בָּרוּךְ יְיָ לְעוֹלָם אָמֵן וְאָמֵן: בָּרוּךְ יְיָ מִצִּיּוֹן שֹׁכֵן
יְרוּשָׁלָיִם הַלְלוּיָהּ: בָּרוּךְ יְיָ אֱלֹהִים אֱלֹהֵי יִשְׂרָאֵל עֹשֵׂה

deeps : fire, and hail ; snow, and vapours ; stormy wind fulfilling his word : mountains, and all hills ; fruitful trees, and all cedars : beasts, and all cattle ; creeping things, and flying fowl : kings of the earth, and all peoples ; princes, and all judges of the earth : both young men, and maidens ; old men, and children : let them praise the Name of the Lord : for his Name alone is exalted ; his glory is above the earth and heaven. He also hath lifted up the horn of his people, the praise of all his saints, even of the children of Israel, a people near unto him. Praise ye the Lord.

Psalm cxlix.

Praise ye the Lord. Sing unto the Lord a new song, and his praise in the congregation of his pious servants. Let Israel rejoice in him that made him : let the children of Zion be joyful in their King. Let them praise his Name in the dance : let them sing praises unto him with the timbrel and harp. For the Lord taketh pleasure in his people : he will beautify the meek with salvation. Let his pious servants be joyful in glory : let them sing aloud upon their beds. Let the high praises of God be in their throat, and a two-edged sword in their hand ; to execute vengeance upon the nations, and punishments upon the peoples, to bind their kings with chains, and their nobles with fetters of iron ; to execute upon them the judgment written : He is the honour of all his saints. Praise ye the Lord.

Psalm cl.

Praise ye the Lord ; praise God in his sanctuary : praise him in the firmament of his power. Praise him for his mighty acts : praise him according to his excellent greatness. Praise him with the sound of the horn : praise him with the psalter and harp. Praise him with the timbrel and dance : praise him with stringed instruments and the pipe. Praise him upon the loud cymbals : praise him upon the high sounding cymbals. Let every thing that hath breath praise the Lord ; praise ye the Lord.

The last verse is repeated.

Blessed be the Lord for evermore. Amen and Amen. Blessed be the Lord out of Zion, who dwelleth in Jerusalem. Praise ye the Lord. Blessed be the Lord God, the God of

נִפְלָאוֹת לְבַדּוֹ: וּבָרוּךְ שֵׁם כְּבוֹדוֹ לְעוֹלָם וְיִמָּלֵא כְבוֹדוֹ
אֶת כָּל הָאָרֶץ אָמֵן וְאָמֵן:

From משתחוים *to* ויברך *is said standing.*

דברי הימים א' כ' י"א – י"ן

וַיְבָרֶךְ דָּוִיד אֶת־יְהוָה לְעֵינֵי כָּל־הַקָּהָל וַיֹּאמֶר דָּוִיד
בָּרוּךְ אַתָּה יְהוָה אֱלֹהֵי יִשְׂרָאֵל אָבִינוּ מֵעוֹלָם וְעַד־עוֹלָם:
לְךָ יְהוָה הַגְּדֻלָּה וְהַגְּבוּרָה וְהַתִּפְאֶרֶת וְהַנֵּצַח וְהַהוֹד כִּי
כֹל בַּשָּׁמַיִם וּבָאָרֶץ לְךָ יְהוָה הַמַּמְלָכָה וְהַמִּתְנַשֵּׂא לְכֹל ו
לְרֹאשׁ: וְהָעֹשֶׁר וְהַכָּבוֹד מִלְּפָנֶיךָ וְאַתָּה מוֹשֵׁל בַּכֹּל
וּבְיָדְךָ כֹּחַ וּגְבוּרָה וּבְיָדְךָ לְגַדֵּל וּלְחַזֵּק לַכֹּל: וְעַתָּה
אֱלֹהֵינוּ מוֹדִים אֲנַחְנוּ לָךְ וּמְהַלְלִים לְשֵׁם תִּפְאַרְתֶּךָ:

נחמיה ט' ו' – י"א

אַתָּה־הוּא יְהוָה לְבַדֶּךָ אַתָּ עָשִׂיתָ אֶת־הַשָּׁמַיִם שְׁמֵי
הַשָּׁמַיִם וְכָל־צְבָאָם הָאָרֶץ וְכָל־אֲשֶׁר עָלֶיהָ הַיַּמִּים וְכָל־
אֲשֶׁר בָּהֶם וְאַתָּה מְחַיֶּה אֶת־כֻּלָּם וּצְבָא הַשָּׁמַיִם לְךָ
מִשְׁתַּחֲוִים: אַתָּה הוּא יְהוָה הָאֱלֹהִים אֲשֶׁר בָּחַרְתָּ בְּאַבְרָם
וְהוֹצֵאתוֹ מֵאוּר כַּשְׂדִּים וְשַׂמְתָּ שְּׁמוֹ אַבְרָהָם: וּמָצָאתָ אֶת־
לְבָבוֹ נֶאֱמָן לְפָנֶיךָ וְכָרוֹת עִמּוֹ הַבְּרִית לָתֵת אֶת־אֶרֶץ הַכְּנַעֲנִי
הַחִתִּי הָאֱמֹרִי וְהַפְּרִזִּי וְהַיְבוּסִי וְהַגִּרְגָּשִׁי לָתֵת לְזַרְעוֹ
וַתָּקֶם אֶת־דְּבָרֶיךָ כִּי צַדִּיק אָתָּה: וַתֵּרֶא אֶת־עֳנִי אֲבֹתֵינוּ
בְּמִצְרָיִם וְאֶת־זַעֲקָתָם שָׁמַעְתָּ עַל־יַם־סוּף: וַתִּתֵּן אֹתֹת
וּמֹפְתִים בְּפַרְעֹה וּבְכָל־עֲבָדָיו וּבְכָל־עַם אַרְצוֹ כִּי יָדַעְתָּ
כִּי הֵזִידוּ עֲלֵיהֶם וַתַּעַשׂ־לְךָ שֵׁם כְּהַיּוֹם הַזֶּה: וְהַיָּם בָּקַעְתָּ
לִפְנֵיהֶם וַיַּעַבְרוּ בְתוֹךְ־הַיָּם בַּיַּבָּשָׁה וְאֶת־רֹדְפֵיהֶם הִשְׁלַכְתָּ
בִמְצוֹלֹת כְּמוֹ־אֶבֶן בְּמַיִם עַזִּים:

*אתה קרי

Israel, who alone doeth wondrous things. And blessed be
his glorious Name for ever : and let the whole earth be filled
with his glory ; Amen and Amen.

From And David *to* worshippeth thee *is said standing.*

1 Chronicles xxix. 10–13.

And David blessed the Lord before all the congregation :
and David said, Blessed be thou, Lord God of Israel our father,
for ever and ever. Thine, O Lord, are greatness and power,
glory, victory and majesty ; for all that is in the heaven
and in the earth is thine : thine is sovereignty, O Lord,
and pre-eminence supreme. Both riches and honour come
of thee, and thou reignest over all; and in thine hand is
power and might ; and in thine hand it is to make great,
and to give strength unto all. Now therefore, our God,
we thank thee, and praise thy glorious Name.

Nehemiah ix. 6–11.

Thou, even thou, art Lord alone ; thou hast made heaven,
the heaven of heavens, with all their host, the earth, and all
things that are therein, the seas, and all that is therein, and
thou preservest them all ; and the host of heaven worship-
peth thee. Thou art the Lord the God, who didst choose
Abram, and broughtest him forth out of Ur of the Chaldees,
and gavest him the name of Abraham ; and foundest his
heart faithful before thee, and madest a covenant with him
to give the land of the Canaanites, the Hittites, the Amor-
ites and the Perizzites and the Jebusites and the Girgash-
ites even to give it unto his seed, and hast performed thy
words ; for thou art righteous : and didst see the affliction
of our fathers in Egypt, and heardest their cry by
the Red sea ; and shewedst signs and wonders upon
Pharaoh, and on all his servants, and on all the people of
his land : for thou knewest that they dealt proudly against
them, and didst get thee a name, as it is this day. And
thou didst divide the sea before them, so that they went
through the midst of the sea on the dry land ; and their
pursuers thou didst cast into the depths, as a stone into
the mighty waters.

שמות י״ד ל׳ — ט״ו י״ח

וַיּוֹשַׁע יְהֹוָה בַּיּוֹם הַהוּא אֶת־יִשְׂרָאֵל מִיַּד מִצְרָיִם וַיַּרְא
יִשְׂרָאֵל אֶת־מִצְרַיִם מֵת עַל־שְׂפַת הַיָּם: וַיַּרְא יִשְׂרָאֵל
אֶת־הַיָּד הַגְּדֹלָה אֲשֶׁר עָשָׂה יְהֹוָה בְּמִצְרַיִם וַיִּירְאוּ הָעָם
אֶת־יְהֹוָה וַיַּאֲמִינוּ בַּיהֹוָה וּבְמֹשֶׁה עַבְדּוֹ:

אָז יָשִׁיר־מֹשֶׁה וּבְנֵי יִשְׂרָאֵל אֶת־הַשִּׁירָה הַזֹּאת לַיהֹוָה וַיֹּאמְרוּ
לֵאמֹר   אָשִׁירָה לַיהֹוָה כִּי־גָאֹה גָּאָה   סוּס
וְרֹכְבוֹ רָמָה בַיָּם: עָזִּי וְזִמְרָת יָהּ וַיְהִי־לִי
לִישׁוּעָה   זֶה אֵלִי וְאַנְוֵהוּ   אֱלֹהֵי
אָבִי וַאֲרֹמְמֶנְהוּ:   יְהֹוָה אִישׁ מִלְחָמָה יְהֹוָה
שְׁמוֹ:   מַרְכְּבֹת פַּרְעֹה וְחֵילוֹ יָרָה בַיָּם   וּמִבְחַר
שָׁלִשָׁיו טֻבְּעוּ בְיַם־סוּף: תְּהֹמֹת יְכַסְיֻמוּ יָרְדוּ בִמְצוֹלֹת כְּמוֹ־
אָבֶן: יְמִינְךָ יְהֹוָה נֶאְדָּרִי בַּכֹּחַ   יְמִינְךָ
יְהֹוָה תִּרְעַץ אוֹיֵב: וּבְרֹב גְּאוֹנְךָ תַּהֲרֹס
קָמֶיךָ   תְּשַׁלַּח חֲרֹנְךָ יֹאכְלֵמוֹ כַּקַּשׁ:   וּבְרוּחַ
אַפֶּיךָ נֶעֶרְמוּ מַיִם   נִצְּבוּ כְמוֹ־נֵד
נֹזְלִים   קָפְאוּ תְהֹמֹת בְּלֶב־יָם: אָמַר
אוֹיֵב אֶרְדֹּף אַשִּׂיג   אֲחַלֵּק שָׁלָל תִּמְלָאֵמוֹ
נַפְשִׁי   אָרִיק חַרְבִּי תּוֹרִישֵׁמוֹ יָדִי: נָשַׁפְתָּ
בְרוּחֲךָ כִּסָּמוֹ יָם   צָלֲלוּ כַּעוֹפֶרֶת בְּמַיִם
אַדִּירִים: מִי־כָמֹכָה בָּאֵלִם יְהֹוָה   מִי
כָּמֹכָה נֶאְדָּר בַּקֹּדֶשׁ   נוֹרָא תְהִלֹּת עֹשֵׂה־
פֶלֶא: נָטִיתָ יְמִינְךָ תִּבְלָעֵמוֹ אָרֶץ: נָחִיתָ
בְחַסְדְּךָ עַם־זוּ גָּאָלְתָּ   נֵהַלְתָּ בְעָזְּךָ אֶל־נְוֵה
קָדְשֶׁךָ:   שָׁמְעוּ עַמִּים יִרְגָּזוּן   חִיל

Exodus xiv. 30–xv. 18.

Thus the Lord saved Israel that day out of the hand of the Egyptians ; and Israel saw the Egyptians dead upon the sea shore. And Israel saw that great work which the Lord did upon the Egyptians : and the people feared the Lord, and believed the Lord and his servant Moses.

Then sang Moses and the children of Israel this song unto the Lord, and spake, saying, I will sing unto the Lord, for he hath triumphed gloriously : the horse and his rider hath he thrown into the sea.

The Lord is my strength and song, and he is become my salvation : he is my God, and I will prepare him an habitation ; my father's God, and I will exalt him.

The Lord is a man of war : the Lord is his name.

Pharaoh's chariots and his host hath he cast into the sea : his chosen captains also are drowned in the Red sea.

The deeps covered them : they sank into the depths as a stone.

Thy right hand, O Lord, is glorious in power : thy right hand, O Lord, hath dashed in pieces the enemy.

And in the greatness of thine excellency thou overthrowest them that rise up against thee : thou sendest forth thy wrath, it consumeth them as stubble.

And with the blast of thy nostrils the waters were gathered together, the floods stood upright as an heap, and the depths were congealed in the heart of the sea.

The enemy said, I will pursue, I will overtake, I will divide the spoil ; my lust shall be satisfied upon them ; I will draw my sword, my hand shall destroy them.

Thou didst blow with thy wind, the sea covered them : they sank as lead in the mighty waters.

Who is like unto thee, O Lord, among the mighty ones ? who is like thee, glorious in holiness, fearful in praises, doing wonders ?

Thou stretchedst out thy right hand ; the earth swallowed them.

Thou in thy mercy hast led forth the people which thou hast redeemed : thou hast guided them in thy strength unto thy holy habitation.

The people have heard, they tremble : pangs have taken hold on the inhabitants of Philistia.

אָז נִבְהֲלוּ אַלוּפֵי אָחַז יֹשְׁבֵי פְלָשֶׁת:
נָמֹגוּ אֵילֵי מוֹאָב יֹאחֲזֵמוֹ רָעַד אֱדוֹם
תִּפֹּל עֲלֵיהֶם אֵימָתָה כָּל יֹשְׁבֵי כְנָעַן:
עַד־ בִּגְדֹל זְרוֹעֲךָ יִדְּמוּ כָּאָבֶן וָפַחַד
עַד־יַעֲבֹר עַם־זוּ יַעֲבֹר עַמְּךָ יְהֹוָה
מָכוֹן תְּבִאֵמוֹ וְתִטָּעֵמוֹ בְּהַר נַחֲלָתְךָ קָנִיתָ:
מִקְּדָשׁ אֲדֹנָי כּוֹנְנוּ לְשִׁבְתְּךָ פָּעַלְתָּ יְהֹוָה
יְהֹוָה ׀ יִמְלֹךְ לְעֹלָם וָעֶד: יָדֶיךָ:

The last verse is repeated.

כִּי לַיָי הַמְּלוּכָה וּמוֹשֵׁל בַּגּוֹיִם: וְעָלוּ מוֹשִׁעִים בְּהַר צִיּוֹן
לִשְׁפֹּט אֶת הַר עֵשָׂו וְהָיְתָה לַיָי הַמְּלוּכָה: וְהָיָה יְיָ לְמֶלֶךְ
עַל כָּל הָאָרֶץ בַּיּוֹם הַהוּא יִהְיֶה יְיָ אֶחָד וּשְׁמוֹ אֶחָד:
וּבְתוֹרָתְךָ כָּתוּב לֵאמֹר שְׁמַע יִשְׂרָאֵל יְיָ אֱלֹהֵינוּ יְיָ אֶחָד:

נִשְׁמַת כָּל חַי תְּבָרֵךְ אֶת שִׁמְךָ יְיָ אֱלֹהֵינוּ• וְרוּחַ כָּל
בָּשָׂר תְּפָאֵר וּתְרוֹמֵם זִכְרְךָ מַלְכֵּנוּ תָּמִיד• מִן הָעוֹלָם
וְעַד הָעוֹלָם אַתָּה אֵל• וּמִבַּלְעָדֶיךָ אֵין לָנוּ מֶלֶךְ גּוֹאֵל
וּמוֹשִׁיעַ פּוֹדֶה וּמַצִּיל וּמְפַרְנֵס וּמְרַחֵם בְּכָל עֵת צָרָה
וְצוּקָה• אֵין לָנוּ מֶלֶךְ אֶלָּא אָתָּה: אֱלֹהֵי הָרִאשׁוֹנִים
וְהָאַחֲרוֹנִים• אֱלוֹהַּ כָּל בְּרִיּוֹת אֲדוֹן כָּל תּוֹלָדוֹת הַמְהֻלָּל
בְּרֹב הַתִּשְׁבָּחוֹת הַמְנַהֵג עוֹלָמוֹ בְּחֶסֶד וּבְרִיּוֹתָיו בְּרַחֲמִים:
וַיְיָ לֹא יָנוּם וְלֹא יִישָׁן• הַמְעוֹרֵר יְשֵׁנִים וְהַמֵּקִיץ נִרְדָּמִים
וְהַמֵּשִׂיחַ אִלְּמִים• וְהַמַּתִּיר אֲסוּרִים וְהַסּוֹמֵךְ נוֹפְלִים
וְהַזּוֹקֵף כְּפוּפִים• לְךָ לְבַדְּךָ אֲנַחְנוּ מוֹדִים: אִלּוּ פִינוּ

Then were the dukes of Edom amazed ; the mighty men of Moab, trembling taketh hold upon them ; all the inhabitants of Canaan are melted away.

Terror and dread fall upon them ; by the greatness of thine arm they shall be as still as a stone ; till thy people pass over, O Lord, till the people pass over, which thou hast gotten.

Thou shalt bring them in, and plant them in the mountain of thine inheritance, in the place, O Lord, which thou hast made for thee to dwell in, in the Sanctuary, O Lord, which thy hands have established.

The Lord shall reign for ever and ever.

The last verse is repeated.

For sovereignty is the Lord's : and he is ruler over the nations. And saviours shall come up on mount Zion to judge the mount of Esau and sovereignty shall be the Lord's. And the Lord shall be King over all the earth ; in that day shall the Lord be One and his Name One. And in thy Law it is written : Hear, O Israel : the Lord our God, the Lord is One.

The breath of every living thing shall bless thy Name, O Lord our God, and the spirit of all flesh shall glorify and extol thy memorial, O our King, continually. From everlasting unto everlasting thou art God, and beside thee we have no King, O thou who redeemest and savest, who rescuest and deliverest, who supportest and hast compassion at all times of trouble and distress. Yea, we have no King but thee. Thou art the God of the first and of the last, Lord of all generations, adored in innumerable praises, governing thy world with loving-kindness and thy creatures with compassion. Lo, the Lord slumbereth not nor sleepeth, but arouseth sleepers and awakeneth them that slumber. He maketh the dumb to speak, he looseth the bound, he stayeth the falling and supporteth them that are bowed down. To thee alone do we give thanks. Though our mouths were full of song as the sea, our tongues of exult-

מָלֵא שִׁירָה כַיָּם וּלְשׁוֹנֵנוּ רִנָּה כַּהֲמוֹן גַּלָּיו וְשִׂפְתוֹתֵינוּ
שֶׁבַח כְּמֶרְחֲבֵי רָקִיעַ· וְעֵינֵינוּ מְאִירוֹת כַּשֶּׁמֶשׁ וְכַיָּרֵחַ·
וְיָדֵינוּ פְרוּשׂוֹת כְּנִשְׁרֵי שָׁמָיִם· וְרַגְלֵינוּ קַלּוֹת כָּאַיָּלוֹת·
אֵין אֲנַחְנוּ מַסְפִּיקִים לְהוֹדוֹת לְךָ יְיָ אֱלֹהֵינוּ וֵאלֹהֵי
אֲבוֹתֵינוּ וּלְבָרֵךְ אֶת שְׁמֶךָ עַל אַחַת מֵאֶלֶף אֶלֶף אַלְפֵי
אֲלָפִים וְרִבֵּי רְבָבוֹת פְּעָמִים הַטּוֹבוֹת שֶׁעָשִׂיתָ עִם אֲבֹתֵינוּ
וְעִמָּנוּ: מִמִּצְרַיִם גְּאַלְתָּנוּ יְיָ אֱלֹהֵינוּ וּמִבֵּית עֲבָדִים
פְּדִיתָנוּ· בְּרָעָב זַנְתָּנוּ וּבְשָׂבָע כִּלְכַּלְתָּנוּ· מֵחֶרֶב הִצַּלְתָּנוּ
וּמִדֶּבֶר מִלַּטְתָּנוּ וּמֵחֳלָיִם רָעִים וְנֶאֱמָנִים דִּלִּיתָנוּ: עַד
הֵנָּה עֲזָרוּנוּ רַחֲמֶיךָ· וְלֹא עֲזָבוּנוּ חֲסָדֶיךָ· וְאַל תִּטְּשֵׁנוּ
יְיָ אֱלֹהֵינוּ לָנֶצַח: עַל כֵּן אֵבָרִים שֶׁפִּלַּגְתָּ בָּנוּ וְרוּחַ
וּנְשָׁמָה שֶׁנָּפַחְתָּ בְּאַפֵּינוּ וְלָשׁוֹן אֲשֶׁר שַׂמְתָּ בְּפִינוּ· הֵן
הֵם יוֹדוּ וִיבָרְכוּ וִישַׁבְּחוּ וִיפָאֲרוּ וִירוֹמְמוּ וְיַעֲרִיצוּ וְיַקְדִּישׁוּ
וְיַמְלִיכוּ אֶת שִׁמְךָ מַלְכֵּנוּ: כִּי כָל פֶּה לְךָ יוֹדֶה וְכָל
לָשׁוֹן לְךָ תִשָּׁבַע וְכָל בֶּרֶךְ לְךָ תִכְרַע וְכָל קוֹמָה לְפָנֶיךָ
תִשְׁתַּחֲוֶה: וְכָל לְבָבוֹת יִירָאוּךָ וְכָל קֶרֶב וּכְלָיוֹת יְזַמְּרוּ
לִשְׁמֶךָ· כַּדָּבָר שֶׁכָּתוּב כָּל עַצְמוֹתַי תֹּאמַרְנָה יְיָ מִי
כָמוֹךָ· מַצִּיל עָנִי מֵחָזָק מִמֶּנּוּ וְעָנִי וְאֶבְיוֹן מִגֹּזְלוֹ: מִי
יִדְמֶה לָּךְ וּמִי יִשְׁוֶה לָּךְ וּמִי יַעֲרָךְ לָךְ· הָאֵל הַגָּדוֹל
הַגִּבּוֹר וְהַנּוֹרָא אֵל עֶלְיוֹן קוֹנֵה שָׁמַיִם וָאָרֶץ: נְהַלֶּלְךָ
וּנְשַׁבֵּחֲךָ וּנְפָאֶרְךָ וּנְבָרֵךְ אֶת שֵׁם קָדְשֶׁךָ כָּאָמוּר· לְדָוִד
בָּרְכִי נַפְשִׁי אֶת יְיָ וְכָל קְרָבַי אֶת שֵׁם קָדְשׁוֹ:

הָאֵל בְּתַעֲצֻמוֹת עֻזֶּךָ· הַגָּדוֹל בִּכְבוֹד שְׁמֶךָ· הַגִּבּוֹר
לָנֶצַח וְהַנּוֹרָא בְּנוֹרְאוֹתֶיךָ·

ation as the fulness of its waves, and our lips of praise as the plains of the firmament : though our eyes gave light as the sun and moon : though our hands were outspread as the eagles of heaven, and our feet were swift as hinds, yet should we be unable to thank thee, O Lord our God and God of our fathers, and to bless thy Name for even one of the countless thousands and tens of thousands of kindnesses which thou hast done by our fathers and by us. From Egypt didst thou redeem us, O Lord our God, and from the house of bondage thou didst release us ; in famine thou didst feed us and in time of plenty it was thou who didst sustain us. Thou hast delivered us from the sword, saved us from pestilence and rescued us from dire and lingering sicknesses. Until now thy mercies have helped us and thy loving-kindnesses have not failed us ; and mayest thou never forsake us, O Lord our God. Therefore the members which thou hast planted in us, and the spirit and the soul which thou hast breathed into us, and the tongue which thou hast placed in our mouths, lo, they shall thank and bless, extol and glorify, exalt, reverence, hallow and do homage to thy Name, O our King. For every mouth shall thank thee and every tongue shall swear allegiance unto thee. Before thee shall every knee bend and every stature be prostrated. Every heart shall fear thee, and the inward parts and reins shall all sing praises to thy Name, even as it is written : All my bones shall say, O Lord who is like thee ? Thou deliverest the needy from him that is stronger than he, yea, the needy and poor from him that spoileth him. Who is like unto thee, who is equal to thee, who can be compared to thee, O God, great, mighty, awful and supreme God, founder of heaven and earth ? We will praise thee, extol thee and glorify thee ; we will bless thy holy Name, as it is said by David, Bless the Lord, O my soul, and all my inward parts his holy Name. Thou art God in the vastness of thy power; thou art great in the glory of thy Name, mighty through thine Eternity and awful in thine awful works.

הַמֶּלֶךְ

יוֹשֵׁב עַל כִּסֵּא רָם וְנִשָּׂא:

שׁוֹכֵן עַד מָרוֹם וְקָדוֹשׁ שְׁמוֹ. וְכָתוּב. רַנְּנוּ צַדִּיקִים
בַּיָי לַיְשָׁרִים נָאוָה תְהִלָּה: בְּפִי יְשָׁרִים תִּתְרוֹמָם.
וּבְדִבְרֵי צַדִּיקִים תִּתְבָּרַךְ. וּבִלְשׁוֹן חֲסִידִים תִּתְקַדָּשׁ.
וּבְקֶרֶב קְדוֹשִׁים תִּתְהַלָּל:

וּבְמַקְהֲלוֹת רִבְבוֹת עַמְּךָ בֵּית יִשְׂרָאֵל בְּרִנָּה יִתְפָּאַר
שִׁמְךָ מַלְכֵּנוּ בְּכָל דּוֹר וָדוֹר. שֶׁכֵּן חוֹבַת כָּל הַיְצוּרִים
לְפָנֶיךָ יְיָ אֱלֹהֵינוּ וֵאלֹהֵי אֲבוֹתֵינוּ. לְהוֹדוֹת לְהַלֵּל לְשַׁבֵּחַ
לְפָאֵר לְרוֹמֵם לְהַדֵּר לְבָרֵךְ לְעַלֵּה וּלְקַלֵּס עַל כָּל
דִּבְרֵי שִׁירוֹת וְתִשְׁבְּחוֹת דָּוִד בֶּן יִשַׁי עַבְדְּךָ מְשִׁיחֶךָ:

יִשְׁתַּבַּח שִׁמְךָ לָעַד מַלְכֵּנוּ. הָאֵל הַמֶּלֶךְ הַגָּדוֹל וְהַקָּדוֹשׁ
בַּשָּׁמַיִם וּבָאָרֶץ. כִּי לְךָ נָאֶה יְיָ אֱלֹהֵינוּ וֵאלֹהֵי אֲבוֹתֵינוּ
שִׁיר וּשְׁבָחָה הַלֵּל וְזִמְרָה עֹז וּמֶמְשָׁלָה נֶצַח גְּדֻלָּה וּגְבוּרָה
תְּהִלָּה וְתִפְאֶרֶת קְדֻשָּׁה וּמַלְכוּת בְּרָכוֹת וְהוֹדָאוֹת
מֵעַתָּה וְעַד עוֹלָם. בָּרוּךְ אַתָּה יְיָ אֵל מֶלֶךְ גָּדוֹל
בַּתִּשְׁבָּחוֹת. אֵל הַהוֹדָאוֹת אֲדוֹן הַנִּפְלָאוֹת. הַבּוֹחֵר
בְּשִׁירֵי זִמְרָה. מֶלֶךְ אֵל חֵי הָעוֹלָמִים:

Thou art the King
Who sitteth upon a throne, high and exalted.

He abideth to eternity; exalted and holy is his Name. And it is written, Rejoice in the Lord, O ye righteous : for praise is comely for the upright. Through the mouth of the upright thou shalt be exalted ; with the words of the righteous thou shalt be blessed ; thou shalt be hallowed by the tongue of the pious, and praised in the midst of the holy.

And in the assemblies of the tens of thousands of thy people, the house of Israel, thy Name, O our King, shall be glorified with song throughout every generation. For such is the duty of all creatures before thee, O Lord our God and God of our fathers, to give thanks unto thee, to praise, laud, glorify, exalt, adore, bless, magnify and acclaim thee with all the words of song and praise of David, the son of Jesse, thine anointed servant.

Praised be thy Name, O our King for ever, thou God and King that art great and holy in heaven and on earth. For unto thee, O Lord our God and God of our fathers, song and praise are meet, psalm and hymn, power and dominion, supremacy, greatness, might, psalmody and glory, holiness and sovereignty, blessings and thanksgivings henceforth and evermore. Blessed art thou, O Lord, God and King, great in praises, God of thanksgiving, Lord of wonders, who makest choice of song and psalmody, sovereign God, the Life of worlds.

יִתְגַּדַּל וְיִתְקַדַּשׁ שְׁמֵהּ רַבָּא· בְּעָלְמָא דִּי בְרָא כִרְעוּתֵהּ·
וְיַמְלִיךְ מַלְכוּתֵהּ בְּחַיֵּיכוֹן וּבְיוֹמֵיכוֹן וּבְחַיֵּי דְכָל בֵּית
יִשְׂרָאֵל בַּעֲגָלָא וּבִזְמַן קָרִיב וְאִמְרוּ· אָמֵן:

Cong. יְהֵא שְׁמֵהּ רַבָּא מְבָרַךְ לְעָלַם וּלְעָלְמֵי עָלְמַיָּא:

יִתְבָּרַךְ וְיִשְׁתַּבַּח וְיִתְפָּאַר וְיִתְרֹמַם וְיִתְנַשֵּׂא וְיִתְהַדָּר
וְיִתְעַלֶּה וְיִתְהַלָּל שְׁמֵהּ דְּקֻדְשָׁא· בְּרִיךְ הוּא· לְעֵלָּא
וּלְעֵלָּא מִן כָּל בִּרְכָתָא וְשִׁירָתָא תֻּשְׁבְּחָתָא וְנֶחֱמָתָא
דַּאֲמִירָן בְּעָלְמָא וְאִמְרוּ· אָמֵן:

Reader. בָּרְכוּ אֶת יְיָ הַמְבֹרָךְ:

Congregation silently :

יִתְבָּרַךְ וְיִשְׁתַּבַּח וְיִתְפָּאַר וְיִתְרוֹמַם וְיִתְנַשֵּׂא שְׁמוֹ שֶׁל
מֶלֶךְ מַלְכֵי הַמְּלָכִים הַקָּדוֹשׁ בָּרוּךְ הוּא שֶׁהוּא
רִאשׁוֹן וְהוּא אַחֲרוֹן וּמִבַּלְעָדָיו אֵין אֱלֹהִים: סֹלּוּ לָרֹכֵב
בָּעֲרָבוֹת בְּיָהּ שְׁמוֹ וְעִלְזוּ לְפָנָיו· וּשְׁמוֹ מְרוֹמָם עַל כָּל
בְּרָכָה וּתְהִלָּה: בָּרוּךְ שֵׁם כְּבוֹד מַלְכוּתוֹ לְעוֹלָם וָעֶד:
יְהִי שֵׁם יְיָ מְבֹרָךְ מֵעַתָּה וְעַד עוֹלָם:

Cong. and Reader. בָּרוּךְ יְיָ הַמְבֹרָךְ לְעוֹלָם וָעֶד:

The Ark is opened.

בָּרוּךְ אַתָּה יְיָ אֱלֹהֵינוּ מֶלֶךְ הָעוֹלָם הַפּוֹתֵחַ לָנוּ שַׁעֲרֵי
רַחֲמִים וּמֵאִיר עֵינֵי הַמְחַכִּים לִסְלִיחָתוֹ· יוֹצֵר אוֹר
וּבוֹרֵא חֹשֶׁךְ עֹשֶׂה שָׁלוֹם וּבוֹרֵא אֶת הַכֹּל:

אוֹר עוֹלָם בְּאוֹצַר חַיִּים אוֹרוֹת מֵאֹפֶל אָמַר וַיֶּהִי:

The Ark is closed.

Magnified and sanctified be his great Name in the world he hath created according to his will. May he establish his kingdom in your life-time and in your days, and in the life-time of all the house of Israel, speedily and at a near time ; and say ye, Amen.

Cong. Let his great Name be blessed for ever and ever.

Blessed, praised and glorified, exalted, extolled and honoured, adored and lauded be the Name of the Holy One, blessed be he, beyond, yea, beyond all blessings and hymns, praises and songs, which are uttered in the world ; and say ye, Amen.

Reader. Bless ye the Lord, who is blessed.

Congregation silently :

Blessed, praised, glorified, exalted and extolled be the Name of the supreme King of kings, the Holy One, blessed be he, who is the first and the last, and beside him there is no God. Extol him that rideth upon the heavens whose Name is Jah, and rejoice before him. His Name is exalted above all blessing and praise. Blessed be his glorious, sovereign Name for ever and ever. Let the Name of the Lord be blessed from this time forth and for evermore.

Cong. and Reader. Blessed be the Lord, who is blessed for ever and evermore.

The Ark is opened.

Blessed art thou, O Lord our God, King of the Universe, who openest for us the gates of mercy, and lightenest the eyes of them that hope for thy forgiveness, who formest light and createst darkness, who makest peace and createst all things :

Yea, eternal light in the treasury of life ; for he spake, and out of darkness there was light.

The Ark is closed.

Reader and Cong. סְלַח לְגוֹי קָדוֹשׁ · בְּיוֹם קָדוֹשׁ · מָרוֹם וְקָדוֹשׁ:

Reader and Cong. חָטָאנוּ צוּרֵנוּ · סְלַח לָנוּ יוֹצְרֵנוּ:

אָז בְּיוֹם כִּפּוּר סְלִיחָה הוֹרֵיתָ ·

אוֹר וּמְחִילָה לְעַם זוּ קָנֵיתָ:

בְּסָלְחָךְ לַעֲוֹנוֹת וַחֲטָאֵי עֵדָה ·

בֶּעָשׂוֹר סְמוּכִים בְּבֵית הַוַּעֲדָה:

גָּבְרוּ חֲטָאִים בַּאֲנִי יְשֵׁנָה ·

גַּשׁ יוֹם אֶחָד בִּימֵי שָׁנָה:

דּוֹבְבוּ בְתַחֲנוּן לְמוֹחֵל וְסוֹלֵחַ ·

דּוֹפְקֵי בִתְשׁוּבָה לְיוֹצֵר אוֹר וְסָלַח:

הַמְתֵּק הָאוֹר לִסְלִיחָתִי ·

הָעֵת תַּעֲנֶה וְתֹאמַר סָלַחְתִּי:

וְתָאִיר עֵינֵינוּ וְתַעֲבוֹר עַל פֶּשַׁע ·

וְחוֹטְאֵי בִשְׁגָגָה אַל נָא תָמִית בְּרֶשַׁע:

זַדְנוּ וְהִרְשַׁעְנוּ בְּרַע מֵעָלֵינוּ ·

זֶה צַדִּיק אַתָּה עַל כָּל הַבָּא עָלֵינוּ:

חָטָאנוּ לָךְ מֶלֶךְ עוֹלָמִים ·

חָנְכֵנוּ בְאוֹרְךָ וְלֹא נֵצֵא נִכְלָמִים:

טוֹב וְסַלָּח לְךָ הִיא הַצְּדָקָה ·

טַהֲרֵנוּ בְּמַעֲנָךְ לוֹבֵשׁ צְדָקָה:

יוֹמָם וָלַיְלָה שָׁפַכְנוּ לֵב וָנֶפֶשׁ ·

יִזְרַח לָנוּ אוֹר בְּכִפּוּר עֲנוּי נָפֶשׁ:

כְּחַנּוּן תְּחַפֵּשׂ סִתְרֵי מַעֲשִׂים ·

כְּרַחוּם תִּסְלַח עֲוֹנוֹת עֲמוּסִים:

Reader and Cong. Forgive a holy nation
          Upon a holy day,
          O Thou who art High and Holy.

Reader and Cong. We have sinned, O our Rock! Our
Creator, forgive us!

Of yore, this day, Thou madest pardon known,
And light, unto this people of Thine own,
When Thou forgavest on this day the sin
Of thine assembly which, the shrine within,
          Thronged, trusting to atone.

Lo, sin grew masterful the while I slept,
Until one day amid the year's days crept
Nigh; and men spake with supplication dim,
Knocking repentant at the door of Him
          With whom the light is kept.

Make sweet the light with my forgiveness now;
Answer this time " Forgiven," and do Thou
Lighten our eyes and pass transgression by;
And they that erring sin—let these not die,
          Amid their sin brought low.

We do, with knowledge, actions ruinous:
Lo, Thou art just in all befalling us.
King of all worlds, we sin; but lead us past
Into Thy light, that we may not at last
          Go forth ashamèd thus.

Good and forgiving, clothed in righteousness,
In Thine own fountain purify and bless;
All day and night we pour out heart and soul;
Let light shine forth on our atonement whole,
          Born of the soul's distress.

Thou full of pity, search our deeds' dark way,
And pardon us, borne up but gone astray,

לְמַעַן נָרוּץ בְּאוֹר פָּנֶיךָ׃

לֹא נֵצֵא הַיּוֹם רֵיקָם מִלְּפָנֶיךָ׃

מַלְבִּין כַּשֶּׁלֶג חֲטָאֵי עַמָּךְ׃

מְקוֹר חַיִּים וָחֶסֶד עִמָּךְ׃

נָבוֹאָה עָדֶיךָ זוֹכֵר הַבְּרִית׃

נַהֲלֵנוּ בְּאוֹרְךָ כְּמוֹ נִסְתָּר בְּנַחַל כְּרִית׃

שַׂר הַמְכַפֵּר בְּעַד צֹאן מַרְעִית׃

כּוֹכְבֵנוּ בְּאוֹרְךָ כְּסוֹכֶת מַרְאִית׃

עֲנֵנוּ אָבִינוּ מִמַּעֲמַקִּים׃

עוֹרֵר כְּאוֹר נְגַהּ שׁוֹשַׁנַּת הָעֲמָקִים׃

פְּתַח לָנוּ שַׁעַר וְתַעֲלֶה תְפִלָּה׃

פָּנֶיךָ נַחֲלֶה שׁוֹכֵן מַעֲלָה׃

צֵאתֵנוּ תְּנַקֶּה וּבְחֵטְא לֹא נִתְחַקֵּן׃

צָרְפֵנוּ כְּכֶסֶף שִׁבְעָתַיִם מְזֻקָּן׃

קָרְבֵנוּ לְיֶשְׁעֲךָ בְּאוֹר שְׁנֵי עֳפָרִים׃

קוֹרְאֵי קְדֻשַּׁת יוֹם כִּפּוּרִים׃

רַעֵנוּ כְּקֶדֶם וְתָאָרֵנוּ יִנְהַר׃

רַחוּם הַקְשִׁיבָה וַעֲשֵׂה אַל תְּאַחַר׃

שִׁפְכוּ כַמַּיִם אַבְנֵי לָבוֹת׃

שַׁחַר אוֹר יַגִּיהַּ בּוֹחֵן לְבָבוֹת׃

Reader. תְּחַטְּאֵנוּ בְאֵזוֹב וְנִטְהַר בְּיוֹם סְלִיחָתִי׃

תַּקְשִׁיב סְלַח נָא וְתֹאמַר סָלַחְתִּי׃

סְלַח לְגוֹי קָדוֹשׁ׃ בְּיוֹם קָדוֹשׁ׃ מָרוֹם וְקָדוֹשׁ׃

On a week-day continue with המאיר *on page 38.*

That we may run in radiance of Thy face,
And that we may not, empty of Thy grace,
      Go forth from Thee this day.

Making Thy people's sin as white as snow,
From Thee the fount of life and pity flow ;
Take us to Thee ; Thy covenant will not fail ;
Lead us in light like him along the vale
      Of Kerith long ago.[1]

Lord of forgiveness, cover us with light,
Like him who had Thy very face in sight.
Answer us, Father, calling from the deep ;
Waken the lily of the vales [2] from sleep
      As with a shining light.

Open the gate for us, for we have cried ;
Let prayer ascend, O Thou who dost abide
Above ; let sin now leave no stain behind,
That, even as silver seven times refined,
      We may be purified.

Draw us to Thy salvation by the glow
Shed by those twain of old, twins of a roe,[3]
They who proclaimed this great day's holiness ;
O shepherd us as then, give light no less,
      And tarry not to do.

We have poured out our hearts of stone this day :
Searcher of hearts ! send forth the morning ray.
This day of pardon, cleansing hearts of men,
When Thou shalt hear " Forgive, I pray Thee "—then
      " Forgiven ! " Thou wilt say.

      Forgive a holy nation
      Upon a holy day,
      O Thou who art High and Holy.

On a week-day continue with Thou lightenest *on page* 38.

[1] I Kings xvii. 3, 5.   [2] Israel.
[3] Moses and Aaron.

On Sabbath from here until יפאָרוך סלה on page 38 is said.

הַכֹּל יוֹדוּךָ וְהַכֹּל יְשַׁבְּחוּךָ· וְהַכֹּל יֹאמְרוּ אֵין קָדוֹשׁ
כַּיְיָ: הַכֹּל יְרוֹמְמוּךָ סֶלָה יוֹצֵר הַכֹּל· הָאֵל הַפּוֹתֵחַ
בְּכָל יוֹם דַּלְתוֹת שַׁעֲרֵי מִזְרָח וּבוֹקֵעַ חַלּוֹנֵי רָקִיעַ·
מוֹצִיא חַמָּה מִמְּקוֹמָהּ וּלְבָנָה מִמְּכוֹן שִׁבְתָּהּ· וּמֵאִיר
לָעוֹלָם כֻּלּוֹ וּלְיוֹשְׁבָיו· שֶׁבָּרָא בְּמִדַּת רַחֲמִים: הַמֵּאִיר
לָאָרֶץ וְלַדָּרִים עָלֶיהָ בְּרַחֲמִים· וּבְטוּבוֹ מְחַדֵּשׁ בְּכָל
יוֹם תָּמִיד מַעֲשֵׂה בְרֵאשִׁית: הַמֶּלֶךְ הַמְרוֹמָם לְבַדּוֹ מֵאָז·
הַמְשֻׁבָּח וְהַמְפֹאָר וְהַמִּתְנַשֵּׂא מִימוֹת עוֹלָם: אֱלֹהֵי עוֹלָם
בְּרַחֲמֶיךָ הָרַבִּים רַחֵם עָלֵינוּ אֲדוֹן עֻזֵּנוּ צוּר מִשְׂגַּבֵּנוּ
מָגֵן יִשְׁעֵנוּ מִשְׂגָּב בַּעֲדֵנוּ: אֵין כְּעֶרְכֶּךָ וְאֵין זוּלָתֶךָ· אֶפֶס
בִּלְתֶּךָ וּמִי דוֹמֶה לָּךְ: אֵין כְּעֶרְכֶּךָ יְיָ אֱלֹהֵינוּ בָּעוֹלָם הַזֶּה·
וְאֵין זוּלָתְךָ מַלְכֵּנוּ לְחַיֵּי הָעוֹלָם הַבָּא: אֶפֶס בִּלְתֶּךָ גּוֹאֲלֵנוּ
לִימוֹת הַמָּשִׁיחַ· וְאֵין דּוֹמֶה לְּךָ מוֹשִׁיעֵנוּ לִתְחִיַּת הַמֵּתִים:

אֵל אָדוֹן עַל כָּל הַמַּעֲשִׂים· בָּרוּךְ וּמְבֹרָךְ בְּפִי כָל
נְשָׁמָה: גָּדְלוֹ וְטוּבוֹ מָלֵא עוֹלָם· דַּעַת וּתְבוּנָה סֹבְבִים
אוֹתוֹ: הַמִּתְגָּאֶה עַל חַיּוֹת הַקֹּדֶשׁ· וְנֶהְדָּר בְּכָבוֹד עַל
הַמֶּרְכָּבָה: זְכוּת וּמִישׁוֹר לִפְנֵי כִסְאוֹ· חֶסֶד וְרַחֲמִים
לִפְנֵי כְבוֹדוֹ: טוֹבִים מְאוֹרוֹת שֶׁבָּרָא אֱלֹהֵינוּ· יְצָרָם
בְּדַעַת בְּבִינָה וּבְהַשְׂכֵּל: כֹּחַ וּגְבוּרָה נָתַן בָּהֶם· לִהְיוֹת
מוֹשְׁלִים בְּקֶרֶב תֵּבֵל: מְלֵאִים זִיו וּמְפִיקִים נֹגַהּ· נָאֶה
זִיוָם בְּכָל הָעוֹלָם: שְׂמֵחִים בְּצֵאתָם וְשָׂשִׂים כְּבֹאָם·
עֹשִׂים בְּאֵימָה רְצוֹן קוֹנָם: פְּאֵר וְכָבוֹד נוֹתְנִים לִשְׁמוֹ·
צָהֳלָה וְרִנָּה לְזֵכֶר מַלְכוּתוֹ: קָרָא לַשֶּׁמֶשׁ וַיִּזְרַח אוֹר·
רָאָה וְהִתְקִין צוּרַת הַלְּבָנָה: שֶׁבַח נוֹתְנִים לוֹ כָּל צְבָא

On Sabbath from here until glorify thee ; selah, *on page* 38 *is said :*

All shall give thanks unto thee, and all shall praise thee, and all shall say, There is none holy like the Lord. All shall extol thee, thou Creator of all ; selah : O God, who openest every day the doors of the gates of the East, and cleavest the windows of the firmament, bringing forth the sun from his place, and the moon from her dwelling ; giving light to the whole world and the inhabitants thereof, whom thou createdst by the attribute of mercy. In mercy thou givest light to the earth and to them that dwell thereon, and in thy goodness renewest the creation every day continually. O King, thou alone hast been exalted of yore ; praised, glorified and extolled from days of old. O everlasting God, in thine abundant mercies have mercy upon us, Lord of our strength, Rock of our stronghold, Shield of our salvation, O thou Stronghold around us. There is none to be compared unto thee, neither is there any beside thee ; there is none but thee ! who is like unto thee ? There is none to be compared unto thee, O Lord our God, in this world, neither is there any beside thee, O our King, for the life of the world to come ; there is none but thee, O our Redeemer, for the days of the Messiah ; neither is there any like unto thee, O our Saviour, for the resurrection of the dead.

God, the Lord over all works, blessed is he ; yea, blessed by the mouth of everything that hath breath. His greatness and goodness fill the Universe ; knowledge and understanding surround him. He is exalted above the holy Chayoth, and is adorned in glory above the Chariot [1] ; purity and rectitude are before his throne ; loving-kindness and mercy before his glory. The luminaries are good which our God hath created ; he formed them with knowledge, understanding and discernment ; he gave them might and power to rule in the midst of the world. They are full of lustre, they radiate brightness ; beautiful is their lustre over all the world. They rejoice in their going forth, and are glad in their coming in, performing with awe the will of their Master. Glory and honour they render unto his Name, joy and song at the remembrance of his sovereignty. He calleth unto the sun, and it shineth forth in light ; he looketh and setteth the phases of the moon. All the hosts on high give praise unto him : the Seraphim, the Ophanim

1 Cf. Isaiah vi. Ezek. i, iii and x.

מָרוֹם · תִּפְאֶרֶת וּגְדֻלָּה שְׂרָפִים וְאוֹפַנִּים וְחַיּוֹת הַקֹּדֶשׁ ·

לָאֵל אֲשֶׁר שָׁבַת מִכָּל הַמַּעֲשִׂים · בַּיּוֹם הַשְּׁבִיעִי
הִתְעַלָּה וְיָשַׁב עַל כִּסֵּא כְבוֹדוֹ: תִּפְאֶרֶת עָטָה לְיוֹם
הַמְּנוּחָה · עֹנֶג קָרָא לְיוֹם הַשַּׁבָּת: זֶה שֶׁבַח שֶׁל יוֹם
הַשְּׁבִיעִי שֶׁבּוֹ שָׁבַת אֵל מִכָּל מְלַאכְתּוֹ · וְיוֹם הַשְּׁבִיעִי
מְשַׁבֵּחַ וְאוֹמֵר · מִזְמוֹר שִׁיר לְיוֹם הַשַּׁבָּת טוֹב לְהֹדוֹת
לַיָי: לְפִיכָךְ יְפָאֲרוּ וִיבָרְכוּ לָאֵל כָּל כָּל יְצוּרָיו · שֶׁבַח יְקָר
וּגְדֻלָּה יִתְּנוּ לָאֵל מֶלֶךְ יוֹצֵר כֹּל · הַמַּנְחִיל מְנוּחָה לְעַמּוֹ
יִשְׂרָאֵל בִּקְדֻשָּׁתוֹ בְּיוֹם שַׁבַּת קֹדֶשׁ: שִׁמְךָ יְיָ אֱלֹהֵינוּ
יִתְקַדָּשׁ · וְזִכְרְךָ מַלְכֵּנוּ יִתְפָּאַר · בַּשָּׁמַיִם מִמַּעַל וְעַל
הָאָרֶץ מִתָּחַת: תִּתְבָּרֵךְ מוֹשִׁיעֵנוּ · עַל שֶׁבַח מַעֲשֵׂה
יָדֶיךָ וְעַל מְאוֹרֵי אוֹר שֶׁעָשִׂיתָ יְפָאֲרוּךָ סֶּלָה:

Continue with תתברך צורנו on page 39.

On week-days:

הַמֵּאִיר לָאָרֶץ וְלַדָּרִים עָלֶיהָ בְּרַחֲמִים וּבְטוּבוֹ מְחַדֵּשׁ
בְּכָל יוֹם תָּמִיד מַעֲשֵׂה בְרֵאשִׁית: מָה רַבּוּ מַעֲשֶׂיךָ יְיָ ·
כֻּלָּם בְּחָכְמָה עָשִׂיתָ · מָלְאָה הָאָרֶץ קִנְיָנֶךָ: הַמֶּלֶךְ
הַמְרוֹמָם לְבַדּוֹ מֵאָז הַמְשֻׁבָּח וְהַמְפֹאָר וְהַמִּתְנַשֵּׂא מִימוֹת
עוֹלָם · אֱלֹהֵי עוֹלָם בְּרַחֲמֶיךָ הָרַבִּים רַחֵם עָלֵינוּ · אֲדוֹן
עֻזֵּנוּ צוּר מִשְׂגַּבֵּנוּ מָגֵן יִשְׁעֵנוּ מִשְׂגָּב בַּעֲדֵנוּ: אֵל בָּרוּךְ
גְּדוֹל דֵּעָה · הֵכִין וּפָעַל זָהֳרֵי חַמָּה · טוֹב יָצַר כָּבוֹד לִשְׁמוֹ ·
מְאוֹרוֹת נָתַן סְבִיבוֹת עֻזּוֹ · פִּנּוֹת צְבָאָיו קְדוֹשִׁים רוֹמְמֵי
שַׁדַּי תָּמִיד מְסַפְּרִים כְּבוֹד אֵל וּקְדֻשָּׁתוֹ: תִּתְבָּרַךְ יְיָ
אֱלֹהֵינוּ עַל שֶׁבַח מַעֲשֵׂה יָדֶיךָ וְעַל מְאוֹרֵי אוֹר שֶׁעָשִׂיתָ
יְפָאֲרוּךָ סֶּלָה:

and the holy Chayoth render glory and greatness—
To God who rested from all his works, and on the seventh
day exalted himself and sat upon the throne of his glory ;
who robed himself in majesty on the day of rest, and called
the Sabbath-day a delight. This is the praise of the seventh
day, that God rested thereon from all his work ; and the
seventh day uttered praise and said [1] : " A Psalm, a Song
for the Sabbath day. It is a good thing to give thanks
unto the Lord." Therefore let all his creatures glorify and
bless God; let them render praise, honour and greatness unto
God, the King and Creator of all, who in his holiness giveth
an inheritance of rest unto his people Israel on the holy
Sabbath day. Thy Name, O Lord our God, shall be sancti-
fied, and thy remembrance, O our King, shall be glorified
in heaven above and on the earth beneath. Be thou blessed,
O our Saviour, for the excellency of thy handiwork, and for
the bright luminaries which thou hast made : they shall
glorify thee ; selah.

Continue with Be thou blessed *on page* 39.

On week-days :

Thou givest light in mercy to the earth and to them that
dwell thereon, and in thy goodness renewest the creation
every day continually. How great are thy works, O Lord !
in wisdom hast thou made them all ; the earth is full of thy
possessions. O King, thou alone hast been exalted of yore ;
praised, glorified, and extolled from days of old. O ever-
lasting God, in thine abundant mercies have mercy upon
us, Lord of our strength, Rock of our stronghold, Shield
of our salvation, O thou Stronghold around us. The blessed
God, who is great in knowledge, hath designed and made
the radiance of the sun : the Beneficent One hath wrought
glory unto his Name ; he hath set luminaries round about
his strength. Chiefs of holy hosts continually declare the
high praises of the Almighty, the glory of God and his
holiness. Be thou blessed, O Lord our God, for the excellency
of thy handiwork and for the bright luminaries which thou
hast made : they shall glorify thee ; selah.

[1] Cf. Midrash Tehillim on Psalm xcii.

תִּתְבָּרַךְ צוּרֵנוּ מַלְכֵּנוּ וְגֹאֲלֵנוּ בּוֹרֵא קְדוֹשִׁים יִשְׁתַּבַּח
שִׁמְךָ לָעַד מַלְכֵּנוּ· יוֹצֵר מְשָׁרְתִים וַאֲשֶׁר מְשָׁרְתָיו כֻּלָּם
עוֹמְדִים בְּרוּם עוֹלָם וּמַשְׁמִיעִים בְּיִרְאָה יַחַד בְּקוֹל
דִּבְרֵי אֱלֹהִים חַיִּים וּמֶלֶךְ עוֹלָם: כֻּלָּם אֲהוּבִים כֻּלָּם
בְּרוּרִים כֻּלָּם גִּבּוֹרִים וְכֻלָּם עֹשִׂים בְּאֵימָה וּבְיִרְאָה רְצוֹן
קוֹנָם· וְכֻלָּם פּוֹתְחִים אֶת פִּיהֶם בִּקְדֻשָּׁה וּבְטָהֳרָה
בְּשִׁירָה וּבְזִמְרָה וּמְבָרְכִים וּמְשַׁבְּחִים וּמְפָאֲרִים וּמַעֲרִיצִים
וּמַקְדִּישִׁים וּמַמְלִיכִים·

אֶת שֵׁם הָאֵל הַמֶּלֶךְ הַגָּדוֹל הַגִּבּוֹר וְהַנּוֹרָא קָדוֹשׁ
הוּא: וְכֻלָּם מְקַבְּלִים עֲלֵיהֶם עַל מַלְכוּת שָׁמַיִם זֶה
מִזֶּה· וְנוֹתְנִים רְשׁוּת זֶה לָזֶה לְהַקְדִּישׁ לְיוֹצְרָם· בְּנַחַת
רוּחַ בְּשָׂפָה בְרוּרָה וּבִנְעִימָה קְדֻשָּׁה כֻּלָּם כְּאֶחָד עוֹנִים
וְאוֹמְרִים בְּיִרְאָה·

קָדוֹשׁ קָדוֹשׁ קָדוֹשׁ יְיָ צְבָאוֹת מְלֹא כָל הָאָרֶץ כְּבוֹדוֹ:

The Ark is opened.

Response to each verse:
Reader and Cong.
בָּרוּךְ שֵׁם כְּבוֹד מַלְכוּתוֹ:

מַלְכוּתוֹ. בִּקְהַל עֲדָתִי· וּכְבוֹדוֹ הִיא אֱמוּנָתִי· אֵלָיו בְּקַשְׁתִּי
לְכַפֵּר עֲוֹן חַטָּאתִי· וּבְיוֹם צוֹם כִּפּוּר סְלִיחָתִי יַעֲנֶה
וְיֹאמַר סָלַחְתִּי:
קָדוֹשׁ אַדִּיר בַּעֲלִיָּתוֹ·
קָדוֹשׁ בִּתְשׁוּבָה שָׁת סְלִיחָתוֹ·
קָדוֹשׁ נִגְלָה לְעַמּוֹ סוֹד דָּתוֹ·
קָדוֹשׁ דָּן עַל כַּפָּרַת צֹאן מַרְעִיתוֹ:

מלכותו

Be thou blessed, O our Rock, our King and our Redeemer, Creator of holy beings. Praised be thy Name for ever, O our King, Creator of ministering angels : whose ministering angels stand in the heights of the Universe and together proclaim with awe aloud the words of the living God and everlasting King. All of them are beloved : all of them are pure : all of them are mighty, and all of them in dread and awe do the will of their Master : and all of them open their mouths in holiness and purity, with song and psalm, and bless and praise, glorify and reverence, sanctify and ascribe sovereignty—

To the name of God, the great, mighty and awful King ; holy is he ; and they all take upon themselves the yoke of the kingdom of heaven one from the other, and they give leave, one unto the other, to declare the holiness of their Creator. In tranquil spirit, with pure speech and holy melody they all respond in unison and exclaim with awe :

Holy, holy, holy, is the Lord of hosts : the whole earth is full of his glory.

The Ark is opened.

Reader and Cong. Blessed be his glorious, sovereign Name.

His sovereignty is o'er my gathered throng ;
　　His glory is my faith within,
　　I seek Him for atonement of my sin—
This day of fasting to forgive the wrong :
　　And He will answer, He will say, " Forgiven."

Holy—and mighty in His chamber o'er the skies ;
Holy—in penitence alone His pardon lies ;
Holy—the secret of His Law He tells His own.
Holy—for all His sheep rejoicing to atone ;

קָדוֹשׁ הַסּוֹלֵחַ לַאֲיֻמָתוֹ׃

קָדוֹשׁ וְעַמּוֹ יְמַלְלוּ גְבוּרָתוֹ׃

קָדוֹשׁ זוֹכֵר אֵימָה בְּאַהֲבָתוֹ׃

מלכותו   קָדוֹשׁ חָפֵץ בְּעִנּוּי נֶפֶשׁ יוֹנָתוֹ׃

קָדוֹשׁ טַהֵר טְמֵאִים בְּמֵי זְרִיקָתוֹ׃

קָדוֹשׁ יַלְבִּין כַּשֶּׁלֶג חֲטָאֵי סְגֻלָּתוֹ׃

קָדוֹשׁ כַּפֵּר לְעַמְּךָ יִשְׂרָאֵל שְׁגָגָתוֹ׃

מלכותו   קָדוֹשׁ לְיוֹם אֶחָד בַּשָּׁנָה שָׁת קְרִיאָתוֹ׃

קָדוֹשׁ מוֹחֵל וְסוֹלֵחַ לִתְשׁוּקָתוֹ׃

קָדוֹשׁ נִרְאָה בְּדַר מְרוֹם הָרִים עֲמִידָתוֹ׃

קָדוֹשׁ סוֹלֵחַ וְטוֹב לְסוֹבְלֵי עַל יִרְאָתוֹ׃

מלכותו   קָדוֹשׁ עָוֹן יְכַפֵּר וְלֹא יָעִיר כָּל חֲמָתוֹ׃

קָדוֹשׁ פְּשָׁעִים מַעֲבִיר בְּצִדְקָתוֹ׃

קָדוֹשׁ צוֹם הֶעָשׂוֹר יְקַבֵּל לִתְשׁוּבָתוֹ׃

קָדוֹשׁ קַבֵּץ קְהַל קְדוֹשִׁים בְּחֶמְלָתוֹ׃

מלכותו   קָדוֹשׁ רַחוּם וְחַנּוּן וְאֵין זוּלָתוֹ׃

קָדוֹשׁ שׁוֹכֵן שְׁחָקִים בִּמְכוֹן שִׁבְתּוֹ׃

קָדוֹשׁ תַּרְשִׁישִׁים יַגִּידוּ תִּפְאַרְתּוֹ׃

מַלְכוּתוֹ בִּקְהַל עֲדָתִי׃ וּכְבוֹדוֹ הִיא אֱמוּנָתִי׃ אֵלָיו בִּקַּשְׁתִּי
לְכַפֵּר עֲוֹן חַטָּאתִי׃ וּבְיוֹם צוֹם כִּפּוּר סְלִיחָתִי׃ יַעֲנֶה
וְיֹאמַר סָלָחְתִּי׃

The Ark is closed.

וְהַחַיּוֹת יְשׁוֹרֵרוּ וּכְרֻבִים יְפָאֵרוּ וּשְׂרָפִים יָרֹנּוּ וְאֶרְאֶלִים
יְבָרֵכוּ׃ פְּנֵי כָל חַיָּה וְאוֹפָן וּכְרוּב לְעֻמַּת שְׂרָפִים׃ לְעֻמָּתָם
מְשַׁבְּחִים וְאוֹמְרִים׃ בָּרוּךְ כְּבוֹד יְיָ מִמְּקוֹמוֹ׃

Holy—He pardoneth His faithful one that pleads;
Holy—and all His people praise His mighty deeds;
Holy—His faithful one remembering in His love;
Holy—He loves the soul's affliction of His dove.
Holy—on those unclean His cleansing waters flow;
Holy—His people's sin He maketh white as snow.
Holy—yea, Israel of their error maketh clear;
Holy—He sets apart one day in all the year;
Holy—He pardons them whose longing turns to Him.
Holy—above the highest heights He standeth dim;
Holy—and He is good to those who bear His fear;
Holy—forgiving sin His wrath will not appear;
Holy—by righteousness He drives transgressions hence;
Holy—He holds this day of fast for penitence.
Holy—He gently leads to Him His holy one;
Holy—thus merciful beside Him there is none;
Holy—'mid clouds abiding where His dwelling lies:
Holy—and angels tell His glory through the skies.

His sovereignty is o'er my gathered throng;
His glory is my faith within.
I seek Him for atonement of my sin—
This day of fasting to forgive the wrong:
And He will answer, He will say, " Forgiven."

The Ark is closed.

The Chayoth sing: the Cherubim glorify: the Seraphim
exult, and the Arelim bless. The face of every Chayah,
Ophan and Cherub is set toward the Seraphim, and thus
confronting each the other, they utter praise and say,
Blessed be the glory of the Lord from his place.

לְאֵל בָּרוּךְ נְעִימוֹת יִתֵּנוּ· לְמֶלֶךְ אֵל חַי וְקַיָּם זְמִירוֹת
יֹאמֵרוּ וְתִשְׁבָּחוֹת יַשְׁמִיעוּ· כִּי הוּא לְבַדּוֹ פּוֹעֵל גְּבוּרוֹת
עֹשֶׂה חֲדָשׁוֹת. בַּעַל מִלְחָמוֹת זוֹרֵעַ צְדָקוֹת מַצְמִיחַ יְשׁוּעוֹת
בּוֹרֵא רְפוּאוֹת נוֹרָא תְהִלּוֹת אֲדוֹן הַנִּפְלָאוֹת· הַמְחַדֵּשׁ
בְּטוּבוֹ בְּכָל יוֹם תָּמִיד מַעֲשֵׂה בְרֵאשִׁית· כָּאָמוּר· לְעֹשֵׂה
אוֹרִים גְּדֹלִים כִּי לְעוֹלָם חַסְדּוֹ: אוֹר חָדָשׁ עַל צִיּוֹן
תָּאִיר וְנִזְכֶּה כֻלָּנוּ מְהֵרָה לְאוֹרוֹ· בָּרוּךְ אַתָּה יְיָ יוֹצֵר
הַמְּאוֹרוֹת:

אַהֲבָה רַבָּה אֲהַבְתָּנוּ יְיָ אֱלֹהֵינוּ חֶמְלָה גְדוֹלָה וִיתֵרָה
חָמַלְתָּ עָלֵינוּ: אָבִינוּ מַלְכֵּנוּ בַּעֲבוּר אֲבוֹתֵינוּ שֶׁבָּטְחוּ בְךָ
וַתְּלַמְּדֵם חֻקֵּי חַיִּים כֵּן תְּחָנֵּנוּ וּתְלַמְּדֵנוּ: אָבִינוּ הָאָב
הָרַחֲמָן הַמְרַחֵם· רַחֵם עָלֵינוּ וְתֵן בְּלִבֵּנוּ לְהָבִין וּלְהַשְׂכִּיל
לִשְׁמֹעַ לִלְמֹד וּלְלַמֵּד לִשְׁמֹר וְלַעֲשׂוֹת וּלְקַיֵּם אֶת כָּל
דִּבְרֵי תַלְמוּד תּוֹרָתֶךָ בְּאַהֲבָה: וְהָאֵר עֵינֵינוּ בְּתוֹרָתֶךָ
וְדַבֵּק לִבֵּנוּ בְּמִצְוֹתֶיךָ וְיַחֵד לְבָבֵנוּ לְאַהֲבָה וּלְיִרְאָה אֶת
שְׁמֶךָ וְלֹא נֵבוֹשׁ לְעוֹלָם וָעֶד: כִּי בְשֵׁם קָדְשְׁךָ הַגָּדוֹל
וְהַנּוֹרָא בָּטָחְנוּ נָגִילָה וְנִשְׂמְחָה בִּישׁוּעָתֶךָ: וַהֲבִיאֵנוּ
לְשָׁלוֹם מֵאַרְבַּע כַּנְפוֹת הָאָרֶץ וְתוֹלִיכֵנוּ קוֹמְמִיּוּת לְאַרְצֵנוּ:
כִּי אֵל פּוֹעֵל יְשׁוּעוֹת אָתָּה וּבָנוּ בָחַרְתָּ מִכָּל עַם וְלָשׁוֹן
וְקֵרַבְתָּנוּ לְשִׁמְךָ הַגָּדוֹל סֶלָה בֶּאֱמֶת לְהוֹדוֹת לְךָ וּלְיַחֶדְךָ
בְּאַהֲבָה· בָּרוּךְ אַתָּה יְיָ הַבּוֹחֵר בְּעַמּוֹ יִשְׂרָאֵל בְּאַהֲבָה:

דברים ו' ד'' — ט''

שְׁמַע. יִשְׂרָאֵל יְהֹוָה אֱלֹהֵינוּ יְהֹוָה ! אֶחָד:

The following verse is said aloud:

בָּרוּךְ שֵׁם כְּבוֹד מַלְכוּתוֹ לְעוֹלָם וָעֶד:

To the blessed God they offer sweet song ; to the King, the living and ever-enduring .God, they utter hymns and make their praises heard ; for he alone worketh mighty deeds, and maketh new things. He is the Lord of battles ; he soweth righteousness, causeth salvation to spring forth and createth remedies. He is fearful in praises. He is the Lord of wonders, who in his goodness reneweth the creation every day continually, as it is said : Give thanks to him that made great lights : for his mercy endureth for ever. O cause a new light to shine upon Zion, and may we all soon be worthy of its brightness. Blessed art thou, O Lord, Creator of the luminaries.

With much love hast thou loved us, O Lord our God, and with great and exceeding tenderness hast thou pitied us. O our Father, our King, for the sake of our fathers, who trusted in thee and whom thou didst teach the statutes of life, be gracious unto us also and teach us. O our Father, com- passionate Father, who art merciful, have mercy upon us and put it into our hearts to understand and to discern, to hearken, to learn and to teach, to observe, to do and to fulfil in love all the words of instruction in thy Law. En- lighten our eyes in thy Law, and cause our hearts to cleave to thy commandments, and unite our hearts to love and fear thy Name, so that we be never put to shame. For we have trusted in thy holy, great and awful Name. Let us rejoice and be glad in thy salvation. O bring us in peace from the four corners of the earth, and make us go upright to our land ; for thou art the God who worketh salvation. Thou hast chosen us from all peoples and tongues, and hast brought us near unto thy great Name in truth ; selah : that we may give thanks unto thee and proclaim thy Unity in love. Blessed art thou, O Lord, who hast chosen thy people Israel in love.

Deuteronomy vi. 4–9.
Hear, O Israel : the Lord our God, the Lord is One.
The following verse is said aloud :
Blessed be his glorious, sovereign Name for ever and ever.

וְאָהַבְתָּ אֵת יְהוָה אֱלֹהֶיךָ בְּכָל־לְבָבְךָ וּבְכָל־נַפְשְׁךָ
וּבְכָל־מְאֹדֶךָ: וְהָיוּ הַדְּבָרִים הָאֵלֶּה אֲשֶׁר אָנֹכִי מְצַוְּךָ
הַיּוֹם עַל־לְבָבֶךָ: וְשִׁנַּנְתָּם לְבָנֶיךָ וְדִבַּרְתָּ בָּם בְּשִׁבְתְּךָ
בְּבֵיתֶךָ וּבְלֶכְתְּךָ בַדֶּרֶךְ וּבְשָׁכְבְּךָ וּבְקוּמֶךָ: וּקְשַׁרְתָּם
לְאוֹת עַל־יָדֶךָ וְהָיוּ לְטֹטָפֹת בֵּין עֵינֶיךָ: וּכְתַבְתָּם עַל־
מְזֻזוֹת בֵּיתֶךָ וּבִשְׁעָרֶיךָ:

דברים י״א י״ג׳ – כ״א

וְהָיָה אִם־שָׁמֹעַ תִּשְׁמְעוּ אֶל־מִצְוֹתַי אֲשֶׁר אָנֹכִי מְצַוֶּה
אֶתְכֶם הַיּוֹם לְאַהֲבָה אֶת־יְהוָה אֱלֹהֵיכֶם וּלְעָבְדוֹ בְּכָל־
לְבַבְכֶם וּבְכָל־נַפְשְׁכֶם: וְנָתַתִּי מְטַר־אַרְצְכֶם בְּעִתּוֹ יוֹרֶה
וּמַלְקוֹשׁ וְאָסַפְתָּ דְגָנֶךָ וְתִירֹשְׁךָ וְיִצְהָרֶךָ: וְנָתַתִּי עֵשֶׂב
בְּשָׂדְךָ לִבְהֶמְתֶּךָ וְאָכַלְתָּ וְשָׂבָעְתָּ: הִשָּׁמְרוּ לָכֶם פֶּן
יִפְתֶּה לְבַבְכֶם וְסַרְתֶּם וַעֲבַדְתֶּם אֱלֹהִים אֲחֵרִים
וְהִשְׁתַּחֲוִיתֶם לָהֶם: וְחָרָה אַף־יְהוָה בָּכֶם וְעָצַר אֶת־
הַשָּׁמַיִם וְלֹא־יִהְיֶה מָטָר וְהָאֲדָמָה לֹא תִתֵּן אֶת־יְבוּלָהּ
וַאֲבַדְתֶּם מְהֵרָה מֵעַל הָאָרֶץ הַטֹּבָה אֲשֶׁר יְהוָה נֹתֵן
לָכֶם: וְשַׂמְתֶּם אֶת־דְּבָרַי אֵלֶּה עַל־לְבַבְכֶם וְעַל־נַפְשְׁכֶם
וּקְשַׁרְתֶּם אֹתָם לְאוֹת עַל־יֶדְכֶם וְהָיוּ לְטוֹטָפֹת בֵּין עֵינֵיכֶם:
וְלִמַּדְתֶּם אֹתָם אֶת־בְּנֵיכֶם לְדַבֵּר בָּם בְּשִׁבְתְּךָ בְּבֵיתֶךָ
וּבְלֶכְתְּךָ בַדֶּרֶךְ וּבְשָׁכְבְּךָ וּבְקוּמֶךָ: וּכְתַבְתָּם עַל־מְזוּזוֹת
בֵּיתֶךָ וּבִשְׁעָרֶיךָ: לְמַעַן יִרְבּוּ יְמֵיכֶם וִימֵי בְנֵיכֶם עַל
הָאֲדָמָה אֲשֶׁר נִשְׁבַּע יְהוָה לַאֲבֹתֵיכֶם לָתֵת לָהֶם כִּימֵי
הַשָּׁמַיִם עַל־הָאָרֶץ:

במדבר ט״ו ל״ז – מ״א

וַיֹּאמֶר יְהוָה אֶל־מֹשֶׁה לֵּאמֹר: דַּבֵּר אֶל־בְּנֵי יִשְׂרָאֵל
וְאָמַרְתָּ אֲלֵהֶם וְעָשׂוּ לָהֶם צִיצִת עַל־כַּנְפֵי בִגְדֵיהֶם

And thou shalt love the Lord thy God with all thine heart, and with all thy soul, and with all thy might. And these words, which I command thee this day, shall be in thine heart : and thou shalt teach them diligently unto thy children, and shalt talk of them when thou sittest in thine house, and when thou walkest by the way, and when thou liest down, and when thou risest up. And thou shalt bind them for a sign upon thine hand, and they shall be for frontlets between thine eyes. And thou shalt write them upon the door-posts of thine house and upon thy gates.

Deuteronomy xi. 13–21.

And it shall come to pass, if ye will hearken diligently unto my commandments which I command you this day, to love the Lord your God, and to serve him with all your heart and with all your soul : that I will give the rain of your land in its season, the first rain and the latter rain, that thou mayest gather in thy corn and thy wine and thine oil. And I will send grass in thy fields for thy cattle, that thou mayest eat and be satisfied. Take heed to yourselves, that your heart be not deceived, and ye turn aside, and serve other gods, and worship them : and the Lord's wrath be kindled against you, and he shut up the heaven and there be no rain, and that the land yield not her fruit, and ye perish quickly from off the good land which the Lord giveth you. Therefore shall ye lay up these my words in your heart and in your soul, and bind them for a sign upon your hand, and they shall be for frontlets between your eyes. And ye shall teach them your children, speaking of them when thou sittest in thine house, and when thou walkest by the way, when thou liest down, and when thou risest up. And thou shalt write them upon the door-posts of thine house and upon thy gates : that your days may be multiplied, and the days of your children, in the land which the Lord sware unto your fathers to give them, as the days of the heavens upon the earth.

Numbers xv. 37–41.

And the Lord spake unto Moses, saying : Speak unto the children of Israel, and bid them that they make them

לְדֹרֹתָם וְנָתְנוּ עַל־צִיצִת הַכָּנָף פְּתִיל תְּכֵלֶת: וְהָיָה
לָכֶם לְצִיצִת וּרְאִיתֶם אֹתוֹ וּזְכַרְתֶּם אֶת־כָּל־מִצְוֹת יְהֹוָה
וַעֲשִׂיתֶם אֹתָם וְלֹא־תָתוּרוּ אַחֲרֵי לְבַבְכֶם וְאַחֲרֵי עֵינֵיכֶם
אֲשֶׁר־אַתֶּם זֹנִים אַחֲרֵיהֶם: לְמַעַן תִּזְכְּרוּ וַעֲשִׂיתֶם אֶת־
כָּל־מִצְוֹתָי וִהְיִיתֶם קְדֹשִׁים לֵאלֹהֵיכֶם: אֲנִי יְהֹוָה אֱלֹהֵיכֶם
אֲשֶׁר הוֹצֵאתִי אֶתְכֶם מֵאֶרֶץ מִצְרַיִם לִהְיוֹת לָכֶם לֵאלֹהִים
אֲנִי יְהֹוָה אֱלֹהֵיכֶם:

אֱמֶת וְיַצִּיב וְנָכוֹן וְקַיָּם וְיָשָׁר וְנֶאֱמָן וְאָהוּב וְחָבִיב
וְנֶחְמָד וְנָעִים וְנוֹרָא וְאַדִּיר וּמְתֻקָּן וּמְקֻבָּל וְטוֹב וְיָפֶה
הַדָּבָר הַזֶּה עָלֵינוּ לְעוֹלָם וָעֶד: אֱמֶת אֱלֹהֵי עוֹלָם מַלְכֵּנוּ
צוּר יַעֲקֹב מָגֵן יִשְׁעֵנוּ: לְדוֹר וָדוֹר הוּא קַיָּם וּשְׁמוֹ קַיָּם
וְכִסְאוֹ נָכוֹן וּמַלְכוּתוֹ וֶאֱמוּנָתוֹ לָעַד קַיָּמֶת· וּדְבָרָיו חָיִים
וְקַיָּמִים נֶאֱמָנִים וְנֶחֱמָדִים לָעַד וּלְעוֹלְמֵי עוֹלָמִים· עַל
אֲבוֹתֵינוּ וְעָלֵינוּ עַל בָּנֵינוּ וְעַל דּוֹרוֹתֵינוּ וְעַל כָּל דּוֹרוֹת
זֶרַע יִשְׂרָאֵל עֲבָדֶיךָ: עַל הָרִאשׁוֹנִים וְעַל הָאַחֲרוֹנִים
דָּבָר טוֹב וְקַיָּם לְעוֹלָם וָעֶד: אֱמֶת וֶאֱמוּנָה חֹק וְלֹא
יַעֲבוֹר: אֱמֶת שָׁאַתָּה הוּא יְיָ אֱלֹהֵינוּ וֵאלֹהֵי אֲבוֹתֵינוּ·
מַלְכֵּנוּ מֶלֶךְ אֲבוֹתֵינוּ גּוֹאֲלֵנוּ גּוֹאֵל אֲבוֹתֵינוּ יוֹצְרֵנוּ צוּר
יְשׁוּעָתֵנוּ פּוֹדֵנוּ וּמַצִּילֵנוּ מֵעוֹלָם שְׁמֶךָ· אֵין אֱלֹהִים זוּלָתֶךָ:

עֶזְרַת אֲבוֹתֵינוּ אַתָּה הוּא מֵעוֹלָם· מָגֵן וּמוֹשִׁיעַ לִבְנֵיהֶם
אַחֲרֵיהֶם בְּכָל דּוֹר וָדוֹר: בְּרוּם עוֹלָם מוֹשָׁבֶךָ וּמִשְׁפָּטֶיךָ
וְצִדְקָתְךָ עַד אַפְסֵי אָרֶץ: אַשְׁרֵי אִישׁ שֶׁיִּשְׁמַע לְמִצְוֹתֶיךָ
וְתוֹרָתְךָ וּדְבָרְךָ יָשִׂים עַל לִבּוֹ: אֱמֶת אַתָּה הוּא אָדוֹן
לְעַמֶּךָ וּמֶלֶךְ גִּבּוֹר לָרִיב רִיבָם: אֱמֶת אַתָּה הוּא רִאשׁוֹן

fringes in the corners of their garments throughout their generations, and that they put upon the fringe of the corner a thread of blue : and it shall be unto you for a fringe, that ye may look upon it and remember all the commandments of the Lord, and do them ; and that ye seek not after your own heart and your own eyes, after which ye use to go astray : that ye may remember and do all my commandments, and be holy unto your God. I am the Lord your God, who brought you out of the land of Egypt, to be your God ; I am the Lord your God.

True and firm, established and enduring, right and faithful, beloved and precious, desirable and pleasant, awful and mighty, set and acceptable, good and beautiful, is this word unto us for ever and ever. It is true, the God of the Universe is our King, the Rock of Jacob, the Shield of our salvation : throughout all generations he endureth and his Name endureth ; his throne is established, and his kingdom and his faithfulness endure for ever. His words also live and endure : they are faithful and desirable for ever and to all eternity, as for our fathers, so also for us, for our children and for our generations, and for all the generations of the seed of Israel thy servants. For the first and for the last ages this word is good and endureth for ever and ever ; it is true and constant, a statute which shall not pass away. It is true that thou art the Lord our God and the God of our fathers, our King, our fathers' King, our Redeemer, the Redeemer of our fathers, our Creator, the Rock of our salvation, our Preserver and Deliverer : thy Name is from everlasting ; there is no God beside thee.

Thou hast been the help of our fathers from of old, a Shield and a Saviour to their children after them in every generation. In the heights of the Universe is thy habitation, and thy judgments and thy righteousness reach unto the ends of the earth. Happy is the man who hearkeneth unto thy commandments, and layeth up thy Law and thy word in his heart. It is true that thou art the Lord of thy people, and a mighty King to plead their cause. It is true that thou art the first and thou art the last, and beside thee we

וְאַתָּה הוּא אַחֲרוֹן וּמִבַּלְעָדֶיךָ אֵין לָנוּ מֶלֶךְ גּוֹאֵל וּמוֹשִׁיעַ:
מִמִּצְרַיִם גְּאַלְתָּנוּ יְיָ אֱלֹהֵינוּ וּמִבֵּית עֲבָדִים פְּדִיתָנוּ: כָּל
בְּכוֹרֵיהֶם הָרָגְתָּ וּבְכוֹרְךָ גָּאַלְתָּ וְיַם סוּף בָּקַעְתָּ וְזֵדִים
טִבַּעְתָּ וִידִידִים הֶעֱבַרְתָּ. וַיְכַסּוּ מַיִם צָרֵיהֶם. אֶחָד מֵהֶם
לֹא נוֹתָר: עַל זֹאת שִׁבְּחוּ אֲהוּבִים וְרוֹמְמוּ אֵל. וְנָתְנוּ
יְדִידִים זְמִירוֹת שִׁירוֹת וְתִשְׁבָּחוֹת בְּרָכוֹת וְהוֹדָאוֹת לְמֶלֶךְ
אֵל חַי וְקַיָּם. רָם וְנִשָּׂא גָּדוֹל וְנוֹרָא מַשְׁפִּיל גֵּאִים וּמַגְבִּיהַּ
שְׁפָלִים מוֹצִיא אֲסִירִים וּפוֹדֶה עֲנָוִים וְעוֹזֵר דַּלִּים וְעוֹנֶה
לְעַמּוֹ בְּעֵת שַׁוְּעָם אֵלָיו. תְּהִלּוֹת לְאֵל עֶלְיוֹן בָּרוּךְ הוּא
וּמְבוֹרָךְ. מֹשֶׁה וּבְנֵי יִשְׂרָאֵל לְךָ עָנוּ שִׁירָה בְּשִׂמְחָה
רַבָּה. וְאָמְרוּ כֻלָּם.

מִי כָמֹכָה בָּאֵלִם יְיָ מִי כָּמֹכָה נֶאְדָּר בַּקֹּדֶשׁ נוֹרָא תְהִלּוֹת
עֹשֵׂה פֶלֶא:

שִׁירָה חֲדָשָׁה שִׁבְּחוּ גְאוּלִים לְשִׁמְךָ עַל שְׂפַת הַיָּם. יַחַד
כֻּלָּם הוֹדוּ וְהִמְלִיכוּ וְאָמְרוּ.

יְיָ יִמְלֹךְ לְעֹלָם וָעֶד:

צוּר יִשְׂרָאֵל קוּמָה בְּעֶזְרַת יִשְׂרָאֵל. וּפְדֵה כִנְאֻמֶךָ יְהוּדָה
וְיִשְׂרָאֵל. גֹּאֲלֵנוּ יְיָ צְבָאוֹת שְׁמוֹ קְדוֹשׁ יִשְׂרָאֵל. בָּרוּךְ
אַתָּה יְיָ גָּאַל יִשְׂרָאֵל:

The Amidah until קדמוניות *on page 53 is said standing and in silence.*

אֲדֹנָי שְׂפָתַי תִּפְתָּח וּפִי יַגִּיד תְּהִלָּתֶךָ:

בָּרוּךְ אַתָּה יְיָ אֱלֹהֵינוּ וֵאלֹהֵי אֲבוֹתֵינוּ. אֱלֹהֵי אַבְרָהָם
אֱלֹהֵי יִצְחָק וֵאלֹהֵי יַעֲקֹב. הָאֵל הַגָּדוֹל הַגִּבּוֹר וְהַנּוֹרָא

have no King, redeemer and saviour. From Egypt thou didst redeem us, O Lord our God, and from the house of bondage thou didst deliver us ; all their first-born thou didst slay, but thy first-born didst thou redeem ; thou didst divide the Red Sea and drown the proud ; thou madest the beloved to pass through, but the waters covered their adversaries ; not one of them was left. Wherefore the beloved praised and extolled God, yea, the beloved offered hymns, songs, praises, blessings and thanksgivings to the King and God who liveth and endureth ; who is high and exalted, great and awful ; who bringeth low the haughty and raiseth up the lowly, leadeth forth the prisoners, delivereth the meek, helpeth the poor and answereth his people when they cry unto him—even praises to the Most High God, blessed is he, yea blessed. Moses and the children of Israel sang a song unto thee with great joy, saying all of them :

Who is like unto thee, O Lord, among the mighty ones ? Who is like unto thee, glorious in holiness, fearful in praises, doing wonders ?

With a new song the redeemed offered praise unto thy Name at the sea-shore ; together they all gave thanks and proclaimed thy sovereignty, saying :

The Lord shall reign for ever and ever.

O Rock of Israel, arise to the help of Israel, and deliver according to thy word Judah and Israel. Our Redeemer, the Lord of hosts is his Name, the Holy One of Israel. Blessed art thou, O Lord, who hast redeemed Israel.

The Amidah until in ancient years, *on page 53, is said standing and in silence.*

O Lord, open thou my lips, and my mouth shall declare thy praise.

Blessed art thou, O Lord our God and God of our fathers, God of Abraham, God of Isaac and God of Jacob, O great,

אֵל עֶלְיוֹן· גּוֹמֵל חֲסָדִים טוֹבִים וְקֹנֶה הַכֹּל· וְזוֹכֵר חַסְדֵּי
אָבוֹת וּמֵבִיא גוֹאֵל לִבְנֵי בְנֵיהֶם לְמַעַן שְׁמוֹ בְּאַהֲבָה:
זָכְרֵנוּ לַחַיִּים מֶלֶךְ חָפֵץ בַּחַיִּים· וְכָתְבֵנוּ בְּסֵפֶר הַחַיִּים·
לְמַעַנְךָ אֱלֹהִים חַיִּים: מֶלֶךְ עוֹזֵר וּמוֹשִׁיעַ וּמָגֵן·
בָּרוּךְ אַתָּה יְיָ מָגֵן אַבְרָהָם:

אַתָּה גִּבּוֹר לְעוֹלָם אֲדֹנָי מְחַיֶּה מֵתִים אַתָּה רַב לְהוֹשִׁיעַ·
מְכַלְכֵּל חַיִּים בְּחֶסֶד מְחַיֶּה מֵתִים בְּרַחֲמִים רַבִּים· סוֹמֵךְ
נוֹפְלִים וְרוֹפֵא חוֹלִים וּמַתִּיר אֲסוּרִים וּמְקַיֵּם אֱמוּנָתוֹ
לִישֵׁנֵי עָפָר· מִי כָמוֹךָ בַּעַל גְּבוּרוֹת וּמִי דוֹמֶה לָךְ· מֶלֶךְ
מֵמִית וּמְחַיֶּה וּמַצְמִיחַ יְשׁוּעָה: מִי כָמוֹךָ אַב הָרַחֲמִים
זוֹכֵר יְצוּרָיו לַחַיִּים בְּרַחֲמִים: וְנֶאֱמָן אַתָּה לְהַחֲיוֹת מֵתִים·
בָּרוּךְ אַתָּה יְיָ מְחַיֶּה הַמֵּתִים:

אַתָּה קָדוֹשׁ וְשִׁמְךָ קָדוֹשׁ וּקְדוֹשִׁים בְּכָל יוֹם יְהַלְלוּךָ סֶּלָה:

וּבְכֵן תֵּן פַּחְדְּךָ יְיָ אֱלֹהֵינוּ עַל כָּל מַעֲשֶׂיךָ וְאֵימָתְךָ
עַל כָּל מַה שֶׁבָּרָאתָ· וְיִירָאוּךָ כָּל הַמַּעֲשִׂים וְיִשְׁתַּחֲווּ
לְפָנֶיךָ כָּל הַבְּרוּאִים· וְיֵעָשׂוּ כֻלָּם אֲגֻדָּה אֶחָת לַעֲשׂוֹת
רְצוֹנְךָ בְּלֵבָב שָׁלֵם· כְּמוֹ שֶׁיָּדַעְנוּ יְיָ אֱלֹהֵינוּ שֶׁהַשִּׁלְטוֹן
לְפָנֶיךָ עֹז בְּיָדְךָ וּגְבוּרָה בִּימִינֶךָ וְשִׁמְךָ נוֹרָא עַל כָּל
מַה שֶׁבָּרָאתָ:

וּבְכֵן תֵּן כָּבוֹד יְיָ לְעַמֶּךָ תְּהִלָּה לִירֵאֶיךָ וְתִקְוָה
לְדוֹרְשֶׁיךָ וּפִתְחוֹן פֶּה לַמְיַחֲלִים לָךְ· שִׂמְחָה לְאַרְצֶךָ
וְשָׂשׂוֹן לְעִירֶךָ וּצְמִיחַת קֶרֶן לְדָוִד עַבְדֶּךָ וַעֲרִיכַת נֵר לְבֶן
יִשַׁי מְשִׁיחֶךָ בִּמְהֵרָה בְיָמֵינוּ:

mighty and awful God, most high God, who bestowest gracious favours, and who possessest all things, who rememberest the piety of the patriarchs, and who in love wilt bring a redeemer to their children's children, for the sake of thy name. Remember us unto life, O King, who delightest in life, and inscribe us in the book of life, for thine own sake, O living God. O King, Helper, Saviour and Shield ; blessed art thou, O Lord, the Shield of Abraham.

Thou art mighty for ever, O Lord ; it is thou who quickenest the dead and art mighty to save. Thou sustainest the living with loving-kindness, quickenest the dead with great mercy, supportest the falling and healest the sick, loosest the bound, and keepest thy faith unto them that sleep in the dust. Who is like unto thee, Lord of mighty acts, and who can be compared unto thee, O King, who killest and restorest to life and causest salvation to spring forth ? Who is like unto thee, Father of mercy, who in mercy rememberest thy creatures unto life ? And faithful art thou to quicken the dead. Blessed art thou, O Lord, who quickenest the dead.

Thou art holy and thy Name is holy, and holy beings praise thee daily. Selah.

Now therefore, O Lord our God, impose thine awe upon all thy works and thy dread over all that thou hast created, that all thy works may fear thee, and all creatures prostrate themselves before thee, that they may all form one band to do thy will with a perfect heart : even as we know, O Lord our God, that dominion is thine, strength is in thy hand, and might in thy right hand, and that thy Name is awful over all that thou hast created.

And therefore, O Lord, give glory unto thy people, praise to them that fear thee, hope to them that seek thee, confidence to them that wait for thee, joy to thy land, gladness to thy City, a flourishing horn unto David thy servant, and a constant light unto the son of Jesse, thine anointed, speedily in our days.

וּבְכֵן צַדִּיקִים יִרְאוּ וְיִשְׂמָחוּ וִישָׁרִים יַעֲלֹזוּ וַחֲסִידִים
בְּרִנָּה יָגִילוּ· וְעוֹלָתָה תִּקְפָּץ פִּיהָ· וְכָל הָרִשְׁעָה כֻּלָּהּ
כְּעָשָׁן תִּכְלֶה· כִּי תַעֲבִיר מֶמְשֶׁלֶת זָדוֹן מִן הָאָרֶץ:

וְתִמְלוֹךְ אַתָּה יְיָ לְבַדֶּךָ עַל כָּל מַעֲשֶׂיךָ בְּהַר צִיּוֹן
מִשְׁכַּן כְּבוֹדֶךָ וּבִירוּשָׁלַיִם עִיר קָדְשֶׁךָ כַּכָּתוּב בְּדִבְרֵי
קָדְשֶׁךָ· יִמְלֹךְ יְיָ לְעוֹלָם אֱלֹהַיִךְ צִיּוֹן לְדֹר וָדֹר הַלְלוּיָהּ:

קָדוֹשׁ אַתָּה וְנוֹרָא שְׁמֶךָ וְאֵין אֱלֹוהַּ מִבַּלְעָדֶיךָ כַּכָּתוּב·
וַיִּגְבַּהּ יְיָ צְבָאוֹת בַּמִּשְׁפָּט וְהָאֵל הַקָּדוֹשׁ נִקְדָּשׁ בִּצְדָקָה·
בָּרוּךְ אַתָּה יְיָ הַמֶּלֶךְ הַקָּדוֹשׁ:

אַתָּה בְחַרְתָּנוּ מִכָּל הָעַמִּים· אָהַבְתָּ אוֹתָנוּ· וְרָצִיתָ
בָּנוּ· וְרוֹמַמְתָּנוּ מִכָּל הַלְּשׁוֹנוֹת· וְקִדַּשְׁתָּנוּ בְּמִצְוֹתֶיךָ·
וְקֵרַבְתָּנוּ מַלְכֵּנוּ לַעֲבוֹדָתֶךָ· וְשִׁמְךָ הַגָּדוֹל וְהַקָּדוֹשׁ
עָלֵינוּ קָרָאתָ:

On Sabbath add the bracketed words:

וַתִּתֶּן לָנוּ יְיָ אֱלֹהֵינוּ בְּאַהֲבָה אֶת יוֹם [הַשַּׁבָּת הַזֶּה
לִקְדֻשָּׁה וְלִמְנוּחָה וְאֶת יוֹם] הַכִּפֻּרִים הַזֶּה לִמְחִילָה
וְלִסְלִיחָה וּלְכַפָּרָה וְלִמְחָל בּוֹ אֶת כָּל עֲוֹנוֹתֵינוּ [בְּאַהֲבָה]
מִקְרָא קֹדֶשׁ· זֵכֶר לִיצִיאַת מִצְרָיִם:

אֱלֹהֵינוּ וֵאלֹהֵי אֲבוֹתֵינוּ יַעֲלֶה וְיָבֹא וְיַגִּיעַ וְיֵרָאֶה וְיֵרָצֶה
וְיִשָּׁמַע וְיִפָּקֵד וְיִזָּכֵר זִכְרוֹנֵנוּ וּפִקְדוֹנֵנוּ וְזִכְרוֹן אֲבוֹתֵינוּ
וְזִכְרוֹן מָשִׁיחַ בֶּן דָּוִד עַבְדֶּךָ וְזִכְרוֹן יְרוּשָׁלַיִם עִיר קָדְשֶׁךָ
וְזִכְרוֹן כָּל עַמְּךָ בֵּית יִשְׂרָאֵל לְפָנֶיךָ לִפְלֵיטָה לְטוֹבָה
לְחֵן וּלְחֶסֶד וּלְרַחֲמִים לְחַיִּים וּלְשָׁלוֹם בְּיוֹם הַכִּפּוּרִים
הַזֶּה: זָכְרֵנוּ יְיָ אֱלֹהֵינוּ בּוֹ לְטוֹבָה· וּפָקְדֵנוּ בּוֹ לִבְרָכָה·

Then shall the just see and be glad, the upright shall exult, the pious shall rejoice in song, and iniquity shall close her mouth, and all wickedness shall be wholly consumed like smoke, when thou makest the dominion of arrogance to pass away from the earth.

And thou, O Lord, shalt reign, thou alone, over all thy works on Mount Zion, the dwelling-place of thy glory, and in Jerusalem, thy holy City ; as it is written in thy holy words, The Lord shall reign for ever, thy God, O Zion, unto all generations. Praise ye the Lord.

Holy art thou, and awful is thy Name, and there is no God beside thee ; as it is written, And the Lord of hosts is exalted in judgment and the holy God is sanctified in righteousness. Blessed art thou, O Lord, the holy King.

Thou hast chosen us from all peoples ; thou hast loved us and taken pleasure in us, and hast exalted us above all tongues. Thou hast sanctified us by thy commandments, and hast drawn us near, O our King, unto thy service, and hast called us by thy great and holy Name.

On Sabbath add the bracketed words :

And thou hast given us in love, O Lord our God [this Sabbath day for holiness and rest and] this Day of Atonement for pardon, forgiveness and atonement, that we may [in love] obtain pardon thereon for all our iniquities: a holy convocation, a memorial of the departure from Egypt.

Our God and God of our fathers, may our remembrance and our name, and the remembrance of our fathers, the remembrance of Messiah the son of David, thy Servant, the remembrance of Jerusalem thy holy City, and the remembrance of all thy people the house of Israel, rise and go up, approach to thy presence and find grace ; may it be heard, visited and remembered, for deliverance and for good, for grace, loving-kindness and mercy, for life and for peace on this Day of Atonement. Remember us, O Lord our God, thereon for good ; visit us with a blessing, and save us

וְהוֹשִׁיעֵנוּ בּוֹ לְחַיִּים · וּבִדְבַר יְשׁוּעָה וְרַחֲמִים חוּס וְחָנֵּנוּ
וְרַחֵם עָלֵינוּ וְהוֹשִׁיעֵנוּ כִּי אֵלֶיךָ עֵינֵינוּ · כִּי אֵל מֶלֶךְ
חַנּוּן וְרַחוּם אָתָּה:

אֱלֹהֵינוּ וֵאלֹהֵי אֲבוֹתֵינוּ מְחַל לַעֲוֹנוֹתֵינוּ בְּיוֹם [הַשַּׁבָּת
הַזֶּה וּבְיוֹם] הַכִּפֻּרִים הַזֶּה מְחֵה וְהַעֲבֵר פְּשָׁעֵינוּ וְחַטֹּאתֵינוּ
מִנֶּגֶד עֵינֶיךָ · כָּאָמוּר אָנֹכִי אָנֹכִי הוּא מֹחֶה פְשָׁעֶיךָ לְמַעֲנִי
וְחַטֹּאתֶיךָ לֹא אֶזְכֹּר: וְנֶאֱמַר מָחִיתִי כָעָב פְּשָׁעֶיךָ וְכֶעָנָן
חַטֹּאתֶיךָ שׁוּבָה אֵלַי כִּי גְאַלְתִּיךָ: וְנֶאֱמַר כִּי בַיּוֹם הַזֶּה
יְכַפֵּר עֲלֵיכֶם לְטַהֵר אֶתְכֶם מִכֹּל חַטֹּאתֵיכֶם לִפְנֵי יְיָ
תִּטְהָרוּ: [אֱלֹהֵינוּ וֵאלֹהֵי אֲבוֹתֵינוּ רְצֵה בִמְנוּחָתֵנוּ]
קַדְּשֵׁנוּ בְּמִצְוֹתֶיךָ וְתֵן חֶלְקֵנוּ בְּתוֹרָתֶךָ שַׂבְּעֵנוּ מִטּוּבֶךָ
וְשַׂמְּחֵנוּ בִּישׁוּעָתֶךָ · [וְהַנְחִילֵנוּ יְיָ אֱלֹהֵינוּ בְּאַהֲבָה וּבְרָצוֹן
שַׁבַּת קָדְשֶׁךָ וְיָנוּחוּ בָהּ יִשְׂרָאֵל מְקַדְּשֵׁי שְׁמֶךָ] וְטַהֵר
לִבֵּנוּ לְעָבְדְּךָ בֶּאֱמֶת · כִּי אַתָּה סָלְחָן לְיִשְׂרָאֵל וּמָחֳלָן
לְשִׁבְטֵי יְשֻׁרוּן בְּכָל דּוֹר וָדוֹר וּמִבַּלְעָדֶיךָ אֵין לָנוּ מֶלֶךְ
מוֹחֵל וְסוֹלֵחַ אֶלָּא אָתָּה · בָּרוּךְ אַתָּה יְיָ · מֶלֶךְ מוֹחֵל
וְסוֹלֵחַ לַעֲוֹנוֹתֵינוּ וְלַעֲוֹנוֹת עַמּוֹ בֵּית יִשְׂרָאֵל · וּמַעֲבִיר
אַשְׁמוֹתֵינוּ בְּכָל שָׁנָה וְשָׁנָה · מֶלֶךְ עַל כָּל הָאָרֶץ מְקַדֵּשׁ
[הַשַּׁבָּת וְ]יִשְׂרָאֵל וְיוֹם הַכִּפֻּרִים:

רְצֵה יְיָ אֱלֹהֵינוּ בְּעַמְּךָ יִשְׂרָאֵל וּבִתְפִלָּתָם · וְהָשֵׁב אֶת
הָעֲבוֹדָה לִדְבִיר בֵּיתֶךָ וְאִשֵּׁי יִשְׂרָאֵל וּתְפִלָּתָם בְּאַהֲבָה
תְקַבֵּל בְּרָצוֹן · וּתְהִי לְרָצוֹן תָּמִיד עֲבוֹדַת יִשְׂרָאֵל עַמֶּךָ ·
וְתֶחֱזֶינָה עֵינֵינוּ בְּשׁוּבְךָ לְצִיּוֹן בְּרַחֲמִים · בָּרוּךְ אַתָּה
יְיָ הַמַּחֲזִיר שְׁכִינָתוֹ לְצִיּוֹן:

unto life. And with thy word of salvation and mercy, spare us and be gracious unto us ; have mercy upon us and save us ; for unto thee our eyes are turned : for thou art a gracious and merciful God and King.

Our God and God of our fathers, pardon our iniquities [on this Sabbath day and] on this Day of Atonement : blot out our transgressions and our sins and make them to pass away from before thine eyes ; as it is said, I, even I, am he that blotteth out thy transgressions for mine own sake, and will not remember thy sins. And it is said, I have blotted out as a thick cloud thy transgressions, and as a mist thy sins : return unto me ; for I have redeemed thee. And it is said, For on this day shall atonement be made for you, to cleanse you : from all your sins before the Lord shall ye be clean. [Our God and God of our fathers, accept our rest,] sanctify us by thy commandments and grant our portion be in thy Law ; satisfy us with thy goodness, and gladden us with thy salvation [and cause us, O Lord our God, in love and favour to inherit thy holy Sabbath ; and may Israel find repose thereon, who hallow thy Name], and purify our hearts to serve thee in truth ; for thou art the Forgiver of Israel, and Pardoner of the tribes of Jeshurun in all generations, and beside thee we have no King to pardon and forgive our sins, yea, none but thee. Blessed art thou, O Lord, thou King who pardonest and forgivest our iniquities and the iniquities of thy people the house of Israel, and who makest our trespasses to pass away year by year : King over all the earth, who sanctifiest [the Sabbath and] Israel and the Day of Atonement.

Accept, O Lord our God, thy people Israel and their prayer ; restore the service to the innermost part of thine house ; receive in love and favour the fire-offerings of Israel and their prayer ; and may the service of thy people Israel be ever acceptable to thee. And let our eyes behold thy return in mercy to Zion. Blessed art thou, O Lord, who restorest thy divine presence unto Zion.

מוֹדִים אֲנַחְנוּ לָךְ שָׁאַתָּה הוּא יְיָ אֱלֹהֵינוּ וֵאלֹהֵי אֲבוֹתֵינוּ
לְעוֹלָם וָעֶד · צוּר חַיֵּינוּ מָגֵן יִשְׁעֵנוּ אַתָּה הוּא לְדוֹר וָדוֹר ·
נוֹדֶה לְךָ וּנְסַפֵּר תְּהִלָּתֶךָ עַל חַיֵּינוּ הַמְּסוּרִים בְּיָדֶךָ
וְעַל נִשְׁמוֹתֵינוּ הַפְּקוּדוֹת לָךְ וְעַל נִסֶּיךָ שֶׁבְּכָל יוֹם עִמָּנוּ
וְעַל נִפְלְאוֹתֶיךָ וְטוֹבוֹתֶיךָ שֶׁבְּכָל עֵת עֶרֶב וָבֹקֶר וְצָהֳרַיִם ·
הַטּוֹב כִּי לֹא כָלוּ רַחֲמֶיךָ וְהַמְרַחֵם כִּי לֹא תַמּוּ חֲסָדֶיךָ
מֵעוֹלָם קִוִּינוּ לָךְ :

וְעַל כֻּלָּם יִתְבָּרַךְ וְיִתְרוֹמַם שִׁמְךָ מַלְכֵּנוּ תָּמִיד לְעוֹלָם
וָעֶד · וּכְתוֹב לְחַיִּים טוֹבִים כָּל בְּנֵי בְרִיתֶךָ : וְכָל הַחַיִּים
יוֹדוּךָ סֶּלָה וִיהַלְלוּ אֶת שִׁמְךָ בֶּאֱמֶת הָאֵל יְשׁוּעָתֵנוּ
וְעֶזְרָתֵנוּ סֶלָה · בָּרוּךְ אַתָּה יְיָ הַטּוֹב שִׁמְךָ וּלְךָ נָאֶה
לְהוֹדוֹת :

שִׂים שָׁלוֹם טוֹבָה וּבְרָכָה חֵן וָחֶסֶד וְרַחֲמִים עָלֵינוּ
וְעַל כָּל יִשְׂרָאֵל עַמֶּךָ · בָּרְכֵנוּ אָבִינוּ כֻּלָּנוּ כְּאֶחָד בְּאוֹר
פָּנֶיךָ · כִּי בְאוֹר פָּנֶיךָ נָתַתָּ לָנוּ יְיָ אֱלֹהֵינוּ תּוֹרַת חַיִּים
וְאַהֲבַת חֶסֶד וּצְדָקָה וּבְרָכָה וְרַחֲמִים וְחַיִּים וְשָׁלוֹם ·
וְטוֹב בְּעֵינֶיךָ לְבָרֵךְ אֶת עַמְּךָ יִשְׂרָאֵל בְּכָל עֵת וּבְכָל
שָׁעָה בִּשְׁלוֹמֶךָ · בְּסֵפֶר חַיִּים בְּרָכָה וְשָׁלוֹם וּפַרְנָסָה
טוֹבָה נִזָּכֵר וְנִכָּתֵב לְפָנֶיךָ אֲנַחְנוּ וְכָל עַמְּךָ בֵּית יִשְׂרָאֵל
לְחַיִּים טוֹבִים וּלְשָׁלוֹם · בָּרוּךְ אַתָּה יְיָ עוֹשֵׂה הַשָּׁלוֹם :

אֱלֹהֵינוּ וֵאלֹהֵי אֲבוֹתֵינוּ ·

תָּבֹא לְפָנֶיךָ תְּפִלָּתֵנוּ וְאַל תִּתְעַלַּם מִתְּחִנָּתֵנוּ · שָׁאֵין
אֲנַחְנוּ עַזֵּי פָנִים וּקְשֵׁי עֹרֶף לוֹמַר לְפָנֶיךָ יְיָ אֱלֹהֵינוּ וֵאלֹהֵי
אֲבוֹתֵינוּ צַדִּיקִים אֲנַחְנוּ וְלֹא חָטָאנוּ אֲבָל אֲנַחְנוּ חָטָאנוּ :

We make acknowledgment unto thee, that thou art the Lord our God and the God of our fathers for ever and ever ; thou art the Rock of our lives, the Shield of our salvation through every generation. We will give thanks unto thee and declare thy praise for our lives which are delivered into thy hand, and for our souls which are committed unto thy charge, and for thy miracles which are with us every day, and for thy wondrous benefits which are with us at all times, even, morn and noon. Thou art the Beneficent One, for thy mercies never fail ; thou art the Merciful One, for thy kindnesses never cease. We have ever hoped in thee.

And for all these things, O our King, thy Name shall be continually blessed and exalted for ever and ever. And inscribe all the children of thy covenant for a happy life. And every one that liveth shall give thanks unto thee, Selah ; and shall praise thy Name in truth, O God, our salvation and help, Selah. Blessed art thou, O Lord, whose Name is the Beneficent One,and unto whom it is becoming to give thanks.

Grant peace, welfare, blessing, grace, loving-kindness and mercy unto us and unto all Israel, thy people. Bless us, O our Father, all of us together, with the light of thy countenance ; for by the light of thy countenance thou hast given unto us, O Lord our God, the Law of life, loving-kindness and righteousness, blessing, mercy, life and peace ; and may it be good in thy sight to bless thy people Israel at all times and in every hour with thy peace. In the book of life, blessing, peace and good sustenance may we be remembered and inscribed before thee, we and all thy people the house of Israel, for a happy life and peace. Blessed art thou, O Lord, who makest peace.

¹ Our God and God of our fathers,

Let our prayer come before thee : hide not thyself from our supplication ; for we are not arrogant and stiff-necked, that we should say before thee, O Lord our God and God of our fathers, we are righteous and have not sinned ; verily we have sinned.

¹ See Note IV. to the preceding volume.

אָשַׁמְנוּ· בָּגַדְנוּ· גָּזַלְנוּ· דִּבַּרְנוּ דֹפִי· הֶעֱוִינוּ· וְהִרְשַׁעְנוּ·
זַדְנוּ· חָמַסְנוּ· טָפַלְנוּ שֶׁקֶר· יָעַצְנוּ רָע· כִּזַּבְנוּ· לַצְנוּ·
מָרַדְנוּ· נִאַצְנוּ· סָרַרְנוּ· עָוִינוּ· פָּשַׁעְנוּ· צָרַרְנוּ קִשִּׁינוּ עֹרֶף·
רָשַׁעְנוּ· שִׁחַתְנוּ· תִּעַבְנוּ· תָּעִינוּ· תִּעְתָּעְנוּ:

סַרְנוּ מִמִּצְוֹתֶיךָ וּמִמִּשְׁפָּטֶיךָ הַטּוֹבִים וְלֹא שָׁוָה לָנוּ:
וְאַתָּה צַדִּיק עַל כָּל הַבָּא עָלֵינוּ· כִּי אֱמֶת עָשִׂיתָ וַאֲנַחְנוּ
הִרְשָׁעְנוּ:

מַה נֹּאמַר לְפָנֶיךָ יוֹשֵׁב מָרוֹם וּמַה נְּסַפֵּר לְפָנֶיךָ שׁוֹכֵן
שְׁחָקִים· הֲלֹא כָּל הַנִּסְתָּרוֹת וְהַנִּגְלוֹת אַתָּה יוֹדֵעַ:
אַתָּה יוֹדֵעַ רָזֵי עוֹלָם· וְתַעֲלוּמוֹת סִתְרֵי כָּל חָי: אַתָּה
חוֹפֵשׂ כָּל חַדְרֵי בָטֶן וּבוֹחֵן כְּלָיוֹת וָלֵב: אֵין דָּבָר נֶעְלָם
מִמֶּךָּ· וְאֵין נִסְתָּר מִנֶּגֶד עֵינֶיךָ:

וּבְכֵן יְהִי רָצוֹן מִלְּפָנֶיךָ יְיָ אֱלֹהֵינוּ וֵאלֹהֵי אֲבוֹתֵינוּ·
שֶׁתִּסְלַח לָנוּ עַל כָּל חַטֹּאתֵינוּ· וְתִמְחַל לָנוּ עַל כָּל עֲוֹנוֹתֵינוּ·
וּתְכַפֶּר לָנוּ עַל כָּל פְּשָׁעֵינוּ:

עַל חֵטְא שֶׁחָטָאנוּ לְפָנֶיךָ בְּאֹנֶס וּבְרָצוֹן:
וְעַל חֵטְא שֶׁחָטָאנוּ לְפָנֶיךָ בְּאִמּוּץ הַלֵּב:
עַל חֵטְא שֶׁחָטָאנוּ לְפָנֶיךָ בִּבְלִי דָעַת:
וְעַל חֵטְא שֶׁחָטָאנוּ לְפָנֶיךָ בְּבִטּוּי שְׂפָתָיִם:
עַל חֵטְא שֶׁחָטָאנוּ לְפָנֶיךָ בְּגִלּוּי עֲרָיוֹת:
וְעַל חֵטְא שֶׁחָטָאנוּ לְפָנֶיךָ בְּגָלוּי וּבַסֵּתֶר:
עַל חֵטְא שֶׁחָטָאנוּ לְפָנֶיךָ בְּדַעַת וּבְמִרְמָה:
וְעַל חֵטְא שֶׁחָטָאנוּ לְפָנֶיךָ בְּדִבּוּר פֶּה:
עַל חֵטְא שֶׁחָטָאנוּ לְפָנֶיךָ בְּהוֹנָאַת רֵעַ:

We have trespassed, we have dealt treacherously, we have robbed, we have spoken slander, we have acted perversely and we have wrought wickedness, we have acted presumptuously, we have done violence, we have framed lies, we have counselled evil, we have spoken falsely, we have scoffed, we have revolted, we have provoked, we have rebelled, we have committed iniquity, we have transgressed, we have oppressed, we have been stiff-necked, we have acted wickedly, we have corrupted, we have committed abomination, we have gone astray, we have led others astray.

We have turned away from thy commandments, and thy judgments that are good, and it hath not profited us. But thou art righteous in all that hath come upon us ; for thou hast acted truthfully, but as for us, we have done wickedly.

What shall we say before thee, O thou who dwellest on high, and what shall we declare before thee, thou who abidest in the heavens ? Dost thou not know all things, both the hidden and the revealed ?

Thou knowest the mysteries of the Universe and the hidden secrets of all living. Thou searchest all the innermost recesses and triest the reins and the heart. Naught is hidden from thee, neither is anything concealed from thine eyes.

May it therefore be thy will, O Lord our God and God of our fathers, to forgive us all our sins, to pardon us all our iniquities, and to grant us atonement for all our transgressions.

For the sin wherein we have sinned before thee under compulsion or of freewill,
And for the sin wherein we have sinned before thee by hardening of the heart ;
For the sin wherein we have sinned before thee unwittingly,
And for the sin wherein we have sinned before thee with utterance of the lips ;
For the sin wherein we have sinned before thee by unchastity,
And for the sin wherein we have sinned before thee openly and secretly ;
For the sin wherein we have sinned before thee knowingly and deceitfully,
And for the sin wherein we have sinned before thee in speech ;
For the sin wherein we have sinned before thee by wronging a neighbour,

וְעַל חֵטְא שֶׁחָטָאנוּ לְפָנֶיךָ בְּהַרְהוֹר הַלֵּב:

עַל חֵטְא שֶׁחָטָאנוּ לְפָנֶיךָ בּוְעִידַת זְנוּת:

וְעַל חֵטְא שֶׁחָטָאנוּ לְפָנֶיךָ בְּוִדּוּי פֶּה:

עַל חֵטְא שֶׁחָטָאנוּ לְפָנֶיךָ בְּזִלְזוּל הוֹרִים וּמוֹרִים:

וְעַל חֵטְא שֶׁחָטָאנוּ לְפָנֶיךָ בְּזָדוֹן וּבִשְׁגָגָה:

עַל חֵטְא שֶׁחָטָאנוּ לְפָנֶיךָ בְּחֹזֶק יָד:

וְעַל חֵטְא שֶׁחָטָאנוּ לְפָנֶיךָ בְּחִלּוּל הַשֵּׁם:

עַל חֵטְא שֶׁחָטָאנוּ לְפָנֶיךָ בְּטֻמְאַת שְׂפָתָיִם:

וְעַל חֵטְא שֶׁחָטָאנוּ לְפָנֶיךָ בְּטִפְשׁוּת פֶּה:

עַל חֵטְא שֶׁחָטָאנוּ לְפָנֶיךָ בְּיֵצֶר הָרָע:

וְעַל חֵטְא שֶׁחָטָאנוּ לְפָנֶיךָ בְּיוֹדְעִים וּבְלֹא יוֹדְעִים:

וְעַל כֻּלָּם אֱלוֹהַּ סְלִיחוֹת סְלַח לָנוּ · מְחַל לָנוּ · כַּפֶּר לָנוּ:

עַל חֵטְא שֶׁחָטָאנוּ לְפָנֶיךָ בְּכַחַשׁ וּבְכָזָב:

וְעַל חֵטְא שֶׁחָטָאנוּ לְפָנֶיךָ בְּכַפַּת שֹׁחַד:

עַל חֵטְא שֶׁחָטָאנוּ לְפָנֶיךָ בְּלָצוֹן:

וְעַל חֵטְא שֶׁחָטָאנוּ לְפָנֶיךָ בְּלָשׁוֹן הָרָע:

עַל חֵטְא שֶׁחָטָאנוּ לְפָנֶיךָ בְּמַשָּׂא וּבְמַתָּן:

וְעַל חֵטְא שֶׁחָטָאנוּ לְפָנֶיךָ בְּמַאֲכָל וּבְמִשְׁתֶּה:

עַל חֵטְא שֶׁחָטָאנוּ לְפָנֶיךָ בְּנֶשֶׁךְ וּבְמַרְבִּית:

וְעַל חֵטְא שֶׁחָטָאנוּ לְפָנֶיךָ בִּנְטִיַּת גָּרוֹן:

עַל חֵטְא שֶׁחָטָאנוּ לְפָנֶיךָ בְּשִׂיחַ שִׂפְתוֹתֵינוּ:

וְעַל חֵטְא שֶׁחָטָאנוּ לְפָנֶיךָ בְּשִׁקּוּר עָיִן:

עַל חֵטְא שֶׁחָטָאנוּ לְפָנֶיךָ בְּעֵינַיִם רָמוֹת:

וְעַל חֵטְא שֶׁחָטָאנוּ לְפָנֶיךָ בְּעַזּוּת מֵצַח:

And for the sin wherein we have sinned before thee in the medita-
tion of the heart ;
For the sin wherein we have sinned before thee by association
with impurity,
And for the sin wherein we have sinned before thee by confession
of the lips ;
For the sin wherein we have sinned before thee by despising
parents and teachers,
And for the sin wherein we have sinned before thee in presump-
tion and in error ;
For the sin wherein we have sinned before thee by violence,
And for the sin wherein we have sinned before thee by the pro-
fanation of thy Name ;
For the sin wherein we have sinned before thee by impurity of
the lips,
And for the sin wherein we have sinned before thee by foolish
speech ;
For the sin wherein we have sinned before thee by the evil
inclination,
And for the sin wherein we have sinned before thee wittingly or
unwittingly.

   And for all these, O God of forgiveness, forgive us,
   pardon us, grant us atonement.

For the sin wherein we have sinned before thee by denying and
lying,
And for the sin wherein we have sinned before thee by
bribery ;
For the sin wherein we have sinned before thee by scoffing,
And for the sin wherein we have sinned before thee by evil
speech ;
For the sin wherein we have sinned before thee in busi-
ness,
And for the sin wherein we have sinned before thee in eating and
drinking ;
For the sin wherein we have sinned before thee by usury and
increase,
And for the sin wherein we have sinned before thee by an arrog-
ant mien ;
For the sin wherein we have sinned before thee by the utterances
of our lips,
And for the sin wherein we have sinned before thee by a wanton
glance ;
For the sin wherein we have sinned before thee with haughty
eyes,
And for the sin wherein we have sinned before thee with obdurate
brow.

וְעַל כֻּלָּם אֱלֽוֹהַ סְלִיחוֹת סְלַח לָנוּ · מְחַל לָנוּ · כַּפֶּר לָנוּ:

עַל חֵטְא שֶׁחָטָֽאנוּ לְפָנֶֽיךָ בִּפְרִיקַת עֹל:

וְעַל חֵטְא שֶׁחָטָֽאנוּ לְפָנֶֽיךָ בִּפְלִילוּת:

עַל חֵטְא שֶׁחָטָֽאנוּ לְפָנֶֽיךָ בִּצְדִיַּת רֵעַ:

וְעַל חֵטְא שֶׁחָטָֽאנוּ לְפָנֶֽיךָ בְּצָרוּת עָֽיִן:

עַל חֵטְא שֶׁחָטָֽאנוּ לְפָנֶֽיךָ בְּקַלּוּת רֹאשׁ:

וְעַל חֵטְא שֶׁחָטָֽאנוּ לְפָנֶֽיךָ בְּקַשְׁיוּת עֹֽרֶף:

עַל חֵטְא שֶׁחָטָֽאנוּ לְפָנֶֽיךָ בְּרִיצַת רַגְלַֽיִם לְהָרַֽע:

וְעַל חֵטְא שֶׁחָטָֽאנוּ לְפָנֶֽיךָ בִּרְכִילוּת:

עַל חֵטְא שֶׁחָטָֽאנוּ לְפָנֶֽיךָ בִּשְׁבֽוּעַת שָׁוְא:

וְעַל חֵטְא שֶׁחָטָֽאנוּ לְפָנֶֽיךָ בְּשִׂנְאַת חִנָּם:

עַל חֵטְא שֶׁחָטָֽאנוּ לְפָנֶֽיךָ בִּתְשֽׂוּמֶת יָד:

וְעַל חֵטְא שֶׁחָטָֽאנוּ לְפָנֶֽיךָ בְּתִמְהוֹן לֵבָב:

וְעַל כֻּלָּם אֱלֽוֹהַ סְלִיחוֹת סְלַח לָנוּ · מְחַל לָנוּ · כַּפֶּר לָנוּ:

וְעַל חֲטָאִים שֶׁאָֽנוּ חַיָּבִים עֲלֵיהֶם עוֹלָה:

וְעַל חֲטָאִים שֶׁאָֽנוּ חַיָּבִים עֲלֵיהֶם חַטָּאת:

וְעַל חֲטָאִים שֶׁאָֽנוּ חַיָּבִים עֲלֵיהֶם קָרְבָּן עוֹלֶה וְיוֹרֵד:

וְעַל חֲטָאִים שֶׁאָֽנוּ חַיָּבִים עֲלֵיהֶם אָשָׁם וַדַּי וְאָשָׁם תָּלוּי:

וְעַל חֲטָאִים שֶׁאָֽנוּ חַיָּבִים עֲלֵיהֶם מַכַּת מַרְדּוּת:

וְעַל חֲטָאִים שֶׁאָֽנוּ חַיָּבִים עֲלֵיהֶם מַלְקוּת אַרְבָּעִים:

וְעַל חֲטָאִים שֶׁאָֽנוּ חַיָּבִים עֲלֵיהֶם מִיתָה בִּידֵי שָׁמָֽיִם:

וְעַל חֲטָאִים שֶׁאָֽנוּ חַיָּבִים עֲלֵיהֶם כָּרֵת וַעֲרִירִי:

וְעַל כֻּלָּם אֱלֽוֹהַ סְלִיחוֹת סְלַח לָנוּ · מְחַל לָנוּ · כַּפֶּר לָנוּ:

> And for all these, O God of forgiveness, forgive us,
> pardon us, grant us atonement.

For the sin wherein we have sinned before thee by breaking off
the yoke,
And for the sin wherein we have sinned before thee by conten-
tiousness ;
For the sin wherein we have sinned before thee by ensnaring
our neighbour,
And for the sin wherein we have sinned before thee by envy ;
For the sin wherein we have sinned before thee by levity,
And for the sin wherein we have sinned before thee by being
stiff-necked ;
For the sin wherein we have sinned before thee by running to
do evil,
And for the sin wherein we have sinned before thee by tale-
bearing ;
For the sin wherein we have sinned before thee by a vain oath,
And for the sin wherein we have sinned before thee by causeless
hatred ;
For the sin wherein we have sinned before thee by a breach of
trust,
And for the sin wherein we have sinned before thee by terror of
the heart.

> And for all these, O God of forgiveness, forgive us,
> pardon us, grant us atonement.

And for the sins for which we owe a burnt offering;
And for the sins for which we owe a sin-offering ;
And for the sins for which we owe an offering according to our
ability;
And for the sins for which we owe a trespass-offering for certain
guilt and a trespass-offering for doubtful guilt;
And for the sins for which we deserve corporal punishment;
And for the sins for which we deserve the punishment of forty
stripes;
And for the sins for which we deserve death by the hand of God;
And for the sins for which we deserve the punishment of excision,
and of being childless;

> And for all these, O God of forgiveness, forgive us,
> pardon us, grant us atonement.

וְעַל חֲטָאִים שֶׁאָנוּ חַיָּבִים עֲלֵיהֶם אַרְבַּע מִיתוֹת בֵּית דִּין׃
סְקִילָה׃ שְׂרֵפָה׃ הֶרֶג׃ וְחֶנֶק׃ עַל מִצְוַת עֲשֵׂה וְעַל מִצְוַת
לֹא תַעֲשֶׂה׃ בֵּין שֶׁיֶּשׁ בָּהּ קוּם עֲשֵׂה׃ וּבֵין שֶׁאֵין בָּהּ קוּם
עֲשֵׂה׃ אֶת הַגְּלוּיִם לָנוּ וְאֶת שֶׁאֵינָם גְּלוּיִם לָנוּ׃ אֶת
הַגְּלוּיִם לָנוּ כְּבָר אֲמַרְנוּם לְפָנֶיךָ׃ וְהוֹדִינוּ לְךָ עֲלֵיהֶם׃
וְאֶת שֶׁאֵינָם גְּלוּיִם לָנוּ לְפָנֶיךָ הֵם גְּלוּיִם וִידוּעִים׃ כַּדָּבָר
שֶׁנֶּאֱמַר הַנִּסְתָּרֹת לַיָי אֱלֹהֵינוּ׃ וְהַנִּגְלֹת לָנוּ וּלְבָנֵינוּ עַד
עוֹלָם׃ לַעֲשׂוֹת אֶת כָּל דִּבְרֵי הַתּוֹרָה הַזֹּאת׃ כִּי אַתָּה
סָלְחָן לְיִשְׂרָאֵל וּמָחֳלָן לְשִׁבְטֵי יְשֻׁרוּן בְּכָל דּוֹר וָדוֹר
וּמִבַּלְעָדֶיךָ אֵין לָנוּ מֶלֶךְ מוֹחֵל וְסוֹלֵחַ אֶלָּא אָתָּה׃

אֱלֹהַי עַד שֶׁלֹּא נוֹצַרְתִּי אֵינִי כְדַי׃ וְעַכְשָׁו שֶׁנּוֹצַרְתִּי
כְּאִלּוּ לֹא נוֹצַרְתִּי׃ עָפָר אֲנִי בְּחַיָּי׃ קַל וָחֹמֶר בְּמִיתָתִי׃
הֲרֵי אֲנִי לְפָנֶיךָ כִּכְלִי מָלֵא בוּשָׁה וּכְלִמָּה׃ יְהִי רָצוֹן
מִלְפָנֶיךָ יְיָ אֱלֹהַי וֵאלֹהֵי אֲבוֹתַי שֶׁלֹּא אֶחֱטָא עוֹד׃ וּמַה
שֶּׁחָטָאתִי לְפָנֶיךָ מָרֵק בְּרַחֲמֶיךָ הָרַבִּים׃ אֲבָל לֹא עַל
יְדֵי יִסּוּרִים וָחֳלָיִם רָעִים׃

אֱלֹהַי נְצוֹר לְשׁוֹנִי מֵרָע וּשְׂפָתַי מִדַּבֵּר מִרְמָה׃
וְלִמְקַלְלַי נַפְשִׁי תִדּוֹם וְנַפְשִׁי כֶּעָפָר לַכֹּל תִּהְיֶה׃ פְּתַח
לִבִּי בְּתוֹרָתֶךָ וּבְמִצְוֹתֶיךָ תִּרְדּוֹף נַפְשִׁי׃ וְכָל הַחוֹשְׁבִים
עָלַי רָעָה מְהֵרָה הָפֵר עֲצָתָם וְקַלְקֵל מַחֲשַׁבוֹתָם׃ עֲשֵׂה
לְמַעַן שְׁמֶךָ עֲשֵׂה לְמַעַן יְמִינֶךָ עֲשֵׂה לְמַעַן קְדֻשָּׁתֶךָ עֲשֵׂה
לְמַעַן תּוֹרָתֶךָ׃ לְמַעַן יֵחָלְצוּן יְדִידֶיךָ הוֹשִׁיעָה יְמִינְךָ
וַעֲנֵנִי׃ יִהְיוּ לְרָצוֹן אִמְרֵי פִי וְהֶגְיוֹן לִבִּי לְפָנֶיךָ יְיָ צוּרִי
וְגוֹאֲלִי׃ עֹשֶׂה שָׁלוֹם בִּמְרוֹמָיו הוּא יַעֲשֶׂה שָׁלוֹם עָלֵינוּ

And for the sins for which we deserve the four kinds of death
inflicted by the Court of Law : stoning, burning, beheading
and strangling.

For the breach of positive commands, and for the breach
of negative commands, whether an action be involved or
not ; both for the sins that are known unto us and those
that are unknown to us. Those that are known unto us
we have already avowed before thee, and we have made
acknowledgment of them unto thee: and those that are
unknown to us, lo, they are revealed and known unto thee,
according to the word which has been said : The secret
things belong unto the Lord our God, but the revealed
things belong unto us, and unto our children for ever, that
we may do all the words of this Law. For thou art the
Forgiver of Israel and the Pardoner of the tribes of Jeshurun
in all generations, and beside thee we have no king, to pardon
and forgive our sins. We have thee alone.

O my God, while yet I was unformed I was not worthy,
and now I have been formed, I am as though I had not been
formed. Dust am I in my life ; yea, even more so in my
death. Behold me before thee like a vessel filled with shame
and confusion. O may it be thy will, O Lord my God and
the God of my fathers, that I may sin no more, and as
to the sins I have sinned before thee, purge them away in
thine abundant mercy and not by means of affliction and
sore diseases.

O my God, guard my tongue from evil and my lips from
speaking guile ; and to such as curse me, let my soul be
silent, yea, let my soul be unto all as the dust. Open thou
my heart to thy Law, and let my soul pursue thy command-
ments. And as to any who devise evil against me, speedily
make their counsel of none effect and frustrate their designs.
Do thou it for the sake of thy Name, do it for the sake of thy
right hand, do it for the sake of thy holiness, do it for the sake
of thy Law, that thy beloved ones may be delivered. O save
with thy right hand and answer me. Let the words of my
mouth and the meditation of my heart be acceptable before
thee, O Lord, my Rock and my Redeemer. He who maketh
peace in his high places, may he make peace for us and for

וְעַל כָּל יִשְׂרָאֵל וְאִמְרוּ אָמֵן: יְהִי רָצוֹן לְפָנֶיךָ יְיָ אֱלֹהֵינוּ
וֵאלֹהֵי אֲבוֹתֵינוּ שֶׁיִּבָּנֶה בֵּית הַמִּקְדָּשׁ בִּמְהֵרָה בְיָמֵינוּ
וְתֵן חֶלְקֵנוּ בְּתוֹרָתֶךְ:

וְשָׁם נַעֲבָדְךָ בְּיִרְאָה כִּימֵי עוֹלָם וּכְשָׁנִים קַדְמֹנִיּוֹת:
וְעָרְבָה לַיָי מִנְחַת יְהוּדָה וִירוּשָׁלָיִם כִּימֵי עוֹלָם וּכְשָׁנִים
קַדְמֹנִיּוֹת:

חזרת התפלה לשליח צבור·

The Ark is opened.

Reader. בָּרוּךְ אַתָּה יְיָ אֱלֹהֵינוּ וֵאלֹהֵי אֲבוֹתֵינוּ· אֱלֹהֵי
אַבְרָהָם אֱלֹהֵי יִצְחָק וֵאלֹהֵי יַעֲקֹב· הָאֵל הַגָּדוֹל הַגִּבּוֹר
וְהַנּוֹרָא אֵל עֶלְיוֹן· גּוֹמֵל חֲסָדִים טוֹבִים וְקֹנֵה הַכֹּל· וְזוֹכֵר
חַסְדֵי אָבוֹת וּמֵבִיא גוֹאֵל לִבְנֵי בְנֵיהֶם לְמַעַן שְׁמוֹ
בְּאַהֲבָה:

מִסּוֹד חֲכָמִים וּנְבוֹנִים· וּמִלֶּמֶד דַּעַת מְבִינִים· אֶפְתְּחָה
פִי בִּתְפִלָּה וּבְתַחֲנוּנִים· לְחַלּוֹת וּלְחַנֵּן פְּנֵי מֶלֶךְ מָלֵא
רַחֲמִים מוֹחֵל וְסוֹלֵחַ לַעֲוֹנִים:

אֶמֶךָ נָשָׂאתִי חִין בְּעָרְכִּי· בְּמַלְאֲכוּת עַמְּךָ בֵּרֵךְ
בְּבָרְכִי· נָחִי מִבֶּטֶן הַגִּיָּה חָשְׁכִי· דַּבֵּר צָחוֹת וּבַאֲמִתְּךָ
הַדְרִיכִי· הוֹרֵנִי שְׁפֹךְ שִׂיחַ עָרֵב· וְלוֹנֵנִי בְּצִלְּךָ אוֹתִי
לְקָרֵב· זַעַק יוּפַק בְּכֵן קֶרֶב· חַלּוֹתִי פָנֶיךָ וְצִדְקָתְךָ

all Israel, and say ye, Amen. May it be thy will, O Lord our God and God of our fathers, that the temple be speedily rebuilt in our days and grant our portion in thy Law.

And there we will serve thee with awe, as in the days of old and as in ancient years. And the offering of Judah and Jerusalem shall be pleasant unto the Lord, as in the days of old and as in ancient years.

READER'S REPETITION OF THE AMIDAH.

The Ark is opened.

Reader. Blessed art thou, O Lord our God and God of our fathers, God of Abraham, God of Isaac and God of Jacob, great, mighty and awful God, most high God, who bestowest gracious favours and who possessest all things, who rememberest the piety of the patriarchs, and who in love wilt bring a Redeemer to their children's children, for the sake of thy Name.

From the counsel of the wise and understanding, and from knowledge gotten of the discerning, I will open my lips in prayer and supplication, to entreat and implore the presence of the King, who is full of compassion, who pardoneth and forgiveth iniquity.

[1] I suffer thy terrors while I order my supplication, bending the knee as I bear thy people's message. O thou who hast brought me forth from the womb, enlighten my darkness, that I may speak words of fervour, and lead me in thy truth. Teach me to pour forth sweet meditation, shelter me in thy shadow and draw me nigh unto thee. My cry cometh from the depths of my soul; I seek thy face: O let thy charity be nigh. Thou who art pure of sight and greatly exalted,

[1] See note I. on page 288.

תַּקְרֵב: טְהוֹר עֵינַיִם מְאֹד נַעֲלָה· וַדְּעֵנִי בֶן עֶרֶךְ תְּפִלָּה·
כְּדַת לְחַנֵּן בְּלִי תְפִלָּה· לְהַמְצִיא לְשׁוֹלְחַי אֶרֶךְ וּתְעָלָה:
מִפְּתַח שְׂפָתַי תְּבָרֵר וּתְיַשֵּׁר· נִדְבוֹת פִּי רְצֵה וְהַכְשֵׁר·
סֶדֶר הֲגִינִי כְּשַׁי יִתָּשֵׁר· עֶתֶר פְּצָחִי כְּזֻלַּת חָשָׁר: פְּעָמַי
הָכֵן פְּצוּתִי מִכֶּשֶׁל· צוּר תִּמְךָ אֲשׁוּרִי מֵהִנָּשֵׁל· קוֹמְמֵנִי
וְחַזְּקֵנִי מֵרִפְיוֹן וָחֵשֶׁל· רְצוֹת אֲמָרַי וְלֹא אֶכָּשֵׁל: שָׁמְרֵנִי
כְּאִישׁוֹן מִפֶּלֶץ וּבְעָתָה· שׁוּר בְּשַׁפְלוּתִי וּלְךָ לִישׁוּעָתָה:
תָּחֹן דִּכְאוּתִי כְּלַחוֹזֵךְ פַּצְתָּ· תְּרַחֵם עַל בֵּן אֲמָצְתָּ:

Cong. אַמָּצְתָּ עָשׂוֹר לְכַפּוֹר תַּמָּה· בּוֹ לְצַחְצֵחַ צָאוּי
כְּתַמָּה· גְּהוֹן צַחֲנָתָהּ עֲוִיָּהּ לְהַתְמָה· דִּינָהּ לְהָאִיר
לְתֵחִי לְהָתַמָּה: הַחֲרָדָה מִתֶּקַע יוֹם תְּרוּעָה· וּדְבָרִים
קָחָה סַרְעֵף לְקָרְעָה· זֶה אֵלִי לְצֶדֶק הַכְרִיעָה· חַי חַי
יוֹדֶךָ בְּהַכְרִיעָה: טַפְיָהּ וִישִׁישֶׁיהָ בְּעָנְוּ עֲיֵפִים· יְצִינָתָם
שׁוּר בְּיַחַף יְחֵפִים· כֻּלָּם צָנִים וְלִבָּן מִצְעָפִים· לְאַדְּרֵךְ
בַּקֹּדֶשׁ כִּשְׂרָפִים עָפִים: מָגֵן עָקְרְמוֹ בָךְ חוֹסִים· נִשְׁעָנִים
בְּתָמָם וּבְצִלְּךָ חוֹסִים· סְמוּכִים בִּבְרִית שְׁלֹשֶׁת יְחוֹסִים·
עוֹדְדֵם הֱיוֹת שׁוֹטְנֵימוֹ הָסִים: פְּנֵה בְּצִדְקַת אֶת מֵעֲבֵר·
צֹאנְךָ תַּחַת שֵׁבֶט כְּהַעֲבֵר· קַדְּמֵם רַחֲמֶיךָ בְּלִי הִתְעַבֵּר·
רַחוּם עַל פֶּשַׁע עֹבֵר: שֶׁמֶץ זְדוֹנָם תְּכַבֵּם וּתְטַהֵר·
שׁוּעָם קְשׁוֹב וְאַל תְּאַחֵר· **Reader.** תְּמוּכֵי יְמִינְךָ
פְּנֵיהֶם נַהֵר· תַּעְתּוּעַ חֶטְאָם תְּכַפֵּר לְטַהֵר:

Cong. כַּצְּהָרַיִם מִשְׁפָּטֵנוּ הָאֵר· חוֹכֶיךָ לְטוֹב תַּשְׁאֵר:

Reader. צִדְקֵנוּ תְחַפֵּשׂ וּתְבָאֵר· בְּמָגִנֵּךְ נִתְגּוֹנֵן לְהִתְפָּאֵר:

teach me how to order my prayer, that entreating thee aright I may win relief and healing for them that send me. O purify and direct the opening of my lips, prosper and accept the free-will offering of my mouth ; let the order of my fervent prayer be pleasing as sacrifice, and let my entreaty break forth as the flowing waters. Prepare thou my way that my speech falter not ; O thou Rock, support my steps lest they fail ; uphold and strengthen me that I grow not weary or faint ; accept my words and suffer me not to fall. From terror and trembling preserve me, as the apple of thine eye ; regard my contrition and come thou to my aid. O be gracious unto the bruised in spirit, as thou spakest unto thy seer, and have mercy upon the branch which thou didst foster for thyself.

Cong. Thou didst make the tenth day potent for the atonement of thy pure nation, thereon to remove the stain of impurity, to cleanse away their taint, to make an end of their iniquity, to bring their judgment to light, and to set thy seal of life upon them. Terrified by the blast of the Day of the blowing of the horn, they take words wherewith to rend their hearts. And do thou, O my God, incline the scale to righteousness ; and the living, the living shall give thanks unto thee with the cry of joy. Their little ones and their aged are faint because of their fasting ; O behold how they all stand barefooted and robed in white, to glorify thee in holiness as do the winged seraphim. In thee do they trust, thou Shield of their fathers, upon whose merit they rely ; they take refuge in thy shadow, they rest upon thy covenant with the three patriarchs : O strengthen them and let their adversaries be silenced. Remember the righteousness of him who came from beyond the river,[1] when thou causest thy flock to pass beneath thy staff ; let thy mercy go before them and not thine anger, thou who art merciful, who passest by transgression. Cleanse and purify them from the stain of their presumptuous sin, hearken unto their cry and tarry not.

Reader. Enlighten the face of them that are supported by thy right hand ; make atonement and purify them from the error of their sin.

Cong. O bring our judgment forth unto light as at noontide ; leave a remnant unto those that hope in thee.

Reader. O seek out our righteousness and make it to shine forth : let us be sheltered beneath the glory of thy shield.

[1] Abraham.

זָכְרֵנוּ לַחַיִּים מֶלֶךְ חָפֵץ בַּחַיִּים · וְכָתְבֵנוּ בְּסֵפֶר הַחַיִּים ·
לְמַעַנְךָ אֱלֹהִים חַיִּים: מֶלֶךְ עוֹזֵר וּמוֹשִׁיעַ וּמָגֵן · בָּרוּךְ
אַתָּה יְיָ מָגֵן אַבְרָהָם:

אַתָּה גִּבּוֹר לְעוֹלָם אֲדֹנָי מְחַיֵּה מֵתִים אַתָּה רַב
לְהוֹשִׁיעַ · מְכַלְכֵּל חַיִּים בְּחֶסֶד מְחַיֵּה מֵתִים בְּרַחֲמִים
רַבִּים · סוֹמֵךְ נוֹפְלִים וְרוֹפֵא חוֹלִים וּמַתִּיר אֲסוּרִים וּמְקַיֵּם
אֱמוּנָתוֹ לִישֵׁנֵי עָפָר · מִי כָמוֹךָ בַּעַל גְּבוּרוֹת וּמִי דוֹמֶה
לָּךְ מֶלֶךְ מֵמִית וּמְחַיֶּה וּמַצְמִיחַ יְשׁוּעָה:

Cong. תַּאֲוַת נֶפֶשׁ לְשִׁמְךָ וּלְזִכְרֶךָ · שָׁקוֹד לְרַחֵם
מְבָרְכֵי זִכְרָךְ · רְצוֹיֵי אַהַב בְּנַעַר וָרֶךְ · קְרוּאִים וּנְקוּבִים
בְּנֶךְ בְּכוֹרֶךָ: צִבְאוֹת קֹדֶשׁ הוֹצֵאתָ מִכּוּר אוֹנִים ·
פְּדוּיֵתָם מִפֶּרֶךְ הָלְכוּ שְׁנָאָנִים · עֲמוּסִים מִבֶּטֶן פָּצֶם
מַשְׁאוֹנִים · סְעָדֵם בַּל לָמוּד כְּסֹאוֹנִים: נְתוּנָה בְּרִיתָךְ
חֹק בִּשְׁאֵרָם · מִמַּחֲצֶבֶת צוּרָם מוֹלֶדֶת שְׁאוֹרָם · לִבְרִית
הַבֵּט וְתָדִיחַ כִּיאוֹרָם · כַּבְּסֵם הֶרֶב וְתַבְהִיק אוֹרָם:
יֵרָאֶה לְפָנֶיךָ עֶקֶד מְיוּחָד · טוֹבֵחַ וְטָבוּחַ מְדַבְּרָךְ פָּחַד ·
חֲנִיטָיו חַלֵּץ מֵאֵימָתָה וָפַחַד · זְבוּחוֹ וְדַשְׁנוּ לְפָנֶיךָ
יִתְיַחַד: וְאִם הֶעֱוּוּ אֹרַח לְסַלֵּף · הַזְכֵּר רַחֲמֶיךָ חֹק
מִלְּחַלֵּף · דְּרִישַׁת צֶדֶק מֵלִיץ יַאֲלֵף · גְּנוּנֶיךָ לְחַזֵּק
בְּמַגְנַת אֶלֶף: בַּדֵּי יְדִידֶיךָ הַגִּינָם בֵּין · בְּצוּרָם תֵּשַׁע
וְחֵטְא תַּלְבִּין · _Reader._ אָוֶן מִתְחַנְנֶךָ בְּלִי תָבִין · אָנֵק
שְׁמַע וְלַחַשׁ הָבִין:

Cong. נֶפֶשׁ נַעֲנָה תְּבַשֵּׂר סְלִיחָה · פַּלְּטֵם מֵעֹמֶק שׁוּחָה:
Reader. מְתְקוֹמֲמֵנוּ יְדוּ כְּסוּחָה · הַחֲיֵינוּ בְּטַל אֱמוּנָתְךָ
לְשׂוֹחֲחָה:

Remember us unto life, O King, who delightest in life, and inscribe us in the book of life, for thine own sake, O living God. O King, Helper, Saviour and Shield ; blessed art thou, O Lord, the Shield of Abraham.

Thou art mighty for ever, O Lord ; it is thou who quickenest the dead and art mighty to save. Thou sustainest the living with loving-kindness, quickenest the dead with great mercy, supportest the falling and healest the sick, loosest the bound, and keepest thy faith unto them that sleep in the dust. Who is like unto thee, Lord of mighty acts, and who can be compared unto thee, O King, who killest and restorest to life and causest salvation to spring forth ?

Cong. The longing of our soul is for thy Name and for thy remembrance ; hasten thou to pity those who bless thy memorial ; let thy delight be as a father's love toward his young and tender child ; for they are called and named thy son, thy firstborn. Thou didst bring forth thy holy hosts from the furnace of affliction ; bright angels went forth to redeem them from rigour. O deliver them from tumult that have been borne up by thee from the womb ; support them and deal not with them according to their desert. Thy covenant is set in their flesh for a statute from the days of the rock[1] whence they were hewn, the ancestor of their stock. Regard then the covenant and cast away their stain ; purify them and let their light shine forth. Let the binding of the only child be in remembrance before thee, when both feared thy bidding, the one to offer and the other to be an offering ; O deliver his offspring from fear and dread, and let the memory of that deed be as the ashes of sacrifice in thy sight. And though we have strayed and perverted our way, yet remember thy mercy, the statute that shall not pass away ; and let his pursuit of righteousness be an advocate to plead for us, to strengthen as with a thousand shields the hosts that are shielded by thee. Behold thy beloved children, O hearken to their fervent utterance ; turn thee toward their prayer and make white their sin.

Reader. Regard not the iniquity of thy suppliants, but hear their cry and heed their whispered plaint.

Reader. Unto the afflicted soul declare thou the glad tidings of pardon ; deliver them from the depths of despair.

Cong. Let our adversaries vanish as a thing swept away. Revive us with thy dew, and upon thy faithfulness will we meditate.   [1] Abraham.

Reader and Congregation.

עַד יוֹם מוֹתוֹ תְּחַכֶּה לּוֹ לִתְשׁוּבָה· לְהַנְטוֹתוֹ לִתְחִיָה:

אֱנוֹשׁ מַה יִּזְכֶּה וּצְבָא דַק לֹא זַכּוּ בְעֵינֶךָ: *Cong.*

בַּלְּחָמִים אִם תִּבְעַר הָאֵשׁ· מַה בֶּחָצִיר יָבֵשׁ· נָלוּי לְךָ

חְשֶׁךְ כְּמוֹ אוֹר· מְשׁוֹטֵט כָּל בְּעֵין· דִירָתְךָ בַּסֵּתֶר·

וּנְלוִיּוֹת לְךָ כָּל נִסְתָּרוֹת: הַדָּן יְחִידִי· וְהוּא בְאֶחָד וּמִי

יְשִׁיבֶנּוּ: וְעַל גּוֹי וְעַל אָדָם יַחַד יִנְטֶה קַו· וְאֵין מִי

יַרְשִׁיעַ: זֹאת יָבִין כָּל יְצִיר· וְלֹא יַתְעוּ יֵצֶר· לַחֲטוֹא

לְיוֹצֵר: חֶתְלַת בְּאֵרוֹ· חֲפִירַת בּוֹרוֹ· חֶשְׁבּוֹן בּוֹרְאוֹ:

טָמֵא מִשְּׁאֵרוֹ· וּמְטַמֵּא בְעוֹדוֹ· וּמְטַמֵּא בְמוֹתוֹ· יְמֵי

חַיָּיו תֹּהוּ· וְלֵילוֹתָיו בֹּהוּ· וְעִנְיָנָיו הֶבֶל· כַּחֲלוֹם מֵהָקִיץ

נִדְמָה· בַּלָּהוֹת יְבַעֲתֻהוּ תָמִיד· לַיְלָה לֹא יִשְׁכָּב· יוֹמָם

לֹא יָנוּחַ· עַד יֵרָדַם בַּקֶּבֶר: מַה יִּתְאוֹנֵן אָדָם חַי· דַּיּוֹ

אֲשֶׁר הוּא חָי· נוֹלַד לְעָמָל וִיגִיעָה· אַשְׁרָיו אִם יְהִי יְגִיעוֹ

בְּדַת אֱמֶת: סוֹפוֹ עַל רֹאשׁוֹ מוֹכִיחַ· וְלָמָּה יַחֲנִיף· עוֹד

חֹתָמוֹ מְעִידוּ עַל פְּעָלוֹ· וּמַה יִּגְנֹב דָּעַת: פּוֹעֵל צְדָקוֹת

אִם יְהִי· יְלַוְּוּהוּ לְבֵית עוֹלָמוֹ· צוֹפֶה בְחָכְמָה אִם יְהִי·

עַמּוֹ תִּתְלוֹנֵן בְּכֻלְּחוֹ· קָצוּף בְּדָמִים וּבְמִרְמָה אִם יְהִי·

חֲרוּצִים יָמָיו· רְצוֹנוֹ וְחֶפְצוֹ בִּהְיוֹת בְּמוּסָר· יָנוּב בְּשֵׂיבָה

טוֹבָה: *Reader.* שֵׁם טוֹב אִם יִקְנֶה· מִשְׁמוֹת נְעִימִים

אֲשֶׁר יִקְרָא: תַּחַת כֵּן יוֹם הַמִּיתָה מִיּוֹם לֵידָה הוּטָב·

עַד יוֹם מוֹתוֹ תְּחַכֶּה לּוֹ לִתְשׁוּבָה· לְהַנְטוֹתוֹ לִתְחִיָה:

מִי כָמוֹךָ אַב הָרַחֲמִים זוֹכֵר יְצוּרָיו לַחַיִּים בְּרַחֲמִים:

וְנֶאֱמָן אַתָּה לְהַחֲיוֹת מֵתִים· בָּרוּךְ אַתָּה יְיָ מְחַיֵּה

הַמֵּתִים:

Reader and Congregation :

Until the day of man's death thou dost wait for him to repent, that he may incline toward immortal life.

Cong. What is man that he should be pure, when the heavens are not pure in thy sight ? If fire be kindled among fresh trees, how much sooner in the withered grass ! Darkness is clear as light unto thee, whose eye runneth to and fro through all the earth. Thy habitation is in secret, yet are all secret things revealed unto thee. Thou art sole Judge, thou alone; who shall turn thee ? Upon a nation and upon each man alike thou dost stretch out the line of judgment, and none may condemn. Let every creature ponder this, lest his imagination lure him to sin against his Creator: the womb was his swaddling-band, the earth will be his sepulchre, and unto his Maker he must render account. Impurity lurketh within his flesh; while yet he liveth he becometh defiled, and at his death he defileth another. The days of his life are emptiness, and his nights are void; yea, his labour is vanity. He is like a sleeper that awakeneth from a dream ; terrors continually affright him. By night he cannot rest; in the day he hath no repose, until he slumbereth in the grave. But wherefore should a living man murmur ? It is enough for him that he hath life. Born to trouble and toil, happy is he if his labour be in the Law of truth. His end will testify of his beginning ; wherefore should he dissemble ? In the after-time his own seal will bear witness of his work. Wherefore, then, should he make vain protestation ? If he perform righteous deeds, they will follow him to his eternal home. If he watch for wisdom, she will abide with him in full age. Lo ! if wrath be upon him for the guilt of blood or guile, verily his days shall be cut off. If his pleasure and delight be in instruction, he shall bring forth fruit in a good and hoary age. *Reader.* If he get him a good name, it shall be better than lordly titles. Wherefore of a truth the day of death is better than the day of birth.

Until the day of man's death thou dost wait for him to repent, that he may incline toward immortal life.

Who is like unto thee, Father of mercy, who in mercy rememberest thy creatures unto life ? And faithful art thou to quicken the dead. Blessed art thou, O Lord, who quickenest the dead.

Cong. אֲחַדְתָּ יוֹם זֶה בַּשָּׁנָה· תְּרוּפָה· וְצָרֵי שַׂמְתּוֹ
לְשׁוֹשָׁנָה· בְּשָׁלֵם בִּהְיוֹת סֻכָּךְ בָּרִאשׁוֹנָה· שֵׁרוּתוֹ כֻּפַּר
לְפִשְׁעֵי יְשָׁנָה: גּוֹלִים מִנֶּנֶּךְ זְרוּיִם מְהָלְאָה· רָן מְפִיקִים
לְחַתֵּל תְּלָאָה· דִּכְאוּת רְוַח וְשֶׁבֶר נַהֲלְאָה· קָדוֹשׁ
חָשׁוּב כְּזִבְחֵי הַעֲלָאָה: הֵתַמַּם מֵרֶחֶם יֵשֵׁב אֹהָלִים·
צוּרָתוֹ בְכִסְאָךְ חֲקָתָה כְּהָלִים· וְלָדָיו חֵן בְּעֶצֶר
נִקְהָלִים· פְּאָרְךָ מַבִּיעִים וְשִׁמְךָ מְהַלֲלִים: זֶבֶד שִׁמְךָ
שִׁתַּפְתָּ בִּשְׁמָם· עֲמוּתִים לְךָ כָּחָתָם לְשׁוּמָם· הַשְׁכֵּם
מֵאֶנֶף בְּלִי לְהַאֲשִׁימָם· סֵפֶר חַיִּים יְהִי רְשׁוּמָם: טְרַח
עָוֺן וְכֹבֶד מַשָּׂא· נֵעַר בְּצוּל מְחוֹת בְּהֶמְסָה· יַעֲרַב
שִׂיחַ עֲנִיָּה וּרְמוּסָה· מְנִיחָתִי כָלִיל בְּאֶבֶן מַעֲמָסָה:
כְּלוּלַת אֲהָבִים אָנָּא זְכוֹר· כְּלִמַּת נְעוּרִים עוֹד מִלִּזְכּוֹר·
Reader. לְבֶן יַקִּירְךָ זְכוֹר תִּזְכּוֹר· לְמַעַן חַלֵּךְ לַעֲבָדֶיךָ זְכוֹר:

יִמְלֹךְ יְיָ לְעוֹלָם אֱלֹהַיִךְ צִיּוֹן לְדֹר וָדֹר הַלְלוּיָהּ:
וְאַתָּה קָדוֹשׁ יוֹשֵׁב תְּהִלּוֹת יִשְׂרָאֵל אֵל נָא:

Reader.	Congregation.	
אַתָּה הוּא אֱלֹהֵינוּ·	בַּשָּׁמַיִם וּבָאָרֶץ	⋮
גִּבּוֹר וְנַעֲרָץ·	דָּגוּל מֵרְבָבָה	⋮
הוּא שָׂח וַיֶּהִי·	וְצִוָּה וְנִבְרָאוּ	⋮
זִכְרוֹ לָנֶצַח·	חַי עוֹלָמִים	⋮
טְהוֹר עֵינַיִם·	יוֹשֵׁב סֵתֶר	⋮
כִּתְרוֹ יְשׁוּעָה·	לְבוּשׁוֹ צְדָקָה	⋮
מַעֲטֵהוּ קִנְאָה·	נָאְפַּד נְקָמָה	⋮

Cong. Thou hast chosen this one day in the year; thou hast set it apart to be balm and healing for the Lily.[1] When of old thy tabernacle was in Salem, its sacred service made atonement for the transgressions of them that slept.[2] Lo! now we are exiles from thy dwelling and, scattered far from thence, we pour forth prayer that thou bind up our wound, the bruised and broken spirit of the weary; O Holy One, regard it as a sacrifice of burnt offering. Thou hast traced on thy throne as with light of stars the image of him[3] who dwelt in tents, who was perfect from the womb. Be thou gracious unto his offspring, who in solemn assembly proclaim thy glory and praise thy Name. Thou hast joined thy Name to theirs; they have been drawn nigh unto thee, and have been held close even as a signet; O preserve them from wrath, that they be not held guilty, and let them be recorded in the book of life. Cast into the deep their load and heavy burden of iniquity; let the memory thereof be blotted out and perish. Let the prayer of the people, afflicted and down-trodden, be sweeter than the savour of a whole burnt-offering upon the burdensome stone.[4] We beseech thee to recall the love of our espousals; remember no longer the reproach of our youth. *Reader.* Thou wilt surely remember thy precious son for the sake of him[5] who supplicated thee, O remember thy servants.

The Lord shall reign for ever, thy God, O Zion, unto all generations; praise ye the Lord.

For thou art holy, O thou that inhabitest the praises of Israel; O God, we beseech thee!

Reader :	*Congregation :*
Thou art our God	in heaven and upon earth:
Mighty and terrible,	the chiefest among ten thousand.
He spake and it was:	he commanded and all was created.
His memorial is eternal:	he liveth for ever.
He is pure of sight:	he dwelleth in secret.
His crown is salvation:	his garment is righteousness.
His robe is zeal:	he is girt with vengeance.

[1] Israel, cf. Cant. ii. 1–2.   [2] Israel, cf. Cant. v. 2.   [3] Jacob; for this allegory, cf. Midrash, Aichah ii. 2.   [4] The Temple altar. Cf. Zech. xii. 3.   [5] Moses.

סִתְרוֹ יָשָׁר•   עֲצָתוֹ אֱמוּנָה   :

פְּעֻלָּתוֹ אֱמֶת•   צַדִּיק וְיָשָׁר   :

קָרוֹב לְקוֹרְאָיו בֶּאֱמֶת•   רָם וּמִתְנַשֵּׂא: *Cong. and Reader.*

שׁוֹכֵן שְׁחָקִים•   תְּלָה אֶרֶץ עַל בְּלִימָה   :

חַי וְקַיָּם נוֹרָא וּמָרוֹם וְקָדוֹשׁ:

Reader and Cong. אָנָּא סְלַח נָא• פֶּשַׁע וְעָוֹן שָׂא נָא• וְכַחֵד

יִגְדַּל נָא• קָדוֹשׁ:

Reader and Cong. אָנָּא רַחוּם כַּפֵּר• עֲוֹן צָגִים תְּהִלָּתְךָ

לְסַפֵּר• וְיֶחְזְקוּ לְחַיִּים טוֹבִים בַּסֵּפֶר• קָדוֹשׁ:

Reader. מוֹרֶה חַטָּאִים סְלוֹל לְהִתְהַלֵּךְ• מְלַמֵּד לְהַדְרִיכִי

בְּדֶרֶךְ אֵלֵךְ:   *Cong.* אֲרוֹמִמְךָ אֱלוֹהַי הַמֶּלֶךְ:

שַׁחַר וָנֶשֶׁף אֶחָד לְהַמְלִיכֶךָ• שׁוֹכֵן עַד וְאֵין כְּעֶרְכֶּךָ•

Cong. בְּכָל יוֹם אֲבָרְכֶךָ:

לִבִּי חָרֵד עֲבוֹדָתְךָ לִתְמוֹד• לְהַעֲרִיץ קְדֻשָּׁתְךָ בְּמִשְׁמָר

אֶעֱמוֹד: *Cong.* גָּדוֹל יְיָ וּמְהֻלָּל מְאֹד: **אנא סלח**

מְיַחֲלִים לְחַסְדְּךָ זֶרַע עֲמוּסֶיךָ• מַלֵּא מִשְׁאֲלוֹתָם וְיִשְׂמְחוּ

חוֹסֶיךָ:   *Cong.* דּוֹר לְדוֹר יְשַׁבַּח מַעֲשֶׂיךָ:

בְּחַלּוֹתִי וָצוֹם נָשִׂים לְעָבְדֶּךָ• בְּרוּאִים כִּי הֵם לִכְבוֹדֶךָ•

Cong. הֲדַר כְּבוֹד הוֹדֶךָ:

יְקָר מַלְכוּתְךָ בְּרַעַד יַאֲמִירוּ• יִחוּדְךָ בְּזָר לֹא יָמִירוּ•

Cong. וֶעֱזוּז נוֹרְאוֹתֶיךָ יֹאמֵרוּ:   **אנא רחום**

רֹן פְּגִיעוֹת לְפָנֶיךָ יַרְבֵּעוּ• רַחַשׁ הִלּוּלְךָ בַּיּוֹם יִשְׁבֵּעוּ•

Cong. זֵכֶר רַב טוּבְךָ יַבִּיעוּ:

His secret is rectitude : his counsel is faithfulness.
His work is truth : he is righteous and just.
He is nigh unto them that *Cong. and Reader.* He is high
call upon him in truth. and exalted.
He abideth in the heavens; he hangeth the earth upon
nothing,

Living and enduring, terrible and exalted and holy.

Reader and Cong. O forgive, we beseech thee, and pardon our transgression and iniquity. And let thy power be made manifest, most Holy.

Reader and Cong. All merciful, we beseech thee forgive the iniquity of them that stand here to declare thy praise ; and let them be inscribed for a happy life, most Holy.

Reader. Thou who shewest sinners the path in which to walk, who teachest me the way to tread,
Cong. I will extol thee, my God, O King.

I will yoke dawn to night in proclaiming thy sovereignty. O thou that abidest to eternity and hast no peer,
Cong. Every day will I bless thee.

My heart beats to do thee perfect service. I will stand in watch to reverence thy holiness.
Cong. Great is the Lord and greatly to be praised.

Fulfil the desire of them who hope for thy mercy, even the seed of those borne aloft by thee, that thy faithful servants may rejoice.
Cong. One generation shall laud thy works to another.

With supplication and fasting they draw near to serve thee ; for they were fashioned for thine honour—
Cong. The glorious honour of thy majesty.

In trembling they tell of the splendour of thy kingdom and in unchanging loyalty to thy Unity,
Cong. They speak of the might of thy terrible acts.

A fourfold strain of prayer[1] they bring before thee, and each day a sevenfold meditation of thy praise.[2]
Cong. They abundantly utter the memory of thy great goodness.

[1] The Morning, Additional, Afternoon, and Concluding Services.
[2] The blessings said before and after the Shema' morning and evening.

בֹּקֶר אֶעֱרָךְ לְךָ חִנּוּנִי · בִּפְנוֹת עֶרֶב תִּמְחֶה זְדוֹנַי:

Cong. חַנּוּן וְרַחוּם יְיָ:

יָהּ צוּר כַּפֵּר אֶשְׁכֹּל · יִכְבּוֹשׁ עֲוֹנֵנוּ וְיֹאמְרוּ הַכֹּל ·

Cong. טוֹב יְיָ לַכֹּל: אנא סלח

קוֹמֵם אַוּוֵי קִרְיַת מְשׂוֹשֵׂךְ · קְדֻשַּׁת אַבְנֵי נֵזֶר בְּנוֹסְסֵךְ ·

Cong. יוֹדוּךָ יְיָ כָּל־מַעֲשֶׂיךָ:

לְוִיֶּיךָ וַחֲסִידֶיךָ בְּנֹעַם יְזַמֵּרוּ · לְבוּשֵׁי שָׂרָד רֶקַח יְתַמֵּרוּ:

Cong. כְּבוֹד מַלְכוּתְךָ יֹאמֵרוּ:

וּשְׁתוּלִים בְּגַנֶּךָ יַפְרִיחוּ בְּחַצְרוֹתָיו · וִינוּבוּן בְּשִׂיבָה

דְּשֵׁנִים בְּטִירוֹתָיו: Cong. לְהוֹדִיעַ לִבְנֵי הָאָדָם

גְּבוּרוֹתָיו: אנא רחום

נִצְחֲךָ יָנַגְּנוּ תְּמִימִים וּשְׁלֵמִים · נְשָׂאֲךָ כִּסְאֲךָ כְּבֵית

עוֹלָמִים: Cong. מַלְכוּתְךָ מַלְכוּת כָּל עוֹלָמִים:

יַחַד בְּכַנְסֵךְ לִשְׁכִנְךָ גְּאוּלִים · יַלְבִּישׁוּךָ עֹז כְּעוֹבְרֵי

גְלִים · Cong. סוֹמֵךְ יְיָ לְכָל הַנֹּפְלִים:

מַבִּיעֵי טוּבְךָ בְּוַעַד יִתְחַבְּרוּ · מֵתִים חֲשׁוּב תַּחַן יְדַבֵּרוּ:

Cong. עֵינֵי כֹל אֵלֶיךָ יְשַׂבֵּרוּ: אנא סלח

וִדּוּיִם יָנוֹחַ שַׁי עָדֶיךָ · וִישַׁלֵּם פָּרִים אֶרֶשׁ עֲדֶיךָ:

Cong. פּוֹתֵחַ אֶת יָדֶךָ:

סֶלָה בְּרַחֲמָיו יָצִיץ מֵחֲרַכָּיו · סְלֹחַ יַרְבֶּה לְעַם מְבֹרָכָיו:

Cong. צַדִּיק יְיָ בְּכָל דְּרָכָיו:

חִין יֶשַׁע מְגֻוֵּי מְקוֹרָאָיו · חֵן יָחֹן קְדוֹשֵׁי מִקְרָאָיו:

Cong. קָרוֹב יְיָ לְכָל קֹרְאָיו: אנא רחום

זֶה אֵלִי פֶּלֶא עָשָׂה · וַעֲקַתֵנוּ יֶרֶץ וְשׁוֹטְנֵנוּ יַעֲסֶה:

Cong. רְצוֹן יְרֵאָיו יַעֲשֶׂה:

At morn I will order my supplication before thee, and at eventide thou wilt blot out my transgressions.

Cong. The Lord is gracious and full of compassion.

God, our Rock, the " cluster of myrrh," will subdue our perversity that all may proclaim,

Cong. The Lord is good to all.

Raise up the longed-for city of thy joy ; uplift her hallowed stones, precious as the jewels of a crown.

Cong. All thy works shall give thanks unto thee, O Lord.

Thy Levites and pious servants will sing in harmony, and priests in princely robes will waft aloft straight columns of incense.

Cong. They shall speak of the glory of thy kingdom.

They shall be planted in thy dwelling-place and in its courts they shall flourish ; they shall thrive within its walls and bring forth fruit in their old age :

Cong. To make known to the sons of man his mighty acts.

The pure and perfect will sing of thy glory when thou hast set thy throne within the everlasting House.

Cong. Thy Kingdom is an everlasting kingdom.

And when thou gatherest the ransomed people to thy dwelling-place, they shall invest thee with might, like those that passed through the waves aforetime.

Cong. The Lord upholdeth all that fall.

Thy people have gathered themselves in solemn assembly to declare thy goodness. O account their prayer as the offering of fatlings.

Cong. The eyes of all wait upon thee.

May their confession be as tribute laid before thee ; the utterance of thy witnesses like the rendering of calves.

Cong. Thou openest thine hand.

In his mercy may he glance from the lattice of heaven, selah : and multiply forgiveness to the people that call him blessed.

Cong. The Lord is righteous in all his ways.

May he listen to the supplication of the nation called by his Name, and be very gracious to those who convoke his solemn assemblies.

Cong. The Lord is nigh unto all them that call upon him.

This is my God who worketh wonders ; he will accept our cry and crush our unjust accusers.

Cong. He will fulfil the desire of them that fear him.

קַוֵּי יִתֵּן לְלֹא מַשְׁלִיךְ יְהָבָיו · קָדוֹשׁ פְּשָׁעֵנוּ יְכַסֶּה
בְּאַהֲבָיו · שׁוֹמֵר יְיָ אֶת כָּל אֹהֲבָיו: Cong.
קַבֵּל צִקּוּנִי כְּבִמְכְלַל יָפִי · קוֹלִי תַאֲזִין וְתַצְלִיל דְּפִי:
תְּהִלַּת יְיָ יְדַבֶּר פִּי · Cong.
אָנָּא סְלַח נָא · פֶּשַׁע וְעָוֹן שָׂא נָא · וְכֹחֲךָ יִגְדַּל נָא · קָדוֹשׁ:

Reader and Congregation.

מֶלֶךְ שׁוֹכֵן עַד · לְבַדְּךָ מְלֹךְ עֲדֵי עַד · הָאֵל קָדוֹשׁ:

Reader and Congregation.

מֶלֶךְ מָאֲזִין שַׁוְעָה · לְעַמּוֹ מֵחִישׁ יְשׁוּעָה · נוֹרָא וְקָדוֹשׁ:

אֶדֶר יְקָר אֵלִי · אֶחֱזֶה בְּאֶרֶשׁ מִלּוּלִי · בְּחֵן אֲנָעִים
זֶמֶר · בְּנִיב אַבִּיעַ אֹמֶר · גְּבוּרוֹתָיו מִי יְמַלֵּל · גָּדְלוֹ מִי
יְפַלֵּל: דָּק מְרוּפַף בִּגְעָרָה · דַּרְכּוֹ סוּפָה וּסְעָרָה:
הַנֶּאְדָּר מְקַלּוֹת מַיִם · הוֹדוֹ כִּסָּה שָׁמַיִם · וּסְבִיבָיו שַׂרְפֵי
אֵלִים · וּמִפַּחְדּוֹ זָעִים וְחָלִים: זַךְ בִּשְׁמֵי מְעוֹנִים · זַעַק
קְשׁוּב מִמִּתְעַנִּים · חַשְׁרַת סָבִיב סֻכּוֹ · חַשְׁמַל בְּלִי
לְסוֹכוֹ: טוֹב יוֹדֵעַ חוֹסָיו · טָהוֹר מַצְדִּיק עֲמוּסָיו · יוֹשֵׁב
בְּסֵתֶר עֶלְיוֹן · יְקַר עֹז חֶבְיוֹן · כּוֹנֵן שַׁחַק בִּתְבוּנָה · כָּל
מַעֲשֵׂהוּ בֶאֱמוּנָה · לוֹבֵשׁ עֹז וּגְדֻלָּה · לוֹ נָאוָה תְהִלָּה:
מוֹשֵׁל עוֹלָם בִּגְבוּרָה · מוֹחֶה פִּשְׁעֵי בָרָה · נָאוֹר וְאַדִּיר
בַּהֲדָרוֹ · נוֹשֵׂא עֲוֹן עֶדְרוֹ · סוֹכֵת שִׂיחוֹת עֲרָבוֹת · סָלוּ
לָרֹכֵב בָּעֲרָבוֹת · עַף עַל כְּרוּבוֹ · עוֹנֶה לְעַם קְרוֹבוֹ:
פּוֹקֵד צִבְאוֹת נְדוּדָיו · פּוֹדֶה נֶפֶשׁ עֲבָדָיו · צִדְקוֹ עֶלְיוֹנִים
מַגִּידִים · צְבָא תַחְתּוֹנִים מוֹדִים: קָדוֹשׁ יוֹשֵׁב תְּהִלּוֹת ·
קִנְיָנוֹ מַשִּׂיג מְחִילוֹת: רָם וְנִשָּׂא וְגֵאֶה · רוֹאֶה שָׁפָל

He will grant his hope to the man who casts his burden upon him. The Holy One will cover up our transgressions with his love.

Cong. The Lord preserveth all them that love him.

O receive my outpoured prayer as in the city of perfect beauty. Give ear to my voice and overwhelm my offence.

Cong. My mouth shall speak the praise of the Lord.

O forgive, we beseech thee, and pardon our transgression and iniquity. And let thy power be made manifest, most Holy.

Reader and Cong. O King that abidest to eternity, reign alone in eternal supremacy, most holy God !

Reader and Cong. O King, that givest ear to prayer, hasten thy people's salvation, O thou awful and holy God !

I will declare the glorious majesty of my God with the utterance of my voice ; with my mouth I will attune melody to him, and with the fruit of my lips I will pour forth prayer. Who can declare his mighty acts ? who shall estimate his greatness ? Lo ! the skies are rent at his rebuke. His path is the tempest and the whirlwind. He is mightier than the thunder of waters. His glory covereth the heavens. His ministers are mighty seraphim who tremble and quake in dread of him. Seated upon the heights of heaven, all-pure, he hearkeneth to the cry of them that afflict themselves. Encircling clouds are his tabernacle ; the radiant beings cannot gaze upon him. In his goodness he knoweth those that trust in him, and in his purity he acquitteth the nation he hath borne aloft. He dwelleth in the secret place of the Most High, even the mysterious abode of his glorious power. He hath established the sky in understanding, and all his work is wrought in faithfulness. He is clothed with strength and with greatness, and praise is meet unto him. Ruling the Universe in his might, he blotteth out the transgressions of his chosen race. Splendid and mighty in his majesty, he forgiveth the iniquity of his flock, and regardeth the sweet silence of meditation. Extol him therefore who rideth upon the heights, who flieth on his cherub, who answereth the people drawn nigh to him. For when he visiteth the multitudes of his hosts, he will redeem the soul of his servants. The heavenly ones publish his righteousness : the earthly host render him thanksgiving. Most holy, he dwelleth among praises and overtaketh his redeemed with forgiveness. He is high and lofty and exalted; yet withal he regardeth the humble and oppressed.

וְנִכְאָה: .Reader שׁוֹכֵן בְּרוּם עֲלִיּוֹת· שַׁלִּיט בָּרוּךְ תַּחְתִּיּוֹת·
תּוֹמֵךְ זְרֹעוֹת עוֹלָם· תַּקִּיף וּמִכָּל נֶעְלָם:

Congregation and Reader.

מֶלֶךְ שׁוֹכֵן עַד· לְבַדְּךָ מְלוֹךְ עֲדֵי עַד· הָאֵל קָדוֹשׁ:
.Reader וּבְכֵן וְאַתָּה כְּרַחוּם סְלַח לָנוּ:

.Cong אָנָּא אֱלֹהִים חַיִּים· תִּכְתּוֹב· דְּבֵקֶיךָ לַחַיִּים· כִּי
עִמְּךָ מְקוֹר חַיִּים: בְּעֵת רָצוֹן תַּעֲנֶה תְחִנָּתִי· שִׁמְעָה יְיָ
צֶדֶק הַקְשִׁיבָה רִנָּתִי· אַל תַּעְלֵם אָזְנְךָ לְרַוְחָתִי לְשַׁוְעָתִי:
גָּעֲתִי קָרְאֶיךָ בִּתְפִלַּת שַׁחַר· רְצֵה וְהַלְבֵּן אָדָם כְּצֶחַר·
אֲדֹנָי הַקְשִׁיבָה וַעֲשֵׂה אַל תְּאַחַר: דַּלּוֹתִי וְלִי יְהוֹשִׁיעַ·
קֹוֶיךָ בַּל תַּרְשִׁיעַ· מְדַבֵּר בִּצְדָקָה רַב לְהוֹשִׁיעַ: הַצְּפוּפִים
יַחַד לְעָבְדֶךָ· צִבְאוֹת צֹאן יָדֶךָ· הַרְאֵנוּ יְיָ חַסְדֶּךָ:
וּמַרְבִּים תַּחַן וָעֶתֶר· פֵּלֵּל לַחֲשֵׁנוּ הַעְתֵּר· אַתָּה אֵל
מִסְתַּתֵּר: וַעֲקֹנוּ שְׁעֵה אוֹתָנוּ לִצְדָקָה· עֶרְךְּ שׁוּעֵנוּ כְּתָמוּר
דַּקָּה מִן הַדַּקָּה· לְךָ יְיָ הַצְּדָקָה: חָטָאנוּ בְּאֵזוֹב וְטַהֲרֵנוּ·
סָמְכֵנוּ סַתְרֵנוּ וְסַבְּרֵנוּ· אֲנַחְנוּ הַחֹמֶר וְאַתָּה יוֹצְרֵנוּ:
טָהוֹר קְשׁוֹב חִנּוּנִי· נַקֵּנִי מִכֶּתֶם עֲוֹנִי· מִקְוֵה יִשְׂרָאֵל יְיָ:
יֶהֱמוּ מֵעֶיךָ עָלֵינוּ· מַהֵר רַחֲמֶיךָ יְקַדְּמוּנוּ· אַתָּה יְיָ
אָבִינוּ: .Reader כְּרַחוּם תְּכַפֵּר עָוֹן· לְבַל תִּשָּׂא עָוֹן· וְאַל
לָעַד תִּזְכּוֹר עָוֹן· וְאַתָּה כְּרַחוּם סְלַח לָנוּ:

Reader and Congregation:

הַיּוֹם יִכָּתֵב בְּסֵפֶר הַזִּכְרוֹנוֹת הַחַיִּים וְהַמָּוֶת· אָנָּא כַנֵּה·
עוּרִי נָא· הִתְעוֹרְרִי נָא· עִמְדִי נָא· הִתְיַצְּבִי נָא· קוּמִי נָא·
חַלִּי נָא· בְּעַד הַנֶּפֶשׁ חַנִּי נָא· פְּנֵי דַר עֶלְיוֹן:

Reader. He dwelleth in the chambers of the firmament; he holdeth sway in the nethermost abyss. He supporteth the everlasting arms, almighty and unsearchable.

Reader and Cong. O King, that abidest to eternity, reign alone in eternal supremacy, most holy God.

Reader. Wherefore as thou art merciful, forgive us.

Cong. O God of Life, inscribe those who cleave unto thee for Life ; for with thee is the fountain of Life. Answer my supplication in an acceptable time. Hear, O righteous Lord ; give ear to my praise and let not thine ear be deaf unto my sigh, my cry. Accept the entreaty of them that call upon thee with the morning prayer and turn the redness of their guilt white as wool. O Lord, hearken, help and delay not. I was brought low and thou didst help me. Therefore condemn not them that hope in thee, thou who speakest in righteousness and art mighty to save. Shew thy mercy, Lord, to us that flow together to serve thee, even the multitudes of the flock of thine hands. We multiply supplication and pleading before thee. O thou inscrutable God, be thou entreated by the intercession of our whispered prayer. Regard our cry and acquit us, likening our ordered orisons to columns of finest incense. To thee, O Lord, belongeth righteousness. Cleanse us with hyssop and purify us ; help us, harbour us and give us hope. We are but the clay and thou art our Maker. O thou most pure, give ear to my supplications and cleanse me from the stain of mine iniquities. The Lord is the hope of Israel. May thine heart yearn towards us and thy mercies speedily prevent us; for thou, the Lord, art our Father.

Reader. In thy mercy atone our iniquity ; yea, pardon the iniquity of all mankind. Remember it not for all time, but as thou art merciful, forgive us.

Upon this day shall be written in the book of memorial
Life and Death.

Thou branch,[1] awake, I beseech thee !
Rouse thyself, stand, stand up !
Arise, I beseech thee, and supplicate ;
Entreat now for the soul before the face of Him who dwelleth on high.

[1] Israel.

Cong. אֻמָּה בָחַר· יַלְבִּין כְּצֶמֶר צֶחַר· בְּתִפְלַת הַשַּׁחַר :

בְּטוּחוֹת חוֹקֵר· צֹאן עֶדְרוֹ יְבַקֵּר· בְּעֵת תָּמִיד הַבֹּקֶר :

גּוֹשֵׁם וְעוֹצֵר· גָּלְיוֹתֵינוּ יְקַבֵּץ· בְּזֹאת תְּפִלַת יוֹצֵר :

דְּרוֹר אַל תְּאַחַר· כִּי גְרוֹנֵנוּ נִחַר· בְּתִפְלַת הַשַּׁחַר :

הַכֹּל סוֹקֵר· הַמַּסְטִין יַכְחִישׁ וִישַׁקֵּר· בְּעֵת תָּמִיד הַבֹּקֶר :

וּמְזִמָּה לֹא יְבַצֵּר· מִצָּרוֹתֵינוּ יְצֵר· בְּזֹאת תְּפִלַת יוֹצֵר :

זָחוּל סְחַרְחַר· בֶּטַח יַרְבֵּץ וְיִסְחַר· בְּתִפְלַת הַשַּׁחַר :

חַיָּתְךָ יַכֵּר· בְּנֵי שֵׁת לְקַרְקֵר· בְּעֵת תָּמִיד הַבֹּקֶר :

טָהוֹר וְעוֹצֵר· סְגֻלָּתוֹ לְחַיִּים יַעֲצֵר· בְּזֹאת תְּפִלַת יוֹצֵר :

יָדִיד מֵרֶחֶם מִשְׁחָר· יוֹשִׁיעַ טֶרֶם מָחָר· בְּתִפְלַת הַשַּׁחַר :

כּוֹבֵשׁ הָרִים וְעוֹקֵר· לְטוֹבָה עַמּוֹ יְבַקֵּר· בְּעֵת תָּמִיד הַבֹּקֶר :

מִקְדָּשְׁךָ וּמִזְבֵּחַ וְהֶחָצֵר· נָא בְּקוֹמָתָם תְּבַצֵּר· בְּזֹאת
תְּפִלַת יוֹצֵר :

סְעוֹרָה וּשְׁבוּרָה כְּפָחַר· פְּצֵה מֵרִיב וְחַרְחַר·
בְּתִפְלַת הַשַּׁחַר :

קָרְנוֹת עֶשֶׂר יְעַכֵּר· שְׁתוּלִים בְּבֵיתוֹ לְיַבֵּר· בְּעֵת
תָּמִיד הַבֹּקֶר :

יוֹרֶה וּמַלְקוֹשׁ הַפְצֵר· סַפֵּק לְחוֹרֵשׁ וְקוֹצֵר· בְּזֹאת
תְּפִלַת יוֹצֵר :

Reader and Cong. הַיּוֹם יִכָּתֵב בְּסֵפֶר הַזִּכְרוֹנוֹת הַחַיִּים
וְהַמָּוֶת· אָנָּא כַנָּה· עוּרִי נָא· הִתְעוֹרְרִי נָא· עִמְדִי נָא·
הִתְיַצְּבִי נָא· קוּמִי נָא· חַלִּי נָא· בְּעַד הַנֶּפֶשׁ חַנִּי נָא·
פְּנֵי דָר עֶלְיוֹן :

His chosen sons of might
As wool He maketh white
　　　By the morning prayer.
Searching the inwards deep,
Lo, He will seek His sheep
　　　At morning offering.
Giving and staying rain,
Our exile turn again
　　　By this the prayer of dawn.

Let rest be not delaying—
Our throats are parched with praying
　　　The morning prayer.
Thou, seeing all below,
Deny, disprove the foe
　　　At morning offering.
No thought is hid from thee—
Guard us from misery
　　　By this the prayer of dawn.

Those girded round by fear
Shall rest with safety near
　　　By the morning prayer.
For those He cherisheth
Shall break the sons of Seth [1]
　　　At morning offering.
Thou watchful One, and pure,
Thy treasure's life make sure
　　　By this the prayer of dawn.

Thy love, at morning born,
Save while it yet is morn
　　　By the morning prayer.
Who casteth mountains prone
He will seek out His own
　　　At morning offering.
Sanctuary, altar, court—
Ah, God ! in strength support
　　　By this the prayer of dawn.

The tossed and broken life,
Redeem from stress and strife
　　　By the morning prayer.
He roots the ten horns out,[2]
But His own plant shall sprout
　　　At morning offering.
Urge on our meed of rain
To plough and reap again
　　　By this the prayer of dawn.

[1] Num. xxiv. 17.　　　[2] Cf. Dan. vii. 7.

Reader. וּבְכֵן אַךְ חַנּוּן אַתָּה וְרַחוּם לְכָל פֹּעַל:

Cong. אַךְ אָתִים בְּחֹן לְפָנֶיךָ • כִּי אַתָּה רַחוּם לְכָל פֹּעַל:

אַךְ בּוֹטְחִים בְּחַסְדְּךָ אֱמוּנֶיךָ • כִּי אַתָּה רַחוּם לְכָל פֹּעַל:

אַךְ גּוֹעִים וּמַרְגִּישִׁים שְׁכֶנֶךָ • כִּי אַתָּה רַחוּם לְכָל פֹּעַל:

אַךְ דָּלוּ עֵינֵיהֶם לִמְעוֹנֶךָ • חַנּוּן וְרַחוּם לְכָל פֹּעַל:

אַךְ הוֹגִים לַעֲנוֹת עִנְיָנֶיךָ • כִּי אַתָּה רַחוּם לְכָל פֹּעַל:

אַךְ וְעוֹדִים בְּנִצּוּחַ לְנֶגְדֶּךָ • כִּי אַתָּה רַחוּם לְכָל פֹּעַל:

אַךְ זוֹעֲקִים יַחַד הֲמוֹנֶךָ • כִּי אַתָּה רַחוּם לְכָל פֹּעַל:

אַךְ חוֹכִים יְשׁוּעוֹת חָסֶנֶךָ • חַנּוּן וְרַחוּם לְכָל פֹּעַל:

אַךְ טְבוּלִים בְּמַהֵר לְחָנְנֶךָ • כִּי אַתָּה רַחוּם לְכָל פֹּעַל:

אַךְ יוֹדוּ לְשִׁמְךָ בָּנֶיךָ • כִּי אַתָּה רַחוּם לְכָל פֹּעַל:

אַךְ כַּפֵּר לְעַמְּךָ מַאֲמִינֶיךָ • כִּי אַתָּה רַחוּם לְכָל פֹּעַל:

אַךְ לֹא לָנוּ כִּי אִם לְמַעֲנֶךָ • חַנּוּן וְרַחוּם לְכָל פֹּעַל:

אַךְ מַגֵּר מִתְקוֹמְמֵי צְפוּנֶיךָ • כִּי אַתָּה רַחוּם לְכָל פֹּעַל:

אַךְ נַשֵּׂא זֶרַע בְּחוּנֶיךָ • כִּי אַתָּה רַחוּם לְכָל פֹּעַל:

אַךְ סְלִיחָה תַּרְבֶּה לְמִתְעַנֶּיךָ • כִּי אַתָּה רַחוּם לְכָל פֹּעַל:

אַךְ עֲנֵם מִשְּׁמֵי מְעוֹנֶךָ • חַנּוּן וְרַחוּם לְכָל פֹּעַל:

אַךְ פְּצֵם מֵהֶמְיַת שְׁאוֹנֶךָ • כִּי אַתָּה רַחוּם לְכָל פֹּעַל:

אַךְ צַדֵּק גּוֹי נְבוֹנֶךָ • כִּי אַתָּה רַחוּם לְכָל פֹּעַל:

אַךְ קוֹמֵם קֶדֶם קִנְיָנֶךָ • כִּי אַתָּה רַחוּם לְכָל פֹּעַל:

אַךְ רוֹמֵם תֵּל אַרְמוֹנֶךָ • כִּי אַתָּה רַחוּם לְכָל פֹּעַל:

אַךְ שְׁעֵה לַחַשׁ מִתְחַנְּנֶיךָ • כִּי אַתָּה רַחוּם לְכָל פֹּעַל:

Reader.

אַךְ תָּמְכֵם וְחַשְּׁכֵם מֵחֲרוֹנֶךָ • חַנּוּן וְרַחוּם לְכָל פֹּעַל:

Reader. Yea, and thus thou art merciful and compassionate to every creature.

Cong. Yea, thy faithful ones approach thee with supplication, trusting in thy lovingkindness ; for thou art compassionate to every creature.

Their mingled plaint filleth thine abode ; their eyes are strained upon thy high habitation, O thou who hast mercy and compassion upon every creature.

Yea, they sigh for thee to answer their affliction ; for thou art compassionate to every creature.

Thy mighty hosts testify of thine excellence in song ; they cry in unison, waiting for thy salvation, O thou who hast mercy and compassion upon every creature.

Yea, thy children wash them in purity ; they entreat thee and praise thy Name ; for thou art compassionate to every creature.

Pardon thy people, thy believers : not for our sake, but for thine, O thou who hast mercy and compassion upon every creature.

Yea, overthrow them that rise up against thy treasured ones, and exalt the seed of those tried by thee ; for thou art compassionate to every creature.

Multiply forgiveness to them that afflict their souls and answer them from thy high heavens, O thou who hast mercy and compassion upon every creature.

Yea, deliver the nation that hath knowledge of thee from thy dire destruction. O justify them ; for thou art compassionate to every creature.

Raise up the first of thy possessions and exalt the hill of thy palace, O thou who hast mercy and compassion upon every creature.

Yea, listen to thy suppliants' whispering. Keep and guard them from thy displeasure ; for thou art compassionate to every creature.

וּבְכֵן אָמְרוּ לֵאלֹהִים מַה נּוֹרָא מַעֲשֶׂיךָ:

Reader. אָמְרוּ לֵאלֹהִים• *Cong.* אֶרֶךְ אַפַּיִם וּגְדָל־כֹּחַ• מֵכִין

הָרִים בְּכֹחַ• וְחָכַם לֵבָב וְאַמִּיץ כֹּחַ• נוֹתֵן לַיָּעֵף כֹּחַ•

לָכֵן יִתְנָאֶה גָּדוֹל אֲדוֹנֵינוּ וְרַב כֹּחַ:

Reader. אָמְרוּ לֵאלֹהִים• *Cong.* בּוֹנֶה בַשָּׁמַיִם מַעֲלוֹתָיו•

מַשְׁקֶה הָרִים מֵעֲלִיּוֹתָיו• זֵכֶר עָשָׂה לְנִפְלְאוֹתָיו• וְלוֹ

נִתְכְּנוּ עֲלִילוֹתָיו•

לָכֵן יִתְנָאֶה הַמְקָרֶה בַמַּיִם עֲלִיּוֹתָיו:

Reader. אָמְרוּ לֵאלֹהִים• *Cong.* גֵּאֶה וְנָבוֹהַּ בִּשְׁמֵי מַעְלָה•

עֹטֶה אוֹר כַּשַּׂלְמָה• לוֹ הַגְּבוּרָה וְהַגְּדֻלָּה• וְהָעֹז וְהַמֶּמְשָׁלָה•

לָכֵן יִתְנָאֶה וּמַלְכוּתוֹ בַּכֹּל מָשָׁלָה:

Reader. אָמְרוּ לֵאלֹהִים• *Cong.* דָּגוּל מֵרִבְבוֹת קֹדֶשׁ• וְנֶאְדָּר

בַּקֹּדֶשׁ• דַּרְכּוּ בַקֹּדֶשׁ• וּמִשְׁתַּחֲוִים לוֹ בְּהַדְרַת קֹדֶשׁ•

לָכֵן יִתְנָאֶה הֲלִיכוֹת אֵלִי מַלְכִּי בַקֹּדֶשׁ:

Reader. אָמְרוּ לֵאלֹהִים• *Cong.* הוֹדוּ כִסָּה שָׁמַיִם• רוֹקַע

הָאָרֶץ עַל הַמָּיִם• יַרְעֵם מִשָּׁמַיִם• לְקוֹל תִּתּוֹ הֲמוֹן מַיִם

בַּשָּׁמַיִם• לָכֵן יִתְנָאֶה הַנּוֹטֶה כַדֹּק שָׁמָיִם:

Reader. אָמְרוּ לֵאלֹהִים• *Cong.* וְכָל בַּשָּׁלִישׁ עֲפַר הָאָרֶץ•

יָדוֹ יָסְדָה אָרֶץ• וִימִינוֹ טִפְּחָה שָׁמַיִם אֶרֶץ• וְהֶעֱמִידָם בְּלִי פֶרֶץ•

לָכֵן יִתְנָאֶה הַיֹּשֵׁב עַל חוּג הָאָרֶץ:

Reader. אָמְרוּ לֵאלֹהִים• *Cong.* וְזָהַר כִּסְאוֹ שְׁבִיבֵי אֵשׁ•

מְשָׁרְתָיו לוֹהֲטֵי אֵשׁ• נֹגַהּ לָאֵשׁ וּמַבְרִיק הָאֵשׁ• לְפָנָיו

נִמְשָׁכִים נַהֲרֵי אֵשׁ•

לָכֵן יִתְנָאֶה אֵשׁ אֹכְלָה אֵשׁ:

Reader. אָמְרוּ לֵאלֹהִים• *Cong.* חַי עוֹלָמִים• צוּר בְּיָהּ

And thus : say ye unto God, how tremendous are thy works !

Reader. Say ye unto God ; *Cong.·* He is long-suffering and of great power ; he hath founded the fastness of the mountains ; he is wise of heart and mighty in strength ; he giveth strength unto the weary ; therefore be he exalted, for great is our Lord and Omnipotent.

Reader. Say ye unto God ; *Cong.* He hath builded his lofty chambers in the heavens; from his heights he watereth the hills ; he hath made a memorial of his wonders ; by him actions are weighed ; therefore be he exalted who layeth the beams of his chambers in the waters.

Reader. Say ye unto God ; *Cong.* He is high and exalted above the summitless heavens ; he covereth himself with light as with a garment ; might and greatness, strength and dominion are his ; therefore be he exalted whose kingdom beareth rule over all.

Reader. Say ye unto God ; *Cong.* He is chiefest among myriads of holy beings, and glorious in holiness ; his way is in the sanctuary ; lo, all worship him in the beauty of holiness ; therefore be he exalted, for the goings of my God, my King, are in the sanctuary.

Reader. Say ye unto God ; *Cong.* His glory covereth the heavens ; he hath spread forth the earth above the waters ; when he thundereth in the heavens, when he uttereth his voice, there is a tumult of waters in the heavens ; therefore be he exalted who stretcheth out the heavens as a curtain.

Reader. Say ye unto God ; *Cong.* He hath comprehended in a measure all the dust of the earth ; his hand hath founded the earth, and his right hand hath spanned the limitless heavens ; he hath stablished them that they be not rent asunder; therefore be he exalted who sitteth over the circle of the earth.

Reader. Say ye unto God ; *Cong.* The splendour of his throne is as flames of fire ; his ministers are flashing fire ; more resplendent than fire are they, yea, even than the fire of lightnings ; about him flow streams of fire ; therefore be he exalted who is as fire, yea, a consuming fire.

Reader. Say ye unto God ; *Cong.* The Life of all worlds,

עוֹלָמִים· אַוָּה בֵּית עוֹלָמִים· מָכוֹן לְשִׁבְתְּךָ עוֹלָמִים·
לָכֵן יִתְנָאֶה עַתִּיק יוֹמִין:

Reader. אִמְרוּ לֵאלֹהִים· *Cong.* טְהוֹר עֵינַיִם· סְבִיבֹתָיו הַשָׁרַת
מָיִם· עָבֵי שַׁחַק חֶשְׁכַּת מַיִם· טָעֲנֵי מֶרְכַּבְתּוֹ נִבְתָּם
מְלֵאת עֵינַיִם·

לָכֵן יִתְנָאֶה מִצְוַת יְיָ בָּרָה מְאִירַת עֵינָיִם:

Reader. אִמְרוּ לֵאלֹהִים· *Cong.* יוֹדֵעַ מַה בְּסִתְרֵי חֹשֶׁךְ· לֹא
יַחֲשִׁיךְ מֶנּוּ כָּל חֹשֶׁךְ· בֶּן שָׂם לַחֹשֶׁךְ· הוֹפֵךְ לַבֹּקֶר
צַלְמָוֶת וְחֹשֶׁךְ·

לָכֵן יִתְנָאֶה יוֹצֵר אוֹר וּבוֹרֵא חֹשֶׁךְ:

Reader. אִמְרוּ לֵאלֹהִים· *Cong.* כּוֹנֵן כִּסְאוֹ לַמִּשְׁפָּט· מְכוֹן
כִּסְאוֹ צֶדֶק וּמִשְׁפָּט· אֱלֹהֵי הַמִּשְׁפָּט· תֹּאחֵז יָדוֹ בְּמִשְׁפָּט·
לָכֵן יִתְנָאֶה וַיִּגְבַּהּ יְיָ צְבָאוֹת בַּמִּשְׁפָּט:

Reader. אִמְרוּ לֵאלֹהִים· *Cong.* לוּ יָאָתָה מְלוּכָה· שׁוֹכֵן
עַד וְאֶת דַּכָּא· מֵשִׁיב אֱנוֹשׁ עַד דַּכָּא· וְאוֹמֵר שׁוֹבוּ
בְּרוּחַ נְמוּכָה·

לָכֵן יִתְנָאֶה כִּי לַיְיָ הַמְּלוּכָה:

Reader. אִמְרוּ לֵאלֹהִים· *Cong.* מוֹשֵׁל בִּגְבוּרָתוֹ עוֹלָם· הַכֹּל
צָפוּי וְלֹא נֶעְלָם· זֶה שְׁמוֹ לְעוֹלָם· חַסְדּוֹ מֵעוֹלָם וְעַד עוֹלָם·
לָכֵן יִתְנָאֶה בָּרוּךְ יְיָ אֱלֹהֵי יִשְׂרָאֵל מֵהָעוֹלָם וְעַד הָעוֹלָם:

Reader. אִמְרוּ לֵאלֹהִים· *Cong.* נוֹצֵר חֶסֶד לְאֶלֶף דּוֹר· לְהֶם
קָמָיו מִדּוֹר דּוֹר· מֵקִים סֻכַּת מְשִׁיחוֹ לְגְדוֹר· הָאוֹר
חֹנֶה עַמּוֹ בְּמָדוֹר·

לָכֵן יִתְנָאֶה זֶה זִכְרוֹ לְדֹר דֹּר:

Reader. אִמְרוּ לֵאלֹהִים· *Cong.* סוֹבֵל עֶלְיוֹנִים וְתַחְתּוֹנִים·

by his Name he fashioned the Universe ; he desired a Temple for all time, a place for his eternal habitation ; therefore be he exalted who is the Ancient of Days.

Reader. Say ye unto God ; *Cong.* He is pure of sight ; about him is the gathering of waters, the thick clouds of the skies, the darkness of waters ; the beings that bear his chariot, behold, their rings are full of eyes [1] ; therefore be he exalted ; the commandment of the Lord is pure, enlightening the eyes.

Reader. Say ye unto God ; *Cong.* He knoweth what is in the secret places of darkness : for darkness hideth naught from him ; he setteth an end to darkness, yea, he turneth the darkness of the shadow of death to morning.

Reader. Say ye unto God ; *Cong.* He hath established his throne in justice ; the foundation of his throne is righteousness and rectitude ; he is the God of justice, and his hand taketh hold thereof ; therefore be he exalted, yea, the Lord of hosts is exalted in judgment.

Reader. Say ye unto God ; *Cong.* Unto him dominion appertaineth ; he inhabiteth eternity with him that is contrite ; he turneth man to contrition, and saith, Return ye with a humble spirit ; therefore be he exalted, for sovereignty is the Lord's.

Reader. Say ye unto God ; *Cong.* He ruleth the Universe by his might ; by him all things are seen, lo, naught is hid ; his Name is eternal and his mercy is from everlasting to everlasting ; therefore be he exalted. Blessed be the Lord God of Israel from everlasting to everlasting.

Reader. Say ye unto God ; *Cong.* He keepeth mercy to a thousand generations, and from generation to generation he warreth against his foes ; he will upraise and fence the tabernacle of his anointed ; behold, light dwelleth with him in his habitation ; therefore be he exalted whose memorial is from generation to generation.

Reader. Say ye unto God ; *Cong.* He beareth the heavens

[1] Ezek. i. 18.

שׁוֹמֵעַ אֶל אֶבְיוֹנִים · מַאֲזִין שִׂיחַ חַנּוּנִים · מַקְשִׁיב שַׁוְעַ רְנָנִים ·
לָכֵן יִתְנָאֶה אֱלֹהֵי הָאֱלֹהִים וַאֲדֹנֵי הָאֲדֹנִים:

Reader. אִמְרוּ לֵאלֹהִים · Cong. עִזּוּז וְגִבּוֹר אִישׁ מִלְחָמָה ·
נוֹקֵם לְצָרָיו וּבַעַל חֵמָה · מַכְרִית קָמָיו בִּמְהוּמָה · נֹהֵם
עֲלֵיהֶם בִּנְהִימָה · לָכֵן יִתְנָאֶה יְיָ אִישׁ מִלְחָמָה :

Reader. אִמְרוּ לֵאלֹהִים · Cong. פָּעַל וְעָשָׂה הַכֹּל · בְּיָדוֹ לְגַדֵּל
וּלְחַזֵּק לַכֹּל · אֵלָיו יְשַׂבְּרוּ עֵינֵי כֹל · וְעֵינָיו מְשׁוֹטְטוֹת בַּכֹּל ·
לָכֵן יִתְנָאֶה עֶלְיוֹן עַל כֹּל :

Reader. אִמְרוּ לֵאלֹהִים · Cong. צַדִּיק בְּכָל דְּרָכָיו · יָשָׁר
מֵצִיץ מֵחֲרַכָּיו · חָפֵץ בְּעַם מַמְלִיכָיו · יִירְשׁוּ אֶרֶץ מְבוֹרָכָיו ·
לָכֵן יִתְנָאֶה בָּרְכוּ יְיָ כָּל מַלְאָכָיו :

Reader. אִמְרוּ לֵאלֹהִים · Cong. קֹרֵא הַדּוֹרוֹת מֵרֹאשׁ · מַגִּיד
אַחֲרִית מֵרֹאשׁ · בָּחַר בְּאוֹם דַּלַּת רֹאשׁ · עֹז וְיוֹם יוֹם לִדְרוֹשׁ ·
לָכֵן יִתְנָאֶה הַמִּתְנַשֵּׂא לְכֹל לְרֹאשׁ :

Reader. אִמְרוּ לֵאלֹהִים · Cong. רָם וְנִשָּׂא שׁוֹכֵן עַד · בְּטָחוּ
בוֹ עֲדֵי עַד · כְּבוֹדוֹ בְּסוֹד קְדוֹשִׁים וָעֵד · וּלְעַם קָדְשׁוֹ נוֹעַד ·
לָכֵן יִתְנָאֶה הַמַּבִּיט לָאָרֶץ וַתִּרְעָד :

Reader. אִמְרוּ לֵאלֹהִים · Cong. שְׁבִילוֹ בְּמַיִם רַבִּים · שָׁמָיו
מַרְעִיף רְבִיבִים · שְׁמוֹ מְיַחֲדִים שַׁחַר וַעֲרָבִים · בְּשַׁעַר
בַּת רַבִּים ·
לָכֵן יִתְנָאֶה יְיָ צְבָאוֹת יוֹשֵׁב הַכְּרֻבִים:

Reader. אִמְרוּ לֵאלֹהִים · Cong. and Reader. תְּהִלָּתוֹ מָלְאָה
הָאָרֶץ · מַעֲבִיר כִּלְיוֹן וָחָרֶץ · מֵשִׁיב אַף וְחָרוֹן וָקֶרֶץ ·
שַׁוְעַ מְחַנְנָיו יָרֶץ ·
לָכֵן יִתְנָאֶה יְיָ אֲדוֹנֵנוּ מָה אַדִּיר שִׁמְךָ בְּכָל הָאָרֶץ:

and the nethermost worlds ; he hearkeneth to the needy and giveth ear to the voice of supplication, yea, he is attentive to the cry of prayer ; therefore be· he exalted, who is the God of gods and Lord of lords.

Reader. Say ye unto God ; *Cong.* He is strong and mighty, he is a man of war ; he avengeth himself of his adversaries : he is Lord of wrath ; with discomfiture he defeateth them that rise up against him ; with a terrible sound he roareth against them ; therefore be he exalted : the Lord is a man of war.

Reader. Say ye unto God ; *Cong.* He wrought and fashioned the Universe ; in his hand are all creatures, to make them great and to give them strength ; the eyes of all wait upon him, and his eyes run to and fro through all the earth ; therefore be he exalted who is most high over all.

Reader. Say ye unto God ; *Cong.* He is righteous in all his ways ; upon the upright he glanceth through his lattice, and delighteth in the people who acclaim him King ; they who are blessed of him shall inherit the land ; therefore be he exalted. Bless ye the Lord, ye his messengers.

Reader. Say ye unto God ; *Cong.* He calleth the generations from the beginning ; he declareth the end from the beginning ; he hath chosen a humble people to reverence his glory every day ; therefore be he exalted who is Supreme over all.

Reader. Say ye unto God ; *Cong.* He is high and lofty, inhabiting eternity ; trust ye in him for ever ; in the assembly of holy beings hath he testified of his glory, and his holy nation beareth witness thereof ; therefore be he exalted, who looketh on the earth and it trembleth.

Reader. Say ye unto God ; *Cong.* His path is over the mighty waters ; his heavens drop down showers ; behold, morning and evening we proclaim his Unity in the gate of his courts ; therefore be he exalted who is the Lord of hosts that sitteth enthroned above the Cherubim.

Reader. Say ye unto God ; *Cong. and Reader.* The earth is full of his praise ; the sore decree setteth he aside, yea, he turneth away the fierce anger of destruction, and accepteth the cry of them that supplicate him ; therefore be he exalted. O Lord, our Lord, how glorious is thy Name in all the earth !

Reader. וּבְכֵן גְּדוֹלִים מַעֲשֵׂי אֱלֹהֵינוּ:

Reader. מַעֲשֵׂה אֱלֹהֵינוּ Cong. אֵין מִי בַשַּׁחַק יַעֲרָךְ לוֹ

בִּבְנֵי אֵלִים יִדְמֶה לוֹ גְּבוֹהִים עֶלֶה לְמוֹשָׁב לוֹ דָּרֵי

גֵיא כַּחֲגָבִים לְמוּלוֹ

לָכֵן יִתְגָּאֶה הַצּוּר תָּמִים פָּעֳלוֹ:

Reader. מַעֲשֵׂה אֱלֹהֵינוּ Cong. הַמּשֵׁל וָפַחַד עִמּוֹ וְהַרְבֵּה

פְדוּת עִמּוֹ זַעַק וְלַחַשׁ עַמּוֹ חָשׁ וּמֵאַיִן מִמְּרוֹמוֹ

לָכֵן יִתְגָּאֶה יְיָ צְבָאוֹת שְׁמוֹ:

Reader. מַעֲשֵׂה אֱלֹהֵינוּ Cong. טֶרֶף נָתַן לִירֵאָיו יוֹכִילוּ שִׂי

לְמוֹרָאָיו כִּתֵּי גְדוּדֵי צְבָאָיו לֹא יְשׁוּרוּ כְּבוֹד מַרְאָיו

לָכֵן יִתְגָּאֶה הִנֵּה עֵין יְיָ אֶל יְרֵאָיו:

Reader. מַעֲשֵׂה אֱלֹהֵינוּ Cong. מַלְאָכָיו עָשָׂה רוּחוֹת נְקַדֵּשׁ

בְּשִׁירוֹת וְתִשְׁבָּחוֹת סֻכַּת שְׁפִיכַת שִׂיחוֹת עוֹנֶה

וּמַעֲמִיד רְוָחוֹת לָכֵן יִתְגָּאֶה אֱלֹהֵי הָרוּחוֹת:

Reader. מַעֲשֵׂה אֱלֹהֵינוּ Cong. and Reader. פּוֹדֶה מִשַּׁחַת

עֲמוּסָיו צוּר יוֹדֵעַ חוֹסָיו קָדוֹשׁ מַפְלִיא נִסָּיו רַחוּם

לְמַרְצָיו וּמַכְעִיסָיו לָכֵן יִתְגָּאֶה וְרַחֲמָיו עַל כָּל מַעֲשָׂיו:

The following verse is said silently:

מַעֲשֵׂה אֱנוֹשׁ תַּחְבּוּלוֹתָיו מִזִּמָּה שִׁבְתּוֹ בְּתוֹךְ מִרְמָה

רְפִידָתוֹ רִמָּה קָבוּר בִּסְעִיף אֲדָמָה וְאֵיךְ יִתְגָּאֶה אָדָם

לַהֶבֶל דָּמָה:

Reader. אֲבָל מַעֲשֵׂה אֱלֹהֵינוּ Cong. and Reader. שׁוֹמֵעַ

שֻׁעוֹת שׁוֹעֶה עָרַךְ שׁוּעוֹת תּוֹרוֹתָיו מִשַּׁעֲשׁוּעוֹת תַּכְסִיסוֹ

כּוֹבַע יְשׁוּעוֹת לָכֵן יִתְגָּאֶה הָאֵל לָנוּ אֵל לְמוֹשָׁעוֹת:

And thus, great are the works of our God.

The work of our God.
    In heaven beyond compare,
    He maketh His dwelling the skies ;
    No angels His likeness share :
    As grasshoppers men, in His eyes.
        Therefore be He exalted, the Rock whose might we
        acclaim.

The work of our God.
    With Him are dominion and fear,
    Yea, He redeemeth in might ;
    Men's cry He is swift to hear,
    Their whispered prayer from His height.
        Therefore be He exalted ; the Lord of Hosts is His Name.

The work of our God.
    He succoureth them that obey,
    An off'ring they bring to His shrine ;
    His hosts in their banded array
    Behold not His glory divine.
        Therefore be He exalted ; lo ! His eye is on them that fear.

The work of our God.
    Spirits His messages bear,
    The Holy One's praises they sing.
    He listeth outpouring of prayer,
    His answer enlargement shall bring.
        Therefore, be He exalted ; the God whom spirits revere.

The work of our God.
    He beareth them raised from the pit ;
    The Rock whom they trust is sure.
    Of the Holy One marvels are writ :
    By His grace the sinful are pure.
        Therefore be He exalted ; for merciful are His ways.

The following verse is said silently :

The work of Man.
    By craft his devices are led,
    'Mid guile his abode from his birth ;
    The place of the worm is his bed,
    His grave is a cleft of the earth.
        Lo ! how can man be exalted ?   Like vanity pass his days.

But the work of our God.
    He heareth the suppliant cry,
    Yea, listeth direction of prayer ;
    His laws are delights.   He is nigh
    In helmet of triumph to spare.
        Therefore be He exalted ; our God of salvation we praise.

Reader. וּבְכֵן לְנוֹרָא עֲלֵיהֶם בְּאֵימָה יַעֲרִיצוּ:

אֲשֶׁר אֹמֶץ תְּהִלָּתֶךְ· *Cong.* בְּאֵילֵי שַׁחַק· בְּבִרְכֵן
נְנֵהּ· בִּנְדוּדֵי גְבַהּ· בְּדִמּוּמֵי דַקָּהּ· וּקְדֻשָּׁתְךָ בְּפִיהֶם·
וְרָצִיתָ שֶׁבַח· *Reader.* *Cong.* מְהוּמֵי בְרֶגֶשׁ· וְעוֹרְכֵי שֶׁוַע·
זוֹעֲקֵי תַחֲנָה· חוֹכֵי חֲנִינָה· וְהִיא כְבוֹדֶךָ:

Reader. אֲשֶׁר אֹמֶץ תְּהִלָּתֶךְ· *Cong.* בְּטַפְסְרֵי טֹהַר· בְּיִדִּדוּן
יִדְּדוּן בִּכְרוּבֵי כָבוֹד· בְּלִגְיוֹנֵי לַהַב· וּקְדֻשָּׁתְךָ בְּפִיהֶם·
וְרָצִיתָ שֶׁבַח· *Reader.* *Cong.* מִמְּעוּטֵי יָמִים· נְשׁוּיֵי טוֹבָה·
שְׂבֵעֵי רֹגֶז· עֲנוּמֵי נֶפֶשׁ· וְהִיא כְבוֹדֶךָ:

Read. אֲשֶׁר אֹמֶץ תְּהִלָּתֶךְ· *Cong.* בִּפְלִיאֵי שֵׁמוֹת· בְּצִבְאוֹת
עִירִין· בִּקְדוֹשֵׁי קֶדֶם· בְּרֶכֶב רִבֹּתָיִם· וּקְדֻשָּׁתְךָ בְּפִיהֶם·
וְרָצִיתָ שֶׁבַח· *Reader.* *Cong. and Reader.* מְשׁוֹקְדֵי דְלָתוֹת·
שׁוֹפְכֵי שִׂיחַ· תּוֹבְעֵי סְלִיחָה· תְּאֵבֵי כַפָּרָה· וְהִיא כְבוֹדֶךָ:

Reader. וּבְכֵן תְּנוּ עֹז לֵאלֹהִים· עַל יִשְׂרָאֵל גַּאֲוָתוֹ:

עַל יִשְׂרָאֵל בִּרְכָתוֹ:	*Cong.* עַל יִשְׂרָאֵל אֱמוּנָתוֹ·
עַל יִשְׂרָאֵל דִּבְרָתוֹ:	עַל יִשְׂרָאֵל גַּאֲוָתוֹ·
עַל יִשְׂרָאֵל וְעִדָּתוֹ:	עַל יִשְׂרָאֵל הַדְרָתוֹ·
עַל יִשְׂרָאֵל חֶמְלָתוֹ:	עַל יִשְׂרָאֵל זְכִירָתוֹ·
עַל יִשְׂרָאֵל יְשׁוּרָתוֹ:	עַל יִשְׂרָאֵל טָהֳרָתוֹ·
עַל יִשְׂרָאֵל לְאֻמָּתוֹ:	עַל יִשְׂרָאֵל כַּנָּתוֹ·
עַל יִשְׂרָאֵל נְעִימָתוֹ:	עַל יִשְׂרָאֵל מַלְכוּתוֹ·

Therefore they reverence him who is tremendous above them.

Thou, the might of whose praise
Is with angelic hosts,
Lightnings that flash Thy will,
With troops of lofty stature,
In voice, the small and still,
        Thine holiness, O Lord, is in their mouth.

Yet dost Thou graciously accept the praise
Of throngs whose voices surge,
That turn to Thee their crying,
Uttering supplication,
Upon Thy grace relying.
        In truth this is Thy glory.

Thou, the might of whose praise
Is with the perfect ones,
Thy heralds, swift of flight,
The glorious Cherubim,
Legions aflame with light,
        Thine holiness, O Lord, is in their mouth.

Yet dost Thou graciously accept the praise
Of man whose days are few,
Forsaken of relief,
Filled full of trouble's stress,
With soul bowed down by grief.
        In truth this is Thy glory.

Thou, the might of whose praise
Is with the mystic names,
The hosts of watchful sight,
The holy ones of old,
The myriad chariots' might,
        Thine holiness, O Lord, is in their mouth.

Yet dost Thou graciously accept the praise
Of them that watch Thy gates,
That pour forth prayerful thought,
In need forgiveness craving :
By these is pardon sought.
        In truth this is Thy glory.

Reader. And thus, ascribe ye strength unto God : his excellency
is over Israel.

Cong. Over Israel are his faithfulness and blessing, his
pride, his word.   Over Israel are his majesty and testimony,
his memorial, his pity.   Over Israel his purity and upright-
ness : Israel, his vineyard and his nation.   His kingdom

עַל יִשְׂרָאֵל סְגֻלָּתוֹ׃   עַל יִשְׂרָאֵל עֲדָתוֹ׃

עַל יִשְׂרָאֵל פְּעֻלָּתוֹ׃   עַל יִשְׂרָאֵל צִדְקָתוֹ׃

עַל יִשְׂרָאֵל קְדֻשָּׁתוֹ׃   עַל יִשְׂרָאֵל רוֹמְמוּתוֹ׃

Reader. עַל יִשְׂרָאֵל שְׁכִינָתוֹ׃   עַל יִשְׂרָאֵל תִּפְאַרְתּוֹ׃

וּבְכֵן וְעֻזּוֹ בַּשְּׁחָקִים׃

Cong. אַפְסֵי אֶרֶץ בִּדְבָרוֹ הֵקִים׃ בְּיִרְאָה לְעָבְדוֹ מִתְלַהֲקִים׃

גּוֹלֶה מִנִּי חֹשֶׁךְ עֲמֻקִים׃   דָּבָר עַבְדוּ מֵקִים׃

הַחוֹצֵב לֶהָבוֹת וּבְרָקִים׃   וְתֵבֵל מְאִירִים וּמַבְהִיקִים׃

זוֹכֵר בְּרִית מְצֻיָּקִים׃   חַסְדּוֹ גָדוֹל מֵעַל לַמּוּצָקִים׃

טוֹב וּמָעוֹז לְאֵלָיו דְּבוּקִים׃   יִחְיוּ כֹּל בּוֹ דְבֵקִים׃

כִּי מֵרוּחוֹ הָרִים מִתְפָּרְקִים׃   לֹא יָכִילוּ וַעֲמוּ צָרִים וְצוּקִים׃

מִפַּחְדּוֹ יִתְבַּקְעוּ עֲמָקִים׃   נְמוֹגִים וְכַדֹּנַג נְמַקִּים׃

סוּפָה וּסְעָרָה דַּרְכּוֹ נֶאְבָּקִים׃ עָנָן מִדְרַךְ רַגְלָיו כָּאֲבָקִים׃

פְּדֻרוֹת שָׁלַח לְעַמְלוֹ חֲשׁוּקִים׃ צִוָּה לְעוֹלָם בְּרִיתוֹ לִנְשׁוּקִים׃

קְנוּיִים לוֹ וּבִימִינוֹ נֶחֱבָקִים׃ רָצִים וְאַחֲרָיו נִדְבָּקִים ׃

Reader.

שַׁוְעָם שָׁמַע מִמַּעֲמַקִּים׃ תִּפְאֶרֶת עֹז לְשׁוֹשַׁנַּת הָעֲמָקִים׃

וּבְכֵן יְיָ מִי כָמֽוֹךָ׃

Cong. מִי כָמֽוֹךָ אַדִּיר בַּמְּרוֹמִים׃ מִי כָמֽוֹךָ בּוֹרֵא כֶּסֶא וְהַדּוֹמִים׃

מִי כָמֽוֹךָ גִּבּוֹר וּמוֹשִׁיעַ׃ מִי כָמֽוֹךָ דִבֶּר בִּצְדָקָה רַב לְהוֹשִׁיעַ׃

מִי כָמֽוֹךָ הוֹד וְהָדָר לוֹבֵשׁ׃   מִי כָמֽוֹךָ וְחֵטְא וְעָוֹן כּוֹבֵשׁ׃

מִי כָמֽוֹךָ זַךְ בָּעֶלְיוֹנִים׃   מִי כָמֽוֹךָ הַסָּן בְּאַלְפֵי שִׁנְאָנִים׃

מִי כָמֽוֹךָ טוֹב וּמֵטִיב׃   מִי כָמֽוֹךָ יְשָׁרִים לְהֵטִיב׃

מִי כָמֽוֹךָ כֹנֵס כַּנֵּד מֵי הַיָּם׃ מִי כָמֽוֹךָ לְהָשִׁיב מִמְּצוּלוֹתָיִם׃

and his delight rest over Israel his treasure, his congrega-
tion, his handiwork ; over Israel are his righteousness, his
holiness, his high estate, his presence and his glory.

And thus his strength is in the skies.

Cong. The ends of the earth hath he established by his
word. They unite to worship him in awe. He revealeth
secrets from out the dark. He fulfilleth the word of his
servant. It is he who cleaveth flames and lightnings that
light up the earth with their flashing. He is mindful of his
covenant with the pillars of our stock. His loving-kindness
extendeth beyond the skies. He is good, yea, a stronghold
to those that pursue his way, and they shall all be quickened
that cleave unto him. Lo ! at his breath mountains are
rent asunder ; rocks and ravines cannot abide his indig-
nation. Valleys are cleft with his terror : they melt and
flow like wax. The whirlwind and the storm wrestle along
his path ; clouds, as of dust, follow the treading of his feet.
He hath sent redemption to the people that love him : yea,
he hath commanded his covenant with his beloved for ever.
They are his own and he encircleth them with his right hand.
They hasten and pursue after him.

Reader. For he heareth their cry from the depths : he is
a glory of strength unto the Lily [1] of the valleys.

And thus, O Lord, who is like unto thee ?

Cong. Who is like unto thee ? Thou art glorious in the
heights. Thou hast fashioned thy throne and thy foot-
stool. Thou art a mighty Saviour ; yea, thou speakest in
righteousness and art mighty to save.

Who is like unto thee ? Thou art clothed with honour
and majesty. Thou subduest sin and iniquity. Thou art
pure among the heavenly ones and strong amongst thine
innumerable hosts.

Who is like unto thee ? Thou art good and beneficent
and rewardest the upright. Thou gatherest the waters of
the sea together as an heap, and thou deliverest from its
waves.

[1] Israel, cf. Cant. ii. 1.

מִי כָמוֹךָ מָדַד בְּשָׁעֳלוֹ מָיִם· מִי כָמוֹךָ נֶאְדָּר מִקְלוֹת מָיִם:

מִי כָמוֹךָ שָׂם עָבִים רְכוּבוֹ· מִי כָמוֹךָ עוֹזֵר וְיוֹדֵעַ חוֹסֵי בוֹ:

מִי כָמוֹךָ פּוֹעֵל יְשׁוּעוֹת· מִי כָמוֹךָ צוֹעֲקָיו לְהַשְׁעוֹת:

מִי כָמוֹךָ קָדוֹשׁ וְנוֹרָא שְׁמוֹ· מִי כָמוֹךָ רוֹצֶה בְעַמּוֹ:

Reader. מִי כָמוֹךָ שׁוֹמֵר הַבְּרִית וְהַחֶסֶד· מִי כָמוֹךָ

תִּתֵּן אֱמֶת לְיַעֲקֹב וּלְאַבְרָהָם חָסֶד:

וּבְכֵן אֵין כָּמוֹךָ בָאֱלֹהִים אֲדֹנָי וְאֵין כְּמַעֲשֶׂיךָ:

Cong. אֵין כָּמוֹךָ בְּאַדִּירֵי מַעְלָה· וְאֵין כְּמַעֲשֶׂיךָ בִּבְרוּרֵי מַטָּה:

אֵין כָּמוֹךָ בִּגְדוּדֵי מַעְלָה· וְאֵין כְּמַעֲשֶׂיךָ בִּדְרָרֵי מַטָּה:

אֵין כָּמוֹךָ בַּהֲמוֹנֵי מַעְלָה· וְאֵין כְּמַעֲשֶׂיךָ בְּוֶעוּדֵי מַטָּה:

אֵין כָּמוֹךָ בְּזַכֵּי מַעְלָה· וְאֵין כְּמַעֲשֶׂיךָ בַּחֲיָלֵי מַטָּה:

אֵין כָּמוֹךָ בִּטְהוֹרֵי מַעְלָה· וְאֵין כְּמַעֲשֶׂיךָ בִּיקָּרֵי מַטָּה:

אֵין כָּמוֹךָ בִּכְרוּבֵי מַעְלָה· וְאֵין כְּמַעֲשֶׂיךָ בְּלִגְיוֹנֵי מַטָּה:

אֵין כָּמוֹךָ בְּמַלְאֲכֵי מַעְלָה· וְאֵין כְּמַעֲשֶׂיךָ בְּנִגְדֵי מַטָּה:

אֵין כָּמוֹךָ בִּשְׂרָפֵי מַעְלָה· וְאֵין כְּמַעֲשֶׂיךָ בְּעָרִיצֵי מַטָּה:

אֵין כָּמוֹךָ בִּפְלִאֵי מַעְלָה· וְאֵין כְּמַעֲשֶׂיךָ בְּצִבְאוֹת מַטָּה:

אֵין כָּמוֹךָ בִּקְדוֹשֵׁי מַעְלָה· וְאֵין כְּמַעֲשֶׂיךָ בְּרוֹזְנֵי מַטָּה:

Reader אֵין כָּמוֹךָ בִּשְׂנְאַנֵּי מַעְלָה· וְאֵין כְּמַעֲשֶׂיךָ בְּתַקִּיפֵי מַטָּה:

וּבְכֵן נְאַדֶּרְךָ חַי עוֹלָמִים:

Reader. הָאַדֶּרֶת וְהָאֱמוּנָה לְחַי עוֹלָמִים: הַבִּינָה

וְהַבְּרָכָה לְחַי עוֹלָמִים: הַגַּאֲוָה וְהַגְּדֻלָּה לְחַי עוֹלָמִים:

הַדֵּעָה וְהַדִּבּוּר לְחַי עוֹלָמִים: הַהוֹד וְהֶהָדָר לְחַי עוֹלָמִים:

הַוַּעַד וְהַוָּתִיקוּת לְחַי עוֹלָמִים: הַזַּךְ וְהַזֹּהַר לְחַי עוֹלָמִים:

Who is like unto thee, who hast measured the waters in thy palm, who art mightier than the thunder of waters, who makest clouds thy chariot ?

Who is like unto thee ? Thou knowest and helpest them that trust in thee ; thou workest salvation ; thou hearkenest to the cry of thy suppliants. Holy and awful is thy Name.

Who is like unto thee ? Thou acceptest of thy people ; thou keepest thy covenant and thy loving-kindness.

Reader. Thou wilt perform truth to Jacob and mercy unto Abraham.

And thus, there is none like unto thee among the gods, O Lord ; neither are there any works like unto thy works.

Cong. There is none like unto thee among the glorious bands in heaven,
   Nor unto thy works among the creatures that dwell on earth.
There is none like unto thee among the spotless choirs of heaven,
   Nor unto thy works among thy testifying multitudes on earth.
There is none like unto thee among the pure Cherubim in heaven,
   Nor unto thy works among the armies of thy beloved on earth.
There is none like unto thee among the ministering Seraphim in heaven,
   Nor unto thy works among the lordly princes of earth.
There is none like unto thee among thy wondrous ṣaints in heaven,
   Nor unto thy works among the hosts of earth.

Reader. There is none like unto thee among the winged messengers of heaven,
   Nor unto thy works among the mighty potentates of earth.

And thus will we glorify thee, O Life of worlds.

Reader. Majesty and faithfulness are his, the Life of worlds.
   Blessing and knowledge,
   Supremacy and greatness.
Knowledge and speech are his, the Life of worlds,
   Honour and excellence,
   Testimony and perfection.
Serenity and splendour are his, the Life of worlds,
   Valour and prowess,
   Truth and purity.

הַחַיִל וְהַחֹסֶן לְחַי עוֹלָמִים: הַשֶּׁכֶם וְהַטֹּהַר לְחַי עוֹלָמִים:
הַיִּחוּד וְהַיִּרְאָה לְחַי עוֹלָמִים: הַכֶּתֶר וְהַכָּבוֹד לְחַי
עוֹלָמִים: הַלֶּקַח וְהַלִּבּוּב לְחַי עוֹלָמִים: הַמְּלוּכָה
וְהַמֶּמְשָׁלָה לְחַי עוֹלָמִים: הַנּוֹי וְהַנֵּצַח לְחַי עוֹלָמִים:
הַשִּׂגּוּי וְהַשֶּׂגֶב לְחַי עוֹלָמִים • הָעוֹ וְהָעֲנָוָה לְחַי עוֹלָמִים:
הַפְּדוּת וְהַפְּאֵר לְחַי עוֹלָמִים: הַצְּבִי וְהַצֶּדֶק לְחַי עוֹלָמִים:
הַקְּרִיאָה וְהַקְּדֻשָּׁה לְחַי עוֹלָמִים: הָרֹן וְהָרוֹמֵמוּת לְחַי
עוֹלָמִים: הַשִּׁיר וְהַשֶּׁבַח לְחַי עוֹלָמִים: הַתְּהִלָּה
וְהַתִּפְאֶרֶת לְחַי עוֹלָמִים:

וּבְכֵן נַאֲמִירְךָ אֱלֹהֵינוּ בְּאֵימָה:

Cong. נַאֲמִירְךָ בְּאֵימָה • נְבָרֶכְךָ בְּבִינָה: נְגַדֶּלְךָ בִּנְדֻלָּה •
נִדְרָשְׁךָ בְּדֵעָה: וְהַדְרָךְ בְּהוֹדָיָה • נוֹדְךָ בּוְעִידָה • נַזְכִּירְךָ
בְּזִמְרָה • נַחֲסָנְךָ בְּחֵלָה: נַטְעִימָךְ בְּטָהֳרָה • נְיַחֶדְךָ
בִּירְאָה: נְכַבֶּדְךָ בִּכְרִיעָה • נְלַבֶּבְךָ בִּלְמִידָה: נַמְלִיכְךָ
בִּמְלוּכָה • נְנַצֶּחְךָ בִּנְעִימָה: נְשַׂגֶּבְךָ בְּשָׂרָרָה: נַעֲרִיצְךָ
בַּעֲנָוָה • נְפָאֶרְךָ בִּפְצִיחָה: נְצַלְצֶלְךָ בִּצְדָלָה: נַקְדִּישְׁךָ
בִּקְרִיאָה • *Reader.* נְרוֹמְמָךְ בְּרִנָּה • נְשׁוֹרֶרְךָ בְּשִׁבְחָה •
נַתְמִידְךָ בִּתְהִלָּה:

וּבְכֵן רוֹמְמוּ יְיָ אֱלֹהֵינוּ וְהִשְׁתַּחֲווּ
לַהֲדֹם רַגְלָיו קָדוֹשׁ הוּא:

Cong. רוֹמְמוּ אֵל מֶלֶךְ נֶאֱמָן • קָדוֹשׁ הוּא בָּרוּךְ בְּכָל זְמָן:
רוֹמְמוּ גּוֹמֵל חֲסָדִים • קָדוֹשׁ הוּא דָּתוֹתָיו דּוֹדִים: רוֹמְמוּ
הַמְּקַדֵּשׁ בִּצְדָקָה • קָדוֹשׁ הוּא וּמֵאַיִן צְעָקָה: רוֹמְמוּ זֵרַת
שְׁחָקִים • קָדוֹשׁ הוּא חִכּוֹ מַמְתַּקִּים: רוֹמְמוּ טוֹב לַכֹּל •

Unity and fear are his, the Life of worlds,
    The crown of glory,
    And wisdom and knowledge.
Dominion and rule are his, the Life of worlds,
    Radiance and victory,
    Power and pre-eminence.
Strength and gentleness are thine, O Life of worlds,
    Redemption and glory,
    Beauty and righteousness.
Worship and holiness are thine, O Life of worlds,
    Acclamation, exultation,
    Song and hymn.
Praise and sovereignty are thine, thou Life of worlds.

And thus with awe we will acknowledge thee our God.

Cong. We will acknowledge thee in awe and bless thee
with understanding, magnify thee with praises and seek
thee with knowledge, honour thee with thanksgiving and
thank thee by our testimony. We will remember thee in
song and worship thee in supplication, discoursing of thee
in purity, and of thy Unity in fear, reverencing thee with
prostration and learning of thy love. We will sing of thine
Empire and thine excellence, exalt thee by our fealty and
laud thee with humility, glorifying thee with triumphant
hymns of joy and hallowing thee in prayer. We will extol
thee with a joyful noise ; we will tell of thy goodness
in melody, and continually declare thy praise.

And thus exalt ye the Lord our God, and worship at his foot-
stool : holy is he.

Cong. Exalt ye God, the faithful King ; he is holy and
blessed through all eternity. Exalt him who dispenseth
mercies ; he is holy and his laws are very precious. Exalt
him who is hallowed in righteousness : he is holy and
hearkeneth to supplication. Exalt him that spanneth the
heavens : he is holy and his words are sweet. Exalt him
who is good to all : he is holy and knoweth all. Exalt him

קָדוֹשׁ הוּא יוֹדֵעַ הַכֹּל : רוֹמְמוּ כְּבוֹד אוֹמֵר כֻּלּוֹ בְּהֵיכָלוֹ׃
קָדוֹשׁ הוּא לְהַקְדִּישׁוֹ וּלְעַלּוֹ : רוֹמְמוּ מוֹנֶה מִסְפָּר
לַכּוֹכָבִים · קָדוֹשׁ הוּא נִצָּב בַּעֲדַת כְּרוּבִים : רוֹמְמוּ סוֹבֵל
בִּזְרוֹעוֹ עוֹלָם · קָדוֹשׁ הוּא עֻזּוֹ וּמִכָּל נֶעְלָם : רוֹמְמוּ פּוֹדֶה
וְחוֹנֵן יְדִידִים · קָדוֹשׁ הוּא צִדְקָתוֹ שָׁמַיִם מַגִּידִים : רוֹמְמוּ
קָרוֹב לְקוֹרְאָיו · קָדוֹשׁ הוּא רוֹצֶה יְרֵאָיו · *Reader.* רוֹמְמוּ
שׁוֹמֵעַ תְּפִלּוֹת · קָדוֹשׁ הוּא תִּפְאַרְתּוֹ בְּמַקְהֵלוֹת :

וּבְכֵן רוֹמְמוּ יְיָ אֱלֹהֵינוּ וְהִשְׁתַּחֲווּ
לְהַר קָדְשׁוֹ כִּי קָדוֹשׁ יְיָ אֱלֹהֵינוּ :

Cong. רוֹמְמוּ אַדִּיר וְנוֹרָא · כִּי קָדוֹשׁ הוּא בְּרוּחוֹ שָׁמַיִם
שָׁפְרָה: רוֹמְמוּ גְּדֻלָּתוֹ בִּקְהַל יְשָׁרִים · כִּי קָדוֹשׁ הוּא
דְּבַר צְדָקוֹת מַגִּיד מֵישָׁרִים : רוֹמְמוּ הַנַּעֲרָץ בִּקְדֻשָּׁה·
כִּי קָדוֹשׁ הוּא וְהִלּוֹכוּ בִּקְדֻשָּׁה: רוֹמְמוּ זוֹכֵר בְּרִית
אָבוֹת· כִּי קָדוֹשׁ הוּא חוֹצֵב לֶהָבוֹת: רוֹמְמוּ טָהוֹר שׁוֹלֵחַ
בְּרָקִים· כִּי קָדוֹשׁ הוּא יוֹסֵד אֲרָקִים: רוֹמְמוּ כִּסְאוֹ
הֵכִין בִּשְׁמֵי רוּמָה· כִּי קָדוֹשׁ הוּא לוֹכֵד חֲכָמִים בְּעָרְמָה:
רוֹמְמוּ מוֹחֶה כָעָב פְּשָׁעִים· כִּי קָדוֹשׁ הוּא נוֹתֵן יָד
לְפוֹשְׁעִים: רוֹמְמוּ שַׂגִּיא שָׂגִיו לְאֵין חֵקֶר· כִּי קָדוֹשׁ הוּא
עֶשְׁתּוֹנוֹת חוֹקֵר: רוֹמְמוּ פּוֹדֶה נֶפֶשׁ עֲבָדָיו· כִּי קָדוֹשׁ
הוּא צַדִּיק קֹשְׁט מַעֲבָדָיו: רוֹמְמוּ קוֹנֶה שָׁמַיִם וָאָרֶץ·
כִּי קָדוֹשׁ הוּא רָם הַמַּבִּיט לְקַצְוֹת הָאָרֶץ· *Reader.* רוֹמְמוּ
שׁוֹכֵן עַד וְקָדוֹשׁ שְׁמוֹ· כִּי קָדוֹשׁ הוּא תְּהִלָּתוֹ בִּשְׁמוֹ :

וּבְכֵן כִּי אַתָּה אֵל אֱמוּנָה :

Cong. אֱמוּנָתְךָ בָּעֶלְיוֹנִים · בְּרִיתְךָ בַּתַּחְתּוֹנִים: גְּדֻלָּתְךָ

in whose temple everything saith, Glory : he is holy and
meet to be hallowed and extolled. Exalt him who counteth
the stars by number : he is holy and standeth in the as-
sembly of the Cherubim. Exalt him who beareth up the
world with his arm : he is holy, mighty and inscrutable.
Exalt him that hath mercy upon his beloved to redeem
them : he is holy ; the heavens tell of his righteousness.
Exalt him who is near unto those who call upon him : he
is holy and accepteth of them that fear him. Exalt ye
him that heareth prayer : he is holy, and his glory resteth
upon his congregations.

And thus, extol ye the Lord our God and worship at his holy
mount ; for the Lord our God is holy.

Cong. Extol him who is glorious and awful ;
lo, he is holy : his spirit maketh the heavens resplendent.
Extol his greatness in the congregation of the upright ;
lo, he is holy : he speaketh righteousness, he declareth
    rectitude.
Extol him who is reverenced in holiness ;
lo, he is holy : and his path is in holiness.
Extol him who remembereth the covenant with the
    patriarchs ;
lo, he is holy : he cleaveth flames of fire.
Extol him who is pure, who sendeth forth lightnings ;
lo, he is holy : he hath founded worlds.
Extol him who hath established his throne in the heavenly
    heights ;
lo, he is holy : and the subtle ones are taken by their own
    craft.
Extol him who wipeth out transgression as a cloud ;
lo, he is holy : he stretcheth forth his hand to sinners.
Extol him who is great, whose years are unsearchable ;
lo, he is holy : he searcheth out man's thoughts.
Extol him who redeemeth the soul of his servants ;
lo, he is holy : he is righteous and his deeds are truth.
Extol the Possessor of heaven and earth ;
lo, he is holy : he is exalted, and looketh to the far ends of
    the earth.
Extol him who inhabiteth eternity, whose Name is holy;
lo, he is holy : his praise is like unto his Name.

And thus, thou art a God of faithfulness.

Thy faithfulness is on high ; thy covenant with mortals.
Thy greatness is on high : thy Law with mortals.

בָּעֶלְיוֹנִים · דָּתְךָ בַּתַּחְתּוֹנִים: הוֹדְךָ בָּעֶלְיוֹנִים · וְעוֹדְךָ
בַּתַּחְתּוֹנִים: וְבוּלְךָ בָּעֶלְיוֹנִים · חַנְיָתְךָ בַּתַּחְתּוֹנִים:
טָהֳרָתְךָ בָּעֶלְיוֹנִים · יִרְאָתְךָ בַּתַּחְתּוֹנִים: כְּבוֹדְךָ בָּעֶלְיוֹנִים ·
לִמּוּדְךָ בַּתַּחְתּוֹנִים: מְעוֹנְךָ בָּעֶלְיוֹנִים · נָוְךָ בַּתַּחְתּוֹנִים:
סֻכָּתְךָ בָּעֶלְיוֹנִים · עֲדָתְךָ בַּתַּחְתּוֹנִים: פְּאֵרְךָ בָּעֶלְיוֹנִים ·
צִדְקָתְךָ בַּתַּחְתּוֹנִים: קְדֻשָּׁתְךָ בָּעֶלְיוֹנִים · רוֹמְמוּתְךָ
בַּתַּחְתּוֹנִים: Reader. שְׁכִינָתְךָ בָּעֶלְיוֹנִים · תְּהִלָּתְךָ בַּתַּחְתּוֹנִים:

וּבְכֵן תַּעֲרַץ וְתִקְדַּשׁ:

Cong. הַנִּקְדָּשׁ בְּאַלְפֵי אֲלָפִים · הַנַּעֲרָץ בְּבִרְקִים קַלִּים:
הַנִּקְדָּשׁ בְּגֶעֶשׁ גַּלְגַּלִּים · הַנַּעֲרָץ בְּדַהֲרַת אוֹפַנִּים:
הַנִּקְדָּשׁ בַּהֲמוֹנֵי עִירִין · הַנַּעֲרָץ בְּוַעַד קַדִּישִׁין :
הַנִּקְדָּשׁ בְּזִקִּים זוֹרְחִים · הַנַּעֲרָץ בַּחֲצוּבֵי לְהָבִים:
הַנִּקְדָּשׁ בְּמֶקַח טְהוֹרִים · הַנַּעֲרָץ בִּיקָדִים יוֹקְדִים:
הַנִּקְדָּשׁ בְּכִתֵּי כְרוּבִים · הַנַּעֲרָץ בְּלַהֲבַת לוֹהֲטִים:
הַנִּקְדָּשׁ בְּמַחֲנוֹת מַלְאָכִים · הַנַּעֲרָץ בְּנֹעַם נוֹגְנִים :
הַנִּקְדָּשׁ בִּשְׂרָפִים עוֹמְדִים · הַנַּעֲרָץ בְּעֹז אֶרְאֶלִּים :
הַנִּקְדָּשׁ בִּפְרוּדֵי אֲנָפִים · הַנַּעֲרָץ בְּצַלְצוּל מַשִּׁיקוֹת כְּנָפַיִם:
הַנִּקְדָּשׁ בְּקוֹלָם בֶּהָמוֹן · הַנַּעֲרָץ בְּרִבּוֹ רְבָבָן :
Reader. הַנִּקְדָּשׁ בְּשֶׁקֶט שְׁנָאַנִּים · הַנַּעֲרָץ בְּתֹכֶן תַּלְתַּלִּים :

לְיוֹשֵׁב תְּהִלּוֹת · לְרוֹכֵב עֲרָבוֹת · קָדוֹשׁ וּבָרוּךְ:

Cong. אֵלִי שַׁחַק חֲצוּבֵי לְהָבִים · אוֹמְרִים קָדוֹשׁ:
אַדִּירֵי כָל חֵפֶץ הַנֶּאֱהָבִים · אוֹמְרִים בָּרוּךְ:
בְּלוּלֵי קֶרַח וְשֶׁלֶג וְשַׁלְהָבִים · אוֹמְרִים קָדוֹשׁ:
בַּדֵּי צֶדֶק נָוֵי רְחָבִים · קָדוֹשׁ וּבָרוּךְ: ליושב

Thy glory is on high ; thy testimony with mortals.
Thy habitation is on high ; thy resting-place with mortals
Thy purity is on high ; thy fear with mortals.
Thy glory is on high ; thine instruction to mortals.
Thy dwelling is on high ; thy shrine with mortals.
Thy canopy is on high ; thy congregation, lo ! are mortals
Thy crown is on high ; thy righteousness with mortals
Thy holiness is on high ; thine exaltation with mortals
Thy Presence is on high ; thy praise with mortals.

And thus, thou art reverenced and hallowed.

Hallowed by thousands ; reverenced in swift lightnings.
Hallowed in the rush of the orbs ; reverenced by the swift Ophanim.
Hallowed by multitudes of angels ; reverenced in the assembly of saints.
Hallowed by resplendent bands; reverenced by flame-like ministers.
Hallowed by the praise of the pure ; reverenced by those who burn with zeal.
Hallowed by banded Cherubim ; reverenced by the assembly of bright beings.
Hallowed by hosts of angels ; reverenced in sweet-sounding song.
Hallowed by the Seraphim on high ; reverenced by the mighty ones of God.
Hallowed beneath the shade of angel wings ; reverenced in the rustle of joined pinions.
Hallowed by their tumultuous voice ; reverenced by myriads on myriads.
Hallowed in the silence of hosts ; reverenced by countless throngs.

The sixfold wingèd angels cry
To Him who hates iniquity :
Holy art Thou, O Lord,
Holy art Thou !

The mighty ones of earth do call
To Him, who has created all :
Blessed art Thou, O Lord,
Blessed art Thou !

אֹמְרִים קָדוֹשׁ׃   גָּבֹהַּ לָהֶם וְיִרְאָה לָהֶם׃

אֹמְרִים בָּרוּךְ׃   גִּבּוֹרֵי כֹחַ בְּמִשְׁכְּנוֹת אָהֳלֵיהֶם׃

אֹמְרִים קָדוֹשׁ׃   דָּאֵי בְּכָנָף מְכַסִּים פְּנֵיהֶם׃

קָדוֹשׁ וּבָרוּךְ ׃ לישב   דּוֹרְשֵׁי דָתוֹת דְּבֵקִים בֵּאלֹהֵיהֶם׃

אֹמְרִים קָדוֹשׁ׃   הֲמוֹנֵי עִירִין וְסוֹד קַדִּישִׁין׃

אֹמְרִים בָּרוּךְ׃   הוֹגֵי שַׁעֲשׁוּעַ מַטַּע קְדוֹשִׁים׃

אֹמְרִים קָדוֹשׁ׃   וְעוֹדֵי מַעַל גְּוִיָּתָם כְּתַרְשִׁישִׁים׃

קָדוֹשׁ וּבָרוּךְ ׃ לישב   וְחוֹלֵי אַהֲבָה סְמוּכֵי בָאֲשִׁישִׁים׃

אֹמְרִים קָדוֹשׁ׃   זִבּוּדֵי זְהַר כְּעֵין הַשְׁמַלִּים׃

אֹמְרִים בָּרוּךְ׃   זוֹקְקֵן שִׁבְעָתַיִם בְּרוּר מִלִּים׃

אֹמְרִים קָדוֹשׁ׃   חֹסֶן חֲיָלִים רִכְבוֹת אֵילִים׃

קָדוֹשׁ וּבָרוּךְ ׃ לישב   חֲנִיטֵי כְשֶׁר בְּנֵי אֵלִים׃

אֹמְרִים קָדוֹשׁ׃   טְכוּסֵי טֹהַר חֲדָשֵׁי בְקָרִים׃

אֹמְרִים בָּרוּךְ׃   טְעוּנֵי מוֹרָאֲךָ בְּצַוּוֵי עֲקָרִים׃

אֹמְרִים קָדוֹשׁ׃   יְהוֹדוּן יְדוֹדוּן בְּחִיל נְזָקְרִים׃

קָדוֹשׁ וּבָרוּךְ ׃ לישב   יוֹדְעֵי בִין מִפְּנִינִים יְקָרִים׃

אֹמְרִים קָדוֹשׁ׃   כִּסּוּיֵי אַרְבַּע מְרֻבְּעֵי פָנִים׃

אֹמְרִים בָּרוּךְ׃   כְּרוּתֵי בְרִית פָּנִים בְּפָנִים׃

אֹמְרִים קָדוֹשׁ׃   לוֹבְשֵׁי בַדִּים זַכִּים וְחָפִים׃

קָדוֹשׁ וּבָרוּךְ ׃ לישב   לוֹבְשֵׁי לְבָנִים נְעִימִים וְיָפִים׃

אֹמְרִים קָדוֹשׁ׃   מְשָׁרְתָיו נָאִים רָמִים וּגְבוֹהִים׃

אֹמְרִים בָּרוּךְ׃   מְלַמְּדֵי חֻקִּים מְשִׁיבֵי נְבוֹחִים׃

אֹמְרִים קָדוֹשׁ׃   נוֹגְנֵי נֹעַם סַפִּים מְרוֹפָפִים׃

They, who in radiance shine, proclaim
Of Him who wrought them out of flame :
   Holy art Thou, O Lord,
     Holy art Thou !

Those doubly tried by flood and fire
United chant in frequent choir :
   Blessed art Thou, O Lord,
     Holy and bless'd !

Pure spheres celestial echoing round
With voice of sweetest song resound :
   Holy art Thou, O Lord,
     Holy art Thou !

All those redeemèd, not by gold,
Repeat in faith and joy untold :
   Blessed art Thou, O Lord,
     Blessed art Thou !

They who pass swiftly to and fro
Make answer as they come and go :
   Holy art Thou, O Lord,
     Holy art Thou !

Who seek His law and testify
That there is none beside Him, cry :
   Blessed art Thou, O Lord,
     Holy and bless'd !

The hosts of radiant seraphs call
To Him, most glorious of them all :
   Holy art Thou, O Lord,
     Holy art Thou !

The sons of mighty men declare
His majesty beyond compare :
   Blessed art Thou, O Lord,
     Blessed art Thou !

All they who glorify His name
With every morn anew proclaim :
   Holy art Thou, O Lord,
     Holy art Thou !

Israel, His people, ceaselessly
Cry as they bend and bow the knee :
   Blessed art Thou, O Lord,
     Holy and bless'd !

Those shining as a crystal spring,
Chant in the presence of their King :
   Holy art Thou, O Lord,
     Holy art Thou !

The stranger's children evermore
The mighty Lord of lords adore :

נָאווּ לְחַיִּים כְּעוּגוּר מְצַפְצְפִים· קָדוֹשׁ וּבָרוּךְ : לישב

סְכוּכֵי אֶבְרָה בְּכָלָל נוֹצְצִים· אֹמְרִים קָדוֹשׁ :

סְגוּלֵי מֵעַמִּים בְּיִרְאָה מַעֲרִיצִים· אֹמְרִים בָּרוּךְ :

עוֹמְדִים מִמַּעַל בְּדִבְרוּ נְחוּצִים· אֹמְרִים קָדוֹשׁ :

עוֹרְכֵי עֹז בְּרַעַד שְׁכוּצִים· קָדוֹשׁ וּבָרוּךְ : לישב

פָּנִים וְלֹא עֹרֶף נִתְאָמִים· אֹמְרִים קָדוֹשׁ :

פְּרוּשִׁים לְךָ אַחוּים וּמִתְאָמִים· אֹמְרִים בָּרוּךְ :

צִבְאוֹת עֶלְיוֹנִים גֵּאִים וְרָמִים· אֹמְרִים קָדוֹשׁ :

צִבְאוֹת תַּחְתּוֹנִים לִרְצוֹתָךְ מַעֲרִימִים· קָדוֹשׁ וּבָרוּךְ : לישב

קוֹרְאֵי בְשָׁלוֹשׁ זֵר תִּפְאָרָה· אֹמְרִים קָדוֹשׁ :

קוֹרְאֵי פַּעֲמַיִם חֲטִבַּת אֲמִירָה· אֹמְרִים בָּרוּךְ :

רַגְלֵיהֶם עֲמִידַת רֶגֶל יְשָׁרָה· אֹמְרִים קָדוֹשׁ :

רְצוּיֵי שַׁדַּי מְשׁוֹרְרֵי שִׁירָה· קָדוֹשׁ וּבָרוּךְ : לישב

שִׂנְאַנֵּי שֶׁקֶט שָׁלוֹם בְּמַחֲנָם· אֹמְרִים קָדוֹשׁ :

שׁוֹקְדֵי דְלָתוֹת בְּשִׂיחַ מַעֲנָם· אֹמְרִים בָּרוּךְ :

תְּלוּלֵי תָעַף בְּשֶׁפֶר הֶגְיוֹנָם· אֹמְרִים קָדוֹשׁ :

תְּמִימֵי דֶרֶךְ לְרַבּוֹנָם וְקוֹנָם· קָדוֹשׁ וּבָרוּךְ :

Reader. לְיוֹשֵׁב תְּהִלּוֹת· לְרוֹכֵב עֲרָבוֹת· קָדוֹשׁ וּבָרוּךְ :

וּבְכֵן שְׂרָפִים עֹמְדִים מִמַּעַל לוֹ :

Reader and Cong. זֶה אֶל זֶה שׁוֹאֲלִים· אַיֵּה אֵל אֵלִים·

אָנָה שׁוֹכֵן מְעָלִים· וְכֻלָּם מַעֲרִיצִים וּמַקְדִּישִׁים וּמְהַלְלִים :

Blessed art Thou, O Lord,
Blessed art Thou !

Those who of fire are fashioned, crowd
On crowd unnumbered, chant aloud :
Holy art Thou, O Lord,
Holy art Thou !

They cry, whom He has freed from thrall,
And His inheritance does call :
Blessed art Thou, O Lord,
Holy and bless'd !

Pure visions, bathed in endless light,
Declare 'midst radiance infinite :
Holy art Thou, O Lord,
Holy art Thou !

Who to the covenant adhere,
The remnant saved, cry loud and clear :
Blessed art Thou, O Lord,
Blessed art Thou !

'Neath folded wings, in cadence meet,
The glorious ones each hour repeat :
Holy art Thou, O Lord,
Holy art Thou !

She, who among the nations dwells
Chosen, apart, His glory tells :
Holy art Thou, O Lord,
Holy and bless'd !

The high exalted ones make known
Of Him, who fills the heavenly throne :
Holy art Thou, O Lord,
Holy art Thou !

They who their God each day proclaim
" Awful in deeds," exalt His Name :
Blessed art Thou, O Lord,
Blessed art Thou !

Those who are awe-inspiring say
Of Him more awful far than they :
Holy art Thou, O Lord,
Holy art Thou !

To all creation's King of kings
From earth, from heaven, responsive rings :
Holy art Thou, O Lord,
Holy and bless'd !

And thus, " The Seraphim stood above, ministering unto him."

Reader and Cong. One asketh of another, Where is the supreme God ? Where is he that inhabiteth the heights? And all of them reverence and hallow and praise him.

Cong. אֵין מִסְפָּר לִנְדוּדֵי צְבָא חֵילוֹ• אֲזוּרִים אֵימָה
אֲחוּזִים פַּחַד חֵילוֹ• בְּרַעַד וְרֶתֶת וָרֶטֶט צָנִים לְעֻלּוֹ:
שְׂרָפִים עֹמְדִים מִמַּעַל לוֹ:

גֵּוִיתָם כַּתַּרְשִׁישׁ תְּהִלָּה יַשְׁמִיעוּ יַחַד• גֹּבַהּ וְנָאוֹן עֶדְיוֹ
יְחוּדוּ לְיַחַד• דוֹהֲרִים גּוֹהֲרִים לְאֶחָד וּשְׁמוֹ אֶחָד:
שֵׁשׁ כְּנָפַיִם שֵׁשׁ כְּנָפַיִם לְאֶחָד:

הַנֶּאְדָּר בַּקֹּדֶשׁ רַב טוֹב מַצְפּוּנָיו• הוֹד וְהָדָר וָעֹז
בְּחֶבְיוֹנֵי פְנִינָיו• וּמִמֶּנּוּ יָנוּרוּ בְּנֵי אֵלִים וְיִתְחַבְּאוּ מִפָּנָיו:
בִּשְׁתַּיִם יְכַסֶּה פָנָיו:

זְרוּתֵי זֹהַר מַרְעִיף נִטְפֵי אַגְלָיו• זַכֵּי שָׁמֵי טֹהַר תָּכוּ
לְרַגְלָיו• חָלִים חַתִּים חֲפוּזִים אֵימִים נִדְגָּלָיו:
וּבִשְׁתַּיִם יְכַסֶּה רַגְלָיו:

טָסִים וְדָאִים בִּדְמִיּוֹן נֶשֶׁר מְעוֹפֵף• טִיסָתָם כַּבָּזָק סָבִיב
כֵּס לְעוֹפֵף• יַשְׁמִיעוּ הִנֵּנוּ בְּמִשְׁלַחַת קוֹנָם לְהִתְעוֹפֵף:
וּבִשְׁתַּיִם יְעוֹפֵף:

כִּסּוּיֵי שֵׁשׁ שֵׁשׁ יַעֲרִיצוּ בְּלָאט מַחֲזֶה• כַּבִּיר וְרַב כֹּחַ
וְשָׁפָל יֶחֱזֶה• לְהַעֲרִיצוֹ בְּפַחַד נִרְשִׁים זֶה מִזֶּה:
וְקָרָא זֶה אֶל זֶה:

מוֹשֵׁל עוֹלָם בִּגְבוּרָה עָשׂ כֹּל בְּמַאֲמָר• מְנִיעִים אֻמּוֹת
הַסְּפִים קְדֻשָּׁתוֹ לוֹמַר• נוֹצְצִים נוֹגְהִים לְפָנָיו יַנְעִימוּ מַאֲמָר:
וְקָרָא זֶה אֶל זֶה וְאָמַר:

שַׂרְפֵי הוֹד יַכְתִּירוּ נֵזֶר לְקָדוֹשׁ• סֹלּוּ לָרֹכֵב בָּעֲרָבוֹת
מָרוֹם וְקָדוֹשׁ• עוֹנִים כֻּלָּם כְּאֶחָד שָׁלוֹשׁ קָדוֹשׁ:
קָדוֹשׁ קָדוֹשׁ קָדוֹשׁ:

Cong. There is no number to the bands of his mighty host ; they are girt with fear, they are seized with dread and awe of him ; in trembling and sore terror they stand forth to praise him.

" The Seraphim stood above, ministering unto him."
They whose bodies are as beryl, together echo praise, proclaiming his Unity, the excellence and majesty of his glory ; they approach in awe ; they bow down to the One whose Name is One.

" Each one had six wings."
He is glorified in holiness ; abundant good is in his treasury ; glory and honour and strength are among the jewels in his hiding-place ; sons of the mighty tremble and shelter themselves from before him.

" With twain he covered his face."
The span of heavenly splendour distilleth drops of rain ; pure beings of heavenly radiance fall prostrate at his feet, in fear and awe and haste, a dread array.

" And with twain he covered his feet."
Hither and thither they fly as doth the winged eagle ; they dart like the lightning, they wheel around the throne ; they cry, Here are we ! They speed on to do the bidding of their Creator.

" And with twain he did fly."
They are covered by wings, they that have six ; in veiled vision they reverence him who is mighty and of great power and regardeth the humble. In dread, one asketh sanction of another to reverence him.

" And one cried unto another."
He ruleth the world with might ; he hath made all by a word. The foundations of the thresholds are moved at the mention of his holiness ; the bright sparkling angels before him sweetly utter speech.

" And one cried unto another and said "—
The glorious Seraphim acclaim the sovereignty of the Most Holy, bidding extol him that rideth the heavens, who is exalted and holy ; together they all pronounce the three-fold sanctification :

" Holy, holy, holy."

פִּלְאֵי אַלְפֵי אֲלָפִים וְרִבֵּי רְבָבוֹת· פּוֹצְחִים הַלֵּל
וְזִמְרָה לֵאלֹהֵי הַצְּבָאוֹת· צוּר עוֹלָמִים בְּתוֹךְ צְבָאוֹ אוֹת:

יְיָ צְבָאוֹת:

קוֹרֵא הַדּוֹרוֹת דָּר בִּשְׁמֵי אֶרֶץ· קָלוֹת סְעָרָה תַּעַשׁ
דְּבָרוֹ בְּמֶרֶץ· רָם וְנִשָּׂא דִּבֶּר וַיִּקְרָא אָרֶץ:

מְלֹא כָל הָאָרֶץ:

Reader. שׁוֹכֵן עַד וְקָדוֹשׁ וְנִשְׂגָּב שְׁמוֹ לְבַדּוֹ· שָׁמַיִם וּשְׁמֵי
שָׁמַיִם לֹא יְכַלְכְּלוּ הוֹדוֹ· תֹּקֶף תַּרְשִׁישִׁים וְאֵלִים צָר
לִכְבוֹדוֹ:

מְלֹא כָל הָאָרֶץ כְּבוֹדוֹ:

Reader and Cong. זֶה אֶל זֶה שׁוֹאֲלִים· אַיֵּה אֵל אֵלִים·
אָנָה שׁוֹכֵן מְעָלִים· וְכֻלָּם מַעֲרִיצִים וּמַקְדִּישִׁים וּמְהַלֲלִים:

Reader. וּבְכֵן לְךָ הַכֹּל יַכְתִּירוּ:

Congregation.	**Reader.**
לְבוֹחֵן לְבָבוֹת בְּיוֹם דִּין:	לְאֵל עוֹרֵךְ דִּין:
לְדוֹבֵר מֵישָׁרִים בְּיוֹם דִּין:	לְגֹלֶה עֲמֻקוֹת בַּדִּין:
לְוָתִיק וְעֹשֶׂה חֶסֶד בְּיוֹם דִּין:	לְהוֹגֶה דֵעוֹת בַּדִּין:
לְחוֹמֵל מַעֲשָׂיו בַּדִּין:	לְזוֹכֵר בְּרִיתוֹ בַּדִּין:
לְיוֹדֵעַ מַחֲשָׁבוֹת בַּדִּין:	לְטַהֵר חוֹסָיו בַּדִּין:
לְלוֹבֵשׁ צְדָקוֹת בְּיוֹם דִּין:	לְכוֹבֵשׁ כַּעֲסוֹ בַּדִּין:
לְנוֹרָא תְהִלּוֹת בְּיוֹם דִּין:	לְמוֹחֵל עֲוֹנוֹת בַּדִּין:
לְעוֹנֶה לְקוֹרְאָיו בְּיוֹם דִּין:	לְסוֹלֵחַ לַעֲמוּסָיו בַּדִּין:
לְצוֹפֶה נִסְתָּרוֹת בַּדִּין:	לְפוֹעֵל רַחֲמָיו בַּדִּין:
Cong. and Reader. לְרַחֵם עַמּוֹ בְּיוֹם דִּין:	לְקוֹנֶה עֲבָדָיו בַּדִּין:
לְתוֹמֵךְ תְּמִימָיו בַּדִּין:	לְשׁוֹמֵר אוֹהֲבָיו בַּדִּין:

Thousands and myriads of those whose name is Wonder-
ful break' forth into praise and song unto the God of hosts,
the everlasting Rock, who amid his host is a Sign,
    " The Lord of hosts."
He calleth forth the generations ; he dwelleth in the
mighty heavens ; the tempest swiftly and mightily obeyeth
his word : he is high and exalted ; he spake and called the
world into being.
    " The whole earth is full "——
Reader. He inhabiteth eternity ; his Name alone is holy
and exalted. The heaven and the heaven of heavens can-
not contain his glory ; he created strong and mighty angels
for his glory.
    " The whole earth is full of his glory."
Reader and Cong. One asketh of another, Where is the
supreme God ? Where is he that inhabiteth the heights ?
And all of them reverence and hallow and praise him.

Reader. And thus, all shall acclaim sovereignty unto thee :
Unto God who ordereth judgment :
    Who searcheth hearts on the day of judgment ;
Who revealeth deep things in judgment :
    Who ordaineth righteousness on the day of judgment ;
Who uttereth knowledge in judgment :
    Who is perfect, and sheweth mercy on the day of
        judgment ;
Who remembereth his covenant in judgment :
    Who hath compassion upon his handiwork on the day
        of judgment ;
Who purifieth them that trust in him in judgment :
    Who divineth men's thoughts on the day of judgment ;
Who restraineth his indignation in judgment :
    Who is clothed in charity on the day of judgment ;
Who pardoneth iniquities in judgment :
    Who is terrible in praises on the day of judgment ;
Who forgiveth the people borne up by him in judgment ;
    Who answereth his suppliants on the day of judgment ;
Who sheweth his mercy in judgment :
    Who looketh on secret things on the day of judgment ;
Who possesseth his servants in judgment :
    Who hath compassion upon his people on the day of
        judgment ;
Who preserveth them that love him in judgment ;
    Who supporteth his perfect ones on the day of judgment.

Reader. וּבְכֵן וּלְךָ תַעֲלֶה קְדֻשָׁה כִּי אַתָּה

אֱלֹהֵינוּ מֶלֶךְ מוֹחֵל וְסוֹלֵחַ:

Cong. נַעֲרִיצְךָ וְנַקְדִּישְׁךָ כְּסוֹד שִׂיחַ שַׂרְפֵי קֹדֶשׁ

הַמַּקְדִּישִׁים שִׁמְךָ בַּקֹּדֶשׁ.

Reader. כַּכָּתוּב עַל יַד נְבִיאֶךָ. וְקָרָא זֶה אֶל זֶה וְאָמַר.

Cong. and Reader. קָדוֹשׁ קָדוֹשׁ קָדוֹשׁ יְיָ צְבָאוֹת. מְלֹא

כָל הָאָרֶץ כְּבוֹדוֹ:

Reader. כְּבוֹדוֹ מָלֵא עוֹלָם. מְשָׁרְתָיו שׁוֹאֲלִים זֶה לָזֶה

אַיֵּה מְקוֹם כְּבוֹדוֹ. לְעֻמָּתָם בָּרוּךְ יֹאמֵרוּ.

Cong. and Reader. בָּרוּךְ כְּבוֹד יְיָ מִמְּקוֹמוֹ:

Reader. מִמְּקוֹמוֹ הוּא יִפֶן בְּרַחֲמִים וְיָחֹן עַם הַמְּיַחֲדִים

שְׁמוֹ עֶרֶב וָבֹקֶר בְּכָל יוֹם תָּמִיד פַּעֲמַיִם בְּאַהֲבָה שְׁמַע

אֹמְרִים.

Cong. and Reader. שְׁמַע יִשְׂרָאֵל יְיָ אֱלֹהֵינוּ יְיָ אֶחָד:

Reader. אֶחָד הוּא אֱלֹהֵינוּ הוּא אָבִינוּ הוּא מַלְכֵּנוּ הוּא

מוֹשִׁיעֵנוּ. וְהוּא יַשְׁמִיעֵנוּ בְּרַחֲמָיו שֵׁנִית לְעֵינֵי כָּל חַי

לִהְיוֹת לָכֶם לֵאלֹהִים.

Cong. and Reader. אֲנִי יְיָ אֱלֹהֵיכֶם:

Reader. אַדִּיר אַדִּירֵנוּ יְיָ אֲדוֹנֵינוּ מָה אַדִּיר שִׁמְךָ בְּכָל

הָאָרֶץ: וְהָיָה יְיָ לְמֶלֶךְ עַל כָּל הָאָרֶץ בַּיּוֹם הַהוּא יִהְיֶה

יְיָ אֶחָד וּשְׁמוֹ אֶחָד: וּבְדִבְרֵי קָדְשְׁךָ כָּתוּב לֵאמֹר.

Cong. and Reader. יִמְלֹךְ יְיָ לְעוֹלָם. אֱלֹהַיִךְ צִיּוֹן לְדֹר וָדֹר.

הַלְלוּיָהּ:

Reader. לְדוֹר וָדוֹר נַגִּיד גָּדְלֶךָ. וּלְנֵצַח נְצָחִים קְדֻשָּׁתְךָ

Reader. And thus may the sanctification ascend unto thee ; for thou art our God, a King of pardon and forgiveness.

Cong. We will reverence thee and we will hallow thee according to the mystic utterance of the holy Seraphim, who hallow thy Name in the sanctuary,

Reader. As it is written by the hand of thy prophet, And one cried unto another and said,

Cong. and Reader. Holy, holy, holy is the Lord of hosts ; the whole earth is full of his glory.

Reader. His glory filleth the Universe : his ministering angels ask one of another, Where is the place of his glory ? Those over against them say, Blessed—

Cong. and Reader. Blessed be the glory of the Lord from his place.

Reader. From his place he will turn in mercy and be gracious unto a people who continually, evening and morning, twice every day, proclaim the unity of his Name, saying in love, Hear—

Cong. and Reader. Hear, O Israel : the Lord our God, the Lord is One.

Reader. One is he, our God, our Father, our King, our Saviour ; and he in his mercy will yet again let us hear, in the presence of all living, his promise, To be unto you for a God.

Cong. and Reader. " I am the Lord your God."

Reader. Thou art most glorious ; O Lord our Lord, how glorious is thy Name in all the earth ! And the Lord shall be King over all the earth ; in that day shall the Lord be One and his Name One. And in thy holy words it is written, saying :

Cong. and Reader. The Lord shall reign for ever, thy God, O Zion, unto all generations. Praise ye the Lord.

Reader. Unto all generations we will declare thy greatness, and to all eternity we will proclaim thy holiness ; and

נַקְדִּישׁ· וְשִׁבְחֲךָ אֱלֹהֵינוּ מִפִּינוּ לֹא יָמוּשׁ לְעוֹלָם וָעֶד·
כִּי אֵל מֶלֶךְ גָּדוֹל וְקָדוֹשׁ אָתָּה:

חֲמוֹל עַל מַעֲשֶׂיךָ וְתִשְׂמַח בְּמַעֲשֶׂיךָ· וְיֹאמְרוּ לְךָ
חוֹסֶיךָ בְּצַדֶּקְךָ עֲמוּסֶיךָ תָּקְדַּשׁ אָדוֹן עַל כָּל מַעֲשֶׂיךָ:

כִּי מַקְדִּישֶׁיךָ בִּקְדֻשָּׁתְךָ קִדַּשְׁתָּ· נָאֶה לְקָדוֹשׁ פְּאֵר
מִקְּדוֹשִׁים· בְּאֵין מֵלִיץ יֹשֶׁר מוּל מַגִּיד פֶּשַׁע· תַּגִּיד
לְיַעֲקֹב דְּבַר חֹק וּמִשְׁפָּט· וְצַדְּקֵנוּ בַּמִּשְׁפָּט הַמֶּלֶךְ
הַמִּשְׁפָּט: עוֹד יִזְכָּר לָנוּ אַהֲבַת אֵיתָן אֲדוֹנֵנוּ· וּבַבֵּן
הַנֶּעֱקַד יַשְׁבִּית מְדִיּנֵנוּ· וּבִזְכוּת הַתָּם יוֹצִיא אָיוֹם לְצֶדֶק
דִּינֵנוּ· כִּי קָדוֹשׁ הַיּוֹם לַאֲדוֹנֵינוּ: וּבְכֵן יִתְקַדֵּשׁ שִׁמְךָ
יְיָ אֱלֹהֵינוּ עַל יִשְׂרָאֵל עַמֶּךָ וְעַל יְרוּשָׁלַיִם עִירֶךָ וְעַל
צִיּוֹן מִשְׁכַּן כְּבוֹדֶךָ וְעַל מַלְכוּת בֵּית דָּוִד מְשִׁיחֶךָ וְעַל
מְכוֹנְךָ וְהֵיכָלֶךָ:

תִּשְׂגַּב לְבַדֶּךָ וְתִמְלוֹךְ עַל כֹּל בְּיִחוּד· כַּכָּתוּב עַל יַד
נְבִיאָךְ· וְהָיָה יְיָ לְמֶלֶךְ עַל כָּל הָאָרֶץ בַּיּוֹם הַהוּא יִהְיֶה
יְיָ אֶחָד וּשְׁמוֹ אֶחָד:

וּבְכֵן תֵּן פַּחְדְּךָ יְיָ אֱלֹהֵינוּ עַל כָּל מַעֲשֶׂיךָ וְאֵימָתְךָ
עַל כָּל מַה שֶּׁבָּרָאתָ· וְיִירָאוּךָ כָּל הַמַּעֲשִׂים וְיִשְׁתַּחֲווּ
לְפָנֶיךָ כָּל הַבְּרוּאִים· וְיֵעָשׂוּ כֻלָּם אֲגֻדָּה אֶחָת לַעֲשׂוֹת
רְצוֹנְךָ בְּלֵבָב שָׁלֵם· כְּמוֹ שֶׁיָּדַעְנוּ יְיָ אֱלֹהֵינוּ שֶׁהַשִּׁלְטוֹן
לְפָנֶיךָ עֹז בְּיָדְךָ וּגְבוּרָה בִּימִינֶךָ וְשִׁמְךָ נוֹרָא עַל כָּל
מַה שֶּׁבָּרָאתָ:

וּבְכֵן תֵּן כָּבוֹד יְיָ לְעַמֶּךָ תְּהִלָּה לִירֵאֶיךָ וְתִקְוָה
לְדוֹרְשֶׁיךָ וּפִתְחוֹן פֶּה לַמְיַחֲלִים לָךְ· שִׂמְחָה לְאַרְצֶךָ

thy praise, O our God, shall not depart from our mouth for
ever; for thou art a great and holy God and King.

O have compassion upon thy work and rejoice therein.
And when thou hast justified them that have been borne
aloft by thee, thy faithful servants shall say : O Lord, be
thou sanctified over all thy works.

For with thy holiness thou hast sanctified them that
call thee holy. Meet unto the Holy One is his pious ser-
vants' crown of praise. If there be no advocate of right-
eousness to plead against the witness of transgression, do
thou thyself teach Jacob the word, even of law and justice;
and clear us in judgment, O King of justice. He will
yet remember the love of the patriarch, our sire ; yea,
and for the sake of the son who was bound, he will still
our strife, and for the merit of the perfect one,[1] the All-
feared will bring forth our suit to the light of acquittal :
for this day is holy unto our Lord. And thus may thy
Name, O Lord our God, be hallowed over thy people Israel
and over Jerusalem thy city, over Zion, the habitation of
thy glory, over the kingdom of the house of David thine
anointed, over thy dwelling-place and thy Temple.

Thou alone shalt be exalted, and thou shalt reign over
all in unity, as it is written by the hand of thy prophet :
The Lord shall be King over all the earth ; in that day
shall the Lord be One and his Name One.

Now therefore, O Lord our God, impose thine awe upon
all thy works and thy dread over all that thou hast created,
that all thy works may fear thee and all creatures prostrate
themselves before thee, that they may all form one band
to do thy will with a perfect heart : even as we know,
O Lord our God, that dominion is thine, strength is in thy
hand, and might in thy right hand, and that thy Name is
awful over all that thou hast created.

And therefore, O Lord, give glory unto thy people,
praise to them that fear thee, hope to them that seek thee,
confidence to them that wait for thee, joy to thy land,

[1] Jacob.

וְשָׂשׂוֹן לְעִירֶךָ וּצְמִיחַת קֶרֶן לְדָוִד עַבְדֶּךָ וַעֲרִיכַת נֵר לְבֶן
יִשַׁי מְשִׁיחֶךָ בִּמְהֵרָה בְיָמֵינוּ׃

וּבְכֵן צַדִּיקִים יִרְאוּ וְיִשְׂמָחוּ וִישָׁרִים יַעֲלֹזוּ וַחֲסִידִים
בְּרִנָּה יָגִילוּ׃ וְעוֹלָתָה תִּקְפָּץ פִּיהָ׃ וְכָל הָרִשְׁעָה כֻּלָּהּ
כֶּעָשָׁן תִּכְלֶה׃ כִּי תַעֲבִיר מֶמְשֶׁלֶת זָדוֹן מִן הָאָרֶץ׃

וְתִמְלוֹךְ אַתָּה יְיָ לְבַדֶּךָ עַל כָּל מַעֲשֶׂיךָ בְּהַר צִיּוֹן
מִשְׁכַּן כְּבוֹדֶךָ וּבִירוּשָׁלַיִם עִיר קָדְשֶׁךָ כַּכָּתוּב בְּדִבְרֵי
קָדְשֶׁךָ׃ יִמְלֹךְ יְיָ לְעוֹלָם אֱלֹהַיִךְ צִיּוֹן לְדֹר וָדֹר הַלְלוּיָהּ׃

קָדוֹשׁ אַתָּה וְנוֹרָא שְׁמֶךָ וְאֵין אֱלוֹהַּ מִבַּלְעָדֶיךָ כַּכָּתוּב׃
וַיִּגְבַּהּ יְיָ צְבָאוֹת בַּמִּשְׁפָּט וְהָאֵל הַקָּדוֹשׁ נִקְדָּשׁ בִּצְדָקָה׃
בָּרוּךְ אַתָּה יְיָ הַמֶּלֶךְ הַקָּדוֹשׁ׃

אַתָּה בְחַרְתָּנוּ מִכָּל הָעַמִּים׃ אָהַבְתָּ אוֹתָנוּ׃ וְרָצִיתָ
בָּנוּ׃ וְרוֹמַמְתָּנוּ מִכָּל הַלְּשׁוֹנוֹת׃ וְקִדַּשְׁתָּנוּ בְּמִצְוֹתֶיךָ׃
וְקֵרַבְתָּנוּ מַלְכֵּנוּ לַעֲבוֹדָתֶךָ׃ וְשִׁמְךָ הַגָּדוֹל וְהַקָּדוֹשׁ
עָלֵינוּ קָרָאתָ׃

On Sabbath add the bracketed words:

וַתִּתֶּן לָנוּ יְיָ אֱלֹהֵינוּ בְּאַהֲבָה אֶת יוֹם [הַשַּׁבָּת הַזֶּה
לִקְדֻשָּׁה וְלִמְנוּחָה וְאֶת יוֹם] הַכִּפֻּרִים הַזֶּה לִמְחִילָה
וְלִסְלִיחָה וּלְכַפָּרָה וְלִמְחָל בּוֹ אֶת כָּל עֲוֹנֹתֵינוּ [בְּאַהֲבָה]
מִקְרָא קֹדֶשׁ׃ זֵכֶר לִיצִיאַת מִצְרָיִם׃

אֱלֹהֵינוּ וֵאלֹהֵי אֲבוֹתֵינוּ יַעֲלֶה וְיָבֹא וְיַגִּיעַ וְיֵרָאֶה וְיֵרָצֶה
וְיִשָּׁמַע וְיִפָּקֵד וְיִזָּכֵר זִכְרוֹנֵנוּ וּפִקְדוֹנֵנוּ וְזִכְרוֹן אֲבוֹתֵינוּ
וְזִכְרוֹן מָשִׁיחַ בֶּן דָּוִד עַבְדֶּךָ וְזִכְרוֹן יְרוּשָׁלַיִם עִיר קָדְשֶׁךָ
וְזִכְרוֹן כָּל עַמְּךָ בֵּית יִשְׂרָאֵל לְפָנֶיךָ לִפְלֵיטָה לְטוֹבָה

gladness to thy City, a flourishing horn unto David thy servant, and a constant light unto the son of Jesse, thine anointed, speedily in our days.

Then shall the just see and be glad, the upright shall exult, the pious shall rejoice in song, and iniquity shall close her mouth, and all wickedness shall be wholly consumed like smoke, when thou makest the dominion of arrogance to pass away from the earth.

And thou, O Lord, shalt reign, thou alone, over all thy works on Mount Zion, the dwelling-place of thy glory, and in Jerusalem, thy holy City ; as it is written in thy holy words, The Lord shall reign for ever, thy God, O Zion, unto all generations. Praise ye the Lord.

Holy art thou, and awful is thy Name, and there is no God beside thee ; as it is written, And the Lord of hosts is exalted in judgment and the holy God is sanctified in righteousness. Blessed art thou, O Lord, the holy King.

Thou hast chosen us from all peoples ; thou hast loved us and taken pleasure in us, and hast exalted us above all tongues. Thou hast sanctified us by thy commandments, and hast drawn us near, O our King, unto thy service, and hast called us by thy great and holy Name.

On Sabbath add the bracketed words :

And thou hast given us in love, O Lord our God, [this Sabbath day for holiness and rest and] this Day of Atonement for pardon, forgiveness and atonement, that we may [in love] obtain pardon thereon for all our iniquities : a holy convocation, a memorial of the departure from Egypt.

Our God and God of our fathers, may our remembrance and our name, and the remembrance of our fathers, the remembrance of Messiah the son of David, thy servant, the remembrance of Jerusalem thy holy City, and the remembrance of all thy people the house of Israel, rise and go up, approach to thy presence and find grace ; may it be heard, visited and remembered, for deliverance and for good, for

לְחֵן וּלְחֶסֶד וּלְרַחֲמִים לְחַיִּים וּלְשָׁלוֹם בְּיוֹם הַכִּפּוּרִים
הַזֶּה: זָכְרֵנוּ יְיָ אֱלֹהֵינוּ בּוֹ לְטוֹבָה· וּפָקְדֵנוּ בּוֹ לִבְרָכָה·
וְהוֹשִׁיעֵנוּ בּוֹ לְחַיִּים· וּבִדְבַר יְשׁוּעָה וְרַחֲמִים חוּס וְחָנֵּנוּ
וְרַחֵם עָלֵינוּ וְהוֹשִׁיעֵנוּ כִּי אֵלֶיךָ עֵינֵינוּ· כִּי אֵל מֶלֶךְ
חַנּוּן וְרַחוּם אָתָּה:

סליחות לתפלת שחרית

סְלַח לָנוּ אָבִינוּ כִּי בְרֹב אִוַּלְתֵּנוּ שָׁגִינוּ: מְחַל לָנוּ
מַלְכֵּנוּ כִּי רַבּוּ עֲוֹנֵינוּ:

Cong. יְיָ אֱלֹהֵי הַצְּבָאוֹת צָג בֵּין הַהֲדַסִּים· אָמְנָם
יָדַעְנוּ כִּי אֵין בָּנוּ מַעֲשִׂים: בְּנֶפֶשׁ חֲשׁוּכָה לְךָ נָסִים· בְּנֵי
יְדִידֶיךָ שְׁלֹשֶׁת הַיְחוּסִים: גַּם כִּי פַסּוּ בְּכָל אֲפָסִים·
גּוֹעִים בְּתַחֲנוּן תְּפִלַּת פִּיוּסִים: דַּרְכֵי טוּבְךָ לֹא תַחְדִּיל
לַעֲמוּסִים· דִּינָם הַצְדֵּר כְּצָהֳרַיִם לְהָשִׁים: הֲלֹא לְפָנֶיךָ
גְּלוּיִם הַמְכֻסִּים· הַלֵּב עֲבָדֶיךָ לִשְׁמֹר נְמוּסִים: וּמִי
מְעַכֵּב שְׁאָר שְׁבָעִים· וְעִיר קְטַנָּה וּמֶלֶךְ גָּדוֹל סוֹבְבָה
בְּאִכְלָסִים: זְבוּבֵי מָוֶת יַבְאִישׁ עֲסִיסִים· וְדוֹנוֹת
וּפְשָׁעִים וְהַרְהוּרִים תּוֹסְסִים: חוֹרֵשׁ רַע וְאָן כַּנּוֹגְשִׂים·
חָרוּב וּמַחֲרִיב וְהִנֵּנוּ נִתְפָּסִים: טְהוֹרִים וְזַכִּים בְּגָלְלוּ
נוֹסְסִים· מֶנֶף מוֹסִיף בְּלִי הֱיוֹת שָׁשִׂים: יַחַד שְׁנֵי
מִקְדָּשִׁים עֲבוּרָיו נֶחֱרָסִים· יוֹדְעֵי זְבָחִים וְלִפְנָים נִכְנָסִים:
כֹּהֲנִים הַמְשׁוּחִים בְּדַם הַמְמֻרָסִים· כֻּלָּם כָּלוּ וְתִפְאֶרֶת
שְׁבִיסִים: לוֹבֵשׁ צְדָקוֹת הַפְלֵא נִסִּים· לְשׁוֹחֲטוּ בַּחֲלָפוֹת

grace, loving-kindness and mercy, for life and for peace on this Day of Atonement. Remember us, O Lord our God, thereon for good ; visit us with a blessing, and save us unto life. And with thy word of salvation and mercy, spare us and be gracious unto us ; have mercy upon us and save us ; for unto thee our eyes are turned, for thou art a gracious and merciful God and King.

PENITENTIAL PRAYERS—MORNING SERVICE

Forgive us, O our Father, for in the abundance of our folly we have gone astray. Pardon us, our King, for our iniquities have multiplied.

Cong. O Lord God of hosts, who standest amid the myrtles,[1] of a truth we know that we are destitute of good works. With fainting soul we fly unto thee for refuge, children of the three patriarchs beloved of thee. They are no more who besought thee in prayer for thy reconciliation, yet thou wilt not withhold thy wonted goodness from us that have been borne up by thee ; but thou wilt yet cause our judgment to shine forth radiant as the light at noontide. Before thee the most hidden things are visible. Thou knowest that the heart of thy servants is set to guard each precept of thy Law. But, alas ! a hindrance ever lurketh in our way ; it is the leaven in the dough, the deadly flies that invert the sweetness of the fragrant wine ; yea, it is as when a small citadel is besieged by troops led by a potent chieftain. Thus presumptuous sin, transgression, and the wrongful thought ferment. Evil plougheth in and urgeth on as a task-master. He wasteth and destroyeth, and, lo ! we are taken captive in his thraldom ; he giveth over the innocent and pure to death ; defilement spreadeth, and of joy there is naught left. Through sin both sanctuaries were overthrown ; the anointed priests, they who offered sacrifice, who entered within the holy place and ministered with blood, yea, all of them have ceased and the glory hath departed. O thou who art clothed in righteousness, shew forth thy marvellous power,

[1] The righteous. Cf. Zech. i. 8.

לְיָמִים הַכְּמוּסִים: מַלֵּט מִמֶּנּוּ בְּנֶיךָ הַמְעַשִּׂים: מֶתַח
דִּינֶךָ הָפֵר לְעַם מִתְבּוֹסְסִים: נֶצַח יִשְׂרָאֵל תּוֹשִׁיעַ
לִנְשָׁים: נְזוּפִים דְּחוּפִים בְּשָׂרֵי מִסִּים: סַנְגְּרִים אֹמֶץ
אוֹתָם בְּלִי לְהַחֲסִים: שָׂטָן וְקַטֵּיגֹר לְשַׁתֵּק וּלְהָסִים:
עֲוֹנוֹת וּפְשָׁעִים אִם פָּשָׂה פוֹשִׁים: עֵינֵי עַמְּךָ לְךָ תְלֻיּוֹת
וִידֵיהֶם פּוֹרְשִׂים: פּוֹנִים לָשׁוּב פְּנֵי מַקְדִּיחַ הַמָּסִים:
פּוֹתְחִים בַּחֲרָטָה מִמַּעֲשֵׂיהֶם הַמְאוּסִים: צָמִים וּמִתְעַנִּים
וְדַרְכֵּיהֶם מְחַפְּשִׂים: צֵל כְּנָפֶיךָ מִתְלוֹנְנִים וְנֶחֱסִים:
קַבֵּל צִקּוֹנָם כְּקָרְבַּן כְּבָשִׂים: קַיֵּם דְּבָרְךָ וְהָיָה לִבְקָעָה
הֶרְכָסִים: רְעֵה עַמְּךָ בְּקֶרֶב שׁוֹסִים: רַחוּם כַּפֵּר רָצוֹן
וְאוֹנְסִים: *Reader.* שֶׁגְּגוֹתֵינוּ אִם רַבּוּ גְזֵלוֹת וַחֲמָסִים: שׁוֹכְנוּ
אֱלֹהֵי יִשְׁעֵנוּ וְהָפֵר כְּעָסִים: תְּשׁוּבָה וּמַעֲשֶׂה הַטּוֹב
תָּמִיד מְגִנִּים כִּתְרֵסִים: וְעַל רַחֲמֶיךָ הָרַבִּים אָנוּ חוֹסִים:

כִּי עַל רַחֲמֶיךָ הָרַבִּים אָנוּ בְטוּחִים וְעַל צִדְקוֹתֶיךָ
אָנוּ נִשְׁעָנִים: וְלִסְלִיחוֹתֶיךָ אָנוּ מְצַפִּים: וְלִישׁוּעָתְךָ אָנוּ
מְקַוִּים: אַתָּה הוּא מֶלֶךְ אוֹהֵב צְדָקוֹת מִקֶּדֶם: מַעֲבִיר
עֲוֹנוֹת עַמּוֹ וּמֵסִיר חַטֹּאת יְרֵאָיו: כָּרַת בְּרִית לָרִאשׁוֹנִים:
וּמְקַיֵּם שְׁבוּעָה לָאַחֲרוֹנִים: אַתָּה הוּא שֶׁיָּרַדְתָּ בַּעֲנַן
כְּבוֹדְךָ עַל הַר סִינָי: וְהֶרְאֵיתָ דַּרְכֵי טוּבְךָ לְמֹשֶׁה
עַבְדֶּךָ: אָרְחוֹת חֲסָדֶיךָ גִּלִּיתָ לּוֹ: וְהוֹדַעְתּוֹ כִּי אַתָּה אֵל
רַחוּם וְחַנּוּן אֶרֶךְ אַפַּיִם וְרַב חֶסֶד וּמַרְבֶּה לְהֵיטִיב:
וּמַנְהִיג אֶת כָּל הָעוֹלָם כֻּלּוֹ בְּמִדַּת הָרַחֲמִים: וְכֵן כָּתוּב:
וַיֹּאמֶר אֲנִי אַעֲבִיר כָּל טוּבִי עַל פָּנֶיךָ וְקָרָאתִי בְשֵׁם יְיָ
לְפָנֶיךָ: וְחַנֹּתִי אֶת אֲשֶׁר אָחֹן וְרִחַמְתִּי אֶת אֲשֶׁר אֲרַחֵם:

hew down and cast away the sinful adversary, as thou hast
foretold of the days yet hid from us. Deliver thy people,
thy down-trodden children ; and albeit they be sunken low,
temper justice with thine overwhelming mercy. O Strength
of Israel, save thou the oppressed, who are rebuked and
harassed by pitiless task-masters. Let the words of our
advocacy prevail, that the accusing adversary may be
hushed to silence ; and though our iniquities and trans-
gressions are manifold, yet are the eyes of thy people lifted
up unto thee and their hands stretched forth. Lo ! they
have set their faces to return unto thee, whose anger is as
a melting fire : they avow their remorse for their shameful
deeds ; yea, they fast and afflict their souls, making search
into their ways that they may find refuge and abide in the
shadow of thy wings. O accept the pouring forth of their
prayer as an offering of lambs, and confirm thy word : The
rough places shall become a plain. Shepherd thy people
from the destroyers' midst, and in thy mercy pardon all
their sins, be they done by volition or constraint.

Reader. Though our errors be many, though spoil and
violence testify our guilt, yet do thou bring us back to thee,
O God of our salvation, and turn aside thy wrath. Repent-
ance and good works are as an unfailing shield and buckler ;
yet rather in thine abundant compassion do we put our
trust.

For in thy compassion we put our trust, upon thy charity
we depend, to thy forgiveness we look, and for thy salvation
we hope. Thou art the King who lovest charity from of
old, causing the iniquities of thy people to pass away and
removing the sins of them that fear thee. Thou didst enter
into covenant with the fathers and keepest oath with their
children. Thou art he who didst descend in the cloud of
thy glory upon Mount Sinai and madest manifest the ways
of thy goodness to Moses, thy servant. The paths of thy
mercies thou didst reveal unto him and taughtest him that
thou art a compassionate and gracious God, slow to anger,
abundant in mercy and full of beneficence, governing the
whole world with the attribute of compassion. And thus
it is written, And he said, I will make all my goodness pass
before thee, and I will proclaim the Name of the Lord before
thee ; and will be gracious to whom I will be gracious, and
will shew mercy on whom I will shew mercy.

אֵל אֶרֶךְ אַפַּיִם אַתָּה· וּבַעַל הָרַחֲמִים נִקְרֵאתָ· וְדֶרֶךְ
תְּשׁוּבָה הוֹרֵיתָ: גְּדֻלַּת רַחֲמֶיךָ וַחֲסָדֶיךָ תִּזְכּוֹר הַיּוֹם
וּבְכָל יוֹם לְזֶרַע יְדִידֶיךָ: תֵּפֶן אֵלֵינוּ בְּרַחֲמִים· כִּי אַתָּה
הוּא בַּעַל הָרַחֲמִים: בְּתַחֲנוּן וּבִתְפִלָּה פָּנֶיךָ נְקַדֵּם·
כְּהוֹדַעְתָּ לֶעָנָו מִקֶּדֶם: מֵחֲרוֹן אַפְּךָ שׁוּב· כְּמוֹ בְתוֹרָתְךָ
כָּתוּב: וּבְצֵל כְּנָפֶיךָ נֶחֱסֶה וְנִתְלוֹנָן· כְּיוֹם וַיֵּרֶד יְיָ בֶּעָנָן:
תַּעֲבוֹר עַל פֶּשַׁע וְתִמְחֶה אָשָׁם· כְּיוֹם וַיִּתְיַצֵּב עִמּוֹ שָׁם:
תַּאֲזִין שַׁוְעָתֵנוּ וְתַקְשִׁיב מֶנּוּ מַאֲמַר· כְּיוֹם וַיִּקְרָא בְשֵׁם
יְיָ· וְשָׁם נֶאֱמַר·

וַיַּעֲבֹר יְיָ עַל פָּנָיו וַיִּקְרָא·

יְיָ יְיָ אֵל רַחוּם וְחַנּוּן אֶרֶךְ אַפַּיִם וְרַב חֶסֶד וֶאֱמֶת:
נֹצֵר חֶסֶד לָאֲלָפִים נֹשֵׂא עָוֹן וָפֶשַׁע וְחַטָּאָה וְנַקֵּה·
וְסָלַחְתָּ לַעֲוֺנֵנוּ וּלְחַטָּאתֵנוּ וּנְחַלְתָּנוּ:
סְלַח לָנוּ אָבִינוּ כִּי חָטָאנוּ· מְחַל לָנוּ מַלְכֵּנוּ כִּי פָשָׁעְנוּ:
כִּי אַתָּה אֲדֹנָי טוֹב וְסַלָּח וְרַב חֶסֶד לְכָל קֹרְאֶיךָ:
Cong. הַאֲזִינָה יְיָ תְּפִלָּתֵנוּ וְהַקְשִׁיבָה בְּקוֹל תַּחֲנוּנוֹתֵינוּ:
הַקְשִׁיבָה לְקוֹל שַׁוְעֵנוּ מַלְכֵּנוּ וֵאלֹהֵינוּ כִּי אֵלֶיךָ נִתְפַּלָּל:
תְּהִי נָא אָזְנְךָ קַשֶּׁבֶת וְעֵינֶיךָ פְתוּחוֹת לִשְׁמֹעַ אֶל תְּפִלַּת
עַבְדְּךָ וְעַמְּךָ יִשְׂרָאֵל:
רַחֲמֶיךָ רַבִּים יְיָ כְּמִשְׁפָּטֶיךָ חַיֵּינוּ: אַל תָּבֹא בְמִשְׁפָּט
עִמָּנוּ כִּי לֹא יִצְדַּק לְפָנֶיךָ כָל חָי:
כְּרַחֵם אָב עַל בָּנִים כֵּן תְּרַחֵם יְיָ עָלֵינוּ: לַיְיָ הַיְשׁוּעָה
עַל עַמְּךָ בִרְכָתֶךָ סֶּלָה: יְיָ צְבָאוֹת עִמָּנוּ מִשְׂגָּב לָנוּ
אֱלֹהֵי יַעֲקֹב סֶלָה: יְיָ צְבָאוֹת אַשְׁרֵי אָדָם בֹּטֵחַ בָּךְ:
יְיָ הוֹשִׁיעָה הַמֶּלֶךְ יַעֲנֵנוּ בְיוֹם קָרְאֵנוּ:

Thou art a God slow to anger and art called Lord of compassion. Thou hast shewn the way of repentance. O remember this day and every day the greatness of thy compassion and thy loving-kindness unto the seed of thy beloved. Turn thou unto us in compassion, who art Lord of compassion. With supplication and prayer we come into thy presence, as thou didst teach the meek man of old. O turn from thy fierce wrath, as it is written in thy Law. May we lodge and shelter in the shadow of thy wings, as on the day whereon the Lord descended in the cloud. Forgive our transgression and blot out our trespass, as on the day when thou didst stand by the prophet there. Give ear to our cry and hearken to our speech, as on the day thou proclaimedst the Name of the Lord. And there it is said :

And the Lord passed by before him and proclaimed :

The Lord, the Lord, a God full of compassion and gracious, slow to anger, and abundant in mercy and truth ; keeping mercy for thousands, forgiving iniquity, transgression and sin ; and acquitting.[1] O pardon our iniquity and our sin, and take us for thine inheritance.

Forgive us, O our Father, for we have sinned ; pardon us, our King, for we have transgressed. For thou, O Lord, art good and ready to forgive, and plenteous in mercy unto all them that call upon thee.

Cong. Give ear, O Lord, unto our prayer and attend to the voice of our supplications. Hearken unto the voice of our cry, our King and our God ; for unto thee do we pray. Let thine ear now be attentive and thine eyes open to the prayer of thy servants, the house of Israel.

Great are thy tender mercies, O Lord ; quicken us according to thy judgments. Enter not into judgment with us : for in thy sight shall no man living be justified.

Like as a father pitieth his children, so pity us, O Lord. Salvation belongeth unto the Lord : thy blessing be upon thy people. Selah. The Lord of hosts is with us ; the God of Jacob is a high tower unto us. Selah. O Lord of hosts, happy is the man that trusteth in thee. Save, O Lord : may the King answer us on the day we call.

---

[1] i.e. Acquitting the penitent. This is the Midrashic interpretation of the passage.

סְלַח נָא לַעֲוֹן הָעָם הַזֶּה כְּגֹדֶל חַסְדֶּךָ וְכַאֲשֶׁר
נָשָׂאתָה לָעָם הַזֶּה מִמִּצְרַיִם וְעַד הֵנָּה: וְשָׁם נֶאֱמַר
וַיֹּאמֶר יְיָ סָלַחְתִּי כִּדְבָרֶךָ:

הַטֵּה אֱלֹהַי אָזְנְךָ וּשְׁמָע פְּקַח עֵינֶיךָ וּרְאֵה שֹׁמְמֹתֵינוּ
וְהָעִיר אֲשֶׁר נִקְרָא שִׁמְךָ עָלֶיהָ: כִּי לֹא עַל צִדְקֹתֵינוּ
אֲנַחְנוּ מַפִּילִים תַּחֲנוּנֵינוּ לְפָנֶיךָ • כִּי עַל רַחֲמֶיךָ הָרַבִּים:
אֲדֹנָי שְׁמָעָה אֲדֹנָי סְלָחָה אֲדֹנָי הַקְשִׁיבָה וַעֲשֵׂה אַל
תְּאַחַר לְמַעַנְךָ אֱלֹהַי • כִּי שִׁמְךָ נִקְרָא עַל עִירְךָ וְעַל עַמֶּךָ:

אֱלֹהֵינוּ וֵאלֹהֵי אֲבוֹתֵינוּ

אָנָּא הַשֵּׁם הַנִּכְבָּד וְהַנּוֹרָא • סְלַח נָא לַעֲוֹן עַם זוּ
תְהִלָּתֶךָ לְסָפְרָה: בַּעֲבוּר כְּבוֹד שִׁמְךָ הַטֵּה אָזְנְךָ •
לִשְׁמוֹעַ אֶל הָרִנָּה וְאֶל הַתְּפִלָּה אֲשֶׁר עַבְדְּךָ מִתְפַּלֵּל
לְפָנֶיךָ: נָשָׂתִי יוֹם זֶה לְהוֹדוֹת לִשְׁמֶךָ • וּלְהִתְוַדּוֹת עַל
חַטֹּאתַי וְעַל חַטַּאת עַמֶּךָ: דִּבְרֵי תְחִנָּתִי בְּהַפִּילִי מוּל
אֲרוֹן בְּרִיתֶךָ • אַתָּה תִשְׁמַע הַשָּׁמַיִם מְכוֹן שִׁבְתֶּךָ: הֵן
עָמַדְתִּי מַרְעִיד מִפְּנֵי כֹבֶד עֲוֹנוֹתַי • כִּי רַבּוּ פְשָׁעַי
וְעָצְמוּ חַטֹּאתַי: וְלָקַחְתִּי עִמִּי דְבָרִים שֶׁהוֹרֵית לְעַנּוֹ
מִקֶּדֶם • בָּהֶם לִרְצוֹתְךָ מֵעָנָה אֱלֹהֵי קֶדֶם: וְזַעֲקַת תְּחִנָּתִי
תָּבֹא נָא עָדֶיךָ • וְאַל תָּשֵׁב פְּנֵי קָטֹן מִשְּׁלוּחֵי עֲבָדֶיךָ:
חַנּוּן תַּעֲנֶה לְקוֹל וְזַעֲקַת מְשַׁוְּעֶיךָ • תָּכִין לִבָּם תַּקְשִׁיב
אָזְנֶךָ: טוֹב דַּרְכֵי רַחֲמֶיךָ אַל תִּמְנַע מִמֶּנּוּ • כְּגֹדֶל חַסְדְּךָ
הִתְנַהֵג עִמָּנוּ: יֵחָשֵׁב לְפָנֶיךָ כְּקָרְבָּן צוֹם תַּעֲנִיתֵנוּ • הַצִּילֵנוּ
וְכַפֵּר עַל חַטֹּאתֵינוּ: כַּפֵּר נָא לַמִּתְוַדִּים לְפָנֶיךָ חַטָּאתָם •
נַקֵּם וְטַהֲרֵם מִכָּל טֻמְאוֹתָם: לֹא יָשׁוּבוּ רֵיקָם כָּל

Reader. Pardon, I beseech thee, the iniquity of this people according to the greatness of thy mercy, and according as thou hast forgiven this people from Egypt even until now. And there it is said :—

Cong. And the Lord said, I have forgiven according to thy word.

O my God, incline thine ear and hear ; open thine eyes and behold our desolations, and the city which is called by thy Name ; for we do not present our supplications before thee for our righteous deeds, but because of thy great mercies. O Lord, hear ; O Lord, forgive ; O Lord, hearken and do ; defer not, for thine own sake, O my God ; for thy city and thy people are called by thy Name.

God and the God of our fathers, honoured and terrible Name,
Pardon the sin of this people, gathered Thy praise to proclaim.

Tender Thine ear for Thy glory: hark to our prayer and plea,
Song of Thy suppliant servants, yearning to reach unto Thee.

Nigh to Thy Temple this morn, to render thanksgiving I drew,
Set on confessing my sins : the sins that Thy people pursue.

Hear my petition before the Ark of Thy Covenant old ;
Hear me from heaven, Thy dwelling ; hear me, O Lord, and behold.

Lo! I am standing in tremor under the weight of my sins ;
Endless the tale of transgression. Righteousness never begins.

Wherefore the words the Eternal taught unto Moses the meek,
These will I take for my prayer, now that His favour I seek.

Suffer, I pray thee, my pleading: let not my cry go unheard ;
Least of Thy worshippers' envoys, turn not away from my word.

Graciously heed my petition ; hark to Thy suppliants' call ;
Fashion their hearts for Thy worship, bending Thine ear unto all.

Bountiful God, O withhold not mercy from one of our seed ;
Guidance as great as Thy goodness grant us, as great as our need.

Count our affliction by fasting, offering made as by fire,
Free every footstep from evil ; pardon each sinful desire.

Pardon all those who before Thee offer confession of sin,
Purify all their uncleanness, make them unsullied within.

הַמַּפִּילִים לְפָנֶיךָ תְּחִנָּתָם· וְאַתָּה תִּשְׁמַע מִן הַשָּׁמַיִם אֶת
תְּפִלָּתָם: מְחַל נָא לִמְבַקְשִׁים לְפָנֶיךָ מְחִילָה· וְתַשְׁלִיךְ
כָּל חַטֹּאתָם בְּעָמְקֵי מְצוּלָה: נָא כְּאָז מֵאִישׁ חֲמוּדוֹת
הַקְשַׁבְתָּ שַׁוְעָה· כֵּן שַׁוְעָתֵנוּ יְיָ שְׁמָעָה: שׁוּב מֵחֲרוֹן אַפֶּךָ
וְזַעֲמֶךָ· עֲבוּר יֵדְעוּ כָּל בָּאֵי עוֹלָם שְׁמֶךָ· כִּי עִמְּךָ
הַסְּלִיחָה· חַטֹּאת מְבַקְשֵׁי פָנֶיךָ יְיָ סְלָחָה: פְּקָד נָא
בְּרַחֲמִים עַם סְגֻלָּתֶךָ· וְאַל תִּבְזֶה וְאַל תְּשַׁקֵּץ עֱנוּת עֳנִיֵּי
עֲדָתֶךָ: צִיּוֹן תְּרַחֵם וּבִירוּשָׁלַיִם עוֹד תִּבְחַר· יְיָ הַקְשִׁיבָה
וַעֲשֵׂה וְאַל תְּאַחַר: קַבֵּץ נָא נְפוּצוֹת צֹאנֶךָ· וּפְקוֹד גֶּפֶן
זֹאת וְכַנָּה אֲשֶׁר נָטְעָה יְמִינֶךָ: רַחוּם חִישׁ נָא יְשׁוּעוֹת
כְּמֵהִים· לֹא לְמַעֲנֵנוּ כִּי אִם לְמַעַנְךָ אֱלֹהִים:
Reader. שְׁמַע נָא לְקוֹל שַׁוְעָתֵנוּ· וְהֵעָתֵר לָנוּ בִּתְפִלָּתֵנוּ:
תָּשִׁיב שְׁכִינָתְךָ לְצִיּוֹן וְעַל עַמְּךָ יֶהֱמוּ רַחֲמֶיךָ· כִּי שִׁמְךָ
נִקְרָא עַל עִירְךָ וְעַל עַמֶּךָ :

The following verses are said by the Reader and repeated by the
Congregation.

אֵל תָּבֹא בְּמִשְׁפָּט עִמָּנוּ כִּי לֹא יִצְדַּק לְפָנֶיךָ כָל חָי :
צֶדֶק וּמִשְׁפָּט מְכוֹן כִּסְאֶךָ חֶסֶד וֶאֱמֶת יְקַדְּמוּ פָנֶיךָ :
מִלְּפָנֶיךָ מִשְׁפָּטֵנוּ יֵצֵא עֵינֶיךָ תֶּחֱזֶינָה מֵישָׁרִים: וְהוּא
יִשְׁפֹּט תֵּבֵל בְּצֶדֶק יָדִין לְאֻמִּים בְּמֵישָׁרִים: רַחֲמֶיךָ
רַבִּים יְיָ כְּמִשְׁפָּטֶיךָ חַיֵּנוּ: הַנִּשָּׂא שְׁפֹט הָאָרֶץ הָשֵׁב
גְּמוּל עַל גֵּאִים: כִּי יְיָ שֹׁפְטֵנוּ יְיָ מְחֹקְקֵנוּ יְיָ מַלְכֵּנוּ הוּא
יוֹשִׁיעֵנוּ: חָלִילָה לְּךָ מֵעֲשֹׂת כַּדָּבָר הַזֶּה לְהָמִית צַדִּיק
עִם רָשָׁע וְהָיָה כַצַּדִּיק כָּרָשָׁע חָלִלָה לָּךְ הֲשֹׁפֵט כָּל
הָאָרֶץ לֹא יַעֲשֶׂה מִשְׁפָּט:

Send them not empty away who suppliant fall at thy feet;
Bend from high Heaven to hear them, let them not vainly
    entreat.

Grant to the seekers forgiveness, grant thy petitioners' plea:
Cast their iniquity headlong, down to the depths of the sea.

Even as Daniel, thy loved one, Thou of aforetime didst heed,
So unto us, I beseech thee, tender Thine ear when we plead.

Turn from Thy fierceness of anger, turn from Thy fury and flame;
Thus shall the whole world acknowledge Thee and shall call on
    Thy Name.

Thus shall mankind understand that Thou art the fountain of
    grace;
Pardon then every transgressor, seeking contritely Thy face.

Visit, I pray Thee, in mercy us, thy peculiar folk;
Scorn not our lowliest brother, bent beneath poverty's yoke.

Mercy on Zion we crave: Jerusalem choose yet again;
Lord, make an end of delaying, hearken our endless refrain.

Gather Thy sheep that are scattered, muster thy wandering flock,
Visit the vine of Thy planting, water the sprout of Thy stock.

Merciful God, prithee hasten: lo! for salvation we pine;
Not for our own sake we ask it, Lord, but we ask it for Thine.

Hearken and answer our pleading, unto our passion attend;
Suffer Thyself to be softened, hearing our prayer ascend.

Zion illume with Thy presence, Israel with mercy enfold.
Are not Thy city and people called by Thy Name from of old?

The following verses are said by the Reader and repeated by the
Congregation:

Enter not into judgment with us: for in thy sight shall no
man living be justified. Righteousness and judgment are the
foundation of thy throne: mercy and truth go before thy face.
Let our judgment come forth from thy presence; let thine eyes
look upon equity. And he shall judge the world in righteous-
ness; he shall minister judgment to peoples in equity. Great
are thy tender mercies, O Lord: quicken us according to thy
judgments. Lift up thyself, thou judge of the earth: render
to the proud their desert. For the Lord is our judge, the Lord
is our lawgiver, the Lord is our King; he will save us. That
be far from thee to do after this manner, to slay the righteous
with the wicked, that so the righteous should be as the wicked;
that be far from thee: shall not the Judge of all the earth do
right?

שֹׁפֵט כָּל הָאָרֶץ· וְאַתָּה בְּמִשְׁפָּט יַעֲמִיד·
נָא חַיִּים וָחֶסֶד· עַל עַם עָנִי תַּצְמִיד·
אֶת תְּפִלַּת הַשַּׁחַר בִּמְקוֹם עֹלָה תַעֲמִיד·
כְּעֹלַת הַבֹּקֶר אֲשֶׁר לְעֹלַת הַתָּמִיד :

לוֹבֵשׁ צְדָקָה וּמַעֲטֶה· לְךָ לְבַד הַיִּתְרוֹן·
אִם אֵין בָּנוּ מַעֲשִׂים· זָכְרָה יְשֵׁנֵי חֶבְרוֹן·
וְהֵם יַעֲלוּ לְזִכָּרוֹן לִפְנֵי יְיָ תָּמִיד·
כְּעֹלַת הַבֹּקֶר אֲשֶׁר לְעֹלַת הַתָּמִיד :

מַטֵּה כְּלַפֵּי חֶסֶד· לְהַטּוֹת אִישׁ לִתְחִיָּה·
עַמְּךָ לְחֶסֶד הַטֵּה· גְּמוֹל נָא עָלָיו וְחָיָה·
כְּתוֹב תָּו חַיִּים· וְהָיָה עַל מִצְחוֹ תָּמִיד·
כְּעֹלַת הַבֹּקֶר אֲשֶׁר לְעֹלַת הַתָּמִיד :

הֵיטִיבָה בִרְצוֹנְךָ אֶת צִיּוֹן עִיר קְדוֹשַׁי·
וְנָתַתָּ יָד וָשֵׁם בְּבֵיתְךָ לְמִקְדָּשַׁי·
וַעֲרִיכַת נֵר לְבֶן יִשַׁי לְהַעֲלֹת נֵר תָּמִיד·
כְּעֹלַת הַבֹּקֶר אֲשֶׁר לְעֹלַת הַתָּמִיד :

חִזְקוּ וְאִמְּצוּ לְבַבְכֶם עַמִּי בְּאֵל מָעֻזּוּ·
וְעֵדֹתָיו כִּי תִנְצֹרוּ גַּם אֶת זוֹ לְעֻמַּת זוֹ·
יְכַפֵּר בְּעַד חַטֹּאתֵיכֶם וְיִזְכֹּר רַחֵם בְּרָגְזוֹ·
דִּרְשׁוּ יְיָ וְעֻזּוֹ בַּקְּשׁוּ פָנָיו תָּמִיד·
כְּעֹלַת הַבֹּקֶר אֲשֶׁר לְעֹלַת הַתָּמִיד :

Thou Judge of all the earth,
Making the world stand firm by right,
I pray to Thee, give life and pity·
Unto this people humble in Thy sight ;
And set the prayer at morning light
In place of sacrifice—
Even the morning offering, the gift of every morn.

Thou clothed in outspread justice,
Sole majesty is in Thine hand ;
If we have no good works, remember
Those that at Hebron sleep in their own land ;
Their memory shall rise and stand
Before the Lord for ever—
Even like morning offering, the gift of every morn.

Thou who bestowest mercy
To lead man to new life, decree
That these Thy people gain compassion,
And let them live, full of the good from Thee.
Inscribe the seal of life, to be
Upon their brow for ever,
As when the morning offering was given every morn.

Do good, in Thine own pleasure,
O Lord, to Zion mine holy one ;
And give unto my sacred people
A place and name within Thy dwelling won.
And give new light to Jesse's son
To light his lamp for ever—
Even like morning offering, the gift of every morn.

Make strong your hearts, my people,
In God your strength ; take courage true—
For if indeed ye keep His statutes,
He, setting love against this thing ye do,
Will pardon your transgressions,
Remembering in His wrath to pity you.
O seek the Lord, seek ye His strength anew,
Seek ye His face for ever—
As with the morning offering, the gift of every morn.

Congregation:

יִזְכֹּר אֱלֹהִים אֶת בְּרִיתוֹ אֶת אַבְרָהָם אֶת יִצְחָק וְאֶת
יַעֲקֹב: טֶרֶף נָתַן לִירֵאָיו · יִזְכֹּר לְעוֹלָם בְּרִיתוֹ: כִּי בָרֵךְ
אֲבָרֶכְךָ וְהַרְבָּה אַרְבֶּה אֶת זַרְעֲךָ כְּכוֹכְבֵי הַשָּׁמַיִם וְכַחוֹל
אֲשֶׁר עַל שְׂפַת הַיָּם · וְיִרַשׁ זַרְעֲךָ אֵת שַׁעַר אֹיְבָיו:

Reader. סְלַח נָא לַעֲוֹן הָעָם הַזֶּה כְּגֹדֶל חַסְדֶּךָ וְכַאֲשֶׁר
נָשָׂאתָה לָעָם הַזֶּה מִמִּצְרַיִם וְעַד הֵנָּה: וְשָׁם נֶאֱמַר

וַיֹּאמֶר יְיָ סָלַחְתִּי כִּדְבָרֶךָ: *Congregation.*

אֱלֹהֵינוּ וֵאלֹהֵי אֲבוֹתֵינוּ ·

מְפַלְטִי אֵלִי צוּרִי סִתְרִי וּמָגִנִּי
וְקֶרֶן יִשְׁעִי מִשְׂגַּבִּי בְּיוֹם צַר לִי וְאוֹנִי
הִשְׁכַּמְתִּי לְחַלּוֹתָךְ מֶלֶךְ רַב · וַאֲנִי
אֵלֶיךָ יְיָ שִׁוַּעְתִּי בַּבֹּקֶר:

בֹּקֶר רַחֵם תִּזְכֹּר חֶסֶד לְאַבְרָהָם אָב אִיתָנִי ·
אֲשֶׁר בְּחַרְתּוֹ וְהֶאֱמִין בְּךָ רֹאשׁ לְמַאֲמִינִי ·
זְכוֹר בְּרִיתוֹ וְהוֹשִׁיעֵנִי מִטַּמְאָתִי ·
יְיָ בֹּקֶר תִּשְׁמַע קוֹלִי בֹּקֶר:

בֹּקֶר דִּבַּרְתָּ עִמּוֹ וְנִסִּיתוֹ לְשַׁלֵּם לוֹ מַשְׂכֻּרְתָּ ·
וְכָרוֹת עִמּוֹ הַבְּרִית לִהְיוֹת לוֹ לְמִשְׁמֶרֶת ·
אֲהַבְתּוֹ וּרְצִיתוֹ וְקִבַּלְתּוֹ כִּקְטֹרֶת
סַמִּים בַּבֹּקֶר בַּבֹּקֶר:

Congregation :

May God remember his covenant with Abraham, with Isaac and with Jacob. He hath given food to them that fear him ; he will remember his covenant for ever. For I will surely bless thee, and will multiply thy seed as the stars of heaven and as the sand which is upon the sea-shore : and thy seed shall possess the gate of his enemies.

Reader. Pardon, I beseech thee, the iniquity of this people according to the greatness of thy mercy, and according as thou hast forgiven this people from Egypt even until now. And there it is said :—

Cong. And the Lord said, I have forgiven according to thy word.

O God, my one Deliverer, Rock, Shield and Hiding Place,
   The Horn of my Salvation, and the Fort when perils face,
Great King, I rose up early, to implore Thy sovran grace,
   And unto Thee have pleaded in the morning.

At morn be mindful of the love our Abraham was shown,
   The ancestor Thou chosest and the first Thy Name to own ;
That covenant's remembrance for our foulness let atone,
   And, Lord of Light, O hearken in the morning.

At morn Thou heldest speech with him to prove him and reward,
   A covenant eternal unto him Thou didst accord ;
Acceptable and pleasant he was unto Thee, O Lord,
   As aromatic spices every morning.

בְּקֶר כּוֹכְבוּ הֵאִיר כְּחָפָצֵף לְהַרְאוֹת צִדְקָתוֹ הַגְּדוֹלָה׃
וְנִסִיתוֹ בָעֲשִׂירִי וַתֹּאמֶר לוֹ קַח אֶת בִּנְךָ וְלֹא תִכְלָא
עַל אַחַד הֶהָרִים וְהַעֲלֵהוּ שָׁם לְעֹלָה׃
אֶת הַכֶּבֶשׂ אֶחָד תַּעֲשֶׂה בַבֹּקֶר׃

בְּקֶר יִחַד שְׁמָךְ וְשָׁמַע לְקוֹלְךָ וְהֶרְאָה אַהֲבָתוֹ׃
וְשָׂשׂ בְּכָל לֵב עַל אִמְרָתְךָ לַעֲשׂוֹתוֹ׃
הָאַהֲבָה קִלְקְלָה הַשּׁוּרָה וַיָּקָם בְּשִׂמְחָתוֹ׃
וַיַּשְׁכֵּם אַבְרָהָם בַּבֹּקֶר׃

בְּקֶר הֵכִינוּ לִבָּם שְׁנֵיהֶם לַעֲשׂוֹת רְצוֹנְךָ אָיֹם׃
הַבֵּן לָקַח עֵצִים וְהָאָב לָקַח מַאֲכֶלֶת לִשְׁחוֹט בְּלִי פִדְיוֹם׃
קְרוּאִים וְהוֹלְכִים לְתֻמָּם וְרָאוּ כְבוֹדְךָ׃ בַּיוֹם
הַשְּׁלִישִׁי בִּהְיוֹת הַבֹּקֶר׃

בְּקֶר אוֹר כְּגֶבֶר חֲלָצָיו וְלַעֲקֹד בְּנוֹ קָדַם׃
וַיִּקַּח מַאֲכֶלֶת לְשַׁחֲטוֹ וְלֹא חָשַׁב אָדָם׃
וַיֹּאמֶר הַיּוֹם אַקְרִיב עֹלָתִי וְאֶזְרוֹק דַּם׃
וְזִבְחִי לֹא יָלִין עַד בֹּקֶר׃

בְּקֶר רַחֲמֶיךָ נִכְמְרוּ עַל בֵּן יָחִיד וְעָלָיו זָרְחוּ׃
וַיִּקְרָא אֵלָיו מַלְאַךְ יְיָ אֶל הַנַּעַר יָדַיִם אַל יִשְׁלָחוּ׃
כִּי בְיִצְחָק יִקָּרֵא לְךָ זָרַע וְזִכְרוּ לְדוֹרוֹת הַנִּיחוּ׃
לָכֶם לְמִשְׁמֶרֶת עַד הַבֹּקֶר׃

בְּקֶר כָּשְׁרוּ וְיָשְׁרוּ וְצִדְקוּ יָלִין בְּעַד עַם אֵלֶיךָ קָרֵב׃
וְאִפְרוּ תָּמִיד יֵרָאֶה לְפָנֶיךָ לְכַבְּשָׂם הֶרֶב׃
תִּתֶּן לָהֶם נֶפֶשׁ בְּשַׁאֲלָתָם כִּי לְךָ נִכְסָפָה׃ וּבָעֶרֶב
הִיא בָאָה וּבַבֹּקֶר׃

At morn his star shone forth when 'twas Thy pleasure to require,
  By way of tenth temptation he should slay his own desire ;
And on a mountain offer up his only son by fire,
  His one lamb sacrificing in the morning.

At morn he showed his love and faith, proclaimed Thy name as one:
  His heart rejoiced in Thy behest, leapt gladly in the sun ;
And by his own impatient hands his servant's task was done,
  When Abraham rose early in the morning.

At morn they both prepared their hearts to do Thy awful will ;
  The son, he bore the altar-wood, the Sire the knife to kill ;
And in their saintly journey Thy commandment to fulfil,
  The third day saw Thy glory in the morning.

At morn he manful girt his loins and swiftly bound his son,
  His sacrificial knife uplifted, paying heed to none ;
This day, quoth he, the offering and sprinkling must be done :
  The blood shall dry before another morning.

At morn upon the only son Thy mercies stirred and smiled.
  Refrain thy hand, an angel's voice commanded, from the child ;
Through Isaac shall thy seed endure and in his name be styled,
  Through all the generations till the morning.

This morn for his imploring race may his perfection plead,
  And may his unforgotten ashes scour his sinful seed ;
Let their request be granted, for their souls His mercy need,
  And yearn for in the evening as the morning.

בְּקֶר קוֹלָם שְׁמַע וּתְכַפֵּר עֲוֹנוֹתֵיהֶם׃
וְעֶרֶךְ תְּפִלָּתָם תֶּחֱשָׁב כְּעֵרֶךְ קָרְבְּנוֹתֵיהֶם׃
לְקָחוּ וּבָאוּ בְּזִכְרוֹן צִדְקַת אֲבוֹתֵיהֶם׃
וְהֵם הֵבִיאוּ אֵלָיו עוֹד נְדָבָה בַּבְּקֶר בַּבְּקֶר׃

Reader. בְּקֶר תֵּפֶן אֵלֵינוּ וְרַחֲמֶיךָ עָלֵינוּ יִכְמְרוּ׃
וְתַשְׁלִיךְ בִּמְצֻלוֹת יָם כָּל חַטֹּאתֵינוּ וְלֹא יִזָּכְרוּ׃
צוּר הַעֲבֵר עֲוֺנֵנוּ מִלְּפָנֶיךָ וְלֹא יַשְׁאִירוּ
מִמֶּנּוּ עַד בְּקֶר׃

אֵל מֶלֶךְ יוֹשֵׁב עַל כִּסֵּא רַחֲמִים׃ מִתְנַהֵג בַּחֲסִידוּת
מוֹחֵל עֲוֹנוֹת עַמּוֹ׃ מַעֲבִיר רִאשׁוֹן רִאשׁוֹן׃ מַרְבֶּה מְחִילָה
לַחַטָּאִים וּסְלִיחָה לַפּוֹשְׁעִים׃ עוֹשֶׂה צְדָקוֹת עִם כָּל
בָּשָׂר וָרוּחַ׃ לֹא כְרָעָתָם תִּגְמוֹל׃ אֵל הוֹרֵיתָ לָנוּ לוֹמַר
שְׁלֹשׁ עֶשְׂרֵה׃ זְכָר לָנוּ הַיּוֹם בְּרִית שְׁלֹשׁ עֶשְׂרֵה׃ כְּמוֹ
שֶׁהוֹדַעְתָּ לֶעָנָו מִקֶּדֶם כְּמוֹ שֶׁכָּתוּב׃ וַיֵּרֶד יְיָ בֶּעָנָן וַיִּתְיַצֵּב
עִמּוֹ שָׁם וַיִּקְרָא בְשֵׁם יְיָ׃

וַיַּעֲבֹר יְיָ עַל פָּנָיו וַיִּקְרָא׃

יְיָ יְיָ אֵל רַחוּם וְחַנּוּן אֶרֶךְ אַפַּיִם וְרַב חֶסֶד וֶאֱמֶת׃
נֹצֵר חֶסֶד לָאֲלָפִים נֹשֵׂא עָוֹן וָפֶשַׁע וְחַטָּאָה וְנַקֵּה׃
וְסָלַחְתָּ לַעֲוֺנֵנוּ וּלְחַטָּאתֵנוּ וּנְחַלְתָּנוּ׃

סְלַח לָנוּ אָבִינוּ כִּי חָטָאנוּ׃ מְחַל לָנוּ מַלְכֵּנוּ כִּי פָשָׁעְנוּ׃
כִּי אַתָּה אֲדֹנָי טוֹב וְסַלָּח וְרַב חֶסֶד לְכָל קֹרְאֶיךָ׃

At morn, O hearken to their cry and purge their sinful fold :
   Account their prayer-ritual like offerings of old ;
The customs of their ancestors they piously uphold,
   By bringing gifts of freewill every morning.

This morn O look upon us, and let mercy greet our plea,
   And hurl our sins away within the unrecording sea ;
O cause our whole iniquity before Thy face to flee,
   And let no jot abide until the morning.

Almighty King, who sittest upon a throne of mercy, and governest the world with loving-kindness, who pardonest the sins of thy people, causing them to pass away one by one, freely extending pardon to sinners, and forgiveness to transgressors, doing charity to the spirit of all flesh, and not requiting them according to their evil ; O God, thou hast taught us to recite thy thirteen attributes. Remember then unto us this day the covenant of the thirteen attributes, even as thou didst reveal them of old to the meek man, as it is written : And the Lord descended in the cloud and stood with him there, and proclaimed the Name of the Lord. And the Lord passed by before him and proclaimed :

The Lord, the Lord, a God full of compassion and gracious, slow to anger, and abundant in mercy and truth ; keeping mercy for thousands, forgiving iniquity, transgression and sin ; and acquitting. O pardon our iniquity and our sin, and take us for thine inheritance.

Forgive us, O our Father, for we have sinned ; pardon us, our King, for we have transgressed. For thou, O Lord, art good and ready to forgive, and plenteous in mercy unto all them that call upon thee.

זְכֹר רַחֲמֶיךָ יְיָ וַחֲסָדֶיךָ כִּי מֵעוֹלָם הֵמָּה: אַל תִּזְכָּר
לָנוּ עֲוֹנוֹת רִאשׁוֹנִים מַהֵר יְקַדְּמוּנוּ רַחֲמֶיךָ כִּי דַלּוֹנוּ
מְאֹד: זָכְרֵנוּ יְיָ בִּרְצוֹן עַמֶּךָ· פָּקְדֵנוּ בִּישׁוּעָתֶךָ: זְכֹר
עֲדָתְךָ קָנִיתָ קֶּדֶם גָּאַלְתָּ שֵׁבֶט נַחֲלָתֶךָ הַר צִיּוֹן זֶה
שָׁכַנְתָּ בּוֹ: זְכֹר יְיָ חִבַּת יְרוּשָׁלָיִם· אַהֲבַת צִיּוֹן אַל
תִּשְׁכַּח לָנֶצַח: זְכֹר יְיָ לִבְנֵי אֱדוֹם אֵת יוֹם יְרוּשָׁלָיִם
הָאוֹמְרִים עָרוּ עָרוּ עַד הַיְסוֹד בָּהּ: אַתָּה תָקוּם תְּרַחֵם
צִיּוֹן כִּי עֵת לְחֶנְנָהּ כִּי בָא מוֹעֵד: זְכוֹר לְאַבְרָהָם לְיִצְחָק
וּלְיִשְׂרָאֵל עֲבָדֶיךָ אֲשֶׁר נִשְׁבַּעְתָּ לָהֶם בָּךְ וַתְּדַבֵּר אֲלֵהֶם
אַרְבֶּה אֶת זַרְעֲכֶם כְּכוֹכְבֵי הַשָּׁמָיִם וְכָל הָאָרֶץ הַזֹּאת
אֲשֶׁר אָמַרְתִּי אֶתֵּן לְזַרְעֲכֶם וְנָחֲלוּ לְעֹלָם: זְכֹר לַעֲבָדֶיךָ
לְאַבְרָהָם לְיִצְחָק וּלְיַעֲקֹב· אַל תֵּפֶן אֶל קְשִׁי הָעָם הַזֶּה
וְאֶל רִשְׁעוֹ וְאֶל חַטָּאתוֹ:

אֵל נָא תָשֵׁת עָלֵינוּ חַטָּאת אֲשֶׁר נוֹאַלְנוּ וַאֲשֶׁר חָטָאנוּ:
חָטָאנוּ צוּרֵנוּ· סְלַח לָנוּ יוֹצְרֵנוּ:

זְכֹר לָנוּ בְּרִית אָבוֹת כַּאֲשֶׁר אָמַרְתָּ· וְזָכַרְתִּי אֶת
בְּרִיתִי יַעֲקוֹב וְאַף אֶת בְּרִיתִי יִצְחָק וְאַף אֶת בְּרִיתִי
אַבְרָהָם אֶזְכֹּר וְהָאָרֶץ אֶזְכֹּר: זְכָר לָנוּ בְּרִית רִאשׁוֹנִים
כַּאֲשֶׁר אָמַרְתָּ· וְזָכַרְתִּי לָהֶם בְּרִית רִאשׁוֹנִים אֲשֶׁר
הוֹצֵאתִי אֹתָם מֵאֶרֶץ מִצְרַיִם לְעֵינֵי הַגּוֹיִם לִהְיוֹת לָהֶם
לֵאלֹהִים אֲנִי יְיָ: עֲשֵׂה עִמָּנוּ כְּמָה שֶׁהִבְטַחְתָּנוּ· וְאַף
גַּם זֹאת בִּהְיוֹתָם בְּאֶרֶץ אֹיְבֵיהֶם לֹא מְאַסְתִּים וְלֹא

Remember, O Lord, thy tender mercies and thy loving-kindnesses; for they are of old. O remember not former iniquities against us; let thy tender mercies speedily prevent us, for we are brought very low. Remember us, O Lord, with the favour that thou bearest unto thy people: O visit us with thy salvation. Remember thy congregation which thou hast gotten of old, which thou hast redeemed to be the tribe of thine inheritance, and mount Zion wherein thou hast dwelt. Remember, O Lord, the devotion of Jerusalem, and forget not for all time the love of Zion. Remember, O Lord, against the children of Edom the day of Jerusalem; who said, Rase it, rase it even unto the foundation thereof. Thou wilt arise and have mercy upon Zion: for it is time to have pity upon her, yea, the set time is come. Remember Abraham, Isaac and Israel, thy servants, to whom thou swarest by thine own self and saidst unto them: I will multiply your seed as the stars of heaven, and all this land that I have spoken of will I give unto your seed and they shall inherit it for ever. Remember thy servants, Abraham, Isaac and Jacob; look not unto the stubbornness of this people, nor to their wickedness, nor to their sin.

Lay not the sin, we beseech thee, upon us, wherein we have done foolishly and wherein we have sinned.

We have sinned, O our Rock! Our Creator, forgive us!

Remember unto us the covenant of the patriarchs, even as thou hast said: "And I will remember my covenant with Jacob, and also my covenant with Isaac, and also my covenant with Abraham will I remember; and I will remember the land." Remember unto us the covenant of our ancestors, as thou hast said: "And I will, for their sakes, remember the covenant of their ancestors, whom I brought forth out of the land of Egypt in the sight of the heathen, that I might be their God: I am the Lord." Do by us as thou hast promised: "And yet for all that, when they be in the land of their enemies, I will not cast them away, neither will I abhor them, to destroy them utterly

גְּעַלְתִּים לְכַלֹּתָם לְהָפֵר בְּרִיתִי אִתָּם כִּי אֲנִי יְיָ אֱלֹהֵיהֶם:
רַחֵם עָלֵינוּ וְאַל תַּשְׁחִיתֵנוּ כְּמָה שֶׁכָּתוּב· כִּי אֵל רַחוּם
יְיָ אֱלֹהֶיךָ לֹא יַרְפְּךָ וְלֹא יַשְׁחִיתֶךָ וְלֹא יִשְׁכַּח אֶת בְּרִית
אֲבֹתֶיךָ אֲשֶׁר נִשְׁבַּע לָהֶם: מוֹל אֶת לְבָבֵנוּ לְאַהֲבָה
וּלְיִרְאָה אֶת שְׁמֶךָ כַּכָּתוּב בְּתוֹרָתֶךָ· וּמָל יְיָ אֱלֹהֶיךָ
אֶת לְבָבְךָ וְאֶת לְבַב זַרְעֶךָ לְאַהֲבָה אֶת יְיָ אֱלֹהֶיךָ בְּכָל
לְבָבְךָ וּבְכָל נַפְשְׁךָ לְמַעַן חַיֶּיךָ: הָשֵׁב שְׁבוּתֵנוּ וְרַחֲמֵנוּ
כְּמָה שֶׁכָּתוּב· וְשָׁב יְיָ אֱלֹהֶיךָ אֶת שְׁבוּתְךָ וְרִחֲמֶךָ וְשָׁב
וְקִבֶּצְךָ מִכָּל הָעַמִּים אֲשֶׁר הֱפִיצְךָ יְיָ אֱלֹהֶיךָ שָׁמָּה:
קַבֵּץ נִדָּחֵנוּ כְּמָה שֶׁכָּתוּב· אִם יִהְיֶה נִדַּחֲךָ בִּקְצֵה
הַשָּׁמָיִם מִשָּׁם יְקַבֶּצְךָ יְיָ אֱלֹהֶיךָ וּמִשָּׁם יִקָּחֶךָ: הִמָּצֵא
לָנוּ בְּבַקָּשָׁתֵנוּ כְּמָה שֶׁכָּתוּב· וּבִקַּשְׁתֶּם מִשָּׁם אֶת יְיָ
אֱלֹהֶיךָ וּמָצָאתָ כִּי תִדְרְשֶׁנּוּ בְּכָל לְבָבְךָ וּבְכָל נַפְשֶׁךָ:
מְחֵה פְשָׁעֵינוּ לְמַעַנְךָ כַּאֲשֶׁר אָמַרְתָּ· אָנֹכִי אָנֹכִי הוּא
מֹחֶה פְשָׁעֶיךָ לְמַעֲנִי וְחַטֹּאתֶיךָ לֹא אֶזְכֹּר: מְחֵה פְשָׁעֵינוּ
כָעָב וְכֶעָנָן כַּאֲשֶׁר אָמַרְתָּ· מָחִיתִי כָעָב פְּשָׁעֶיךָ וְכֶעָנָן
חַטֹּאתֶיךָ שׁוּבָה אֵלַי כִּי גְאַלְתִּיךָ: הַלְבֵּן חֲטָאֵינוּ כַּשֶּׁלֶג
וְכַצֶּמֶר כְּמָה שֶׁכָּתוּב· לְכוּ נָא וְנִוָּכְחָה יֹאמַר יְיָ אִם
יִהְיוּ חֲטָאֵיכֶם כַּשָּׁנִים כַּשֶּׁלֶג יַלְבִּינוּ אִם יַאְדִּימוּ כַתּוֹלָע
כַּצֶּמֶר יִהְיוּ: זְרוֹק עָלֵינוּ מַיִם טְהוֹרִים וְטַהֲרֵנוּ כְּמָה
שֶׁכָּתוּב· וְזָרַקְתִּי עֲלֵיכֶם מַיִם טְהוֹרִים וּטְהַרְתֶּם מִכָּל
טֻמְאוֹתֵיכֶם וּמִכָּל גִּלּוּלֵיכֶם אֲטַהֵר אֶתְכֶם: כַּפֵּר חֲטָאֵינוּ
בַּיּוֹם הַזֶּה וְטַהֲרֵנוּ כְּמָה שֶׁכָּתוּב· כִּי בַיּוֹם הַזֶּה יְכַפֵּר
עֲלֵיכֶם לְטַהֵר אֶתְכֶם מִכֹּל חַטֹּאתֵיכֶם לִפְנֵי יְיָ תִּטְהָרוּ:
הֲבִיאֵנוּ אֶל הַר קָדְשֶׁךָ וְשַׂמְּחֵנוּ בְּבֵית תְּפִלָּתֶךָ כְּמָה

and to break my covenant with them : for I am the Lord their God." Have mercy upon us and destroy us not, even as it is written : " For the Lord thy God is a merciful God : he will not forsake thee, neither will he destroy thee, nor forget the covenant of thy fathers which he sware unto them." Circumcise our hearts to love and revere thy Name, as it is written in thy Law : " And the Lord thy God will circumcise thy heart and the heart of thy seed, to love the Lord thy God with all thine heart and with all thy soul, that thou mayest live." Bring back our captivity and have compassion upon us, as it is written : " Then the Lord thy God will turn thy captivity and have compassion upon thee, and will again gather thee from all the peoples whither the Lord thy God hath scattered thee." Gather our dispersed ones, as it is written : " If any of them be driven out unto the utmost parts of heaven, from thence will the Lord thy God gather thee, and from thence will he fetch thee." Be thou found of us by our supplication, as it is written : " And if from thence thou shalt seek the Lord thy God, thou shalt find him, if thou seek him with all thine heart and with all thy soul." O blot out our transgressions for thy sake, as thou hast said : " I, even I, am he that blotteth out thy transgressions for mine own sake, and will not remember thy sins." Blot out our transgressions as a thick cloud and as a mist, as it is written : " I have blotted out as a thick cloud thy transgressions, and as a mist thy sins : return unto me ; for I have redeemed thee." Turn thou our sins as white as snow or wool, as it is written : " Come now, and let us reason together, saith the Lord : though your sins be as scarlet, they shall be as white as snow ; though they be red like crimson, they shall be as wool." Sprinkle clean water upon us and cleanse us, as it is written : " Then will I sprinkle clean water upon you, and ye shall be clean ; from all your defilements and from all your idols will I cleanse you." Atone our sins on this day and purify us, as it is written : " For on this day shall atonement be made for you to cleanse you : from all your sins before the Lord shall ye be clean." O bring us to thy holy mountain

שֶׁכָּתוּב· וַהֲבִיאֹתִים אֶל הַר קָדְשִׁי וְשִׂמַּחְתִּים בְּבֵית
תְּפִלָּתִי עוֹלוֹתֵיהֶם וְזִבְחֵיהֶם לְרָצוֹן עַל מִזְבְּחִי כִּי בֵיתִי
בֵית תְּפִלָּה יִקָּרֵא לְכָל הָעַמִּים:

Reader and Cong. שְׁמַע קוֹלֵנוּ יְיָ אֱלֹהֵינוּ חוּס וְרַחֵם עָלֵינוּ
וְקַבֵּל בְּרַחֲמִים וּבְרָצוֹן אֶת תְּפִלָּתֵנוּ:

Reader and Cong. הֲשִׁיבֵנוּ יְיָ אֵלֶיךָ וְנָשׁוּבָה חַדֵּשׁ יָמֵינוּ כְּקֶדֶם:

אֲמָרֵינוּ הַאֲזִינָה יְיָ בִּינָה הֲגִיגֵנוּ: יִהְיוּ לְרָצוֹן אִמְרֵי
פִינוּ וְהֶגְיוֹן לִבֵּנוּ לְפָנֶיךָ יְיָ צוּרֵנוּ וְגוֹאֲלֵנוּ: אַל תַּשְׁלִיכֵנוּ
מִלְּפָנֶיךָ וְרוּחַ קָדְשְׁךָ אַל תִּקַּח מִמֶּנּוּ: אַל תַּשְׁלִיכֵנוּ
לְעֵת זִקְנָה כִּכְלוֹת כֹּחֵנוּ אַל תַּעַזְבֵנוּ: אַל תַּעַזְבֵנוּ יְיָ
אֱלֹהֵינוּ אַל תִּרְחַק מִמֶּנּוּ: עֲשֵׂה עִמָּנוּ אוֹת לְטוֹבָה
וְיִרְאוּ שׂוֹנְאֵינוּ וְיֵבֹשׁוּ כִּי אַתָּה יְיָ עֲזַרְתָּנוּ וְנִחַמְתָּנוּ: כִּי
לְךָ יְיָ הוֹחָלְנוּ אַתָּה תַעֲנֶה אֲדֹנָי אֱלֹהֵינוּ:

אֱלֹהֵינוּ וֵאלֹהֵי אֲבוֹתֵינוּ אַל תַּעַזְבֵנוּ· וְאַל תִּטְּשֵׁנוּ· וְאַל
תַּכְלִימֵנוּ· וְאַל תָּפֵר בְּרִיתְךָ אִתָּנוּ· קָרְבֵנוּ לְתוֹרָתֶךָ·
לַמְּדֵנוּ מִצְוֹתֶיךָ· הוֹרֵנוּ דְרָכֶיךָ· הַט לִבֵּנוּ לְיִרְאָה אֶת
שְׁמֶךָ· וּמוֹל אֶת לְבָבֵנוּ לְאַהֲבָתֶךָ· וְנָשׁוּב אֵלֶיךָ בֶּאֱמֶת
וּבְלֵב שָׁלֵם· וּלְמַעַן שִׁמְךָ הַגָּדוֹל תִּמְחוֹל וְתִסְלַח
לַעֲוֹנֵינוּ כַּכָּתוּב בְּדִבְרֵי קָדְשֶׁךָ לְמַעַן שִׁמְךָ יְיָ וְסָלַחְתָּ
לַעֲוֹנִי כִּי רַב הוּא:

אֱלֹהֵינוּ וֵאלֹהֵי אֲבוֹתֵינוּ סְלַח לָנוּ· מְחַל לָנוּ· כַּפֶּר לָנוּ:
כִּי אָנוּ עַמֶּךָ וְאַתָּה אֱלֹהֵינוּ· אָנוּ בָנֶיךָ וְאַתָּה אָבִינוּ ::
אָנוּ עֲבָדֶיךָ וְאַתָּה אֲדוֹנֵנוּ· אָנוּ קְהָלֶךָ וְאַתָּה חֶלְקֵנוּ ::

and make us joyful in thy house of prayer, as it is written : "And I will bring them to my holy mountain and make them joyful in my house of prayer : their burnt offerings and their sacrifices shall be accepted upon mine altar ; for mine house shall be called an house of prayer for all peoples."

Reader and Cong. Hear our voice, O Lord our God ; have pity and compassion upon us ; and accept our prayer in mercy and favour.

Reader and Cong. Turn thou us unto thee, O Lord, and we shall be turned ; renew our days as of old.

Give ear unto our words, O Lord, consider our meditation. Let the words of our mouth and the meditation of our heart be acceptable before thee, O Lord, our Rock and our Redeemer. Cast us not away from thy presence, and take not thy holy spirit from us. O cast us not off in the time of old age, forsake us not when our strength faileth. Forsake us not, O Lord our God, be not far from us. Show us a token for good : that our adversaries may see it and be ashamed : because thou, O Lord, hast holpen us and comforted us. For in thee, O Lord, do we hope. Thou wilt answer, O Lord our God.

Our God and God of our fathers, forsake us not, nor leave us : put us not to shame, nor annul thy covenant with us. Bring us nearer to thy Law, teach us thy commandments, shew us thy ways, incline our hearts to fear thy Name. O circumcise our hearts for thy love, that we may return unto thee in truth, and with a perfect heart. And for thy great Name's sake pardon and forgive our sins, even as it is written in thy holy writings : For thy Name's sake, O Lord, pardon my iniquity ; for it is great.

Our God and God of our fathers, forgive us, pardon us, grant us atonement.

Cong. For we are thy people, and thou art our God ;
We are thy children, and thou our father.
We are thy servants, and thou art our master ;
We are thy congregation, and thou our portion.

אָנוּ נַחֲלָתֶךָ וְאַתָּה גוֹרָלֵנוּ ‧ אָנוּ צֹאנֶךָ וְאַתָּה רוֹעֵנוּ :

אָנוּ כַרְמֶךָ וְאַתָּה נוֹטְרֵנוּ ‧ אָנוּ פְעֻלָּתֶךָ וְאַתָּה יוֹצְרֵנוּ :

אָנוּ רַעְיָתֶךָ וְאַתָּה דוֹדֵנוּ ‧ אָנוּ סְגֻלָּתֶךָ וְאַתָּה קְרוֹבֵנוּ :

אָנוּ עַמֶּךָ וְאַתָּה מַלְכֵּנוּ ‧ אָנוּ מַאֲמִירֶךָ וְאַתָּה מַאֲמִירֵנוּ:

Reader. אָנוּ עַזֵּי פָנִים וְאַתָּה רַחוּם וְחַנּוּן ‧ אָנוּ קְשֵׁי עֹרֶף

וְאַתָּה אֶרֶךְ אַפַּיִם ‧ אָנוּ מְלֵאֵי עָוֹן וְאַתָּה מָלֵא רַחֲמִים ‧

אָנוּ יָמֵינוּ כְּצֵל עוֹבֵר ‧ וְאַתָּה הוּא וּשְׁנוֹתֶיךָ לֹא יִתָּמּוּ :

אֱלֹהֵינוּ וֵאלֹהֵי אֲבוֹתֵינוּ ‧

תָּבֹא לְפָנֶיךָ תְּפִלָּתֵנוּ וְאַל תִּתְעַלַּם מִתְּחִנָּתֵנוּ ‧ שֶׁאֵין

אֲנַחְנוּ עַזֵּי פָנִים וּקְשֵׁי עֹרֶף לוֹמַר לְפָנֶיךָ יְיָ אֱלֹהֵינוּ

וֵאלֹהֵי אֲבוֹתֵינוּ צַדִּיקִים אֲנַחְנוּ וְלֹא חָטָאנוּ אֲבָל אֲנַחְנוּ

חָטָאנוּ :

Reader and Cong. אָשַׁמְנוּ ‧ בָּגַדְנוּ ‧ גָּזַלְנוּ ‧ דִּבַּרְנוּ דֹפִי ‧

הֶעֱוִינוּ ‧ וְהִרְשַׁעְנוּ ‧ זַדְנוּ ‧ חָמַסְנוּ ‧ טָפַלְנוּ שֶׁקֶר ‧ יָעַצְנוּ

רָע ‧ כִּזַּבְנוּ ‧ לַצְנוּ ‧ מָרַדְנוּ ‧ נִאַצְנוּ ‧ סָרַרְנוּ ‧ עָוִינוּ ‧ פָּשַׁעְנוּ ‧

צָרַרְנוּ ‧ קִשִּׁינוּ עֹרֶף ‧ רָשַׁעְנוּ ‧ שִׁחַתְנוּ ‧ תִּעַבְנוּ ‧ תָּעִינוּ ‧

תִּעְתָּעְנוּ :

סַרְנוּ מִמִּצְוֹתֶיךָ וּמִמִּשְׁפָּטֶיךָ הַטּוֹבִים וְלֹא שָׁוָה לָנוּ :

וְאַתָּה צַדִּיק עַל כָּל הַבָּא עָלֵינוּ ‧ כִּי אֱמֶת עָשִׂיתָ וַאֲנַחְנוּ

הִרְשָׁעְנוּ :

הִרְשַׁעְנוּ וּפָשַׁעְנוּ ‧ לָכֵן לֹא נוֹשָׁעְנוּ ‧ וְתֵן בְּלִבֵּנוּ לַעֲזוֹב

דֶּרֶךְ רֶשַׁע וְחִישׁ לָנוּ יֶשַׁע ‧ כַּכָּתוּב עַל יַד נְבִיאֶךָ ‧

יַעֲזֹב רָשָׁע דַּרְכּוֹ וְאִישׁ אָוֶן מַחְשְׁבֹתָיו וְיָשֹׁב אֶל יְיָ

וִירַחֲמֵהוּ וְאֶל אֱלֹהֵינוּ כִּי יַרְבֶּה לִסְלֹחַ:

We are thine inheritance, thou our lot ;
We are thy flock, thou our shepherd.
We are thy vineyard, and thou art our keeper ;
We are thy work, and thou our creator.

We are thy faithful ones : thou art our beloved ;
We are thy chosen : thou art the Lord our God.
We are thy subjects, thou our King ;
We are thine acknowledged people, thou our acknowledged Lord.

Reader. We are brazen-faced, but thou art merciful and compassionate ; we are stiff-necked, but thou art long-suffering. We are full of sin, but thou art full of mercy. As for us, our days are as a shadow ; but thou art immutable, and thy years never-ending.

Our God and God of our fathers,

Let our prayer come before thee, hide not thyself from our supplication, for we are not arrogant and stiff-necked, that we should say before thee, O Lord our God and God of our fathers, we are righteous and have not sinned ; verily we have sinned.

Reader and Cong. We have trespassed, we have dealt treacherously, we have robbed, we have spoken slander, we have acted perversely and we have wrought wickedness, we have acted presumptuously, we have done violence, we have framed lies, we have counselled evil, we have spoken falsely, we have scoffed, we have revolted, we have provoked, we have rebelled, we have committed iniquity, we have transgressed, we have oppressed, we have been stiff-necked, we have acted wickedly, we have corrupted, we have committed abomination, we have gone astray, we have led others astray.

We have turned away from thy commandments and thy judgments that are good, and it hath not profited us. But thou art righteous in all that hath come upon us ; for thou hast acted truthfully, but as for us, we have done wickedly.

We have acted wickedly and have transgressed ; wherefore we have not been saved. O incline our hearts to forsake the path of wickedness, and hasten thou salvation unto us ; as it is written by the hand of thy prophet, Let the wicked forsake his way, and the unrighteous man his thoughts ; let him return unto the Lord, and he will have mercy upon him, and unto our God, for he will abundantly pardon.

אֱלֹהֵינוּ וֵאלֹהֵי אֲבוֹתֵינוּ׃ סְלַח וּמְחַל לַעֲוֹנוֹתֵינוּ בְּיוֹם
[הַשַּׁבָּת הַזֶּה וּבְיוֹם] הַכִּפּוּרִים הַזֶּה׃ וְהֵעָתֵר לָנוּ
בִּתְפִלָּתֵנוּ׃ מְחֵה וְהַעֲבֵר פְּשָׁעֵינוּ מִנֶּגֶד עֵינֶיךָ׃ וְכוֹף אֶת
יִצְרֵנוּ לְהִשְׁתַּעְבֶּד לָךְ׃ וְהַכְנַע עָרְפֵּנוּ לָשׁוּב אֵלֶיךָ׃ וְחַדֵּשׁ
כִּלְיוֹתֵינוּ לִשְׁמוֹר פִּקּוּדֶיךָ׃ וּמוֹל אֶת לְבָבֵנוּ לְאַהֲבָה
וּלְיִרְאָה אֶת שְׁמֶךָ כַּכָּתוּב בְּתוֹרָתֶךָ׃ וּמָל יְיָ אֱלֹהֶיךָ
אֶת לְבָבְךָ וְאֶת לְבַב זַרְעֶךָ לְאַהֲבָה אֶת יְיָ אֱלֹהֶיךָ בְּכָל
לְבָבְךָ וּבְכָל נַפְשְׁךָ לְמַעַן חַיֶּיךָ׃

הַזְּדוֹנוֹת וְהַשְּׁגָגוֹת אַתָּה מַכִּיר׃ הָרָצוֹן וְהָאֹנֶס הַגְּלוּיִם
וְהַנִּסְתָּרִים לְפָנֶיךָ הֵם גְּלוּיִם וִידוּעִים׃ מָה אָנוּ׃ מֶה
חַיֵּינוּ׃ מֶה חַסְדֵּנוּ׃ מַה צִּדְקֵנוּ׃ מַה יְשׁוּעֵנוּ׃ מַה כֹּחֵנוּ׃
מַה גְּבוּרָתֵנוּ׃ מַה נֹּאמַר לְפָנֶיךָ יְיָ אֱלֹהֵינוּ וֵאלֹהֵי אֲבוֹתֵינוּ׃
הֲלֹא כָּל הַגִּבּוֹרִים כְּאַיִן לְפָנֶיךָ׃ וְאַנְשֵׁי הַשֵּׁם כְּלֹא הָיוּ׃
וַחֲכָמִים כִּבְלִי מַדָּע וּנְבוֹנִים כִּבְלִי הַשְׂכֵּל׃ כִּי רֹב
מַעֲשֵׂיהֶם תֹּהוּ וִימֵי חַיֵּיהֶם הֶבֶל לְפָנֶיךָ׃ וּמוֹתַר הָאָדָם
מִן הַבְּהֵמָה אָיִן כִּי הַכֹּל הָבֶל׃

מַה נֹּאמַר לְפָנֶיךָ יוֹשֵׁב מָרוֹם׃ וּמַה נְּסַפֵּר לְפָנֶיךָ שׁוֹכֵן
שְׁחָקִים׃ הֲלֹא כָּל הַנִּסְתָּרוֹת וְהַנִּגְלוֹת אַתָּה יוֹדֵעַ׃

אַתָּה מֵבִין תַּעֲלוּמוֹת לֵב׃ אֶפֶס לְךָ נִגְלוֹת וְגַם נִסְתָּרוֹת׃
בָּאנוּ בִדְבָרִים לְפַתּוֹתָךְ בָּם׃ בְּרִשְׁעֵנוּ אַל תֵּפֶן וְלֹא
בְמַעֲלָלֵינוּ׃ נִשְׁתַּנוּ בְּיוֹם זֶה כִּירֵא וְחָרֵד׃ גֵּאֶה כְּרַחוּם
לְמַעַנְךָ עֲשֵׂה חָסֶד׃ דִּין אַל תִּמְתַּח מוּל עָפָר וָאֵפֶר׃
דַּע אַחֲרִיתֵנוּ רִמָּה וְתוֹלֵעָה׃ הַאִם שָׁגַגְנוּ וְנֶעְלַם מִמֶּנּוּ׃
הֲלֹא אַתָּה לְבַד מֵבִין שְׁגִיאוֹת׃ וְאַל תַּחְשָׁב לָנוּ כְּעוֹשֶׂה

Our God and God of our fathers, forgive and pardon our iniquities [on this Sabbath day and] on this Day of Atonement. O be thou entreated of us! Forgive our transgressions and our sins, and cause them to pass away from before thine eyes. Subdue our heart to serve thee, and bend our will to turn unto thee ; renew our reins to observe thy precepts, and circumcise our hearts to love and revere thy Name, as it is written in thy Law : And the Lord thy God will circumcise thy heart and the heart of thy seed, to love the Lord thy God with all thine heart and with all thy soul, that thou mayest live.

Thou art acquainted with our sins both of presumption and of ignorance, whether of will or by compulsion, both the revealed and the secret. Before thee they are revealed and known. What are we ? What is our life ? What our piety ? What our righteousness ? What our salvation ? What our strength ? What our might ? What shall we say before thee, O Lord our God and God of our fathers ? Are not all the mighty ones as naught before thee, and men of fame as though they were not, wise men as if they were without knowledge, and men of understanding as though they were void of discretion ? For the multitude of their works is emptiness, and the days of their life are vanity before thee; and the pre-eminence of man over beast is naught: for all is vanity.

What shall we say before thee, O thou who dwellest on high, and what shall we declare before thee, thou who abidest in the heavens ? Dost thou not know all things, both the hidden and the revealed ?

Thou knowest the mysteries of the heart ; unto thee alone belong both revealed and secret things. We come with words wherewith to crave thy favour ; heed not our wickedness nor our wrongful acts. We come this day like unto one who feareth and hath dread ; thou who art exalted, being merciful, yield loving-kindness for thy sake. Strict justice deal not unto dust and ashes ; see ! our end is the worm. If we have erred and the sin is veiled from us, art not thou alone he who perceiveth faults ? So judge us not as one who acteth designedly ; and, in

בְזָדוֹן· וְהֵוִי שְׂפָתֵינוּ שָׁעָה בְּעֵת רָצוֹן: זֶה כַּפֶּר לָנוּ
הוֹדַע וְלֹא הוֹדַע· זָדוֹן וְנֶעְלָם עָשׂהֹ וְלֹא תַעֲשֶׂה: חַלְּצֵנוּ
מֵעֹנֶשׁ כָּרֵת וּמִיתָה· חֲמוֹל עַל חֹמֶר מַעֲשֵׂה יָדֶיךָ:
טָפַשְׁנוּ בְּרֹעַ יֵצֶר אֲשֶׁר מִנְּעוּרֵינוּ· טָמוּן בְּקִרְבֵּנוּ כְּרֶשֶׁת
לִפְעָמֵינוּ: יוֹצְרֵנוּ וְעוֹשֵׂנוּ יוֹדֵעַ יִצְרֵנוּ· יֶהֱמוּ רַחֲמֶיךָ וְאַל
תַּשְׁחִיתֵנוּ: כִּי מִלְּפָנֶיךָ מִי יִסָּתֵר· כֹּל גָּלוּי לְךָ כָאוֹר
וְכַצָּהֳרָיִם: לְבֵית דִּין הוֹרֵיתָ אַרְבַּע מִיתוֹת· לְמַעַנְךָ
עֲשֵׂה וּמֵהֶם חַלְּצֵנוּ: מֵאָז יְצַרְתָּנוּ חֲקַרְתָּנוּ וַתֵּדַע· מַעֲשֵׂינוּ
כִּי הֵמָּה עָמָל וָאָוֶן· נְצוֹר נַפְשׁוֹתֵינוּ כִּי בְיָדְךָ כָּל נֶפֶשׁ·
נָא תִיקַר נֶפֶשׁ מִמְעַנִּי לְךָ נָפֶשׁ: סְקִילָה שְׂרֵיפָה הֶרֶג
וָחֶנֶק· סוֹדָם גְּלִיתָ לְיוֹדְעֵי אֲמִתָּךְ: עַל כָּל פְּשָׁעֵינוּ אֱלֽוֹהַּ
כַּפֶּר לָנוּ· עַל יָדוּעַ לָנוּ וְעַל נֶעְלָם מִמֶּנּוּ: פְּשָׁעֵינוּ הוֹדִינוּ
לְךָ חוֹקֵר לֵב· פְּדֵנוּ מֵחֵטְא נַקֵּנוּ מֵעָוֹן: צוּר אַל תֵּפֶן
בְּאֱנוֹשׁ חָצִיר· צְדָקָה עֲשֵׂה עִמָּנוּ כְּעָשִׂיתָ עִם כָּל חָי:
קַדְּמוּ בַנֶּשֶׁף קָרְבֵּנוּ בִּשְׁוֵעַ· קָרְבֵּנוּ אֵלֶיךָ קָשׁוֹב
קַרִיאָתֵנוּ: רִשְׁעֵנוּ אַל תֵּפֶן רַחֲמֵנוּ וְנִצְטַדָּקָה· רַחֲמֶיךָ
יְבוֹאוּנוּ רַחוּם וְחַנּוּן: *Reader.* שִׁמְךָ מֵעוֹלָם עוֹבֵר
עַל פֶּשַׁע· שַׁוְעָתֵנוּ תַאֲזִין בְּעָמְדֵנוּ לְפָנֶיךָ בִתְפִלָּה: תַּעֲבוֹר
עַל פֶּשַׁע לְעַם שָׁבֵי פֶשַׁע· תִּמְחֶה אַשְׁמָתֵינוּ מִנֶּגֶד עֵינֶיךָ:

אַתָּה יוֹדֵעַ רָזֵי עוֹלָם· וְתַעֲלוּמוֹת סִתְרֵי כָּל חָי: אַתָּה
חוֹפֵשׂ כָּל חַדְרֵי בָטֶן וּבוֹחֵן כְּלָיוֹת וָלֵב: אֵין דָּבָר נֶעְלָם
מִמֶּךָּ· וְאֵין נִסְתָּר מִנֶּגֶד עֵינֶיךָ:

וּבְכֵן יְהִי רָצוֹן מִלְּפָנֶיךָ יְיָ אֱלֹהֵינוּ וֵאלֹהֵי אֲבוֹתֵינוּ·
שֶׁתִּסְלַח לָנוּ עַל כָּל חַטֹּאתֵינוּ· וְתִמְחַל לָנוּ עַל כָּל
עֲוֹנוֹתֵינוּ· וּתְכַפֶּר לָנוּ עַל כָּל פְּשָׁעֵינוּ:

an acceptable time, list thou the confession of our lips. Pardon us on this day our sins, whether known unto us or unknown ; whether committed presumptuously or in ignorance, both in relation to positive and negative commands. Deliver us from the punishment of excision and death ; have compassion upon this clay, the work of thy hands. We have acted foolishly through the evil inclination, which from our youth hath been concealed within us, like a snare for our steps. O our Former and Creator, thou who knowest our frailty, let thy compassion be moved, and destroy us not. For who can be hidden from thy presence ? all things are revealed unto thee as the light and as noontide. Thou hast taught the Court of Law the rules of the four death-penalties ; O for thy sake deliver us therefrom. When thou fashionedst us, thou didst search and know our ways ; verily they have been perverse and evil. O preserve our souls ; for in thy hand is every soul. We beseech thee, let the soul be precious of those who afflict their soul before thee. The reason for stoning, burning, beheading and strangling hast thou revealed unto those who know thy truth. O God, pardon us for all our transgressions, both those that are known unto us, and those that are concealed from us. We have made confession of our transgressions unto thee, O thou who searchest the heart ; deliver us from sin, purify us from iniquity. O thou Rock, regard not the sins of man, who is like grass, but act charitably with us, as thou hast dealt with every living creature. We have hastened to come unto thee ; we have approached thee with prayer. O draw us near unto thee, O hearken to our cry. Regard not our wickedness, but have pity upon us, that we may be justified. May thy mercies come unto us, O thou who art merciful and gracious.

Reader. Thy Name hath ever been, He who passeth by transgression ; give ear unto our cry when we stand before thee in prayer. Pass by the transgression of a people who turn from transgression ; O blot out our trespasses from before thine eyes.

Thou knowest the mysteries of the Universe and the hidden secrets of all living. Thou searchest all the innermost recesses and triest the reins and the heart. Naught is hidden from thee, neither is anything concealed from thine eyes.

May it therefore be thy will, O Lord our God and God of our fathers, to forgive us all our sins, to pardon us all our iniquities, and to grant us atonement for all our transgressions.

עַל חֵטְא שֶׁחָטָאנוּ לְפָנֶיךָ בְּאֹנֶס וּבְרָצוֹן:

וְעַל חֵטְא שֶׁחָטָאנוּ לְפָנֶיךָ בְּאִמּוּץ הַלֵּב:

עַל חֵטְא שֶׁחָטָאנוּ לְפָנֶיךָ בִּבְלִי דָעַת:

וְעַל חֵטְא שֶׁחָטָאנוּ לְפָנֶיךָ בְּבִטּוּי שְׂפָתָיִם:

עַל חֵטְא שֶׁחָטָאנוּ לְפָנֶיךָ בְּגִלּוּי עֲרָיוֹת:

וְעַל חֵטְא שֶׁחָטָאנוּ לְפָנֶיךָ בְּגָלוּי וּבַסָּתֶר:

עַל חֵטְא שֶׁחָטָאנוּ לְפָנֶיךָ בְּדַעַת וּבְמִרְמָה:

וְעַל חֵטְא שֶׁחָטָאנוּ לְפָנֶיךָ בְּדִבּוּר פֶּה:

עַל חֵטְא שֶׁחָטָאנוּ לְפָנֶיךָ בְּהוֹנָאַת רֵעַ:

וְעַל חֵטְא שֶׁחָטָאנוּ לְפָנֶיךָ בְּהַרְהוֹר הַלֵּב:

עַל חֵטְא שֶׁחָטָאנוּ לְפָנֶיךָ בִּוְעִידַת זְנוּת:

וְעַל חֵטְא שֶׁחָטָאנוּ לְפָנֶיךָ בְּוִדּוּי פֶּה:

עַל חֵטְא שֶׁחָטָאנוּ לְפָנֶיךָ בְּזִלְזוּל הוֹרִים וּמוֹרִים:

וְעַל חֵטְא שֶׁחָטָאנוּ לְפָנֶיךָ בְּזָדוֹן וּבִשְׁגָגָה:

עַל חֵטְא שֶׁחָטָאנוּ לְפָנֶיךָ בְּחֹזֶק יָד:

וְעַל חֵטְא שֶׁחָטָאנוּ לְפָנֶיךָ בְּחִלּוּל הַשֵּׁם:

עַל חֵטְא שֶׁחָטָאנוּ לְפָנֶיךָ בְּטֻמְאַת שְׂפָתָיִם:

וְעַל חֵטְא שֶׁחָטָאנוּ לְפָנֶיךָ בְּטִפְשׁוּת פֶּה:

עַל חֵטְא שֶׁחָטָאנוּ לְפָנֶיךָ בְּיֵצֶר הָרָע:

וְעַל חֵטְא שֶׁחָטָאנוּ לְפָנֶיךָ בְּיוֹדְעִים וּבְלֹא יוֹדְעִים:

וְעַל כֻּלָּם אֱלוֹהַּ סְלִיחוֹת סְלַח לָנוּ· מְחַל לָנוּ· כַּפֶּר לָנוּ:

עַל חֵטְא שֶׁחָטָאנוּ לְפָנֶיךָ בְּכַחַשׁ וּבְכָזָב:

וְעַל חֵטְא שֶׁחָטָאנוּ לְפָנֶיךָ בְּכַפַּת שֹׁחַד:

עַל חֵטְא שֶׁחָטָאנוּ לְפָנֶיךָ בְּלָצוֹן:

For the sin wherein we have sinned before thee under compulsion
or of freewill,

And for the sin wherein we have sinned before thee by hardening
of the heart ;

For the sin wherein we have sinned before thee unwittingly,

And for the sin wherein we have sinned before thee with utterance
of the lips ;

For the sin wherein we have sinned before thee by unchastity,

And for the sin wherein we have sinned before thee openly and
secretly ;

For the sin wherein we have sinned before thee knowingly and
deceitfully,

And for the sin wherein we have sinned before thee in speech ;

For the sin wherein we have sinned before thee by wronging a
neighbour,

And for the sin wherein we have sinned before thee in the medita-
tion of the heart ;

For the sin wherein we have sinned before thee by association
with impurity,

And for the sin wherein we have sinned before thee by confession
of the lips ;

For the sin wherein we have sinned before thee by despising
parents and teachers,

And for the sin wherein we have sinned before thee in pre-
sumption and in error ;

For the sin wherein we have sinned before thee by violence,

And for the sin wherein we have sinned before thee by the pro-
fanation of thy Name ;

For the sin wherein we have sinned before thee by impurity of
the lips,

And for the sin wherein we have sinned before thee by foolish
speech ;

For the sin wherein we have sinned before thee by the evil
inclination,

And for the sin wherein we have sinned before thee wittingly or
unwittingly.

> And for all these, O God of forgiveness, forgive us,
> pardon us, grant us atonement.

For the sin wherein we have sinned before thee by denying
and lying,

And for the sin wherein we have sinned before thee by bribery ;

For the sin wherein we have sinned before thee by scoffing,

וְעַל חֵטְא שֶׁחָטָאנוּ לְפָנֶיךָ בִּלְשׁוֹן הָרָע:

עַל חֵטְא שֶׁחָטָאנוּ לְפָנֶיךָ בְּמַשָּׂא וּבְמַתָּן:

וְעַל חֵטְא שֶׁחָטָאנוּ לְפָנֶיךָ בְּמַאֲכָל וּבְמִשְׁתֶּה:

עַל חֵטְא שֶׁחָטָאנוּ לְפָנֶיךָ בְּנֶשֶׁךְ וּבְמַרְבִּית:

וְעַל חֵטְא שֶׁחָטָאנוּ לְפָנֶיךָ בִּנְטִיַּת גָּרוֹן:

עַל חֵטְא שֶׁחָטָאנוּ לְפָנֶיךָ בְּשִׂיחַ שִׂפְתוֹתֵינוּ:

וְעַל חֵטְא שֶׁחָטָאנוּ לְפָנֶיךָ בְּשִׁקּוּר עָיִן:

עַל חֵטְא שֶׁחָטָאנוּ לְפָנֶיךָ בְּעֵינַיִם רָמוֹת:

וְעַל חֵטְא שֶׁחָטָאנוּ לְפָנֶיךָ בְּעַזּוּת מֶצַח:

וְעַל כֻּלָּם אֱלוֹהַּ סְלִיחוֹת סְלַח לָנוּ· מְחַל לָנוּ· כַּפֶּר לָנוּ:

עַל חֵטְא שֶׁחָטָאנוּ לְפָנֶיךָ בִּפְרִיקַת עֹל:

וְעַל חֵטְא שֶׁחָטָאנוּ לְפָנֶיךָ בִּפְלִילוּת:

עַל חֵטְא שֶׁחָטָאנוּ לְפָנֶיךָ בִּצְדִיַּת רֵעַ:

וְעַל חֵטְא שֶׁחָטָאנוּ לְפָנֶיךָ בְּצָרוּת עָיִן:

עַל חֵטְא שֶׁחָטָאנוּ לְפָנֶיךָ בְּקַלּוּת רֹאשׁ:

וְעַל חֵטְא שֶׁחָטָאנוּ לְפָנֶיךָ בְּקַשְׁיוּת עֹרֶף:

עַל חֵטְא שֶׁחָטָאנוּ לְפָנֶיךָ בִּרִיצַת רַגְלַיִם לְהָרַע:

וְעַל חֵטְא שֶׁחָטָאנוּ לְפָנֶיךָ בִּרְכִילוּת:

עַל חֵטְא שֶׁחָטָאנוּ לְפָנֶיךָ בִּשְׁבוּעַת שָׁוְא:

וְעַל חֵטְא שֶׁחָטָאנוּ לְפָנֶיךָ בְּשִׂנְאַת חִנָּם:

עַל חֵטְא שֶׁחָטָאנוּ לְפָנֶיךָ בִּתְשׂוּמֶת יָד:

וְעַל חֵטְא שֶׁחָטָאנוּ לְפָנֶיךָ בְּתִמְהוֹן לֵבָב:

וְעַל כֻּלָּם אֱלוֹהַּ סְלִיחוֹת סְלַח לָנוּ· מְחַל לָנוּ· כַּפֶּר לָנוּ:

And for the sin wherein we have sinned before thee by evil speech :
For the sin wherein we have sinned before thee in business.
And for the sin wherein we have sinned before thee in eating and
drinking ;
For the sin wherein we have sinned before thee by usury and
increase,
And for the sin wherein we have sinned before thee by an
arrogant mien ;
For the sin wherein we have sinned before thee by the utterances
of our lips,
And for the sin wherein we have sinned before thee by a wanton
glance ;
For the sin wherein we have sinned before thee with haughty
eyes,
And for the sin wherein we have sinned before thee with
obdurate brow.

> And for all these, O God of forgiveness, forgive us,
> pardon us, grant us atonement.

For the sin wherein we have sinned before thee by breaking off
the yoke,
And for the sin wherein we have sinned before thee by con-
tentiousness ;
For the sin wherein we have sinned before thee by ensnaring
our neighbour,
And for the sin wherein we have sinned before thee by envy ;
For the sin wherein we have sinned before thee by levity,
And for the sin wherein we have sinned before thee by being
stiff-necked ;
For the sin wherein we have sinned before thee by running to
do evil,
And for the sin wherein we have sinned before thee by tale-
bearing ;
For the sin wherein we have sinned before thee by a vain oath,
And for the sin wherein we have sinned before thee by causeless
hatred ;
For the sin wherein we have sinned before thee by a breach of
trust,
And for the sin wherein we have sinned before thee by terror
of the heart.

> And for all these, O God of forgiveness, forgive us,
> pardon us, grant us atonement.

וְעַל הֲטָאִים שֶׁאָנוּ חַיָּבִים עֲלֵיהֶם עוֹלָה:

וְעַל הֲטָאִים שֶׁאָנוּ חַיָּבִים עֲלֵיהֶם חַטָּאת:

וְעַל הֲטָאִים שֶׁאָנוּ חַיָּבִים עֲלֵיהֶם קָרְבָּן עוֹלֶה וְיוֹרֵד:

וְעַל הֲטָאִים שֶׁאָנוּ חַיָּבִים עֲלֵיהֶם אָשָׁם וַדַּי וְאָשָׁם תָּלוּי:

וְעַל הֲטָאִים שֶׁאָנוּ חַיָּבִים עֲלֵיהֶם מַכַּת מַרְדּוּת:

וְעַל הֲטָאִים שֶׁאָנוּ חַיָּבִים עֲלֵיהֶם מַלְקוּת אַרְבָּעִים:

וְעַל הֲטָאִים שֶׁאָנוּ חַיָּבִים עֲלֵיהֶם מִיתָה בִּידֵי שָׁמָיִם:

וְעַל הֲטָאִים שֶׁאָנוּ חַיָּבִים עֲלֵיהֶם כָּרֵת וַעֲרִירִי:

וְעַל כֻּלָּם אֱלוֹהַ סְלִיחוֹת סְלַח לָנוּ · מְחַל לָנוּ · כַּפֶּר לָנוּ:

וְעַל הֲטָאִים שֶׁאָנוּ חַיָּבִים עֲלֵיהֶם אַרְבַּע מִיתוֹת בֵּית דִּין ·
סְקִילָה · שְׂרֵפָה · הֶרֶג · וְחֶנֶק: עַל מִצְוַת עֲשֵׂה וְעַל מִצְוַת
לֹא תַעֲשֶׂה · בֵּין שֶׁיֵּשׁ בָּה קוּם עֲשֵׂה · וּבֵין שֶׁאֵין בָּה קוּם
עֲשֵׂה · אֶת הַגְּלוּיִם לָנוּ וְאֶת שֶׁאֵינָם גְּלוּיִם לָנוּ: אֶת
הַגְּלוּיִם לָנוּ כְּבָר אֲמַרְנוּם לְפָנֶיךָ · וְהוֹדִינוּ לְךָ עֲלֵיהֶם ·
וְאֶת שֶׁאֵינָם גְּלוּיִם לָנוּ לְפָנֶיךָ הֵם גְּלוּיִם וִידוּעִים · כַּדָּבָר
שֶׁנֶּאֱמַר הַנִּסְתָּרֹת לַיָי אֱלֹהֵינוּ · וְהַנִּגְלֹת לָנוּ וּלְבָנֵינוּ עַד
עוֹלָם · לַעֲשׂוֹת אֶת כָּל דִּבְרֵי הַתּוֹרָה הַזֹּאת:

וְדָוִד עַבְדְּךָ אָמַר לְפָנֶיךָ · שְׁגִיאוֹת מִי יָבִין מִנִּסְתָּרוֹת
נַקֵּנִי: נַקֵּנוּ יְיָ אֱלֹהֵינוּ מִכָּל פְּשָׁעֵינוּ וְטַהֲרֵנוּ מִכָּל
טֻמְאוֹתֵינוּ וּזְרוֹק עָלֵינוּ מַיִם טְהוֹרִים וְטַהֲרֵנוּ כַּכָּתוּב עַל
יַד נְבִיאֶךָ · וְזָרַקְתִּי עֲלֵיכֶם מַיִם טְהוֹרִים וּטְהַרְתֶּם מִכָּל
טֻמְאוֹתֵיכֶם וּמִכָּל גִּלּוּלֵיכֶם אֲטַהֵר אֶתְכֶם:

אַל תִּירָא יַעֲקֹב שׁוּבוּ שׁוֹבָבִים · שׁוּבָה יִשְׂרָאֵל: הִנֵּה
לֹא יָנוּם וְלֹא יִישָׁן שׁוֹמֵר יִשְׂרָאֵל: כַּכָּתוּב עַל יַד נְבִיאֶךָ ·

And for the sins for which we owe a burnt offering ;
And for the sins for which we owe a sin-offering ;
And for the sins for which we owe an offering according to our
    ability ;
And for the sins for which we owe a trespass-offering for cer-
    tain guilt and a trespass-offering for doubtful guilt ;
And for the sins for which we deserve corporal chastisement ;
And for the sins for which we deserve the punishment of forty
    stripes ;
And for the sins for which we deserve death by the hand of
    God ;
And for the sins for which we deserve the punishment of ex-
    cision, and of being childless ;
        And for all these, O God of forgiveness, forgive us,
            pardon us, grant us atonement.
And for the sins for which we deserve the four kinds of death
    inflicted by the Court of Law : stoning, burning, beheading
    and strangling.

For the breach of positive commands, and for the breach
of negative commands, whether an action be involved or
not ; both for the sins that are known unto us and those
that are unknown to us. Those that are known unto us
we have already avowed before thee, and we have made
acknowledgment of them unto thee : and those that are
unknown to us, lo, they are revealed and known unto thee,
according to the word which has been said : The secret
things belong unto the Lord our God, but the revealed
things belong unto us and unto our children for ever, that
we may do all the words of this Law.

Thy servant David declared in thy presence, " Who can
discern his errors ? Clear thou me from secret faults."
Clear us, O Lord our God, from all our transgressions, and
purify us from all our impurities, and sprinkle clean waters
upon us, and cleanse us ; as it is written by the hand of thy
prophet, " Then will I sprinkle clean water upon you, and
ye shall be clean ; from all your defilements and from all
your idols will I cleanse you."

Fear not, O Jacob ; return ye backsliders ; return, O
Israel. Behold, he that keepeth Israel slumbereth not nor
sleepeth, as it is written by the hand of thy prophet : O

שׁוּבָה יִשְׂרָאֵל עַד יְיָ אֱלֹהֶיךָ כִּי כָשַׁלְתָּ בַּעֲוֹנֶךָ: וְנֶאֱמַר•
קְחוּ עִמָּכֶם דְּבָרִים וְשׁוּבוּ אֶל יְיָ אִמְרוּ אֵלָיו כָּל תִּשָּׂא
עָוֹן וְקַח טוֹב וּנְשַׁלְּמָה פָרִים שְׂפָתֵינוּ:

וְאַתָּה רַחוּם מְקַבֵּל שָׁבִים וְעַל הַתְּשׁוּבָה מֵרֹאשׁ
הִבְטַחְתָּנוּ וְעַל הַתְּשׁוּבָה עֵינֵינוּ מְיַחֲלוֹת לָךְ:

On Sabbath add the bracketed words.

וּמֵאַהֲבָתְךָ יְיָ אֱלֹהֵינוּ שֶׁאָהַבְתָּ אֶת יִשְׂרָאֵל עַמֶּךָ
וּמֵחֶמְלָתְךָ מַלְכֵּנוּ שֶׁחָמַלְתָּ עַל בְּנֵי בְרִיתֶךָ נָתַתָּ לָנוּ יְיָ
אֱלֹהֵינוּ אֶת יוֹם [הַשַּׁבָּת הַזֶּה לִקְדֻשָּׁה וְלִמְנוּחָה וְאֶת
יוֹם] הַכִּפֻּרִים הַזֶּה לִמְחִילַת חֵטְא וְלִסְלִיחַת עָוֹן וּלְכַפָּרַת
פָּשַׁע:

Reader. יוֹם אֲשֶׁר אַשְׁמֵנוּ יִצְלַל וְיִסָּגֵר•

Cong. and Reader. הַיּוֹם תִּסְלַח לְכָל עֲדַת בְּנֵי יִשְׂרָאֵל וְלַגֵּר•

הַגֵּר: כַּכָּתוּב בְּתוֹרָתֶךָ• וְנִסְלַח לְכָל עֲדַת בְּנֵי יִשְׂרָאֵל
וְלַגֵּר הַגָּר בְּתוֹכָם כִּי לְכָל הָעָם בִּשְׁגָגָה:

Reader. יוֹם בְּנִגְנֵנוּ תִּשָּׂא וְתִסְלַח:

Cong. and Reader. הַיּוֹם שִׁמְךָ יֵאָמֵן אֵל טוֹב וְסַלָּח: כַּכָּתוּב

בְּדִבְרֵי קָדְשֶׁךָ• כִּי אַתָּה אֲדֹנָי טוֹב וְסַלָּח וְרַב חֶסֶד
לְכָל קֹרְאֶיךָ:

Reader. יוֹם דָּפְיֵנוּ אָנָּא שָׂא נָא•

Cong. and Reader. הַיּוֹם קְשׁוֹב תַּחֲנוּנֵינוּ וּבְתַחֲנוּן סְלַח נָא:

כַּכָּתוּב בְּתוֹרָתֶךָ• סְלַח נָא לַעֲוֹן הָעָם הַזֶּה כְּגֹדֶל חַסְדֶּךָ
וְכַאֲשֶׁר נָשָׂאתָה לָעָם הַזֶּה מִמִּצְרַיִם וְעַד הֵנָּה• וְשָׁם
נֶאֱמַר• וַיֹּאמֶר יְיָ סָלַחְתִּי כִּדְבָרֶךָ:

Israel, return unto the Lord thy God ; for thou hast fallen by thine iniquity." And it is said : "Take with you words and return unto the Lord ; say unto him, Take away all iniquity, and accept that which is good, so will we render as bullocks the offering of our lips."

And thou, being all-merciful, dost receive them that repent ; concerning repentance, thou hast promised us of old ; and in repentance our eyes wait upon thee.

On Sabbath add the bracketed words :

And because of the love, O Lord our God, wherewith thou hast loved thy people Israel, and because of the pity, O our King, wherewith thou hast pitied the children of thy covenant, thou hast given unto us, O Lord our God [this Sabbath day for holiness and rest, and] this Day of Atonement for the pardoning of sin, the forgiveness of iniquity, and the atonement of transgression.

Reader. A day whereon our trespass shall be cast into the depths and hidden.

Cong. and Reader. This day thou wilt forgive the whole congregation of the children of Israel, and the stranger that sojourneth. As it is written in thy Law : And all the congregation of Israel shall be forgiven, and the stranger that sojourneth among them ; for in respect of all the people it was done unwittingly.

Reader. A day whereon thou wilt pardon and forgive our unfaithfulness.

Cong. and Reader. This day shall thy Name be confirmed that thou, O Lord, art good and ready to pardon, as it is written in thy holy words : For thou, O Lord, art good and ready to forgive, and plenteous in mercy unto all them that call upon thee.

Reader. A day whereon we beseech thee, to remove our reproach.

Cong. and Reader. This day hearken unto our supplications, and, as we entreat thee, forgive us, as it is written in thy Law : Pardon, I beseech thee, the iniquity of this people, according to the greatness of thy mercy, and according as thou hast forgiven this people from Egypt even until now. And there it is said : And the Lord said, I have forgiven according to thy word.

Cong. and Reader. בַּעֲבוּר כְּבוֹד שִׁמְךָ הִמָּצֵא לָנוּ רַחוּם
וְחַנּוּן רַחֵם נָא לְמַעַן שְׁמֶךָ:

Reader. יוֹם חִנֶּנְךָ עָנוּ בַּעֲדֵנוּ תִּזְכּוֹר·

Cong. and Reader. הַיּוֹם סְלַח לַעֲוֹנֵנוּ וְחֵטְא אַל תִּזְכּוֹר:

כַּכָּתוּב בְּדִבְרֵי קָדְשֶׁךָ · אַל תִּזְכָּר לָנוּ עֲוֹנוֹת רִאשׁוֹנִים
מַהֵר יְקַדְּמוּנוּ רַחֲמֶיךָ כִּי דַלּוֹנוּ מְאֹד:

Reader. יוֹם טָעוּתֵינוּ יְבֻקַּשׁ וָאָיִן·

Cong. and Reader. הַיּוֹם נְאֻם הָקֵם יְבֻקַּשׁ עָוֹן וָאָיִן: כַּכָּתוּב
עַל יַד נְבִיאֶךָ · בַּיָּמִים הָהֵם וּבָעֵת הַהִיא נְאֻם יְיָ יְבֻקַּשׁ
אֶת עֲוֹן יִשְׂרָאֵל וְאֵינֶנּוּ וְאֶת הַטֹּאת יְהוּדָה וְלֹא תִמָּצֶאינָה
כִּי אֶסְלַח לַאֲשֶׁר אַשְׁאִיר:

Reader. יוֹם יְדָרְשׁוּךָ מְצָרֵף וּמְטַהֵר·

Cong. and Reader. הַיּוֹם מִכָּל חַטֹּאתֵינוּ אוֹתָנוּ תְטַהֵר:

כַּכָּתוּב בְּתוֹרָתֶךָ · כִּי בַיּוֹם הַזֶּה יְכַפֵּר עֲלֵיכֶם לְטַהֵר
אֶתְכֶם מִכֹּל חַטֹּאתֵיכֶם לִפְנֵי יְיָ תִּטְהָרוּ:

Reader. יוֹם כָּל תִּשָּׂא עָוֹן בְּתַחֲנוּן אֲבַטֵּה·

Cong. and Reader. הַיּוֹם לְשַׁוְעָתֵנוּ אָזֶן הַטֵּה: כַּכָּתוּב בְּדִבְרֵי
קָדְשֶׁךָ · הַטֵּה אֱלֹהַי אָזְנְךָ וּשְׁמָע פְּקַח עֵינֶיךָ וּרְאֵה
שֹׁמְמֹתֵינוּ וְהָעִיר אֲשֶׁר נִקְרָא שִׁמְךָ עָלֶיהָ · כִּי לֹא עַל
צִדְקוֹתֵינוּ אֲנַחְנוּ מַפִּילִים תַּחֲנוּנֵינוּ לְפָנֶיךָ כִּי עַל רַחֲמֶיךָ
הָרַבִּים: אֲדֹנָי שְׁמָעָה אֲדֹנָי סְלָחָה אֲדֹנָי הַקְשִׁיבָה וַעֲשֵׂה
אַל תְּאַחַר לְמַעַנְךָ אֱלֹהַי כִּי שִׁמְךָ נִקְרָא עַל עִירְךָ
וְעַל עַמֶּךָ:

Cong. and Reader. בַּעֲבוּר כְּבוֹד שִׁמְךָ הִמָּצֵא לָנוּ שׁוֹמֵעַ
תְּפִלָּה · שְׁמַע תְּפִלָּתֵנוּ לְמַעַן שְׁמֶךָ:

Cong. and Reader. For the sake of the glory of thy Name, be thou found of us, O thou who art merciful and gracious; yea, have mercy, we beseech thee, for thy Name's sake.

Reader. A day whereon we pray thee to remember the meek prophet's intercession for us.

Cong. and Reader. This day forgive our iniquities and remember not our sin, as it is written in thy holy words: Remember not against us the iniquities of our forefathers; let thy tender mercies speedily prevent us, for we are brought very low.

Reader. A day whereon our errors shall be sought, and there shall be none.

Cong. and Reader. On this day confirm the word, Iniquity shall be sought for, and there shall be none, as it is written by the hand of thy prophet: In those days and in that time, saith the Lord, the iniquity of Israel shall be sought for, and there shall be none; and the sins of Judah, and they shall not be found; for I will pardon them whom I leave as a remnant.

Reader. A day whereon men shall seek thee, who refinest and cleansest all.

Cong. and Reader. This day thou wilt cleanse us from all our sins, as it is written in thy Law: For on this day shall atonement be made for you, to cleanse you; from all your sins before the Lord shall ye be clean.

Reader. A day whereon I utter supplication to thee to pardon all iniquity.

Cong. and Reader. This day incline thine ear to our cry as it is written in thy holy words: O my God, incline thine ear, and hear; open thine eyes, and behold our desolations, and the city which is called by thy Name; for we do not present our supplications before thee for our righteous deeds, but because of thy great mercies; O Lord, hear; O Lord, forgive; O Lord, hearken and do; defer not, for thine own sake, O my God; for thy city and thy people are called by thy Name.

Cong. and Reader. For the sake of the glory of thy Name, be thou found of us, thou who hearest prayer; yea, hear our prayer for thy Name's sake.

מִי אֵל כָּמְוֹךָ:

Congregation:		Reader:

מִי אֵל כָּמְוֹךָ:   אֲהַלֶּלְךָ בְּקוֹל רָם· מָגֵן אַבְרָהָם·

מִי אֵל כָּמְוֹךָ:   בְּיָדְךָ מְמִתִים· מְחַיֵּה הַמֵּתִים·

מִי אֵל כָּמְוֹךָ:   גָּדְלְךָ אֶדְרֹשׁ· הַמֶּלֶךְ הַקָּדוֹשׁ·

מִי אֵל כָּמְוֹךָ:   דּוֹרֵשׁ אִמְרֵי דַעַת· חוֹנֵן הַדָּעַת·

מִי אֵל כָּמְוֹךָ:   הָאֹמֵר שׁוּבָה· הָרוֹצֶה בִּתְשׁוּבָה·

כִּי אֵל כָּמְוֹךָ:   וּמוֹחֵל וְסוֹלֵחַ· הַמַּרְבֶּה לִסְלוֹחַ·

מִי אֵל כָּמְוֹךָ:   קוֹל רִנָּה וְתוֹדוֹת· הַטּוֹב לְךָ לְהוֹדוֹת·

מִי אֵל כָּמְוֹךָ:   רָם בָּרֵךְ קְהַל הֲמוֹנִי· יְבָרֶכְךָ יְיָ·

מִי אֵל כָּמְוֹךָ:   שְׁכִינָתְךָ שָׁלוֹם· עוֹשֶׂה הַשָּׁלוֹם·

תָּבֹא בְרָכָה אֲלֵיכֶם· וְנֹאמַר תְּפִלָּה עֲלֵיכֶם· מִי אֵל כָּמְוֹךָ:

תַּעֲבוֹר עַל פֶּשַׁע לְעַם שָׁבֵי פֶשַׁע· כַּכָּתוּב עַל יַד
נְבִיאֶךָ· מִי אֵל כָּמְוֹךָ נֹשֵׂא עָוֹן וְעוֹבֵר עַל פֶּשַׁע לִשְׁאֵרִית
נַחֲלָתוֹ לֹא הֶחֱזִיק לָעַד אַפּוֹ כִּי חָפֵץ חֶסֶד הוּא: יָשׁוּב
יְרַחֲמֵנוּ יִכְבּוֹשׁ עֲוֹנֹתֵינוּ וְתַשְׁלִיךְ בִּמְצֻלוֹת יָם כָּל
חַטֹּאתָם: וְכָל חַטֹּאת עַמְּךָ בֵּית יִשְׂרָאֵל תַּשְׁלִיךְ בִּמְקוֹם
אֲשֶׁר לֹא יִזָּכְרוּ וְלֹא יִפָּקְדוּ וְלֹא יַעֲלוּ עַל לֵב לְעוֹלָם:
תִּתֵּן אֱמֶת לְיַעֲקֹב חֶסֶד לְאַבְרָהָם אֲשֶׁר נִשְׁבַּעְתָּ לַאֲבֹתֵינוּ
מִימֵי קֶדֶם:

אֱלֹהֵינוּ וֵאלֹהֵי אֲבוֹתֵינוּ מְחַל לַעֲוֹנוֹתֵינוּ בְּיוֹם [הַשַּׁבָּת
הַזֶּה וּבְיוֹם] הַכִּפֻּרִים הַזֶּה מְחֵה וְהַעֲבֵר פְּשָׁעֵינוּ וְחַטֹּאתֵינוּ
מִנֶּגֶד עֵינֶיךָ· כָּאָמוּר אָנֹכִי אָנֹכִי הוּא מֹחֶה פְשָׁעֶיךָ לְמַעֲנִי
וְחַטֹּאתֶיךָ לֹא אֶזְכֹּר: וְנֶאֱמַר מָחִיתִי כָעָב פְּשָׁעֶיךָ וְכֶעָנָן

O God, who is like unto thee ?

Reader :	Congregation :
Shield of Abraham, I will praise thee with uplifted voice.	O God, who is like unto thee ?
By thy hand we die, O thou who quickenest the dead.	O God, who is like unto thee ?
Thy greatness will I seek, O Holy King.	O God, who is like unto thee ?
Thou searchest the words of knowledge and graciously givest knowledge.	O God, who is like unto thee ?
Thou sayest, Return ; and delightest in repentance.	O God, who is like unto thee ?
Thou art a Pardoner and Forgiver ; yea, thou forgivest abundantly.	O God, who is like unto thee ?
Thou art the Beneficent One, and unto thee belong thanksgivings ; yea, thanksgivings with the voice of song.	O God, who is like unto thee ?
O thou who art exalted, bless the multitude of my congregation—" The Lord bless thee."	O God, who is like unto thee ?
Thy Presence is peace, O thou who makest peace.	O God, who is like unto thee ?
May a blessing come upon you all, and let us utter a prayer for you.	O God, who is like unto thee ?

O pass by the transgression of a people who turn from transgression, as it is written by the hand of thy prophet : " Who is a God like unto thee, that pardoneth iniquity, and passeth by the transgression of the remnant of his heritage ? He retaineth not his anger for ever, because he delighteth in mercy. He will turn again and have compassion upon us ; he will subdue our iniquities ; and thou wilt cast all their sins into the depths of the sea." And all the sins of thy people, the house of Israel, thou wilt cast into a place where they shall not be remembered, neither shall they be visited, neither shall they ever come to mind. " Thou wilt perform truth to Jacob, and mercy to Abraham, as thou hast sworn unto our fathers from the days of old."

Our God and God of our fathers, pardon our iniquities [on this Sabbath day and] on this Day of Atonement ;

חַטֹּאתֶיךָ שׁוּבָה אֵלַי כִּי גְאַלְתִּיךָ: וְנֶאֱמַר כִּי בַיּוֹם הַזֶּה
יְכַפֵּר עֲלֵיכֶם לְטַהֵר אֶתְכֶם מִכֹּל חַטֹּאתֵיכֶם לִפְנֵי יְיָ
תִּטְהָרוּ: [אֱלֹהֵינוּ וֵאלֹהֵי אֲבוֹתֵינוּ רְצֵה בִמְנוּחָתֵנוּ]
קַדְּשֵׁנוּ בְּמִצְוֺתֶיךָ וְתֵן חֶלְקֵנוּ בְּתוֹרָתֶךָ שַׂבְּעֵנוּ מִטּוּבֶךָ
וְשַׂמְּחֵנוּ בִּישׁוּעָתֶךָ · [וְהַנְחִילֵנוּ יְיָ אֱלֹהֵינוּ בְּאַהֲבָה וּבְרָצוֹן
שַׁבַּת קָדְשֶׁךָ וְיָנוּחוּ בָהּ יִשְׂרָאֵל מְקַדְּשֵׁי שְׁמֶךָ] וְטַהֵר
לִבֵּנוּ לְעָבְדְּךָ בֶּאֱמֶת · כִּי אַתָּה סָלְחָן לְיִשְׂרָאֵל וּמָחֳלָן
לְשִׁבְטֵי יְשֻׁרוּן בְּכָל דּוֹר וָדוֹר וּמִבַּלְעָדֶיךָ אֵין לָנוּ מֶלֶךְ
מוֹחֵל וְסוֹלֵחַ אֶלָּא אָתָּה · בָּרוּךְ אַתָּה יְיָ · מֶלֶךְ מוֹחֵל
וְסוֹלֵחַ לַעֲוֺנוֹתֵינוּ וְלַעֲוֺנוֹת עַמּוֹ בֵּית יִשְׂרָאֵל · וּמַעֲבִיר
אַשְׁמוֹתֵינוּ בְּכָל שָׁנָה וְשָׁנָה · מֶלֶךְ עַל כָּל הָאָרֶץ מְקַדֵּשׁ
[הַשַּׁבָּת וְ]יִשְׂרָאֵל וְיוֹם הַכִּפּוּרִים:

רְצֵה יְיָ אֱלֹהֵינוּ בְּעַמְּךָ יִשְׂרָאֵל וּבִתְפִלָּתָם · וְהָשֵׁב אֶת
הָעֲבוֹדָה לִדְבִיר בֵּיתֶךָ וְאִשֵּׁי יִשְׂרָאֵל וּתְפִלָּתָם בְּאַהֲבָה
תְקַבֵּל בְּרָצוֹן · וּתְהִי לְרָצוֹן תָּמִיד עֲבוֹדַת יִשְׂרָאֵל עַמֶּךָ ·
וְתֶחֱזֶינָה עֵינֵינוּ בְּשׁוּבְךָ לְצִיּוֹן בְּרַחֲמִים · בָּרוּךְ אַתָּה
יְיָ הַמַּחֲזִיר שְׁכִינָתוֹ לְצִיּוֹן:

מוֹדִים אֲנַחְנוּ לָךְ שָׁאַתָּה הוּא יְיָ אֱלֹהֵינוּ וֵאלֹהֵי אֲבוֹתֵינוּ
לְעוֹלָם וָעֶד · צוּר חַיֵּינוּ מָגֵן יִשְׁעֵנוּ אַתָּה הוּא לְדוֹר וָדוֹר ·
נוֹדֶה לְּךָ וּנְסַפֵּר תְּהִלָּתֶךָ עַל חַיֵּינוּ הַמְּסוּרִים בְּיָדֶךָ
וְעַל נִשְׁמוֹתֵינוּ הַפְּקוּדוֹת לָךְ וְעַל נִסֶּיךָ שֶׁבְּכָל יוֹם עִמָּנוּ
וְעַל נִפְלְאוֹתֶיךָ וְטוֹבוֹתֶיךָ שֶׁבְּכָל עֵת עֶרֶב וָבֹקֶר וְצָהֳרָיִם ·
הַטּוֹב כִּי לֹא כָלוּ רַחֲמֶיךָ וְהַמְרַחֵם כִּי לֹא תַמּוּ חֲסָדֶיךָ
מֵעוֹלָם קִוִּינוּ לָךְ:

blot out our transgressions and our sins and make them to pass away from before thine eyes ; as it is said, I, even I, am he that blotteth out thy transgressions for mine own sake, and will not remember thy sins. And it is said, I have blotted out as a thick cloud thy transgressions, and as a mist thy sins : return unto me; for I have redeemed thee. And it is said, For on this day shall atonement be made for you, to cleanse you : from all your sins before the Lord shall ye be clean. [Our God and the God of our fathers, accept our rest,] sanctify us by thy commandments and grant our portion be in thy Law ; satisfy us with thy goodness, and gladden us with thy salvation, [and cause us, O Lord our God, in love and favour to inherit thy holy Sabbath ; and may Israel find repose thereon who hallow thy Name,] and purify our hearts to serve thee in truth, for thou art the Forgiver of Israel, and Pardoner of the tribes of Jeshurun in all generations, and beside thee we have no King to pardon and forgive our sins, yea, none but thee. Blessed art thou, O Lord, thou King who pardonest and forgivest our iniquities and the iniquities of thy people the house of Israel, and who makest our trespasses to pass away year by year : King over all the earth, who sanctifiest [the Sabbath and] Israel and the Day of Atonement.

Accept, O Lord our God, thy people Israel and their prayer ; restore the service to the innermost part of thine house ; receive in love and favour the fire-offerings of Israel and their prayer ; and may the service of thy people Israel be ever acceptable to thee. And let our eyes behold thy return in mercy to Zion. Blessed art thou, O Lord, who restorest thy divine presence unto Zion.

We make acknowledgment unto thee, that thou art the Lord our God and the God of our fathers for ever and ever ; thou art the Rock of our lives, the Shield of our salvation through every generation. We will give thanks unto thee and declare thy praise for our lives which are delivered into thy hand, and for our souls which are committed unto thy charge, and for thy miracles which are with us every day, and for thy wondrous benefits which are with us at all times, even, morn and noon. Thou art the Beneficent One, for thy mercies never fail ; thou art the Merciful One, for thy kindnesses never cease. We have ever hoped in thee.

Whilst the Reader says the foregoing paragraph, the Congregation say:

מוֹדִים אֲנַחְנוּ לָךְ שָׁאַתָּה הוּא יְיָ אֱלֹהֵינוּ וֵאלֹהֵי אֲבוֹתֵינוּ
אֱלֹהֵי כָל בָּשָׂר יוֹצְרֵנוּ יוֹצֵר בְּרֵאשִׁית· בְּרָכוֹת וְהוֹדָאוֹת
לְשִׁמְךָ הַגָּדוֹל וְהַקָּדוֹשׁ עַל שֶׁהֶחֱיִיתָנוּ וְקִיַּמְתָּנוּ· כֵּן תְּחַיֵּנוּ
וּתְקַיְּמֵנוּ וְתֶאֱסוֹף גָּלֻיוֹתֵינוּ לְחַצְרוֹת קָדְשֶׁךָ לִשְׁמֹר חֻקֶּיךָ
וְלַעֲשׂוֹת רְצוֹנֶךָ וּלְעָבְדְּךָ בְּלֵבָב שָׁלֵם עַל שֶׁאֲנַחְנוּ מוֹדִים
לָךְ· בָּרוּךְ אֵל הַהוֹדָאוֹת:

וְעַל כֻּלָּם יִתְבָּרַךְ וְיִתְרוֹמַם שִׁמְךָ מַלְכֵּנוּ תָּמִיד לְעוֹלָם וָעֶד:

Cong. and Reader. אָבִינוּ מַלְכֵּנוּ זְכוֹר רַחֲמֶיךָ וּכְבוֹשׁ כַּעַסְךָ
וְכַלֵּה דֶּבֶר וְחֶרֶב וְרָעָב וּשְׁבִי וּמַשְׁחִית וְעָוֹן וּשְׁמַד
וּמַגֵּפָה וּפֶגַע רַע וְכָל מַחֲלָה וְכָל תַּקָּלָה וְכָל קְטָטָה
וְכָל מִינֵי פֻרְעָנִיּוֹת וְכָל גְּזֵרָה רָעָה וְשִׂנְאַת חִנָּם· מֵעָלֵינוּ
וּמֵעַל כָּל בְּנֵי בְרִיתֶךָ:

Cong. and Reader. וּכְתוֹב לְחַיִּים טוֹבִים כָּל בְּנֵי בְרִיתֶךָ:
וְכֹל הַחַיִּים יוֹדוּךָ סֶּלָה וִיהַלְלוּ אֶת שִׁמְךָ בֶּאֱמֶת הָאֵל
יְשׁוּעָתֵנוּ וְעֶזְרָתֵנוּ סֶלָה· בָּרוּךְ אַתָּה יְיָ הַטּוֹב שִׁמְךָ
וּלְךָ נָאֶה לְהוֹדוֹת:

אֱלֹהֵינוּ וֵאלֹהֵי אֲבוֹתֵינוּ בָּרְכֵנוּ בַבְּרָכָה הַמְשֻׁלֶּשֶׁת
בַּתּוֹרָה הַכְּתוּבָה עַל יְדֵי מֹשֶׁה עַבְדֶּךָ הָאֲמוּרָה מִפִּי
אַהֲרֹן וּבָנָיו כֹּהֲנִים עַם קְדוֹשֶׁךָ כָּאָמוּר· יְבָרֶכְךָ יְיָ
וְיִשְׁמְרֶךָ: *Cong.* כֵּן יְהִי רָצוֹן: *Reader.* יָאֵר יְיָ פָּנָיו אֵלֶיךָ
וִיחֻנֶּךָּ: *Cong.* כֵּן יְהִי רָצוֹן: *Reader.* יִשָּׂא יְיָ פָּנָיו אֵלֶיךָ
וְיָשֵׂם לְךָ שָׁלוֹם: *Cong.* כֵּן יְהִי רָצוֹן:

שִׂים שָׁלוֹם טוֹבָה וּבְרָכָה חֵן וָחֶסֶד וְרַחֲמִים עָלֵינוּ
וְעַל כָּל יִשְׂרָאֵל עַמֶּךָ· בָּרְכֵנוּ אָבִינוּ כֻּלָּנוּ כְּאֶחָד בְּאוֹר

Whilst the Reader says the foregoing paragraph, the Congregation say :

We make acknowledgment unto thee, that thou art the Lord our God and the God of our fathers, the God of all flesh, our Creator and the Creator of all things in the beginning. Blessings and thanksgivings be to thy great. and holy Name, because thou hast kept us alive and supported us. So continue to keep us alive and support us ; and gather our exiles to thy holy courts to observe thy statutes, to perform thy will and to serve thee with a perfect heart ; for this we give thanks unto thee. Blessed be God to whom thanksgivings belong.

And for all these things, O our King, thy Name shall be continually blessed and exalted for ever and ever.

Cong. and Reader. Our Father, our King, remember thy mercy and suppress thine anger, and remove pestilence, sword and famine, destruction, captivity, iniquity, apostasy, and plague, all evil occurrences, and every disease, every stumbling-block and contention, every kind of punishment, every evil decree and all causeless enmity, from us and from all the children of thy covenant.

Cong. and Reader. And inscribe all the children of thy covenant for a happy life.

And every one that liveth shall give thanks unto thee, Selah ; and shall praise thy Name in truth, O God, our salvation and help, Selah. Blessed art thou, O Lord, whose Name is the Beneficent One, and unto whom it is becoming to give thanks.

Our God and God of our fathers, bless us with the three-fold blessing in the Law, written by the hand of thy servant Moses, and uttered by the mouth of Aaron and his sons, the priests, thy holy people, as it is said : The Lord bless thee and keep thee.

Cong. May this be his will.

The Lord make his face shine upon thee and be gracious unto thee.

Cong. May this be his will.

The Lord incline his countenance unto thee, and give thee peace.

Cong. May this be his will.

Grant peace, welfare, blessing, grace, loving-kindness and mercy unto us and unto all Israel, thy people. Bless us, O our Father, yea, all of us together, with the light of

פָּנֶיךָ ‏· כִּי בְאוֹר פָּנֶיךָ נָתַתָּ לָנוּ יְיָ אֱלֹהֵינוּ תּוֹרַת חַיִּים
וְאַהֲבַת חֶסֶד וּצְדָקָה וּבְרָכָה וְרַחֲמִים וְחַיִּים וְשָׁלוֹם ‏·
וְטוֹב בְּעֵינֶיךָ לְבָרֵךְ אֶת עַמְּךָ יִשְׂרָאֵל בְּכָל עֵת וּבְכָל
שָׁעָה בִּשְׁלוֹמֶךָ ‏:

בְּסֵפֶר חַיִּים בְּרָכָה וְשָׁלוֹם וּפַרְנָסָה טוֹבָה *Cong. and Reader.*
נִזָּכֵר וְנִכָּתֵב לְפָנֶיךָ אֲנַחְנוּ וְכָל עַמְּךָ בֵּית יִשְׂרָאֵל לְחַיִּים
טוֹבִים וּלְשָׁלוֹם ‏:
בָּרוּךְ אַתָּה יְיָ עוֹשֶׂה הַשָּׁלוֹם ‏:

*The following verses are said aloud by the Reader, and repeated by
the Congregation. They are omitted on Sabbath.*

אָבִינוּ מַלְכֵּנוּ חָטָאנוּ לְפָנֶיךָ ‏:
אָבִינוּ מַלְכֵּנוּ אֵין לָנוּ מֶלֶךְ אֶלָּא אָתָּה ‏:
אָבִינוּ מַלְכֵּנוּ עֲשֵׂה עִמָּנוּ לְמַעַן שְׁמֶךָ ‏:
אָבִינוּ מַלְכֵּנוּ חַדֵּשׁ עָלֵינוּ שָׁנָה טוֹבָה ‏:
אָבִינוּ מַלְכֵּנוּ בַּטֵּל מֵעָלֵינוּ כָּל גְּזֵרוֹת קָשׁוֹת ‏:
אָבִינוּ מַלְכֵּנוּ בַּטֵּל מַחְשְׁבוֹת שׂוֹנְאֵינוּ ‏:
אָבִינוּ מַלְכֵּנוּ הָפֵר עֲצַת אוֹיְבֵינוּ ‏:
אָבִינוּ מַלְכֵּנוּ כַּלֵּה כָּל צַר וּמַשְׂטִין מֵעָלֵינוּ ‏:
אָבִינוּ מַלְכֵּנוּ סְתוֹם פִּיּוֹת מַשְׂטִינֵינוּ וּמְקַטְרִגֵינוּ ‏:
אָבִינוּ מַלְכֵּנוּ כַּלֵּה דֶּבֶר וְחֶרֶב וְרָעָב וּשְׁבִי וּמַשְׁחִית
מִבְּנֵי בְרִיתֶךָ ‏:
אָבִינוּ מַלְכֵּנוּ מְנַע מַגֵּפָה מִנַּחֲלָתֶךָ ‏:
אָבִינוּ מַלְכֵּנוּ סְלַח וּמְחַל לְכָל עֲוֹנוֹתֵינוּ ‏:
אָבִינוּ מַלְכֵּנוּ מְחֵה וְהַעֲבֵר פְּשָׁעֵינוּ וְחַטֹּאתֵינוּ מִנֶּגֶד עֵינֶיךָ ‏:
אָבִינוּ מַלְכֵּנוּ מְחוֹק בְּרַחֲמֶיךָ הָרַבִּים כָּל שִׁטְרֵי חוֹבוֹתֵינוּ ‏:

thy countenance ; for by the light of thy countenance thou hast given unto us, O Lord our God, the Law of life, loving-kindness and righteousness, blessing, mercy, life and peace. And may it be good in thy sight to bless thy people Israel at all times and in every hour with thy peace.

Cong. and Reader. In the book of life, blessing, peace and good sustenance may we be remembered and inscribed before thee, we and all thy people, the house of Israel, for a happy life and peace.

Blessed art thou, O Lord, who makest peace.

The following verses are said aloud by the Reader, and repeated by the Congregation. They are omitted on Sabbath.

Our Father, our King, we have sinned before thee.

Our Father, our King, we have no king beside thee.

Our Father, our King, deal with us according to thy Name.

Our Father, our King, renew unto us a happy year.

Our Father, our King, annul every severe decree concerning us.

Our Father, our King, annul the designs of those who hate us.

Our Father, our King, frustrate the counsel of our enemies.

Our Father, our King, cause every oppressor and adversary to vanish from us.

Our Father, our King, stay the mouths of our adversaries and of those who accuse us.

Our Father, our King, remove pestilence, sword, famine, captivity and destruction from the children of thy covenant.

Our Father, our King, hold back the plague from thine heritage.

Our Father, our King, forgive and pardon all our iniquities.

Our Father, our King, blot out, and cause our transgressions and sins to pass away from before thine eyes.

Our Father, our King, efface in thine abundant mercy all records of our guilt.

אָבִינוּ מַלְכֵּנוּ הַחֲזִירֵנוּ בִּתְשׁוּבָה שְׁלֵמָה לְפָנֶיךָ:

אָבִינוּ מַלְכֵּנוּ שְׁלַח רְפוּאָה שְׁלֵמָה לְחוֹלֵי עַמֶּךָ:

אָבִינוּ מַלְכֵּנוּ קְרַע רֹעַ גְּזַר דִּינֵנוּ:

אָבִינוּ מַלְכֵּנוּ זָכְרֵנוּ בְּזִכָּרוֹן טוֹב לְפָנֶיךָ:

אָבִינוּ מַלְכֵּנוּ כָּתְבֵנוּ בְּסֵפֶר חַיִּים טוֹבִים:

אָבִינוּ מַלְכֵּנוּ כָּתְבֵנוּ בְּסֵפֶר גְּאֻלָּה וִישׁוּעָה:

אָבִינוּ מַלְכֵּנוּ כָּתְבֵנוּ בְּסֵפֶר פַּרְנָסָה וְכַלְכָּלָה:

אָבִינוּ מַלְכֵּנוּ כָּתְבֵנוּ בְּסֵפֶר זְכִיּוֹת:

אָבִינוּ מַלְכֵּנוּ כָּתְבֵנוּ בְּסֵפֶר סְלִיחָה וּמְחִילָה:

אָבִינוּ מַלְכֵּנוּ הַצְמַח לָנוּ יְשׁוּעָה בְּקָרוֹב:

אָבִינוּ מַלְכֵּנוּ הָרֵם קֶרֶן יִשְׂרָאֵל עַמֶּךָ:

אָבִינוּ מַלְכֵּנוּ הָרֵם קֶרֶן מְשִׁיחֶךָ:

אָבִינוּ מַלְכֵּנוּ מַלֵּא יָדֵינוּ מִבִּרְכוֹתֶיךָ:

אָבִינוּ מַלְכֵּנוּ מַלֵּא אֲסָמֵינוּ שָׂבָע:

אָבִינוּ מַלְכֵּנוּ שְׁמַע קוֹלֵנוּ חוּס וְרַחֵם עָלֵינוּ:

אָבִינוּ מַלְכֵּנוּ קַבֵּל בְּרַחֲמִים וּבְרָצוֹן אֶת תְּפִלָּתֵנוּ:

אָבִינוּ מַלְכֵּנוּ פְּתַח שַׁעֲרֵי שָׁמַיִם לִתְפִלָּתֵנוּ:

אָבִינוּ מַלְכֵּנוּ נָא אַל תְּשִׁיבֵנוּ רֵיקָם מִלְּפָנֶיךָ:

אָבִינוּ מַלְכֵּנוּ זְכוֹר כִּי עָפָר אֲנָחְנוּ:

אָבִינוּ מַלְכֵּנוּ תְּהֵא הַשָּׁעָה הַזֹּאת שְׁעַת רַחֲמִים וְעֵת
רָצוֹן מִלְּפָנֶיךָ:

אָבִינוּ מַלְכֵּנוּ חֲמוֹל עָלֵינוּ וְעַל עוֹלָלֵינוּ וְטַפֵּנוּ:

אָבִינוּ מַלְכֵּנוּ עֲשֵׂה לְמַעַן הֲרוּגִים עַל שֵׁם קָדְשֶׁךָ:

אָבִינוּ מַלְכֵּנוּ עֲשֵׂה לְמַעַן טְבוּחִים עַל יְחוּדֶךָ:

אָבִינוּ מַלְכֵּנוּ עֲשֵׂה לְמַעַן בָּאֵי בָאֵשׁ וּבַמַּיִם עַל קִדּוּשׁ שְׁמֶךָ:

Our Father, our King, cause us to return unto thee in perfect repentance.

Our Father, our King, send perfect healing to the sick of thy people.

Our Father, our King, repeal the evil sentence of our judgment.

Our Father, our King, remember us with a good remembrance from before thee.

Our Father, our King, inscribe us in the book of happy life.

Our Father, our King, inscribe us in the book of redemption and salvation.

Our Father, our King, inscribe us in the book of sustenance and maintenance.

Our Father, our King, inscribe us in the book of merit.

Our Father, our King, inscribe us in the book of forgiveness and pardon.

Our Father, our King, cause salvation speedily to spring forth for us.

Our Father, our King, exalt the horn of Israel thy people.

Our Father, our King, exalt the horn of thine anointed.

Our Father, our King, fill our hands with thy blessings.

Our Father, our King, fill our storehouses with plenty.

Our Father, our King, hear our voice, have pity and compassion upon us.

Our Father, our King, accept our prayer in mercy and favour.

Our Father, our King, open the gates of heaven to our prayer.

Our Father, our King, O turn us not back empty from thy presence.

Our Father, our King, remember we are dust.

Our Father, our King, let this hour be an hour of mercy and a time of favour before thee.

Our Father, our King, have pity upon us, and upon our children and infants.

Our Father, our King, do it for the sake of those who were slain for thy holy Name.

Our Father, our King, do it for the sake of those who were slaughtered for thy Unity.

Our Father, our King, do it for the sake of those who went through fire and water for the sanctification of thy Name.

אָבִינוּ מַלְכֵּנוּ נְקוֹם לְעֵינֵינוּ נִקְמַת דַּם עֲבָדֶיךָ הַשָּׁפוּךְ:

אָבִינוּ מַלְכֵּנוּ עֲשֵׂה לְמַעַנְךָ אִם לֹא לְמַעֲנֵנוּ:

אָבִינוּ מַלְכֵּנוּ עֲשֵׂה לְמַעַנְךָ וְהוֹשִׁיעֵנוּ:

אָבִינוּ מַלְכֵּנוּ עֲשֵׂה לְמַעַן רַחֲמֶיךָ הָרַבִּים:

אָבִינוּ מַלְכֵּנוּ עֲשֵׂה לְמַעַן שִׁמְךָ הַגָּדוֹל הַגִּבּוֹר וְהַנּוֹרָא
שֶׁנִּקְרָא עָלֵינוּ:

The following verse is said silently:

אָבִינוּ מַלְכֵּנוּ חָנֵּנוּ וַעֲנֵנוּ כִּי אֵין בָּנוּ מַעֲשִׂים עֲשֵׂה עִמָּנוּ
צְדָקָה וָחֶסֶד וְהוֹשִׁיעֵנוּ:

The Ark is closed.

יִתְגַּדַּל וְיִתְקַדַּשׁ שְׁמֵהּ רַבָּא • בְּעָלְמָא דִּי בְרָא כִרְעוּתֵהּ •
וְיַמְלִיךְ מַלְכוּתֵהּ בְּחַיֵּיכוֹן וּבְיוֹמֵיכוֹן וּבְחַיֵּי דְכָל בֵּית
יִשְׂרָאֵל בַּעֲגָלָא וּבִזְמַן קָרִיב וְאִמְרוּ • אָמֵן:

Cong. יְהֵא שְׁמֵהּ רַבָּא מְבָרַךְ לְעָלַם וּלְעָלְמֵי עָלְמַיָּא:

יִתְבָּרַךְ וְיִשְׁתַּבַּח וְיִתְפָּאַר וְיִתְרֹמַם וְיִתְנַשֵּׂא וְיִתְהַדָּר
וְיִתְעַלֶּה וְיִתְהַלָּל שְׁמֵהּ דְּקֻדְשָׁא • בְּרִיךְ הוּא • לְעֵלָּא וּלְעֵלָּא
מִן כָּל בִּרְכָתָא וְשִׁירָתָא תֻּשְׁבְּחָתָא וְנֶחֱמָתָא דַּאֲמִירָן
בְּעָלְמָא וְאִמְרוּ • אָמֵן:

תִּתְקַבַּל צְלוֹתְהוֹן וּבָעוּתְהוֹן דְּכָל יִשְׂרָאֵל קֳדָם אֲבוּהוֹן
דִּי בִשְׁמַיָּא וְאִמְרוּ • אָמֵן:

יְהֵא שְׁלָמָא רַבָּא מִן שְׁמַיָּא וְחַיִּים עָלֵינוּ וְעַל כָּל
יִשְׂרָאֵל וְאִמְרוּ • אָמֵן:

עֹשֶׂה שָׁלוֹם בִּמְרוֹמָיו הוּא יַעֲשֶׂה שָׁלוֹם עָלֵינוּ וְעַל
כָּל יִשְׂרָאֵל וְאִמְרוּ • אָמֵן:

Our Father, our King, avenge before our eyes the blood of thy
    servants that hath been spilt.
Our Father, our King, do it for thy sake, if not for our sake.
Our Father, our King, do it for thy sake and save us.
Our Father, our King, do it for the sake of thine abundant
    mercies.
Our Father, our King, do it for the sake of thy great, mighty
    and awful Name, by which we are called.

The following verse is said silently :

Our Father, our King, be thou gracious unto us and answer us ;
    for lo ! we are destitute of works ; deal thou with us in
    charity and loving-kindness, and save us.

The Ark is closed.

Magnified and sanctified be his great Name in the world
which he hath created according to his will.   May he estab-
lish his kingdom in your life-time and in your days, and in
the life-time of all the house of Israel, speedily and at a
near time ; and say ye, Amen.

Cong.   Let his great Name be blessed for ever and ever.

Blessed, praised and glorified, exalted, extolled and
honoured, adored and lauded be the Name of the Holy
One, blessed be he, beyond, yea, beyond all blessings and
hymns, praises and songs, which are uttered in the world ;
and say ye, Amen.

May the prayers and supplications of the whole house
of Israel be accepted in the presence of their Father who
is in heaven ; and say ye, Amen.

May there be abundant peace from heaven, and life for
us and for all Israel ; and say ye, Amen.

May he who maketh peace in his high places, make peace
for us and for all Israel ; and say ye, Amen.

סדר קריאת ספר התורה

אֵין כָּמְוֹךָ בָאֱלֹהִים אֲדֹנָי וְאֵין כְּמַעֲשֶׂיךָ: מַלְכוּתְךָ
מַלְכוּת כָּל עֹלָמִים וּמֶמְשַׁלְתְּךָ בְּכָל דּוֹר וָדֹר: יְיָ מֶלֶךְ
יְיָ מָלָךְ יְיָ יִמְלֹךְ לְעֹלָם וָעֶד: יְיָ עֹז לְעַמּוֹ יִתֵּן יְיָ יְבָרֵךְ
אֶת עַמּוֹ בַשָּׁלוֹם:

אַב הָרַחֲמִים הֵיטִיבָה בִרְצוֹנְךָ אֶת צִיּוֹן תִּבְנֶה חוֹמוֹת
יְרוּשָׁלָיִם: כִּי בְךָ לְבַד בָּטָחְנוּ מֶלֶךְ אֵל רָם וְנִשָּׂא
אֲדוֹן עוֹלָמִים:

The Ark is opened.

וַיְהִי בִּנְסֹעַ הָאָרֹן וַיֹּאמֶר מֹשֶׁה קוּמָה יְיָ וְיָפֻצוּ אֹיְבֶיךָ
וְיָנֻסוּ מְשַׂנְאֶיךָ מִפָּנֶיךָ: כִּי מִצִּיּוֹן תֵּצֵא תוֹרָה וּדְבַר יְיָ
מִירוּשָׁלָיִם:

On Sabbath the following until יסער *is omitted.*

יְיָ יְיָ אֵל רַחוּם וְחַנּוּן אֶרֶךְ אַפַּיִם וְרַב חֶסֶד וֶאֱמֶת:
נֹצֵר חֶסֶד לָאֲלָפִים נֹשֵׂא עָוֹן וָפֶשַׁע וְחַטָּאָה וְנַקֵּה·

This is said thrice.

רִבּוֹן הָעוֹלָם מַלֵּא מִשְׁאֲלוֹתֵינוּ לְטוֹבָה וְהָפֵק רְצוֹנֵנוּ
וְתֶן לָנוּ שְׁאֵלָתֵנוּ וּמְחוֹל עַל כָּל עֲוֹנוֹתֵינוּ וְעַל כָּל עֲוֹנוֹת
אַנְשֵׁי בָתֵינוּ מְחִילָה בְּחֶסֶד מְחִילָה בְּרַחֲמִים· וְטַהֲרֵנוּ
מֵחֲטָאֵינוּ וּמֵעֲוֹנוֹתֵינוּ וּמִפְּשָׁעֵינוּ· וְזָכְרֵנוּ בְּזִכָּרוֹן טוֹב לְפָנֶיךָ·
וּפָקְדֵנוּ בִּפְקֻדַּת יְשׁוּעָה וְרַחֲמִים· וְזָכְרֵנוּ לְחַיִּים טוֹבִים
וַאֲרֻכִּים וּלְשָׁלוֹם לְפַרְנָסָה וְכַלְכָּלָה· וְתֶן לָנוּ לֶחֶם

READING OF THE LAW

There is none like unto thee among the gods, O Lord ; neither are there any works like unto thy works. Thy kingdom is an everlasting kingdom, and thy dominion endureth throughout all generations. The Lord reigneth : the Lord hath reigned : the Lord will reign for ever and ever. The Lord will give strength unto his people ; the Lord will bless his people with peace.

Father of compassion, do good in thy favour unto Zion ; build thou the walls of Jerusalem. For in thee alone do we put our trust, O King, high and exalted God, Lord of worlds.

The Ark is opened.

And it came to pass, when the ark set forward, that Moses said : Rise up, O Lord, and let thine enemies be scattered, and let them that hate thee flee before thee. For out of Zion shall go forth the Law, and the word of the Lord from Jerusalem.

On Sabbath the following until thy salvation *is omitted :*

The Lord, the Lord, a God full of compassion and gracious, slow to anger, and abundant in goodness and truth ; keeping mercy for thousands, forgiving iniquity, transgression and sin ; and acquitting.

This is said thrice :

Lord of the Universe, fulfil the wishes of our hearts for good, yield our desire and grant us our petition ; pardon all our iniquities, and the iniquities of all our household, with the pardon of loving-kindness and the pardon of mercy. Purify us from all our sins, our iniquities and transgressions, and remember us with a good remembrance from before thee, visit us with the visitation of salvation and compassion, and remember us for a long and happy life, for peace, for sustenance and support. Give us

לֶאֱכוֹל וּבֶגֶד לִלְבּוֹשׁ וְעשֶׁר וְכָבוֹד וְאֹרֶךְ יָמִים לַהֲגוֹת
בְּתוֹרָתֶךְ וּלְקַיֵּם מִצְוֹתֶיהָ וְשֵׂכֶל וּבִינָה לְהָבִין וּלְהַשְׂכִּיל
עָמְקֵי סוֹדוֹתֶיהָ· וּשְׁלַח רְפוּאָה לְכָל מַכְאוֹבֵינוּ וּתְבָרֵךְ
אֶת כָּל מַעֲשֵׂה יָדֵינוּ וְתִגְזוֹר עָלֵינוּ גְּזֵרוֹת טוֹבוֹת יְשׁוּעוֹת
וְנֶחָמוֹת וּתְבַטֵּל מֵעָלֵינוּ כָּל גְּזֵרוֹת קָשׁוֹת· וְתַטֶּה לֵב
הַמַּלְכוּת וְיוֹעֲצֶיהָ וְשָׂרֶיהָ עָלֵינוּ לְטוֹבָה· אָמֵן וְכֵן יְהִי
רָצוֹן:

יִהְיוּ לְרָצוֹן אִמְרֵי פִי וְהֶגְיוֹן לִבִּי לְפָנֶיךָ יְיָ צוּרִי
וְגֹאֲלִי:

וַאֲנִי תְפִלָּתִי לְךָ יְיָ עֵת רָצוֹן אֱלֹהִים בְּרָב חַסְדֶּךָ עֲנֵנִי
בֶּאֱמֶת יִשְׁעֶךָ:

The last verse is said thrice.

בָּרוּךְ שֶׁנָּתַן תּוֹרָה לְעַמּוֹ יִשְׂרָאֵל בִּקְדֻשָּׁתוֹ: *Reader.*

Two Scrolls of the Law are taken from the Ark.

שְׁמַע יִשְׂרָאֵל יְיָ אֱלֹהֵינוּ יְיָ אֶחָד: *Reader and Cong.*

אֶחָד אֱלֹהֵינוּ גָּדוֹל אֲדוֹנֵינוּ קָדוֹשׁ וְנוֹרָא שְׁמוֹ: *Reader and Cong.*

גַּדְּלוּ לַיָי אִתִּי· וּנְרוֹמְמָה שְׁמוֹ יַחְדָּו: *Reader.*

לְךָ יְיָ הַגְּדֻלָּה וְהַגְּבוּרָה וְהַתִּפְאֶרֶת וְהַנֵּצַח וְהַהוֹד *Cong.*
כִּי כֹל בַּשָּׁמַיִם וּבָאָרֶץ לְךָ יְיָ הַמַּמְלָכָה וְהַמִּתְנַשֵּׂא לְכֹל
לְרֹאשׁ: רוֹמְמוּ יְיָ אֱלֹהֵינוּ וְהִשְׁתַּחֲווּ לַהֲדוֹם רַגְלָיו קָדוֹשׁ
הוּא: רוֹמְמוּ יְיָ אֱלֹהֵינוּ וְהִשְׁתַּחֲווּ לְהַר קָדְשׁוֹ כִּי קָדוֹשׁ
יְיָ אֱלֹהֵינוּ:

For silent prayer:

עַל הַכֹּל יִתְגַּדַּל וְיִתְקַדַּשׁ וְיִשְׁתַּבַּח וְיִתְפָּאַר וְיִתְרוֹמַם
וְיִתְנַשֵּׂא שְׁמוֹ שֶׁל מֶלֶךְ מַלְכֵי הַמְּלָכִים הַקָּדוֹשׁ בָּרוּךְ

bread to eat and raiment to put on, substance and honour, and length of days to meditate in thy Law and to fulfil thy commandments, and discernment and understanding to comprehend its deep mysteries. O do thou send healing for all our sorrows and bless all the work of our hands. Ordain for us good decrees of salvation and comfort, and annul all severe decrees concerning us ; and incline the hearts of the rulers and counsellors of the realm unto us for good. Amen, and may this be his will.

Let the words of my mouth and the meditation of my heart be acceptable before thee, O Lord, my Rock and my Redeemer.

And as for me, my prayer be unto thee, O Lord, in an acceptable time ; O God, in the multitude of thy mercy, answer me in the truth of thy salvation.

The last verse is said thrice.

Reader. Blessed be he who in his holiness hath given the Law unto his people Israel.

Two Scrolls of the Law are taken from the Ark.

Reader and Cong. Hear, O Israel : the Lord our God, the Lord is One.

Reader and Cong. One is our God ; great is our Lord : holy and terrible is his Name.

Reader. Magnify the Lord with me, and let us exalt his Name together.

Cong. Thine, O Lord, are greatness and power, glory, victory and majesty ; for all that is in the heaven and in the earth is thine : thine is sovereignty, O Lord, and pre-eminence supreme. Exalt ye the Lord our God and worship at his footstool : holy is he. Exalt ye the Lord our God, and worship at his holy mount ; for the Lord our God is holy.

For silent prayer :

Magnified and sanctified, praised and glorified, exalted and extolled above all be the Name of the Supreme King of kings, the Holy One, blessed be he, in the worlds he hath created, this

הוּא· בְּעוֹלָמוֹת שֶׁבָּרָא הָעוֹלָם הַזֶּה וְהָעוֹלָם הַבָּא·
כִּרְצוֹנוֹ וְכִרְצוֹן יְרֵאָיו וְכִרְצוֹן כָּל בֵּית יִשְׂרָאֵל: צוּר
הָעוֹלָמִים אֲדוֹן כָּל הַבְּרִיּוֹת אֱלוֹהַ כָּל הַנְּפָשׁוֹת: הַיּוֹשֵׁב
בְּמֶרְחֲבֵי מָרוֹם הַשּׁוֹכֵן בִּשְׁמֵי שְׁמֵי קֶדֶם: קְדֻשָּׁתוֹ עַל
הַחַיּוֹת וּקְדֻשָּׁתוֹ עַל כִּסֵּא הַכָּבוֹד: וּבְכֵן יִתְקַדַּשׁ שִׁמְךָ
בָּנוּ יְיָ אֱלֹהֵינוּ לְעֵינֵי כָּל חָי: וְנֹאמַר לְפָנָיו שִׁיר חָדָשׁ
כַּכָּתוּב· שִׁירוּ לֵאלֹהִים זַמְּרוּ שְׁמוֹ סֹלּוּ לָרֹכֵב בָּעֲרָבוֹת
בְּיָהּ שְׁמוֹ וְעִלְזוּ לְפָנָיו: וְנִרְאֵהוּ עַיִן בְּעַיִן בְּשׁוּבוֹ אֶל נָוֵהוּ
כַּכָּתוּב· כִּי עַיִן בְּעַיִן יִרְאוּ בְּשׁוּב יְיָ צִיּוֹן: וְנֶאֱמַר וְנִגְלָה
כְּבוֹד יְיָ וְרָאוּ כָל בָּשָׂר יַחְדָּו כִּי פִּי יְיָ דִּבֵּר:

Reader. אַב הָרַחֲמִים הוּא יְרַחֵם עַם עֲמוּסִים וְיִזְכּוֹר בְּרִית
אֵיתָנִים וְיַצִּיל נַפְשׁוֹתֵינוּ מִן הַשָּׁעוֹת הָרָעוֹת וְיִגְעַר בְּיֵצֶר
הָרָע מִן הַנְּשׂוּאִים וְיָחֹן אוֹתָנוּ לִפְלֵיטַת עוֹלָמִים וִימַלֵּא
מִשְׁאֲלוֹתֵינוּ בְּמִדָּה טוֹבָה יְשׁוּעָה וְרַחֲמִים:

The Scroll being placed upon the reading-desk, the Reader says :
וְיַעֲזוֹר וְיָגֵן וְיוֹשִׁיעַ לְכָל הַחוֹסִים בּוֹ וְנֹאמַר אָמֵן: הַכֹּל
הָבוּ גֹדֶל לֵאלֹהֵינוּ וּתְנוּ כָבוֹד לַתּוֹרָה: כֹּהֵן קְרַב· יַעֲמוֹד
The Reader here names the person first called to the reading of the Law.
בָּרוּךְ שֶׁנָּתַן תּוֹרָה לְעַמּוֹ יִשְׂרָאֵל בִּקְדֻשָּׁתוֹ: תּוֹרַת יְיָ
תְּמִימָה מְשִׁיבַת נָפֶשׁ עֵדוּת יְיָ נֶאֱמָנָה מַחְכִּימַת פֶּתִי:
פִּקּוּדֵי יְיָ יְשָׁרִים מְשַׂמְּחֵי לֵב מִצְוַת יְיָ בָּרָה מְאִירַת
עֵינָיִם: יְיָ עֹז לְעַמּוֹ יִתֵּן יְיָ יְבָרֵךְ אֶת עַמּוֹ בַשָּׁלוֹם: הָאֵל
תָּמִים דַּרְכּוֹ אִמְרַת יְיָ צְרוּפָה מָגֵן הוּא לְכָל הַחוֹסִים בּוֹ:

וְאַתֶּם הַדְּבֵקִים בַּיְיָ אֱלֹהֵיכֶם חַיִּים כֻּלְּכֶם הַיּוֹם:
Cong. and Read.

world and the world to come, in accordance with his will and the will of them that fear him, and of all the house of Israel. He is the everlasting Rock, the Lord of all creatures, the God of all souls : who dwelleth in the wide extended heights, who inhabiteth the heaven of heavens of old : whose holiness is above the Chayoth and above the throne of glory. Therefore thy Name, O Lord our God, shall be hallowed among us in the sight of all living. And we will sing a new song before him, as it is written, Sing unto God, sing praises unto his Name ; extol him that rideth upon the heavens, whose Name is Jah, and rejoice before him. And may we see him eye to eye, when he returneth to his habitation, as it is written : For they shall see eye to eye, when the Lord returneth unto Zion. And it is said : And the glory of the Lord shall be revealed, and all flesh shall see it together ; for the mouth of the Lord hath spoken it.

Reader. May the Father of compassion have mercy upon a people that have been borne aloft by him. May he remember the covenant with the patriarchs ; may he deliver our souls from evil hours, curb the evil inclination in them that have been carried by him, and graciously grant us an everlasting deliverance, and fulfil our desires in the measure of his goodness, salvation and mercy.

The Scroll being placed upon the reading-desk, the Reader says :

And may he help, shield and save all who trust in him ; and let us say, Amen. Ascribe ye all greatness unto our God, and render honour to the Law. Stand forth—

The Reader here names the person who is first called to the reading of the Law.

Blessed be he, who in his holiness hath given the Law unto his people Israel. The Law of the Lord is perfect, restoring the soul : the testimony of the Lord is sure, making wise the simple. The statutes of the Lord are right, rejoicing the heart : the commandment of the Lord is pure, enlightening the eyes. The Lord will give strength unto his people ; the Lord will bless his people with peace. As for God, his way is perfect : the word of the Lord is tried ; he is a shield unto all that trust in him.

Cong. and Reader. And ye that cleave unto the Lord your God are alive every one of you this day.

Each person who is called to the reading of the Law says the following blessing:

בָּרְכוּ אֶת יְיָ הַמְבֹרָךְ:

Congregation:

בָּרוּךְ יְיָ הַמְבֹרָךְ לְעוֹלָם וָעֶד:

He repeats the response of the Congregation, and continues:

בָּרוּךְ אַתָּה יְיָ אֱלֹהֵינוּ מֶלֶךְ הָעוֹלָם· אֲשֶׁר בָּחַר בָּנוּ
מִכָּל הָעַמִּים וְנָתַן לָנוּ אֶת תּוֹרָתוֹ· בָּרוּךְ אַתָּה יְיָ·
נוֹתֵן הַתּוֹרָה:

After the reading of a Section of the Law, he says the following blessing.

בָּרוּךְ אַתָּה יְיָ אֱלֹהֵינוּ מֶלֶךְ הָעוֹלָם· אֲשֶׁר נָתַן לָנוּ
תּוֹרַת אֱמֶת· וְחַיֵּי עוֹלָם נָטַע בְּתוֹכֵנוּ· בָּרוּךְ אַתָּה יְיָ·
נוֹתֵן הַתּוֹרָה:

ויקרא ט״ז

וַיְדַבֵּר יְהֹוָה אֶל־מֹשֶׁה אַחֲרֵי מוֹת שְׁנֵי בְּנֵי אַהֲרֹן בְּקָרְבָתָם
לִפְנֵי־יְהֹוָה וַיָּמֻתוּ: וַיֹּאמֶר יְהֹוָה אֶל־מֹשֶׁה דַּבֵּר אֶל־אַהֲרֹן
אָחִיךָ וְאַל־יָבֹא בְכָל־עֵת אֶל־הַקֹּדֶשׁ מִבֵּית לַפָּרֹכֶת אֶל־
פְּנֵי הַכַּפֹּרֶת אֲשֶׁר עַל־הָאָרֹן וְלֹא יָמוּת כִּי בֶּעָנָן אֵרָאֶה
עַל־הַכַּפֹּרֶת: בְּזֹאת יָבֹא אַהֲרֹן אֶל־הַקֹּדֶשׁ בְּפַר בֶּן־
בָּקָר לְחַטָּאת וְאַיִל לְעֹלָה:* כְּתֹנֶת־בַּד קֹדֶשׁ יִלְבָּשׁ
וּמִכְנְסֵי־בַד יִהְיוּ עַל־בְּשָׂרוֹ וּבְאַבְנֵט בַּד יַחְגֹּר וּבְמִצְנֶפֶת
בַּד יִצְנֹף בִּגְדֵי־קֹדֶשׁ הֵם וְרָחַץ בַּמַּיִם אֶת־בְּשָׂרוֹ וּלְבֵשָׁם:
וּמֵאֵת עֲדַת בְּנֵי יִשְׂרָאֵל יִקַּח שְׁנֵי־שְׂעִירֵי עִזִּים לְחַטָּאת
וְאַיִל אֶחָד לְעֹלָה: וְהִקְרִיב אַהֲרֹן אֶת־פַּר הַחַטָּאת אֲשֶׁר
לוֹ וְכִפֶּר בַּעֲדוֹ וּבְעַד בֵּיתוֹ:* וְלָקַח אֶת־שְׁנֵי הַשְּׂעִירִם
וְהֶעֱמִיד אֹתָם לִפְנֵי יְהֹוָה פֶּתַח אֹהֶל מוֹעֵד: וְנָתַן אַהֲרֹן עַל־

ובסבת לוי]

לוי
ובסבת
סליטי]

Each person who is called to the reading of the Law says the following blessing :

Bless ye the Lord, who is blessed.

Congregation :

Blessed be the Lord, who is blessed for ever and evermore.

He repeats the response of the Congregation, and continues :

Blessed art thou, O Lord our God, King of the Universe, who hast chosen us from all peoples, and hast given us thy Law. Blessed art thou, O Lord, giver of the Law.

After the reading of a Section of the Law, he says the following blessing :

Blessed art thou, O Lord our God, King of the Universe, who hast given us the Law of truth, and hast planted everlasting life in our midst. Blessed art thou, O Lord, giver of the Law.

Leviticus, Cap. xvi.

And the Lord spake unto Moses after the death of the two sons of Aaron : when they drew near before the Lord, and died. And the Lord said unto Moses, Speak unto Aaron thy brother, that he come not at all times into the holy place within the veil, before the covering, which is upon the Ark, that he die not ; for I will appear in the cloud upon the covering. Herewith shall Aaron come into the holy place : with a young bullock for a sin-offering, and a ram for a burnt offering. He shall put on the holy linen coat, and he shall have the linen breeches upon his flesh, and shall be girded with the linen girdle, and with the linen mitre shall he be attired : they are holy garments ; and he shall bathe his flesh in water, and put them on. And he shall take of the congregation of the children of Israel two he-goats for a sin-offering, and one ram for a burnt offering. And Aaron shall present the bullock of the sin-offering, which is for himself ; and he shall make atonement for himself and for his house. And he shall take the two goats and set them before the Lord at the door of the tent of meeting. And Aaron shall cast lots upon the two

שְׁנֵי הַשְּׂעִירִם גֹּרָלֹות גֹּורָל אֶחָד לַיהֹוָה וְגֹורָל אֶחָד
לַעֲזָאזֵל: וְהִקְרִיב אַהֲרֹן אֶת־הַשָּׂעִיר אֲשֶׁר עָלָה עָלָיו
הַגֹּורָל לַיהֹוָה וְעָשָׂהוּ חַטָּאת: וְהַשָּׂעִיר אֲשֶׁר עָלָה עָלָיו
הַגֹּורָל לַעֲזָאזֵל יָעֳמַד־חַי לִפְנֵי יְהֹוָה לְכַפֵּר עָלָיו לְשַׁלַּח
אֹתֹו לַעֲזָאזֵל הַמִּדְבָּרָה: וְהִקְרִיב אַהֲרֹן אֶת־פַּר הַחַטָּאת
אֲשֶׁר־לֹו וְכִפֶּר בַּעֲדֹו וּבְעַד בֵּיתֹו וְשָׁחַט אֶת־פַּר הַחַטָּאת
אֲשֶׁר־לֹו: שְׁלִישִׁי
בְּשַׁבָּת
רְבִיעִי] וְלָקַח מְלֹא־הַמַּחְתָּה גַּחֲלֵי־אֵשׁ מֵעַל הַמִּזְבֵּחַ
מִלִּפְנֵי יְהֹוָה וּמְלֹא חָפְנָיו קְטֹרֶת סַמִּים דַּקָּה וְהֵבִיא
מִבֵּית לַפָּרֹכֶת: וְנָתַן אֶת־הַקְּטֹרֶת עַל־הָאֵשׁ לִפְנֵי יְהֹוָה
וְכִסָּה | עֲנַן הַקְּטֹרֶת אֶת־הַכַּפֹּרֶת אֲשֶׁר עַל־הָעֵדוּת וְלֹא
יָמוּת: וְלָקַח מִדַּם הַפָּר וְהִזָּה בְאֶצְבָּעֹו עַל־פְּנֵי הַכַּפֹּרֶת
קֵדְמָה וְלִפְנֵי הַכַּפֹּרֶת יַזֶּה שֶׁבַע־פְּעָמִים מִן־הַדָּם בְּאֶצְבָּעֹו:
וְשָׁחַט אֶת־שְׂעִיר הַחַטָּאת אֲשֶׁר לָעָם וְהֵבִיא אֶת־דָּמֹו
אֶל־מִבֵּית לַפָּרֹכֶת וְעָשָׂה אֶת־דָּמֹו כַּאֲשֶׁר עָשָׂה לְדַם
הַפָּר וְהִזָּה אֹתֹו עַל־הַכַּפֹּרֶת וְלִפְנֵי הַכַּפֹּרֶת: וְכִפֶּר עַל־
הַקֹּדֶשׁ מִטֻּמְאֹת בְּנֵי יִשְׂרָאֵל וּמִפִּשְׁעֵיהֶם לְכָל־חַטֹּאתָם
וְכֵן יַעֲשֶׂה לְאֹהֶל מֹועֵד הַשֹּׁכֵן אִתָּם בְּתֹוךְ טֻמְאֹתָם: וְכָל־
אָדָם לֹא־יִהְיֶה | בְּאֹהֶל מֹועֵד בְּבֹאֹו לְכַפֵּר בַּקֹּדֶשׁ עַד־
צֵאתֹו וְכִפֶּר בַּעֲדֹו וּבְעַד בֵּיתֹו וּבְעַד כָּל־קְהַל יִשְׂרָאֵל: רְבִיעִי
וּבְשַׁבָּת
חֲמִישִׁי]
וְיָצָא אֶל־הַמִּזְבֵּחַ אֲשֶׁר לִפְנֵי־יְהֹוָה וְכִפֶּר עָלָיו וְלָקַח
מִדַּם הַפָּר וּמִדַּם הַשָּׂעִיר וְנָתַן עַל־קַרְנֹות הַמִּזְבֵּחַ סָבִיב:
וְהִזָּה עָלָיו מִן־הַדָּם בְּאֶצְבָּעֹו שֶׁבַע פְּעָמִים וְטִהֲרֹו וְקִדְּשֹׁו
מִטֻּמְאֹת בְּנֵי יִשְׂרָאֵל: וְכִלָּה מִכַּפֵּר אֶת־הַקֹּדֶשׁ וְאֶת־
אֹהֶל מֹועֵד וְאֶת־הַמִּזְבֵּחַ וְהִקְרִיב אֶת־הַשָּׂעִיר הֶחָי:
וְסָמַךְ אַהֲרֹן אֶת־שְׁתֵּי יָדָו עַל־רֹאשׁ הַשָּׂעִיר הַחַי וְהִתְוַדָּה

* יָדָיו קְרִי

goats : one lot for the Lord, and one lot for Azazel.[1] And Aaron shall present the goat upon which the lot fell for the Lord, and offer him for a sin offering. But the goat on which the lot fell for Azazel shall be set alive before the Lord, to make atonement over him : to send him away to Azazel into the wilderness. And Aaron shall present the bullock of the sin-offering, which is for himself, and shall make atonement for himself and for his house ; and he shall kill the bullock of the sin-offering which is for himself. And he shall take a censer full of coals of fire from off the altar before the Lord, and his hands full of sweet incense beaten small ; and he shall bring it within the veil. And he shall put the incense upon the fire before the Lord : that the cloud of the incense may cover the covering that is upon the testimony, that he die not. And he shall take of the blood of the bullock, and sprinkle it with his finger over against the covering eastward ; and before the covering shall he sprinkle of the blood with his finger seven times. Then shall he kill the goat of the sin-offering that is for the people, and bring his blood within the veil and do with his blood as he did with the blood of the bullock and sprinkle it over against the covering and before the covering. And he shall make atonement for the holy place, because of the uncleannesses of the children of Israel, and because of their transgressions, in all their sins ; and so shall he do for the tent of meeting, that dwelleth with them in the midst of their uncleannesses. And there shall be no man in the tent of meeting when he goeth in to make atonement in the holy place, until he come out and have made atonement for himself and for his household and for all the assembly of Israel. And he shall go out unto the altar that is before the Lord, and make atonement for it ; and he shall take of the blood of the bullock and of the blood of the goat, and put it upon the horns of the altar round about. And he shall sprinkle of the blood upon it with his finger seven times, and cleanse it, and hallow it from the uncleannesses of the children of Israel. And when he hath made an end of atoning for the holy place and the tent of meeting and the altar, he shall present the live goat. And Aaron shall lay both his hands upon the head of the live goat, and

[1] See Note II. on page 288.

עָלָיו אֶת־כָּל־עֲוֺנֹת בְּנֵי יִשְׂרָאֵל וְאֶת־כָּל־פִּשְׁעֵיהֶם לְכָל־
חַטֹּאתָם וְנָתַן אֹתָם עַל־רֹאשׁ הַשָּׂעִיר וְשִׁלַּח בְּיַד־אִישׁ
עִתִּי הַמִּדְבָּרָה: וְנָשָׂא הַשָּׂעִיר עָלָיו אֶת־כָּל־עֲוֺנֹתָם אֶל־
אֶרֶץ גְּזֵרָה וְשִׁלַּח אֶת־הַשָּׂעִיר בַּמִּדְבָּר: וּבָא אַהֲרֹן אֶל־
אֹהֶל מוֹעֵד וּפָשַׁט אֶת־בִּגְדֵי הַבָּד אֲשֶׁר לָבַשׁ בְּבֹאוֹ אֶל־
הַקֹּדֶשׁ וְהִנִּיחָם שָׁם: וְרָחַץ אֶת־בְּשָׂרוֹ בַמַּיִם בְּמָקוֹם
קָדוֹשׁ וְלָבַשׁ אֶת־בְּגָדָיו וְיָצָא וְעָשָׂה אֶת־עֹלָתוֹ וְאֶת־עֹלַת
הָעָם וְכִפֶּר בַּעֲדוֹ וּבְעַד הָעָם:* חמישי
[בשבת
ששי] וְאֵת חֵלֶב הַחַטָּאת
יַקְטִיר הַמִּזְבֵּחָה: וְהַמְשַׁלֵּחַ אֶת־הַשָּׂעִיר לַעֲזָאזֵל יְכַבֵּס
בְּגָדָיו וְרָחַץ אֶת־בְּשָׂרוֹ בַּמָּיִם וְאַחֲרֵי־כֵן יָבוֹא אֶל־הַמַּחֲנֶה:
וְאֵת פַּר הַחַטָּאת וְאֵת ׀ שְׂעִיר הַחַטָּאת אֲשֶׁר הוּבָא אֶת־
דָּמָם לְכַפֵּר בַּקֹּדֶשׁ יוֹצִיא אֶל־מִחוּץ לַמַּחֲנֶה וְשָׂרְפוּ בָאֵשׁ
אֶת־עֹרֹתָם וְאֶת־בְּשָׂרָם וְאֶת־פִּרְשָׁם: וְהַשֹּׂרֵף אֹתָם יְכַבֵּס
בְּגָדָיו וְרָחַץ אֶת־בְּשָׂרוֹ בַּמָּיִם וְאַחֲרֵי־כֵן יָבוֹא אֶל־הַמַּחֲנֶה:
וְהָיְתָה לָכֶם לְחֻקַּת עוֹלָם בַּחֹדֶשׁ הַשְּׁבִיעִי בֶּעָשׂוֹר לַחֹדֶשׁ
תְּעַנּוּ אֶת־נַפְשֹׁתֵיכֶם וְכָל־מְלָאכָה לֹא תַעֲשׂוּ הָאֶזְרָח וְהַגֵּר
הַגָּר בְּתוֹכְכֶם: כִּי־בַיּוֹם הַזֶּה יְכַפֵּר עֲלֵיכֶם לְטַהֵר אֶתְכֶם
מִכֹּל חַטֹּאתֵיכֶם לִפְנֵי יְהֹוָה תִּטְהָרוּ:* ששי
[בשבת
שביעי] שַׁבַּת שַׁבָּתוֹן הִיא
לָכֶם וְעִנִּיתֶם אֶת־נַפְשֹׁתֵיכֶם חֻקַּת עוֹלָם: וְכִפֶּר הַכֹּהֵן
אֲשֶׁר־יִמְשַׁח אֹתוֹ וַאֲשֶׁר יְמַלֵּא אֶת־יָדוֹ לְכַהֵן תַּחַת אָבִיו
וְלָבַשׁ אֶת־בִּגְדֵי הַבָּד בִּגְדֵי הַקֹּדֶשׁ: וְכִפֶּר אֶת־מִקְדַּשׁ
הַקֹּדֶשׁ וְאֶת־אֹהֶל מוֹעֵד וְאֶת־הַמִּזְבֵּחַ יְכַפֵּר וְעַל הַכֹּהֲנִים
וְעַל־כָּל־עַם הַקָּהָל יְכַפֵּר: וְהָיְתָה־זֹּאת לָכֶם לְחֻקַּת
עוֹלָם לְכַפֵּר עַל־בְּנֵי יִשְׂרָאֵל מִכָּל־חַטֹּאתָם אַחַת בַּשָּׁנָה
וַיַּעַשׂ כַּאֲשֶׁר צִוָּה יְהֹוָה אֶת־מֹשֶׁה:

confess over him all the iniquities of the children of Israel, and all their transgressions in all their sins; and he shall put them upon the head of the goat, and shall send him away by the hand of a man that is in readiness into the wilderness. And the goat shall bear upon him all their iniquities unto a solitary land : and he shall let go the goat in the wilderness. And Aaron shall come into the tent of meeting, and shall put off the linen garments, which he put on when he went into the holy place ; and shall leave them there. And he shall bathe his flesh in water in a holy place, and put on his garments ; and come forth and offer his burnt offering and the burnt offering of the people, and make atonement for himself and for the people. And the fat of the sin-offering shall he burn upon the altar. And he that sendeth away the goat to Azazel shall wash his clothes, and bathe his flesh in water ; and afterward he shall come into the camp. And the bullock of the sin-offering, and the goat of the sin-offering, whose blood was brought in to make atonement in the holy place, shall one carry forth without the camp ; and they shall burn in the fire their skins and their flesh and their dung. And he that burneth them shall wash his clothes and bathe his flesh in water, and afterward he shall come into the camp. And it shall be a statute for ever unto you : in the seventh month, on the tenth day of the month, ye shall afflict your souls, and shall do no manner of work, the home-born or the stranger that sojourneth among you. For on this day shall atonement be made for you, to cleanse you : from all your sins before the Lord shall ye be clean. It is a Sabbath of solemn rest unto you, and ye shall afflict your souls ; it is a statute for ever. And the priest who shall be anointed and who shall be consecrated to be priest in his father's stead shall make the atonement, and shall put on the linen garments, even the holy garments. And he shall make atonement for the holy sanctuary, and he shall make atonement for the tent of meeting and for the altar ; and he shall make atonement for the priests and for all the people of the assembly. And this shall be an everlasting statute unto you, to make atonement for the children of Israel because of all their sins, once in the year ; and he did as the Lord commanded Moses.

Both Scrolls being placed upon the desk, the Reader says:

יִתְגַּדַּל וְיִתְקַדַּשׁ שְׁמֵהּ רַבָּא· בְּעָלְמָא דִּי בְרָא כִרְעוּתֵהּ·
וְיַמְלִיךְ מַלְכוּתֵהּ בְּחַיֵּיכוֹן וּבְיוֹמֵיכוֹן וּבְחַיֵּי דְכָל בֵּית
יִשְׂרָאֵל בַּעֲגָלָא וּבִזְמַן קָרִיב וְאִמְרוּ· אָמֵן:

Cong. יְהֵא שְׁמֵהּ רַבָּא מְבָרַךְ לְעָלַם וּלְעָלְמֵי עָלְמַיָּא:

יִתְבָּרַךְ וְיִשְׁתַּבַּח וְיִתְפָּאַר וְיִתְרוֹמַם וְיִתְנַשֵּׂא וְיִתְהַדָּר
וְיִתְעַלֶּה וְיִתְהַלָּל שְׁמֵהּ דְּקֻדְשָׁא· בְּרִיךְ הוּא· לְעֵלָּא
וּלְעֵלָּא מִן כָּל בִּרְכָתָא וְשִׁירָתָא תֻּשְׁבְּחָתָא וְנֶחֱמָתָא
דַּאֲמִירָן בְּעָלְמָא וְאִמְרוּ· אָמֵן:

The first Scroll is then held up and the Congregation say:

וְזֹאת הַתּוֹרָה אֲשֶׁר שָׂם מֹשֶׁה לִפְנֵי בְּנֵי יִשְׂרָאֵל עַל פִּי
יְיָ בְּיַד מֹשֶׁה: עֵץ חַיִּים הִיא לַמַּחֲזִיקִים בָּהּ וְתֹמְכֶיהָ
מְאֻשָּׁר: דְּרָכֶיהָ דַרְכֵי נֹעַם וְכָל נְתִיבֹתֶיהָ שָׁלוֹם: אֹרֶךְ
יָמִים בִּימִינָהּ בִּשְׂמֹאלָהּ עֹשֶׁר וְכָבוֹד: יְיָ חָפֵץ לְמַעַן
צִדְקוֹ יַגְדִּיל תּוֹרָה וְיַאְדִּיר:

The following section is then read from the second Scroll:

במדבר כ"ט ו"י – י"א

וּבֶעָשׂוֹר לַחֹדֶשׁ הַשְּׁבִיעִי הַזֶּה מִקְרָא־קֹדֶשׁ יִהְיֶה לָכֶם
וְעִנִּיתֶם אֶת־נַפְשֹׁתֵיכֶם כָּל־מְלָאכָה לֹא תַעֲשׂוּ: וְהִקְרַבְתֶּם
עֹלָה לַיהוָֹה רֵיחַ נִיחֹחַ פַּר בֶּן־בָּקָר אֶחָד אַיִל אֶחָד
כְּבָשִׂים בְּנֵי־שָׁנָה שִׁבְעָה תְּמִימִם יִהְיוּ לָכֶם: וּמִנְחָתָם
סֹלֶת בְּלוּלָה בַשֶּׁמֶן שְׁלֹשָׁה עֶשְׂרֹנִים לַפָּר שְׁנֵי עֶשְׂרֹנִים
לָאַיִל הָאֶחָד: עִשָּׂרוֹן עִשָּׂרוֹן לַכֶּבֶשׂ הָאֶחָד לְשִׁבְעַת
הַכְּבָשִׂים: שְׂעִיר־עִזִּים אֶחָד חַטָּאת מִלְּבַד חַטַּאת
הַכִּפֻּרִים וְעֹלַת הַתָּמִיד וּמִנְחָתָהּ וְנִסְכֵּיהֶם:

The second Scroll is held up and the Congregation say וזאת התורה.

Both Scrolls being placed upon the desk, the Reader says :

Magnified and sanctified be his great Name in the world which he hath created according to his will. May he establish his kingdom in your life-time and in your days, and in the life-time of all the house of Israel, speedily and at a near time ; and say ye, Amen.

Cong. Let his great Name be blessed for ever and ever.

Blessed, praised and glorified, exalted, extolled and honoured, adored and lauded be the Name of the Holy One, blessed be he, beyond, yea, beyond all blessings and hymns, praises and songs, which are uttered in this world ; and say ye, Amen.

The first Scroll is then held up and the Congregation say :

And this is the Law which Moses set before the children of Israel, according to the command of the Lord by the hand of Moses. It is a tree of life to them that lay hold of it, and happy is every one that retaineth it. Its ways are ways of pleasantness, and all its paths are peace. Length of days is in its right hand ; in its left hand are riches and honour. It pleased the Lord for the sake of his righteousness to magnify the Law and to make it honourable.

The following section is then read from the second Scroll :

Numbers xxix. 7–11.

And on the tenth day of this seventh month ye shall have an holy convocation ; and ye shall afflict your souls ; ye shall do no manner of work. And ye shall offer a burnt offering unto the Lord for a sweet savour : one young bullock, one ram, seven he-lambs of the first year ; they shall be to you without blemish. And their meal-offering, fine flour mingled with oil : three tenth parts for the bullock, two tenth parts for the one ram. A several tenth part for every lamb of the seven lambs. One he-goat for a sin-offering : beside the sin-offering of atonement, and the continual burnt offering, and the meal-offering thereof and their drink-offerings.

The second Scroll is held up and the Congregation say,
And this is the Law.

בָּרוּךְ אַתָּה יְיָ אֱלֹהֵינוּ מֶלֶךְ הָעוֹלָם אֲשֶׁר בָּחַר בִּנְבִיאִים
טוֹבִים וְרָצָה בְדִבְרֵיהֶם הַנֶּאֱמָרִים בֶּאֱמֶת. בָּרוּךְ אַתָּה
יְיָ הַבּוֹחֵר בַּתּוֹרָה וּבְמשֶׁה עַבְדּוֹ וּבְיִשְׂרָאֵל עַמּוֹ וּבִנְבִיאֵי
הָאֱמֶת וָצֶדֶק:

ישעיה נ"ז י"ד – נ"ח י"ד

וְאָמַר סֹלּוּ־סֹלּוּ פַּנּוּ־דָרֶךְ הָרִימוּ מִכְשׁוֹל מִדֶּרֶךְ עַמִּי:
כִּי כֹה אָמַר רָם וְנִשָּׂא שֹׁכֵן עַד וְקָדוֹשׁ שְׁמוֹ מָרוֹם
וְקָדוֹשׁ אֶשְׁכּוֹן וְאֶת־דַּכָּא וּשְׁפַל־רוּחַ לְהַחֲיוֹת רוּחַ שְׁפָלִים
וּלְהַחֲיוֹת לֵב נִדְכָּאִים: כִּי לֹא לְעוֹלָם אָרִיב וְלֹא לָנֶצַח
אֶקְצוֹף כִּי־רוּחַ מִלְּפָנַי יַעֲטוֹף וּנְשָׁמוֹת אֲנִי עָשִׂיתִי: בַּעֲוֹן
בִּצְעוֹ קָצַפְתִּי וְאַכֵּהוּ הַסְתֵּר וְאֶקְצֹף וַיֵּלֶךְ שׁוֹבָב בְּדֶרֶךְ
לִבּוֹ: דְּרָכָיו רָאִיתִי וְאֶרְפָּאֵהוּ וְאַנְחֵהוּ וַאֲשַׁלֵּם נִחֻמִים
לוֹ וְלַאֲבֵלָיו: בּוֹרֵא נִיב שְׂפָתָיִם שָׁלוֹם | שָׁלוֹם לָרָחוֹק
וְלַקָּרוֹב אָמַר יְהוָה וּרְפָאתִיו: וְהָרְשָׁעִים כַּיָּם נִגְרָשׁ כִּי
הַשְׁקֵט לֹא יוּכָל וַיִּגְרְשׁוּ מֵימָיו רֶפֶשׁ וָטִיט: אֵין שָׁלוֹם
אָמַר אֱלֹהַי לָרְשָׁעִים:

קְרָא בְגָרוֹן אַל־תַּחְשֹׂךְ כַּשּׁוֹפָר הָרֵם קוֹלֶךָ וְהַגֵּד לְעַמִּי
פִּשְׁעָם וּלְבֵית יַעֲקֹב חַטֹּאתָם: וְאוֹתִי יוֹם יוֹם יִדְרֹשׁוּן
וְדַעַת דְּרָכַי יֶחְפָּצוּן כְּגוֹי אֲשֶׁר־צְדָקָה עָשָׂה וּמִשְׁפַּט
אֱלֹהָיו לֹא עָזָב יִשְׁאָלוּנִי מִשְׁפְּטֵי־צֶדֶק קִרְבַת אֱלֹהִים
יֶחְפָּצוּן: לָמָּה צַּמְנוּ וְלֹא רָאִיתָ עִנִּינוּ נַפְשֵׁנוּ וְלֹא תֵדָע
הֵן בְּיוֹם צֹמְכֶם תִּמְצְאוּ־חֵפֶץ וְכָל־עַצְּבֵיכֶם תִּנְגֹּשׂוּ: הֵן
לְרִיב וּמַצָּה תָּצוּמוּ וּלְהַכּוֹת בְּאֶגְרֹף רֶשַׁע לֹא־תָצוּמוּ
כַיּוֹם לְהַשְׁמִיעַ בַּמָּרוֹם קוֹלְכֶם: הֲכָזֶה יִהְיֶה צוֹם אֶבְחָרֵהוּ
יוֹם עַנּוֹת אָדָם נַפְשׁוֹ הֲלָכֹף כְּאַגְמֹן רֹאשׁוֹ וְשַׂק וָאֵפֶר

*נִיב קרי

Blessed art thou, O Lord our God, King of the Universe, who hast chosen good prophets, and hast found pleasure in their words, which were spoken in truth. Blessed art thou, O Lord, who hast chosen the Law, and Moses thy servant, and Israel thy people, and prophets of truth and righteousness.

Isaiah lvii. 14—lviii. 14.

And one shall say, Cast ye up, cast ye up, prepare the way : take up the stumbling-block out of the way of my people. For thus saith the high and lofty One that inhabiteth eternity, whose name is Holy : I dwell in the high and holy place, with him also that is of a contrite and humble spirit, to revive the spirit of the humble, and to revive the heart of the contrite ones. For I will not contend for ever, neither will I be always wroth : for the spirit should fail before me, and the souls which I have made. For the iniquity of his covetousness was I wroth, and smote him : I hid me, and was wroth : and he went on frowardly in the way of his heart. I have seen his ways, and will heal him : I will lead him also, and restore comforts unto him and to his mourners. I create the fruit of the lips ; peace, peace to him that is far off, and to him that is near, saith the Lord : and I will heal him. But the wicked are like the troubled sea : for it cannot rest, and its waters cast up mire and dirt. There is no peace, saith my God, to the wicked.

Cry aloud, spare not, lift up thy voice like a trumpet, and declare unto my people their transgression, and to the house of Jacob their sins. Yet they seek me daily, and delight to know my ways, as a nation that did righteousness, and forsook not the ordinance of their God ; they ask of me the ordinances of justice ; they take delight to draw near unto God. Wherefore have we fasted, say they, and thou seest not; wherefore have we afflicted our soul, and thou takest no knowledge ? Behold, in the day of your fast ye find pleasure, and exact all your labours. Behold, ye fast for strife and contention, and to smite with the fist of wickedness : ye shall not fast as ye do this day, to make your voice to be heard on high. Is it such a fast that I have chosen ? a day for a man to afflict his soul : is it to bow down his head as a bulrush, and to spread sackcloth

יָצִיעַ הֲלָזֶה תִּקְרָא־צוֹם וְיוֹם רָצוֹן לַיהוָה: הֲלוֹא זֶה
צוֹם אֶבְחָרֵהוּ פַּתֵּחַ חַרְצֻבּוֹת רֶשַׁע הַתֵּר אֲגֻדּוֹת מוֹטָה
וְשַׁלַּח רְצוּצִים חָפְשִׁים וְכָל־מוֹטָה תְּנַתֵּקוּ: הֲלוֹא פָרֹס
לָרָעֵב לַחְמֶךָ וַעֲנִיִּים מְרוּדִים תָּבִיא בָיִת כִּי־תִרְאֶה עָרֹם
וְכִסִּיתוֹ וּמִבְּשָׂרְךָ לֹא תִתְעַלָּם: אָז יִבָּקַע כַּשַּׁחַר אוֹרֶךָ
וַאֲרֻכָתְךָ מְהֵרָה תִצְמָח וְהָלַךְ לְפָנֶיךָ צִדְקֶךָ כְּבוֹד יְהוָה
יַאַסְפֶךָ: אָז תִּקְרָא וַיהוָה יַעֲנֶה תְּשַׁוַּע וְיֹאמַר הִנֵּנִי אִם־
תָּסִיר מִתּוֹכְךָ מוֹטָה שְׁלַח אֶצְבַּע וְדַבֶּר־אָוֶן: וְתָפֵק
לָרָעֵב נַפְשֶׁךָ וְנֶפֶשׁ נַעֲנָה תַּשְׂבִּיעַ וְזָרַח בַּחֹשֶׁךְ אוֹרֶךָ
וַאֲפֵלָתְךָ כַּצָּהֳרָיִם: וְנָחֲךָ יְהוָה תָּמִיד וְהִשְׂבִּיעַ בְּצַחְצָחוֹת
נַפְשֶׁךָ וְעַצְמֹתֶיךָ יַחֲלִיץ וְהָיִיתָ כְּגַן רָוֶה וּכְמוֹצָא מַיִם אֲשֶׁר
לֹא־יְכַזְּבוּ מֵימָיו: וּבָנוּ מִמְּךָ חָרְבוֹת עוֹלָם מוֹסְדֵי דוֹר־
וָדוֹר תְּקוֹמֵם וְקֹרָא לְךָ גֹּדֵר פֶּרֶץ מְשׁוֹבֵב נְתִיבוֹת לָשָׁבֶת:
אִם־תָּשִׁיב מִשַּׁבָּת רַגְלֶךָ עֲשׂוֹת חֲפָצֶךָ בְּיוֹם קָדְשִׁי וְקָרָאתָ
לַשַּׁבָּת עֹנֶג לִקְדוֹשׁ יְהוָה מְכֻבָּד וְכִבַּדְתּוֹ מֵעֲשׂוֹת דְּרָכֶיךָ
מִמְּצוֹא חֶפְצְךָ וְדַבֵּר דָּבָר: אָז תִּתְעַנַּג עַל־יְהוָה וְהִרְכַּבְתִּיךָ
עַל־בָּמֳתֵי אָרֶץ וְהַאֲכַלְתִּיךָ נַחֲלַת יַעֲקֹב אָבִיךָ כִּי פִּי
יְהוָה דִּבֵּר:

בָּרוּךְ אַתָּה יְיָ אֱלֹהֵינוּ מֶלֶךְ הָעוֹלָם צוּר כָּל הָעוֹלָמִים
צַדִּיק בְּכָל הַדּוֹרוֹת הָאֵל הַנֶּאֱמָן הָאוֹמֵר וְעוֹשֶׂה הַמְדַבֵּר
וּמְקַיֵּם שֶׁכָּל דְּבָרָיו אֱמֶת וָצֶדֶק: נֶאֱמָן אַתָּה הוּא יְיָ
אֱלֹהֵינוּ וְנֶאֱמָנִים דְּבָרֶיךָ וְדָבָר אֶחָד מִדְּבָרֶיךָ אָחוֹר לֹא
יָשׁוּב רֵיקָם כִּי אֵל מֶלֶךְ נֶאֱמָן וְרַחֲמָן אָתָּה· בָּרוּךְ אַתָּה
יְיָ הָאֵל הַנֶּאֱמָן בְּכָל דְּבָרָיו:

רַחֵם עַל צִיּוֹן כִּי הִיא בֵּית חַיֵּינוּ וְלַעֲלוּבַת נֶפֶשׁ תּוֹשִׁיעַ
*יתיר ו·

and ashes under him ? wilt thou call this a fast, and an acceptable day to the Lord ? Is not this the fast that I have chosen ? to loose the bands of wickedness, to undo the heavy burdens, and to let the oppressed go free, and that ye break every yoke ? Is it not to deal thy bread to the hungry, and that thou bring the poor that are cast out to thy house ? when thou seest the naked, that thou cover him ; and that thou hide not thyself from thine own flesh. Then shall thy light break forth as the morning, and thy healing shall spring forth speedily : and thy righteousness shall go before thee ; the glory of the Lord shall be thy rereward. Then shalt thou call, and the Lord shall answer ; thou shalt cry, and he shall say, Here I am, if thou take away from the midst of thee the yoke, the putting forth of the finger, and speaking wickedly. And if thou draw out thy soul to the hungry, and satisfy the afflicted soul : then shall thy light rise in darkness, and thine obscurity be as the noonday. And the Lord shall guide thee continually, and satisfy thy soul in drought, and make strong thy bones : and thou shalt be like a watered garden, and like a spring of water, whose waters fail not. And they that shall be of thee shall build the old waste places : thou shalt raise up the foundations of many generations ; and thou shalt be called, The repairer of the breach, The restorer of paths to dwell in. If thou turn away thy foot from the sabbath, from doing thy pleasure on my holy day, and call the sabbath a delight, the holy of the Lord, honourable ; and shalt honour him, not doing thine own ways, nor finding thine own pleasure, nor speaking thine own words. Then shalt thou delight thyself in the Lord ; and I will cause thee to ride upon the high places of the earth, and feed thee with the heritage of Jacob thy father : for the mouth of the Lord hath spoken it.

Blessed art thou, O Lord our God, King of the Universe, Rock of all worlds, righteous throughout all generations, O faithful God, who sayest and doest, who speakest and fulfillest, whose words are all truth and righteousness. Faithful art thou, O Lord our God, and faithful are thy words, and not one of thy words shall return void ; for thou art a faithful and merciful God and King. Blessed art thou, O Lord God, who art faithful in all thy words.

Have mercy upon Zion, for it is the home of our life, and save her that is grieved in spirit speedily, in our days.

בִּמְהֵרָה בְיָמֵינוּ· בָּרוּךְ אַתָּה יְיָ מְשַׂמֵּחַ צִיּוֹן בְּבָנֶיהָ:

שַׂמְּחֵנוּ יְיָ אֱלֹהֵינוּ בְּאֵלִיָּהוּ הַנָּבִיא עַבְדֶּךָ וּבְמַלְכוּת
בֵּית דָּוִד מְשִׁיחֶךָ בִּמְהֵרָה יָבֹא וְיָגֵל לִבֵּנוּ· עַל כִּסְאוֹ לֹא
יֵשֵׁב זָר וְלֹא יִנְחֲלוּ עוֹד אֲחֵרִים אֶת כְּבוֹדוֹ· כִּי בְשֵׁם
קָדְשְׁךָ נִשְׁבַּעְתָּ לּוֹ שֶׁלֹּא יִכְבֶּה נֵרוֹ לְעוֹלָם וָעֶד: בָּרוּךְ
אַתָּה יְיָ מָגֵן דָּוִד:

On Sabbath add the bracketed words:

עַל הַתּוֹרָה וְעַל הָעֲבוֹדָה וְעַל הַנְּבִיאִים וְעַל יוֹם [הַשַּׁבָּת
הַזֶּה וְעַל יוֹם] הַכִּפֻּרִים הַזֶּה שֶׁנָּתַתָּ לָּנוּ יְיָ אֱלֹהֵינוּ [לִקְדֻשָּׁה
וְלִמְנוּחָה] לִמְחִילָה וְלִסְלִיחָה וּלְכַפָּרָה· לְכָבוֹד
וּלְתִפְאָרֶת: עַל הַכֹּל יְיָ אֱלֹהֵינוּ אֲנַחְנוּ מוֹדִים לָךְ וּמְבָרְכִים
אוֹתָךְ· יִתְבָּרַךְ שִׁמְךָ בְּפִי כָּל חַי תָּמִיד לְעוֹלָם וָעֶד·
וּדְבָרְךָ אֱמֶת וְקַיָּם לָעַד· בָּרוּךְ אַתָּה יְיָ מֶלֶךְ מוֹחֵל
וְסוֹלֵחַ לַעֲוֹנוֹתֵינוּ וְלַעֲוֹנוֹת עַמּוֹ בֵּית יִשְׂרָאֵל· וּמַעֲבִיר
אַשְׁמוֹתֵינוּ בְּכָל שָׁנָה וְשָׁנָה· מֶלֶךְ עַל כָּל הָאָרֶץ מְקַדֵּשׁ
[הַשַּׁבָּת וְ]יִשְׂרָאֵל וְיוֹם הַכִּפֻּרִים:

The following two paragraphs are omitted on a week-day.

יְקוּם פֻּרְקָן מִן שְׁמַיָּא חִנָּא וְחִסְדָּא וְרַחֲמֵי וְחַיֵּי אֲרִיכֵי
וּמְזוֹנֵי רְוִיחֵי וְסִיַּעְתָּא דִי שְׁמַיָּא וּבַרְיוּת גּוּפָא וּנְהוֹרָא מַעַלְיָא·
זַרְעָא חַיָּא וְקַיָּמָא זַרְעָא דִי לָא יִפְסָק וְדִי לָא יִבְטַל
מִפִּתְגָמֵי אוֹרַיְתָא· לְכָל קְהָלָא קַדִּישָׁא הָדֵן· רַבְרְבַיָּא
עִם זְעֵרַיָּא טַפְלָא וּנְשַׁיָּא· מַלְכָּא דִי עָלְמָא יְבָרֵךְ יַתְכוֹן
יַפִּישׁ חַיֵּיכוֹן וְיַשְׂגֵּא יוֹמֵיכוֹן וְיִתֵּן אַרְכָה לִשְׁנֵיכוֹן· וְתִתְפָּרְקוּן
וְתִשְׁתֵּיזְבוּן מִן כָּל עָקָא וּמִן כָּל מַרְעִין בִּישִׁין· מָרַן דִי
בִשְׁמַיָּא יְהֵא בְסַעְדְּכוֹן כָּל זְמַן וְעִדָּן· וְנֹאמַר אָמֵן:

Blessed art thou, O Lord, who causest Zion to rejoice in her children.

Make us to rejoice, O Lord our God, in Elijah the prophet, thy servant, and in the kingdom of the house of David, thine anointed.   Soon may he come and gladden our hearts. Suffer not a stranger to sit upon his throne, nor let others any longer inherit his glory ; for by thy holy Name thou didst swear unto him, that his lamp should not be quenched for ever.   Blessed art thou, O Lord, the Shield of David.

On Sabbath add the bracketed words :

For the Law, and for the Service, and for the prophets, [for this Sabbath day] and for this Day of Atonement, which thou, O Lord our God, hast given us [for holiness and for rest,] for forgiveness, pardon and atonement, for honour and for glory ; for all these, O Lord our God, we thank and bless thee.   Blessed be thy Name by the mouth of every living being continually and for evermore.   Thy word is truth and endureth for ever.   Blessed art thou, O Lord, thou King who pardonest and forgivest our iniquities and the iniquities of thy people the house of Israel and makest our trespasses to pass away year by year : King over all the earth, who sanctifiest [the Sabbath and] Israel and the Day of Atonement.

The following two paragraphs are omitted on a week-day.

May deliverance come forth from heaven with grace, mercy and compassion, long life, plentiful sustenance, heavenly aid, health of body, true enlightenment, and a living and robust offspring, an offspring that will not forsake nor neglect any of the words of the Law, unto all this holy congregation, great and small, children and women. May the King of the Universe bless you, prolong your lives, increase your days and add to your years ; and may you be delivered and saved from every affliction and mishap. May the Lord of heaven be your help in all times and seasons ; and let us say, Amen.

מִי שֶׁבֵּרַךְ אֲבוֹתֵינוּ אַבְרָהָם יִצְחָק וְיַעֲקֹב הוּא יְבָרֵךְ
אֶת כָּל הַקָּהָל הַקָּדוֹשׁ הַזֶּה עִם כָּל קְהִלוֹת הַקְּדֶשׁ׃
הֶם וּנְשֵׁיהֶם וּבְנֵיהֶם וּבְנוֹתֵיהֶם וְכָל אֲשֶׁר לָהֶם׃ וּמִי
שֶׁמְּיַחֲדִים בָּתֵּי כְנֵסִיּוֹת לִתְפִלָּה׃ וּמִי שֶׁבָּאִים בְּתוֹכָם
לְהִתְפַּלֵּל׃ וּמִי שֶׁנּוֹתְנִים נֵר לַמָּאוֹר וְיַיִן לְקִדּוּשׁ וּלְהַבְדָּלָה
וּפַת לְאוֹרְחִים וּצְדָקָה לַעֲנִיִּים׃ וְכָל מִי שֶׁעוֹסְקִים בְּצָרְכֵי
צִבּוּר בֶּאֱמוּנָה׃ הַקָּדוֹשׁ בָּרוּךְ הוּא יְשַׁלֵּם שְׂכָרָם וְיָסִיר
מֵהֶם כָּל מַחֲלָה וְיִרְפָּא לְכָל גּוּפָם וְיִסְלַח לְכָל עֲוֹנָם׃
וְיִשְׁלַח בְּרָכָה וְהַצְלָחָה בְּכָל מַעֲשֵׂה יְדֵיהֶם עִם כָּל יִשְׂרָאֵל
אֲחֵיהֶם וְנֹאמַר אָמֵן׃

הַנּוֹתֵן תְּשׁוּעָה לַמְּלָכִים וּמֶמְשָׁלָה לַנְּסִיכִים׃ מַלְכוּתוֹ
מַלְכוּת כָּל עוֹלָמִים׃ הוּא יְבָרֵךְ

Our Most Gracious Majesty, Queen ELIZABETH,
ELIZABETH the Queen Mother,
PHILIP, Duke of Edinburgh,
The Prince and Princess of Wales,
and all the ROYAL FAMILY.

מֶלֶךְ מַלְכֵי הַמְּלָכִים בְּרַחֲמָיו יְחַיֶּיהָ וְיִשְׁמְרֶהָ וּמִכָּל
צָרָה וְיָגוֹן יַצִּילֶהָ׃ וְיִתֵּן בְּלִבָּהּ וּבְלֵב כָּל יוֹעֲצֶיהָ רוּחַ
חָכְמָה וּבִינָה לְהַחֲזִיק שְׁלוֹם הַמַּלְכוּת וְשַׁלְוַת עַמָּהּ
וְלַעֲשׂוֹת חֶסֶד וֶאֱמֶת עִם כָּל יִשְׂרָאֵל׃ בְּיָמֶיהָ וּבְיָמֵינוּ
יִפְרֹשׁ אָבִינוּ שֶׁבַּשָּׁמַיִם סֻכַּת שָׁלוֹם עַל כָּל יוֹשְׁבֵי
תֵבֵל׃ וּבָא לְצִיּוֹן גּוֹאֵל׃ וְנֹאמַר אָמֵן׃

May he who blessed our fathers, Abraham, Isaac and Jacob, bless all this holy congregation, together with all other holy congregations ; them, their wives, their sons, and their daughters, and all that belong to them ; those who unite to form synagogues for prayer, and those who enter therein to pray ; those who give lamps for a light and wine for Kiddush and Habdalah, bread to way-farers and charity to the poor, and all those who occupy themselves in faithfulness with the wants of the congregation. May the Holy One, blessed be he, give them their reward ; may he remove from them all sickness ; may he heal their body, forgive all their iniquity, and send blessing and prosperity upon all the work of their hands, and upon all Israel their brethren ; and let us say, Amen.

He who giveth salvation unto kings and dominion unto princes, whose kingdom is an everlasting kingdom,—may he bless

Our Most Gracious Majesty, Queen ELIZABETH,
ELIZABETH the Queen Mother,
PHILIP, Duke of Edinburgh,
The Prince and Princess of Wales,
and all the ROYAL FAMILY.

May the supreme King of kings in his mercy preserve the Queen in life, guard her and deliver her from all trouble and sorrow. May he put a spirit of wisdom and under-standing into her heart and into the hearts of all her coun-sellors, that they may uphold the peace of the realm, advance the welfare of the nation, and deal kindly and truly with all Israel. In her days and in ours, may our Heavenly Father spread the tabernacle of peace over all the dwellers on earth; and may the redeemer come unto Zion; and let us say, Amen.

Prayer for the welfare of the State of Israel

מִי שֶׁבֵּרַךְ אֲבוֹתֵינוּ אַבְרָהָם יִצְחָק וְיַעֲקֹב· הוּא יְבָרֵךְ
אֶת־מְדִינַת יִשְׂרָאֵל · וִיגַלֶּה כְּבוֹד מַלְכוּתוֹ עַל־הָאֲדָמָה
אֲשֶׁר נִשְׁבַּע לַאֲבוֹתֵינוּ לָתֶת לָנוּ:

אָנָּא יְיָ · יְהִי חַסְדְּךָ עִם־רָאשֶׁיהָ וְיוֹעֲצֶיהָ לְהָכִין
אוֹתָהּ וּלְסַעֲדָהּ בְּמִשְׁפָּט וּבִצְדָקָה מֵעַתָּה וְעַד־עוֹלָם:
תֵּן בְּלִבָּם אַהֲבָתְךָ וְיִרְאָתְךָ לְעָבְדְּךָ בֶּאֱמֶת וּבְתָמִים ·
וִיקַיֵּם בְּיָמֵינוּ דִּבְרֵי עֲבָדֶיךָ הַנְּבִיאִים · כִּי מִצִּיּוֹן תֵּצֵא
תוֹרָה וּדְבַר יְיָ מִירוּשָׁלָיִם:

אָבִינוּ שֶׁבַּשָּׁמַיִם · שִׂים שָׁלוֹם בָּאָרֶץ וְשִׂמְחַת עוֹלָם
עַל־ כָּל־יוֹשְׁבֶיהָ · וְשָׁב יַעֲקֹב וְשָׁקַט וְשַׁאֲנַן וְאֵין מַחֲרִיד ·
וּפְרוֹשׂ סֻכַּת שְׁלוֹמְךָ עַל־כָּל־יוֹשְׁבֵי תֵבֵל אַרְצֶךָ · וְכֵן
יְהִי רָצוֹן · וְנֹאמַר אָמֵן:

Prayer for the Welfare of the State of Israel

May He Who blessed our fathers, Abraham, Isaac and Jacob, bless the State of Israel and make the glory of His kingdom manifest in the land which He sware unto our fathers to give us.

We beseech Thee, O Lord, bestow Thy lovingkindness upon its rulers and counsellors that they may establish and uphold it with judgment and with righteousness from henceforth even for ever. Put in their hearts the love and fear of Thee to serve Thee in truth and with sincerity. May the words of Thy servants, the prophets, be fulfilled in our days : For out of Zion shall go forth the Law and the word of the Lord from Jerusalem.

Heavenly Father, grant peace in Thy Holy Land and everlasting happiness unto all its inhabitants, so that Jacob shall again be in quietude and at ease and none shall make him afraid. Do·Thou spread the tabernacle of Thy peace upon all the dwellers on earth. May this be Thy will : and let us say, Amen.

הזכרת נשמות

יְיָ מָה אָדָם וַתֵּדָעֵהוּ בֶּן אֱנוֹשׁ וַתְּחַשְּׁבֵהוּ:
אָדָם לַהֶבֶל דָּמָה יָמָיו כְּצֵל עוֹבֵר:
בַּבֹּקֶר יָצִיץ וְחָלַף לָעֶרֶב יְמוֹלֵל וְיָבֵשׁ:
לִמְנוֹת יָמֵינוּ כֵּן הוֹדַע וְנָבִיא לְבַב חָכְמָה:
שְׁמָר תָּם וּרְאֵה יָשָׁר כִּי אַחֲרִית לְאִישׁ שָׁלוֹם:
אַךְ אֱלֹהִים יִפְדֶּה נַפְשִׁי מִיַּד שְׁאוֹל כִּי יִקָּחֵנִי סֶלָה:
כָּלָה שְׁאֵרִי וּלְבָבִי צוּר לְבָבִי וְחֶלְקִי אֱלֹהִים לְעוֹלָם:
וְיָשֹׁב הֶעָפָר עַל הָאָרֶץ כְּשֶׁהָיָה וְהָרוּחַ תָּשׁוּב אֶל
הָאֱלֹהִים אֲשֶׁר נְתָנָהּ:

אֲנִי בְּצֶדֶק אֶחֱזֶה פָנֶיךָ אֶשְׂבְּעָה בְהָקִיץ תְּמוּנָתֶךָ:

אַב הָרַחֲמִים אֲשֶׁר בְּיָדְךָ נַפְשׁוֹת הַחַיִּים וְהַמֵּתִים·
תַּנְחוּמֶיךָ יְשַׁעַשְׁעוּ נַפְשֵׁנוּ בְּזָכְרֵנוּ בַּיּוֹם הַקָּדוֹשׁ הַזֶּה אֶת
קְרוֹבֵינוּ הָאֲהוּבִים וְהַנִּכְבָּדִים אֲשֶׁר הָלְכוּ לִמְנוּחָתָם·
אֶת הוֹרֵינוּ הַיְקָרִים עֲטֶרֶת רֹאשֵׁנוּ וְתִפְאַרְתֵּנוּ אֲשֶׁר כָּל
מְנַמָּתָם לְהַדְרִיכֵנוּ בַּדֶּרֶךְ הַטּוֹב וְהַיָּשָׁר לְלַמְּדֵנוּ חֻקֶּיךָ
וּמִצְוֹתֶיךָ וּלְהוֹרֵנוּ עֲשׂוֹת צְדָקָה וְאַהֲבַת חֶסֶד: אָנָּא יְיָ
אַמְּצֵנוּ לִשְׁמֹר אֶת פִּקּוּדוֹתָם כָּל עוֹד נִשְׁמָתֵנוּ בְקִרְבֵּנוּ·
וְנַפְשָׁם תָּנוּחַ בְּאֶרֶץ הַחַיִּים לַחֲזוֹת בְּנֹעַמְךָ וּלְהִתְעַנֵּג
מִטּוּבֶךָ:

וְעַתָּה הָאֵל הַטּוֹב וְהַמֵּטִיב מַה נֹּאמַר וּמַה נְּדַבֵּר·
צְרָכֵינוּ מְרֻבִּים וְדַעְתֵּנוּ קְצָרָה: בֹּשֶׁת פָּנִים כִּסַּתְנוּ מִדֵּי
עֲלוֹת עַל לִבֵּנוּ זֵכֶר כָּל הַטּוֹבָה שֶׁגְּמַלְתָּ עָלֵינוּ: אָנָּא

MEMORIAL OF THE DEPARTED

Lord, what is man, that thou regardest him ? or the son of man, that thou takest account of him ?

Man is like to vanity : his days are as a shadow that passeth away.

In the morning he bloometh and sprouteth afresh ; in the evening he is cut down and withereth.

So teach us to number our days that we may get us a heart of wisdom.

Mark the innocent man, and behold the upright : for the latter end of that man is peace.

But God will redeem my soul from the grasp of the grave : for he will receive me. Selah.

My flesh and my heart faileth : but God is the strength of my heart and my portion for ever.

And the dust returneth to the earth as it was, but the spirit returneth unto God who gave it.

I shall behold thy face in righteousness ; I shall be satisfied, when I awake, with thy likeness.

Father of mercy ! In thy hand are the souls of the living and the dead. May thy comforts soothe our hearts as we remember on this sacred day our revered and beloved kinsfolk who have gone to their eternal rest, and as we think of our dear parents, the crown of our heads and our glory, whose desire it was to train us in the way of virtue and righteousness, to teach us thy statutes and precepts, and to instruct us to do justice and to love mercy. We beseech thee, O Lord ! grant us strength to remain faithful to their teachings, while the breath given of thee is within us. And may their souls repose in the land of life, beholding thy majesty and delighting in thy reward.

And now, O good and beneficent God ! what shall we say, what shall we speak unto thee ? Our needs are so manifold : we cannot declare them. We are filled with shame as we think of all the goodness thou hast dealt unto us. O turn thou in mercy and loving-kindness unto the

פְּנֵה הַיּוֹם בְּחֶסֶד וּבְרַחֲמִים אֶל תְּפִלַּת עֲבָדֶיךָ הַשּׁוֹפְכִים
אֶת נַפְשָׁם לְפָנֶיךָ: אָנָּא חַסְדְּךָ מֵאִתָּנוּ אַל יָמוּשׁ:
הַטְרִיפֵנוּ לֶחֶם חֻקֵּנוּ וְאַל תַּצְרִיכֵנוּ לִידֵי מַתְּנַת בָּשָׂר
וָדָם: הָסֵר מֵעָלֵינוּ כָּל דְּאָגָה וְתוּגָה כָּל צָרָה וָפַחַד כָּל
חֶרְפָּה וָבוּז: בִּירְאָתְךָ הַטְּהוֹרָה תְּחַזְּקֵנוּ וּבְתוֹרָתְךָ
הַתְּמִימָה תְאַמְּצֵנוּ: זַכֵּנוּ לְגַדֵּל אֶת בָּנֵינוּ וּבְנוֹתֵינוּ לִשְׁמוֹר
מִצְוֹתֶיךָ וְלַעֲשׂוֹת רְצוֹנֶךָ כָּל יְמֵי חַיֵּיהֶם: אֵל נָא אַל
תַּעַלֵנוּ בַּחֲצִי יָמֵינוּ וּנְמַלֵּא בְשָׁלוֹם אֶת מִסְפַּר יָמֵינוּ:
יָדַעְנוּ אַךְ יָדַעְנוּ כִי חָדֵל כֹּחֵנוּ וּטְפָחוֹת נָתַתָּ יָמֵינוּ:
עָזְרֵנוּ אֱלֹהֵי יִשְׁעֵנוּ לְהִתְנַהֵג בֶּאֱמֶת וּבְתָמִים יְמֵי שְׁנֵי חַיֵּי
מְגוּרֵנוּ: וְכַאֲשֶׁר יַגִּיעַ קִצֵּנוּ לְהִפָּרֵד מִן הָעוֹלָם הֱיֵה אַתָּה
עִמָּנוּ וְנִשְׁמוֹתֵנוּ תִהְיֶינָה צְרוּרוֹת בִּצְרוֹר הַחַיִּים עִם
נִשְׁמוֹת אֲבוֹתֵינוּ וְנִשְׁמוֹת הַצַּדִּיקִים הָעוֹמְדִים לְפָנֶיךָ·
אָמֵן וְאָמֵן:

Prayer in memory of a departed father:

יִזְכֹּר אֱלֹהִים נִשְׁמַת אָבִי מוֹרִי שֶׁהָלַךְ לְעוֹלָמוֹ· אָנָּא
תְּהִי נַפְשׁוֹ צְרוּרָה בִּצְרוֹר הַחַיִּים וּתְהִי מְנוּחָתוֹ כָּבוֹד·
שֹׂבַע שְׂמָחוֹת אֶת פָּנֶיךָ נְעִימוֹת בִּימִינְךָ נֶצַח· אָמֵן:

Prayer in memory of a departed mother:

יִזְכֹּר אֱלֹהִים נִשְׁמַת אִמִּי מוֹרָתִי שֶׁהָלְכָה לְעוֹלָמָהּ·
אָנָּא תְּהִי נַפְשָׁהּ צְרוּרָה בִּצְרוֹר הַחַיִּים וּתְהִי מְנוּחָתָהּ
כָּבוֹד· שֹׂבַע שְׂמָחוֹת אֶת פָּנֶיךָ נְעִימוֹת בִּימִינְךָ נֶצַח· אָמֵן:

מִי שֶׁבֵּרַךְ אֲבוֹתֵינוּ אַבְרָהָם יִצְחָק וְיַעֲקֹב הוּא *Reader.*
יְבָרֵךְ אֶת כָּל הַקָּהָל הַקָּדוֹשׁ הַזֶּה אֲשֶׁר נָדְרוּ צְדָקָה

supplications of thy servants who now pour out their souls before thee. May thy loving-kindness not depart from us. Give us our daily sustenance, and let us not be in need of the gifts of flesh and blood. Remove from us care and sorrow, distress and fear, shame and contempt. Strengthen us in our reverence for thee, and fortify us to keep thy perfect law. Vouchsafe unto us the joy of training our sons and daughters to keep thy commandments and to perform thy will all the days of their life. O God, take us not hence in the midst of our days. Let us complete in peace the number of our years. Verily we know that our life is frail, that our days are as an hand-breadth. Therefore help us, O God of our salvation, to live before thee in truth and uprightness during the years of our pilgrimage. And when it will please thee to take us from earth, be thou with us ; and may our souls be bound up in the bond of life with the souls of our parents and of the righteous who stand before thee in heaven. Amen. Amen.

Prayer in memory of a departed father :

May God remember the soul of my honoured father, who has gone to his eternal home. O let his soul be bound up in the bond of life, and may he rest in honour, with fulness of joy in thy presence, with pleasures at thy right hand for evermore. Amen.

Prayer in memory of a departed mother :

May God remember the soul of my honoured mother, who has gone to her eternal home. O let her soul be bound up in the bond of life, and may she rest in honour, with fulness of joy in thy presence, with pleasures at thy right hand for evermore. Amen.

Reader. May he who blessed our fathers, Abraham, Isaac and Jacob, bless all the members of this holy congregation, who have vowed charity in memory of the souls of their

לְזִכְרוֹן נִשְׁמוֹת קְרוֹבֵיהֶם אֲשֶׁר הָלְכוּ לְעוֹלָמָם· הַקָּדוֹשׁ
בָּרוּךְ הוּא יִשְׁמֹר אֶת הַקָּהָל הַקָּדוֹשׁ הַזֶּה וְיַצִּילֵם מִכָּל
צָרָה וְצוּקָה וּמִכָּל נֶגַע וּמַחֲלָה וְיִשְׁלַח בְּרָכָה וְהַצְלָחָה
בְּכָל מַעֲשֵׂה יְדֵיהֶם וְיִכְתֹּב וְיַחְתֹּם אוֹתָם בְּסֵפֶר חַיִּים
טוֹבִים עִם כָּל יִשְׂרָאֵל אַחֵינוּ· וְנֹאמַר אָמֵן:

אֵל מָלֵא רַחֲמִים שׁוֹכֵן בַּמְּרוֹמִים הַמְצֵא מְנוּחָה
נְכוֹנָה תַּחַת כַּנְפֵי הַשְּׁכִינָה בְּמַעֲלוֹת קְדוֹשִׁים וּטְהוֹרִים
כְּזֹהַר הָרָקִיעַ מַזְהִירִים אֶת נִשְׁמַת

Here are mentioned the names of the departed Chief Rabbis.

שֶׁהָלְכוּ לְעוֹלָמָם: אָנָּא בַּעַל הָרַחֲמִים תַּסְתִּירֵם בְּסֵתֶר
כְּנָפֶיךָ לְעוֹלָמִים· וְתִצְרוֹר בִּצְרוֹר הַחַיִּים אֶת נִשְׁמָתָם
וְיָנוּחוּ עַל מִשְׁכְּבוֹתָם בְּשָׁלוֹם· וְנֹאמַר אָמֵן:

תהלים ט״ז

מִכְתָּם לְדָוִד שָׁמְרֵנִי אֵל כִּי־חָסִיתִי בָךְ: אָמַרְתְּ לַיהוָה
אֲדֹנָי אָתָּה טוֹבָתִי בַּל־עָלֶיךָ: לִקְדוֹשִׁים אֲשֶׁר־בָּאָרֶץ הֵמָּה
וְאַדִּירֵי כָּל־חֶפְצִי־בָם: יִרְבּוּ עַצְּבוֹתָם אַחֵר מָהָרוּ בַּל־
אַסִּיךְ נִסְכֵּיהֶם מִדָּם וּבַל־אֶשָּׂא אֶת־שְׁמוֹתָם עַל־שְׂפָתָי:
יְהוָה מְנָת חֶלְקִי וְכוֹסִי אַתָּה תּוֹמִיךְ גּוֹרָלִי: חֲבָלִים נָפְלוּ
לִי בַּנְּעִמִים אַף־נַחֲלָת שָׁפְרָה עָלָי: אֲבָרֵךְ אֶת־יְהוָה אֲשֶׁר
יְעָצָנִי אַף־לֵילוֹת יִסְּרוּנִי כִלְיוֹתָי: שִׁוִּיתִי יְהוָה לְנֶגְדִּי תָמִיד
כִּי מִימִינִי בַּל־אֶמּוֹט: לָכֵן ׀ שָׂמַח לִבִּי וַיָּגֶל כְּבוֹדִי אַף־
בְּשָׂרִי יִשְׁכֹּן לָבֶטַח: כִּי ׀ לֹא־תַעֲזֹב נַפְשִׁי לִשְׁאוֹל לֹא־
תִתֵּן חֲסִידְךָ לִרְאוֹת שָׁחַת: תּוֹדִיעֵנִי אֹרַח חַיִּים שֹׂבַע
שְׂמָחוֹת אֶת־פָּנֶיךָ נְעִמוֹת בִּימִינְךָ נֶצַח:

* חסידך קרי

kinsfolk who have gone to their eternal home. May the Holy One, blessed be he, preserve this holy congregation and deliver them from all sorrow and distress and from all sickness and disease, and may he send blessing and prosperity upon all the work of their hands, and inscribe and seal them in the book of good life, with all Israel our brethren ; and let us say, Amen.

O God, who art full of compassion, who dwellest on high, grant perfect rest beneath the shelter of thy divine Presence, in the exalted places among the holy and pure, who shine as the brightness of the firmament, to

[*Here are mentioned the names of the departed Chief Rabbis*],

who have gone to their eternal home. We beseech thee, Lord of compassion, shelter them evermore under the cover of thy wings, and let their souls be bound up in the bond of life, and may they rest in peace upon their couches ; and let us say, Amen.

Psalm xvi.   Michtam of David.

Preserve me, O God, for in thee do I put my trust. I say unto the Lord, Thou art my Lord : I have no good beyond thee. As for the saints that are in the earth, they are the excellent ones in whom is all my delight. Their sorrows will be multiplied that offer gifts unto another god : their drink-offerings of blood will I not pour out, nor take their names upon my lips. The Lord is the portion of mine inheritance and of my cup : thou maintainest my lot. The lines are fallen unto me in pleasant places ; yea, I have a delightsome heritage. I will bless the Lord, who hath given me counsel : yea, my reins admonish me in the night seasons. I have set the Lord always before me : because he is at my right hand, I shall not be moved. Therefore my heart is glad and my glory rejoiceth : my flesh also shall dwell in safety. For thou wilt not abandon my soul to the grave : neither wilt thou suffer thy loving one to see the pit. Thou wilt make known to me the path of life : in thy presence is fulness of joy ; at thy right hand are pleasures for evermore.

אַשְׁרֵי יוֹשְׁבֵי בֵיתֶךָ עוֹד יְהַלְלוּךָ סֶּלָה:

אַשְׁרֵי הָעָם שֶׁכָּכָה לּוֹ אַשְׁרֵי הָעָם שֶׁיְיָ אֱלֹהָיו:

קמ״ה   תְּהִלָּה לְדָוִד

אֲרוֹמִמְךָ אֱלוֹהַי הַמֶּלֶךְ וַאֲבָרְכָה שִׁמְךָ לְעוֹלָם וָעֶד:

בְּכָל־יוֹם אֲבָרְכֶךָּ וַאֲהַלְלָה שִׁמְךָ לְעוֹלָם וָעֶד:

גָּדוֹל יְהוָה וּמְהֻלָּל מְאֹד וְלִגְדֻלָּתוֹ אֵין חֵקֶר:

דּוֹר לְדוֹר יְשַׁבַּח מַעֲשֶׂיךָ וּגְבוּרֹתֶיךָ יַגִּידוּ:

הֲדַר כְּבוֹד הוֹדֶךָ וְדִבְרֵי נִפְלְאֹתֶיךָ אָשִׂיחָה:

*וגדלתך ק   וֶעֱזוּז נוֹרְאֹתֶיךָ יֹאמֵרוּ וּגְדֻלָּתְךָ אֲסַפְּרֶנָּה:

זֵכֶר רַב־טוּבְךָ יַבִּיעוּ וְצִדְקָתְךָ יְרַנֵּנוּ:

*יתד ו   חַנּוּן וְרַחוּם יְהוָה אֶרֶךְ אַפַּיִם וּגְדָל־חָסֶד:

טוֹב־יְהוָה לַכֹּל וְרַחֲמָיו עַל־כָּל־מַעֲשָׂיו:

יוֹדוּךָ יְהוָה כָּל־מַעֲשֶׂיךָ וַחֲסִידֶיךָ יְבָרְכוּכָה:

כְּבוֹד מַלְכוּתְךָ יֹאמֵרוּ וּגְבוּרָתְךָ יְדַבֵּרוּ:

לְהוֹדִיעַ ׀ לִבְנֵי הָאָדָם גְּבוּרֹתָיו וּכְבוֹד הֲדַר מַלְכוּתוֹ:

מַלְכוּתְךָ מַלְכוּת כָּל־עֹלָמִים וּמֶמְשַׁלְתְּךָ בְּכָל־דּוֹר וָדֹר:

סוֹמֵךְ יְהוָה לְכָל־הַנֹּפְלִים וְזוֹקֵף לְכָל־הַכְּפוּפִים:

עֵינֵי כֹל אֵלֶיךָ יְשַׂבֵּרוּ וְאַתָּה נוֹתֵן־לָהֶם אֶת־אָכְלָם בְּעִתּוֹ:

פּוֹתֵחַ אֶת־יָדֶךָ וּמַשְׂבִּיעַ לְכָל־חַי רָצוֹן:

צַדִּיק יְהוָה בְּכָל־דְּרָכָיו וְחָסִיד בְּכָל־מַעֲשָׂיו:

קָרוֹב יְהוָה לְכָל־קֹרְאָיו לְכֹל אֲשֶׁר יִקְרָאֻהוּ בֶאֱמֶת:

רְצוֹן־יְרֵאָיו יַעֲשֶׂה וְאֶת־שַׁוְעָתָם יִשְׁמַע וְיוֹשִׁיעֵם:

שׁוֹמֵר יְהוָה אֶת־כָּל־אֹהֲבָיו וְאֵת כָּל־הָרְשָׁעִים יַשְׁמִיד:

Happy are they that dwell in thy house; they will be ever praising thee. Selah. Happy is the people that is in such a case; happy is the people whose God is the Lord.

Psalm cxlv. A Psalm of Praise of David.

I will extol thee, my God, O King; and I will bless thy Name for ever and ever. Every day will I bless thee; and I will praise thy Name for ever and ever. Great is the Lord and greatly to be praised; and his greatness is unsearchable. One generation shall laud thy works to another, and shall declare thy mighty acts. Of the glorious honour of thy majesty, and of thy wondrous works, will I speak. And men shall speak of the might of thy terrible acts: and I will declare thy greatness. They shall utter the memory of thy great goodness, and shall sing of thy righteousness. The Lord is gracious and full of compassion; slow to anger and of great mercy. The Lord is good to all; and his tender mercies are over all his works. All thy works shall give thanks unto thee, O Lord; and thy pious servants shall bless thee. They shall speak of the glory of thy kingdom, and talk of thy power; to make known to the sons of men his mighty acts, and the glory of the majesty of his kingdom. Thy kingdom is an everlasting kingdom, and thy dominion endureth throughout all generations. The Lord upholdeth all that fall, and raiseth up all those that be bowed down. The eyes of all wait upon thee; and thou givest them their meat in due season. Thou openest thine hand, and satisfiest the desire of every living thing. The Lord is righteous in all his ways, and merciful in all his works. The Lord is nigh unto all them that call upon him, to all that call upon him in truth. He will fulfil the desire of them that fear him; he also will hear their cry, and will save them. The Lord preserveth all them that love him; but all the wicked will he destroy.

תְּהִלַּת יְהֹוָה יְדַבֶּר־פִּי וִיבָרֵךְ כָּל־בָּשָׂר שֵׁם קָדְשׁוֹ
לְעוֹלָם וָעֶד:

וַאֲנַחְנוּ נְבָרֵךְ יָהּ מֵעַתָּה וְעַד עוֹלָם הַלְלוּיָהּ:

The Ark is opened.

Reader. יְהַלְלוּ אֶת שֵׁם יְיָ כִּי נִשְׂגָּב שְׁמוֹ לְבַדּוֹ

Cong. הוֹדוֹ עַל אֶרֶץ וְשָׁמָיִם: וַיָּרֶם קֶרֶן לְעַמּוֹ תְּהִלָּה
לְכָל חֲסִידָיו לִבְנֵי יִשְׂרָאֵל עַם קְרֹבוֹ הַלְלוּיָהּ:

On Sabbath the following Psalm is sung:

כ"ט מִזְמוֹר לְדָוִד הָבוּ לַיהֹוָה בְּנֵי אֵלִים הָבוּ לַיהֹוָה
כָּבוֹד וָעֹז: הָבוּ לַיהֹוָה כְּבוֹד שְׁמוֹ הִשְׁתַּחֲווּ לַיהֹוָה
בְּהַדְרַת־קֹדֶשׁ: קוֹל יְהֹוָה עַל־הַמָּיִם אֵל־הַכָּבוֹד הִרְעִים
יְהֹוָה עַל־מַיִם רַבִּים: קוֹל־יְהֹוָה בַּכֹּחַ קוֹל יְהֹוָה בֶּהָדָר:
קוֹל יְהֹוָה שֹׁבֵר אֲרָזִים וַיְשַׁבֵּר יְהֹוָה אֶת־אַרְזֵי הַלְּבָנוֹן:
וַיַּרְקִידֵם כְּמוֹ־עֵגֶל לְבָנוֹן וְשִׂרְיוֹן כְּמוֹ בֶן־רְאֵמִים: קוֹל־
יְהֹוָה חֹצֵב לַהֲבוֹת אֵשׁ: קוֹל יְהֹוָה יָחִיל מִדְבָּר יָחִיל
יְהֹוָה מִדְבַּר קָדֵשׁ: קוֹל יְהֹוָה | יְחוֹלֵל אַיָּלוֹת וַיֶּחֱשֹׂף
יְעָרוֹת וּבְהֵיכָלוֹ כֻּלּוֹ אֹמֵר כָּבוֹד: יְהֹוָה לַמַּבּוּל יָשָׁב
וַיֵּשֶׁב יְהֹוָה מֶלֶךְ לְעוֹלָם: יְהֹוָה עֹז לְעַמּוֹ יִתֵּן יְהֹוָה | יְבָרֵךְ
אֶת־עַמּוֹ בַשָּׁלוֹם:

On a week-day the following Psalm is sung:

כ"ד לְדָוִד מִזְמוֹר לַיהֹוָה הָאָרֶץ וּמְלוֹאָהּ תֵּבֵל וְיֹשְׁבֵי
בָהּ: כִּי הוּא עַל־יַמִּים יְסָדָהּ וְעַל־נְהָרוֹת יְכוֹנְנֶהָ: מִי־
יַעֲלֶה בְהַר יְהֹוָה וּמִי־יָקוּם בִּמְקוֹם קָדְשׁוֹ: נְקִי כַפַּיִם

My mouth shall speak the praise of the Lord ; and let all flesh bless his holy Name for ever and ever.

And as for us, we will bless the Lord from this time forth, and for evermore. Praise ye the Lord.

The Ark is opened.

Reader. Let them praise the Name of the Lord ; for his Name alone is exalted ;

Cong. His glory is above the earth and heaven. He also hath lifted up the horn of his people, the praise of all his saints, even of the children of Israel, a people near unto him. Praise ye the Lord.

On Sabbath the following Psalm is sung :

Psalm xxix. A Psalm of David.

Give unto the Lord, O ye mighty, give unto the Lord glory and strength. Give unto the Lord the glory due unto his Name ; worship the Lord in the beauty of holiness. The voice of the Lord is upon the waters : the God of glory thundereth : the Lord is upon many waters. The voice of the Lord is powerful ; the voice of the Lord is full of majesty. The voice of the Lord breaketh the cedars ; yea, the Lord breaketh the cedars of Lebanon. He maketh them also to skip like a calf ; Lebanon and Sirion like a young wild ox. The voice of the Lord divideth the flames of fire. The voice of the Lord shaketh the wilderness ; the Lord shaketh the wilderness of Kadesh. The voice of the Lord maketh the hinds to calve, and discovereth the forests : and in his temple every thing saith, Glory. The Lord sitteth upon the flood ; yea, the Lord sitteth King for ever. The Lord will give strength unto his people ; the Lord will bless his people with peace.

On a week-day the following Psalm is sung :

Psalm xxiv. A Psalm of David.

The earth is the Lord's, and the fulness thereof ; the world, and they that dwell therein. For he hath founded it upon the seas, and established it upon the floods. Who shall ascend into the hill of the Lord ? or who shall stand in his holy place ? He that hath clean hands, and a pure

וּבַר לֵבָב אֲשֶׁר לֹא־נָשָׂא לַשָּׁוְא נַפְשִׁי וְלֹא נִשְׁבַּע לְמִרְמָה: יִשָּׂא בְרָכָה מֵאֵת יְהֹוָה וּצְדָקָה מֵאֱלֹהֵי יִשְׁעוֹ: זֶה דּוֹר דּׂרְשָׁו מְבַקְשֵׁי פָנֶיךָ יַעֲקֹב סֶלָה: שְׂאוּ שְׁעָרִים ׀ רָאשֵׁיכֶם וְהִנָּשְׂאוּ פִּתְחֵי עוֹלָם וְיָבוֹא מֶלֶךְ הַכָּבוֹד: מִי זֶה מֶלֶךְ הַכָּבוֹד יְהֹוָה עִזּוּז וְגִבּוֹר יְהֹוָה גִּבּוֹר מִלְחָמָה: שְׂאוּ שְׁעָרִים ׀ רָאשֵׁיכֶם וּשְׂאוּ פִּתְחֵי עוֹלָם וְיָבֹא מֶלֶךְ הַכָּבוֹד: מִי הוּא זֶה מֶלֶךְ הַכָּבוֹד יְהֹוָה צְבָאוֹת הוּא מֶלֶךְ הַכָּבוֹד סֶלָה: *דרשיו קרי   *נפשי קרי

As the Scrolls are placed in the Ark, the following is said:

וּבְנֻחֹה יֹאמַר שׁוּבָה יְיָ רִבְבוֹת אַלְפֵי יִשְׂרָאֵל: קוּמָה יְיָ לִמְנוּחָתֶךָ אַתָּה וַאֲרוֹן עֻזֶּךָ: כֹּהֲנֶיךָ יִלְבְּשׁוּ צֶדֶק וַחֲסִידֶיךָ יְרַנֵּנוּ: בַּעֲבוּר דָּוִד עַבְדֶּךָ אַל תָּשֵׁב פְּנֵי מְשִׁיחֶךָ: כִּי לֶקַח טוֹב נָתַתִּי לָכֶם תּוֹרָתִי אַל תַּעֲזֹבוּ: עֵץ חַיִּים הִיא לַמַּחֲזִיקִים בָּהּ וְתֹמְכֶיהָ מְאֻשָּׁר: דְּרָכֶיהָ דַרְכֵי נֹעַם וְכָל נְתִיבוֹתֶיהָ שָׁלוֹם: הֲשִׁיבֵנוּ יְיָ אֵלֶיךָ וְנָשׁוּבָה חַדֵּשׁ יָמֵינוּ כְּקֶדֶם:

The Ark is closed.

Some of the following Psalms may be recited here, as also between the other Services of the Day, viz: Psalms 17, 25, 32, 38, 51, 86, 101, 103 and 130.

heart ; who hath not lifted up his soul unto vanity, nor sworn deceitfully. He shall receive a blessing from the Lord, and righteousness from the God of his salvation. This is the generation of them that seek Him, that seek Thy face ; O Jacob. Selah. Lift up your heads, O ye gates ; and be ye lift up, ye everlasting doors ; and the King of glory shall come in. Who is this King of glory ? The Lord strong and mighty, the Lord mighty in battle. Lift up your heads, O ye gates ; even lift them up, ye everlasting doors ; and the King of glory shall come in. Who is this King of glory ? The Lord of hosts, he is the King of glory. Selah.

As the Scrolls are placed in the Ark, the following is said :

And when it rested, he said, Return, O Lord, unto the many thousands of Israel. Arise, O Lord, unto thy resting-place ; thou, and the ark of thy strength. Let thy priests be clothed with righteousness ; and let thy pious ones shout for joy. For the sake of David thy servant, turn not away the face of thine anointed. For I give you good doctrine ; forsake ye not my Law. It is a tree of life to them that lay hold of it, and happy is every one that retaineth it. Its ways are ways of pleasantness, and all its paths are peace. Turn thou us unto thee, O Lord, and we shall be turned ; renew our days as of old.

The Ark is closed.

Some of the following Psalms may be recited here, as also between the other Services of the Day, viz. Psalms 17, 25, 32, 38, 51, 86, 101, 103, and 130.

——————

תפלת מוסף ליום כפור

Reader. יִתְגַּדַּל וְיִתְקַדַּשׁ שְׁמֵהּ רַבָּא· בְּעָלְמָא דִי בְרָא
כִרְעוּתֵהּ· וְיַמְלִיךְ מַלְכוּתֵהּ בְּחַיֵּיכוֹן וּבְיוֹמֵיכוֹן וּבְחַיֵּי דְכָל
בֵּית יִשְׂרָאֵל בַּעֲגָלָא וּבִזְמַן קָרִיב וְאִמְרוּ· אָמֵן:

Cong. and Reader. יְהֵא שְׁמֵהּ רַבָּא מְבָרַךְ לְעָלַם וּלְעָלְמֵי
עָלְמַיָּא:

Reader. יִתְבָּרַךְ וְיִשְׁתַּבַּח וְיִתְפָּאַר וְיִתְרֹמַם וְיִתְנַשֵּׂא
וְיִתְהַדָּר וְיִתְעַלֶּה וְיִתְהַלָּל שְׁמֵהּ דְּקֻדְשָׁא· בְּרִיךְ הוּא·
לְעֵלָּא וּלְעֵלָּא מִן כָּל בִּרְכָתָא וְשִׁירָתָא תֻּשְׁבְּחָתָא
וְנֶחֱמָתָא דַּאֲמִירָן בְּעָלְמָא וְאִמְרוּ· אָמֵן:

The Amidah until קדמניות *on page 134 is said standing and in silence.*

אֲדֹנָי שְׂפָתַי תִּפְתָּח וּפִי יַגִּיד תְּהִלָּתֶךָ:

בָּרוּךְ אַתָּה יְיָ אֱלֹהֵינוּ וֵאלֹהֵי אֲבוֹתֵינוּ· אֱלֹהֵי אַבְרָהָם
אֱלֹהֵי יִצְחָק וֵאלֹהֵי יַעֲקֹב· הָאֵל הַגָּדוֹל הַגִּבּוֹר וְהַנּוֹרָא
אֵל עֶלְיוֹן· גּוֹמֵל חֲסָדִים טוֹבִים וְקוֹנֵה הַכֹּל· וְזוֹכֵר חַסְדֵי
אָבוֹת וּמֵבִיא גוֹאֵל לִבְנֵי בְנֵיהֶם לְמַעַן שְׁמוֹ בְּאַהֲבָה:
זָכְרֵנוּ לַחַיִּים מֶלֶךְ חָפֵץ בַּחַיִּים· וְכָתְבֵנוּ בְּסֵפֶר הַחַיִּים·

ADDITIONAL SERVICE

Reader. Magnified and sanctified be his great Name in the world he hath created according to his will. May he establish his kingdom in your life-time and in your days, and in the life-time of all the house of Israel, speedily and at a near time ; and say ye, Amen.

Cong. and Reader. Let his great Name be blessed for ever and ever.

Reader. Blessed, praised and glorified, exalted, extolled and honoured, adored and lauded be the Name of the Holy One, blessed be he, beyond, yea, beyond all blessings and hymns, praises and songs, which are uttered in the world ; and say ye, Amen.

The Amidah until in ancient years, *on page* 134, *is said standing and in silence.*

O Lord, open thou my lips, and my mouth shall declare thy praise.

Blessed art thou, O Lord our God and God of our fathers, God of Abraham, God of Isaac and God of Jacob, O great, mighty and awful God, most high God, who bestowest gracious favours, and who possessest all things, who rememberest the piety of the patriarchs, and who in love wilt bring a redeemer to their children's children, for the sake of thy Name. Remember us unto life, O King, who delightest

לְמַעַנְךָ אֱלֹהִים חַיִּים: מֶלֶךְ עוֹזֵר וּמוֹשִׁיעַ וּמָגֵן· בָּרוּךְ אַתָּה יְיָ מָגֵן אַבְרָהָם:

אַתָּה גִבּוֹר לְעוֹלָם אֲדֹנָי מְחַיֵּה מֵתִים אַתָּה רַב לְהוֹשִׁיעַ· מְכַלְכֵּל חַיִּים בְּחֶסֶד מְחַיֵּה מֵתִים בְּרַחֲמִים רַבִּים· סוֹמֵךְ נוֹפְלִים וְרוֹפֵא חוֹלִים וּמַתִּיר אֲסוּרִים וּמְקַיֵּם אֱמוּנָתוֹ לִישֵׁנֵי עָפָר· מִי כָמוֹךָ בַּעַל גְּבוּרוֹת וּמִי דוֹמֶה לָךְ· מֶלֶךְ מֵמִית וּמְחַיֶּה וּמַצְמִיחַ יְשׁוּעָה: מִי כָמוֹךָ אַב הָרַחֲמִים זוֹכֵר יְצוּרָיו לַחַיִּים בְּרַחֲמִים: וְנֶאֱמָן אַתָּה לְהַחֲיוֹת מֵתִים· בָּרוּךְ אַתָּה יְיָ מְחַיֵּה הַמֵּתִים:

אַתָּה קָדוֹשׁ וְשִׁמְךָ קָדוֹשׁ וּקְדוֹשִׁים בְּכָל יוֹם יְהַלְלוּךָ סֶּלָה:

וּבְכֵן תֵּן פַּחְדְּךָ יְיָ אֱלֹהֵינוּ עַל כָּל מַעֲשֶׂיךָ וְאֵימָתְךָ עַל כָּל מַה שֶּׁבָּרָאתָ· וְיִירָאוּךָ כָּל הַמַּעֲשִׂים וְיִשְׁתַּחֲווּ לְפָנֶיךָ כָּל הַבְּרוּאִים· וְיֵעָשׂוּ כֻלָּם אֲגֻדָּה אֶחָת לַעֲשׂוֹת רְצוֹנְךָ בְּלֵבָב שָׁלֵם· כְּמוֹ שֶׁיָּדַעְנוּ יְיָ אֱלֹהֵינוּ שֶׁהַשִּׁלְטוֹן לְפָנֶיךָ עֹז בְּיָדְךָ וּגְבוּרָה בִּימִינֶךָ וְשִׁמְךָ נוֹרָא עַל כָּל מַה שֶּׁבָּרָאתָ:

וּבְכֵן תֵּן כָּבוֹד יְיָ לְעַמֶּךָ תְּהִלָּה לִירֵאֶיךָ וְתִקְוָה לְדוֹרְשֶׁיךָ וּפִתְחוֹן פֶּה לַמְיַחֲלִים לָךְ· שִׂמְחָה לְאַרְצֶךָ וְשָׂשׂוֹן לְעִירֶךָ וּצְמִיחַת קֶרֶן לְדָוִד עַבְדֶּךָ וַעֲרִיכַת נֵר לְבֶן יִשַׁי מְשִׁיחֶךָ בִּמְהֵרָה בְיָמֵינוּ:

וּבְכֵן צַדִּיקִים יִרְאוּ וְיִשְׂמָחוּ וִישָׁרִים יַעֲלוֹזוּ וַחֲסִידִים בְּרִנָּה יָגִילוּ· וְעוֹלָתָה תִּקְפָּץ פִּיהָ וְכָל הָרִשְׁעָה כֻּלָּה

in life, and inscribe us in the book of life, for thine own sake, O living God. O King, Helper, Saviour and Shield ; blessed art thou, O Lord, the Shield of Abraham.

Thou art mighty for ever, O Lord ; it is thou who quickenest the dead and art mighty to save. Thou sustainest the living with loving-kindness, quickenest the dead with great mercy, supportest the falling and healest the sick, loosest the bound, and keepest thy faith unto them that sleep in the dust. Who is like unto thee, Lord of mighty acts, and who can be compared unto thee, O King, who killest and restorest to life and causest salvation to spring forth ? Who is like unto thee, Father of mercy, who in mercy rememberest thy creatures unto life ? And faithful art thou to quicken the dead. Blessed art thou, O Lord, who quickenest the dead.

Thou art holy and thy Name is holy, and holy beings praise thee daily. Selah.

Now therefore, O Lord our God, impose thine awe upon all thy works and thy dread over all that thou hast created, that all thy works may fear thee and all creatures prostrate themselves before thee, that they may all form one band to do thy will with a perfect heart : even as we know, O Lord our God, that dominion is thine, strength is in thy hand, and might in thy right hand, and that thy Name is awful over all that thou hast created.

And therefore, O Lord, give glory unto thy people, praise to them that fear thee, hope to them that seek thee, confidence to them that wait for thee, joy to thy land, gladness to thy City, a flourishing horn unto David thy servant, and a constant light unto the son of Jesse, thine anointed, speedily in our days.

Then shall the just see and be glad, the upright shall exult, the pious shall rejoice in song, and iniquity shall close her mouth, and all wickedness shall be wholly con-

בְּעָשָׁן תִּכְלֶה· כִּי תַעֲבִיר מֶמְשֶׁלֶת זָדוֹן מִן הָאָרֶץ:

וְתִמְלוֹךְ אַתָּה יְיָ לְבַדֶּךָ עַל כָּל מַעֲשֶׂיךָ בְּהַר צִיּוֹן
מִשְׁכַּן כְּבוֹדֶךָ וּבִירוּשָׁלַיִם עִיר קָדְשֶׁךָ כַּכָּתוּב בְּדִבְרֵי
קָדְשֶׁךָ· יִמְלֹךְ יְיָ לְעוֹלָם אֱלֹהַיִךְ צִיּוֹן לְדֹר וָדֹר הַלְלוּיָהּ:

קָדוֹשׁ אַתָּה וְנוֹרָא שְׁמֶךָ וְאֵין אֱלוֹהַּ מִבַּלְעָדֶיךָ כַּכָּתוּב·
וַיִּגְבַּהּ יְיָ צְבָאוֹת בַּמִּשְׁפָּט וְהָאֵל הַקָּדוֹשׁ נִקְדַּשׁ בִּצְדָקָה·
בָּרוּךְ אַתָּה יְיָ הַמֶּלֶךְ הַקָּדוֹשׁ:

אַתָּה בְחַרְתָּנוּ מִכָּל הָעַמִּים· אָהַבְתָּ אוֹתָנוּ· וְרָצִיתָ
בָּנוּ· וְרוֹמַמְתָּנוּ מִכָּל הַלְּשׁוֹנוֹת· וְקִדַּשְׁתָּנוּ בְּמִצְוֹתֶיךָ·
וְקֵרַבְתָּנוּ מַלְכֵּנוּ לַעֲבוֹדָתֶךָ· וְשִׁמְךָ הַגָּדוֹל וְהַקָּדוֹשׁ
עָלֵינוּ קָרָאתָ:

On Sabbath add the bracketed words.

וַתִּתֶּן לָנוּ יְיָ אֱלֹהֵינוּ בְּאַהֲבָה אֶת יוֹם [הַשַּׁבָּת הַזֶּה
לִקְדֻשָּׁה וְלִמְנוּחָה וְאֶת יוֹם] הַכִּפֻּרִים הַזֶּה לִמְחִילָה
וְלִסְלִיחָה וּלְכַפָּרָה וְלִמְחָל בּוֹ אֶת כָּל עֲוֹנוֹתֵינוּ [בְּאַהֲבָה]
מִקְרָא קֹדֶשׁ· זֵכֶר לִיצִיאַת מִצְרָיִם:

וּמִפְּנֵי חֲטָאֵינוּ גָּלִינוּ מֵאַרְצֵנוּ וְנִתְרַחַקְנוּ מֵעַל אַדְמָתֵנוּ
וְאֵין אֲנַחְנוּ יְכוֹלִים לַעֲשׂוֹת חוֹבוֹתֵינוּ בְּבֵית בְּחִירָתֶךָ
בַּבַּיִת הַגָּדוֹל וְהַקָּדוֹשׁ שֶׁנִּקְרָא שִׁמְךָ עָלָיו מִפְּנֵי הַיָּד
שֶׁנִּשְׁתַּלְּחָה בְּמִקְדָּשֶׁךָ:

יְהִי רָצוֹן מִלְּפָנֶיךָ יְיָ אֱלֹהֵינוּ וֵאלֹהֵי אֲבוֹתֵינוּ מֶלֶךְ
רַחֲמָן שֶׁתָּשׁוּב וּתְרַחֵם עָלֵינוּ וְעַל מִקְדָּשְׁךָ בְּרַחֲמֶיךָ
הָרַבִּים· וְתִבְנֵהוּ מְהֵרָה וּתְגַדֵּל כְּבוֹדוֹ: אָבִינוּ מַלְכֵּנוּ

sumed like smoke, when thou makest the dominion of arrogance to pass away from the earth.

And thou, O Lord, shalt reign, thou alone, over all thy works on Mount Zion, the dwelling-place of thy glory, and in Jerusalem, thy holy City ; as it is written in thy holy words, The Lord shall reign for ever, thy God, O Zion, unto all generations. Praise ye the Lord.

Holy art thou, and awful is thy Name, and there is no God beside thee ; as it is written, And the Lord of hosts is exalted in judgment and the holy God is sanctified in righteousness. Blessed art thou, O Lord, the holy King.

Thou hast chosen us from all peoples; thou hast loved us and taken pleasure in us, and hast exalted us above all tongues. Thou hast sanctified us by thy commandments, and hast drawn us near, O our King, unto thy service, and hast called us by thy great and holy Name.

On Sabbath add the bracketed words :

And thou hast given us in love, O Lord our God, [this Sabbath day for holiness and rest and] this Day of Atonement for pardon, forgiveness and atonement, that we may [in love] obtain pardon thereon for all our iniquities : a holy convocation, a memorial of the departure from Egypt.

But because of our sins we have been exiled from our land and removed far away from our country, and we are unable to perform our duties in the house of thy choice, the great and holy house called by thy Name, because of the hand that hath been stretched out against thy sanctuary.

May it be thy will, O Lord our God and God of our fathers, merciful King, again in thine abundant mercy to have compassion upon us and upon thy sanctuary ; O speedily re-

גַּלֵּה כְּבוֹד מַלְכוּתְךָ עָלֵינוּ מְהֵרָה· וְהוֹפַע וְהִנָּשֵׂא עָלֵינוּ
לְעֵינֵי כָּל חָי· וְקָרֵב פְּזוּרֵינוּ מִבֵּין הַגּוֹיִם· וּנְפוּצוֹתֵינוּ
כַּנֵּס מִיַּרְכְּתֵי אָרֶץ: וַהֲבִיאֵנוּ לְצִיּוֹן עִירְךָ בְּרִנָּה·
וְלִירוּשָׁלַיִם בֵּית מִקְדָּשְׁךָ בְּשִׂמְחַת עוֹלָם: וְשָׁם נַעֲשֶׂה
לְפָנֶיךָ אֶת קָרְבְּנוֹת חוֹבוֹתֵינוּ· תְּמִידִים כְּסִדְרָם וּמוּסָפִים
כְּהִלְכָתָם: וְאֶת מוּסַף יוֹם [הַשַּׁבָּת הַזֶּה וְאֶת מוּסַף יוֹם]
הַכִּפֻּרִים הַזֶּה נַעֲשֶׂה וְנַקְרִיב לְפָנֶיךָ בְּאַהֲבָה כְּמִצְוַת
רְצוֹנֶךָ כְּמוֹ שֶׁכָּתַבְתָּ עָלֵינוּ בְּתוֹרָתֶךָ עַל יְדֵי מֹשֶׁה עַבְדֶּךָ
מִפִּי כְבוֹדֶךָ כָּאָמוּר:

On Sabbath the following paragraph is added:

וּבְיוֹם הַשַּׁבָּת שְׁנֵי כְבָשִׂים בְּנֵי שָׁנָה תְּמִימִם וּשְׁנֵי
עֶשְׂרֹנִים סֹלֶת מִנְחָה בְּלוּלָה בַשֶּׁמֶן וְנִסְכּוֹ: עֹלַת שַׁבַּת
בְּשַׁבַּתּוֹ עַל עֹלַת הַתָּמִיד וְנִסְכָּהּ:

וּבֶעָשׂוֹר לַחֹדֶשׁ הַשְּׁבִיעִי הַזֶּה מִקְרָא קֹדֶשׁ יִהְיֶה לָכֶם
וְעִנִּיתֶם אֶת נַפְשֹׁתֵיכֶם כָּל מְלָאכָה לֹא תַעֲשׂוּ:
וְהִקְרַבְתֶּם עֹלָה לַיָי רֵיחַ נִיחֹחַ פַּר בֶּן בָּקָר אֶחָד אַיִל
אֶחָד כְּבָשִׂים בְּנֵי שָׁנָה שִׁבְעָה תְּמִימִם יִהְיוּ לָכֶם:
וּמִנְחָתָם וְנִסְכֵּיהֶם כִּמְדֻבָּר שְׁלֹשָׁה עֶשְׂרֹנִים לַפָּר שְׁנֵי
עֶשְׂרֹנִים לָאַיִל וְעִשָּׂרוֹן לַכֶּבֶשׂ וְיַיִן כְּנִסְכּוֹ וּשְׁנֵי
שְׂעִירִים לְכַפֵּר וּשְׁנֵי תְמִידִים כְּהִלְכָתָם:

On Sabbath the following paragraph is added:

יִשְׂמְחוּ בְמַלְכוּתְךָ שׁוֹמְרֵי שַׁבָּת וְקוֹרְאֵי עֹנֶג· עַם
מְקַדְּשֵׁי שְׁבִיעִי· כֻּלָּם יִשְׂבְּעוּ וְיִתְעַנְּגוּ מִטּוּבֶךָ· וְהַשְּׁבִיעִי

build it and magnify its glory. Our Father, our King, reveal the glory of thy Kingdom unto us speedily, and shine forth and exalt thyself over us in the sight of all living. Bring together our scattered ones from among the nations, and gather our dispersed from the uttermost parts of the earth. Lead us in triumph unto Zion thy city, and unto Jerusalem, the place of thy sanctuary, with everlasting joy; and there will we prepare before thee the offerings enjoined on us, the continual offerings according to their order, and the additional offerings according to their ordinance; and the additional offering of [this Sabbath day and] this Day of Atonement will we prepare and offer unto thee in love according to the commandment of thy will, as thou hast prescribed for us in thy Law, through the hand of thy servant Moses, by thy glorious command, as it is said:

On Sabbath the following paragraph is added:

And on the Sabbath day two he-lambs of the first year without blemish, and two tenth parts of fine flour for a meal-offering, mingled with oil, and the drink-offering thereof; this is the burnt offering of every Sabbath, beside the continual burnt offering and the drink-offering thereof.

And on the tenth day of this seventh month ye shall have an holy convocation; and ye shall afflict your souls; ye shall do no manner of work. And ye shall offer a burnt offering unto the Lord for a sweet savour: one young bullock, one ram, seven he-lambs of the first year; they shall be to you without blemish.

And their meal-offering and their drink-offerings as ordained; three tenth parts for the bullock, two tenth parts for the ram, and one tenth part for each lamb, and wine according to the drink-offering thereof, and two he-goats wherewith to make atonement, and the two continual offerings according to their ordinance.

On Sabbath the following paragraph is added:

[They shall rejoice in thy Kingdom who keep the Sabbath and call it a delight; the people that hallow the seventh day shall, all of them, be satisfied and delighted with thy goodness; for thou didst find pleasure in the seventh day

רָצִיתָ בּוֹ וְקִדַּשְׁתּוֹ · חֶמְדַּת יָמִים אֹתוֹ קָרָאתָ זֵכֶר
לְמַעֲשֵׂה בְרֵאשִׁית:

אֱלֹהֵינוּ וֵאלֹהֵי אֲבוֹתֵינוּ מְחַל לַעֲוֹנוֹתֵינוּ בְּיוֹם [הַשַּׁבָּת
הַזֶּה וּבְיוֹם] הַכִּפֻּרִים הַזֶּה מְחֵה וְהַעֲבֵר פְּשָׁעֵינוּ וְחַטֹּאתֵינוּ
מִנֶּגֶד עֵינֶיךָ · כָּאָמוּר אָנֹכִי אָנֹכִי הוּא מֹחֶה פְשָׁעֶיךָ לְמַעֲנִי
וְחַטֹּאתֶיךָ לֹא אֶזְכֹּר: וְנֶאֱמַר מָחִיתִי כָעָב פְּשָׁעֶיךָ וְכֶעָנָן
חַטֹּאתֶיךָ שׁוּבָה אֵלַי כִּי גְאַלְתִּיךָ: וְנֶאֱמַר כִּי בַיּוֹם הַזֶּה
יְכַפֵּר עֲלֵיכֶם לְטַהֵר אֶתְכֶם מִכֹּל חַטֹּאתֵיכֶם לִפְנֵי יְיָ
תִּטְהָרוּ: [אֱלֹהֵינוּ וֵאלֹהֵי אֲבוֹתֵינוּ רְצֵה בִמְנוּחָתֵנוּ]
קַדְּשֵׁנוּ בְּמִצְוֹתֶיךָ וְתֵן חֶלְקֵנוּ בְּתוֹרָתֶךָ שַׂבְּעֵנוּ מִטּוּבֶךָ
וְשַׂמְּחֵנוּ בִּישׁוּעָתֶךָ · [וְהַנְחִילֵנוּ יְיָ אֱלֹהֵינוּ בְּאַהֲבָה וּבְרָצוֹן
שַׁבַּת קָדְשֶׁךָ וְיָנוּחוּ בָה יִשְׂרָאֵל מְקַדְּשֵׁי שְׁמֶךָ] וְטַהֵר
לִבֵּנוּ לְעָבְדְּךָ בֶּאֱמֶת · כִּי אַתָּה סָלְחָן לְיִשְׂרָאֵל וּמָחֳלָן
לְשִׁבְטֵי יְשֻׁרוּן בְּכָל דּוֹר וָדוֹר וּמִבַּלְעָדֶיךָ אֵין לָנוּ מֶלֶךְ
מוֹחֵל וְסוֹלֵחַ אֶלָּא אָתָּה · בָּרוּךְ אַתָּה יְיָ · מֶלֶךְ מוֹחֵל
וְסוֹלֵחַ לַעֲוֹנוֹתֵינוּ וְלַעֲוֹנוֹת עַמּוֹ בֵּית יִשְׂרָאֵל · וּמַעֲבִיר
אַשְׁמוֹתֵינוּ בְּכָל שָׁנָה וְשָׁנָה · מֶלֶךְ עַל כָּל הָאָרֶץ מְקַדֵּשׁ
[הַשַּׁבָּת וְ]יִשְׂרָאֵל וְיוֹם הַכִּפֻּרִים:

רְצֵה יְיָ אֱלֹהֵינוּ בְּעַמְּךָ יִשְׂרָאֵל וּבִתְפִלָּתָם · וְהָשֵׁב אֶת
הָעֲבוֹדָה לִדְבִיר בֵּיתֶךָ וְאִשֵּׁי יִשְׂרָאֵל וּתְפִלָּתָם בְּאַהֲבָה
תְקַבֵּל בְּרָצוֹן · וּתְהִי לְרָצוֹן תָּמִיד עֲבוֹדַת יִשְׂרָאֵל עַמֶּךָ ·
וְתֶחֱזֶינָה עֵינֵינוּ בְּשׁוּבְךָ לְצִיּוֹן בְּרַחֲמִים · בָּרוּךְ אַתָּה
יְיָ הַמַּחֲזִיר שְׁכִינָתוֹ לְצִיּוֹן:

and didst hallow it ; the desirable of days didst thou call it, in remembrance of the work of creation.]

Our God and God of our fathers, pardon our iniquities [on this Sabbath day and] on this Day of Atonement ; blot out our transgressions and our sins and make them to pass away from before thine eyes ; as it is said, I, even I, am he that blotteth out thy transgressions for mine own sake, and will not remember thy sins. And it is said, I have blotted out as a thick cloud thy transgressions, and as a mist thy sins : return unto me; for I have redeemed thee. And it is said, For on this day shall atonement be made for you, to cleanse you : from all your sins before the Lord shall ye be clean. [Our God and the God of our fathers, accept our rest], sanctify us by thy commandments and grant our portion be in thy Law ; satisfy us with thy goodness, and gladden us with thy salvation, [and cause us, O Lord our God, in love and favour to inherit thy holy Sabbath ; and may Israel find repose thereon who hallow thy Name,] and purify our hearts to serve thee in truth, for thou art the Forgiver of Israel, and Pardoner of the tribes of Jeshurun in all generations, and beside thee we have no King to pardon and forgive our sins, yea, none but thee. Blessed art thou, O Lord, thou King who pardonest and forgivest our iniquities and the iniquities of thy people the house of Israel, and who makest our trespasses to pass away year by year : King over all the earth, who sanctifiest [the Sabbath and] Israel and the Day of Atonement.

Accept, O Lord our God, thy people Israel and their prayer ; restore the service to the innermost part of thine house ; receive in love and favour the fire-offerings of Israel and their prayer ; and may the service of thy people Israel be ever acceptable to thee. And let our eyes behold thy return in mercy to Zion. Blessed art thou, O Lord, who restorest thy divine presence unto Zion.

מוֹדִים אֲנַחְנוּ לָךְ שָׁאַתָּה הוּא יְיָ אֱלֹהֵינוּ וֵאלֹהֵי אֲבוֹתֵינוּ
לְעוֹלָם וָעֶד· צוּר חַיֵּינוּ מָגֵן יִשְׁעֵנוּ אַתָּה הוּא לְדוֹר וָדוֹר·
נוֹדֶה לְךָ וּנְסַפֵּר תְּהִלָּתֶךָ עַל חַיֵּינוּ הַמְּסוּרִים בְּיָדֶךָ
וְעַל נִשְׁמוֹתֵינוּ הַפְּקוּדוֹת לָךְ וְעַל נִסֶּיךָ שֶׁבְּכָל יוֹם עִמָּנוּ
וְעַל נִפְלְאוֹתֶיךָ וְטוֹבוֹתֶיךָ שֶׁבְּכָל עֵת עֶרֶב וָבֹקֶר וְצָהֳרָיִם·
הַטּוֹב כִּי לֹא כָלוּ רַחֲמֶיךָ וְהַמְרַחֵם כִּי לֹא תַמּוּ חֲסָדֶיךָ
מֵעוֹלָם קִוִּינוּ לָךְ:

וְעַל כֻּלָּם יִתְבָּרַךְ וְיִתְרוֹמַם שִׁמְךָ מַלְכֵּנוּ תָּמִיד לְעוֹלָם
וָעֶד· וּכְתוֹב לְחַיִּים טוֹבִים כָּל בְּנֵי בְרִיתֶךָ: וְכָל הַחַיִּים
יוֹדוּךָ סֶּלָה וִיהַלְלוּ אֶת שִׁמְךָ בֶּאֱמֶת הָאֵל יְשׁוּעָתֵנוּ
וְעֶזְרָתֵנוּ סֶלָה· בָּרוּךְ אַתָּה יְיָ הַטּוֹב שִׁמְךָ וּלְךָ נָאֶה
לְהוֹדוֹת:

שִׂים שָׁלוֹם טוֹבָה וּבְרָכָה חֵן וָחֶסֶד וְרַחֲמִים עָלֵינוּ
וְעַל כָּל יִשְׂרָאֵל עַמֶּךָ· בָּרְכֵנוּ אָבִינוּ כֻּלָּנוּ כְּאֶחָד בְּאוֹר
פָּנֶיךָ· כִּי בְאוֹר פָּנֶיךָ נָתַתָּ לָּנוּ יְיָ אֱלֹהֵינוּ תּוֹרַת חַיִּים
וְאַהֲבַת חֶסֶד וּצְדָקָה וּבְרָכָה וְרַחֲמִים וְחַיִּים וְשָׁלוֹם·
וְטוֹב בְּעֵינֶיךָ לְבָרֵךְ אֶת עַמְּךָ יִשְׂרָאֵל בְּכָל עֵת וּבְכָל
שָׁעָה בִּשְׁלוֹמֶךָ· בְּסֵפֶר חַיִּים בְּרָכָה וְשָׁלוֹם וּפַרְנָסָה
טוֹבָה נִזָּכֵר וְנִכָּתֵב לְפָנֶיךָ אֲנַחְנוּ וְכָל עַמְּךָ בֵּית יִשְׂרָאֵל
לְחַיִּים טוֹבִים וּלְשָׁלוֹם· בָּרוּךְ אַתָּה יְיָ עוֹשֵׂה הַשָּׁלוֹם:

אֱלֹהֵינוּ וֵאלֹהֵי אֲבוֹתֵינוּ·

תָּבֹא לְפָנֶיךָ תְּפִלָּתֵנוּ וְאַל תִּתְעַלַּם מִתְּחִנָּתֵנוּ שֶׁאֵין
אֲנַחְנוּ עַזֵּי פָנִים וּקְשֵׁי עֹרֶף לוֹמַר לְפָנֶיךָ יְיָ אֱלֹהֵינוּ וֵאלֹהֵי
אֲבוֹתֵינוּ צַדִּיקִים אֲנַחְנוּ וְלֹא חָטָאנוּ אֲבָל אֲנַחְנוּ חָטָאנוּ:

We make acknowledgment unto thee, that thou art the Lord our God and the God of our fathers for ever and ever ; thou art the Rock of our lives, the Shield of our salvation through every generation. We will give thanks unto thee and declare thy praise for our lives which are delivered into thy hand, and for our souls which are committed unto thy charge, and for thy miracles which are with us every day, and for thy wondrous benefits which are with us at all times, even, morn and noon. Thou art the Beneficent One, for thy mercies never fail ; thou art the Merciful One, for thy kindnesses never cease. We have ever hoped in thee.

And for all these things, O our King, thy Name shall be continually blessed and exalted for ever and ever. And inscribe all the children of thy covenant for a happy life. And every one that liveth shall give thanks unto thee, Selah ; and shall praise thy Name in truth, O God, our salvation and help, Selah. Blessed art thou, O Lord, whose Name is the Beneficent One, and unto whom it is becoming to give thanks.

Grant peace, welfare, blessing, grace, loving-kindness and mercy unto us and unto all Israel, thy people. Bless us, O our Father, yea, all of us together, with the light of thy countenance ; for by the light of thy countenance thou hast given unto us, O Lord our God, the Law of life, loving-kindness and righteousness, blessing, mercy, life and peace ; and may it be good in thy sight to bless thy people Israel at all times and in every hour with thy peace. In the book of life, blessing, peace and good sustenance may we be remembered and inscribed before thee, we and all thy people the house of Israel, for a happy life and peace. Blessed art thou, O Lord, who makest peace.

Our God and God of our fathers,

Let our prayer come before thee : hide not thyself from our supplication ; for we are not arrogant and stiff-necked, that we should say before thee, O Lord our God and God of our fathers, we are righteous and have not sinned ; verily we have sinned.

אָשַׁמְנוּ· בָּגַדְנוּ· גָּזַלְנוּ· דִּבַּרְנוּ דֹפִי· הֶעֱוִינוּ· וְהִרְשַׁעְנוּ·
זַדְנוּ· חָמַסְנוּ· טָפַלְנוּ שֶׁקֶר· יָעַצְנוּ רַע· כִּזַּבְנוּ· לַצְנוּ·
מָרַדְנוּ· נִאַצְנוּ· סָרַרְנוּ· עָוִינוּ· פָּשַׁעְנוּ· צָרַרְנוּ· קִשִּׁינוּ עֹרֶף·
רָשַׁעְנוּ· שִׁחַתְנוּ· תִּעַבְנוּ· תָּעִינוּ· תִּעְתָּעְנוּ:

סַרְנוּ מִמִּצְוֹתֶיךָ וּמִמִּשְׁפָּטֶיךָ הַטּוֹבִים וְלֹא שָׁוָה לָנוּ:
וְאַתָּה צַדִּיק עַל כָּל הַבָּא עָלֵינוּ· כִּי אֱמֶת עָשִׂיתָ וַאֲנַחְנוּ
הִרְשָׁעְנוּ:

מַה נֹּאמַר לְפָנֶיךָ יוֹשֵׁב מָרוֹם וּמַה נְּסַפֵּר לְפָנֶיךָ שׁוֹכֵן
שְׁחָקִים· הֲלֹא כָּל הַנִּסְתָּרוֹת וְהַנִּגְלוֹת אַתָּה יוֹדֵעַ:

אַתָּה יוֹדֵעַ רָזֵי עוֹלָם· וְתַעֲלוּמוֹת סִתְרֵי כָל חָי: אַתָּה
חוֹפֵשׂ כָּל חַדְרֵי בָטֶן וּבוֹחֵן כְּלָיוֹת וָלֵב: אֵין דָּבָר נֶעְלָם
מִמֶּךָ· וְאֵין נִסְתָּר מִנֶּגֶד עֵינֶיךָ:

וּבְכֵן יְהִי רָצוֹן מִלְּפָנֶיךָ יְיָ אֱלֹהֵינוּ וֵאלֹהֵי אֲבוֹתֵינוּ·
שֶׁתִּסְלַח לָנוּ עַל כָּל חַטֹּאתֵינוּ· וְתִמְחָל לָנוּ עַל כָּל עֲוֹנוֹתֵינוּ·
וּתְכַפֵּר לָנוּ עַל כָּל פְּשָׁעֵינוּ:

עַל חֵטְא שֶׁחָטָאנוּ לְפָנֶיךָ בְּאֹנֶס וּבְרָצוֹן:
וְעַל חֵטְא שֶׁחָטָאנוּ לְפָנֶיךָ בְּאִמּוּץ הַלֵּב:
עַל חֵטְא שֶׁחָטָאנוּ לְפָנֶיךָ בִּבְלִי דָעַת:
וְעַל חֵטְא שֶׁחָטָאנוּ לְפָנֶיךָ בְּבִטּוּי שְׂפָתָיִם:
עַל חֵטְא שֶׁחָטָאנוּ לְפָנֶיךָ בְּגִלּוּי עֲרָיוֹת:
וְעַל חֵטְא שֶׁחָטָאנוּ לְפָנֶיךָ בְּגָלוּי וּבַסָּתֶר:
עַל חֵטְא שֶׁחָטָאנוּ לְפָנֶיךָ בְּדַעַת וּבְמִרְמָה:
וְעַל חֵטְא שֶׁחָטָאנוּ לְפָנֶיךָ בְּדִבּוּר פֶּה:
עַל חֵטְא שֶׁחָטָאנוּ לְפָנֶיךָ בְּהוֹנָאַת רֵעַ:

We have trespassed, we have dealt treacherously, we have robbed, we have spoken slander, we have acted perversely and we have wrought wickedness, we have acted presumptuously, we have done violence, we have framed lies, we have counselled evil, we have spoken falsely, we have scoffed, we have revolted, we have provoked, we have rebelled, we have committed iniquity, we have transgressed, we have oppressed, we have been stiff-necked, we have acted wickedly, we have corrupted, we have committed abomination, we have gone astray, we have led others astray.

We have turned away from thy commandments and thy judgments that are good, and it hath not profited us. But thou art righteous in all that hath come upon us ; for thou hast acted truthfully, but as for us, we have done wickedly.

What shall we say before thee, O thou who dwellest on high, and what shall we declare before thee, thou who abidest in the heavens ? Dost thou not know all things, both the hidden and the revealed ?

Thou knowest the mysteries of the Universe and the hidden secrets of all living. Thou searchest all the innermost recesses and triest the reins and the heart. Naught is hidden from thee, neither is anything concealed from thine eyes.

May it therefore be thy will, O Lord our God and God of our fathers, to forgive us all our sins, to pardon us all our iniquities, and to grant us atonement for all our transgressions.

For the sin wherein we have sinned before thee under compulsion
    or of freewill,
And for the sin wherein we have sinned before thee by hardening
    of the heart ;
For the sin wherein we have sinned before thee unwittingly,
And for the sin wherein we have sinned before thee with utterance
    of the lips ;
For the sin wherein we have sinned before thee by unchastity,
And for the sin wherein we have sinned before thee openly and
    secretly ;
For the sin wherein we have sinned before thee knowingly and
    deceitfully,
And for the sin wherein we have sinned before thee in speech ;
For the sin wherein we have sinned before thee by wronging a
    neighbour,

וְעַל חֵטְא שֶׁחָטָאנוּ לְפָנֶיךָ בְּהַרְהוֹר הַלֵּב:

עַל חֵטְא שֶׁחָטָאנוּ לְפָנֶיךָ בִּוְעִידַת זְנוּת:

וְעַל חֵטְא שֶׁחָטָאנוּ לְפָנֶיךָ בְּוִדּוּי פֶּה:

עַל חֵטְא שֶׁחָטָאנוּ לְפָנֶיךָ בְּזִלְזוּל הוֹרִים וּמוֹרִים:

וְעַל חֵטְא שֶׁחָטָאנוּ לְפָנֶיךָ בְּזָדוֹן וּבִשְׁגָגָה:

עַל חֵטְא שֶׁחָטָאנוּ לְפָנֶיךָ בְּחֹזֶק יָד:

וְעַל חֵטְא שֶׁחָטָאנוּ לְפָנֶיךָ בְּחִלּוּל הַשֵּׁם:

עַל חֵטְא שֶׁחָטָאנוּ לְפָנֶיךָ בְּטֻמְאַת שְׂפָתָיִם:

וְעַל חֵטְא שֶׁחָטָאנוּ לְפָנֶיךָ בְּטִפְשׁוּת פֶּה:

עַל חֵטְא שֶׁחָטָאנוּ לְפָנֶיךָ בְּיֵצֶר הָרָע:

וְעַל חֵטְא שֶׁחָטָאנוּ לְפָנֶיךָ בְּיוֹדְעִים וּבְלֹא יוֹדְעִים:

וְעַל כֻּלָּם אֱלוֹהַּ סְלִיחוֹת סְלַח לָנוּ · מְחַל לָנוּ · כַּפֶּר לָנוּ:

עַל חֵטְא שֶׁחָטָאנוּ לְפָנֶיךָ בְּכַחַשׁ וּבְכָזָב:

וְעַל חֵטְא שֶׁחָטָאנוּ לְפָנֶיךָ בְּכַפַּת שֹׁחַד:

עַל חֵטְא שֶׁחָטָאנוּ לְפָנֶיךָ בְּלָצוֹן:

וְעַל חֵטְא שֶׁחָטָאנוּ לְפָנֶיךָ בְּלָשׁוֹן הָרָע:

עַל חֵטְא שֶׁחָטָאנוּ לְפָנֶיךָ בְּמַשָּׂא וּבְמַתָּן:

וְעַל חֵטְא שֶׁחָטָאנוּ לְפָנֶיךָ בְּמַאֲכָל וּבְמִשְׁתֶּה:

עַל חֵטְא שֶׁחָטָאנוּ לְפָנֶיךָ בְּנֶשֶׁךְ וּבְמַרְבִּית:

וְעַל חֵטְא שֶׁחָטָאנוּ לְפָנֶיךָ בִּנְטִיַּת גָּרוֹן:

עַל חֵטְא שֶׁחָטָאנוּ לְפָנֶיךָ בְּשִׂיחַ שִׂפְתוֹתֵינוּ:

וְעַל חֵטְא שֶׁחָטָאנוּ לְפָנֶיךָ בְּשִׁקּוּר עָיִן:

עַל חֵטְא שֶׁחָטָאנוּ לְפָנֶיךָ בְּעֵינַיִם רָמוֹת:

וְעַל חֵטְא שֶׁחָטָאנוּ לְפָנֶיךָ בְּעַזּוּת מֶצַח:

And for the sin wherein we have sinned before thee in the medita-
tion of the heart ;
For the sin wherein we have sinned before thee by association
with impurity,
And for the sin wherein we have sinned before thee by confes-
sion of the lips ;
For the sin wherein we have sinned before thee by despising
parents and teachers,
And for the sin wherein we have sinned before thee in pre-
sumption and in error ;
For the sin wherein we have sinned before thee by violence,
And for the sin wherein we have sinned before thee by the pro-
fanation of thy Name ;
For the sin wherein we have sinned before thee by impurity of
the lips,
And for the sin wherein we have sinned before thee by foolish
speech ;
For the sin wherein we have sinned before thee by the evil
inclination,
And for the sin wherein we have sinned before thee wittingly
or unwittingly.

>   And for all these, O God of forgiveness, forgive us,
>   pardon us, grant us atonement.

For the sin wherein we have sinned before thee by denying and
lying,
And for the sin wherein we have sinned before thee by
bribery ;
For the sin wherein we have sinned before thee by scoffing,
And for the sin wherein we have sinned before thee by evil
speech ;
For the sin wherein we have sinned before thee in busi-
ness,
And for the sin wherein we have sinned before thee in eating
and drinking ;
For the sin wherein we have sinned before thee by usury and
increase,
And for the sin wherein we have sinned before thee by an
arrogant mien ;
For the sin wherein we have sinned before thee by the utterances
of our lips,
And for the sin wherein we have sinned before thee by a wanton
glance ;
For the sin wherein we have sinned before thee with haughty
eyes,
And for the sin wherein we have sinned before thee with obdurate
brow.

וְעַל כֻּלָם אֱלוֹהַ סְלִיחוֹת סְלַח לָנוּ · מְחַל לָנוּ · כַּפֶּר לָנוּ:

עַל חֵטְא שֶׁחָטָאנוּ לְפָנֶיךָ בִּפְרִיקַת עֹל:

וְעַל חֵטְא שֶׁחָטָאנוּ לְפָנֶיךָ בִּפְלִילוּת:

עַל חֵטְא שֶׁחָטָאנוּ לְפָנֶיךָ בִּצְדִיַּת רֵעַ:

וְעַל חֵטְא שֶׁחָטָאנוּ לְפָנֶיךָ בְּצָרוּת עָיִן:

עַל חֵטְא שֶׁחָטָאנוּ לְפָנֶיךָ בְּקַלּוּת רֹאשׁ:

וְעַל חֵטְא שֶׁחָטָאנוּ לְפָנֶיךָ בְּקַשְׁיוּת עֹרֶף:

עַל חֵטְא שֶׁחָטָאנוּ לְפָנֶיךָ בְּרִיצַת רַגְלַיִם לְהָרַע:

וְעַל חֵטְא שֶׁחָטָאנוּ לְפָנֶיךָ בִּרְכִילוּת:

עַל חֵטְא שֶׁחָטָאנוּ לְפָנֶיךָ בִּשְׁבוּעַת שָׁוְא:

וְעַל חֵטְא שֶׁחָטָאנוּ לְפָנֶיךָ בְּשִׂנְאַת חִנָּם:

עַל חֵטְא שֶׁחָטָאנוּ לְפָנֶיךָ בִּתְשׂוּמֶת יָד:

וְעַל חֵטְא שֶׁחָטָאנוּ לְפָנֶיךָ בְּתִמָּהוֹן לֵבָב:

וְעַל כֻּלָם אֱלוֹהַ סְלִיחוֹת סְלַח לָנוּ · מְחַל לָנוּ · כַּפֶּר לָנוּ:

וְעַל חֲטָאִים שֶׁאָנוּ חַיָּבִים עֲלֵיהֶם עוֹלָה:

וְעַל חֲטָאִים שֶׁאָנוּ חַיָּבִים עֲלֵיהֶם חַטָּאת:

וְעַל חֲטָאִים שֶׁאָנוּ חַיָּבִים עֲלֵיהֶם קָרְבָּן עוֹלֶה וְיוֹרֵד:

וְעַל חֲטָאִים שֶׁאָנוּ חַיָּבִים עֲלֵיהֶם אָשָׁם וַדַּאי וְאָשָׁם תָּלוּי:

וְעַל חֲטָאִים שֶׁאָנוּ חַיָּבִים עֲלֵיהֶם מַכַּת מַרְדּוּת:

וְעַל חֲטָאִים שֶׁאָנוּ חַיָּבִים עֲלֵיהֶם מַלְקוּת אַרְבָּעִים:

וְעַל חֲטָאִים שֶׁאָנוּ חַיָּבִים עֲלֵיהֶם מִיתָה בִּידֵי שָׁמָיִם:

וְעַל חֲטָאִים שֶׁאָנוּ חַיָּבִים עֲלֵיהֶם כָּרֵת וַעֲרִירִי:

וְעַל כֻּלָם אֱלוֹהַ סְלִיחוֹת סְלַח לָנוּ · מְחַל לָנוּ · כַּפֶּר לָנוּ:

And for all these, O God of forgiveness, forgive us, pardon us, grant us atonement.

For the sin wherein we have sinned before thee by breaking off the yoke,

And for the sin wherein we have sinned before thee by contentiousness ;

For the sin wherein we have sinned before thee by ensnaring our neighbour,

And for the sin wherein we have sinned before thee by envy ;

For the sin wherein we have sinned before thee by levity,

And for the sin wherein we have sinned before thee by being stiff-necked ;

For the sin wherein we have sinned before thee by running to do evil,

And for the sin wherein we have sinned before thee by tale-bearing ;

For the sin wherein we have sinned before thee by a vain oath,

And for the sin wherein we have sinned before thee by causeless hatred ;

For the sin wherein we have sinned before thee by a breach of trust,

And for the sin wherein we have sinned before thee by terror of the heart.

And for all these, O God of forgiveness, forgive us, pardon us, grant us atonement.

And for the sins for which we owe a burnt offering ;

And for the sins for which we owe a sin-offering ;

And for the sins for which we owe an offering according to our ability ;

And for the sins for which we owe a trespass-offering for certain guilt and a trespass-offering for doubtful guilt ;

And for the sins for which we deserve corporal punishment ;

And for the sins for which we deserve the punishment of forty stripes ;

And for the sins for which we deserve death by the hand of God;

And for the sins for which we deserve the punishment of excision, and of being childless ;

And for all these, O God of forgiveness, forgive us, pardon us, grant us atonement.

וְעַל חֲטָאִים שֶׁאָנוּ חַיָּבִים עֲלֵיהֶם אַרְבַּע מִיתוֹת בֵּית דִּין׃
סְקִילָה׃ שְׂרֵפָה׃ הֶרֶג׃ וְחֶנֶק׃ עַל מִצְוַת עֲשֵׂה וְעַל מִצְוַת
לֹא תַעֲשֶׂה׃ בֵּין שֶׁיֶּשׁ בָּהּ קוּם עֲשֵׂה׃ וּבֵין שֶׁאֵין בָּהּ קוּם
עֲשֵׂה׃ אֶת הַגְּלוּיִם לָנוּ וְאֶת שֶׁאֵינָם גְּלוּיִם לָנוּ׃ אֶת
הַגְּלוּיִם לָנוּ כְּבָר אֲמַרְנוּם לְפָנֶיךָ׃ וְהוֹדִינוּ לְךָ עֲלֵיהֶם׃
וְאֶת שֶׁאֵינָם גְּלוּיִם לָנוּ לְפָנֶיךָ הֵם גְּלוּיִם וִידוּעִים׃ כַּדָּבָר
שֶׁנֶּאֱמַר הַנִּסְתָּרֹת לַיָי אֱלֹהֵינוּ׃ וְהַנִּגְלֹת לָנוּ וּלְבָנֵינוּ עַד
עוֹלָם׃ לַעֲשׂוֹת אֶת כָּל דִּבְרֵי הַתּוֹרָה הַזֹּאת׃ כִּי אַתָּה
סָלְחָן לְיִשְׂרָאֵל וּמָחֳלָן לְשִׁבְטֵי יְשֻׁרוּן בְּכָל דּוֹר וָדוֹר
וּמִבַּלְעָדֶיךָ אֵין לָנוּ מֶלֶךְ מוֹחֵל וְסוֹלֵחַ אֶלָּא אָתָּה׃

אֱלֹהַי עַד שֶׁלֹּא נוֹצַרְתִּי אֵינִי כְדַי׃ וְעַכְשָׁו שֶׁנּוֹצַרְתִּי
כְּאִלּוּ לֹא נוֹצָרְתִּי׃ עָפָר אֲנִי בְּחַיָּי׃ קַל וָחֹמֶר בְּמִיתָתִי׃
הֲרֵי אֲנִי לְפָנֶיךָ כִּכְלִי מָלֵא בוּשָׁה וּכְלִמָּה׃ יְהִי רָצוֹן
מִלְּפָנֶיךָ יְיָ אֱלֹהַי וֵאלֹהֵי אֲבוֹתַי שֶׁלֹּא אֶחֱטָא עוֹד׃ וּמַה
שֶּׁחָטָאתִי לְפָנֶיךָ מָרֵק בְּרַחֲמֶיךָ הָרַבִּים׃ אֲבָל לֹא עַל
יְדֵי יִסּוּרִים וָחֳלָיִם רָעִים׃

אֱלֹהַי נְצוֹר לְשׁוֹנִי מֵרָע וּשְׂפָתַי מִדַּבֵּר מִרְמָה
וְלִמְקַלְלַי נַפְשִׁי תִדֹּם וְנַפְשִׁי כֶּעָפָר לַכֹּל תִּהְיֶה׃ פְּתַח
לִבִּי בְּתוֹרָתֶךָ וּבְמִצְוֹתֶיךָ תִּרְדּוֹף נַפְשִׁי׃ וְכָל הַחוֹשְׁבִים
עָלַי רָעָה מְהֵרָה הָפֵר עֲצָתָם וְקַלְקֵל מַחֲשְׁבוֹתָם׃ עֲשֵׂה
לְמַעַן שְׁמֶךָ עֲשֵׂה לְמַעַן יְמִינֶךָ עֲשֵׂה לְמַעַן קְדֻשָּׁתֶךָ עֲשֵׂה
לְמַעַן תּוֹרָתֶךָ׃ לְמַעַן יֵחָלְצוּן יְדִידֶיךָ הוֹשִׁיעָה יְמִינְךָ
וַעֲנֵנִי׃ יִהְיוּ לְרָצוֹן אִמְרֵי פִי וְהֶגְיוֹן לִבִּי לְפָנֶיךָ יְיָ צוּרִי
וְגוֹאֲלִי׃ עֹשֶׂה שָׁלוֹם בִּמְרוֹמָיו הוּא יַעֲשֶׂה שָׁלוֹם עָלֵינוּ

And for the sins for which we deserve the four kinds of death inflicted by the Court of Law : stoning, burning, beheading and strangling.

For the breach of positive commands, and for the breach of negative commands, whether an action be involved or not ; both for the sins that are known unto us and those that are unknown to us. Those that are known unto us we have already avowed before thee, and we have made acknowledgment of them unto thee : and those that are unknown to us, lo, they are revealed and known unto thee, according to the word which has been said : The secret things belong unto the Lord our God, but the revealed things belong unto us, and unto our children for ever, that we may do all the words of this Law. For thou art the Forgiver of Israel and the Pardoner of the tribes of Jeshurun in all generations, and beside thee we have no king, to pardon and forgive our sins. We have thee alone.

O my God, while yet I was unformed I was not worthy, and now I have been formed, I am as though I had not been formed. Dust am I in my life ; yea, even more so in my death. Behold me before thee like a vessel filled with shame and confusion. O may it be thy will, O Lord my God and the God of my fathers, that I may sin no more, and as to the sins I have sinned before thee, purge them away in thine abundant mercy and not by means of affliction and sore diseases.

O my God, guard my tongue from evil and my lips from speaking guile ; and to such as curse me, let my soul be silent, yea, let my soul be unto all as the dust. Open thou my heart to thy Law, and let my soul pursue thy commandments. And as to any who devise evil against me, speedily make their counsel of none effect and frustrate their designs. Do thou it for the sake of thy Name, do it for the sake of thy right hand, do it for the sake of thy holiness, do it for the sake of thy Law, that thy beloved ones may be delivered. O save with thy right hand and answer me. Let the words of my mouth and the meditation of my heart be acceptable before thee, O Lord, my Rock and my Redeemer. He who maketh peace in his high places, may he make peace for us and for

וְעַל כָּל יִשְׂרָאֵל וְאִמְרוּ אָמֵן: יְהִי רָצוֹן לְפָנֶיךָ יְיָ אֱלֹהֵינוּ
וֵאלֹהֵי אֲבוֹתֵינוּ שֶׁיִּבָּנֶה בֵּית הַמִּקְדָּשׁ בִּמְהֵרָה בְיָמֵינוּ
וְתֵן חֶלְקֵנוּ בְּתוֹרָתֶךָ:

וְשָׁם נַעֲבָדְךָ בְּיִרְאָה כִּימֵי עוֹלָם וּכְשָׁנִים קַדְמֹנִיּוֹת:
וְעָרְבָה לַיְיָ מִנְחַת יְהוּדָה וִירוּשָׁלָיִם כִּימֵי עוֹלָם וּכְשָׁנִים
קַדְמֹנִיּוֹת:

חזרת התפלה לשליח צבור

The Ark is opened.

Reader. בָּרוּךְ אַתָּה יְיָ אֱלֹהֵינוּ וֵאלֹהֵי אֲבוֹתֵינוּ· אֱלֹהֵי
אַבְרָהָם אֱלֹהֵי יִצְחָק וֵאלֹהֵי יַעֲקֹב· הָאֵל הַגָּדוֹל הַגִּבּוֹר
וְהַנּוֹרָא אֵל עֶלְיוֹן· גּוֹמֵל חֲסָדִים טוֹבִים וְקֹנֵה הַכֹּל· וְזוֹכֵר
חַסְדֵי אָבוֹת וּמֵבִיא גוֹאֵל לִבְנֵי בְנֵיהֶם לְמַעַן שְׁמוֹ
בְּאַהֲבָה:

מִסּוֹד חֲכָמִים וּנְבוֹנִים· וּמִלֶּמֶד דַּעַת מְבִינִים· אֶפְתְּחָה
פִּי בִּתְפִלָּה וּבְתַחֲנוּנִים· לְחַלּוֹת וּלְחַנֵּן פְּנֵי מֶלֶךְ מָלֵא
רַחֲמִים מוֹחֵל וְסוֹלֵחַ לַעֲוֹנִים:

Cong. שׁוֹשַׁן עֵמֶק אֲיֻמָּה· שַׁבַּת שַׁבָּתוֹן לְקַיְּמָהּ·
שֶׁרֶשׁ וְעָנָף סִיּמָהּ· שָׁוִים יַחַד לְצַיְּמָהּ: בְּעֵת מָטוּ
יְסוֹדוֹתֶיהָ· בָּטְחָה בְּחֹן מוֹסְדוֹתֶיהָ· בָּם תָּקְעָה יְתֵדוֹתֶיהָ·
בְּכֶפֶל לְהַשְׁעִין יְדוֹתֶיהָ: תָּמְכָה בְּפֹעַל צוּרִים· תָּמַת

all Israel, and say ye, Amen. May it be thy will, O Lord our God and God of our fathers, that the temple be speedily rebuilt in our days and grant our portion in thy Law.

And there we will serve thee with awe, as in the days of old and as in ancient years. And the offering of Judah and Jerusalem shall be pleasant unto the Lord, as in the days of old and as in ancient years.

READER'S REPETITION OF THE AMIDAH.

The Ark is opened.

Reader. Blessed art thou, O Lord our God and God of our fathers, God of Abraham, God of Isaac and God of Jacob, O great, mighty and awful God, most high God, who bestowest gracious favours and who possessest all things, who rememberest the piety of the patriarchs, and who in love wilt bring a redeemer to their children's children, for the sake of thy Name.

From the counsel of the wise and understanding, and from knowledge gotten of the discerning, I will open my lips in prayer and supplication, to entreat and implore the presence of the King, who is full of compassion, who pardoneth and forgiveth iniquity.

Cong. The nation likened to the lily of the valley keepeth the Sabbath of solemn rest ; root and branch, parents and children, with one accord observe the Fast. Ever since the foundations of her sanctuary were removed, hath she trusted in the favour found in thy sight by the Pillars of her stock ; to them she fasteneth the pins of her tent ; unto them that rest in Machpelah she joineth her tenons. She supporteth herself by the work of the Rocks, upon the piety of the

הֵמָּה הַיּוֹצְרִים · תְּרוּפָה תֵּת לַעֲצוּרִים · תֵּבֵל לְהַאֲפִיל
לְצָרִים : שְׁתִילֵי גִבְעוֹת אַרְבַּע · שָׁאַג סֵפֶר הַמְּרֻבָּע ·
שְׁעַע פְּנִיעוֹת אַרְבַּע · שָׁעָה צִדְקָם לְתַבַּע : בִּיטָה בְּמִתְהַלֵּךְ
תָּמִים · בְּמוּסָר לְחוּמוֹ חֲתוּמִים · בְּצִדְקוֹ תָּדִיחַ כְּתָמִים ·
בְּאֶפֶס אוּרִים וְתֻמִים : תְּמוּר תַּשְׁלוּמֵי פָר · תָּבֶן הֶגֶג
הַמְסֻפָּר · תּוֹקְעֵי בַחֹדֶשׁ שׁוֹפָר · תַּלְעוּבָם בְּכָפוֹר יְכֻפָּר :
וְשָׁכַךְ חֲמַת זַעֲמָךְ · וְתָחוֹן שְׂרִידֵי עַמָּךְ · וְעָלֵינוּ יְהִי נֹעֲמָךְ ·
וְנִחְיֶה מִמְּקוֹר עִמָּךְ : נָאוֹר עַמְּךָ הַסְּלִיחָה · נָכוֹן מַהֵר
לִסְלֹחָה · *Reader.* נִיב שְׂפָתֵינוּ הַצְלִיחָה · נְאַק שִׁמְעָה
וּסְלָחָה :

Cong. שְׂפָתֵינוּ מְדוּבָבוֹת יְשֵׁנִים · יְנַצְּחוּךְ כְּעַל שׁוֹשַׁנִּים ·
Reader. חֲדָשִׁים וְגַם יְשָׁנִים · בִּמְגִנַּת אָב נִשְׁעָנִים :
זָכְרֵנוּ לַחַיִּים מֶלֶךְ חָפֵץ בַּחַיִּים · וְכָתְבֵנוּ בְּסֵפֶר הַחַיִּים ·
לְמַעַנְךָ אֱלֹהִים חַיִּים : מֶלֶךְ עוֹזֵר וּמוֹשִׁיעַ וּמָגֵן · בָּרוּךְ
אַתָּה יְיָ מָגֵן אַבְרָהָם :

אַתָּה גִבּוֹר לְעוֹלָם אֲדֹנָי מְחַיֵּה מֵתִים אַתָּה רַב
לְהוֹשִׁיעַ · מְכַלְכֵּל חַיִּים בְּחֶסֶד מְחַיֵּה מֵתִים בְּרַחֲמִים
רַבִּים · סוֹמֵךְ נוֹפְלִים וְרוֹפֵא חוֹלִים וּמַתִּיר אֲסוּרִים וּמְקַיֵּם
אֱמוּנָתוֹ לִישֵׁנֵי עָפָר · מִי כָמוֹךָ בַּעַל גְּבוּרוֹת וּמִי דוֹמֶה
לָּךְ מֶלֶךְ מֵמִית וּמְחַיֶּה וּמַצְמִיחַ יְשׁוּעָה :
Cong. יוֹם מִיָּמִים הוּחָס · יוֹם כִּפּוּר הַמְיוּחָס · יוֹדְעָיו
חֲמוֹל וְחָס · יוֹקְשָׁיו לְפוֹעֲרַת הָס · וּבוֹ בְּתַחְבּוּלוֹת יוּעָצוּ ·
וִדּוּי בְּתַחַן יָאִיצוּ · וְשׁוֹכְנֵי עָפָר יָקִיצוּ · וּמֵרֹאשׁ הָרִים
יָלִיצוּ : מִפְעֲלוֹת עוֹזֵךְ וְעָקֹד · מֵאָז בְּיָדָם פָּקוֹד · מוֹפֵת
הֲכָמוֹם לִפְקוֹד · מוֹקֵשׁ לְהַבְעִית בְּסָקוֹד : כְּהַבְטָחַת

Founders of her race; O bring healing to the oppressed and darken the world to the oppressor. Children of the four noble mothers, Israel unnumbered in their fourfold camp,[1] cry aloud unto thee in a fourfold strain of prayer [2]; O regard and justify them. Remember him that walked in rectitude and bore the impress of thine instruction in his flesh : for the sake of his righteousness blot out the stain of our sins ; for lo ! we have no Urim and Thummim. Instead of the rendering of bullocks, incline thou to the utterance of meditation ; and for them that sound the horn on the New Moon, let there be atonement on this Day of Atonement ; yea, suppress the fierceness of thine anger and be gracious unto the remnant of thy people. O let thy beauty be upon us, that we may live from the fountain that is with thee. O thou who art all-glorious, with whom is forgiveness, hasten to pardon those that prepare themselves to meet thee. *Reader.* Prosper the fruit of our lips ; hear our cry and forgive us.

Cong. Our lips whisper of them that sleep in death ; O may our words be potent before thee as the Psalms of the Lily.

Reader. New generations and old seek shelter beneath the Shield of the patriarch.

Remember us unto life, O King, who delightest in life, and inscribe us in the book of life, for thine own sake, O living God. O King, Helper, Saviour and Shield ; blessed art thou, O Lord, the Shield of Abraham.

Thou art mighty for ever, O Lord ; it is thou who quickenest the dead and art mighty to save. Thou sustainest the living with loving-kindness, quickenest the dead with great mercy, supportest the falling and healest the sick, loosest the bound, and keepest thy faith unto them that sleep in the dust. Who is like unto thee, Lord of mighty acts, and who can be compared unto thee, O King, who killest and restorest to life and causest salvation to spring forth ?

Cong. The Day of Atonement is pre-eminent above all others ; upon them that observe it thou wilt shew mercy and pity, and wilt silence the speech of the deceiver. Lo, on this day men take counsel and make confession with fervent supplication ; yea, they awake those that sleep in the dust, and plead the merit of the lofty hills, their fathers. Of the deed of the binder and the bound they tell, which from of yore hath been treasured up by them, as a marvellous token and a power wherewithal to baffle ensnaring temptation. Thy promise of Israel's ransom was given in

[1] Num. xxiii. 10. [2] The four Services of the Day.

סְבִיכַת אֵיל · כָּפְרוּ הַנָּצוּר לְחַיִל · כֵּן תַּעֲצִים חַיִל ·
כּוֹרְעֶיךָ בְּעֹצֶם וָלָיִל: פַּחֲדוּ יָחִיל שׁוֹטְמִים · פִּיּוֹתָם הֱיוֹת
אֲטוּמִים · פְּרָחָיו בְּמִשְׁעֲנוֹתָיו חֲתוּמִים · פַּלְטֵם מֵרְכֶל
פְּטוּמִים: וְאִם אֵין מַעֲשִׂים · וְזֶבַח מִבְּלִי מֵשִׂים · וְזָכְרָה
לִנְבִזִים וּמְאוּסִים · וּמִגְזָעָם הָפֵר כְּעָסִים: רָם קֹשֶׁט
מַעֲבָדֶיךָ · רָאֹה תִרְאֶה עוֹבְדֶיךָ · רֵעִים בָּאֵי עֲדֶיךָ · רַחוּם
זְכוֹר לַעֲבָדֶיךָ: יְבַקֵּשׁ עָוֺן וְאֵינֶנּוּ · יָמָה בִּמְצוּלוֹת תִּגְּנוּ ·
יֶלֶד בְּשַׁעֲשׁוּעָיו תַּעֲנֶנּוּ · יֹשֶׁר מֵלִיץ יַחְנֶנּוּ: מִבְּרַק חֶרֶב
הַשָּׁנוּן · מַלֵּט מַאֲרִיכֵי רְנוּן ·

Reader. מַלֵּא מִשְׁאֲלוֹתָם בְּתַחֲנוּן · מֶלֶךְ רַחוּם וְחַנּוּן:

Cong. כַּפֵּר פִּדְיוֹן נֶפֶשׁ · פְּדֵה מִטְבִּיעַת רֶפֶשׁ ·

Reader. מְיַחֲלֶיךָ בְּעֻנּוּי וְכֶפֶשׁ · הַחֲיֵם בְּטַלְלֵי נָפֶשׁ:

Reader and Congregation:

עוֹד בּוֹ נִשְׁמָתוֹ · יָקוּ תְּשׁוּבַת יְצִיר אַדְמָתוֹ ·
לְהַחֲיוֹתוֹ · לְהֵיטִיב אַחֲרִיתוֹ:

Congregation:

אֱנוֹשׁ אֵיךְ יִצְדַּק פְּנֵי פְנֵי יוֹצְרוֹ · וְהַכֹּל גָּלוּי לוֹ תַּעֲלוּמוֹ
וְסִתְרוֹ · בְּזֹאת יְכַפֵּר עֲוֺנוֹ וְיִגָּהּ מְזֹרוֹ · אִם יָשׁוּב טֶרֶם
יִכְבֶּה נֵרוֹ: גַּם חֹשֶׁךְ לֹא יַחְשִׁיךְ מִמֶּנּוּ · אִם יַסְתִּיר פָּנָיו
הוּא יְשׁוּרֶנּוּ · דָּפְיוֹ וְרִשְׁעוֹ עַל פָּנָיו יַעֲנֶנּוּ · יִתְרוֹן לוֹ אִם
בְּחַיָּיו יוֹדֶנּוּ: הֵן שָׁמַיִם לֹא זַכּוּ בְּעֵינָיו · אַף כִּי נִתְעָב
בַּאֲשָׁמָיו וּבַעֲוֺנָיו · וְזֵד לָמָּה לֹא יָבִין בְּרַעְיוֹנָיו · הֲלֹא
יוֹמוֹ וְאֵידוֹ נוֹכַח פָּנָיו: וְהָבוּ וּסְגֻלַּת עָשְׁרוּ בַּל יוֹעִילֵנוּ ·
לָתֵת כָּפְרוֹ בְּיוֹם עֶבְרָה לְהוֹעִילֵנוּ · חֶסֶד וּצְדָקָה אִם

the hour when the ram was caught in the thicket. And
even thus thou wilt strengthen the hosts that day and night
bend the knee unto thee. He who was the Fear of Isaac
will terrify and close the mouths of them that would obstruct
our prayer : he will deal gently with his offspring that
obey his will, and will deliver them from crushing accus-
ation ; and even though we be empty of good deeds and
have no sacrifice to offer, yet will he remember the righteous-
ness of those who in their own sight were despised and
rejected, and will turn aside his indignation from their race.
O most High, whose works are truth, thou wilt surely regard
thy faithful servants, who in throngs come unto thee ; yea,
as thou art merciful, thou wilt remember thy servants.
Let iniquity be sought for and not be found ; cast it into
the depths of the sea ; and thou who art thyself the upright
advocate, answer thy children in whom is thy delight, and
be gracious unto them. From the sharp and glittering
sword deliver them that linger yet in prayer.

Reader. O grant their suppliant plea, merciful and
gracious King.

Cong. Redeem them that give ransom for their soul, that
they sink not into the mire of despair.

Reader. Revive them who in affliction and distress still
hope in thee, with thy quickening dew.

While yet we dwell on earth
God watches us, to whom His word gave birth,
And waits, in love and graciousness,
For penitence, that He our latter end may bless.

Can man be proved righteous in the sight
Of God, to whom all hidden thoughts are known ?
Yea, if his soul repent before his light
Is quenched—and thus alone—
Can he gain pardon and for sin atone.

Even darkness hideth naught from God on high ;
The evil deeds man holds invisible
Will at the end against him testify.
Therefore for him 'tis well,
Confessing them, guilt's shadow to dispel.

Behold, the heaven of heavens is not pure
In the eyes of God : how much less man, defiled
By shame and sin, whom guilty thoughts allure.
Let him, the oft-beguiled,
Then muse on this, ere earth reclaim her child.

רָדַף בְּעֶדְנוּ · לְפָנָיו יַהֲלוֹךְ · וּכְבוֹד בּוֹרְאוֹ יַאַסְפֶנוּ:
טוֹב לַגֶּבֶר לָשֵׂא עַל תּוֹרָה · לְקַיֵּם חֻקֶּיהָ בְּאַהֲבָה
בְּיִרְאָה וּבְטָהֳרָה · יְמֵי חַיָּיו תַּנְחֶנּוּ מְסִלָּה יְשָׁרָה ·
תְּנַצְרֵנוּ בִּגְבוּרָה וְלָתְחִי תְשִׁיחֵנוּ לְעֶזְרָה: שַׁדַּי הִנְנוּ בְיָדֶךָ
כְּיוֹצֵר חָמֶר · רְצוֹנְךָ לְהַחֲיוֹת וְלֹא לְהָמִית וְלֹנָמֵר ·
תְּיַשֵּׁר לְבָבֵנוּ בְּיִרְאָתֶךָ לְהֵטִיב וּלְהֵאָמֵר · קַיְּמֵנוּ
לַחַיִּים וְנוֹדְךָ לְעוֹלָם וּנְזַמֵּר:

Congregation and Reader:

עוֹד בּוֹ נִשְׁמָתוֹ · יָכַן תְּשׁוּבַת יְצִיר אַדְמָתוֹ ·
לְהַחֲיוֹתוֹ · לְהֵיטִיב אַחֲרִיתוֹ:

Reader:

מִי כָמוֹךָ אַב הָרַחֲמִים זוֹכֵר יְצוּרָיו לַחַיִּים בְּרַחֲמִים:
וְנֶאֱמָן אַתָּה לְהַחֲיוֹת מֵתִים · בָּרוּךְ אַתָּה יְיָ מְחַיֵּה
הַמֵּתִים:

Cong. צָפָה בְּבַת תְּמוּתָה · צוֹם הֶעָשׂוֹר עֲמוּתָה · צֹאן
בְּהֵעָנְשָׁה מִיתָה · צַדְקָה מִמֶּכֶר צְמִיתָה: וּבְבוֹא סוֹטֵן
לִנְקוֹב · וְלַחֲשׂוֹף סַרְעַף הֶעָקוֹב · וּבָל יְרֻשֶּׁה לִקּוֹב · וְכָח
תּוֹלְדוֹת יַעֲקֹב: מָכוֹן לְשִׁבְתְּךָ בְּשׁוּמֶךָ · מֵאָז הֲקָקְתּוֹ
בִּרְשׁוּמֶךָ · מוֹלְדוֹתָיו הַכְּלוּלִים בִּשְׁמֶךָ · מַלְּטֵם לְמַעַן
שְׁמֶךָ: הַזְכֵּר יְשִׁיבַת אֹהֶל · הַמַּאֲבֵק לְשַׂר נֶחֱל · הַצִּילָה
שְׁאוֹנוֹ מִבֵּחָל · הַצְּנִים לְהַרְטוֹת מֵחָל: עֲנוּי נֶפֶשׁ שׁוֹר ·

His treasured gold will not, in death's dark hour,
Ransom his soul : but if through life he cling
To mercy and to righteousness, their power
Will his redemption bring,
And he shall see the glory of the King.

'Tis good for man the Law's mild yoke to bear,
With love and awe its statutes to obey ;
For his oft-faltering steps it will prepare
The path of right alway,
And lead him through the grave to heavenly day.

Lord, in Thy hand as potter's clay are we :
Do Thou sustain us on life's troubled shore,
And fill our hearts with love and fear of Thee,
So that we may adore
Thy Name, and sing Thy praises evermore.

While yet we dwell on earth
God watches us, to whom His word gave birth,
And waits in love and graciousness
For penitence, that He our latter end may bless.

Reader. Who is like unto thee, Father of mercy, who in mercy rememberest thy creatures unto life ? And faithful art thou to quicken the dead. Blessed art thou, O Lord, who quickenest the dead.

Cong. O look upon thy children that are appointed to death, who like sheep are gathered together on this Fast of the tenth day ; though the doom of death lie upon thy flock, clear them, that they be not lost for ever : and when the accuser cometh forward to lay bare the trembling heart and to testify of its guile, forbid him to arraign the posterity of Jacob, whose image is from of old graven on thy throne,[1] yea, whose name of Israel thou hast linked unto thine own; for thy Name's sake deliver them. Remember him who by day was consumed by drought, who wrestled with the fiery angel ; and redeem his hosts from dread, who stand before thee for thy healing grace.

[1] See note 3 to page 57.

עֲוֹן בְּלִי תָשׁוּר · עוֹרְכֵי שֶׁוַע בְּיִשּׁוּר · עֲנֵם בֶּאֱמֶת וְאִשּׁוּר:
סְלַח לְשָׁבֵי פֶשַׁע · סְלִיחָה תַכְרִיעַ רֶשַׁע · סֵדֶר תְּפִלָּה
תְשַׁע · סֵבֶר פְּדוּת לְיֶשַׁע · וְאִם הֵמָה כְּאָדָם · וּמְעֻדָּה
וּמֻטָּה יָדָם · וְאַתָּה נוֹצֵר הָאָדָם · וַתְּרוֹן תְּנֵה לְעֻדָּדָם:
רְעֵבָם וּצְמָאָם חֲזֵה · רָעָתָם בְּלִי תֶחֱזֶה · *Reader* רֶגֶשׁ
רַחֲשָׁם מִלְּבֶזֶה · רוֹנְנִים סְלַח נָא לַעֲוֹן הָעָם הַזֶּה:

יִמְלוֹךְ יְיָ לְעֹלָם אֱלֹהַיִךְ צִיּוֹן לְדֹר וָדֹר הַלְלוּיָהּ:
וְאַתָּה קָדוֹשׁ יוֹשֵׁב תְּהִלּוֹת יִשְׂרָאֵל אֵל נָא:

Reader and Cong. נֶחְשָׁב כְּצֹאן בָּאִיתוֹן · דְּחוּת בְּפִלְלִי
עֲקַלָּתוֹן · וְנַקְדִּישָׁךְ בְּשַׁבַּת שַׁבָּתוֹן · קָדוֹשׁ:

Reader and Cong. הַיּוֹם בְּפָתְחָךְ סְפָרִים · חֹן שְׁמָךְ
מְפָאֲרִים · וְנַקְדִּישָׁךְ בְּיוֹם הַכִּפֻּרִים · קָדוֹשׁ:
Reader and Cong. מַסְטִין בְּכֶבֶל אֱסוֹר · וְתִקְנַת אֲסִירֵי
בִשּׂוֹר · וְנַקְדִּישָׁךְ בְּצוֹם הֶעָשׂוֹר · קָדוֹשׁ:

Reader. אֶשָּׂא דֵעִי לְמֵרָחוֹק · שָׁעוֹן בָּאת מֵרָחוֹק ·
Cong. בְּפָעֳלוֹ צָרִי דְחוֹק:
Reader. אֲסַפְּרָה אֶל חֹק · מִסְכּוֹ בְּלִי לִרְחוֹק ·
Cong. חַיִּים לִי לְחוֹק:
Reader. לְשׁוֹד כְּחֶתֶף יִמְחוֹק · לוֹחֲמַי לְכָל יִשְׂחוֹק ·
Cong. וִיְמַלֵּא פִי שְׂחוֹק:

Reader and Cong. נֶחְשָׁב כְּצֹאן בָּאִיתוֹן · דְּחוּת בְּפִלְלִי
עֲקַלָּתוֹן · וְנַקְדִּישָׁךְ בְּשַׁבַּת שַׁבָּתוֹן · קָדוֹשׁ:

Regard not their iniquity, but the affliction of their soul ; behold them as in rectitude they direct their prayer ; answer them in truth and it shall be well with them.   Forgive those that turn from transgression, and let thy forgiveness out-weigh their guilt ; incline to the order of their prayer, and fulfil their hope for thy redemption.   And if as mortals their foot hath tottered and their hand is waxen weak, art not thou the Preserver of mankind, and wilt thou not send thy comfort to support them ?   Behold not their evil-doing, but see the affliction of their souls.

Reader. Thou wilt not despise the surging of their thoughts as they cry, " Pardon, I beseech thee, the iniquity of this people."

The Lord shall reign for ever, thy God, O Zion, unto all generations ; praise ye the Lord.

For thou art holy, O thou that inhabitest the praises of Israel ; O God, we beseech thee !

Reader and Cong. O regard us as the Priest who stood by the Temple Porch.   Let my plea prevail against accusing sin ; and we will hallow thee on this Sabbath of solemn rest, most Holy.

Reader and Cong. When on this day thou unfoldest thy records, be gracious unto a people who glorify thy Name, and we will hallow thee on this Day of Atonement, most Holy.

Reader and Cong. O cast the tempter in fetters : declare to the captives the accomplishment of their hope ; and we will hallow thee on this fast of the tenth day, most Holy.

Reader. I will fetch my knowledge from afar and seek solace in the merit of the patriarch who came from a distant land.

Cong. For his sake crush thou my foe.

Reader. I will tell of thy decree, that thou wouldst not withdraw thee from thy tabernacle,

Cong. That thou wouldst inscribe me unto life.

Reader. Now shall the arraigner be hushed, that mine enemy hold me not in derision.

Cong. Nay, my mouth shall be filled with laughter.

Reader and Cong. O regard us as the Priest who stood by the Temple Porch.   Let my plea prevail against accusing sin ; and we will hallow thee on this Sabbath of solemn rest, most Holy.

Reader. עוֹרְכֵי שֶׁוַע לָרֹב· חִין עֶרְכָּם יַעֲרוֹב·

Cong. פְּנֵי אֱלֹהִים מִקָּרוֹב:

Reader. עֲתִירָתִי אָז תִּקְרוֹב· עֲבֵרָתִי לְבַל תֶּאֱרוֹב·

Cong. אֵלִי לְבַל קְרוֹב:

Reader. זוֹמֵם אִם יִזְרוֹב· עֵדַת אֵל לַחֲרוֹב·

Cong. אֶשְׁעַן בְּמַצְדִּיק וְקָרוֹב:

Reader and Cong. הַיּוֹם בְּפָתְחָךְ סְפָרִים· חַן שְׁמָךְ

מְפָאֲרִים· וְנַקְדִּישָׁךְ בְּיוֹם הַכִּפֻּרִים· קָדוֹשׁ:

Reader. רֶשַׁע אִם הַכְרִיעִי· זְכֹר לִי רוֹעִי·

Cong. בְּצִדְקוֹ עַתָּה לְרוֹעֲעִי:

Reader. רְעֵה צֹאן מַרְעִי· בְּמִרְעֶה טוֹב לְהַרְעִי·

Cong. וּבְאוֹר חַיִּים לְזוֹרְעִי:

Reader. בַּעֲוֹן אֹרַח רְבִעִי· וּבְקֵן נְטִיַּת מְרֵעִי·

Cong. נָא אַל יָאֵרְעִי:

Reader and Cong. מַסְטִין בְּכֶבֶל אֱסוֹר· וְתִקְנַת אֲסִירִי

בְּשׂוֹר· וְנַקְדִּישָׁךְ בְּצוֹם הֶעָשׂוֹר· קָדוֹשׁ:

Reader. יַסְכִּיתוּ שׁוֹבוּ לְבִצָּרוֹן· נָשִׂים פְּנֵי אָרָן·

Cong. לְהַעֲצִים אֶרֶשֶׁת רָן:

Reader. יַחֵלּוּ רִאשׁוֹן וְאַחֲרוֹן· מַשְׁבִּית אַף וְחָרוֹן·

Cong. בְּזֹאת יָבֹא אַהֲרֹן:

Reader. רוֹגְשִׁים קְרוֹא בְּגָרוֹן· פִּלּוּשׁ אֲטוּמֵי חֶבְרוֹן·

Cong. מְצוֹא מְחִילַת וְתָרוֹן:

Reader and Cong. נֶחְשַׁב כְּצֹן בְּאִיתוֹן· דְּחוֹת בְּפִלְלִי

עֲקַלָּתוֹן· וְנַקְדִּישָׁךְ בְּשַׁבַּת שַׁבָּתוֹן· קָדוֹשׁ:

Reader. We offer prayer on prayer ; let our entreaty sound sweet.

Cong. O God, let thy presencè be nigh.

Reader. Let my supplication approach thee ; let not my trespass lie in wait,

Cong. Nor come near unto me.

Reader. If evil thoughts wax hot and waste the assembly of God,

Cong. I will rely upon him that is nigh to justify me.

Reader and Cong. When on this day thou unfoldest the records, be gracious unto a people who glorify thy Name ; and we will hallow thee on this Day of Atonement, most Holy.

Reader. If guilt be heavy in the scale, be thou mindful of my shepherd Moses.

Cong. O let me triumph in his righteous memory.

Reader. Shepherd the sheep of my flock and nurture them in a goodly pasturage.

Cong. Yea, shed forth thy light of life.

Reader. Though I have trodden the downward path of sin and declined from the line of virtue,

Cong. I pray thee, let not evil befall me.

Reader and Cong. O cast the tempter in fetters : declare to the captives the accomplishment of their hope ; and we will sanctify thee on this fast of the tenth day, most Holy.

Reader. Grant that they who approach the ark may give heed to thy words, Return ye to my stronghold—

Cong. To fortify the utterance of prayer.

Reader. We supplicate thee, who art the First and the Last, to appease thine anger and fierce wrath.

Cong. " And thus shall Aaron enter."

Reader. With mingled voices we cry aloud, proclaiming the piety of them that lie in Hebron's earth—

Cong. That we may find thy gracious pardon.

Reader and Cong. O regard us as the Priest who stood by the Temple Porch. Let my plea prevail against accusing sin ; and we will hallow thee on this Sabbath of solemn rest, most Holy.

Reader. בְּשִׁבְתּוֹ בְּכֶס רִיב · יְרִיבֵי לְעֵינֵי יָרִיב ·

Cong. יָהּ נִצָּב לָרִיב :

Reader. בְּחֶזְיֵי חָרוֹב יַחֲרִיב · כְּמוֹ קַדְמוֹנִים הֶחֱרִיב ·

Cong. וְנֶאֱכֵן לְפָנָיו יַקְרִיב :

Reader. יַצֵּג אִתִּי בְּרִיב · מְלִיצֵי שַׁי לְהַקְרִיב ·

Cong. וְשִׂיחִי לְנֹחִי יַעֲרִיב :

Reader and Cong. הַיּוֹם בְּפָתְחֶךָ סְפָרִים · חֵן שִׁמְךָ
מְפָאֲרִים · וְנַקְדִּישֶׁךָ בְּיוֹם הַכִּפֻּרִים · קָדוֹשׁ :

Reader. קוֹל אָרִים כַּשּׁוֹפָר · בְּמַתָּן אִמְרֵי שֶׁפֶר ·

Cong. לִפְנֵי חֲזָקִים שֶׁפֶר :

Reader. קֶצֶב שְׂעִירִים וּפָר · בְּנִיב שְׂפָתַיִם יְסֻפָּר ·

Cong. וּבְכֵן שׂוֹטֵן יַחְפָּר :

Reader. לִפְלוּסִים כְּכוֹכְבֵי מִסְפָּר · וְשָׁחִים עַד עָפָר ·

Cong. בְּצַעֲם וַעֲוֺנִים יְכֻפָּר :

Reader and Cong. מַסְטִין בְּכֶבֶל אֱסוֹר · וְתַקְנַת אֲסִירֵי
בְשׂוֹר · וְנַקְדִּישֶׁךָ בְּצוֹם הֶעָשׂוֹר · קָדוֹשׁ :

Reader. יִשְׁלְנוּ אַדְמֵי שָׁנִים · שֶׁל כָּל יְמוֹת הַשָּׁנִים ·

Cong. חֲדָשִׁים וְגַם יְשָׁנִים :

Reader. יַלְבִּנוּ כְּתָמֵי שׁוֹשַׁנִּים · וְיוֹשְׁבוּ לְתָאֳרָם שְׁנוּנִים ·

Cong. בִּפְלִיל אֲשֶׁר מְשֻׁנִּים :

Reader. רַחֲצוּ וְהִזַּכּוּ מְעֻשּׁוֹנִים · לְאֻלֶּת מֶהְיוֹת שׁוֹנִים ·

Cong. וְעַל מִבְטָחֵמוֹ שְׁעוּנִים :

Reader and Cong. נֶחְשַׁב כְּצֹאן בְּאִיתוֹן · דָּהוּת בְּפָלִי
עֶגְלָתוֹן · וְנַקְדִּישֶׁךָ בְּשַׁבַּת שַׁבָּתוֹן קָדוֹשׁ :

Reader. When thou sittest on the judgment-seat, thou wilt plead my cause against them that strive against me.

Cong. The Lord standeth up to plead.

Reader. Thou wilt lay waste my spoilers as aforetime.

Cong. Now let my cry approach thy presence.

Reader. When thou standest up to plead, regard the offering of them that espouse my cause.

Cong. Then shall my meditation be sweet to him who brought me forth.

Reader and Cong. When on this day thou unfoldest the records, be gracious unto a people who glorify thy Name; and we will hallow thee on this Day of Atonement, most Holy.

Reader. I will lift up my voice as the horn with a gift of goodly words,

Cong. Before him that garnished the heavens.

Reader. The ordained offering of goats and bullock will I celebrate in a tribute of prayer, even the fruit of my lips.

Cong. And thus shall the tempter be foiled.

Reader. Lo, Israel, reckoned as the bright stars of heaven, are sunk unto the dust.

Cong. Yet shall their avarice and their perversity be atoned.

Reader and Cong. O cast the tempter in fetters : declare to the captives the accomplishment of their hope; and we will sanctify thee on this fast of the tenth day, most Holy.

Reader. Their sins, even those of all days of the year, though red as scarlet, shall become white as snow—

Cong. The new and the old together.

Reader. No spot shall bestain the pure white of thy lilies ; the sword shall be sheathed in its scabbard,

Cong. Through our oft-uttered prayer.

Reader. Wash ye, make ye pure from the brand of your sin : turn not again to your folly.

Cong. But rest in him who is your Trust.

Reader and Cong. O regard us as the Priest who stood by the Temple Porch. Let my prayer prevail against accusing sin; and we will hallow thee on this Sabbath of solemn rest, most Holy.

Reader and Congregation:

אֶת לַחֲשִׁי עֲנֵה נָא · וַעֲקִי רְצֵה נָא · הָאֵל קָדוֹשׁ:

Reader and Congregation:

אָדוֹן לְקוֹל עַמֶּךָ · זְכוֹר רַחֲמֶיךָ · נוֹרָא וְקָדוֹשׁ:

אֵין עֲרוֹךְ אֵלֶיךָ · בֵּין עֹצֶם מִפְעָלֶיךָ · גֶּשֶׁת *Cong.*
הֲמוֹן מִיַחֲלֶיךָ · דְּרוֹשׁ לְנֶבֶר חֵילֶיךָ: הוֹגֵי הֲמֻלַּת קֹדֶשׁ ·
וּמְהַלֲלִים בְּהַדְרַת קֹדֶשׁ · זֶרַע תְּבוּאַת קֹדֶשׁ · חָשׁוּב
כְּאֵלֵי קֹדֶשׁ: טַפְסְרֵי מְרֻבְּעֵי פָנִים · יַיְשִׁירוּךְ עַם
אוֹפַנִּים · כְּבִכְּרֵךְ כָּל פָּנִים · לְבִלְתִּי נְשׂוֹא פָנִים: מִתְנַשֵּׂא
לְכָל לְרֹאשׁ · נוֹעַץ אַחֲרִית מֵרֹאשׁ · סְלִיחָה לְשׁוֹכְבִים
דְּרוֹשׁ · עוֹנָם לָשֵׂאת כְּמֵרֹאשׁ: פְּרוּדֵי כְנַף רְנָנִים ·
צִדְקוֹתֶךָ חַי מְרַנְּנִים · קוֹל שָׁאַג מְחַנְּנִים · רְצֵה בְּחִין
וּבְתַחֲנוּנִים: שְׁנָאַן רִבְבוֹת אֲלָפִים · שׁוֹאֲגִים וְלַבְּקָרִים
נֶחֱלָפִים: *Reader.* תֶּקֶף יַשִּׂיגוּ אַלּוּפִים · תּוֹדָה וְזִמְרָה
מֵאֲלָפִים:

Reader and Congregation.

אָדוֹן לְקוֹל עַמֶּךָ · זְכוֹר רַחֲמֶיךָ · נוֹרָא וְקָדוֹשׁ:

וּבְכֵן וְאַתָּה כְּרַחוּם סְלַח לָנוּ:

אַל תִּזְכָּר לָנוּ עֲוֹנוֹתֵינוּ · הַצִּילֵנוּ מִצָּרֵינוּ · כָּל אֲשֶׁר *Cong.*
חָשְׁבוּ עָלֵינוּ: בְּשִׁמְךָ נִקְרָא וְתַעֲנֵנוּ · וּתְשַׁבֵּר אֶת עָלֵנוּ ·
וְאַתָּה תִמְלוֹךְ עָלֵינוּ: גֹּדֶל רַחֲמֶיךָ תּוֹדִיעַ · וּמַלְכוּתְךָ
עָלֵינוּ תוֹפִיעַ · וּכְאָז אוֹתָנוּ תוֹשִׁיעַ: דִּבָרְךָ נִצָּב לְעוֹלָם ·
זְכוֹר נָא אֲבוֹת הָעוֹלָם · וְהָקֵם בְּרִיתְךָ לְעוֹלָם: הַרְצֵה

Reader and Congregation :

O answer now the whisper of my prayer ; be gracious to my cry, most holy God !

Reader and Congregation :

Lord, at the voice of thy people, remember thy tender mercies, O thou awful and holy God !

Cong. None can be compared unto thee, nor can the might of thy deeds be comprehended. Deign to fortify thy host who approach thee with hope in their hearts, meditating on thy hallowed words and sounding thy praise in the beauty of holiness. O account as holy the seed thou hast called the increase of holiness. The living creatures, the likeness of whose face is fourfold, acclaim thy righteousness with the Ophanim : for thou who searchest every face respectest none. O thou who art supreme above all, who ordainest the end at the beginning, seek out forgiveness for the penitent and pardon their iniquity as of old. Heavenly ministers beneath the cover of their separate wings sing forth thy righteousness, O living God ; and even thus do thou accept the mingled voice of our supplications. Angels in countless myriads, new like thy mercies every morning, beseech thee.

Reader. With the fulness of their mighty strength they pour forth thanksgiving and song.

Reader and Congregation :

Lord, at the voice of thy people, remember thy tender mercies, O thou awful and holy God !

Wherefore, as thou art merciful, forgive us.

Cong. Remember not unto us our iniquities ; deliver us from our enemies and from all that they have devised against us. We call upon thy Name ; O answer us. Break our yoke, and reign thou over us. Make us to know the greatness of thy mercies ; let thy dominion shine forth upon us, and save us as of old. Thy word is established for ever. Remember, we beseech thee, the patriarchs, and confirm thy covenant unto all time. Graciously accept

לָנוּ כְּמֵאָז • וְתֶן לָנוּ עֹז • וְנִלְמַד נֶחֱמָדִים מִפָּז • וְהַשְׁקִיפָה
מִמְּעוֹן קָדְשֶׁךָ • וְקוֹמֵם אֶת מִקְדָּשֶׁךָ • וְנַעֲרִיץ בְּכָל יוֹם
קָדְשָׁתֶךָ : זְכוֹר צִדְקַת רִאשׁוֹנִים • וּסְלַח נָא לָאַחֲרוֹנִים •
וְתוֹשִׁיבֵם אֶל אֲבוֹתֵיהֶם כְּיוֹנִים : חוּסָה עַל צֹאן
מַרְעִיתֶךָ • וּבָרֵךְ אֶת נַחֲלָתֶךָ • וְלַמְּדֵם כְּאָז דָּתֶךָ : טָהוֹר
תֵּרָאֶה כִּבְכֻדֶךָ • וְתוֹדִיעַ בָּנוּ הוֹדֶךָ • וְנִסְבּוֹל עַל מוֹרָאָךְ
וְיִחוּדֶךָ : יְרֵאֶיךָ יִשְׂמְחוּ בָךְ • וּבְכָל יוֹם יִשְׁתַּחֲווּ לָךְ •
וְגוֹי וּמַמְלָכָה יַעַבְדוּ לָךְ : כְּרַחֲמֶיךָ עֲשֵׂה עִמָּנוּ • כִּי
בְּכָל יוֹם לְךָ קָרָאנוּ • יְיָ צְבָאוֹת עִמָּנוּ : לְבַדְּךָ תִּמְלוֹךְ
כְּמֵרֵאשִׁית • וְתָשִׁית עֵינֶיךָ בְּרֵאשִׁית • בְּמָקוֹם כּוֹנַנְתָּ
מֵרֵאשִׁית : מַלְכוּתְךָ עָלֵינוּ תִגָּלֶה • נוֹרְאוֹתֶיךָ נֶחֱזֶה
וְנִתְעַלֶּה • וּמִצִּיּוֹן כְּרַחֲמֶיךָ תִגָּלֶה : נָחְנוּ בַּאֲמִתֶּךָ •
וְשַׂמְּחֵנוּ בִּישׁוּעָתֶךָ • כִּי אֲנַחְנוּ עַמְּךָ וְנַחֲלָתֶךָ : שִׂימֵנוּ
בְרָכָה בָּאָרֶץ • וּתְנַעֵר רְשָׁעִים מֵאָרֶץ • וְנֵשֵׁב לָבֶטַח
בָּאָרֶץ : עֲנֵנוּ כִּדְבַר אֲמִתֶּךָ • וְהוֹשִׁיעֵנוּ בֶּאֱמוּנָתֶךָ •
כִּי אֲנַחְנוּ צֹאן מַרְעִיתֶךָ : פְּנֵה הָאֵר בְּצִיּוֹן • וּמְלוֹךְ
עָלֵינוּ בִּצְבִיוֹן • וְתָסִיר טֻמְאָה מִצִּיּוֹן : צַדִּיק אַתָּה
בַכֹּל • וְרַחֲמֶיךָ גְדוֹלִים עַל כֹּל • מִיָּדְךָ הוּא וּלְךָ הַכֹּל :
קָרוֹב אַתָּה לְכָל קֹרְאֶיךָ • רַחֵם עַל מַמְלִיכֶיךָ • כִּי הֵם
מַעֲשֵׂה יָדֶיךָ : רַחוּם סְלַח נָא לְעָוֹן • כִּי כָל אָדָם מָלֵא
עָוֹן • וְאַתָּה תְכַפֶּר עָוֹן : שִׁמְךָ בָּנוּ נִקְרָא וְאַל תַּנִּיחֵנוּ •
נִקְרָאָךְ וְאַתָּה תַעֲנֵנוּ • וּלְמַעַנְךָ הָאֵר עֵינֵינוּ :

Reader. תֹּאַר פָּנֶיךָ תַּרְאֵנוּ • וּבְתוֹרָתְךָ תְּחַכְּמֵנוּ •
וּבְמִרְעֶה טוֹב וְשָׁמֵן תַּרְעֵנוּ • וְאַתָּה כְּרַחוּם סְלַח לָנוּ :

us as of yore, and grant us strength that we may learn to obey thy words, more precious than fine gold. Look down from thy holy dwelling and raise up thy sanctuary, that we may every day reverence thy holiness. Remember the righteousness of our ancestors and forgive, we beseech thee, their posterity ; O bring them back like doves to their windows. Have pity upon the sheep of thy pasture ; bless thou thine heritage and teach them thy Law as aforetime. O thou who art all-pure, shew us thy glory ; make known thine honour upon us, that we may bear the yoke of thy fear and thy Unity. They who fear thee shall rejoice in thee : every day they shall worship thee, and every nation and kingdom shall serve thee. According to thy tender mercies deal thou with us : for daily do we call upon thee, saying, The Lord of hosts be with us. Thou alone shalt reign as at the beginning ; thou wilt set thine eyes toward the place thou hast established of old. O reveal thy rule over us, that we may see thy marvellous deeds and be exalted : yea, reveal thyself in mercy from Zion. Lead us in thy truth and gladden us with thy salvation ; for we are thy people and thine heritage. Appoint us for a blessing in the earth ; and shake out wickedness from the land, that we may dwell in safety thereon. Answer us with the word of thy truth, and save us in thy faithfulness, for we are the sheep of thy pasture. Remove pollution from Zion ; cause thy presence to shine upon her, and reign thou over us in splendour. Thou art righteous in all things, and thy tender mercies are great over all. From thy hand we receive everything : all things are thine. Thou who art near unto all that cry unto thee, have mercy upon those who call thee King ; for they are thy handiwork. O most Merciful, forgive our iniquity ; for though every man is full of sin, yet thou makest atonement for all. By thy Name are we called ; O forsake us not. We pray unto thee and thou wilt answer us, and for thine own sake wilt enlighten our eyes.

Reader. Shew us the glory of thy Presence and make us wise in thy Law ; feed us in a good and rich pasturage, and as thou art merciful, forgive us.

וּבְכֵן אַךְ חַנּוּן אַתָּה וְרַחוּם לְכָל פֹּעַל:

Congregation:

אַךְ אֹמְרִים בְּחִין לְפָנֶיךָ ·   כִּי אַתָּה רַחוּם לְכָל פֹּעַל:

אַךְ בָּאִים וּמִשְׁתַּחֲוִים לְפָנֶיךָ · כִּי אַתָּה רַחוּם לְכָל פֹּעַל:

אַךְ גָּשִׁים בִּתְפִלָּה לְפָנֶיךָ ·   כִּי אַתָּה רַחוּם לְכָל פֹּעַל:

אַךְ דּוֹרְשִׁים בְּדָתְךָ יוֹמָם וָלַיְלָה· חַנּוּן וְרַחוּם לְכָל פֹּעַל:

אַךְ הוֹנִים בְּהַלֵּל וְתִשְׁבָּחוֹת· כִּי אַתָּה רַחוּם לְכָל פֹּעַל:

אַךְ וְאֹמְרִים סְלַח נָא לַעֲוֺנֵנוּ· כִּי אַתָּה רַחוּם לְכָל פֹּעַל:

אַךְ וְזוֹעֲקִים בִּתְפִלָּה לְפָנֶיךָ · כִּי אַתָּה רַחוּם לְכָל פֹּעַל:

אַךְ חוֹקְרִים סוֹד בְּרִיתֶךָ · כִּי אֵין בִּלְתֶּךָ ·
חַנּוּן וְרַחוּם לְכָל פֹּעַל:

אַךְ טוֹעֲנִים שְׁמַע יִשְׂרָאֵל· כִּי אֵין כָּאֵל ·
כִּי אַתָּה רַחוּם לְכָל פֹּעַל:

אַךְ יוֹדְעִים שֵׁם הַמְפוֹרָשׁ· וּבְפִיהֶם יִתְפָּרָשׁ·
כִּי אַתָּה רַחוּם לְכָל פֹּעַל:

אַךְ כֻּלָּם הַיּוֹם כְּמַלְאָכִים· קְדֻשָּׁה לְפָנֶיךָ עוֹרְכִים·
כִּי אַתָּה רַחוּם לְכָל פֹּעַל:

אַךְ לְבוּשֵׁיהֶם נְקִיִּים וְכֻלָּם צָמִים וּמִתְעַנִּים·
חַנּוּן וְרַחוּם לְכָל פֹּעַל:

אַךְ מַעֲשֵׂיהֶם מַגִּידִים וַחֲטָאֵיהֶם מַתְנִים· סְלַח נָא עֲוֺנִים·
כִּי אַתָּה רַחוּם לְכָל פֹּעַל:

אַךְ נִקְרָאִים הַיּוֹם· וְסָלַחְתִּי לָכֶם הַיּוֹם·
כִּי אַתָּה רַחוּם לְכָל פֹּעַל:

אַךְ סְפוּרִים כְּחוֹל הַיָּם· וַעֲוֺנוֹתֵיהֶם תַּשְׁלִיךְ בִּמְצוּלוֹת יָם·
כִּי אַתָּה רַחוּם לְכָל פֹּעַל:

Yea, and thus thou art merciful and compassionate to every creature.

Congregation :

Yea, with supplication do they speak with thee ;
They come to worship thee ;
In prayer they approach thee ;
Day and night they study thy Law :
      For thou art compassionate to every creature.
Yea, they meditate and celebrate thy praise ;
They say, forgive, we beseech thee, our iniquities ;
They weep in prayer before thee ;
They ponder the secret of thy covenant ; lo ! there is none
    beside thee,
      O thou who hast mercy and compassion upon
      every creature.
They proclaim in awe, Hear, O Israel, lo ! there is none
    like unto God.
They know thy sacred Name, pronounced by priestly lips ;
This day like angels all prepare a sanctification unto thee.
They all fast and afflict their souls ; they are robed in
    spotless purity :
      For thou art compassionate to every creature.
They avow their deeds and confess their sins, crying, Pardon,
    I beseech thee.
This day in holy convocation they long to hear, This day
    have I forgiven thee.
They are countless as the sand of the sea, and into the
    depths of the sea wilt thou cast their iniquities.

אַךְ עוֹנִים אַרְבַּע קְדֻשּׁוֹת· לִפְנֵי חוֹקֵר כְּלָיוֹת· וְיוֹדֵעַ
כָּל נִסְתָּרוֹת· חַנּוּן וְרַחוּם לְכָל פְּעַל:

אַךְ פָּקְדֵם לְחַיִּים· וְטַהֲרֵם בְּמַיִם חַיִּים· כִּי עִמְּךָ מְקוֹר
חַיִּים· כִּי אַתָּה רַחוּם לְכָל פְּעַל:

אַךְ צוֹעֲקִים אָנָּא אֵל נָא· סְלַח נָא חֲטָא לְמִי מָנָה·
כִּי אַתָּה רַחוּם לְכָל פְּעַל:

אַךְ קוֹלָם בְּרַעַשׁ מַרְעִישִׁים· קָדוֹשׁ קָדוֹשׁ קָדוֹשׁ קֹרְאִים
אָבוֹת וּבָנִים· כִּי אַתָּה רַחוּם לְכָל פְּעַל:

אַךְ רִאשׁוֹן וְאַחֲרוֹן אַתָּה· לְמַעַנְךָ עֲשֵׂה גַם עַתָּה·
כִּי אַתָּה רַחוּם לְכָל פְּעַל:

אַךְ שְׁמַע תְּפִלָּתֵנוּ· בְּקָרְאֵנוּ אֵלֶיךָ עֲנֵנוּ·
כִּי אַתָּה רַחוּם לְכָל פְּעַל:

Reader. אַךְ תּוֹלִים לְךָ עֵינֵיהֶם· עֲנֵם וּשְׁמַע בְּקוֹל
תְּפִלּוֹתֵיהֶם· סְלַח נָא לַעֲוֹנוֹתֵיהֶם· חַנּוּן וְרַחוּם לְכָל פְּעַל:

וּבְכֵן אִמְרוּ לֵאלֹהִים מַה נּוֹרָא מַעֲשֶׂיךָ:

אִמְרוּ לֵאלֹהִים· *Reader.* אֵל מֶלֶךְ בְּעוֹלָמוֹ· מֵחִישׁ
פְּדוּת עַמּוֹ· לְקַיֵּם דְּבַר נְאֻמוֹ· כִּי סְלִיחָה עִמּוֹ· *Cong.* הוֹדוּ
לַיָי קִרְאוּ בִשְׁמוֹ:

אִמְרוּ לֵאלֹהִים· *Reader.* בָּרוּךְ וּמְהֻלָּל בְּרֹב גָּדְלוֹ·
מֵחִישׁ סְלִיחָה לִקְהָלוֹ· לְהֵרָאוֹת לַכֹּל גָּדְלוֹ· מָדַד מַיִם
בְּשָׁעֳלוֹ· *Cong.* שִׁירוּ לוֹ זַמְּרוּ לוֹ:

They utter a fourfold strain of sanctification before him
who searcheth the innermost parts and knoweth every
secret thing,

Compassionate to every creature.

Yea, appoint them unto life, purify them in living waters,
for with thee is the fount of life.

They cry, we beseech thee, O God ; we beseech thee, for-
give the sin of the nation past number.

Fathers and children cry aloud with a voice like the sound
of a mighty rushing : Holy, Holy, Holy !

Thou art the First and the Last ; help for thine own sake :
arise even now ;

O hear our prayer and, when we call upon thee, answer us.

Reader. Thy people's eyes are bent toward thee ; O hear
the voice of their entreaties, and answer them ; yea,
and pardon, I beseech thee, their iniquities ;

For thou hast mercy and compassion upon every
creature.

And thus say ye unto God, How wondrous are thy works !

Praise give to God !

King of the Universe,
Potent to free His folk,
Faithful His word to keep,
Swift in forgiving sin,
Call His Name gratefully,—
Praise give to God.

Blest, praised and powerful,
Granting His people grace ;
He to display His might
Metes in His palm the sea.
Sing to Him, chant to Him,—
Praise give to God.

אִמְרוּ לֵאלֹהִים• *Reader.* גּוֹאֵל עַם קְדוֹשׁוֹ• בִּסְלִיחָה
לְהַקְדִּישׁוֹ• וּמְכוֹנֵן בֵּית מִקְדָּשׁוֹ• לְזֶרַע אַבְרָהָם קְדוֹשׁוֹ•
Cong. הִתְהַלְלוּ בְּשֵׁם קָדְשׁוֹ:

אִמְרוּ לֵאלֹהִים• *Reader.* דָּגוּל מְשֻׁבָּח בִּרְקִיעַ עֻזּוֹ•
סוֹלֵחַ לְעַם זוּ בָּזוּ• בִּדְבַר עֻזּוֹ וּמְעֻזּוֹ• לָכֵן עֲדַת מָעֻזּוֹ
Cong. דִּרְשׁוּ יְיָ וְעֻזּוֹ:

אִמְרוּ לֵאלֹהִים• *Reader.* הַכֹּל בְּמַאֲמָר עָשָׂה• וְהוּא
פָעַל וְעָשָׂה• סוֹלֵחַ לְאֹם עֲמוּסָה• לָכֵן עַם בּוֹ חָסָה•
Cong. זִכְרוּ נִפְלְאֹתָיו אֲשֶׁר עָשָׂה:

אִמְרוּ לֵאלֹהִים• *Reader.* וּמֵקִים דְּבַר עַבְדּוֹ• עַל אֶרֶץ
וְשָׁמַיִם הוֹדוֹ• סוֹלֵחַ לְעַם מִיַחֲדוֹ• אֲשֶׁר נִקְרְאוּ בִּדְבַר
סוֹדוֹ• *Cong.* זֶרַע יִשְׂרָאֵל עַבְדּוֹ:

אִמְרוּ לֵאלֹהִים• *Reader.* זֶה רוֹקַע הָאָרֶץ• הַיּשֵׁב עַל
חוּג הָאָרֶץ• סוֹלֵחַ לְגוֹי אֶחָד בָּאָרֶץ• לָכֵן אִמְרוּ לְיוֹסֵד
אָרֶץ• *Cong.* הוּא יְיָ אֱלֹהֵינוּ בְּכָל הָאָרֶץ:

אִמְרוּ לֵאלֹהִים• *Reader.* חַי בִּמְעוֹנָתוֹ• חַנּוּן וְחוֹנֵן עֲדָתוֹ•
יָשׁוּב בְּרַחֲמִים לְבֵיתוֹ• לָכֵן לְבָאֵי בִּבְרִיתוֹ• *Cong.* זִכְרוּ
לְעוֹלָם בְּרִיתוֹ:

אִמְרוּ לֵאלֹהִים• *Reader.* טַפֵּי נַחֲלָתוֹ• טְלָאֵי יְרֻשָׁתוֹ•

Saving His holy folk,
Purging to sanctify,
Shrined in His holy house,
'Mid Abram's holy seed,
Laud ye His holy Name—
　　　Praise give to God.

Hymned in His mighty skies,
He yet His folk forgives,
After His mighty word.
Wherefore, O congregants,
Seek Him and seek His strength—
　　　Praise give to God.

All by His word was made,
He alone worked and wrought ;
He is your Pardoner.
Therefore, O folk that trust,
Ponder His miracles—
　　　Praise give to God.

Doing His servant's word,
Glorious in heav'n and earth,
Shriving His worshippers,
Called by His high design,
Israel His servant's seed—
　　　Praise give to God.

Lo, He outspread the earth,
Thrones on the orb of earth,
Pardons the salt of earth.
Call then earth's architect
God throughout all the earth—
　　　Praise give to God.

He living high enthroned,
Gracious and merciful,
Will to His shrine return.
Sons of His covenant,
Heed it eternally,
　　　Praise give to God.

Babes of His heritage,
Lambs of His private fold.

יָקוּם עָלֵימוֹ אָמְרָתוֹ׃ כְּחָקוּק בְּתוֹרָתוֹ׃ *Cong.* אֲשֶׁר כָּרַת
אֶת אַבְרָהָם וּשְׁבוּעָתוֹ׃

אִמְרוּ לֵאלֹהִים׃ *Reader.* יוֹעֵץ מֵישָׁרִים לְחֹק׃ יְרֵאָיו
לְחַיִּים לָחוֹק׃ סוֹלֵחַ לַחֵטְא לִמְחוֹק׃ כְּנִשְׁמַע לְרוֹעֶה
מֵרָחוֹק׃ *Cong.* וַיַּעֲמִידֶהָ לְיַעֲקֹב לְחֹק׃

אִמְרוּ לֵאלֹהִים׃ *Cong. and Reader.* תַּקִּיף אֱלֹהֵי עוֹלָם׃
דְּבָרוֹ נִצָּב לְעוֹלָם׃ וְהוּא מִכֹּל נֶעְלָם׃ וַאֲנַחְנוּ מְהַלְלִים
שְׁמוֹ לְעוֹלָם׃ בָּרוּךְ יְיָ אֱלֹהֵי יִשְׂרָאֵל מִן הָעוֹלָם וְעַד
הָעוֹלָם׃

וּבְכֵן גְּדוֹלִים מַעֲשֵׂי אֱלֹהֵינוּ׃

Reader. מַעֲשֵׂה אֱלֹהֵינוּ׃ *Cong.* אַדִּיר בְּעוֹדוֹ׃ בְּרוּם
וּבְתַחַת הוֹדוֹ׃ גִּלָּה אוֹר לְעַבְדוֹ׃ דָּבָר מֵקִים לְעַבְדּוֹ׃
לָכֵן יִתְנָאֶה אֵין עוֹד מִלְבַדּוֹ׃

Reader. מַעֲשֵׂה אֱלֹהֵינוּ׃ *Cong.* הַמַּכִּיר עוֹלְמֵי עַד׃ וְסוֹפֵר
וּמוֹנֶה עֲדֵי עַד׃ זִיו מוֹשָׁבוֹ נוֹעַד׃ חֶלֶד צוֹפֶה בְּמִסְעַד׃
לָכֵן יִתְנָאֶה הַמַּבִּיט לָאָרֶץ וַתִּרְעָד׃

Reader. מַעֲשֵׂה אֱלֹהֵינוּ׃ *Cong.* טוֹעֵן עוֹלָמוֹ׃ יוֹדֵעַ הֲרוּמוֹ׃
כִּלְלוֹ בְּנָאֲמוֹ׃ לָעַד לַהֲקִימוֹ׃ לָכֵן יִתְנָאֶה יְיָ צְבָאוֹת שְׁמוֹ׃

God will fulfil the word,
Pledged in His holy Law,
Vowed unto Abraham—
　　Praise give to God.

God plans salvation and
Life for His followers,
Pardoning sinfulness ;
Moses this heard and made
Doctrine in Israel—
　　Praise give to God.

Ruler of all the worlds,
Fixed is His word for aye,
Hid is His face from all.
Ours but to praise His Name,
Blessed be Israel's God,
Through all eternity—
　　Praise give to God.

And thus great is the work of our God.

In the height and the depth of His burning,
　Where mighty He sits on the throne,
His light He unveils and His yearning
　To all who revere Him alone.
His promises never are broken,
　His greatness all measure exceeds ;
Then exalt Him who gives you for token
　His marvellous deeds.

He marshals the planets unbounded,
　He numbers the infinite years ;
The seat of his empire is founded
　More deep than the nethermost spheres ;
He looks on the lands from His splendour :
　They tremble and quiver like reeds ;
Then exalt ye in lowly surrender
　His marvellous deeds.

The worlds He upholds in their flying,
　His feet on the footstool of earth ;
His word hath established undying
　Whatever His word brought to birth.
The ruler of hosts is His title ;
　Then exalt Him in worshipful creeds,
Declaring in solemn recital
　His marvellous deeds.

Reader. מַעֲשֵׂה אֱלֹהֵינוּ ·Cong · מוֹשֵׁל בְּמִפְעָלוֹ · נוֹרָא עַל
וְכֻלּוֹ · סְלוּדוּ כְּנֶגְדּוֹ · עֹז כָּרֹב חֵילוֹ · לָכֵן יִתְנָאֶה
שְׂרָפִים עֹמְדִים מִמַּעַל לוֹ:

Reader. מַעֲשֵׂה אֱלֹהֵינוּ ·Cong. and Reader · פָּאֲרוּ בִשְׁמֵי
מְעוֹנִי · צוֹפֶה וּמַבִּיט לְעֵינִי · כְּלוּם שְׁמוֹ בַּהֲמוֹנִי · רוֹדֶה
בְּקֶרֶב מוֹנִי · לָכֵן יִתְנָאֶה גְּדוֹלִים מַעֲשֵׂי יְיָ:

The following verse is said silently:

מַעֲשֵׂה אֱנוֹשׁ · תַּחְבּוּלוֹתָיו מִזִּמָּה · שִׁבְתּוֹ בְּתוֹךְ מִרְמָה ·
רְפִידָתוֹ רִמָּה · קָבוּר בִּסְעִיף אֲדָמָה · וְאֵיךְ יִתְנָאֶה
אָדָם לַהֶבֶל דָּמָה:

Reader. אֲבָל מַעֲשֵׂה אֱלֹהֵינוּ ·Cong. and Reader · שַׁדַּי רוֹקַע
הָאָרֶץ עַל בְּלִימָה · שׁוֹכְנֶיהָ בְּלִי הֱיוֹת לְשַׁמָּה · תִּכֵּן עַל
מַיִם אֲדָמָה · תַּקִּיף שְׁמוֹ לְרוֹמְמָה · לָכֵן יִתְנָאֶה עֹשֶׂה
אוֹר כְּשַׂלְמָה:

וּבְכֵן לְנוֹרָא עֲלֵיהֶם בְּאֵימָה יַעֲרִיצוּ:

Reader. אֲשֶׁר אֵימָתֶךָ · Cong · בְּאֶרְאֶלֵּי אֹמֶן · בְּאַבִּירֵי
אֹמֶן · בְּבִלּוּלֵי קֶרַח · בִּכְדוּדֵי קֶדַח · וּמוֹרָאֲךָ עֲלֵיהֶם:

Reader. וְאָבִיתָ תְהִלָּה · Cong · מִגְּלוּמֵי גוֹשׁ · מִנִּגְרֵי גִיא ·
מִדְּלוּלֵי פֹעַל · מִדַּלֵּי מַעַשׂ · וְהִיא תְהִלָּתֶךָ:

He is master of all He created,
Sublime in His circle of light ;
His strength with His glory is mated,
His greatness at one with His might.
So that Seraphim over Him winging,
Obeying an angel that leads,
Unite in the rapture of singing
His marvellous deeds.

His renown fills the heavenly spaces :
The world He beholds to its ends :
His foes, who are mine, too, He chases ;
I count all who love Him my friends.
Exalted be therefore His glory,
His praises be scattered as seeds,
Till all the world learns the great story,
His marvellous deeds.

But of man—ah ! the tale is another,
His counsels are evil and vain :
He dwells with deceit as a brother,
And the worm is the close of his reign.
Into earth he is carted and shovelled,
And who shall recount or who heeds,
When above earth he strutted or grovelled,
His marvellous deeds ?

Not so God !—earth on nothing He founded,
And on emptiness stretched out the sky ;
With land the great waters He bounded,
And bade all their breeds multiply.
In light He is clad as a raiment :
His greatness no eulogy needs ;
Yet exalt, 'tis your only repayment,
His marvellous deeds.

Therefore in fear they reverence him who is tremendous **above**
them.

Thou whose fear
Is o'er the angels true,
Pre-eminent in might,
O'er beings pure as ice,
Spirits of flaming light,
And Thine awe is upon them ;

Yet Thou desirest praise
From man who, formed of dust,
Tarrieth in the vale,
From us, the poor in deeds,
From us that strive and fail.
In truth this is Thy praise.

Reader. אֲשֶׁר אֵימָתְךָ • *Cong.* בַּהֲמוֹן מַלְאָכִים • בְּדִלּוּךְ

מַחֲנוֹת • בְּוַעַד אֲלָפִים • בְּזֶכַח רְבָבוֹת • וּמוֹרָאֲךָ עֲלֵיהֶם:

Reader. וְאָבִיתָה תְהִלָּה • *Cong.* מִזִּיו שׁוֹנֶה • מִזְּהַר כָּבֶה •

מַחְסְרֵי שֵׂכֶל • מֵחוֹרְשֵׁי רֶשַׁע • וְהִיא תְהִלָּתֶךָ:

Reader. אֲשֶׁר אֵימָתְךָ • *Cong.* בְּטַפּוּחַ עֲרָבוֹת • בְּטִכּוּס

שְׁחָקִים • בִּישָׁרַת עֲרָפֶל • בִּירִיעוֹת מְעוֹנָה • וּמוֹרָאֲךָ עֲלֵיהֶם:

Reader. וְאָבִיתָה תְהִלָּה • *Cong.* מִכְּתוּמֵי שֶׁמֶץ • מִכְּמוּסֵי

כֶתֶם • מִלְּכוּדֵי פַח • מִלְּעוֹנֵי מַר • וְהִיא תְהִלָּתֶךָ:

Reader. אֲשֶׁר אֵימָתְךָ • *Cong.* בְּמַסְלוּלֵי זְבוּל • בִּמְרוֹמֵי

שֶׁפֶר • בִּנְטִיַּת דֹּק • בִּנְחִית עָבִים • וּמוֹרָאֲךָ עֲלֵיהֶם:

Reader. וְאָבִיתָה תְהִלָּה • *Cong.* מִסְּרוּחֵי מַעַשׂ • מִשְּׁבְעֵי

רֹגֶז • מֵעֲדוּרֵי אֱמֶת • מֵעֲמוּסֵי בֶטֶן • וְהִיא תְהִלָּתֶךָ:

Reader. אֲשֶׁר אֵימָתְךָ • *Cong.* בְּפוֹתְחֵי קָדוֹשׁ • בְּפוֹצְחֵי

בָּרוּךְ • בְּצִדּוּדֵי אַרְבַּע • בְּצִנּוּפֵי שֵׁשׁ שֵׁשׁ • וּמוֹרָאֲךָ עֲלֵיהֶם:

Reader. וְאָבִיתָה תְהִלָּה • *Cong.* מִקְּרוּאֵי אֵין • מִקְּוֹרְאֵי

בְחָנֵף • מֵרְחוֹקֵן אֱמֶת • מֵרֵיקֵן צֶדֶק • וְהִיא תְהִלָּתֶךָ:

Reader. אֲשֶׁר אֵימָתְךָ • *Cong.* בִּשְׁבִיבֵי אֵשׁ • בִּשְׁבִילֵי מָיִם •

Thou whose fear
   Is o'er the moving camps,
   Fulfilling Thy commands,
   Thy council's multitudes,
   Myriads of holy bands,
      And Thine awe is upon them ;
Yet Thou desirest praise
   From us whose glory changeth,
   Whose light in darkness dies,
   From us that know not good,
   That plough iniquities.
      In truth this is Thy praise.

Thou whose fear
   Is o'er the widespread plains,
   Skies where Thy glories shine,
   Darkness Thy lightnings pierce,
   The veil that guards Thy shrine,
      And Thine awe is upon them ;
Yet Thou desirest praise,
   From us, impure and stained,
   Bearing our sin's impress,
   Fast taken in the snare,
   And steeped in bitterness.
      In truth this is Thy praise.

Thou whose fear
   Is o'er the heavenly paths,
   The splendour of the sky,
   The outstretched firmament,
   The clouds that float on high,
      And Thine awe is upon them ;
Yet Thou desirest praise
   From us of impure deeds,
   Satiate with grief's full store,
   From us of little faith,
   Though borne by Thee of yore.
      In truth this is Thy praise.

Thou whose fear
   Is with them uttering " Holy ! "
   That break forth crying " Blest ! "
   Angels of fourfold visage,
   Six-winged to do Thy hest,
      And Thine awe is upon them ;
Yet thou desirest praise
   From men whose worth is naught,
   That by deceit transgress,
   That are remote from truth.
   Empty of righteousness.
      In truth this is Thy praise.

Thou whose fear
   Is o'er thine ocean paths,
   Thy throne of burning light,

בְּתִלּוּלֵי רוּם· בְּתַלְתַּלֵּי גָבַהּ· וּמוֹרָאֲךָ עֲלֵיהֶם:

Reader. וְאָבִיתָה תְהִלָּה· *Cong. and Reader.* מִבָּשָׂר וָדָם·
מֵהֶבֶל וָתֹהוּ· מֵחָצִיר יָבֵשׁ· מִצֵּל עוֹבֵר· וּמִצִּיץ נוֹבֵל·
מִמַּשְׁלִימֵי נֶפֶשׁ· מִמַּפְרִיחֵי רוּחַ· וּמִמְעוֹפֲפֵי חַיָּה· וּמֵחָנִיטֵי
נְשָׁמָה· וּמוֹצִיאֵי יְחִידָה· וְנִשְׁמָעִים בַּדִּין· וּמֵתִים בַּמִּשְׁפָּט·
וְחַיִּים בְּרַחֲמִים· וְנוֹתְנִים לְךָ פְּאֵר חַי עוֹלָמִים· וְתִפְאַרְתְּךָ
עֲלֵיהֶם:

Reader. וּבְכֵן וּלְךָ תַעֲלֶה קְדֻשָׁה· כִּי אַתָּה
אֱלֹהֵינוּ מֶלֶךְ מוֹחֵל וְסוֹלֵחַ:

Cong. וּנְתַנֶּה תֹּקֶף קְדֻשַּׁת הַיּוֹם· כִּי הוּא נוֹרָא וְאָיוֹם·
וּבוֹ תִנָּשֵׂא מַלְכוּתֶךָ· וְיִכּוֹן בְּחֶסֶד כִּסְאֶךָ· וְתֵשֵׁב עָלָיו
בֶּאֱמֶת: אֱמֶת כִּי אַתָּה הוּא דַיָּן וּמוֹכִיחַ וְיוֹדֵעַ וָעֵד·
וְכוֹתֵב וְחוֹתֵם וְסוֹפֵר וּמוֹנֶה· וְתִזְכּוֹר כָּל הַנִּשְׁכָּחוֹת·
וְתִפְתַּח אֶת סֵפֶר הַזִּכְרוֹנוֹת· וּמֵאֵלָיו יִקָּרֵא· וְחוֹתָם יַד
כָּל אָדָם בּוֹ: *Reader.* וּבְשׁוֹפָר גָּדוֹל יִתָּקַע· וְקוֹל דְּמָמָה
דַקָּה יִשָּׁמַע· וּמַלְאָכִים יֵחָפֵזוּן· וְחִיל וּרְעָדָה יֹאחֵזוּן·
וְיֹאמְרוּ הִנֵּה יוֹם הַדִּין· לִפְקוֹד עַל צְבָא מָרוֹם בַּדִּין·
כִּי לֹא יִזְכּוּ בְעֵינֶיךָ בַּדִּין· וְכָל בָּאֵי עוֹלָם תַּעֲבִיר לְפָנֶיךָ
כִּבְנֵי מָרוֹן· כְּבַקָּרַת רוֹעֶה עֶדְרוֹ· מַעֲבִיר צֹאנוֹ תַּחַת
שִׁבְטוֹ· כֵּן תַּעֲבִיר וְתִסְפּוֹר וְתִמְנֶה· וְתִפְקוֹד נֶפֶשׁ כָּל
חַי· וְתַחְתּוֹךְ קִצְבָה לְכָל בְּרִיָּה· וְתִכְתּוֹב אֶת גְּזַר דִּינָם:

O'er the exalted hills,
Mountains of lofty height,
    And Thine awe is upon them;

Yet Thou desirest praise
    From flesh and blood, from vanity and naught;
    From grass that withereth, from the flower that fades;
    The transient shadow, and the passing breath,
    The fleeting spirit, life that taketh wing,
    The only one, the soul that goeth out.
    In judgment they are heard, lo! death their doom,
    Yet in Thy mercy Thou dost grant them life,
    Life of all worlds! Thy glory they acclaim.
    And Thy splendour is upon them.

Reader. And thus may the sanctification ascend unto thee; for thou art our God, a King of pardon and forgiveness.

Cong. [1] We will celebrate the mighty holiness of this day, for it is one of awe and terror. Thereon is thy dominion exalted and thy throne is established in mercy, and thou sittest thereon in truth. Verily it is thou alone who art judge and arbiter, who knowest and art witness; thou writest down and settest the seal, thou recordest and tellest; yea, thou rememberest the things forgotten. Thou unfoldest the records, and the deeds therein inscribed proclaim themselves; for lo! the seal of every man's hand is set thereto.

Reader. The great trumpet is sounded; the still small voice is heard; the angels are dismayed; fear and trembling seize hold of them as they proclaim, Behold the Day of Judgment! The host of heaven is to be arraigned in judgment. For in thine eyes they are not pure; and all who enter the world dost thou cause to pass before thee as a flock of sheep. As a shepherd seeketh out his flock, and causeth them to pass beneath his crook, so dost thou cause to pass and number, tell and visit every living soul, appointing the measure of every creature's life and decreeing their destiny.

[1] For the authorship of this meditation and the legendary account of its composition see Note III on page 288.

בְּרֹאשׁ הַשָּׁנָה יִכָּתֵבוּן וּבְיוֹם צוֹם כִּפּוּר יֵחָתֵמוּן׃
כַּמָּה יַעַבְרוּן וְכַמָּה יִבָּרֵאוּן׃ מִי יִחְיֶה וּמִי יָמוּת׃ מִי
בְקִצּוֹ׃ וּמִי לֹא בְקִצּוֹ׃ מִי בָאֵשׁ׃ וּמִי בַמַּיִם׃ מִי בַחֶרֶב׃
וּמִי בַחַיָּה׃ מִי בָרָעָב׃ וּמִי בַצָּמָא׃ מִי בָרַעַשׁ׃ וּמִי
בַמַּגֵּפָה׃ מִי בַחֲנִיקָה׃ וּמִי בִסְקִילָה׃ מִי יָנְוּחַ׃ וּמִי יָנוּעַ׃
מִי יִשָּׁקֵט׃ וּמִי יִטָּרֵף׃ מִי יִשָּׁלֵו׃ וּמִי יִתְיַסָּר׃ מִי יֵעָנִי׃
וּמִי יֵעָשֵׁר׃ מִי יִשָּׁפֵל׃ וּמִי יָרוּם׃
וּתְשׁוּבָה וּתְפִלָּה וּצְדָקָה
מַעֲבִירִין אֶת רֹעַ הַגְּזֵרָה׃

Cong. כִּי כְשִׁמְךָ כֵּן תְּהִלָּתֶךָ׃ קָשֶׁה לִכְעוֹס וְנוֹחַ לִרְצוֹת׃
כִּי לֹא תַחְפֹּץ בְּמוֹת הַמֵּת׃ כִּי אִם בְּשׁוּבוֹ מִדַּרְכּוֹ וְחָיָה׃
וְעַד יוֹם מוֹתוֹ תְּחַכֶּה לּוֹ׃ אִם יָשׁוּב מִיַּד תְּקַבְּלוֹ׃
Reader. אֱמֶת כִּי אַתָּה הוּא יוֹצְרָם׃ וְאַתָּה יוֹדֵעַ יִצְרָם׃ כִּי הֵם
בָּשָׂר וָדָם׃ אָדָם יְסוֹדוֹ מֵעָפָר וְסוֹפוֹ לֶעָפָר׃ בְּנַפְשׁוֹ
יָבִיא לַחְמוֹ׃ מָשׁוּל כְּחֶרֶס הַנִּשְׁבָּר׃ כְּחָצִיר יָבֵשׁ׃ וּכְצִיץ
נוֹבֵל׃ כְּצֵל עוֹבֵר׃ וּכְעָנָן כָּלָה׃ וּכְרוּחַ נוֹשָׁבֶת׃ וּכְאָבָק
פּוֹרֵחַ׃ וְכַחֲלוֹם יָעוּף׃

וְאַתָּה הוּא מֶלֶךְ אֵל חַי וְקַיָּם׃

אֵין קִצְבָה לִשְׁנוֹתֶיךָ׃ וְאֵין קֵץ לְאֹרֶךְ יָמֶיךָ׃ וְאֵין
לְשַׁעֵר מַרְכְּבוֹת כְּבוֹדֶךָ׃ וְאֵין לְפָרֵשׁ עֲלוּם שְׁמֶךָ׃ שִׁמְךָ
נָאֶה לְךָ וְאַתָּה נָאֶה לִשְׁמֶךָ׃ וּשְׁמֵנוּ קָרָאתָ בִּשְׁמֶךָ׃

עֲשֵׂה לְמַעַן שְׁמֶךָ׃ וְקַדֵּשׁ אֶת שִׁמְךָ עַל מַקְדִּישֵׁי שְׁמֶךָ׃
בַּעֲבוּר כְּבוֹד שִׁמְךָ הַנַּעֲרָץ וְהַנִּקְדָּשׁ׃ כְּסוֹד שִׂיחַ שַׂרְפֵי
קֹדֶשׁ׃ הַמַּקְדִּישִׁים שִׁמְךָ בַּקֹּדֶשׁ׃ דָּרֵי מַעְלָה עִם דָּרֵי מַטָּה׃

On the first day of the year it is inscribed, and on the Day of Atonement the decree is sealed, how many shall pass away and how many shall be born : who shall live and who shall die, who at the measure of man's days and who before it ; who shall perish by fire and who by water, who by the sword, who by wild beasts, who by hunger and who by thirst ; who by earthquake and who by plague, who by strangling and who by stoning ; who shall have rest and who shall go wandering, who shall be tranquil and who shall be harassed, who shall be at ease and who shall be afflicted ; who shall become poor and who shall wax rich ; who shall be brought low and who shall be upraised.

But Penitence, Prayer and Charity
avert the severe decree.

Cong. For according to thy Name so is thy praise. Thou art slow to anger and ever ready to be reconciled ; for thou desirest not the death of the sinner, but that he turn from his way and live. And even until the day of his death thou waitest for him : and if he return thou dost straightway receive him.

Reader. In truth thou art their Creator, who knowest their nature, that they are flesh and blood. As for man, he is from the dust and unto the dust will he return ; he getteth his bread with the peril of his life ; he is like a fragile potsherd, as the grass that withereth, as the flower that fadeth, as a fleeting shadow, as a passing cloud, as the wind that bloweth, as the floating dust, yea, and as a dream that flieth away.

But thou art the King, the living and everlasting God. Thy years have no measure nor hath the length of thy days any end. None can conceive the chariots of thy glory, nor fathom the mystery of thy Name. Thy Name befits thee and thou art according to thy Name, and our name hast thou linked with thine own.

O do it for the sake of thy Name, and sanctify thy Name through them that call it holy ; yea, for thy glorious Name's sake, which is reverenced and sanctified by the mystic utterance of the holy Seraphim, who hallow it in the sanctuary, they that dwell in the heavens uniting with those who dwell on earth :

Reader. כַּכָּתוּב עַל יַד נְבִיאֶךָ· וְקָרָא זֶה אֶל זֶה וְאָמַר·

Cong. and Reader. קָדוֹשׁ קָדוֹשׁ קָדוֹשׁ יְיָ צְבָאוֹת· מְלֹא

כָל הָאָרֶץ כְּבוֹדוֹ:

Reader. כְּבוֹדוֹ מָלֵא עוֹלָם· מְשָׁרְתָיו שׁוֹאֲלִים זֶה לָזֶה

אַיֵּה מְקוֹם כְּבוֹדוֹ· לְעֻמָּתָם בָּרוּךְ יֹאמֵרוּ·

Cong. and Reader. בָּרוּךְ כְּבוֹד יְיָ מִמְּקוֹמוֹ:

Reader. מִמְּקוֹמוֹ הוּא יִפֶן בְּרַחֲמִים וְיָחֹן עַם הַמְיַחֲדִים

שְׁמוֹ עֶרֶב וָבֹקֶר בְּכָל יוֹם תָּמִיד פַּעֲמַיִם בְּאַהֲבָה שְׁמַע

אֹמְרִים·

Cong. and Reader. שְׁמַע יִשְׂרָאֵל יְיָ אֱלֹהֵינוּ יְיָ אֶחָד:

Reader. אֶחָד הוּא אֱלֹהֵינוּ הוּא אָבִינוּ הוּא מַלְכֵּנוּ הוּא

מוֹשִׁיעֵנוּ· וְהוּא יַשְׁמִיעֵנוּ בְּרַחֲמָיו שֵׁנִית לְעֵינֵי כָּל חַי

לִהְיוֹת לָכֶם לֵאלֹהִים·

Cong. and Reader. אֲנִי יְיָ אֱלֹהֵיכֶם:

Reader. אַדִּיר אַדִּירֵנוּ יְיָ אֲדוֹנֵינוּ מָה אַדִּיר שִׁמְךָ בְּכָל

הָאָרֶץ: וְהָיָה יְיָ לְמֶלֶךְ עַל כָּל הָאָרֶץ בַּיּוֹם הַהוּא יִהְיֶה

יְיָ אֶחָד וּשְׁמוֹ אֶחָד: וּבְדִבְרֵי קָדְשְׁךָ כָּתוּב לֵאמֹר·

Cong. and Reader. יִמְלֹךְ יְיָ לְעוֹלָם· אֱלֹהַיִךְ צִיּוֹן לְדֹר וָדֹר·

הַלְלוּיָהּ:

Reader. לְדוֹר וָדוֹר נַגִּיד גָּדְלֶךָ· וּלְנֵצַח נְצָחִים קְדֻשָּׁתְךָ

נַקְדִּישׁ· וְשִׁבְחֲךָ אֱלֹהֵינוּ מִפִּינוּ לֹא יָמוּשׁ לְעוֹלָם וָעֶד·

כִּי אֵל מֶלֶךְ גָּדוֹל וְקָדוֹשׁ אָתָּה:

חֲמוֹל עַל מַעֲשֶׂיךָ וְתִשְׂמַח בְּמַעֲשֶׂיךָ· וְיֹאמְרוּ לְךָ

חוֹסֶיךָ בְּצַדֶּקְךָ עֲמוּסֶיךָ תֻּקְדַּשׁ אָדוֹן עַל כָּל מַעֲשֶׂיךָ:

Reader. As it is written by the hand of thy prophet, And one cried unto another and said,

Cong. and Reader. Holy, holy, holy is the Lord of hosts ; the whole earth is full of his glory.

Reader. His glory filleth the Universe : his ministering angels ask one of another, Where is the place of his glory ? Those over against them say, Blessed—

Cong. and Reader. Blessed be the glory of the Lord from his place.

Reader. From his place he will turn in mercy and be gracious unto a people who continually, evening and morning, twice every day, proclaim the unity of his Name, saying in love, Hear—

Cong. and Reader. Hear, O Israel : the Lord our God, the Lord is One.

Reader. One is he, our God, our Father, our King, our Saviour ; and he in his mercy will yet again let us hear, in the presence of all living, his promise, To be unto you for a God.

Cong. and Reader. " I am the Lord your God."

Reader. Thou art most glorious ; O Lord our Lord, how glorious is thy Name in all the earth ! And the Lord shall be King over all the earth ; in that day shall the Lord be One and his Name One. And in thy holy words it is written, saying :

Cong. and Reader. The Lord shall reign for ever, thy God, O Zion, unto all generations. Praise ye the Lord.

Reader. Unto all generations we will declare thy greatness, and to all eternity we will proclaim thy holiness ; and thy praise, O our God, shall not depart from our mouth for ever ; for thou art a great and holy God and King.

O have compassion upon thy work and rejoice therein. And when thou hast justified them that have been borne aloft by thee, thy faithful servants shall say : O Lord, be thou sanctified over all thy works.

כִּי מַקְדִישֶׁיךָ בִּקְדֻשָּׁתְךָ קִדַּשְׁתָּ · נָאֶה לְקָדוֹשׁ פְּאֵר
מְקַדּוֹשִׁים: וּבְכֵן יִתְקַדַּשׁ שִׁמְךָ יְיָ אֱלֹהֵינוּ עַל יִשְׂרָאֵל
עַמֶּךָ וְעַל יְרוּשָׁלַיִם עִירֶךָ וְעַל צִיּוֹן מִשְׁכַּן כְּבוֹדֶךָ וְעַל
מַלְכוּת בֵּית דָּוִד מְשִׁיחֶךָ וְעַל מְכוֹנְךָ וְהֵיכָלֶךָ: עוֹד יִזָּכֵר
לָנוּ אַהֲבַת אֵיתָן אֲדוֹנֵנוּ · וּבְכֵן הַנֶּעֱקַד יַשְׁבִּית מְדַיְנֵנוּ ·
וּבִזְכוּת הַתָּם יוֹצִיא אָיוֹם לְצֶדֶק דִּינֵנוּ · כִּי קָדוֹשׁ הַיּוֹם
לַאֲדוֹנֵנוּ: בְּאֵין מֵלִיץ יֹשֶׁר מוּל מַגִּיד פֶּשַׁע · תַּגִּיד לְיַעֲקֹב
דְּבַר חֹק וּמִשְׁפָּט · וְצַדְּקֵנוּ בַּמִּשְׁפָּט הַמֶּלֶךְ הַמִּשְׁפָּט ·

Congregation.   *Reader.*

הָאוֹחֵז בְּיַד מִדַּת מִשְׁפָּט:

וְכֹל מַאֲמִינִים שֶׁהוּא אֵל אֱמוּנָה:

הַבּוֹחֵן וּבוֹדֵק גִּנְזֵי נִסְתָּרוֹת:

וְכֹל מַאֲמִינִים שֶׁהוּא בּוֹחֵן כְּלָיוֹת:

הַגּוֹאֵל מִמָּוֶת וּפוֹדֶה מִשַּׁחַת:

וְכֹל מַאֲמִינִים שֶׁהוּא גּוֹאֵל חָזָק :

הַדָּן יְחִידִי לְבָאֵי עוֹלָם:

וְכֹל מַאֲמִינִים שֶׁהוּא דַּיָּן אֱמֶת :

הֶהָגוּי בְּאֶהְיֶה אֲשֶׁר אֶהְיֶה:

וְכֹל מַאֲמִינִים שֶׁהוּא הָיָה הֹוֶה וְיִהְיֶה:

הַוַּדַּאי שְׁמוֹ כֵּן תְּהִלָּתוֹ:

וְכֹל מַאֲמִינִים שֶׁהוּא וְאֵין בִּלְתּוֹ :

הַזּוֹכֵר לְמַזְכִּירָיו טוֹבוֹת זִכְרוֹנוֹת:

וְכֹל מַאֲמִינִים שֶׁהוּא זוֹכֵר הַבְּרִית:

הַחוֹתֵךְ חַיִּים לְכָל חַי:

וְכֹל מַאֲמִינִים שֶׁהוּא חַי וְקַיָּם :

For with thy holiness thou hast sanctified them that
call thee holy. Meet unto the Holy One is his pious
servants' crown of praise. And thus may thy Name,
O Lord our God, be hallowed over thy people
Israel and over Jerusalem thy city, over Zion the
habitation of thy glory, over the Kingdom of the house
of David thine anointed, over thy dwelling-place and thy
Temple. He will yet remember the love of the patriarch,
our sire ; yea, and for the sake of the son who was
bound he will still our strife, and for the merit of the per-
fect one,[1] the All-feared will bring forth our suit to the
light of acquittal : for this day is holy unto our Lord. If
there be no advocate of righteousness to plead against the
witness of transgression, do thou thyself teach Jacob the
word, even of law and justice ; and clear us in judgment,
O King of justice—

Reader. Whose hand taketh hold of judgment ;
    Cong. And all believe that he is the faithful God.

He trieth and searcheth the most hidden secrets ;
    Cong. And all believe that he searcheth the inner-
    most parts.

He redeemeth from death and delivereth from the grave ;
    Cong. And all believe that he is the mighty Redeemer.

He alone is the Judge of all who come into the world ;
    Cong. And all believe that he is the true Judge.

He is called " I am that I am ; "
    Cong. And all believe that he is, was, and ever will be.

The Immutable is his Name and such is his praise ;
    Cong. And all believe that there is none beside him.

He recordeth a memorial of love to those who remember him ;
    Cong. And all believe that he remembereth the cove-
    nant.

He appointeth life unto all his creatures ;
    Cong. And all believe that he liveth and endureth.

[1] Jacob.

הַטּוֹב· וּמֵטִיב לָרָעִים וְלַטּוֹבִים:

וְכֹל מַאֲמִינִים שֶׁהוּא טוֹב לַכֹּל :

הַיוֹדֵעַ יֵצֶר כָּל יְצוּרִים:

וְכֹל מַאֲמִינִים שֶׁהוּא יוֹצְרָם בַּבֶּטֶן:

הַכֹּל יוּכַל וְכוֹלְלָם יַחַד:

וְכֹל מַאֲמִינִים שֶׁהוּא כֹּל יוּכָל :

הַלָּן בְּסֵתֶר בְּצֵל שַׁדָּי:

וְכֹל מַאֲמִינִים שֶׁהוּא לְבַדּוֹ הוּא :

הַמַּמְלִיךְ מְלָכִים וְלוֹ הַמְּלוּכָה:

וְכֹל מַאֲמִינִים שֶׁהוּא מֶלֶךְ עוֹלָם:

הַנּוֹהֵג בְּחַסְדּוֹ כָּל דּוֹר:

וְכֹל מַאֲמִינִים שֶׁהוּא נוֹצֵר חָסֶד:

הַסּוֹבֵל וּמַעֲלִים עַיִן מִסּוֹרְרִים:

וְכֹל מַאֲמִינִים שֶׁהוּא סוֹלֵחַ סֶלָה:

הָעֶלְיוֹן וְעֵינוֹ אֶל יְרֵאָיו:

וְכֹל מַאֲמִינִים שֶׁהוּא עוֹנֶה לָחַשׁ:

הַפּוֹתֵחַ שַׁעַר לְדוֹפְקֵי בִתְשׁוּבָה:

וְכֹל מַאֲמִינִים שֶׁהוּא פְּתוּחָה יָדוֹ:

הַצוֹפֶה לָרָשָׁע וְחָפֵץ בְּהִצָּדְקוֹ:

וְכֹל מַאֲמִינִים שֶׁהוּא צַדִּיק וְיָשָׁר:

הַקָּצֵר בְּזַעַם וּמַאֲרִיךְ אַף:

וְכֹל מַאֲמִינִים שֶׁהוּא קָשֶׁה לִכְעוֹס:

הָרַחוּם וּמַקְדִּים רַחֲמִים לְרֹגֶז:

וְכֹל מַאֲמִינִים שֶׁהוּא רַךְ לִרְצוֹת·

הַשָּׁוֶה· וּמַשְׁוֶה קָטֹן וְגָדוֹל:

He is good and beneficent to the wicked and to the good;
Cong. And all believe that he is good unto all.

He knoweth the nature of all creatures;
Cong. And all believe that he formed them in the womb.

He is all-powerful and all-perfect;
Cong. And all believe that he is omnipotent.

He dwelleth in the secret place in the shadow of the Almighty;
Cong. And all believe that he is One alone.

He causeth kings to reign, but unto him belongeth the dominion;
Cong. And all believe that he is the eternal King.

He guideth every generation by his loving-kindness;
Cong. And all believe that he keepeth mercy.

He beareth up, and averteth his gaze from the rebellious;
Cong. And all believe that he forgiveth. Selah.

He is exalted, and his eye is toward them that fear him;
Cong. And all believe that he answereth in the silence of prayer.

He openeth his gate unto them that knock in repentance;
Cong. And all believe that his hand is ever open to receive them.

He waiteth for the wicked and delighteth when he is cleared;
Cong. And all believe that he is just and righteous.

He is slow of anger and long-suffering;
Cong. And all believe that his wrath is slow to rouse.

He is merciful, for his compassion goeth before his indignation;
Cong. And all believe that he is easy to reconcile.

He is just, and unto him great and small are alike;

וְכֹל מַאֲמִינִים שֶׁהוּא שֹׁפֵט צֶדֶק: *Cong. and Reader.*

הַתָּם וּמִתַּמֵּם עִם תְּמִימִים:

וְכֹל מַאֲמִינִים שֶׁהוּא תָּמִים פָּעֳלוֹ:

תִּשְׂגַּב לְבַדֶּךָ וְתִמְלֹךְ עַל כֹּל בְּיִחוּד· כַּכָּתוּב עַל יַד
נְבִיאֶךָ· וְהָיָה יְיָ לְמֶלֶךְ עַל כָּל הָאָרֶץ בַּיּוֹם הַהוּא יִהְיֶה
יְיָ אֶחָד וּשְׁמוֹ אֶחָד:

וּבְכֵן תֵּן פַּחְדְּךָ יְיָ אֱלֹהֵינוּ עַל כָּל מַעֲשֶׂיךָ וְאֵימָתְךָ
עַל כָּל מַה שֶּׁבָּרָאתָ· וְיִירָאוּךָ כָּל הַמַּעֲשִׂים וְיִשְׁתַּחֲווּ
לְפָנֶיךָ כָּל הַבְּרוּאִים· וְיֵעָשׂוּ כֻלָּם אֲגֻדָּה אֶחָת לַעֲשׂוֹת
רְצוֹנְךָ בְּלֵבָב שָׁלֵם· כְּמוֹ שֶׁיָּדַעְנוּ יְיָ אֱלֹהֵינוּ שֶׁהַשִּׁלְטוֹן
לְפָנֶיךָ עֹז בְּיָדְךָ וּגְבוּרָה בִּימִינֶךָ וְשִׁמְךָ נוֹרָא עַל כָּל
מַה שֶּׁבָּרָאתָ:

וּבְכֵן תֵּן כָּבוֹד יְיָ לְעַמֶּךָ תְּהִלָּה לִירֵאֶיךָ וְתִקְוָה
לְדוֹרְשֶׁיךָ וּפִתְחוֹן פֶּה לַמְיַחֲלִים לָךְ· שִׂמְחָה לְאַרְצֶךָ
וְשָׂשׂוֹן לְעִירֶךָ וּצְמִיחַת קֶרֶן לְדָוִד עַבְדֶּךָ וַעֲרִיכַת נֵר לְבֶן
יִשַׁי מְשִׁיחֶךָ בִּמְהֵרָה בְיָמֵינוּ:

וּבְכֵן צַדִּיקִים יִרְאוּ וְיִשְׂמָחוּ וִישָׁרִים יַעֲלֹזוּ וַחֲסִידִים
בְּרִנָּה יָגִילוּ· וְעוֹלָתָה תִּקְפָּץ פִּיהָ וְכָל הָרִשְׁעָה כֻּלָּהּ
כֶּעָשָׁן תִּכְלֶה· כִּי תַעֲבִיר מֶמְשֶׁלֶת זָדוֹן מִן הָאָרֶץ:

וְיֶאֱתָיוּ כֹל לְעָבְדֶּךָ וִיבָרְכוּ שֵׁם כְּבוֹדֶךָ· וְיַגִּידוּ בָאִיִּים
צִדְקֶךָ· וְיִדְרְשׁוּךָ עַמִּים לֹא יְדָעוּךָ· וִיהַלְלוּךָ כָּל אַפְסֵי
אָרֶץ· וְיֹאמְרוּ תָמִיד יִגְדַּל יְיָ: וְיִזְבְּחוּ לְךָ אֶת וִבְחֵיהֶם·

Cong. and Reader. And all believe that he is the righteous
    Judge.
He is perfect and dealeth truly with the pure;
And all believe that his work is perfect.

Thou alone wilt be exalted, and thou wilt reign over all
in Unity, as it is written by the hand of thy prophet : The
Lord shall be King over all the earth ; in that day shall
the Lord be One and his Name One.

Now therefore, O Lord our God, impose thine awe upon
all thy works and thy dread over all that thou hast created,
that all thy works may fear thee, and all creatures prostrate
themselves before thee, that they may all form one band
to do thy will with a perfect heart : even as we know,
O Lord our God, that dominion is thine, strength is in thy
hand, and might in thy right hand, and that thy Name is
awful over all that thou hast created.

And therefore, O Lord, give glory unto thy people,
praise to them that fear thee, hope to them that seek thee,
confidence to them that wait for thee, joy to thy land,
gladness to thy City, a flourishing horn unto David thy
servant, and a constant light unto the son of Jesse, thine
anointed, speedily in our days.

Then shall the just see and be glad, the upright shall
exult, the pious shall rejoice in song, and iniquity shall
close her mouth, and all wickedness shall be wholly consumed
like smoke, when thou makest the dominion of arrogance to
pass away from the earth.

> All the world shall come to serve Thee
> And bless Thy glorious Name,
> And Thy righteousness triumphant
> The islands shall acclaim.
> And the peoples shall go seeking
> Who knew Thee not before,
> And the ends of earth shall praise Thee.
> And tell Thy greatness o'er.

וְיִזְנְחוּ אֶת עֲצַבֵּיהֶם· וְיַחְפְּרוּ עִם פְּסִילֵיהֶם: וְיַטּוּ שְׁכֶם
אֶחָד לְעָבְדֶּךָ· וְיִירָאוּךָ עִם שֶׁמֶשׁ מְבַקְשֵׁי פָּנֶיךָ· וְיַכִּירוּ
כֹּחַ מַלְכוּתֶךָ· וִילַמְּדוּ תוֹעִים בִּינָה: וִימַלְלוּ אֶת גְּבוּרָתֶךָ·
וִינַשְׂאוּךָ מִתְנַשֵּׂא לְכָל לְרֹאשׁ· וִיסַלְּדוּ בְחִילָה פָּנֶיךָ·
וִיעַטְּרוּךָ נֵזֶר תִּפְאָרָה: וְיִפְצְחוּ הָרִים רִנָּה· וְיִצְהֲלוּ אִיִּים
בְּמָלְכֶךָ· וִיקַבְּלוּ עֹל מַלְכוּתְךָ עֲלֵיהֶם· וִירוֹמְמוּךָ בִּקְהַל
עָם: וְיִשְׁמְעוּ רְחוֹקִים וְיָבֹאוּ· וְיִתְּנוּ לְךָ כֶּתֶר מְלוּכָה:

וְתִמְלוֹךְ אַתָּה יְיָ לְבַדֶּךָ עַל כָּל מַעֲשֶׂיךָ בְּהַר צִיּוֹן
מִשְׁכַּן כְּבוֹדֶךָ וּבִירוּשָׁלַיִם עִיר קָדְשֶׁךָ כַּכָּתוּב בְּדִבְרֵי
קָדְשֶׁךָ· יִמְלֹךְ יְיָ לְעוֹלָם אֱלֹהַיִךְ צִיּוֹן לְדֹר וָדֹר הַלְלוּיָהּ:

קָדוֹשׁ אַתָּה וְנוֹרָא שְׁמֶךָ וְאֵין אֱלוֹהַּ מִבַּלְעָדֶיךָ כַּכָּתוּב·
וַיִּגְבַּהּ יְיָ צְבָאוֹת בַּמִּשְׁפָּט וְהָאֵל הַקָּדוֹשׁ נִקְדַּשׁ בִּצְדָקָה·
בָּרוּךְ אַתָּה יְיָ הַמֶּלֶךְ הַקָּדוֹשׁ:

אַתָּה בְחַרְתָּנוּ מִכָּל הָעַמִּים· אָהַבְתָּ אוֹתָנוּ· וְרָצִיתָ
בָּנוּ· וְרוֹמַמְתָּנוּ מִכָּל הַלְּשׁוֹנוֹת· וְקִדַּשְׁתָּנוּ בְּמִצְוֹתֶיךָ·
וְקֵרַבְתָּנוּ מַלְכֵּנוּ לַעֲבוֹדָתֶךָ· וְשִׁמְךָ הַגָּדוֹל וְהַקָּדוֹשׁ
עָלֵינוּ קָרָאתָ:

On Sabbath add the bracketed words:

וַתִּתֶּן לָנוּ יְיָ אֱלֹהֵינוּ בְּאַהֲבָה אֶת יוֹם [הַשַּׁבָּת הַזֶּה
לִקְדֻשָּׁה וְלִמְנוּחָה וְאֶת יוֹם] הַכִּפֻּרִים הַזֶּה לִמְחִילָה

They shall build for Thee their altars,
   Their idols overthrown,
And their graven gods shall shame them,
   As they turn to Thee alone.
They shall worship Thee at sunrise,
   And feel Thy Kingdom's might,
And impart their understanding
   To those astray in night.

They shall testify Thy greatness,
   And of Thy power speak,
And extol Thee, shrined, uplifted
   Beyond man's highest peak.
And with reverential homage,
   Of love and wonder born,
With the ruler's crown of beauty
   Thy head they shall adorn.

With the coming of Thy Kingdom
   The hills shall break into song,
And the islands laugh exultant
   That they to God belong.
And all their congregations
   So loud Thy praise shall sing,
That the uttermost peoples, hearing,
   Shall hail Thee crownèd King.

And thou, O Lord, shalt reign, thou alone, over all thy works on Mount Zion, the dwelling-place of thy glory, and in Jerusalem, thy holy City ; as it is written in thy holy words, The Lord shall reign for ever, thy God, O Zion, unto all generations. Praise ye the Lord.

Holy art thou, and awful is thy Name, and there is no God beside thee ; as it is written, And the Lord of hosts is exalted in judgment and the holy God is sanctified in righteousness. Blessed art thou, O Lord, the holy King.

Thou hast chosen us from all peoples ; thou hast loved us and taken pleasure in us, and hast exalted us above all tongues. Thou hast sanctified us by thy commandments, and hast drawn us near, O our King, unto thy service, and hast called us by thy great and holy Name.

On Sabbath add the bracketed words :

And thou hast given us in love, O Lord our God, [this Sabbath day for holiness and rest and] this Day of Atone-

וְלִסְלִיחָה וּלְכַפָּרָה וְלִמְחָל בּוֹ אֶת כָּל עֲוֹנוֹתֵינוּ [בְּאַהֲבָה]
מִקְרָא קֹדֶשׁ׃ זֵכֶר לִיצִיאַת מִצְרָיִם׃

וּמִפְּנֵי חֲטָאֵינוּ גָּלִינוּ מֵאַרְצֵנוּ וְנִתְרַחַקְנוּ מֵעַל אַדְמָתֵנוּ
וְאֵין אֲנַחְנוּ יְכוֹלִים לַעֲשׂוֹת חוֹבוֹתֵינוּ בְּבֵית בְּחִירָתֶךָ
בַּבַּיִת הַגָּדוֹל וְהַקָּדוֹשׁ שֶׁנִּקְרָא שִׁמְךָ עָלָיו מִפְּנֵי הַיָּד
שֶׁנִּשְׁתַּלְּחָה בְּמִקְדָּשֶׁךָ׃

יְהִי רָצוֹן מִלְּפָנֶיךָ יְיָ אֱלֹהֵינוּ וֵאלֹהֵי אֲבוֹתֵינוּ מֶלֶךְ
רַחֲמָן שֶׁתָּשׁוּב וּתְרַחֵם עָלֵינוּ וְעַל מִקְדָּשְׁךָ בְּרַחֲמֶיךָ
הָרַבִּים׃ וְתִבְנֵהוּ מְהֵרָה וּתְגַדֵּל כְּבוֹדוֹ׃ אָבִינוּ מַלְכֵּנוּ
גַּלֵּה כְּבוֹד מַלְכוּתְךָ עָלֵינוּ מְהֵרָה׃ וְהוֹפַע וְהִנָּשֵׂא עָלֵינוּ
לְעֵינֵי כָל חָי׃ וְקָרֵב פְּזוּרֵינוּ מִבֵּין הַגּוֹיִם׃ וּנְפוּצוֹתֵינוּ
כַּנֵּס מִיַּרְכְּתֵי אָרֶץ׃ וַהֲבִיאֵנוּ לְצִיּוֹן עִירְךָ בְּרִנָּה׃
וְלִירוּשָׁלַיִם בֵּית מִקְדָּשְׁךָ בְּשִׂמְחַת עוֹלָם׃ וְשָׁם נַעֲשֶׂה
לְפָנֶיךָ אֶת קָרְבְּנוֹת חוֹבוֹתֵינוּ׃ תְּמִידִים כְּסִדְרָם וּמוּסָפִים
כְּהִלְכָתָם׃ וְאֶת מוּסַף יוֹם [הַשַּׁבָּת הַזֶּה וְאֶת מוּסַף יוֹם]
הַכִּפֻּרִים הַזֶּה נַעֲשֶׂה וְנַקְרִיב לְפָנֶיךָ בְּאַהֲבָה כְּמִצְוַת
רְצוֹנֶךָ כְּמוֹ שֶׁכָּתַבְתָּ עָלֵינוּ בְּתוֹרָתֶךָ עַל יְדֵי מֹשֶׁה עַבְדֶּךָ
מִפִּי כְבוֹדֶךָ כָּאָמוּר׃

On Sabbath the following paragraph is added:

וּבְיוֹם הַשַּׁבָּת שְׁנֵי כְבָשִׂים בְּנֵי שָׁנָה תְּמִימִם וּשְׁנֵי
עֶשְׂרֹנִים סֹלֶת מִנְחָה בְּלוּלָה בַשֶּׁמֶן וְנִסְכּוֹ׃ עֹלַת שַׁבַּת
בְּשַׁבַּתּוֹ עַל עֹלַת הַתָּמִיד וְנִסְכָּהּ׃

ment for pardon, forgiveness and atonement, that we may [in love] obtain pardon thereon for all our iniquities : a holy convocation, a memorial of the departure from Egypt.

But because of our sins we have been exiled from our land and removed far away from our country, and we are unable to perform our duties in the house of thy choice, the great and holy house called by thy Name, because of the hand that hath been stretched out against thy sanctuary.

May it be thy will, O Lord our God and God of our fathers, merciful King, again in thine abundant mercy to have compassion upon us and upon thy sanctuary ; O speedily rebuild it and magnify its glory. Our Father, our King, reveal the glory of thy Kingdom unto us speedily, and shine forth and exalt thyself over us in the sight of all living. Bring together our scattered ones from among the nations, and gather our dispersed from the uttermost parts of the earth. Lead us in triumph unto Zion thy city, and unto Jerusalem, the place of thy sanctuary, with everlasting joy ; and there will we prepare before thee the offerings enjoined on us, the continual offerings according to their order, and the additional offerings according to their ordinance ; and the additional offering of [this Sabbath day and] this Day of Atonement will we prepare and offer unto thee in love according to the commandment of thy will, as thou hast prescribed for us in thy Law, through the hand of thy servant Moses, by thy glorious command, as it is said :

On Sabbath the following paragraph is added :
And on the Sabbath day two he-lambs of the first year without blemish, and two tenth parts of fine flour for a meal-offering, mingled with oil, and the drink-offering thereof ; this is the burnt offering of every Sabbath, beside the continual burnt offering and the drink-offering thereof.

וּבֶעָשׂוֹר לַחֹדֶשׁ הַשְּׁבִיעִי הַזֶּה מִקְרָא קֹדֶשׁ יִהְיֶה לָכֶם
וְעִנִּיתֶם אֶת נַפְשֹׁתֵיכֶם כָּל מְלָאכָה לֹא תַעֲשׂוּ׃
וְהִקְרַבְתֶּם עֹלָה לַיָי רֵיחַ נִיחֹחַ פַּר בֶּן בָּקָר אֶחָד אַיִל
אֶחָד כְּבָשִׂים בְּנֵי שָׁנָה שִׁבְעָה תְּמִימִם יִהְיוּ לָכֶם׃
וּמִנְחָתָם וְנִסְכֵּיהֶם כִּמְדֻבָּר שְׁלֹשָׁה עֶשְׂרֹנִים לַפָּר שְׁנֵי
עֶשְׂרֹנִים לָאַיִל וְעִשָּׂרוֹן לַכֶּבֶשׂ וְיַיִן כְּנִסְכּוֹ וּשְׁנֵי שְׂעִירִים
לְכַפֵּר וּשְׁנֵי תְמִידִים כְּהִלְכָתָם׃

On Sabbath the following paragraph is added:

יִשְׂמְחוּ בְמַלְכוּתְךָ שֹׁמְרֵי שַׁבָּת וְקוֹרְאֵי עֹנֶג· עַם
מְקַדְּשֵׁי שְׁבִיעִי· כֻּלָּם יִשְׂבְּעוּ וְיִתְעַנְּגוּ מִטּוּבֶךָ· וְהַשְּׁבִיעִי
רָצִיתָ בּוֹ וְקִדַּשְׁתּוֹ· חֶמְדַּת יָמִים אֹתוֹ קָרָאתָ זֵכֶר
לְמַעֲשֵׂה בְרֵאשִׁית׃

עָלֵינוּ לְשַׁבֵּחַ לַאֲדוֹן הַכֹּל לָתֵת גְּדֻלָּה לְיוֹצֵר בְּרֵאשִׁית
שֶׁלֹּא עָשָׂנוּ כְּגוֹיֵי הָאֲרָצוֹת וְלֹא שָׂמָנוּ כְּמִשְׁפְּחוֹת הָאֲדָמָה
שֶׁלֹּא שָׂם חֶלְקֵנוּ כָּהֶם וְגֹרָלֵנוּ כְּכָל הֲמוֹנָם׃ וַאֲנַחְנוּ כֹּרְעִים

The Congregation kneel.

וּמִשְׁתַּחֲוִים וּמוֹדִים לִפְנֵי מֶלֶךְ מַלְכֵי הַמְּלָכִים הַקָּדוֹשׁ
בָּרוּךְ הוּא שֶׁהוּא נוֹטֶה שָׁמַיִם וְיוֹסֵד אָרֶץ וּמוֹשַׁב יְקָרוֹ
בַּשָּׁמַיִם מִמַּעַל וּשְׁכִינַת עֻזּוֹ בְּגָבְהֵי מְרוֹמִים׃ הוּא אֱלֹהֵינוּ
אֵין עוֹד· אֱמֶת מַלְכֵּנוּ אֶפֶס זוּלָתוֹ כַּכָּתוּב בְּתוֹרָתוֹ
וְיָדַעְתָּ הַיּוֹם וַהֲשֵׁבֹתָ אֶל לְבָבֶךָ כִּי יְיָ הוּא הָאֱלֹהִים
בַּשָּׁמַיִם מִמַּעַל וְעַל הָאָרֶץ מִתָּחַת אֵין עוֹד׃

And on the tenth day of this seventh month ye shall have an holy convocation : and ye shall afflict your souls ; ye shall do no manner of work. And ye shall offer a burnt offering unto the Lord for a sweet savour : one young bullock, one ram, seven he-lambs of the first year ; they shall be to you without blemish.

And their meal-offering and their drink-offerings as ordained ; three tenth parts for the bullock, two tenth parts for the ram, and one tenth part for each lamb, and wine according to the drink-offering thereof, and two he-goats wherewith to make atonement, and the two continual offerings according to their ordinance.

On Sabbath the following paragraph is added :

[They shall rejoice in thy Kingdom who keep the Sabbath and call it a delight ; the people that hallow the seventh day shall, all of them, be satisfied and delighted with thy goodness ; for thou didst find pleasure in the seventh day and didst hallow it ; the desirable of days didst thou call it, in remembrance of the work of creation.]

It behoveth us to praise the Lord of all, to ascribe great-ness to him who formed the world in the beginning ; that he hath not made us like the nations of other lands, and hath not placed us like other families of the earth, that he hath not given unto us a portion as unto them, nor a lot as unto all their multitude ; for we bend the knee

The Congregation kneel.

and prostrate ourselves and make acknowledgment before the supreme King of kings, the Holy One, blessed be he, who stretched forth the heavens and laid the foundations of the earth, the abode of whose glory is in the heavens above, and the dwelling of whose majesty is upon the loftiest heights. He is our God, there is none else : in truth he is our King, there is none beside him, as it is written in his Law, Know therefore this day, and lay it to thine heart, that the Lord he is God in heaven above and upon the earth beneath : there is none else.

אֱלֹהֵינוּ וֵאלֹהֵי אֲבוֹתֵינוּ הֱיֵה עִם פִּיּוֹת שְׁלוּחֵי עַמְּךָ
בֵּית יִשְׂרָאֵל· הָעוֹמְדִים לְבַקֵּשׁ תְּפִלָּה וְתַחֲנוּנִים מִלְּפָנֶיךָ
עַל עַמְּךָ בֵּית יִשְׂרָאֵל: הוֹרֵם מַה שֶׁיֹּאמֵרוּ· הֲבִינֵם מַה
שֶׁיְּדַבֵּרוּ· הֲשִׁיבֵם מַה שֶׁיִּשְׁאָלוּ· יַדְּעֵם הֵיךְ יְפָאֵרוּ:
בְּאוֹר פָּנֶיךָ יְהַלֵּכוּן· בֶּרֶךְ לְךָ יִכְרָעוּן· עַמְּךָ בְּפִיהֶם
יְבָרְכוּן· וּמִבִּרְכוֹת פִּיךָ כֻלָּם יִתְבָּרְכוּן: עַמְּךָ לְפָנֶיךָ
יַעֲבִירוּן· וְהֵם בַּתָּוֶךְ יַעֲבוֹרוּן: עֵינֵי עַמְּךָ בָּם תְּלוּיוֹת·
וְעֵינֵיהֶם לְךָ מְיַחֲלוֹת: נָשִׁים מוּל אֲרוֹן הַקֹּדֶשׁ בְּאֵימָה·
לְשַׁכֵּךְ כַּעַס וְחֵמָה· וְעַמְּךָ מְסַבִּיבִים אוֹתָם כַּחוֹמָה·
וְאַתָּה מִן הַשָּׁמַיִם תַּשְׁגִּיחַ אוֹתָם לְרַחֲמָה: עַיִן נוֹשְׂאִים
לְךָ לַשָּׁמַיִם· לֵב שׁוֹפְכִים נָכְחַךְ כַּמַּיִם· וְאַתָּה תִּשְׁמַע
מִן הַשָּׁמַיִם: שֶׁלֹּא יִכָּשְׁלוּ בִּלְשׁוֹנָם· וְלֹא יִנָּקְשׁוּ בִּשְׁנוּנָב·
וְלֹא יֵבוֹשׁוּ בְמִשְׁעֵנָם· וְלֹא יִכָּלְמוּ בָם שְׁאוֹנָם· וְאַל
יֹאמַר פִּיהֶם דָּבָר שֶׁלֹּא כִרְצוֹנֶךָ: כִּי חֲנוּנֶיךָ יְיָ אֱלֹהֵינוּ
הֵמָּה חֲנוּנִים· וּמְרוּחָמֶיךָ הֵמָּה מְרוּחָמִים: כְּמָה שֶׁיְּדַעְנוּ
יְיָ אֱלֹהֵינוּ אֵת אֲשֶׁר תָּחוֹן יוּחָן· וְאֵת אֲשֶׁר תְּרַחֵם
יְרוּחָם· כַּכָּתוּב בְּתוֹרָתֶךָ· וְחַנֹּתִי אֵת אֲשֶׁר אָחֹן וְרִחַמְתִּי
אֵת אֲשֶׁר אֲרַחֵם: וְנֶאֱמַר אַל יֵבוֹשׁוּ בִי קֹוֶיךָ אֲדֹנָי
אֱלֹהִים צְבָאוֹת· אַל יִכָּלְמוּ בִי מְבַקְשֶׁיךָ אֱלֹהֵי יִשְׂרָאֵל:

אוֹחִילָה לָאֵל· אֲחַלֶּה פָנָיו· אֶשְׁאֲלָה מִמֶּנּוּ מַעֲנֵה
לָשׁוֹן: אֲשֶׁר בִּקְהַל עָם אָשִׁירָה עֻזּוֹ· אַבִּיעָה רְנָנוֹת
בְּעַד מִפְעָלָיו: לְאָדָם מַעַרְכֵי לֵב· וּמֵיְיָ מַעֲנֵה לָשׁוֹן:
יְיָ שְׂפָתַי תִּפְתָּח וּפִי יַגִּיד תְּהִלָּתֶךָ: יִהְיוּ לְרָצוֹן אִמְרֵי
פִי וְהֶגְיוֹן לִבִּי לְפָנֶיךָ יְיָ צוּרִי וְגוֹאֲלִי:

Our God and God of our fathers, inspire the lips of those who have been deputed by thy people, the house of Israel, to stand in prayer before thee, to beseech and supplicate thy presence for them. Teach them what they shall say, instruct them what they shall speak, grant unto them that which they ask, and make known to them how they may glorify thee. They walk in the light of thy countenance ; they bend the knee unto thee, and with their lips utter blessing on thy people ; O deign that all of them be blessed with the blessings of thy mouth. They lead thy people before thy presence and from the midst of them they approach thee : the eyes of thy people are fixed upon them, and their eyes are bent on thee. They approach the holy ark in dread, to appease thine anger and wrath, encompassed by thy people as with walls ; O look down from heaven in compassion upon them. Unto thee in heaven they lift up the eye, pouring forth their heart as water before thee ; and do thou hear them from heaven. Suffer them not to falter with their tongue nor to err in their speech, that the multitudes that repose in them be not put to shame nor bear reproach ; guard their lips from uttering any word that is not according to thy will. For those to whom thou art gracious, O Lord our God, they indeed have found grace ; and those pitied of thee, they indeed have won mercy. For we know, O Lord our God, that thou wilt be gracious to whom thou wilt be gracious, and wilt shew mercy on whom thou wilt shew mercy, as it is written in thy Law, And I will be gracious to whom I will be gracious, and will shew mercy on whom I will shew mercy. And it is said : Let not them that wait on thee be ashamed through me, O Lord God of hosts : let not those who seek thee be brought to dishonour through me, O God of Israel.

I will hope in God ; I will beseech his Presence ; I will ask of him the answer of the tongue, that in the congregation of the people I may sing of his power and utter joyful strains concerning his deeds. The preparations of the heart belong to man : but the answer of the tongue is from the Lord. O Lord, open thou my lips, and my mouth shall declare thy praise. Let the words of my mouth and the meditation of my heart be acceptable before thee, O Lord, my Rock and my Redeemer.

Cong. אַמִּיץ כֹּחַ כַּבִּיר וְרַב אוֹנִים· אֲשֶׁר מִי יַעֲשֶׂה

כְּמַעֲשֵׂה גְבוּרוֹתֶיךָ· אָמֵן עֲלִיּוֹת קֵרִיתָ עַל קָרִים· אַף

יְסַדְתָּ תֵבֵל עַל בְּלִימָה: בִּהְיוֹת עוֹלָם חֹשֶׁךְ וְצַלְמָוֶת

וְעֵיפָה· בְּמַעֲטֵה לְבוּשְׁךָ אוֹר בְּבֹקֶר הִנְהַתָּ· בֵּין זְדוֹנִים

חַצְתָּ בְּקֶרַח הַנּוֹרָא· בְּצוּל הִקְוִיתָם לְבַל יְכַסּוּן חָלֶד:

גִּלִּיתָ פְּנֵי נֶשִׁי וְהֵנִיצָה תְנוּבָה· גַּן מִקֶּדֶם טַעְתָּ לְשַׁעֲשׁוּעַ

מַאֲמִירֶיךָ· גָּדַל מְאוֹרוֹת תַּתָּה בִּרְקִיעַ עֻזֶּךָ· גַּם צְבָא

מַזָּרוֹת עִמָּם צִוִּיתָ: דִּי שָׁחִים וְדָאִים מִשְׁעַל צֵרַתָה·

דִּמְיוֹן בָּרִיחַ לְכֶרֶת יוֹשְׁבֵי נַגִּים· דְּבוֹקַת רְגָבִים הוֹצִיאָה

רוֹמְשִׂים וְשׁוֹאֲפִים· דָּר קָנֶה וּבִצָּה לַאֲרוּחַת קְרוּאֶיךָ:

הֵכַנְתָּ מֶבַח וָמֶסֶךְ וְסוֹעֵד אֵין· הִקְרַבְתָּ גֹּלֶם מֵחֹמֶר

בְּתַבְנִית חוֹתָמֶךָ· הִפַּחְתָּ בְחֶלְדּוֹ טֹהַר נֶשֶׁם מִזְבוּלֶךָ·

הַרְדֵּם וּמִצַּלְעוֹ עֵזֶר לוֹ יְעַדְתָּה: וְצִוִּיתוֹ בְּלִי לְעוֹט מֵעֵץ

הַדָּעַת· וְהֵפֵר צַוּוּי כְּפֵתִי בְּהַשֵּׁאת זוֹחֵל· וְעָנַשׁ בְּזֵעַת

אַף לִטְרוֹף חֻקּוֹ· וְאֵלֶת בְּצִירִים וְעָרוּם עָפָר לַחְמוֹ:

זֵרוּי רִבְעוֹ הִקְפֵּיתָ בְּבֶטֶן חוֹמֶדֶת· זָרְעָה וְהוֹלִידָה אָכָר

וְרוֹעֵה צֹאן· זֶבַח וָשַׁי הִגִּישׁוּ לְמוֹלֵךְ יַחַד· זָעַמְתָּ בָּרַב

וְשַׁעְתָּ תְּשׁוּרַת צָעִיר: חָמַל רַחֲמָיו שַׁחֵת וְעָרַף אָח·

חִלָּה פָנֶיךָ וְשַׂמְתָּ לּוֹ אוֹת· חָלוּ שְׁלִישִׁים קָרָא בְשִׁמְךָ

לַסֶּמֶל· חֵיל נוֹזְלִים קָרָאתָ וּשְׁטָפוּם וְאָבָדוּ: טָעוּ גֵאִים

וּפָצוּ סוּר לְנֶגְדֶּךָ· טֹרְפוּ בָהֶם הוֹמִים וְוֹרְבוּ נִצְמָתוּ·

טָעוּן גֹּפֶר נוֹשַׁע כְּסַגְרֶתָ בַעֲדוֹ· טְפוּלָיו הִפְרֵיתָ וּמָלְאוּ

פְּנֵי צִיָּה: יָעֲצוּ נֶאֱחָדִים לָרוּם עַד לַשַּׁחַק· יְקֻשּׁוּ נָפֹצוּ

בְּרוּחַ סוֹעָה וָסָעַר· יְדִיד אָתוּי עֵבֶר יְדָעֲךָ בָּעוֹלָם· יְחוּם

זִקוּנָיו הֶעֱלָה לְךָ לְכָלִיל: כְּשֵׂה תָמִים בָּחַר אִישׁ תָּם·

ORDER OF THE SERVICE OF THE HIGH PRIEST IN THE TEMPLE ON THE DAY OF ATONEMENT.[1]

Cong. Thou art strong in power and very great in might ; for who can do according to thy mighty acts ? Thou didst lay the beams of lofty chambers above the cold, surging waters, and the world didst thou hang upon nothing. When gloom and darkness like the shadow of death covered the Universe, thou didst cause the morning light to shine forth from the mantle of thy glory ; thou didst separate the proud waters by a firmament like unto the terrible crystal,[2] and the nethermost waters thou didst gather into the vast abyss, that they might not return upon the earth. When thou uncoveredst the face of the earth, lo ! its fruit budded forth ; a garden eastward didst thou plant for the delight of thy beloved. Great luminaries didst thou set in the firmament of thy power, and at thy word rose the host of constellations. Winged fowl didst thou form, and multitudes of fish were brought forth in the depths of the ocean, even Leviathan, reserved for the triumph of the righteous : [3] from the clods of the earth were brought forth breathing and moving creatures, also Behemoth, that basketh among reed and mire,[4] destined for them of whom thou wilt make choice. Thou didst prepare food and drink, while yet there was no creature to sustain. Then didst thou fashion a body from clay with the impress of thine own image, and thou didst breathe into the frail life of man a pure soul from on high. Deep sleep fell upon him, and from his side didst thou take a help-meet, appointed by thee. Thou didst command him not to taste of the tree of knowledge ; yet did he, deceived by the serpent's guile, disobey thy word. Then was his doom pronounced by thee : by the sweat of his face shall man win his bread, and in pain shall woman bear ; and for the subtle serpent, dust shall be his food. Thou didst ordain that man should have offspring of woman and her love : so did she conceive and bare. Together they came before thee with an offering and a sacrifice, he that was a tiller of the ground, and he that was a keeper of sheep : and thou hadst respect unto the younger and unto his gift, but thou wast displeased with the elder. Quenched was the tenderness of his compassion ; then rose he against his brother and slew him ; yet when he sought thy face, thou didst set thy mark upon him. The sinful generation called upon idols by thy name, and thou didst bid the dread, flowing waters to pour forth, and the people perished. Lo ! how did the proud ones err that said, Depart from us[5] ; they were destroyed by the hot raging waters,[6] yea, they waxed warm and vanished.[7] But he that was worthy was saved ; for thou didst shut him up in the ark of gopher-wood ; his children didst thou make fruitful, and they replenished the desolate earth. They that took counsel together to mount the skies were ensnared, and scattered abroad by the blast of tempest and whirlwind. The beloved one, who came from the other side of the river,[8] made thee known in the world ; the solace of his old age did he offer unto thee even as a whole-burnt offering. As a lamb without blemish was

[1] See Note III, page 288.
[2] Cf. Ezek. i. 22.
[3] T.B., *Baba Bathra*, 74b.
[4] Cf. Job xl. 15 *seq.*
[5] Cf. Job xxi. 14.
[6] *Midrash Bereshith Rabba*, xxviii. 9.
[7] Cf. Job vi. 17.
[8] Abraham.

כְּחָשָׁק יְשִׁיבַת אֹהָלִים וְנִמְשַׁךְ אַחֲרֶיךָ׃ כְּשֶׁר חֲנִיטֵי
יַף הוֹצֵאתָה מֵחֲלָצָיו׃ כֻּלּוֹ זֶרַע אֶמֶת וְאֵין דְּפִי׃ לְשָׁרֶתְךָ
אִוִּיתָה לֵוִי אִישׁ חֲסִידֶךָ׃ לְהַבְדִּיל מִגְּזָעוֹ מִקְדַּשׁ קֹדֶשׁ
קָדָשִׁים׃ לִקְשׁוֹר נֵזֶר קֹדֶשׁ וְלַעֲטוֹת אוּרִים׃ לֵישֵׁב
בְּכִבְדָּה פְּנִימָה יָמִים שִׁבְעָה׃ מַחֲזִיקֵן אֱמָנָה שָׁבוּעַ קֹדֶם
לֶעָשׂוֹר׃ מַפְרִישִׁים כֹּהֵן הָרֹאשׁ כְּדַת הַמְּלָאִים׃
Reader. מַזִּים עָלָיו מֵי חַטָּאת לְטַהֲרוֹ׃ זוֹרֵק מַקְטִיר
וּמֵיטִיב לְהִתְרַגֵּל בָּעֲבוֹדָה׃

Cong. נִלְוִים אֵלָיו נְבוֹנִים יְשִׁישֵׁי שַׁעַר׃ נוֹאֲמִים לוֹ קְרָא
נָא בְּפִיךָ׃ נְנָה תְּשִׁיעִי יַעֲמִידוּהוּ בְּשַׁעַר קָדִים׃ נוֹי וּבְהֵי
יוֹם לְפָנָיו יַעֲבִירוּ׃ סֶמֶךְ בִּיאַת שֶׁמֶשׁ צִידוֹ יַמְעִיטוּ׃
סָאַב לְבֶן פֶּן בְּקָדֵם יִקְרֵהוּ׃ סָבֵי שִׁבְטוֹ לְלַמֵּד הֶפֶן
יוֹלִיכֻהוּ׃ סַמִּים לְתַמֵּר בְּפָנִים אוֹתוֹ יַשְׂבִּיעוּ׃ סָמַר
בְּשָׂרוֹ וְהִדְמִיעַ כִּי נֶחְשַׁד׃ סָרוּ גַם הֵם וּבָכָה הַגִּירוּ׃
שִׂיחַ מִדְרָשׁ בְּפֶה וּבִכְתָב הַגָּיוֹן׃ סְבִיבָיו יְשַׁגְּנוּ לְעוֹרְרוֹ
עַד חֲצוֹת׃ עָלְצוּ תְּרוּם דֶּשֶׁן בְּפַיִם רִאשׁוֹן׃ עוֹד יָפִיסוּ
לְדִשׁוּן פְּנִימִי וּמְנוֹרָה׃ עֵקֶב קְטֹרֶת פַּיִם חֲדָשִׁים יְשַׁלֵּשׁוּ׃
עָרוּךְ נְתָחִים יַחַד פַּיִם הָרְבִיעִי׃ עָלָה בְּרַק הַשַּׁחַר כְּנָם
הַצּוֹפֶה׃ עָלָיו פֵּרְשׁוּ (זוּ) מָסַךְ בּוּץ לְהַצְנֵעַ׃ עֵרָה סוּתוֹ
טָבַל וְעָט וְהָבִים׃ עָמַד וְקִדֵּשׁ וְקָרַב תָּמִיד הַשַּׁחַר׃
פִּקֵּד לְמָרְקוֹ וְהוּא קִבֵּל וְזָרַק׃ פֵּרַשׁ הִקְטִיר וְהֵיטִיב
הִקְרִיב וְנִסֵּךְ׃ פְּעֻלַּת כָּלִיל הִשְׁלִים וְעָשׂ כַּסֵּדֶר׃ פֵּרְשׁוּ
סָדִין לָבָן עוֹד כְּבָרִאשׁוֹנָה׃ פָּרַוָה בַּקֹּדֶשׁ שָׁם קִדֵּשׁ
וּפָשַׁט׃ פָּסַע וְטָבַל לְבָנִים עָט וְקִדֵּשׁ׃ פְּלוּסִים עֶרְכָּם

the perfect man [1] chosen, for he delighted to dwell in tents, and was drawn near unto thee. An upright and beautiful race didst thou bring forth from his loins, wholly a right seed, without reproach. Thou didst desire Levi, the man thou didst love, to minister unto thee, to separate and to consecrate from his stock him that should minister in the Holy of Holies, crowned with the holy mitre, robed, and bearing the urim, abiding seven days [2] in the place wherein all is glorious. The faithful ones separated the High Priest one week before the tenth day, according to the law of consecration.

Reader. The water of purification was sprinkled upon him to cleanse him, and each day he sprinkled the blood, burnt incense and trimmed the lamps, that he might become accustomed to the sacred service.

Cong. Then the wise elders that sat in the gate gathered around him, and they said unto him, Read aloud the portion of the Law. On the dawn of the ninth day they escorted him to the eastern gate, and some of the beautiful sacrifices of the Day of Atonement passed before him. Toward sunset, the meal that was prepared for him was frugal, that his sleep might be calm ; the aged men of his tribe led him forth to instruct him in taking his hands full of incense,[3] and they charged him upon oath to raise the pillar of incense within the Holy of Holies.* His flesh trembled and he shed tears that his zeal should be doubted ; they also shed tears, turning aside as they wept ; they sought by thoughtful speech in expounding the Law and by reading Holy Writ to keep him wakeful until midnight. With joy, they to whom the first lot fell removed the ashes from the altar ; the second lot was cast for the removal of the ashes from the altar of incense and from the lamp ; the third lot was cast among fresh priests, for one that should assist at the offering of incense ; and for the arrangement of the members of the sacrifice was the fourth lot cast. As the watchman proclaimed the dawn of day, they spread a veil of fine linen to conceal him ; he put off his clothes, bathed, and put on the golden garments ; he stood and laved his hands and feet, and performed the first part of the rite of the morning continual burnt offering. He appointed another to complete it, while he received the blood and sprinkled it : he then went to burn incense and to trim the lamps, to offer the burnt offering, and to pour out the drink-offering : thus did he perform the rite of the whole-burnt offering, doing all according to the order thereof. Then spread they again the linen veil as at first : he then entered the chamber of Parvah in the sanctuary ; he laved his hands and feet and put off his golden garments. He went forth and bathed, and put on the white garments, and laved his hands and feet. These garments were of fine linen from Pelusium, of the value of eighteen manim ; most

[1] Jacob.   [2] Lev. viii. 35.   [3] Lev. xvi. 12.

* And not before entering the holy place, as the Sadducees contended. Cf. T. B. *Yoma,* 18b-19b.

מָנִים שְׁמוֹנָה עָשָׂר· פְּאוּרִים לְשָׁרֵת בָּם לְמֶלֶךְ הַכָּבוֹד· פָּרוּ
מָצָב בֵּין אוּלָם לַמִּזְבֵּחַ· פָּנָיו יָמָּה וְרֹאשׁוֹ נִגְבָּה מְעָקָם·

Reader. פָּנֵשׁ וְסָמַךְ יָדָיו עַל רֹאשׁוֹ· פְּשָׁעָיו הוֹדָה וּבְהָבוּ
לֹא טָמָן:

Reader and Cong. וְכָךְ הָיָה אוֹמֵר· אָנָּא הַשֵּׁם· חָטָאתִי·
עָוִיתִי פָּשַׁעְתִּי לְפָנֶיךָ אֲנִי וּבֵיתִי· אָנָּא בַשֵּׁם· כַּפֶּר
נָא· לַחֲטָאִים· וְלַעֲוֹנוֹת· וְלַפְּשָׁעִים· שֶׁחָטָאתִי· וְשֶׁעָוִיתִי·
וְשֶׁפָּשַׁעְתִּי לְפָנֶיךָ אֲנִי וּבֵיתִי· כַּכָּתוּב בְּתוֹרַת מֹשֶׁה
עַבְדֶּךָ מִפִּי כְבוֹדֶךָ· כִּי בַיּוֹם הַזֶּה יְכַפֵּר עֲלֵיכֶם לְטַהֵר
אֶתְכֶם מִכֹּל חַטֹּאתֵיכֶם לִפְנֵי יְיָ:

Cong. and Reader. וְהַכֹּהֲנִים וְהָעָם הָעוֹמְדִים בָּעֲזָרָה·
כְּשֶׁהָיוּ שׁוֹמְעִים אֶת הַשֵּׁם הַנִּכְבָּד וְהַנּוֹרָא מְפוֹרָשׁ יוֹצֵא
מִפִּי כֹהֵן גָּדוֹל בִּקְדֻשָּׁה וּבְטָהֳרָה· הָיוּ כּוֹרְעִים
The Congregation kneel.
וּמִשְׁתַּחֲוִים וּמוֹדִים וְנוֹפְלִים עַל פְּנֵיהֶם· וְאוֹמְרִים בָּרוּךְ
שֵׁם כְּבוֹד מַלְכוּתוֹ לְעוֹלָם וָעֶד:

Reader. וְאַף הוּא הָיָה מִתְכַּוֵּן לִגְמוֹר אֶת הַשֵּׁם כְּנֶגֶד
הַמְבָרְכִים וְאוֹמֵר לָהֶם תִּטְהָרוּ: וְאַתָּה בְּטוּבְךָ מְעוֹרֵר
רַחֲמֶיךָ וְסוֹלֵחַ לְאִישׁ חֲסִידֶךָ:

Cong. צָעַד לֵילֵךְ לוֹ לְמִזְרַח עֲזָרָה· צֶמֶד שְׂעִירִים שָׁם
מְחוֹן עֵדָה· צְמוּדִים אֲחוּיִם שָׁוִים בְּתֹאַר וּבְקוֹמָה·
צָנִים לְכַפֵּר עֲוֹן בַּת הַשּׁוֹבֵבָה· צָהוּב חֲלָשִׁים טָרַף
וְהֶעֱלָה מִקַּלְפִּי· צָנַח וְהִגְרִיל לְשֵׁם נָבוֹהַּ וְלַצּוּק· צָעַק

beautiful they were and fit for him that ministered unto the King of glory. The High Priest's bullock was placed between the porch and the altar, facing the west, with its head turned towards the south.

Reader. He drew nigh unto it and, laying his hands upon its head, made confession of his transgressions, concealing naught in his bosom.

Reader and Cong. And thus did he say : O GOD,[1] I have sinned, I have committed iniquity, I have transgressed against thee, I and my household ; I beseech thee by thy NAME, make thou atonement for the sins and for the iniquities and for the transgressions,[2] wherein I have sinned and committed iniquity and transgressed against thee, I and my household ; as it is written in the Law of thy servant Moses, at thy glorious command, " For on this day shall atonement be made for you, to cleanse you : from all your sins, before the LORD—"

Cong. and Reader. And when the priests and the people that stood in the court heard the glorious and awful Name pronounced out of the mouth of the High Priest, in holiness and in purity, they knelt

The Congregation kneel.

and prostrated themselves and made acknowledgment, falling on their faces and saying, Blessed be his glorious, sovereign Name for ever and ever.

Reader. And he, in awe, prolonged the utterance of the Name, until they that said the blessing had ended it ; to whom he said,—" Ye shall be clean." And thou, in thy goodness, didst awaken thy mercy and forgavest thy pious servant.

Cong. He went forth to the east of the court, where two he-goats, taken of the congregation, were set. They were alike and equal, both in form and height, and stood ready for the atonement to be made for the iniquity of the backsliding daughter. Two lots that were made of gold were thrown together into a casket, from which he drew one lot for the Name most high, and one lot for the rocky steep. He cried

---

[1] The High Priest pronounced the ineffable name of God.
[2] See Note IV., page 288.

בְּקוֹל רָם לַיְ חַטָּאת· צוֹתָתָיו עָנוּ לוֹ וּבָרְכוּ אֵת הַשֵּׁם·
צֶבַע זְהוֹרִית קָשַׁר בְּרֹאשׁ הַמִּשְׁתַּלֵּחַ· צִינְתּוֹ אָמֵן נֶגֶד
בֵּית שִׁלּוּחַ· *Reader.* צָלַח וּבָא אֵצֶל פָּרוֹ שֵׁנִית·
צֶחָנָתוֹ וְשִׁלְּמֵהוּ פְּנֵי צוּר הַתּוֹדָה:

Reader and Cong. וְכָךְ הָיָה אוֹמֵר· אָנָּא הַשֵּׁם· חָטָאתִי·
עָוִיתִי· פָּשַׁעְתִּי לְפָנֶיךָ אֲנִי וּבֵיתִי וּבְנֵי אַהֲרֹן עַם קְדוֹשֶׁךָ·
אָנָּא בַשֵּׁם· כַּפֶּר נָא· לַחֲטָאִים· וְלַעֲוֹנוֹת· וְלַפְּשָׁעִים·
שֶׁחָטָאתִי· וְשֶׁעָוִיתִי· וְשֶׁפָּשַׁעְתִּי לְפָנֶיךָ אֲנִי וּבֵיתִי וּבְנֵי
אַהֲרֹן עַם קְדוֹשֶׁךָ· כַּכָּתוּב בְּתוֹרַת מֹשֶׁה עַבְדֶּךָ מִפִּי
כְבוֹדֶךָ· כִּי בַיּוֹם הַזֶּה יְכַפֵּר עֲלֵיכֶם לְטַהֵר אֶתְכֶם מִכֹּל
חַטֹּאתֵיכֶם לִפְנֵי יְיָ

Cong. and Reader. וְהַכֹּהֲנִים וְהָעָם הָעוֹמְדִים בָּעֲזָרָה·
כְּשֶׁהָיוּ שׁוֹמְעִים אֶת הַשֵּׁם הַנִּכְבָּד וְהַנּוֹרָא· מְפֹרָשׁ
יוֹצֵא מִפִּי כֹהֵן גָּדוֹל בִּקְדֻשָּׁה וּבְטָהֳרָה· הָיוּ כּוֹרְעִים
The Congregation kneel.
וּמִשְׁתַּחֲוִים וּמוֹדִים וְנוֹפְלִים עַל פְּנֵיהֶם· וְאוֹמְרִים בָּרוּךְ
שֵׁם כְּבוֹד מַלְכוּתוֹ לְעוֹלָם וָעֶד:

Reader. וְאַף הוּא הָיָה מִתְכַּוֵּן לִגְמוֹר אֶת הַשֵּׁם כְּנֶגֶד
הַמְבָרְכִים וְאָמַר לָהֶם תִּטְהָרוּ: וְאַתָּה בְּטוּבְךָ מְעוֹרֵר
רַחֲמֶיךָ וְסוֹלֵחַ לְשֵׁבֶט מְשָׁרְתֶיךָ:

Cong. קָח מַאֲכֶלֶת חַדָּה וּשְׁחָטוּ כַּסֵּדֶר· קִבֵּל דָּם
בְּמִזְרָק וּנְתָנוֹ לַמְמָרֵס· קְרִישָׁתוֹ יְמַס עַד עֵת הַזָּיָה·
קָפוּי פֶּן יְהִי וְתֵעָדֵר סְלִיחָה· קוֹחַ לוֹחֲשׁוֹת חָת בְּמַחְתַּת

with a loud voice, A sin-offering unto the LORD. They that heard him answered by blessing the Name. He tied a scarlet fillet about the head of the goat to be sent away, and set it toward the place whither it was to be let go. *Reader.* He passed on and came a second time nigh to his own bullock; he made confession unto our Rock of his iniquity and that of his tribe.

Reader and Cong. And thus did he say : O GOD, I have sinned, I have committed iniquity, I have transgressed against thee, I and my household and the sons of Aaron thy holy people. I beseech thee by thy NAME make thou atonement for the sins and for the iniquities and for the transgressions, wherein I have sinned and committed iniquity and transgressed against thee, I and my household and the sons of Aaron thy holy people ; as it is written in the Law of thy servant Moses, at thy glorious command, " For on this day shall atonement be made for you, to cleanse you : from all your sins, before the LORD—"

Cong. and Reader. And when the priests and the people that stood in the court heard the glorious and awful Name pronounced out of the mouth of the High Priest, in holiness and in purity, they knelt

The Congregation kneel.

and prostrated themselves and made acknowledgment, falling on their faces and saying, Blessed be his glorious, sovereign Name for ever and ever.

Reader. And he, in awe, prolonged the utterance of the Name, until they that said the blessing had ended it ; to whom he said,—" Ye shall be clean." And thou, in thy goodness, didst awaken thy mercy and forgavest the tribe of thy ministers.

Cong. He took a sharp knife and killed the bullock as ordained; he received the blood in a bowl and gave it unto him that stirred it, to keep it fluid until the time for sprinkling, lest it should become thick and be unfit for the atonement rite. Plucking flaming coals from the altar, he took a light censer wrought of the gold

פֵּרְוַיִם· קַלָּה וְגֶלֶד רַךְ וַאֲרוּכַת יָד· קָדַר לְתוֹכָה
שְׁלֹשֶׁת קַבִּין גֶּחָלִים· קֵרְבוּ לוֹ בָּזָךְ וּגְדוּשַׁת דַּקָּה· קָלַט
וְחָפַן וְהֵרִיק לְתוֹךְ בָּזָךְ· קָפַץ מַחְתָּה בְּיָמִין וּבְזָךְ
בִּשְׂמֹאל· קִישׁ צְעָדָיו לְפָרֳכוֹת וְקָרַב לַבַּדִּים· קְטֹרֶת
שָׂם בֵּינֵימוֹ וְעָשָׁן וְיָצָא: רוֹכָה מְמָרֵס מֵנּוּ נָטַל דָּם·
רָצַף וְנִכְנַס וְקָם בֵּין שָׁדַיִם· *Reader.* רְצוֹי הַזָּיוֹת טָבַל
וְהִצְלִיף בְּמִנְיָן· רוֹם מַעֲלָה אַחַת וּמַטָּה שֶׁבַע:

Reader and Cong. וְכָךְ הָיָה מוֹנֶה· אַחַת· אַחַת וְאַחַת·
אַחַת וּשְׁתַּיִם· אַחַת וְשָׁלֹשׁ· אַחַת וְאַרְבַּע· אַחַת וְחָמֵשׁ·
אַחַת וָשֵׁשׁ· אַחַת וָשֶׁבַע:

Cong. רָץ וְהִנִּיחוֹ בַּכֵּן וְשָׁחַט שָׂעִיר· רָצָה וְקִבֵּל דָּמוֹ
בָּאֲגַן קֹדֶשׁ· *Reader.* רָגֶל וְעָמַד מָקוֹם וְעוֹד אָרֹן· רָצָה
הַזָּיוֹת כְּמַעֲשֵׂה דַם פָּר:

Reader and Cong. וְכָךְ הָיָה מוֹנֶה· אַחַת· אַחַת וְאַחַת·
אַחַת וּשְׁתַּיִם· אַחַת וְשָׁלֹשׁ· אַחַת וְאַרְבַּע· אַחַת וְחָמֵשׁ·
אַחַת וָשֵׁשׁ· אַחַת וָשֶׁבַע:

Cong. רָהַט וְהִנִּיחוֹ וְדַם פָּר נָטַל· רַגְלָיו הֵרִיק וְצָג חוּץ
לְבָדְלֵת· *Reader.* רִקְמֵי פָרֶכֶת יָז כְּמִשְׁפָּט כַּפֶּרֶת· רָגַשׁ
וְשָׁנָה וְהִזָּה מִדַּם שָׂעִיר:

Cong. שָׁב וּבְלָלָם וְחִטֵּא מִזְבֵּחַ סְגוֹר· שֶׁבַע עַל טָהֳרוֹ
וּבְקַרְנָיו אַרְבַּע· *Reader.* שָׁכַךְ וּבָא אֵצֶל שָׂעִיר הֶחָי·
שִׁגְיוֹן עָם וּזְדוֹנוֹ יוֹדֶה לָאֵל:

of Parvah, and fashioned with a thin receptacle and a long hand-piece, and cast three kabs of live coals therein : then they brought him a vessel loaded with the finest beaten incense. He took therefrom his two hands full and put it into a spoon ; taking the censer in his right hand and the spoon in his left, he wended his way through the veils and drew near the staves of the ark; he set the censer between the staves and caused the smoke of the incense to ascend ; he then came forth. Taking the blood from the priest that stirred it, he returned and stood between the staves. *Reader.* He dipped his finger into the blood and performed the atonement sprinklings ; according to the ordained number of times did he sprinkle, once above, and seven times below.[1]

Reader and Cong. And thus did he count : one : one and one : one and two : one and three : one and four : one and five : one and six : one and seven.

Cong. He came forth and left the vessel upon the pedestal ; he killed the goat of the sin-offering, and received its blood in a holy vessel. *Reader.* He retraced his steps and stood in the appointed place before the ark : he performed the sprink-lings of the atonement rite according as he did with the blood of the bullock.

Reader and Cong. And thus did he count : one : one and one : one and two : one and three : one and four : one and five : one and six : one and seven.

Cong. He again came without and left the vessel, and took the blood of the bullock : with hastened steps he went and stood outside the veil of separation. *Reader.* He performed the sprinklings before the veil according to the ordinance con-cerning the covering, and hastened to perform the sprinklings a second time with the blood of the goat.

Cong. He returned to mingle the blood of the two sacrifices wherewith he cleansed the golden altar, sprinkling it seven times upon the pure golden overlay, and putting it upon the four horns.

Reader. He hastened and came nigh unto the live goat : then made he confession unto God of the ignorant and presump-tuous sins of the people.

[1] Lev. xvi. 14.

Reader and Cong. וְכָךְ הָיָה אֹמֵר· אָנָא הַשֵּׁם· חָטָאוּ·
עָווּ· פָּשְׁעוּ לְפָנֶיךָ עַמְּךָ בֵּית יִשְׂרָאֵל· אָנָא בַשֵּׁם· כַּפֶּר
נָא· לַחֲטָאִים· וְלַעֲוֹנוֹת· וְלִפְשָׁעִים· שֶׁחָטְאוּ· וְשֶׁעָווּ·
וְשֶׁפָּשְׁעוּ לְפָנֶיךָ עַמְּךָ בֵּית יִשְׂרָאֵל· כַּכָּתוּב בְּתוֹרַת
מֹשֶׁה עַבְדְּךָ מִפִּי כְבוֹדֶךָ· כִּי בַיּוֹם הַזֶּה יְכַפֵּר עֲלֵיכֶם
לְטַהֵר אֶתְכֶם מִכֹּל חַטֹּאתֵיכֶם לִפְנֵי יְיָ

Cong. and Reader. וְהַכֹּהֲנִים וְהָעָם הָעוֹמְדִים בָּעֲזָרָה·
כְּשֶׁהָיוּ שׁוֹמְעִים אֶת הַשֵּׁם הַנִּכְבָּד וְהַנּוֹרָא מְפוֹרָשׁ יוֹצֵא
מִפִּי כֹהֵן גָּדוֹל בִּקְדֻשָּׁה וּבְטָהֳרָה· הָיוּ כּוֹרְעִים
The Congregation kneel.
וּמִשְׁתַּחֲוִים וּמוֹדִים וְנוֹפְלִים עַל פְּנֵיהֶם· וְאֹמְרִים בָּרוּךְ
שֵׁם כְּבוֹד מַלְכוּתוֹ לְעוֹלָם וָעֶד:

Reader. וְאַף הוּא הָיָה מִתְכַּוֵּן לִגְמוֹר אֶת הַשֵּׁם כְּנֶגֶד
הַמְבָרְכִים וְאֹמֵר לָהֶם תִּטְהָרוּ: וְאַתָּה בְּטוּבְךָ מְעוֹרֵר
רַחֲמֶיךָ וְסוֹלֵחַ לַעֲדַת יְשֻׁרוּן:

Cong. שִׁגְּרוּ בְּיַד אִישׁ עִתִּי לַמִּדְבָּר עַז· שֶׁמֶץ כִּתְמֵי זוּ
שָׂאֵת לִגְזֵרָה· שֵׁן סֶלַע הֲדָפוֹ וְגִלְגֵּל וְיָרַד· שָׁבְרוּ עֲצָמָיו
כְּנֶפֶץ כְּלִי יוֹצֵר· שָׁחוּזָה אָחַז פָּר וְשָׂעִיר קָרַע· שָׁלַף
אֵמוּרִים וּגְוִיּוֹת קָלַע לִשְׂרוֹף· שָׁאַג סִדְרֵי יוֹם קֹדֶשׁ
וּפָשַׁט· שָׁלֹשׁ וְטָבַל פַּיִם עֵט וְקִדֵּשׁ: תָּכַף וְעָשׂ אֵילוֹ
וְאֵיל עָם· תָּרַב חַטָּאת וּמוּסָפִין הִקְרִיב כַּחֹק· תָּר וְקִדֵּשׁ
פָּשַׁט טָבַל וְקִדֵּשׁ· תַּכְרִיךְ בַּדִּים עֵט וְנִכְנַם לַדְּבִיר·
תְּכוּנַת כְּלֵי קְטֹרֶת הוֹצִיא וְקִדֵּשׁ· תִּלְבֹּשֶׁת מַדָּיו

Reader and Cong. And thus did he say : O GOD, thy people, the house of Israel, have sinned, they have committed iniquity, they have transgressed against thee ; I beseech thee by thy NAME make thou atonement for the sins and for the iniquities and for the transgressions, wherein thy people, the house of Israel, have sinned and committed iniquity and transgressed against thee ; as it is written in the Law of thy servant Moses, at thy glorious command, " For in this day shall atonement be made for you, to cleanse you : from all your sins, before the LORD—"

Cong. and Reader. And when the priests and the people that stood in the court heard the glorious and awful Name pronounced out of the mouth of the High Priest, in holiness and in purity, they knelt

The Congregation kneel.

and prostrated themselves and made acknowledgment, falling on their faces and saying Blessed be his glorious, sovereign Name for ever and ever.

Reader. And he, in awe, prolonged the utterance of the Name, until they who said the blessing had ended it, to whom he said —" Ye shall be clean." And thou, in thy goodness, didst awaken thy mercy and forgavest the congregation of Jeshurun.

Cong. He sent the goat away by the hand of a man that was in readiness unto the rock-bound wilderness, that it should bear the stain of the iniquity of this people unto a solitary land ; he drove it over the edge of the rock, and rolling over in its fall, its bones were shattered like the breaking of a potter's vessel. The High Priest took a sharp knife and cut up the bullock and goat of the sin-offerings, and took away the inward parts that were to be burnt upon the altar : and the parts that were to be burnt without the camp did he hang up ; he then read aloud the portions of the Law for the day, laved his hands and feet and put off the linen garments ; he bathed a third time, put on the golden garments and laved his hands and feet. He took his own ram and the ram of the people and offered them for a burnt offering ; the fat of the sin offering and the additional sacrifices he offered according to the statute ; again he laved his hands and feet, put off the golden garments, bathed and laved his hands and feet, put on the white linen garments and entered the Holy of Holies. He brought out the vessels he had used for the incense, and laved his hands and feet ; he then put off the white garments he had worn and put them away for ever :

הַפְשִׁיט וְנָנוּ נֶצַח· תִּרְגַּל וְטָבַל הָרוּצִים עָט וְקָדֵשׁ·
תָּמִיד הַסְדִּיר וְתֻמַּר וְנֵרוֹת הֶעֱלָה· תֵּכֶל עֵבְדוֹת יָד
וְרֶגֶל קֹדֶשׁ· תַּמֵּם טְבִילוֹת חָמֵשׁ וְקִדּוּשִׁים עֲשָׂרָה·
תֹּאַר מִנַּמְתוֹ כְּצֵאת הַשֶּׁמֶשׁ בִּגְבוּרָה· תָּקַף וְדָץ וְעָטָה
בִּגְדֵי הוֹנוֹ· תַּמָּה תְלוּיָה צִיר נֶאֱמָן לַבַּיִת· תָּגֵל בְּהִתְבַּשֵּׂר
הַשֶּׁלֶג אָדָם תּוֹלָע· תַּעֲדֶה יֵשַׁע תַּעֲטָה מְעִיל צְדָקָה·
תָּפִיק צָהֳלָה תַּבִּיעַ דִּיץ וְחֶדְוָה· תְּלוּלֵי רוֹם הִרְעִיפוּ
זַרְזִיף טַלָּם· תַּלְמֵי שָׂדַי רָוּוּ תֵּת יְבוּלָם· תּוֹדָה נָתְנוּ
אוֹסְפֵי זֶרַע שָׁלוֹם· תְּהִלָּה בִּשְׂרוּ נוֹשְׂאֵי אֲלֻמּוֹת בְּרֹן·
תַּחְתִּיּוֹת אֶרֶץ צְבִי זֶמֶר שָׁמֵעוּ· תְּנוּ צִדְקוֹתָיו חֲצַץ הוֹלְכֵי
נְתִיבוֹת· תִּקְוַת שׁוֹלְחָיו אֵמוּן לֹא אַכְזָב· תּוֹחַלְתָּם כְּצָנַת
שֶׁלֶג בְּיוֹם קָצִיר: מִצּוֹאָתָם רְחָצוּ מִמֶּנֶף צַחֲנָתָם זַכּוּ·
שְׁלֵמִים תְּמִימִים בְּכָר בַּפִּימוֹ וְכִזְכּוּ· לְהַגִּיד כִּי מְטַהֲרָם
מְקוֹר מַיִם חַיִּים· מִקְוֵה יִשְׂרָאֵל מְנַקָּם מַיִם נֶאֱמָנוּ:
בְּטֹהַר וּבְנִקָּיוֹן יֻנְקוּ וְיִטְהָרוּ· יְחֻדְּשׁוּ כַּחֲדָשֵׁי בְקָרִים·
מִכָּחָם יְצַחֲצָחוּ· רוֹמְמוֹת אֵל יְהַגּוּ בִּגְרוֹנָם· בִּלְשׁוֹנָם
רֹן בְּפִּימוֹ שִׁיר חָדָשׁ· יָגִילוּ בְּרַעַד יַעַבְדוּ בְּיִרְאָה:
קָדוֹשׁ יִשְׂרָאֵל מְקַדֵּשׁ קְדוֹשִׁים· לְשַׁגֵּן לָרַנֵּן לְתוֹפֵף
וּלְצַלְצֵל· וּלְנַצֵּחַ בִּנְגִינוֹת וּלְהַנְעִים זֶמֶר· נֶחֱבָּקִים בְּעֹ
יָמִין רוֹמֵמָה· יַחַד נִתְמָכִים בְּמַלְאָה צֶדֶק· מְשׂוּכִים
לְבֹא שְׁעָרָיו בְּרָנְנָה· וְשָׂשׂוֹן וְשִׂמְחָה יַשִּׂיגוּ נֶצַח· שָׂשִׂים
וְגָלִים בִּשְׁמוֹ כָּל הַיּוֹם: חָדִים בְּשִׂמְחָה אֶת פָּנָיו·
זִיו אוֹרָם כַּשַּׁחַר יִבָּקַע· קוֹלָם יִשְׂאוּ וְיָרֹנּוּ בְּגָאוֹן
Reader.
צוּר עוֹלָמִים: אַשְׁרֵי הָעָם שֶׁכָּכָה לּוֹ· אַשְׁרֵי הָעָם
שֶׁיְיָ אֱלֹהָיו:

he again bathed, put on the golden garments, and laved his hands and feet : he then offered the continual burnt offering of the afternoon, burnt the incense, and lighted the lamps. The service being then ended, he laved his hands and feet ; thus did he bathe five times and laved his hands and feet ten times. Lo ! his face was radiant as the sun when he goeth forth in his might, rejoicing as he appeared girded and robed in his garments of honour. A perfect people conducted the faithful messenger to his home : they rejoiced at the good tidings, that the fillet, red as scarlet, had become like snow : they were decked with salvation and clad with the robe of righteousness : a cry of triumph rose, a song of joy and gladness. The clouds on high distilled and dropped their dew ; the furrows of the field ran with water, and the land yielded her increase. They that gathered in of the seed of peace, gave thanks ; they that bare the sheaves, declared God's praise in melody ; the nethermost parts of the glorious earth gave forth music, and shewed forth his righteousness to troops travelling by the way. Verily the messenger had fulfilled the hope of them that sent him : their hope had come as the cool breeze from a snow-clad land on the day of harvest. They were washed from their uncleanness, they were cleared from the taint of their pollution ; they laved their hands in purity, yea, they were made perfect and whole ; to make known that he that cleanseth them is the fountain of living waters ; he that purifieth them is the well of Israel, whose waters never fail. In whiteness and innocence they were made wholly clean ; they were made new, even as mercy is new every morning ; they were cleansed from every stain ; the high praises of God were in their throat, singing was on their tongue, in their mouth a new song. They rejoice in dread, and serve in awe the Holy One of Israel, the Sanctifier of holy beings ; they utter joyful song with the timbrel and cymbal, playing on stringed instruments and singing sweet psalmody. They cling to the mighty right hand that is exalted and full of righteousness, and lo ! it upholdeth them altogether. They are drawn near and enter into his gates exulting ; joy and everlasting gladness overtake them on their path. They triumph and rejoice in his Name all the day ; they are made exceeding glad in his presence.

Reader. The splendour of their light breaketh forth as the morning ; they lift up their voice, they exult in the majesty of the everlasting Rock. Happy is the people, that is in such a case ; happy is the people, whose God is the Lord.

וְיוֹם טוֹב הָיָה עוֹשֶׂה כֹהֵן גָּדוֹל לְכָל אֹהֲבָיו כְּשֶׁנִּכְנַס
בְּשָׁלוֹם וְיָצָא בְשָׁלוֹם בְּלִי פֶגַע׃ וְכָךְ הָיְתָה תְּפִלָּתוֹ שֶׁל
כֹּהֵן גָּדוֹל בְּיוֹם הַכִּפֻּרִים בְּצֵאתוֹ מִבֵּית קֹדֶשׁ הַקֳּדָשִׁים
בְּשָׁלוֹם בְּלִי פֶגַע׃

יְהִי רָצוֹן מִלְּפָנֶיךָ יְיָ אֱלֹהֵינוּ וֵאלֹהֵי אֲבוֹתֵינוּ שֶׁתְּהֵא
הַשָּׁנָה הַזֹּאת הַבָּאָה עָלֵינוּ וְעַל כָּל עַמְּךָ בֵּית יִשְׂרָאֵל׃
שְׁנַת אֹסֶם׃ שְׁנַת בְּרָכָה׃ שְׁנַת גְּזֵרוֹת טוֹבוֹת מִלְּפָנֶיךָ׃
שְׁנַת דָּגָן תִּירוֹשׁ וְיִצְהָר׃ שְׁנַת הָרְוָחָה וְהַצְלָחָה׃ שְׁנַת
וְעוּד בֵּית מִקְדָּשֶׁךָ׃ שְׁנַת זוֹל׃ שְׁנַת חַיִּים טוֹבִים מִלְּפָנֶיךָ׃
שָׁנָה טְלוּלָה וּגְשׁוּמָה אִם שְׁחוּנָה׃ שְׁנַת יַמְתִּיקוּ מְגָדִים
אֶת תְּנוּבָתָם׃ שְׁנַת כַּפָּרָה עַל כָּל עֲוֹנוֹתֵינוּ׃ שְׁנַת לַחְמֵנוּ
וּמֵימֵינוּ תְּבָרֵךְ׃ שְׁנַת מַשָּׂא וּמַתָּן׃ שְׁנַת נָבוֹא לְבֵית
מִקְדָּשֵׁנוּ׃ שְׁנַת שֹׂבַע׃ שְׁנַת עֹנֶג׃ שְׁנַת פְּרִי בִטְנֵנוּ וּפְרִי
אַדְמָתֵנוּ תְּבָרֵךְ׃ שְׁנַת צֵאתֵנוּ וּבוֹאֵנוּ תְּבָרֵךְ׃ שְׁנַת
קְהָלֵנוּ תּוֹשִׁיעַ׃ שְׁנַת רַחֲמֶיךָ יִכְמְרוּ עָלֵינוּ׃ שְׁנַת שָׁלוֹם
וְשַׁלְוָה׃ שָׁנָה שֶׁתַּעֲלֵנוּ שְׂמֵחִים לְאַרְצֵנוּ׃ שְׁנַת אוֹצָרְךָ
הַטּוֹב תִּפְתַּח לָנוּ׃ שָׁנָה שֶׁלֹּא יִצְטָרְכוּ עַמְּךָ בֵּית יִשְׂרָאֵל
זֶה לָזֶה וְלֹא לְעַם אַחֵר בְּתִתְּךָ בְּרָכָה בְּמַעֲשֵׂה יְדֵיהֶם׃
וְעַל אַנְשֵׁי הַשָּׁרוֹן הָיָה אֹמֵר׃ יְהִי רָצוֹן מִלְּפָנֶיךָ יְיָ
אֱלֹהֵינוּ וֵאלֹהֵי אֲבוֹתֵינוּ שֶׁלֹּא יֵעָשׂוּ בָתֵּיהֶם קִבְרֵיהֶם׃

Reader. אֱמֶת מַה נֶּהְדָּר הָיָה כֹהֵן גָּדוֹל בְּצֵאתוֹ
מִבֵּית קָדְשֵׁי הַקֳּדָשִׁים בְּשָׁלוֹם בְּלִי פֶגַע׃

Congregation.	*Reader.*
מַרְאֵה כֹהֵן׃	כְּאֹהֶל הַנִּמְתַּח בְּדָרֵי מַעְלָה׃
מַרְאֵה כֹהֵן׃	כִּבְרָקִים הַיּוֹצְאִים מִזִּיו הַחַיּוֹת׃

The High Priest also made a festive day for all his friends, after that he had entered the holy place in peace, and had come forth in perfect peace. And thus was the prayer of the High Priest upon the Day of Atonement when he came out of the Holy of Holies in perfect peace :

May it be thy will, O Lord our God and the God of our fathers, that this year that hath now arrived may be unto us and unto all thy people, the house of Israel, a year of plenteous store ; a year of blessings ; a year of good decrees from thee ; a year of corn, wine and oil ; a year of enlargement and prosperity ; a year of assembling in thy sanctuary ; a year of abundance ; a year of happy life from thee ; a year of dew and rain and warmth ; a year in which the precious fruits shall ripen ; a year of atonement for all our iniquities ; a year in which thou wilt bless our bread and our water ; a year of trading and merchandise ; a year in which we may enter our holy Temple ; a year of plenty ; a year of happiness ; a year in which thou wilt bless the fruit of the womb and the fruit of our land ; a year in which thou wilt bless our going out and our coming in ; a year in which thou wilt save our assembly ; a year in which thy mercies shall be moved toward us ; a year of peace and tranquillity ; a year in which thou mayest bring us up rejoicing to our land ; a year in which thou wilt open unto us thy good treasury ; a year in which thy people, the house of Israel, may not be in need of support, one from the other, nor from another people, in that thou wilt set a blessing upon the work of their hands.

And for the inhabitants of Sharon he prayed : may it be thy will, O Lord our God and God of our fathers, that their houses may not become their graves.

Reader. In truth how glorious was the High Priest as he came forth from the Holy of Holies in perfect peace.

As the brightness of the vaulted canopy of heaven,

Cong. after each line : Was the countenance of the priest.

As lightnings flashing from the splendour of the Chayoth,

כִּגְדֶל גְּדִילִים בְּאַרְבַּע קְצָוֹת·   מַרְאֵה כֹהֵן:

כִּדְמוּת הַקֶּשֶׁת בְּתוֹךְ הֶעָנָן·   מַרְאֵה כֹהֵן:

כְּהוֹד אֲשֶׁר הִלְבִּישׁ צוּר לִיצוּרִים·   מַרְאֵה כֹהֵן:

כְּוֶרֶד הַנָּתוּן בְּתוֹךְ גִּנַּת חֶמֶד·   מַרְאֵה כֹהֵן:

כְּזֵר הַנָּתוּן עַל מֵצַח מֶלֶךְ·   מַרְאֵה כֹהֵן:

כְּחֶסֶד הַנִּתָּן עַל פְּנֵי חָתָן·   מַרְאֵה כֹהֵן:

כִּטְהַר הַנָּתוּן בִּצְנִיף טָהוֹר·   מַרְאֵה כֹהֵן:

כְּיוֹשֵׁב בְּסֵתֶר לְחַלּוֹת פְּנֵי מֶלֶךְ·   מַרְאֵה כֹהֵן:

כְּכֹכַב הַנֹּגַהּ בִּגְבוּל מִזְרָח·   מַרְאֵה כֹהֵן:

כָּל אֵלֶּה בִּהְיוֹת הַהֵיכָל עַל יְסוֹדוֹתָיו· וּמִקְדַּשׁ הַקֹּדֶשׁ עַל
מְכוֹנוֹתָיו· וְכֹהֵן גָּדוֹל עוֹמֵד וּמְשָׁרֵת· דּוֹרוֹ רָאוּ וְשָׂמֵחוּ:

אַשְׁרֵי עַיִן רָאֲתָה כָּל אֵלֶּה· הֲלֹא לְמִשְׁמַע אֹזֶן
דָּאֲבָה נַפְשֵׁנוּ:

אַשְׁרֵי עַיִן רָאֲתָה אָהֳלֵנוּ· בְּשִׂמְחַת קְהָלֵנוּ· הֲלֹא
לְמִשְׁמַע אֹזֶן דָּאֲבָה נַפְשֵׁנוּ:

אַשְׁרֵי עַיִן רָאֲתָה גִילֵנוּ· דִּיצַת קְהָלֵנוּ· הֲלֹא לְמִשְׁמַע
אֹזֶן דָּאֲבָה נַפְשֵׁנוּ:

אַשְׁרֵי עַיִן רָאֲתָה הַמְשׁוֹרְרִים· וְכָל מִינֵי שִׁירִים· הֲלֹא
לְמִשְׁמַע אֹזֶן דָּאֲבָה נַפְשֵׁנוּ:

אַשְׁרֵי עַיִן רָאֲתָה זְבוּל הַמְתֻקָּן· חַי בּוֹ שָׁכַן· הֲלֹא
לְמִשְׁמַע אֹזֶן דָּאֲבָה נַפְשֵׁנוּ:

אַשְׁרֵי עַיִן רָאֲתָה בְּשִׂמְחַת בֵּית הַשּׁוֹאֵבָה· עַם
שׁוֹאֶבֶת רוּחַ הַקֹּדֶשׁ רוּחַ נְדִיבָה· הֲלֹא לְמִשְׁמַע אֹזֶן
דָּאֲבָה נַפְשֵׁנוּ:

As the celestial blue in the thread of the fringes,

As the iridescence of the rainbow in storm-clouds,

As the glory wherewith the Rock hath clothed his pious servants,

As a rose planted in the midst of a pleasant garden,

As a diadem set on the brow of a king,

As the mirror of love in the face of a bridegroom,

As a halo of purity shining forth from the mitre of holiness,

As one that abideth in secret, beseeching the presence of the King,

As the morning star shining in the borders of the East,

Cong. Was the countenance of the priest.

Reader. So was it in all these things, while the Temple was upon its foundations, the holy Sanctuary upon its site, and the High Priest stood and ministered : his generation beheld and rejoiced.

Happy the eye that saw all these things ; verily to hear of them maketh our soul sad.

Happy the eye that saw our Temple and the joy of our assembly ; verily to hear of it maketh our soul sad.

Happy the eye that saw our joy, the exaltation of our assembly ; verily to hear of it maketh our soul sad.

Happy the eye that saw the singers with every kind of musical instrument ; verily to hear of it maketh our soul sad.

Happy the eye that saw the appointed habitation wherein the living Presence dwelt ; verily to hear of it maketh our soul sad.

Happy the eye that saw the joy in the place of drawing of water,[1] a people indrawing freely of the Holy Spirit ; verily to hear of it maketh our soul sad.

[1] For the altar at the Feast of Tabernacies.

אַשְׁרֵי עַיִן רָאֲתָה פְּרִישַׁת כֹּהֵן בְּרֶשֶׁם· צוֹעֵק אָנָּא הַשֵּׁם· הֲלֹא לְמִשְׁמַע אֹזֶן דָּאֲבָה נַפְשֵׁנוּ:

אַשְׁרֵי עַיִן רָאֲתָה קְהַל קְדוֹשִׁים· רוֹגְשִׁים בְּבֵית קָדְשֵׁי הַקֳּדָשִׁים· הֲלֹא לְמִשְׁמַע אֹזֶן דָּאֲבָה נַפְשֵׁנוּ:

אַשְׁרֵי עַיִן רָאֲתָה שְׁנֵי הַמַּלְבָּן· מַשְׂעִיר הַקָּרְבָּן· הֲלֹא לְמִשְׁמַע אֹזֶן דָּאֲבָה נַפְשֵׁנוּ:

אַשְׁרֵי עַיִן רָאֲתָה תְמִידִים קְרֵבִים· בְּשַׁעַר בַּת רַבִּים· הֲלֹא לְמִשְׁמַע אֹזֶן דָּאֲבָה נַפְשֵׁנוּ:

אֲבָל עֲוֺנוֹת אֲבוֹתֵינוּ הֶחֱרִיבוּ נָוֶה· וְחַטֹּאתֵינוּ הֶאֱרִיכוּ קִצּוֹ· אֲבָל זִכְרוֹן דְּבָרִים תְּהֵא סְלִיחָתֵנוּ· וְעִנּוּי נַפְשֵׁנוּ תְּהֵא כַפָּרָתֵנוּ· עַל כֵּן בְּרַחֲמֶיךָ הָרַבִּים נָתַתָּ לָנוּ אֶת יוֹם הַכִּפֻּרִים הַזֶּה· וְאֶת יוֹם מְחִילַת הֶעָוֺן הַזֶּה לִסְלִיחַת עָוֺן וּלְכַפָּרַת פֶּשַׁע· יוֹם אָסוּר בַּאֲכִילָה· יוֹם אָסוּר בִּשְׁתִיָּה· יוֹם אָסוּר בִּרְחִיצָה· יוֹם אָסוּר בְּסִיכָה· יוֹם אָסוּר בְּתַשְׁמִישׁ הַמִּטָּה· יוֹם אָסוּר בִּנְעִילַת הַסַּנְדָּל· יוֹם שִׂימַת אַהֲבָה וְרֵעוּת· יוֹם עֲזִיבַת קִנְאָה וְתַחֲרוּת· יוֹם שֶׁתִּמְחוֹל לְכָל עֲוֺנוֹתֵינוּ: וּבְעֵת וּבְעוֹנָה הַזֹּאת גָּלוּי וְיָדוּעַ לְפָנֶיךָ וְלִפְנֵי כִסֵּא כְבוֹדֶךָ· שֶׁאֵין לָנוּ לֹא מְנַהֵל כַּיָּמִים הָרִאשׁוֹנִים· לֹא כֹהֵן גָּדוֹל לְהַקְרִיב קָרְבָּן· וְלֹא מִזְבֵּחַ לְהַעֲלוֹת עָלָיו כָּלִיל:

מַה נְּדַבֵּר וּמַה נִּצְטַדָּק· וּמַה נַּעֲנֶה לְמִמְּךָ מַעֲנֶה: גְּמָלָנוּ טוֹבוֹת וְשִׁלַּמְנוּ רָעוֹת· וּמַה יֶּשׁ לָנוּ עוֹד צְדָקָה· לִזְעֹק פְּנֵי הַמֶּלֶךְ:

Happy the eye that saw the High Priest prepared for the solemn rite and crying thy Name aloud, O God ; verily to hear of it maketh our soul sad.

Happy the eye that saw the holy congregation thronging the hallowed Temple ; verily to hear of it maketh our soul sad.

Happy the eye that saw the scarlet fillet of the goat become white ; verily to hear of it maketh our soul sad.

Happy the eye that saw the continual sacrifices offered in the gate of the multitude ; verily to hear of it maketh our soul sad.

But through the iniquities of our fathers the Temple is in ruins, and our sins have prolonged the period of its desolation. O may our remembrance of these things bring forgiveness, and may the affliction of our souls be our atonement. For in thine abundant mercies thou hast given unto us this Day of Atonement, this day of pardon, for the forgiveness of iniquity, and the atonement of transgression : a day on which eating and drinking are forbidden, on which bodily luxury is prohibited, and continency is enjoined : a day to bestow love and friendship, a day to abandon envy and strife, a day of pardon for all our iniquities. But lo ! it is revealed in thy presence and known before thy glorious throne, that at this time and in this hour we have no guide as in the days of old ; no High Priest to offer sacrifice, no altar for burnt-offering.

What shall we say, and how can we clear ourselves ? And what shall we answer him from whom is the utterance of speech ? He hath bestowed good upon us, but we have rendered evil. What right therefore have we left, that we should cry unto the King ?

סליחות לתפלת מוסף

סְלַח לָנוּ אָבִינוּ כִּי בְרֹב אִוַּלְתֵּנוּ שָׁגִינוּ:
מְחַל לָנוּ מַלְכֵּנוּ כִּי רַבּוּ עֲוֹנֵינוּ:

Cong. אֵין פֶּה לְהָשִׁיב וְלֹא שָׂא פָנִים · בְּבֹשֶׁת עֲלוּמֵי פָנֵי
לְפָנִים: גָּבְרוּ דִבְרֵי עֲוֹנוֹת רִאשׁוֹנִים · דֹּפִי נָתַן עִם
אַחֲרוֹנִים: הִנֵּה פַּסּוּ מְשׁוּחִים כֹּהֲנִים · וְשִׁבְעָה פּוֹרְשִׁים
לְיוֹם זֶה נְכוֹנִים: זְרִיזִים הָיוּ אַחֵר מְתַקְּנִים · חַסְדֵי
עֶלְיוֹן בְּנֵי הַסְּגָנִים: טְבִילוֹת חָמֵשׁ וְעֶשֶׂר הַנְּמָנִים · יָדָיו
לְקַדֵּשׁ כְּתִקּוּן רוֹזְנִים: כְּבִשְׂנֵים עֶשֶׂר וּשְׁמוֹנָה עֶשְׂרֵה
מָנִים · לְבוּשֵׁי שָׂרָד בְּגָדִים שׁוֹנִים: מַזֶּה בֶּן מַזֶּה יָשִׂים
קְטוֹרָה לִפְנִים · נִגַּשׁ לְהַגְרִיל עַל שְׂעִירִים מְזֻמָּנִים:
סָמַךְ וְהִתְוַדָּה שְׁגָגוֹת וּזְדוֹנִים · עָרַךְ עָרְכוּ לַאֲדֹנֵי הָאֲדֹנִים:
פְּשָׁעִים כִּפֶּר בְּעַד שֹׁמֵר אֱמוּנִים · צֶדֶק יָלִין דָּר מְעוֹנִים:
קָשַׁר לָשׁוֹן וְחוּט הַשָּׁנִים · רַחוּם מַלְבִּין מֵרֹב אוֹנִים:
שָׁמָּה הָיוּ כֻלָּם פּוֹנִים · תּוֹדָה זוֹבְחִים בְּקוֹל הוֹדוּ עוֹנִים:
אָנָּה אֲנִי בָא בְּבֶהָל רַעְיוֹנִים · פָּנַי כָּבְשְׁתִּי וְהֵנָּם מִשְׁתַּנִּים:
רֵיקָנִית בִּיאָה שֻׁלְחָנִי הֲמוֹנִים · יֶחֱוְרוּ פָנַי לְכַמָּה גְוָנִים:
מַה טוֹבִי וּמַה יָפְיִי וְאִם כֹּחִי אֲבָנִים · בְּרַחֲמִים לָבֹא בִּבְכִי
וּבְתַחֲנוּנִים: Reader. רַחֲמֶיךָ רַבִּים וַחֲסָדֶי קְטַנִּים · יְבוֹאוּנוּ
חֲסָדֶיךָ וְצִדְקַת אֵיתָנִים: קוֹרְאִים רַחֲמֶיךָ וְעַל חַסְדְּךָ
נְדוֹנִים · חַיֵּיהֶם בְּיָדְךָ וְעַל צִדְקוֹתֶיךָ מְסוּרִים וּנְתוּנִים:

PENITENTIAL PRAYERS—ADDITIONAL SERVICE

Forgive us, O our Father, for in the abundance of our folly we have gone astray. Pardon us, our King, for our iniquities have multiplied.

Cong. I have no speech wherewith to answer thee, nor dare I lift up my countenance ; for the disgrace of my youth hath turned my face pale. Iniquity hath spread its mighty toils in former times and its shame still lurketh around us now. The anointed priests have passed away, who for seven days were set apart in preparation for this most solemn day. Lest aught might befal the High Priest, the pious servants of the Most High, all princely men, prepared another to fill his place. Five times the High Priest bathed, and laved his hands in tenfold consecration as prescribed by Law, now robed in royal vestment of the value of twelve manim, anon in spotless raiment of eighteen manim worth.[1] Priest of purity, the son of priestly sires, he took burning incense within the veil, and then, drawing nigh the goats that stood in readiness, he cast the lots. On the head of one he laid his hands and made confession of sins of ignorance and of presumption, and his fellow he offered unto the Lord of lords. He made atonement for a faithful people, so that he that dwelleth on high might cause righteousness to lodge within their hearts. He bound about the kid a scarlet fillet, which the All-merciful in the mystery of his power made white. Thither the people all thronged, offering thanksgiving and uttering words of praise. And now, whither shall I turn and bear my troubled thoughts ? My countenance is fallen, yea, it is cast very low. Empty of hand hath this assembly sent me ; my face is blanched and hath grown wan. What is my excellence, my comeliness, and is my strength of stones ? Nay, I come to thee weeping and as a suppliant for thy grace. Thy mercies are boundless, but my merit is as naught : O let thy loving-kindness meet us, and let the patriarchs' righteousness be our aid. We cry aloud for thy compassion, that we may be judged by thy tender mercy ; for our lives are delivered into thy hand and upon thy charity do we depend.

[1] Mishnah, *Yoma* iii. 7.

כִּי עַל רַחֲמֶיךָ הָרַבִּים אָנוּ בְטוּחִים וְעַל צִדְקוֹתֶיךָ
אָנוּ נִשְׁעָנִים· וְלִסְלִיחוֹתֶיךָ אָנוּ מְצַפִּים· וְלִישׁוּעָתְךָ אָנוּ
מְקַוִּים: אַתָּה הוּא מֶלֶךְ אוֹהֵב צְדָקוֹת מִקֶּדֶם· מַעֲבִיר
עֲוֹנוֹת עַמּוֹ וּמֵסִיר חַטֹּאת יְרֵאָיו· כָּרַת בְּרִית לָרִאשׁוֹנִים·
וּמְקַיֵּם שְׁבוּעָה לָאַחֲרוֹנִים: אַתָּה הוּא שֶׁיָּרַדְתָּ בַּעֲנַן
כְּבוֹדְךָ עַל הַר סִינַי· וְהֶרְאֵיתָ דַּרְכֵי טוּבְךָ לְמֹשֶׁה
עַבְדֶּךָ: אָרְחוֹת חֲסָדֶיךָ גִּלִּיתָ לוֹ· וְהוֹדַעְתּוֹ כִּי אַתָּה
אֵל רַחוּם וְחַנּוּן אֶרֶךְ אַפַּיִם וְרַב חֶסֶד וּמַרְבֶּה לְהֵטִיב·
וּמַנְהִיג אֶת כָּל הָעוֹלָם כֻּלּוֹ בְּמִדַּת הָרַחֲמִים: וְכֵן
כָּתוּב· וַיֹּאמֶר אֲנִי אַעֲבִיר כָּל טוּבִי עַל פָּנֶיךָ וְקָרָאתִי
בְשֵׁם יְיָ לְפָנֶיךָ· וְחַנֹּתִי אֶת אֲשֶׁר אָחֹן וְרִחַמְתִּי אֶת
אֲשֶׁר אֲרַחֵם:

אֵל אֶרֶךְ אַפַּיִם אַתָּה· וּבַעַל הָרַחֲמִים נִקְרֵאתָ· וְדֶרֶךְ
תְּשׁוּבָה הוֹרֵיתָ: גְּדֻלַּת רַחֲמֶיךָ וַחֲסָדֶיךָ תִּזְכּוֹר הַיּוֹם
וּבְכָל יוֹם לְזֶרַע יְדִידֶיךָ: תֵּפֶן אֵלֵינוּ בְּרַחֲמִים· כִּי אַתָּה
הוּא בַּעַל הָרַחֲמִים: בְּתַחֲנוּן וּבִתְפִלָּה פָּנֶיךָ נְקַדֵּם·
כְּהוֹדַעְתָּ לֶעָנָו מִקֶּדֶם: מֵחֲרוֹן אַפְּךָ שׁוּב· כְּמוֹ בְתוֹרָתְךָ
כָּתוּב: וּבְצֵל כְּנָפֶיךָ נֶחֱסֶה וְנִתְלוֹנָן· כְּיוֹם וַיֵּרֶד יְיָ בֶּעָנָן:
תַּעֲבוֹר עַל פֶּשַׁע וְתִמְחֶה אָשָׁם· כְּיוֹם וַיִּתְיַצֵּב עִמּוֹ שָׁם:
תַּאֲזִין שַׁוְעָתֵנוּ וְתַקְשִׁיב מֶנּוּ מַאֲמָר· כְּיוֹם וַיִּקְרָא בְשֵׁם
יְיָ וְשָׁם נֶאֱמַר·

וַיַּעֲבֹר יְיָ עַל פָּנָיו וַיִּקְרָא·

יְיָ יְיָ אֵל רַחוּם וְחַנּוּן אֶרֶךְ אַפַּיִם וְרַב חֶסֶד וֶאֱמֶת:

For in thy compassion we put our trust, upon thy charity we depend, to thy forgiveness we look, and for thy salvation we hope. Thou art the King who lovest charity from of old, causing the iniquities of thy people to pass away and removing the sins of them that fear thee. Thou didst enter into covenant with the fathers and keepest oath with their children. Thou art he who didst descend in the cloud of thy glory upon Mount Sinai and madest manifest the ways of thy goodness to Moses thy servant. The paths of thy mercies thou didst reveal unto him and taughtest him that thou art a compassionate and gracious God, slow to anger, abundant in mercy and full of beneficence, governing the whole world with the attribute of compassion. And thus it is written, And he said, I will make all my goodness pass before thee, and I will proclaim the Name of the Lord before thee ; and will be gracious to whom I will be gracious, and will shew mercy on whom I will shew mercy.

Thou art a God slow to anger and art called Lord of compassion. Thou hast shewn the way of repentance. O remember this day and every day the greatness of thy compassion and thy loving-kindness unto the seed of thy beloved. Turn thou unto us in compassion, who art Lord of compassion. With supplication and prayer we come into thy presence, as thou didst teach the meek man of old. O turn from thy fierce wrath, as it is written in thy Law. May we lodge and shelter in the shadow of thy wings, as on the day whereon the Lord descended in the cloud. Forgive our transgression and blot out our trespass, as on the day when thou didst stand by the prophet there. Give ear to our cry and hearken to our speech, as on the day thou proclaimedst the Name of the Lord. And there it is said :

And the Lord passed by before him and proclaimed :

The Lord, the Lord, a God full of compassion and gracious, slow to anger, and abundant in mercy and truth ;

נֹצֵר חֶסֶד לָאֲלָפִים נֹשֵׂא עָוֹן וָפֶשַׁע וְחַטָּאָה וְנַקֵּה: וְסָלַחְתָּ לַעֲוֹנֵנוּ וּלְחַטָּאתֵנוּ וּנְחַלְתָּנוּ:

סְלַח לָנוּ אָבִינוּ כִּי חָטָאנוּ · מְחַל לָנוּ מַלְכֵּנוּ כִּי פָשָׁעְנוּ: כִּי אַתָּה אֲדֹנָי טוֹב וְסַלָּח וְרַב חֶסֶד לְכָל קֹרְאֶיךָ:

Cong. אֵלֶיךָ יְיָ נַפְשֵׁנוּ נִשָּׂא: נִשָּׂא לְבָבֵנוּ אֶל כַּפַּיִם אֶל אֵל בַּשָּׁמָיִם: נִשָּׂא עֵינֵינוּ אֶל הֶהָרִים מֵאַיִן יָבֹא עֶזְרֵנוּ: מִי יוֹדֵעַ יָשׁוּב הָאֱלֹהִים וְשָׁב מֵחֲרוֹן אַפּוֹ וְלֹא נֹאבֵד: מִי יוֹדֵעַ יָשׁוּב וְנִחַם וְהִשְׁאִיר אַחֲרָיו בְּרָכָה:

רַחֲמֶיךָ רַבִּים יְיָ כְּמִשְׁפָּטֶיךָ חַיֵּינוּ: אַל תָּבֹא בְמִשְׁפָּט עִמָּנוּ כִּי לֹא יִצְדַּק לְפָנֶיךָ כָל חָי:

כְּרַחֵם אָב עַל בָּנִים כֵּן תְּרַחֵם יְיָ עָלֵינוּ: לַיְיָ הַיְשׁוּעָה עַל עַמְּךָ בִרְכָתֶךָ סֶּלָה: יְיָ צְבָאוֹת עִמָּנוּ מִשְׂגָּב לָנוּ אֱלֹהֵי יַעֲקֹב סֶלָה: יְיָ צְבָאוֹת אַשְׁרֵי אָדָם בֹּטֵחַ בָּךְ: יְיָ הוֹשִׁיעָה הַמֶּלֶךְ יַעֲנֵנוּ בְיוֹם קָרְאֵנוּ:

Reader. סְלַח נָא לַעֲוֹן הָעָם הַזֶּה כְּגֹדֶל חַסְדֶּךָ וְכַאֲשֶׁר נָשָׂאתָה לָעָם הַזֶּה מִמִּצְרַיִם וְעַד הֵנָּה: וְשָׁם נֶאֱמַר

Cong. וַיֹּאמֶר יְיָ סָלַחְתִּי כִּדְבָרֶךָ:

הַטֵּה אֱלֹהַי אָזְנְךָ וּשֲׁמָע פְּקַח עֵינֶיךָ וּרְאֵה שֹׁמְמֹתֵינוּ וְהָעִיר אֲשֶׁר נִקְרָא שִׁמְךָ עָלֶיהָ: כִּי לֹא עַל צִדְקֹתֵינוּ אֲנַחְנוּ מַפִּילִים תַּחֲנוּנֵינוּ לְפָנֶיךָ · כִּי עַל רַחֲמֶיךָ הָרַבִּים: אֲדֹנָי שְׁמָעָה אֲדֹנָי סְלָחָה אֲדֹנָי הַקְשִׁיבָה וַעֲשֵׂה אַל תְּאַחַר לְמַעַנְךָ אֱלֹהַי · כִּי שִׁמְךָ נִקְרָא עַל עִירְךָ וְעַל עַמֶּךָ:

keeping mercy for thousands, forgiving iniquity, transgression and sin ; and acquitting. O pardon our iniquity and our sin, and take us for thine inheritance.

Forgive us, O our Father, for we have sinned ; pardon us, our King, for we have transgressed. For thou, O Lord, art good and ready to forgive, and plenteous in mercy unto all them that call upon thee.

Cong. Unto thee, O Lord, we lift up our heart. Let us lift up our heart with our hands unto God in the heavens. We will lift up our eyes unto the hills, from whence cometh our help. Who can tell if God will turn and repent, and turn away from his fierce anger, that we perish not ? Who knoweth if he will repent him again and leave behind a blessing ?

Great are thy tender mercies, O Lord ; quicken us according to thy judgments. Enter not into judgment with us : for in thy sight shall no man living be justified.

Like as a father pitieth his children, so pity us, O Lord. Salvation belongeth unto the Lord : thy blessing be upon thy people. Selah. The Lord of hosts is with us ; the God of Jacob is a high tower unto us. Selah. O Lord of hosts, happy is the man that trusteth in thee. Save, O Lord : may the King answer us on the day we call.

Reader. Pardon, I beseech thee, the iniquity of this people according to the greatness of thy mercy, and according as thou hast forgiven this people from Egypt even until now. And there it is said :—

Cong. And the Lord said, I have forgiven according to thy word.

O my God, incline thine ear and hear ; open thine eyes and behold our desolations, and the city which is called by thy Name ; for we do not present our supplications before thee for our righteous deeds, but because of thy great mercies. O Lord, hear ; O Lord, forgive ; O Lord, hearken and do ; defer not, for thine own sake, O my God ; for thy city and thy people are called by thy Name.

אֱלֹהֵינוּ וֵאלֹהֵי אֲבוֹתֵינוּ׃

אֲנִי הוּא הַשּׁוֹאֵל׃ בְּעַד בֵּית יִשְׂרָאֵל׃ וַאֲנִי אֶדְרוֹשׁ
אֶל אֵל׃ וְאָשִׂים דְּבָרָתִי ׃

בְּקִירוֹת הַלְּבָבוֹת׃ אֲנָחוֹתַי רַבּוֹת׃ לְבָבִי אֵיךְ סַבּוֹת׃
לְאֵל צוּר יְשׁוּעָתִי ׃

גְּבוּרוֹתָיו הִפְלִיא׃ אֱלֹהִים יְיָ חֵילִי׃ וְעָשָׂה מִשְׁכָּן לִי׃
וְיָגַעְתִּי וּמָצָאתִי ׃

דִּבְּרוּ גַם מִלָּא׃ אֱלֹהֵי אֵשׁ אוֹכְלָה׃ וְהַעֲלֵיתִי עֹלָה׃
וְגַם שָׁעָה לְמִנְחָתִי ׃

הֶחֱזֵיתִי בָּחַר׃ בְּיוֹם זֶה הַנִּבְחַר׃ בְּתָמִיד הַשַּׁחַר׃
בְּכֹהֵן רֹאשׁ הֶחֱלַתִי׃

וְאַחֲרָיו הָעֲבוֹדוֹת׃ סְדוּרוֹת נִכְבָּדוֹת׃ וְעִנְיַן הִתְוַדֵּת׃
בְּאָנָּא הַשֵּׁם הוֹדֵיתִי׃

וְהִירִים וּטְהוֹרִים׃ בְּיוֹם זֶה מִתְכַּפְּרִים׃ בְּדַם פַּר
וּשְׂעִירִים׃ בְּהָעִיר עַם רַבָּתִי ׃

חֲתַת גֶּחָלִים׃ פְּרַקְלִיט לְמוּלִים׃ וּבִשְׁנֵי הָאֵילִם׃
כְּבֵן לְאָב בָּאתִי ׃

טְבִילוֹת וְקִדּוּשִׁים׃ כְּמִשְׁפָּטָם נַעֲשִׂים׃ לְשׁוֹכֵן
תַּרְשִׁישִׁים׃ עֲבוֹדַת יוֹם הֲכִינוֹתִי׃

יְדִידוּת הַשִּׁירִים׃ בְּקָלוֹת וּזְמָרִים׃ בְּשָׁמְעִי קוֹל מֵרִים׃
אֲוַי יָדַי הֲרִימוֹתִי ׃

Our God and God of our fathers,

I am the suppliant for my people here,
    Yea, for the House of Israel, I am he ;
I seek my God's benign and heedful ear,
    For words that rise from me.

Amid the walls of hearts that stand around,
    My bitter sighs surge up to mount the sky ;
Ah ! how my heart doth pant with ceaseless bound
    For God, my Rock on high.

With mighty works and wondrous He hath wrought,
    Lord of my strength, my God. When me He bade
To make a sanctuary for Him, I sought,
    I laboured, and 'twas made.

The Lord, my God, He hath fulfilled His word—
    He ruleth as an all-consuming fire—
I came with sacrifice, my prayer He heard,
    He granted my desire.

My sprinkling He accepted at the dawn
    Of this, the holiest day, the chosen one,
When with the daily offering of the morn
    The High Priest had begun.

And when the services thereafter came,
    In glorious order, each a sacred rite,
I, bending low, and calling on the Name,
    Confessed before His sight.

The holy Priests, the ardent, for their sin
    Upon this day made their atonement then,
With blood of bullocks and of goats, within
    The city full of men.

The Priest with glowing censer seemed as one
    Preparing for the pure a way by fire.
I brought two rams and entered as a son
    That cometh to his sire.

The bathings and ablutions, as 'twas meet,
    Were all performed according to their way ;
Then passed before the throne of God complete
    The service of the day.

And when sweet strains of praise to glorify
    Burst forth in psalmody and songs of love,
Yea, when I heard the voice uplifted high,
    I raised mine hand above.

כְּכִסָּה הַקְּטֹרֶת· פְּנֵי הַכַּפֹּרֶת· בְּקִרְבִּי תִּפְאֶרֶת·
וְהוֹרַמְתִּי וְהוֹנַפְתִּי :

לְפָנִים הָיְתָה זֹאת· וְעַתָּה בִּרְנֻזוֹת· לְלַעַג וְלִבְזוֹת·
אֲשֶׁר מַעֲשַׂי קְפַּחְתִּי :

מְאֹד תָּרוּ עֵינַי· וְהִכְבַּדְתִּי אָזְנִי· וְצַדִּיק הוּא יְיָ·
כִּי פִיהוּ מָרִיתִי :

נִלְוִים אָהַבְתִּי· וְצֶדֶק שָׂנֵאתִי· וּמַעֲשַׂי קִלְקַלְתִּי·
הֲרֵעֹתִי אֲשֶׁר עָשִׂיתִי :

סְלַח נָא לַעֲוֹנוֹת· אֱלֹהִים מִמְּעוֹנוֹת· רְאֵה נַפְשׁוֹת נַעֲנוֹת·
וְהִנֵּה נָא זָקַנְתִּי :

עֲשֵׂה נָא נִפְלָאוֹת· אֱלֹהֵי הַצְּבָאוֹת· עֲנֵנוּ נוֹרָאוֹת·
וְאַל תֶּחֱרַשׁ לְדִמְעָתִי :

פְּתַח יַד הָרָמָה· לְאֹם לֹא רֻחָמָה· בְּלֹא שִׂפְתֵי
מִרְמָה· הַאֲזִינָה תְפִלָּתִי :

צָפֵה אֶל עֶלְבּוֹנִי· וְאַל נָא לַעֲוֹנִי· עֲשֵׂה אֵל דִּין עָנִי·
וְאַל אֶרְאֶה בְּרָעָתִי :

קְרָאתִיךָ נֶחִי· וְדִבַּרְתִּי שִׂיחִי· בְּהִתְעַטֵּף רוּחִי·
אֶת יְיָ זָכַרְתִּי :

רְאֵה גֹאֲלִי מִכְיִי· שְׁמַע קוֹל בִּכְיִי· וְגַם תִּדְרוֹשׁ דָּכְיִי·
וְאַל תִּדְרוֹשׁ לְחַטָּאתִי :

שְׁמַע קוֹל נְאָמִי· וְתִדְרוֹשׁ אֶת שְׁלוֹמִי· וּמַה בֶּצַע בְּדָמִי·
אֵלֵי שַׁחַת בְּרִדְתִּי :

The rising clouds of incense mantled o'er
The mercy-seat within its sacred space :
Then glory filled me, and my soul would soar
    To yon exalted place.

Of ancient times I dream, of vanished days ;
    Now wild disquiet rageth unrestrained ;
Scorned and reproached by all, from godly ways
    Have I, alas, refrained.

Afar mine eyes have strayed, and I have erred,
    Even the hearing of mine ears I quelled ;
And righteous is the Lord, for at His word
    I sorely have rebelled.

Perverseness have I loved, and wrongful thought,
    And hating good, strove righteousness to shun,
And in mine actions foolishness have wrought ;
    Great evil have I done.

Pardon, I pray Thee, our iniquity,
    O God, from Thine high dwelling, and behold
The souls that in affliction weep to Thee—
    For lo ! I have grown old.

Work for me, I beseech Thee, marvels now,
    O Lord of Hosts ! in mercy lull our fears ;
Answer with potent signs, and be not Thou
    Silent to all my tears.

Open Thine hand exalted, nor revile
    The hearts not comforted, but pierced with care,
Praying with fervent lips, that know not guile,
    O hearken to my prayer !

Look Thou upon my sorrow, I implore,
    But not upon the sin that laid me low ;
Judge, God, the cause of mine affliction sore ;
    Let me not see my woe.

Ah, Thou my Maker ! I have called on Thee,
    Pictured my thought to Thee, pronounced my word ;
And at the time my spirit failed in me,
    Remembered I the Lord.

Behold my wound, Thou Keeper of relief !
    Let me Thine ears with voice of weeping win ;
Seek in Thy mercy balsam for my grief,
    But seek not for my sin.

Give ear unto my voice, O hear my call !
    And give me peace, for Thou art great to save.
What profit is there in my blood, my fall
    Down low unto the grave ?

תְּהִלָּתְךָ אֲסַפֵּר · וְחַטָּאתִי כַפֵּר · דְּבָרַי אֵל תָּפֵר ·
וְתָקֶם נָא אֲלֻמָּתִי :

בִּנְךָ נִמְכַּר גָּאֵלוּ · וּבָרֵךְ אֶת חֵילוֹ · וּמָתַי תֹּאמַר לוֹ ·
יָדַעְתִּי בְנִי יָדַעְתִּי :

רְאִיתְךָ סוֹבֵל בְּצָרוֹת מִתְחַבֵּל · שְׁמַעְתִּיךָ קוֹבֵל ·
וְנָאַלְתִּי וְהִצַּלְתִּי :

וְעַתָּה גְאָלֵי שׁוּרִי · בְּשַׁלְשָׁלָאוֹת קָשׁוּר · וּבַקֵּשׁ הֶחָסוּר ·
כְּשֶׂה אוֹבֵד תָּעִיתִי :

כְּלִילַת תִּפְאָרָה · נְפוּלָה וּשְׁבוּרָה · וּמֶנִּי נֶעֱדָרָה ·
וַיֵּצֵא הָאֶחָד מֵאִתִּי :

בְּרִיחַי הֵן שֻׁבָּר · וְעָלַי הִתְעַבָּר · וְדוֹדִי חָמַק עָבָר ·
וּכְעַרְעָר נִשְׁאָרְתִּי :

שְׁעָרַי גַּם טָבְעוּ · וְדַלְתוֹתַי רָעוּ · וְנָדוּ גַם נָעוּ ·
וּבֹשְׁתִּי וְגַם נִכְלָמְתִּי :

מְלִיצַי נֶאֱלָמוּ · מְנָאֲצַי הוּרָמוּ · וְהָעֵלֶם יַעֲלִימוּ ·
מְנוּחָתִי וְטוֹבָתִי :

אֱלֹהִים יְיָ חֵילִי · אֱזוֹן וּשְׁמַע קוֹלִי · עֲנֵנִי וֶאֱמָר לִי ·
קַח נָא אֶת בִּרְכָתִי :

חֲזֵה אֶת שִׁפְלוּתִי · וְרַחֵם עַל עֲדָתִי · וְנַפְשִׁי יְחִידָתִי ·
טוֹב אוֹתָהּ לְךָ תִתִּי :

קְנֵה שֵׁנִית בִּנְךָ · רְאֵה וּפְקַח עֵינֶיךָ וְאַל תַּעֲלֵם אָזְנֶךָ ·
לְרַוְחָתִי לְשַׁוְעָתִי :

But I unceasing will declare Thy praise ;
   Grant my atonement, though I sinned so oft.
Bring not my word to nothingness, but raise
   My fallen sheaf aloft.

Redeem Thy son, long sold to bondage grim,
   And on his substance let Thy blessing flow ;
How long, O Lord, ere Thou wilt say to him,
   " I know, my son, I know.

I see thee heavy-laden with thy care,
   With sorrow's burden greater than thy strength ;
I hear thee wailing : yea, but I will spare,
   And will redeem at length."

O my Redeemer, only now behold
   The chains that bind me 'neath their cruel sway;'
And seek Thy servant, wandered from the fold,
   A lost sheep, gone astray.

Beauty's perfection lieth fallen low,
   Broken and waste, which stood in majesty ;
For all my glory fled when, long ago,
   The One went out from me.

My strong bars He hath broken every one ;
   He hath been wroth with me : I am bereft.
And my belovèd One hath turned and gone:
   A desert am I left.

My gates are sunken, they that stood so high ;
   My sacred doors are shattered and laid waste ;
Lo ! they are moved and fallen hence ; and I
   Am humbled and disgraced.

Dumb are mine advocates in mine appeal,
   High in their pride my scorners raise their crest ;
They quench my light, they darkly do conceal
   My welfare and my rest.

O Lord, my God ! all strength abides in Thee ;
   O hear my voice, as humbly here I bow ;
And let the sentence of Thy judgment be,
   " Take thou my blessing now."

Behold me fallen low from whence I stood,
   And mine assembly with compassion see ;
And this my soul, mine only one, 'tis good
   To give it unto Thee.

Take back Thy son once more, and draw him near ;
   Hide not from him the radiance of Thine eye,
Turn not away, but bend a favouring ear
   Unto my plaint, my cry.

אִם יוֹסְפִים אֲנַחְנוּ לַעֲמוֹד לְשָׁרֵת בִּשְׁמוֹ׃

וְכַפַּיִם שָׂמַחְנוּ בְּאֶפֶס אִשֶׁה לַחְמוֹ׃

שְׁמַע יְיָ קוֹל עַמּוֹ אֲשֶׁר חֶלֶף וְבָחֲמוֹ׃

לַעֲשׂוֹת מִשְׁפַּט עַבְדּוֹ וּמִשְׁפַּט עַמּוֹ יִשְׂרָאֵל דְּבַר יוֹם בְּיוֹמוֹ׃

פְּסוּ שׁוֹמְרֵי הַסַּף׃ בְּדַלְתֵי אָרֶן לִקּוֹב׃

אֵין קָרְבָּן וְאֵין מוּסָף׃ וְהַדִּין הָהַר יִקּוֹב׃

בְּזֹאת יְכֻפַּר עֲוֹן יַעֲקֹב׃ הָסֵר חַטָּאתוֹ בְּצוֹמוֹ׃

לַעֲשׂוֹת מִשְׁפַּט עַבְדּוֹ וּמִשְׁפַּט עַמּוֹ יִשְׂרָאֵל דְּבַר יוֹם בְּיוֹמוֹ׃

רְאֵה כִּי אָזְלַת בֶּקַע׃ כֶּסֶף נַפְשׁוֹת עֶרְכִּי׃

לָמָה נַפְשִׁי תֵקַע׃ אַךְ אֶת יְיָ בָּרְכִי׃

עַל עֲבָדָיו יִתְנֶחָם כִּי יָדִין יְיָ עַמּוֹ׃

לַעֲשׂוֹת מִשְׁפַּט עַבְדּוֹ וּמִשְׁפַּט עַמּוֹ יִשְׂרָאֵל דְּבַר יוֹם בְּיוֹמוֹ׃

יוֹם סְלִיחָה הֵן הוּקַם׃ לַעֲשׂוֹת תְּשׁוּבוֹתֵינוּ׃

אִם שְׁלַחֲנְךָ רֵיקָם׃ עֲנוּי נֶפֶשׁ חוֹבוֹתֵינוּ׃

בְּךָ בָּטְחוּ אֲבוֹתֵינוּ׃ בָּטְחוּ וַתְּפַלְּטֵמוֹ׃

לַעֲשׂוֹת מִשְׁפַּט עַבְדּוֹ וּמִשְׁפַּט עַמּוֹ יִשְׂרָאֵל דְּבַר יוֹם בְּיוֹמוֹ׃

מִפְּנֵי יָד שֶׁנִּשְׁתַּלְּחָה׃ בְּמִשְׁכְּנוֹתָיו וּבְעָרָיו׃

אֵין זֶבַח וְאֵין מִנְחָה׃ מֵעֵת מִקְדָּשׁ חָרַב׃

נָקָם יָשִׁיב לְצָרָיו׃ וְכִפֶּר אַדְמָתוֹ עַמּוֹ׃

לַעֲשׂוֹת מִשְׁפַּט עַבְדּוֹ וּמִשְׁפַּט עַמּוֹ יִשְׂרָאֵל דְּבַר יוֹם בְּיוֹמוֹ׃

הַקְּטֹרֶת לְפָנֶיךָ תְּטוֹף׃ מִלָּתִי כְּמִרְקַחַת׃

תְּפִלָּה לְעָנִי כִּי יַעֲטֹף׃ תַּחֲשׁוֹב מְלֹא כַף נָחַת׃

וְלֹא יָמוּת לַשַּׁחַת׃ וְלֹא יֶחְסַר לַחְמוֹ׃

לַעֲשׂוֹת מִשְׁפַּט עַבְדּוֹ וּמִשְׁפַּט עַמּוֹ יִשְׂרָאֵל דְּבַר יוֹם בְּיוֹמוֹ׃

Since we be standing even yet, to be
  As ministers before Thee in Thy Name,
And spread our hands out, having naught for Thee
  Of that oblation wherewith once we came—
    Hear now, O Lord, Thy people's voice, and hold
    Their crying for their sacrifice of old.

*That He maintain the cause of His servant and the cause of His
people Israel, as every day shall require.*

All those who watched Thy doors have passed away,
  Who guarded for thy treasury its due;[1]
There is no off'ring and no gift this day,
  And still can justice pierce a mountain through.[2]
    Yet so shall Jacob's sin be purged at last,
    And his atonement made in this his fast.

See, for the coin for off'ring faileth now,
  The silver of the ransom for my soul;[3]
But wherefore, O my soul, art stricken low?
  Nay, bless the Lord and verily extol.
    For He will soon repent Him for His own,
    Judging His people from the eternal throne.

A day of pardon is appointed us
  To make repentance for our souls therein;
Yea, though Thine altar still be empty thus,
  Our soul's affliction pleadeth for our sin.
    Of old our fathers trusted in Thy Name,
    They trusted, and from Thee redemption came.

Because the hand was once sent forth to lay
  Their dwelling-places low, their cities fair,
No off'ring hath been brought Thee since the day
  The sanctuary was wasted and laid bare.
    Yet vengeance on His foemen He will take,
    And make atonement for His people's sake.

For incense brought to Thee, which is no more,
  Mine orison shall drop as fragrant spice;
The prayer of the afflicted, burdened sore,
  Shall be a handful sweet for sacrifice;
    So that he may not perish in the pit,
    Nor want for bread, nor go forth lacking it.

[1] II Kings xii. 9.   [2] T.B., *Sanhedrin* 6b.
[3] Exod. xxx. 12.

נֶעֱצָרָה עַל דַּל שְׂפָתַי· כְּנִרְצָה בִּמְלֹא קָמְצוֹ·
מִמְּקוֹם תְּפִלַּת אֲבוֹתַי· יִנָּעֵר שׁוֹאֵל בְּעֶצְמוֹ·
יְקַנֵּא יְיָ לְאַרְצוֹ· וְיַחְמוֹל עַל עַמּוֹ·
לַעֲשׂוֹת מִשְׁפַּט עַבְדּוֹ וּמִשְׁפַּט עַמּוֹ יִשְׂרָאֵל דְּבַר יוֹם בְּיוֹמוֹ:

תָּבוֹא לְפָנֶיךָ אֶנְקַת אָסִיר· כְּגֹדֶל זְרוֹעֲךָ הוֹתֵר בְּנֵי
תְמוּתָה: לִשְׁמוֹעַ אֶנְקַת אָסִיר· לְפַתֵּחַ בְּנֵי תְמוּתָה: אַל
תִּנְאַץ לְמַעַן שִׁמְךָ אַל תְּנַבֵּל כִּסֵּא כְבוֹדֶךָ· זְכֹר אַל
תָּפֵר בְּרִיתְךָ אִתָּנוּ:

Reader. סְלַח נָא לַעֲוֹן הָעָם הַזֶּה כְּגֹדֶל חַסְדֶּךָ וְכַאֲשֶׁר
נָשָׂאתָה לָעָם הַזֶּה מִמִּצְרַיִם וְעַד הֵנָּה: וְשָׁם נֶאֱמַר·

Congregation. וַיֹּאמֶר יְיָ סָלַחְתִּי כִּדְבָרֶךָ:

אֱלֹהֵינוּ וֵאלֹהֵי אֲבוֹתֵינוּ·

אֶת הַבְּרִית וְאֶת הַחֶסֶד וְאֶת הַשְּׁבוּעָה· לְאַבְרָהָם
אָבִינוּ בְּהַר הַמּוֹרִיָּה קְבוּעָה· בָּהּ אָנוּ נֵאוֹתִים וּמְחַזְּרִים
לְתָבְעָהּ· מְחִילָה וּסְלִיחָה בִּתְפִלַּת הַיּוֹם רְבוּעָה· גֶּזַע
הַלּוּלִים מְאֹד נֶחְמָד לְמַרְאֵהוּ· נִכְשַׁר לְגַבֵּי הַמִּזְבֵּחַ
לְהַעֲלוֹתוֹ בִּירֵאֵהוּ· דְּבַר מֶלֶךְ שִׁלְטוֹן זָקֵן מִשְׁתָּאֵהוּ· סִגֵּל
מִצְוָתוֹ שְׁנִיָּה מֵרִאשׁוֹנָה לְהִתְנָאֵהוּ: הִנֵּה לִכְהֻנָּה וּמַלְכוּת
וְלִשְׁתֵּיהֶן זָכָה· עָרַף עֲלֵיהֶם שָׂכָר קִימָה וַהֲלִיכָה·
וּבַיּוֹם הַשְּׁלִישִׁי מְשֻׁלָּשׁ בִּזְכוּת זָכָה· פֵּאֵר הַשְּׁכִינָה
מְקוֹם מָרוֹת סוֹכֵכָה: זְכוּת הִשְׁתַּחֲוָיָה עַד כֹּה פָּשְׁטָה·
צְבִי לַצַּדִּיק חֲזָרָתוֹ לְשָׁלוֹם לְקַשְׁטָה· חֲמוּדוֹ כְּהַטְעִין
קְרִיאָתוֹ לָרַחֲמִים הוֹשֵׁטָה· קָרֵב חֲלוּפוֹ וְלֹא מָחָלְפֶת

Keep Thou the portal of my lips, accept
   Their gift as that brought once in priestly hand ;
Let those who call on stocks of trees be swept
   From where my fathers prayed on hallowed land.
     Yea, let the Lord to jealousy be moved
     For His own land, and pity those He loved.

That He maintain the cause of His servant and the cause of His people Israel, as every day shall require.

Cong. Let the crying of the prisoner come before thee ; according to the greatness of thy power preserve thou those that are appointed to die. Look down to hear the groaning of the prisoner ; to loose those that are appointed to death. Do not abhor us, for thy Name's sake : do not disgrace the throne of thy glory ; remember, break not thy covenant with us.

Reader. Pardon, I beseech thee, the iniquity of this people according to the greatness of thy mercy, and according as thou hast forgiven this people from Egypt even until now. And there it is said :—

Cong. And the Lord said, I have forgiven according to thy word.

Our God and God of our fathers,

[1] The covenant, the mercy and the oath ordained unto Abraham our father on Mount Moriah : resting on these we would fain return unto thee, craving thy pardon and forgiveness with this day's fourfold prayer. A goodly sapling, exceeding fair to look upon, was he enjoined to offer on the altar at the place where God shall see. The aged sire marvelled at his sovereign King's command ; yet was his second trial to be more noble than the first. By this act he merited both priesthood and kingship. His was the reward for ready obedience. Thus on the third day, thrice-crowned by that his deed, it was given him to view the glory of the Shechinah resting upon Moriah's exalted hill. " We will worship yonder," he spake, words that were prophetic of their peaceful return, the guerdon of his righteousness. His darling's question when he loaded him with the wood drew forth the divine compassion. A ransom was provided and the father's words were brought true. Perfect in faith, he

[1] This Selichah is based upon the Midrash ; *Bereshith Rabba, Vayera.*

הַשָּׁטָה: טָהוֹר בָּנָה מִזְבֵּחַ וּמַעֲרָכָה הֶעֱמִיד· רֶגֶל וְיָד
עָקְדוֹ כְּטָלֶה הַתָּמִיד· יָד לַצַּוָּאר בְּמַכְשֶׁרֶת אוֹכְלִין
כְּהַצְמִיד· שָׁלִיחַ בְּזָרִיזוּת לְשׁוֹן חֻבָּה הֶחֱמִיד: כְּנֻכְחַן
צַדִּיק בְּצִדְקוֹ מִשָּׁמַיִם נִשְׁקָף· כָּפְרוּ מִבֵּין הַשְּׁמָשׁוֹת
בְּסֻבְּךָ מָקָף· תְּמוּרַת יְחִידוֹ הִתְקָרֵב בְּטָלִיתוֹ תָּקָף·
תַּחְתָּיו דָּמוֹ זָרַק וְאִמּוּרָיו זָקָף: מָקוֹם גְּבוֹהוֹת לַדּוֹרוֹת
חִין עָרַךְ· אָנָא הַשֵּׁם הַנִּכְבָּד וְהַמְּבוֹרָךְ· יִרְאֶה יֵרָאֶה
בְּרֹאשׁ בֵּית הַדָּרָךְ· יִצְחָק יְחִידוֹ אֶפְרוֹ צָבוּר וּמָחָרָךְ:
מוֹשִׁיטִים לְשֵׁם זְקֵנָם וּמִתְפָּאֲרִים בַּאֲבוֹתָם· *Reader.*
אַשְׁרֵיהֶם מִי מְטַהֲרָם וּמַעֲבִיר חוֹבוֹתָם· יוֹצְרָם שֶׁבַּשָּׁמַיִם
מִקְוֶה יִשְׂרָאֵל וְנַאֲדָתָם· רְצוֹנָם יָפִיק לְמַלֹּאות לְטוֹבָה
תַּאֲוָתָם:

אֵל מֶלֶךְ יוֹשֵׁב עַל כִּסֵּא רַחֲמִים· מִתְנַהֵג בַּחֲסִידוּת
מוֹחֵל עֲוֹנוֹת עַמּוֹ· מַעֲבִיר רִאשׁוֹן רִאשׁוֹן· מַרְבֶּה מְחִילָה
לַחַטָּאִים וּסְלִיחָה לַפּוֹשְׁעִים· עוֹשֶׂה צְדָקוֹת עִם כָּל
בָּשָׂר וָרוּחַ· לֹא כְרָעָתָם תִּגְמוֹל· אֵל הוֹרֵיתָ לָנוּ לוֹמַר
שְׁלֹשׁ עֶשְׂרֵה· זְכָר לָנוּ הַיּוֹם בְּרִית שְׁלֹשׁ עֶשְׂרֵה· כְּמוֹ
שֶׁהוֹדַעְתָּ לֶעָנָו מִקֶּדֶם כְּמוֹ שֶׁכָּתוּב· וַיֵּרֶד יְיָ בֶּעָנָן וַיִּתְיַצֵּב
עִמּוֹ שָׁם וַיִּקְרָא בְשֵׁם יְיָ:

וַיַּעֲבֹר יְיָ עַל פָּנָיו וַיִּקְרָא·

יְיָ יְיָ אֵל רַחוּם וְחַנּוּן אֶרֶךְ אַפַּיִם וְרַב חֶסֶד וֶאֱמֶת:
נֹצֵר חֶסֶד לָאֲלָפִים נֹשֵׂא עָוֹן וָפֶשַׁע וְחַטָּאָה וְנַקֵּה·
וְסָלַחְתָּ לַעֲוֹנֵנוּ וּלְחַטָּאתֵנוּ וּנְחַלְתָּנוּ:
סְלַח לָנוּ אָבִינוּ כִּי חָטָאנוּ· מְחַל לָנוּ מַלְכֵּנוּ כִּי פָשָׁעְנוּ:
כִּי אַתָּה אֲדֹנָי טוֹב וְסַלָּח וְרַב חֶסֶד לְכָל קֹרְאֶיךָ:

built an altar and spread the wood.   He bound his son, both
hand and foot, even as the lamb of the daily offering.   He put
his hands to the throat with the sacrificial knife when of a
sudden an angel called to him in tender accents.   For God
had looked down from heaven whilst the righteous man made
proof of his righteousness.   Lo, the ram of ransom that was
fashioned in the twilight [1] was caught fast in a thicket.   He
drew it to the altar, clinging to his robe, and sacrificed it in
the place of his only son ; he sprinkled its blood and offered
up its members.   And there in the lofty spot hallowed for
all posterity he made his prayer :   " O God, honoured and
blessed, let the offering that ' God shall see ' be seen of thee
for ever from the height of thy glorious abode, even as the
ashes of my only Isaac."   *Reader*.   Thus Israel, looking back
across the ages, glory in their forefather's deed.   Happy are
they !   For who cleanseth them and cleareth them of guilt ?
Their Creator who is in heaven, the hope of Israel and their
glory.   May he prosper their wish and bring unto good
fulfilment their heart's desire.

Almighty King, who sittest upon a throne of mercy, and
governest the world with loving-kindness, who pardonest
the sins of thy people, causing them to pass away one by
one, freely extending pardon to sinners, and forgiveness to
transgressors, doing charity to the spirit of all flesh, and not
requiting them according to their evil ; O God, thou hast
taught us to recite thy thirteen attributes.   Remember then
unto us this day the covenant of the thirteen attributes,
even as thou didst reveal them of old to the meek man, as
it is written :   And the Lord descended in the cloud and
stood with him there, and proclaimed the Name of the Lord.
And the Lord passed by before him and proclaimed :

The Lord, the Lord, a God full of compassion and gracious,
slow to anger, and abundant in mercy and truth ;   keeping
mercy for thousands, forgiving iniquity, transgression and
sin ;   and acquitting.   O pardon our iniquity and our sin,
and take us for thine inheritance.

Forgive us, O our Father, for we have sinned ;   pardon
us, our King, for we have transgressed.   For thou, O Lord,
art good and ready to forgive, and plenteous in mercy unto
all them that call upon thee.

[1] Cf. Mishnah, *Aboth.* v 9.

זְכֹר רַחֲמֶיךָ יְיָ וַחֲסָדֶיךָ כִּי מֵעוֹלָם הֵמָּה: אַל תִּזְכָּר
לָנוּ עֲוֹנוֹת רִאשׁוֹנִים מַהֵר יְקַדְּמוּנוּ רַחֲמֶיךָ כִּי דַלּוֹנוּ
מְאֹד: זָכְרֵנוּ יְיָ בִּרְצוֹן עַמֶּךָ· פָּקְדֵנוּ בִּישׁוּעָתֶךָ· זְכֹר
עֲדָתְךָ קָנִיתָ קֶּדֶם גָּאַלְתָּ שֵׁבֶט נַחֲלָתֶךָ הַר צִיּוֹן זֶה
שָׁכַנְתָּ בּוֹ: וְכֹר יְיָ חִבַּת יְרוּשָׁלָיִם· אַהֲבַת צִיּוֹן אַל
תִּשְׁכַּח לָנֶצַח: זְכֹר יְיָ לִבְנֵי אֱדוֹם אֵת יוֹם יְרוּשָׁלָיִם
הָאֹמְרִים עָרוּ עָרוּ עַד הַיְסוֹד בָּהּ: אַתָּה תָקוּם תְּרַחֵם
צִיּוֹן כִּי עֵת לְחֶנְנָהּ כִּי בָא מוֹעֵד: זְכֹר לְאַבְרָהָם לְיִצְחָק
וּלְיִשְׂרָאֵל עֲבָדֶיךָ אֲשֶׁר נִשְׁבַּעְתָּ לָהֶם בָּךְ וַתְּדַבֵּר אֲלֵהֶם
אַרְבֶּה אֶת זַרְעֲכֶם כְּכוֹכְבֵי הַשָּׁמָיִם וְכָל הָאָרֶץ הַזֹּאת
אֲשֶׁר אָמַרְתִּי אֶתֵּן לְזַרְעֲכֶם וְנָחֲלוּ לְעֹלָם: זְכֹר לַעֲבָדֶיךָ
לְאַבְרָהָם לְיִצְחָק וּלְיַעֲקֹב· אַל תֵּפֶן אֶל קְשִׁי הָעָם הַזֶּה
וְאֶל רִשְׁעוֹ וְאֶל חַטָּאתוֹ:

Reader :

אַל נָא תָשֵׁת עָלֵינוּ חַטָּאת אֲשֶׁר נוֹאַלְנוּ וַאֲשֶׁר חָטָאנוּ:
חָטָאנוּ צוּרֵנוּ· סְלַח לָנוּ יוֹצְרֵנוּ:

Congregation:

אֵלֶּה אֶזְכְּרָה וְנַפְשִׁי עָלַי אֶשְׁפְּכָה· כִּי בְלָעוּנוּ זֵדִים
כְּעֻגָּה בְּלִי הֲפוּכָה· כִּי בִימֵי הַשַּׂר לֹא עָלְתָה אֲרוּכָה·
לַעֲשָׂרָה הֲרוּגֵי מְלוּכָה: בְּלָמְדוֹ סֵפֶר מִפִּי מְשׁוּלֵי עָרְמַת·
וְהֵבִין וְדִקְדֵּק בְּדַת רְשׁוּמַת· וּפָתַח בְּאֵלֶּה הַמִּשְׁפָּטִים
וְחָשַׁב מְזִמַּת· וְגֹנֵב אִישׁ וּמְכָרוֹ וְנִמְצָא בְיָדוֹ מוֹת יוּמָת:
גָּבַהּ לֵב בִּגְדוֹלִים· וְצִוָּה לְמַלֹּאות פַּלְטְרוֹ נְעָלִים· וְקָרָא

Remember, O Lord, thy tender mercies and thy loving-kindnesses ; for they are of old. O remember not former iniquities against us ; let thy tender mercies speedily prevent us, for we are brought very low. Remember us, O Lord, with the favour that thou bearest unto thy people : O visit us with thy salvation. Remember thy congregation which thou hast gotten of old, which thou hast redeemed to be the tribe of thine inheritance, and mount Zion wherein thou hast dwelt. Remember, O Lord, the devotion of Jerusalem, and forget not for all time the love of Zion. Remember, O Lord, against the children of Edom the day of Jerusalem ; who said, Rase it, rase it even unto the foundation thereof. Thou wilt arise and have mercy upon Zion : for it is time to have pity upon her, yea, the set time is come. Remember Abraham, Isaac and Israel, thy servants, to whom thou swarest by thine own self and saidst unto them : I will multiply your seed as the stars of heaven, and all this land that I have spoken of will I give unto your seed and they shall inherit it for ever. Remember thy servants, Abraham, Isaac and Jacob ; look not unto the stubbornness of this people, nor to their wickedness, nor to their sin.

Reader :

Lay not the sin, we beseech thee, upon us, wherein we have done foolishly and wherein we have sinned.

We have sinned, O our Rock ! Our Creator, forgive us !

Congregation :

These things I do remember ; O I pour
My soul out for them. All the ages long
Hatred pursueth us ; through all the years
Ignorance like a monster hath devoured
Our martyrs as in one long day of blood.
Rulers have risen through the endless years,
Oppressive, savage in their witless power,
Filled with a futile thought : to make an end
Of that which God had cherished. There was once
A tyrant searching in the Book of God
For some word there to serve him as a sword
To slay us ; and he found the line which spake :
" He that doth steal a man and selleth him,
He shall be surely put to death." That king,
That dark-designing servant of false gods.

לַעֲשָׂרָה חֲכָמִים גְּדוֹלִים· מְבִינֵי דָת וְטַעֲמֶיהָ בְּפִלְפּוּלִים·
דִּינוּ מִשְׁפָּט זֶה לַאֲשְׁרוּ· וְאַל תְּעַוְּתוּהוּ בְּכָזָב לְאָמְרוּ·
כִּי אִם הוֹצִיאוּהוּ לַאֲמִתּוֹ וּלְאוֹרוּ· כִּי יִמָּצֵא אִישׁ גּוֹנֵב
נֶפֶשׁ מֵאֶחָיו מִבְּנֵי יִשְׂרָאֵל וְהִתְעַמֶּר בּוֹ וּמְכָרוֹ: הֵם כָּעֲנוּ
לוֹ וּמֵת הַגַּנָּב הַהוּא· נָם אַיֵּה אֲבוֹתֵיכֶם אֲשֶׁר אֲחִיהֶם
מְכָרוּהוּ· לְאֹרְחַת יִשְׁמְעֵאלִים סְחָרוּהוּ· וּבְעַד נַעֲלַיִם
נְתָנוּהוּ: וְאַתֶּם קַבְּלוּ דִין שָׁמַיִם עֲלֵיכֶם· כִּי מִימֵי
אֲבוֹתֵיכֶם לֹא נִמְצָא כָכֶם· וְאִם הָיוּ בַחַיִּים הָיִיתִי דָנָם
לִפְנֵיכֶם· וְאַתֶּם תִּשְׂאוּ עֲוֹן אֲבוֹתֵיכֶם: זְמַן תְּנָה לָּנוּ
שְׁלֹשָׁה יָמִים· עַד שֶׁנֵּדַע אִם נִגְזַר הַדָּבָר מִמְּרוֹמִים·
אִם אָנוּ חַיָּבִים וַאֲשֵׁמִים· נִסְבּוֹל בִּגְזֵרַת מָלֵא רַחֲמִים:
חָלוּ וְזָעוּ וְנָעוּ כֻּלָּמוֹ· עַל רַבִּי יִשְׁמָעֵאל כֹּהֵן גָּדוֹל נָתְנוּ
עֵינֵימוֹ· לְהַזְכִּיר אֶת הַשֵּׁם לַעֲלוֹת לַאֲדוֹנֵימוֹ· לָדַעַת אִם
יָצְאָה הַגְּזֵרָה מֵאֵת אֱלֹהֵימוֹ·

טָהֵר רַבִּי יִשְׁמָעֵאל עַצְמוֹ וְהִזְכִּיר אֶת הַשֵּׁם בְּסִלּוּדִים·
וְעָלָה לַמָּרוֹם וְשָׁאַל מֵאֵת הָאִישׁ לְבוּשׁ הַבַּדִּים· וְנָם
לוֹ קַבְּלוּ עֲלֵיכֶם צַדִּיקִים וִידִידִים· כִּי שָׁמַעְתִּי מֵאַחֲרֵי
הַפַּרְגוֹד כִּי בְזֹאת אַתֶּם נִלְכָּדִים: יָרַד וְהִגִּיד לַחֲבֵרָיו
מַאֲמַר אֵל· וְצִוָּה הַבְּלִיַּעַל לְהָרְגָם בְּכֹחַ וְלָאֵל·
וּשְׁנַיִם מֵהֶם הוֹצִיאוּ תְּחִלָּה שֶׁהֵם גְּדוֹלֵי יִשְׂרָאֵל· רַבִּי
יִשְׁמָעֵאל כֹּהֵן גָּדוֹל וְרַבָּן שִׁמְעוֹן בֶּן נַמְלִיאֵל נְשִׂיא
יִשְׂרָאֵל: כְּרוֹת רֹאשׁוֹ תְּחִלָּה הִרְבָּה לִבְעוֹן· וְנָם הָרוֹגֵנִי
תְּחִלָּה וְאַל אֶרְאֶה בְּמִיתַת מְשָׁרֵת לָדָר בִּמְעוֹן· וּלְהַפִּיל
גּוֹרָלוֹת צִוָּה צְפְעוֹן· וְנָפַל הַגּוֹרָל עַל רַבָּן שִׁמְעוֹן: לִשְׁפּוֹךְ
דָּמוֹ מִהֵר כְּשׁוֹר פָּר· וּכְשֶׁנֶּחְתַּךְ רֹאשׁוֹ נְטָלוֹ וְצָרַח

Summoned to him ten sages of the Law,
Saying : " Pervert the truth not with your lies,
But judge this thing : What if a man be found
Stealing his brother—one of Israel's sons—
And making merchandise and selling him ? "
And the ten sages spake : " That thief shall die."
" Your fathers," said the tyrant, " where are they,
That sold their brother to a company
Of Ishmaelites ? Lo, ye shall now receive
Justice of Heaven upon you ; for if they,
Were now in life, then ye yourselves should judge ;
But now ye bear on you your fathers' sin."
" If we have sinned," they said, " then we shall bear
His sentence, Whose compassion fills the world."
" Give us three days," they spake. And they all looked
Unto the High Priest, Rabbi Ishmael,
Saying, " Arise, arise, pronounce the Name ;
Know from our God if this be His decree."
Then Rabbi Ishmael, in purity,
Pronounced the Name, and rising up on high,
Made question of the angel clothed in white,[1]
Who spake : " O righteous ! O beloved ! I,
Hearkening within the secret region, heard
That ye indeed be captured." Thus he spake,
And Rabbi Ishmael, descending, told
His fellows all their doom.
                                    And that dread king
Bade the ten sages to be slain in woe
And torture. Lo ! I saw them through the years :
They stepped out of the ages, and they walked
Before the deathless spirit that is mad
With hunger for destruction of God's own.
Two of the great in Israel were brought forth
To slaughter first :—the High Priest Ishmael,
And Rabban Simeon, son of Gamliel,
A prince in Israel. And this one implored,
" O slay me ere ye slay him, lest I see
The death of him who ministers to God ! "
And lo the lot fell, and they slew him first.
And Ishmael raised the severed head and cried—

---

[1] Ezekiel ix. 11.

עָלָיו בְּקוֹל מַר כַּשּׁוֹפָר· אֵי הַלָּשׁוֹן הַמְמַהֶרֶת לְהֻוזוֹת
בְּאִמְרֵי שֶׁפֶר· בַּעֲוֹנוֹת אֵיךְ עַתָּה לוֹחֶכֶת אֶת הֶעָפָר:
מַה מְּאֹד בָּכָה עָלָיו בַּחֲרָדָה· בַּת בְּלִיַּעַל לְקוֹל בְּכִיָתוֹ
שֶׁל רַבִּי יִשְׁמָעֵאל עָמָדָה· תֹּאַר יָפְיוֹ בְּלִבָּהּ חָמְדָה·
וְשָׁאֲלָה מֵאֵת אָבִיהָ חַיָּתוֹ לְהַעֲמִידָהּ: נָאֵץ בְּלִיַּעַל דָּבָר
זֶה לַעֲשׂוֹתוֹ· לְהַפְשִׁיט עוֹרוֹ מֵעַל פָּנָיו שָׁאֲלָה מֵאִתּוֹ·
וְלֹא עִכֵּב דָּבָר זֶה לַעֲשׂוֹתוֹ· וּכְשֶׁהִגִּיעַ לִמְקוֹם תְּפִלִּין
צָרַח בְּקוֹל מַר לְיוֹצֵר נִשְׁמָתוֹ: שַׂרְפֵי מַעְלָה צָעֲקוּ
בְּמָרָה· זוֹ תּוֹרָה וְזוֹ שְׂכָרָהּ עֹטֶה כַשַּׂלְמָה אוֹרָה· אוֹיֵב
מְנָאֵץ שִׁמְךָ הַגָּדוֹל וְהַנּוֹרָא· וּמְחָרֵף וּמְנַדֵּף עַל דִּבְרֵי
תוֹרָה: עָנְתָה בַּת קוֹל מִשָּׁמַיִם· אִם אֶשְׁמַע קוֹל אַחֵר
אֶהֱפוֹךְ אֶת הָעוֹלָם לְמַיִם· לְתֹהוּ וָבֹהוּ אָשִׁית הֲדוֹמַיִם·
גְּזֵרָה הִיא מִלְּפָנַי קַבְּלוּהָ מְשַׁעְשְׁעֵי דַת יוֹמָיִם:

פְּקִידִים נֶהֶרְגוּ מֵאַחֲרֵי שֶׁבֶת בָּתֵּי כְנֵסִיּוֹת· מְלֵאֵי מִצְוֹת
כְּרִמּוֹן וּכְזָוִיּוֹת· וְהוֹצִיאוּ אֶת רַבִּי עֲקִיבָא דּוֹרֵשׁ כִּתְרֵי
אוֹתִיּוֹת· וְסָרְקוּ בְשָׂרוֹ בְּמַסְרְקוֹת פִּיפִיּוֹת: צִוָּה לְהוֹצִיא
רַבִּי חֲנַנְיָא בֶּן תְּרַדְיוֹן מִבֵּית אוּלְמוֹ· וּבַחֲבִילֵי זְמוֹרוֹת
שָׂרְפוּ גֻלְמוֹ· וּסְפוֹגִין שֶׁל צֶמֶר שָׂמוּ עַל לִבּוֹ לְעַכֵּב עַצְמוֹ·
וּכְשֶׁנִּסְתַּלְּקוּ מִיַּד נִשְׂרַף וְסֵפֶר תּוֹרָה עִמּוֹ: קוֹנְנוּ עַם
לֹא אַלְמָן· כִּי עַל דָּבָר מוּעָט נִשְׁפַּךְ דָּמָן· לְקַדֵּשׁ שֵׁם
שָׁמַיִם מָסְרוּ עַצְמָן· בַּהֲרִיגַת רַבִּי חוּצְפִּית הַמְתֻרְגְּמָן:
רְעָדָה תֹאחֵזוּ כָּל שׁוֹמֵעַ שְׁמוּעַ· וְתִזַּל כָּל עַיִן דִּמְעֹעַ·
וְנֶהְפַּךְ לְאֵבֶל כָּל שַׁעֲשׁוּעַ· עַל הֲרִיגַת רַבִּי אֶלְעָזָר בֶּן
שַׁמּוּעַ: שְׂחָתוּנִי צוֹרְרַי וּמְעַנַּי· וּמִלְאוּ כְרֵסָם מֵעֲדָנַי·
וְהִשְׁקוּנִי מֵי רוֹשׁ וְלַעֲנַי· בַּהֲרִיגַת רַבִּי חֲנִינָא בֶּן חֲכִינַאי:

Bitterly loud as calls a trumpet blast :—
" How is the tongue that taught the glorious Message
Brought low to lick the dust ! " And while he wept
The tyrant's daughter stood, and gazing on
His beauty, made petition for his life
With vain entreaty. Terror makes me dumb
To tell the tortures that mine eyes beheld ;
Only that when the murderous hand had reached
His brow, the holy symbol's seat, he cried
With one most bitter cry to his soul's Lord.

Seraphim, in the heights of heaven, called
In anguish : " This is then the Law, and this
The wage thereof, O Thou who spreadest out
Light as a garment ! Thus the foe blasphemes
Thy great and awful Name, and scorns Thy Law ! "
But out of Heaven's height a voice replied :
" Let no sound more be uttered, lest I turn
The world to water, and My throne's footstool
To sudden chaos. This is My decree ;
Accept it, all of you who loved the Law
Which I created ere the world was made."

Thus were the princes of the Law brought low,
The corner-stones jewelled with precepts. Now
Rabbi Akiba was led forth to die ;
Hananya, too, who was Teradyon's son,
Torn from his place ; and yet he held the scroll
Fast in his arms.—O God, blot out their pain.

Mourn, O my people, not yet widowed ;—still
As in a vision, for a worthless whim
I see your holiest slaughtered ; see their blood
Shed in the Name of Heaven—as even now
The blood of Huspith the Interpreter.
Trembling takes hold on all who hear, and tears
Flow from all eyes, and all delight is dead ;
For Eliezer falls, Shamua's son.
How have our strong oppressors fed on us !
How do they give us water of gall to drink—
Slaying Hanina, son of Hakinai !

תָּקְפוּ עָלֵינוּ צָרוֹת מִצוֹת לְהָפֵר · וּמֵאֲנוּ לָקַחַת הוֹן וָכֹפֶר ·
כִּי אִם נַפְשׁוֹת הַהֲגוּנוֹת אִמְרֵי שָׁפֵר · כְּמוֹ רַבִּי יִשְׁכָּב
הַסּוֹפֵר : יְחָתְּוּנוּ בְּנֵי עֲדִינָה הַשּׁוֹמֵמָה · הָרְעוּ לָנוּ מִכָּל
מַלְכֵי אֲדָמָה · וְהָרְגוּ מֶנּוּ כַּמָּה וְכַמָּה · בַּהֲרִינַת רַבִּי
יְהוּדָה בֶּן דָּמָה: דְּבֵרְתָּ בֵּית יַעֲקֹב אֵשׁ וּבֵית יוֹסֵף לֶהָבָה ·
הֵן עַתָּה קַשׁ אוֹרָם כָּכָה · חַי זַעֲקִי קְשׁוֹב וְקָרֵב בְּעוּר יוֹם
הַבָּא · כִּי הֵמָּה הִסְכִּימוּ לַהֲרוֹג עֲשָׂרָה צַדִּיקִים עִם רַבִּי
יְהוּדָה בֶּן בָּבָא :

זֹאת קְרָאַתְנוּ וְסִפַּרְנוּ בְשַׁנּוּן · וְשָׁפַכְנוּ לֵב שָׁפוּל וְאָנוּן ·
מִמָּרוֹם הַסְכֵּת תַּחֲנוּן · יְיָ יְיָ אֵל רַחוּם וְחַנּוּן :

Reader:

חַנּוּן הַבִּיטָה מִמְּרוֹמִים · תִּשְׁפָּכֵת דַּם הַצַּדִּיקִים וְתַמְצִית
דָּמִים · תֵּרָאֶה בְּפַרְגּוֹדֶךָ וְהַעֲבֵר כְּתָמִים · אֵל מֶלֶךְ יוֹשֵׁב
עַל כִּסֵּא רַחֲמִים :

חָטָאנוּ צוּרֵנוּ · סְלַח לָנוּ יוֹצְרֵנוּ :

Congregation:

זְכֹר לָנוּ בְּרִית אָבוֹת כַּאֲשֶׁר אָמַרְתָּ · וְזָכַרְתִּי אֶת
בְּרִיתִי יַעֲקוֹב וְאַף אֶת בְּרִיתִי יִצְחָק וְאַף אֶת בְּרִיתִי
אַבְרָהָם אֶזְכֹּר וְהָאָרֶץ אֶזְכֹּר : זְכֹר לָנוּ בְּרִית רִאשׁוֹנִים
כַּאֲשֶׁר אָמַרְתָּ · וְזָכַרְתִּי לָהֶם בְּרִית רִאשֹׁנִים אֲשֶׁר
הוֹצֵאתִי אֹתָם ־מֵאֶרֶץ מִצְרַיִם לְעֵינֵי הַגּוֹיִם לִהְיוֹת לָהֶם
לֵאלֹהִים אֲנִי יְיָ : עֲשֵׂה עִמָּנוּ כְּמָה שֶׁהִבְטַחְתָּנוּ · וְאַף
גַּם זֹאת בִּהְיוֹתָם בְּאֶרֶץ אֹיְבֵיהֶם לֹא מְאַסְתִּים וְלֹא

They will not take a ransom, they must take
The lives of those who speak the Law's sweet words,
Yea, even now the Scribe Yeshebab's life.
Sons of unreason strike us with their fear
More than the kings of earth ; they slay of us
Many and many ; verily they cast
Judah, the son of Dama, unto death !
Ah, Thou hast said, Jacob shall be a fire,
Joseph a flame—lo, the last ashes die.
O bring the burning of the day of doom,
For Judah, son of Baba, is not spared.
Here were ten righteous men ; lo, they are slain.

This hath befallen us. All this I tell
As I beheld it passing through the years
Of bygone ages. And subdued and crushed,
We pour our hearts out supplicating Thee.
Lord, Lord, give ear ; O pitying, merciful,
Look from Thine height upon the blood outpoured
Of all Thy righteous. Make an end of blood
Poured out and wasted ; wash the stain away,
God, King, who sittest on a gracious Throne.

We have sinned, O our Rock ! Our Creator, forgive us !

Cong. Remember unto us the covenant of the partriarchs, even as thou hast said : " And I will remember my covenant with Jacob, and also my covenant with Isaac, and also my covenant with Abraham will I remember ; and I will remember the land." Remember unto us the covenant of our ancestors, as thou hast said : " And I will, for their sakes, remember the covenant of their ancestors, whom I brought forth out of the land of Egypt in the sight of the heathen, that I might be their God : I am the Lord." Do by us as thou hast promised : " And yet for all that, when they be in the land of their enemies, I will not cast them away, neither will I abhor them, to destroy them utterly

נִגְעֲלֹתִים לְכַלֹתָם לְהָפֵר בְּרִיתִי אִתָּם כִּי אֲנִי יְיָ אֱלֹהֵיהֶם:
רַחֵם עָלֵינוּ וְאַל תַּשְׁחִיתֵנוּ כְּמָה שֶׁכָּתוּב · כִּי אֵל רַחוּם
יְיָ אֱלֹהֶיךָ לֹא יַרְפְּךָ וְלֹא יַשְׁחִיתֶךָ וְלֹא יִשְׁכַּח אֶת בְּרִית
אֲבֹתֶיךָ אֲשֶׁר נִשְׁבַּע לָהֶם: מוֹל אֶת לְבָבֵנוּ לְאַהֲבָה
וּלְיִרְאָה אֶת שְׁמֶךָ כַּכָּתוּב בְּתוֹרָתֶךָ · וּמָל יְיָ אֱלֹהֶיךָ
אֶת לְבָבְךָ וְאֶת לְבַב זַרְעֶךָ לְאַהֲבָה אֶת יְיָ אֱלֹהֶיךָ בְּכָל
לְבָבְךָ וּבְכָל נַפְשְׁךָ לְמַעַן חַיֶּיךָ: הָשֵׁב שְׁבוּתֵנוּ וְרַחֲמֵנוּ
כְּמָה שֶׁכָּתוּב · וְשָׁב יְיָ אֱלֹהֶיךָ אֶת שְׁבוּתְךָ וְרִחֲמֶךָ וְשָׁב
וְקִבֶּצְךָ מִכָּל הָעַמִּים אֲשֶׁר הֱפִיצְךָ יְיָ אֱלֹהֶיךָ שָׁמָּה:
קַבֵּץ נִדָּחֵנוּ כְּמָה שֶׁכָּתוּב · אִם יִהְיֶה נִדַּחֲךָ בִּקְצֵה
הַשָּׁמָיִם מִשָּׁם יְקַבֶּצְךָ יְיָ אֱלֹהֶיךָ וּמִשָּׁם יִקָּחֶךָ: הִמָּצֵא
לָנוּ בְּבַקָּשָׁתֵנוּ כְּמָה שֶׁכָּתוּב · וּבִקַּשְׁתֶּם מִשָּׁם אֶת יְיָ
אֱלֹהֶיךָ וּמָצָאתָ כִּי תִדְרְשֶׁנּוּ בְּכָל לְבָבְךָ וּבְכָל נַפְשֶׁךָ:
מְחֵה פְשָׁעֵינוּ לְמַעַנְךָ כַּאֲשֶׁר אָמַרְתָּ · אָנֹכִי אָנֹכִי הוּא
מֹחֶה פְשָׁעֶיךָ לְמַעֲנִי וְחַטֹּאתֶיךָ לֹא אֶזְכֹּר: מְחֵה פְשָׁעֵינוּ
כָּעָב וְכֶעָנָן כַּאֲשֶׁר אָמַרְתָּ · מָחִיתִי כָעָב פְּשָׁעֶיךָ וְכֶעָנָן
חַטֹּאתֶיךָ שׁוּבָה אֵלַי כִּי גְאַלְתִּיךָ: הַלְבֵּן חֲטָאֵינוּ כַּשֶּׁלֶג
וְכַצֶּמֶר כְּמָה שֶׁכָּתוּב · לְכוּ נָא וְנִוָּכְחָה יֹאמַר יְיָ אִם
יִהְיוּ חֲטָאֵיכֶם כַּשָּׁנִים כַּשֶּׁלֶג יַלְבִּינוּ אִם יַאְדִּימוּ כַתּוֹלָע
כַּצֶּמֶר יִהְיוּ: זְרוֹק עָלֵינוּ מַיִם טְהוֹרִים וְטַהֲרֵנוּ כְּמָה
שֶׁכָּתוּב · וְזָרַקְתִּי עֲלֵיכֶם מַיִם טְהוֹרִים וּטְהַרְתֶּם מִכָּל
טֻמְאוֹתֵיכֶם וּמִכָּל גִּלּוּלֵיכֶם אֲטַהֵר אֶתְכֶם: כַּפֵּר חֲטָאֵינוּ
בַּיּוֹם הַזֶּה וְטַהֲרֵנוּ כְּמָה שֶׁכָּתוּב · כִּי בַיּוֹם הַזֶּה יְכַפֵּר
עֲלֵיכֶם לְטַהֵר אֶתְכֶם מִכֹּל חַטֹּאתֵיכֶם לִפְנֵי יְיָ תִּטְהָרוּ:
הֲבִיאֵנוּ אֶל הַר קָדְשֶׁךָ וְשַׂמְּחֵנוּ בְּבֵית תְּפִלָּתֶךָ כְּמָה

and to break my covenant with them : for I am the Lord
their God." Have mercy upon us and destroy us not,
even as it is written : " For the Lord thy God is a
merciful God : he will not forsake thee, neither will he
destroy thee, nor forget the covenant of thy fathers
which he sware unto them." Circumcise our hearts to
'ove and revere thy Name, as it is written in thy Law :
" And the Lord thy God will circumcise thy heart and
the heart of thy seed, to love the Lord thy God with all
thine heart and with all thy soul, that thou mayest live."
Bring back our captivity and have compassion upon us, as
it is written : " Then the Lord thy God will turn thy
captivity and have compassion upon thee, and will again
gather thee from all the peoples whither the Lord thy God
hath scattered thee." Gather our dispersed ones, as it is
written : " If any of them be driven out unto the utmost
parts of heaven, from thence will the Lord thy God gather
thee, and from thence will he fetch thee." Be thou found
of us by our supplication, as it is written : " And if from
thence thou shalt seek the Lord thy God, thou shalt find
him, if thou seek him with all thine heart and with all thy
soul." O blot out our transgressions for thy sake, as thou
hast said : " I, even I, am he that blotteth out thy trans-
gressions for mine own sake, and will not remember thy
sins." Blot out our transgressions as a thick cloud and
as a mist, as it is written : " I have blotted out as a thick
cloud thy transgressions, and as a mist thy sins : return
unto me ; for I have redeemed thee." Turn thou our sins
as white as snow or wool, as it is written : " Come now, and
let us reason together, saith the Lord : though your sins
be as scarlet, they shall be as white as snow ; though they
be red like crimson, they shall be as wool." Sprinkle clean
water upon us and cleanse us, as it is written : " Then will
I sprinkle clean water upon you, and ye shall be clean ;
from all your defilements and from all your idols will I
cleanse you." Atone our sins on this day and purify us,
as it is written : " For on this day shall atonement be made
for you to cleanse you : from all your sins before the Lord
shall ye be clean." O bring us to thy holy mountain

שֶׁכָּתוּב· וַהֲבִיאֹתִים אֶל הַר קָדְשִׁי וְשִׂמַּחְתִּים בְּבֵית
תְּפִלָּתִי עוֹלוֹתֵיהֶם וְזִבְחֵיהֶם לְרָצוֹן עַל מִזְבְּחִי כִּי בֵיתִי
בֵּית תְּפִלָּה יִקָּרֵא לְכָל הָעַמִּים:

Reader and Cong. שְׁמַע קוֹלֵנוּ יְיָ אֱלֹהֵינוּ חוּס וְרַחֵם עָלֵינוּ
וְקַבֵּל בְּרַחֲמִים וּבְרָצוֹן אֶת תְּפִלָּתֵנוּ:

Reader and Cong. הֲשִׁיבֵנוּ יְיָ אֵלֶיךָ וְנָשׁוּבָה חַדֵּשׁ יָמֵינוּ כְּקֶדֶם:

אֲמָרֵינוּ הַאֲזִינָה יְיָ בִּינָה הֲגִיגֵנוּ: יִהְיוּ לְרָצוֹן אִמְרֵי
פִינוּ וְהֶגְיוֹן לִבֵּנוּ לְפָנֶיךָ יְיָ צוּרֵנוּ וְגֹאֲלֵנוּ: אַל תַּשְׁלִיכֵנוּ
מִלְּפָנֶיךָ וְרוּחַ קָדְשְׁךָ אַל תִּקַּח מִמֶּנּוּ: אַל תַּשְׁלִיכֵנוּ
לְעֵת זִקְנָה בִּכְלוֹת כֹּחֵנוּ אַל תַּעַזְבֵנוּ: אַל תַּעַזְבֵנוּ יְיָ
אֱלֹהֵינוּ אַל תִּרְחַק מִמֶּנּוּ: עֲשֵׂה עִמָּנוּ אוֹת לְטוֹבָה
וְיִרְאוּ שׂוֹנְאֵינוּ וְיֵבֹשׁוּ כִּי אַתָּה יְיָ עֲזַרְתָּנוּ וְנִחַמְתָּנוּ: כִּי
לְךָ יְיָ הוֹחָלְנוּ אַתָּה תַעֲנֶה אֲדֹנָי אֱלֹהֵינוּ:

אֱלֹהֵינוּ וֵאלֹהֵי אֲבוֹתֵינוּ אַל תַּעַזְבֵנוּ· וְאַל תִּטְּשֵׁנוּ· וְאַל
תַּכְלִימֵנוּ· וְאַל תָּפֵר בְּרִיתְךָ אִתָּנוּ· קָרְבֵנוּ לְתוֹרָתֶךָ·
לַמְּדֵנוּ מִצְוֹתֶיךָ· הוֹרֵנוּ דְרָכֶיךָ· הַט לִבֵּנוּ לְיִרְאָה אֶת
שְׁמֶךָ· וּמוֹל אֶת לְבָבֵנוּ לְאַהֲבָתֶךָ· וְנָשׁוּב אֵלֶיךָ בֶּאֱמֶת
וּבְלֵב שָׁלֵם· וּלְמַעַן שִׁמְךָ הַגָּדוֹל תִּמְחוֹל וְתִסְלַח
לַעֲוֹנֵינוּ כַּכָּתוּב בְּדִבְרֵי קָדְשֶׁךָ לְמַעַן שִׁמְךָ יְיָ וְסָלַחְתָּ
לַעֲוֹנִי כִּי רַב הוּא:

אֱלֹהֵינוּ וֵאלֹהֵי אֲבוֹתֵינוּ סְלַח לָנוּ· מְחַל לָנוּ· כַּפֶּר לָנוּ:

כִּי אָנוּ עַמֶּךָ וְאַתָּה אֱלֹהֵינוּ· אָנוּ בָנֶיךָ וְאַתָּה אָבִינוּ ::

אָנוּ עֲבָדֶיךָ וְאַתָּה אֲדוֹנֵנוּ· אָנוּ קְהָלֶךָ וְאַתָּה חֶלְקֵנוּ ::

and make us joyful in thy house of prayer, as it is written :
" And I will bring them to my holy mountain and make
them joyful in my house of prayer : their burnt offerings
and their sacrifices shall be accepted upon mine altar ;
for mine house shall be called an house of prayer for all
peoples."

Reader and Cong. Hear our voice, O Lord our God ; have
pity and compassion upon us ; and accept our prayer in
mercy and favour.

Reader and Cong. Turn thou us unto thee, O Lord, and we
shall be turned ; renew our days as of old.

Give ear unto our words, O Lord, consider our meditation.
Let the words of our mouth and the meditation of our heart
be acceptable before thee, O Lord, our Rock and our
Redeemer. Cast us not away from thy presence, and take
not thy holy spirit from us. O cast us not off in the time
of old age, forsake us not when our strength faileth. For-
sake us not, O Lord our God, be not far from us. Show
us a token for good : that our adversaries may see it and
be ashamed : because thou, O Lord, hast holpen us and
comforted us. For in thee, O Lord, do we hope. Thou
wilt answer, O Lord our God.

Our God and God of our fathers, forsake us not, nor
leave us : put us not to shame, nor annul thy covenant with
us. Bring us nearer to thy Law, teach us thy command-
ments, shew us thy ways, incline our hearts to fear thy Name.
O circumcise our hearts for thy love, that we may return
unto thee in truth, and with a perfect heart. And for thy
great Name's sake pardon and forgive our sins, even as
it is written in thy holy writings : For thy Name's sake,
O Lord, pardon my iniquity ; for it is great.

Our God and God of our fathers, forgive us, pardon us,
grant us atonement.

Cong. For we are thy people, and thou art our God ;
    We are thy children, and thou our father.
    We are thy servants, and thou art our master ;
    We are thy congregation, and thou our portion.

אָנוּ נַחֲלָתֶךָ וְאַתָּה גוֹרָלֵנוּ׃ אָנוּ צֹאנֶךָ וְאַתָּה רוֹעֵנוּ ׃

אָנוּ כַרְמֶךָ וְאַתָּה נוֹטְרֵנוּ׃ אָנוּ פְעֻלָּתֶךָ וְאַתָּה יוֹצְרֵנוּ ׃

אָנוּ רַעְיָתֶךָ וְאַתָּה דוֹדֵנוּ׃ אָנוּ סְגֻלָּתֶךָ וְאַתָּה קְרוֹבֵנוּ ׃

אָנוּ עַמֶּךָ וְאַתָּה מַלְכֵּנוּ׃ אָנוּ מַאֲמִירֶךָ וְאַתָּה מַאֲמִירֵנוּ׃

Reader. אָנוּ עַזֵּי פָנִים וְאַתָּה רַחוּם וְחַנּוּן׃ אָנוּ קְשֵׁי עֹרֶף

וְאַתָּה אֶרֶךְ אַפַּיִם׃ אָנוּ מְלֵאֵי עָוֹן וְאַתָּה מָלֵא רַחֲמִים׃

אָנוּ יָמֵינוּ כְּצֵל עוֹבֵר׃ וְאַתָּה הוּא וּשְׁנוֹתֶיךָ לֹא יִתָּמּוּ׃

אֱלֹהֵינוּ וֵאלֹהֵי אֲבוֹתֵינוּ׃

תָּבֹא לְפָנֶיךָ תְּפִלָּתֵנוּ וְאַל תִּתְעַלַּם מִתְּחִנָּתֵנוּ׃ שֶׁאֵין

אֲנַחְנוּ עַזֵּי פָנִים וּקְשֵׁי עֹרֶף לוֹמַר לְפָנֶיךָ יְיָ אֱלֹהֵינוּ

וֵאלֹהֵי אֲבוֹתֵינוּ צַדִּיקִים אֲנַחְנוּ וְלֹא חָטָאנוּ אֲבָל אֲנַחְנוּ

חָטָאנוּ׃

Reader and Cong. אָשַׁמְנוּ׃ בָּגַדְנוּ׃ גָּזַלְנוּ׃ דִּבַּרְנוּ דֹפִי׃

הֶעֱוִינוּ׃ וְהִרְשַׁעְנוּ׃ זַדְנוּ׃ חָמַסְנוּ׃ טָפַלְנוּ שֶׁקֶר׃ יָעַצְנוּ

רָע׃ כִּזַּבְנוּ׃ לַצְנוּ׃ מָרַדְנוּ׃ נִאַצְנוּ׃ סָרַרְנוּ׃ עָוִינוּ׃ פָּשַׁעְנוּ׃

צָרַרְנוּ׃ קִשִּׁינוּ עֹרֶף׃ רָשַׁעְנוּ׃ שִׁחַתְנוּ׃ תִּעַבְנוּ׃ תָּעִינוּ׃

תִּעְתָּעְנוּ׃

סַרְנוּ מִמִּצְוֹתֶיךָ וּמִמִּשְׁפָּטֶיךָ הַטּוֹבִים וְלֹא שָׁוָה לָנוּ׃

וְאַתָּה צַדִּיק עַל כָּל הַבָּא עָלֵינוּ׃ כִּי אֱמֶת עָשִׂיתָ וַאֲנַחְנוּ

הִרְשָׁעְנוּ׃

הִרְשַׁעְנוּ וּפָשַׁעְנוּ׃ לָכֵן לֹא נוֹשָׁעְנוּ׃ וְתֵן בְּלִבֵּנוּ לַעֲזוֹב

דֶּרֶךְ רֶשַׁע וְחִישׁ לָנוּ יֶשַׁע׃ כַּכָּתוּב עַל יַד נְבִיאֶךָ׃

יַעֲזוֹב רָשָׁע דַּרְכּוֹ וְאִישׁ אָוֶן מַחְשְׁבֹתָיו וְיָשֹׁב אֶל יְיָ

וִירַחֲמֵהוּ וְאֶל אֱלֹהֵינוּ כִּי יַרְבֶּה לִסְלוֹחַ׃

We are thine inheritance, thou our lot ;
We are thy flock, thou our shepherd.
We are thy vineyard, and thou art our keeper ;
We are thy work, and thou our creator.

We are thy faithful ones : thou art our beloved ;
We are thy chosen : thou art the Lord our God.
We are thy subjects, thou our King ;
We are thine acknowledged people, thou our acknowledged
    Lord.

Reader.   We are brazen-faced, but thou art merciful and
compassionate ; we are stiff-necked, but thou art long-
suffering.   We are full of sin, but thou art full of mercy.
As for us, our days are as a shadow ; but thou art immutable,
and thy years never-ending.

Our God and God of our fathers,

Let our prayer come before thee, hide not thyself from
our supplication, for we are not arrogant and stiff-necked,
that we should say before thee, O Lord our God and God
of our fathers, we are righteous and have not sinned ;
verily we have sinned.

Reader and Cong.   We have trespassed, we have dealt
treacherously, we have robbed, we have spoken slander, we
have acted perversely and we have wrought wickedness, we
have acted presumptuously, we have done violence, we have
framed lies, we have counselled evil, we have spoken falsely,
we have scoffed, we have revolted, we have provoked, we
have rebelled, we have committed iniquity, we have trans-
gressed, we have oppressed, we have been stiff-necked, we
have acted wickedly, we have corrupted, we have com-
mitted abomination, we have gone astray, we have led
others astray.

We have turned away from thy commandments and thy
judgments that are good, and it hath not profited us.   But
thou art righteous in all that hath come upon us ; for thou
hast acted truthfully, but as for us, we have done wickedly.

We have acted wickedly and have transgressed ; where-
fore we have not been saved.   O incline our hearts to forsake
the path of wickedness, and hasten thou salvation unto us ;
as it is written by the hand of thy prophet, Let the wicked
forsake his way, and the unrighteous man his thoughts ;
let him return unto the Lord, and he will have mercy upon
him, and unto our God, for he will abundantly pardon.

אֱלֹהֵינוּ וֵאלֹהֵי אֲבוֹתֵינוּ· סְלַח וּמְחַל לַעֲוֹנוֹתֵינוּ בְּיוֹם
[הַשַּׁבָּת הַזֶּה וּבְיוֹם] הַכִּפּוּרִים הַזֶּה· וְהַעֲתֵר לָנוּ בִּתְפִלָּתֵנוּ
מְהֵרָה וְהַעֲבֵר פְּשָׁעֵינוּ מִנֶּגֶד עֵינֶיךָ· וְכֹף אֶת יִצְרֵנוּ
לְהִשְׁתַּעְבֶּד לָךְ· וְהַכְנַע עָרְפֵּנוּ לָשׁוּב אֵלֶיךָ· וְחַדֵּשׁ
כִּלְיוֹתֵינוּ לִשְׁמֹר פִּקּוּדֶיךָ· וּמוֹל אֶת לְבָבֵנוּ לְאַהֲבָה
וּלְיִרְאָה אֶת שְׁמֶךָ כַּכָּתוּב בְּתוֹרָתֶךָ· וּמָל יְיָ אֱלֹהֶיךָ
אֶת לְבָבְךָ וְאֶת לְבַב זַרְעֶךָ לְאַהֲבָה אֶת יְיָ אֱלֹהֶיךָ בְּכָל
לְבָבְךָ וּבְכָל נַפְשְׁךָ לְמַעַן חַיֶּיךָ:

הַזְּדוֹנוֹת וְהַשְּׁגָגוֹת אַתָּה מַכִּיר· הָרָצוֹן וְהָאֹנֶס הַגְּלוּיִם
וְהַנִּסְתָּרִים לְפָנֶיךָ הֵם גְּלוּיִם וִידוּעִים: מָה אָנוּ· מֶה חַיֵּינוּ·
מֶה חַסְדֵּנוּ· מַה צִּדְקֵנוּ· מַה יְשׁוּעֵנוּ· מַה כֹּחֵנוּ· מַה
גְּבוּרָתֵנוּ· מַה נֹּאמַר לְפָנֶיךָ יְיָ אֱלֹהֵינוּ וֵאלֹהֵי אֲבוֹתֵינוּ·
הֲלֹא כָּל הַגִּבּוֹרִים כְּאַיִן לְפָנֶיךָ וְאַנְשֵׁי הַשֵּׁם כְּלֹא הָיוּ
וַחֲכָמִים כִּבְלִי מַדָּע וּנְבוֹנִים כִּבְלִי הַשְׂכֵּל· כִּי רֹב
מַעֲשֵׂיהֶם תֹּהוּ וִימֵי חַיֵּיהֶם הֶבֶל לְפָנֶיךָ· וּמוֹתַר הָאָדָם
מִן הַבְּהֵמָה אָיִן כִּי הַכֹּל הָבֶל:

מַה נֹּאמַר לְפָנֶיךָ יוֹשֵׁב מָרוֹם· וּמַה נְּסַפֵּר לְפָנֶיךָ שׁוֹכֵן
שְׁחָקִים· הֲלֹא כָּל הַנִּסְתָּרוֹת וְהַנִּגְלוֹת אַתָּה יוֹדֵעַ:

אַתָּה יוֹדֵעַ רָזֵי עוֹלָם· וְתַעֲלוּמוֹת סִתְרֵי כָל חָי: אַתָּה
חוֹפֵשׂ כָּל חַדְרֵי בָטֶן וּבוֹחֵן כְּלָיוֹת וָלֵב: אֵין דָּבָר נֶעְלָם
מִמֶּךָּ· וְאֵין נִסְתָּר מִנֶּגֶד עֵינֶיךָ:

וּבְכֵן יְהִי רָצוֹן מִלְּפָנֶיךָ יְיָ אֱלֹהֵינוּ וֵאלֹהֵי אֲבוֹתֵינוּ·
שֶׁתִּסְלַח לָנוּ עַל כָּל חַטֹּאתֵינוּ· וְתִמְחַל לָנוּ עַל כָּל
עֲוֹנוֹתֵינוּ· וּתְכַפֵּר לָנוּ עַל כָּל פְּשָׁעֵינוּ:

Our God and God of our fathers, forgive and pardon our iniquities [on this Sabbath day and] on this Day of Atonement. O be thou entreated of us! Forgive our transgressions and our sins, and cause them to pass away from before thine eyes. Subdue our heart to serve thee, and bend our will to turn unto thee ; renew our reins to observe thy precepts, and circumcise our hearts to love and revere thy Name, as it is written in thy Law : And the Lord thy God will circumcise thy heart and the heart of thy seed, to love the Lord thy God with all thine heart and with all thy soul, that thou mayest live.

Thou art acquainted with our sins both of presumption and of ignorance, whether of will or by compulsion, both the revealed and the secret. Before thee they are revealed and known. What are we ? What is our life ? What our piety ? What our righteousness ? What our salvation ? What our strength ? What our might ? What shall we say before thee, O Lord our God and God of our fathers ? Are not all the mighty ones as naught before thee, and men of fame as though they were not, wise men as if they were without knowledge, and men of understanding as though they were void of discretion ? For the multitude of their works is emptiness, and the days of their life are vanity before thee ; and the pre-eminence of man over beast is naught : for all is vanity.

What shall we say before thee, O thou who dwellest on high, and what shall we declare before thee, thou who abidest in the heavens ? Dost thou not know all things, both the hidden and the revealed ?

Thou knowest the mysteries of the Universe and the hidden secrets of all living. Thou searchest all the innermost recesses and triest the reins and the heart. Naught is hidden from thee, neither is anything concealed from thine eyes.

May it therefore be thy will, O Lord our God and God of our fathers, to forgive us all our sins, to pardon us all our iniquities, and to grant us atonement for all our transgressions.

עַל חֵטְא שֶׁחָטָאנוּ לְפָנֶיךָ בְּאֹנֶס וּבְרָצוֹן:

וְעַל חֵטְא שֶׁחָטָאנוּ לְפָנֶיךָ בְּאִמּוּץ הַלֵּב:

עַל חֵטְא שֶׁחָטָאנוּ לְפָנֶיךָ בִּבְלִי דָעַת:

וְעַל חֵטְא שֶׁחָטָאנוּ לְפָנֶיךָ בְּבִטּוּי שְׂפָתָיִם:

עַל חֵטְא שֶׁחָטָאנוּ לְפָנֶיךָ בְּגִלּוּי עֲרָיוֹת:

וְעַל חֵטְא שֶׁחָטָאנוּ לְפָנֶיךָ בְּגָלוּי וּבַסָּתֶר:

עַל חֵטְא שֶׁחָטָאנוּ לְפָנֶיךָ בְּדַעַת וּבְמִרְמָה:

וְעַל חֵטְא שֶׁחָטָאנוּ לְפָנֶיךָ בְּדִבּוּר פֶּה:

עַל חֵטְא שֶׁחָטָאנוּ לְפָנֶיךָ בְּהוֹנָאַת רֵעַ:

וְעַל חֵטְא שֶׁחָטָאנוּ לְפָנֶיךָ בְּהַרְהוֹר הַלֵּב:

עַל חֵטְא שֶׁחָטָאנוּ לְפָנֶיךָ בִּוְעִידַת זְנוּת:

וְעַל חֵטְא שֶׁחָטָאנוּ לְפָנֶיךָ בְּוִדּוּי פֶּה:

עַל חֵטְא שֶׁחָטָאנוּ לְפָנֶיךָ בְּזִלְזוּל הוֹרִים וּמוֹרִים:

וְעַל חֵטְא שֶׁחָטָאנוּ לְפָנֶיךָ בְּזָדוֹן וּבִשְׁגָגָה:

עַל חֵטְא שֶׁחָטָאנוּ לְפָנֶיךָ בְּחֹזֶק יָד:

וְעַל חֵטְא שֶׁחָטָאנוּ לְפָנֶיךָ בְּחִלּוּל הַשֵּׁם:

עַל חֵטְא שֶׁחָטָאנוּ לְפָנֶיךָ בְּטֻמְאַת שְׂפָתָיִם:

וְעַל חֵטְא שֶׁחָטָאנוּ לְפָנֶיךָ בְּטִפְּשׁוּת פֶּה:

עַל חֵטְא שֶׁחָטָאנוּ לְפָנֶיךָ בְּיֵצֶר הָרָע:

וְעַל חֵטְא שֶׁחָטָאנוּ לְפָנֶיךָ בְּיוֹדְעִים וּבְלֹא יוֹדְעִים:

וְעַל כֻּלָּם אֱלוֹהַ סְלִיחוֹת סְלַח לָנוּ · מְחַל לָנוּ · כַּפֶּר לָנוּ:

עַל חֵטְא שֶׁחָטָאנוּ לְפָנֶיךָ בְּכַחַשׁ וּבְכָזָב:

וְעַל חֵטְא שֶׁחָטָאנוּ לְפָנֶיךָ בְּכַפַּת שֹׁחַד:

עַל חֵטְא שֶׁחָטָאנוּ לְפָנֶיךָ בְּלָצוֹן:

For the sin wherein we have sinned before thee under compulsion
or of freewill,
And for the sin wherein we have sinned before thee by hardening
of the heart ;
For the sin wherein we have sinned before thee unwittingly,
And for the sin wherein we have sinned before thee with utterance
of the lips ;
For the sin wherein we have sinned before thee by unchastity,
And for the sin wherein we have sinned before thee openly and
secretly ;
For the sin wherein we have sinned before thee knowingly and
deceitfully,
And for the sin wherein we have sinned before thee in speech ;
For the sin wherein we have sinned before thee by wronging a
neighbour,
And for the sin wherein we have sinned before thee in the medita-
tion of the heart ;
For the sin wherein we have sinned before thee by association
with impurity,
And for the sin wherein we have sinned before thee by confession
of the lips ;
For the sin wherein we have sinned before thee by despising
parents and teachers,
And for the sin wherein we have sinned before thee in pre-
sumption and in error ;
For the sin wherein we have sinned before thee by violence,
And for the sin wherein we have sinned before thee by the
profanation of thy Name ;
For the sin wherein we have sinned before thee by impurity of
the lips,
And for the sin wherein we have sinned before thee by foolish
speech ;
For the sin wherein we have sinned before thee by the evil
inclination,
And for the sin wherein we have sinned before thee wittingly or
unwittingly.

> And for all these, O God of forgiveness, forgive us,
> pardon us, grant us atonement.

For the sin wherein we have sinned before thee by denying
and lying,
And for the sin wherein we have sinned before thee by bribery ;
For the sin wherein we have sinned before thee by scoffing,

וְעַל חֵטְא שֶׁחָטָאנוּ לְפָנֶיךָ בִּלְשׁוֹן הָרָע:

עַל חֵטְא שֶׁחָטָאנוּ לְפָנֶיךָ בְּמַשָּׂא וּבְמַתָּן:

וְעַל חֵטְא שֶׁחָטָאנוּ לְפָנֶיךָ בְּמַאֲכָל וּבְמִשְׁתֶּה:

עַל חֵטְא שֶׁחָטָאנוּ לְפָנֶיךָ בְּנֶשֶׁךְ וּבְמַרְבִּית:

וְעַל חֵטְא שֶׁחָטָאנוּ לְפָנֶיךָ בִּנְטִיַּת גָּרוֹן:

עַל חֵטְא שֶׁחָטָאנוּ לְפָנֶיךָ בְּשִׂיחַ שִׂפְתוֹתֵינוּ:

וְעַל חֵטְא שֶׁחָטָאנוּ לְפָנֶיךָ בְּשִׁקּוּר עָיִן:

עַל חֵטְא שֶׁחָטָאנוּ לְפָנֶיךָ בְּעֵינַיִם רָמוֹת:

וְעַל חֵטְא שֶׁחָטָאנוּ לְפָנֶיךָ בְּעַזּוּת מֶצַח:

וְעַל כֻּלָּם אֱלוֹהַּ סְלִיחוֹת סְלַח לָנוּ. מְחַל לָנוּ. כַּפֶּר לָנוּ:

עַל חֵטְא שֶׁחָטָאנוּ לְפָנֶיךָ בִּפְרִיקַת עֹל:

וְעַל חֵטְא שֶׁחָטָאנוּ לְפָנֶיךָ בִּפְלִילוּת:

עַל חֵטְא שֶׁחָטָאנוּ לְפָנֶיךָ בִּצְדִיַּת רֵעַ:

וְעַל חֵטְא שֶׁחָטָאנוּ לְפָנֶיךָ בְּצָרוּת עָיִן:

עַל חֵטְא שֶׁחָטָאנוּ לְפָנֶיךָ בְּקַלּוּת רֹאשׁ:

וְעַל חֵטְא שֶׁחָטָאנוּ לְפָנֶיךָ בְּקַשְׁיוּת עֹרֶף:

עַל חֵטְא שֶׁחָטָאנוּ לְפָנֶיךָ בְּרִיצַת רַגְלַיִם לְהָרַע:

וְעַל חֵטְא שֶׁחָטָאנוּ לְפָנֶיךָ בִּרְכִילוּת:

עַל חֵטְא שֶׁחָטָאנוּ לְפָנֶיךָ בִּשְׁבוּעַת שָׁוְא:

וְעַל חֵטְא שֶׁחָטָאנוּ לְפָנֶיךָ בְּשִׂנְאַת חִנָּם:

עַל חֵטְא שֶׁחָטָאנוּ לְפָנֶיךָ בִּתְשׂוּמֶת יָד:

וְעַל חֵטְא שֶׁחָטָאנוּ לְפָנֶיךָ בְּתִמְהוֹן לֵבָב:

וְעַל כֻּלָּם אֱלוֹהַּ סְלִיחוֹת סְלַח לָנוּ. מְחַל לָנוּ. כַּפֶּר לָנוּ:

And for the sin wherein we have sinned before thee by evil speech ;
For the sin wherein we have sinned before thee in business,
And for the sin wherein we have sinned before thee in eating and drinking ;
For the sin wherein we have sinned before thee by usury and increase,
And for the sin wherein we have sinned before thee by an arrogant mien ;
For the sin wherein we have sinned before thee by the utterances of our lips,
And for the sin wherein we have sinned before thee by a wanton glance ;
For the sin wherein we have sinned before thee with haughty eyes,
And for the sin wherein we have sinned before thee with obdurate brow.

> And for all these, O God of forgiveness, forgive us, pardon us, grant us atonement.

For the sin wherein we have sinned before thee by breaking off the yoke,
And for the sin wherein we have sinned before thee by contentiousness ;
For the sin wherein we have sinned before thee by ensnaring our neighbour,
And for the sin wherein we have sinned before thee by envy ;
For the sin wherein we have sinned before thee by levity,
And for the sin wherein we have sinned before thee by being stiff-necked ;
For the sin wherein we have sinned before thee by running to do evil,
And for the sin wherein we have sinned before thee by tale-bearing ;
For the sin wherein we have sinned before thee by a vain oath,
And for the sin wherein we have sinned before thee by causeless hatred ;
For the sin wherein we have sinned before thee by a breach of trust,
And for the sin wherein we have sinned before thee by terror of the heart.

> And for all these, O God of forgiveness, forgive us, pardon us, grant us atonement.

וְעַל חֲטָאִים שֶׁאָנוּ חַיָּבִים עֲלֵיהֶם עוֹלָה:

וְעַל חֲטָאִים שֶׁאָנוּ חַיָּבִים עֲלֵיהֶם חַטָּאת:

וְעַל חֲטָאִים שֶׁאָנוּ חַיָּבִים עֲלֵיהֶם קָרְבָּן עוֹלֶה וְיוֹרֵד:

וְעַל חֲטָאִים שֶׁאָנוּ חַיָּבִים עֲלֵיהֶם אָשָׁם וַדַּי וְאָשָׁם תָּלוּי:

וְעַל חֲטָאִים שֶׁאָנוּ חַיָּבִים עֲלֵיהֶם מַכַּת מַרְדּוּת:

וְעַל חֲטָאִים שֶׁאָנוּ חַיָּבִים עֲלֵיהֶם מַלְקוּת אַרְבָּעִים:

וְעַל חֲטָאִים שֶׁאָנוּ חַיָּבִים עֲלֵיהֶם מִיתָה בִּידֵי שָׁמָיִם:

וְעַל חֲטָאִים שֶׁאָנוּ חַיָּבִים עֲלֵיהֶם כָּרֵת וַעֲרִירִי:

וְעַל כֻּלָּם אֱלוֹהַּ סְלִיחוֹת סְלַח לָנוּ · מְחַל לָנוּ · כַּפֶּר לָנוּ:

וְעַל חֲטָאִים שֶׁאָנוּ חַיָּבִים עֲלֵיהֶם אַרְבַּע מִיתוֹת בֵּית דִּין ·
סְקִילָה · שְׂרֵפָה · הֶרֶג · וְחֶנֶק: עַל מִצְוַת עֲשֵׂה וְעַל מִצְוַת
לֹא תַעֲשֶׂה · בֵּין שֶׁיֵּשׁ בָּהּ קוּם עֲשֵׂה · וּבֵין שֶׁאֵין בָּהּ קוּם
עֲשֵׂה · אֶת הַגְּלוּיִם לָנוּ וְאֶת שֶׁאֵינָם גְּלוּיִם לָנוּ: אֶת
הַגְּלוּיִם לָנוּ כְּבָר אֲמַרְנוּם לְפָנֶיךָ · וְהוֹדִינוּ לְךָ עֲלֵיהֶם ·
וְאֶת שֶׁאֵינָם גְּלוּיִם לָנוּ לְפָנֶיךָ הֵם גְּלוּיִם וִידוּעִים · כַּדָּבָר
שֶׁנֶּאֱמַר הַנִּסְתָּרֹת לַיָי אֱלֹהֵינוּ · וְהַנִּגְלֹת לָנוּ וּלְבָנֵינוּ עַד
עוֹלָם · לַעֲשׂוֹת אֶת כָּל דִּבְרֵי הַתּוֹרָה הַזֹּאת:

וְדָוִד עַבְדְּךָ אָמַר לְפָנֶיךָ · שְׁגִיאוֹת מִי יָבִין מִנִּסְתָּרוֹת
נַקֵּנִי : נַקֵּנוּ יְיָ אֱלֹהֵינוּ מִכָּל פְּשָׁעֵינוּ וְטַהֲרֵנוּ מִכָּל
טֻמְאוֹתֵינוּ וּזְרוֹק עָלֵינוּ מַיִם טְהוֹרִים וְטַהֲרֵנוּ כַּכָּתוּב עַל
יַד נְבִיאֶךָ · וְזָרַקְתִּי עֲלֵיכֶם מַיִם טְהוֹרִים וּטְהַרְתֶּם מִכֹּל
טֻמְאוֹתֵיכֶם וּמִכָּל גִּלּוּלֵיכֶם אֲטַהֵר אֶתְכֶם :

אַל תִּירָא יַעֲקֹב שׁוּבוּ שׁוֹבָבִים · שׁוּבָה יִשְׂרָאֵל: הִנֵּה
לֹא יָנוּם וְלֹא יִישָׁן שׁוֹמֵר יִשְׂרָאֵל: כַּכָּתוּב עַל יַד נְבִיאֶךָ ·

And for the sins for which we owe a burnt offering ;

And for the sins for which we owe a sin-offering ;

And for the sins for which we owe an offering according to our ability ;

And for the sins for which we owe a trespass-offering for certain guilt and a trespass-offering for doubtful guilt ;

And for the sins for which we deserve corporal chastisement ;

And for the sins for which we deserve the punishment of forty stripes ;

And for the sins for which we deserve death by the hand of God ;

And for the sins for which we deserve the punishment of excision, and of being childless ;

> And for all these, O God of forgiveness, forgive us, pardon us, grant us atonement.

And for the sins for which we deserve the four kinds of death inflicted by the Court of Law : stoning, burning, beheading and strangling.

For the breach of positive commands, and for the breach of negative commands, whether an action be involved or not ; both for the sins that are known unto us and those that are unknown to us. Those that are known unto us we have already avowed before thee, and we have made acknowledgment of them unto thee : and those that are unknown to us, lo, they are revealed and known unto thee, according to the word which has been said : The secret things belong unto the Lord our God, but the revealed things belong unto us, and unto our children for ever, that we may do all the words of this Law.

Thy servant David declared in thy presence, " Who can discern his errors ? Clear thou me from secret faults." Clear us, O Lord our God, from all our transgressions, and purify us from all our impurities, and sprinkle clean waters upon us, and cleanse us ; as it is written by the hand of thy prophet, " Then will I sprinkle clean water upon you, and ye shall be clean ; from all your defilements and from all your idols will I cleanse you."

Fear not, O Jacob ; return ye backsliders ; return, O Israel. Behold, he that keepeth Israel slumbereth not nor sleepeth, as it is written by the hand of thy prophet : O

שׁוּבָה יִשְׂרָאֵל עַד יְיָ אֱלֹהֶיךָ כִּי כָשַׁלְתָּ בַּעֲוֹנֶךָ: וְנֶאֱמַר·
קְחוּ עִמָּכֶם דְּבָרִים וְשׁוּבוּ אֶל יְיָ אִמְרוּ אֵלָיו כָּל תִּשָּׂא
עָוֹן וְקַח טוֹב וּנְשַׁלְּמָה פָרִים שְׂפָתֵינוּ:

וְאַתָּה רַחוּם מְקַבֵּל שָׁבִים וְעַל הַתְּשׁוּבָה מֵרֹאשׁ
הִבְטַחְתָּנוּ וְעַל הַתְּשׁוּבָה עֵינֵינוּ מְיַחֲלוֹת לָךְ:

On Sabbath add the bracketed words.

וּמֵאַהֲבָתְךָ יְיָ אֱלֹהֵינוּ שֶׁאָהַבְתָּ אֶת יִשְׂרָאֵל עַמֶּךָ
וּמֵחֶמְלָתְךָ מַלְכֵּנוּ שֶׁחָמַלְתָּ עַל בְּנֵי בְרִיתֶךָ נָתַתָּ לָּנוּ יְיָ
אֱלֹהֵינוּ אֶת [יוֹם הַשַּׁבָּת הַזֶּה לִקְדֻשָּׁה וְלִמְנוּחָה וְאֶת] יוֹם
הַכִּפֻּרִים הַזֶּה לִמְחִילַת חֵטְא וְלִסְלִיחַת עָוֹן וּלְכַפָּרַת פָּשַׁע:

Reader.   יוֹם אָתָא לְכַפֵּר פִּשְׁעֵי יְשֵׁנָה·

Cong. and Reader.   הַיּוֹם בִּיאָתוֹ אַחַת בַּשָּׁנָה: כַּכָּתוּב
בְּתוֹרָתֶךָ וְהָיְתָה זֹאת לָכֶם לְחֻקַּת עוֹלָם לְכַפֵּר עַל בְּנֵי
יִשְׂרָאֵל מִכָּל חַטֹּאתָם אַחַת בַּשָּׁנָה:

Reader.   יוֹם זֶה נָתַן תְּעוּדָה לְעַם זֶה:

Cong. and Reader.   הַיּוֹם חַל בּוֹ צִיר סְלַח נָא לַעֲוֹן הָעָם
הַזֶּה: כַּכָּתוּב בְּתוֹרָתֶךָ· סְלַח נָא לַעֲוֹן הָעָם הַזֶּה כְּגֹדֶל
חַסְדֶּךָ וְכַאֲשֶׁר נָשָׂאתָה לָעָם הַזֶּה מִמִּצְרַיִם וְעַד הֵנָּה:
וְשָׁם נֶאֱמַר· וַיֹּאמֶר יְיָ סָלַחְתִּי כִּדְבָרֶךָ:

Cong. and Reader.   בַּעֲבוּר כְּבוֹד שְׁמָךְ הִמָּצֵא לָנוּ מוֹחֵל
וְסוֹלֵחַ· סְלַח נָא לְמַעַן שְׁמֶךָ:

Reader.   יוֹם מְחִילָה בִּשַּׂרְתָּ לְצִיר בְּרֶשֶׁם·

Cong. and Reader.   הַיּוֹם נִתְעַצַּבְתָּ עִמּוֹ וְקָרֵאתָ בְשֵׁם:
כַּכָּתוּב בְּתוֹרָתֶךָ· וַיֵּרֶד יְיָ בֶּעָנָן וַיִּתְיַצֵּב עִמּוֹ שָׁם וַיִּקְרָא
בְשֵׁם יְיָ:

Israel, return unto the Lord thy God ; for thou hast fallen by thine iniquity. And it is said : Take with you words and return unto the Lord ; say unto him, Take away all iniquity, and accept that which is good, so will we render as bullocks the offering of our lips.

And thou, being all-merciful, dost receive them that repent ; concerning repentance, thou hast promised us of old ; and in repentance our eyes wait upon thee.

On Sabbath add the bracketed words :

And because of the love, O Lord our God, wherewith thou hast loved thy people Israel, and because of the pity, O our King, wherewith thou hast pitied the children of thy covenant, thou hast given unto us, O Lord our God [this Sabbath day for holiness and rest, and] this Day of Atonement for the pardoning of sin, the forgiveness of iniquity, and the atonement of transgression.

Reader. Lo, the day cometh whereon to make atonement for the transgressions of her that sleepeth.[1]

Cong. and Reader. This day cometh once in the year ; as it is written in thy Law, " And this shall be an everlasting statute unto you, to make atonement for the children of Israel once in the year."

Reader. To-day the testimony was given unto this people.

Cong. and Reader. This day thy messenger besought thee, " Pardon, I pray thee, the iniquity of this people." As it is written in thy Law, " Pardon, I pray thee, the iniquity of this people according unto the greatness of thy mercy, and according as thou hast forgiven this people, from Egypt even until now. And the Lord said, I have forgiven according to thy word."

Cong. and Reader. For the sake of the glory of thy Name, be thou found of us, O thou who art ready to pardon and forgive ; yea, forgive us, we beseech thee, for thy Name's sake.

Reader. This day didst thou proclaim the decree of pardon unto thy messenger.

---

[1] Cf. Cant. v. 2.

Cong. and Reader. בַּעֲבוּר כְּבוֹד שִׁמְךָ הִמָּצֵא לָנוּ רַחוּם
וְחַנּוּן׃ רַחֵם נָא לְמַעַן שְׁמֶךָ׃

Reader. יוֹם שַׁמּוֹת הֵיכָלְךָ הַבִּיטָה׃

Cong. and Reader. הַיּוֹם תַּחַן אָזֶן הַטֵּה לָנוּ לְהַבִּיטָה׃

כַּכָּתוּב בְּדִבְרֵי קָדְשֶׁךָ׃ הַטֵּה אֱלֹהַי אָזְנְךָ וּשְׁמָע פְּקַח
עֵינֶיךָ וּרְאֵה שֹׁמְמֹתֵינוּ וְהָעִיר אֲשֶׁר נִקְרָא שִׁמְךָ עָלֶיהָ׃
כִּי לֹא עַל צִדְקוֹתֵינוּ אֲנַחְנוּ מַפִּילִים תַּחֲנוּנֵינוּ לְפָנֶיךָ כִּי
עַל רַחֲמֶיךָ הָרַבִּים׃

Cong. and Reader. בַּעֲבוּר כְּבוֹד שִׁמְךָ הִמָּצֵא לָנוּ חַנּוּן
וְרַחוּם׃ שְׁמַע נָא תְּפִלָּתֵנוּ לְמַעַן שְׁמֶךָ׃

מִי אֵל כָּמוֹךָ׃

Congregation:	Reader:
מִי אֵל כָּמוֹךָ׃	אַדִּיר וְנָאוֹר׃ בּוֹרֵא דֹּק וָחֶלֶד׃
מִי אֵל כָּמוֹךָ׃	גּוֹלֶה עֲמֻקוֹת׃ דּוֹבֵר צְדָקוֹת׃
מִי אֵל כָּמוֹךָ׃	הָדוּר בִּלְבוּשׁוֹ׃ וְאֵין זוּלָתוֹ׃
מִי אֵל כָּמוֹךָ׃	זוֹקֵף כְּפוּפִים׃ חוֹנֵן דַּלִּים׃
מִי אֵל כָּמוֹךָ׃	טָהוֹר עֵינַיִם׃ יוֹשֵׁב שָׁמַיִם׃
מִי אֵל כָּמוֹךָ׃	שׁוֹכֵן שְׁחָקִים׃ תּוֹמֵךְ תְּמִימִים׃
מִי אֵל כָּמוֹךָ׃	נוֹשֵׂא עָוֹן׃ וְעוֹבֵר עַל פֶּשַׁע׃

כַּכָּתוּב עַל יַד נְבִיאֶךָ׃

מִי אֵל כָּמוֹךָ נֹשֵׂא עָוֹן וְעוֹבֵר עַל פֶּשַׁע לִשְׁאֵרִית
נַחֲלָתוֹ לֹא הֶחֱזִיק לָעַד אַפּוֹ כִּי חָפֵץ חֶסֶד הוּא׃ יָשׁוּב
יְרַחֲמֵנוּ יִכְבּוֹשׁ עֲוֹנֹתֵינוּ וְתַשְׁלִיךְ בִּמְצוּלוֹת יָם כָּל חַטֹּאתָם׃

Cong. This day didst thou stand with him when thou didst proclaim thy Name. As it is written in thy Law, " And the Lord descended in the cloud, and stood with him there, and proclaimed the Name of the Lord."

Cong. and Reader. For the sake of the glory of thy Name be thou found of us, O thou who art ever merciful and gracious ; yea, have mercy, we beseech thee, for thy Name's sake.

Reader. This day behold the desolation of thy Temple.

Cong. and Reader. This day incline thine ear and behold. As it is written in thy holy words, " O my God, incline thine ear, and hear ; open thine eyes, and behold our desolations, and the city which is called by thy Name : for we do not present our supplications before thee for our righteous deeds, but because of thy great mercies."

Cong. and Reader. For the sake of the glory of thy Name, be thou found of us, O thou who art gracious and merciful ; hear our prayer, we beseech thee, for thy Name's sake.

Response : O God, who is like unto thee !

Reader :

Glorious and excellent, Creator of heaven and earth :
Who revealeth deep things and speaketh righteousness :
Glorious in thy apparel, there is none beside thee :
Thou raisest up those that be bowed down and hast pity
    on the poor :
Thou art pure of sight, thou dwellest in the heavens :
Thou abidest in the heights, thou upholdest the perfect :
Thou pardonest iniquity and passest by transgression :

As it is written by the hand of thy prophet : " Who is a God like unto thee, that pardoneth iniquity and passeth by the transgression of the remnant of his heritage ? He retaineth not his anger for ever, because he delighteth in mercy. He will turn again and have compassion upon us ; he will subdue our iniquities ; and thou wilt cast all their sins into the depths of the sea." And

וְכָל חַטַּאת עַמְּךָ בֵּית יִשְׂרָאֵל תַּשְׁלִיךְ בִּמְקוֹם אֲשֶׁר
לֹא יִזָּכְרוּ וְלֹא יִפָּקְדוּ וְלֹא יַעֲלוּ עַל לֵב לְעוֹלָם: תִּתֵּן
אֱמֶת לְיַעֲקֹב חֶסֶד לְאַבְרָהָם אֲשֶׁר נִשְׁבַּעְתָּ לַאֲבֹתֵינוּ
מִימֵי קֶדֶם:

אֱלֹהֵינוּ וֵאלֹהֵי אֲבוֹתֵינוּ מְחַל לַעֲוֹנוֹתֵינוּ בְּיוֹם [הַשַּׁבָּת
הַזֶּה וּבְיוֹם] הַכִּפֻּרִים הַזֶּה מְחֵה וְהַעֲבֵר פְּשָׁעֵינוּ וְחַטֹּאתֵינוּ
מִנֶּגֶד עֵינֶיךָ· כָּאָמוּר אָנֹכִי אָנֹכִי הוּא מֹחֶה פְשָׁעֶיךָ לְמַעֲנִי
וְחַטֹּאתֶיךָ לֹא אֶזְכֹּר: וְנֶאֱמַר מָחִיתִי כָעָב פְּשָׁעֶיךָ וְכֶעָנָן
חַטֹּאתֶיךָ שׁוּבָה אֵלַי כִּי גְאַלְתִּיךָ: וְנֶאֱמַר כִּי בַיּוֹם הַזֶּה
יְכַפֵּר עֲלֵיכֶם לְטַהֵר אֶתְכֶם מִכֹּל חַטֹּאתֵיכֶם לִפְנֵי יְיָ
תִּטְהָרוּ: [אֱלֹהֵינוּ וֵאלֹהֵי אֲבוֹתֵינוּ רְצֵה בִמְנוּחָתֵנוּ]
קַדְּשֵׁנוּ בְּמִצְוֹתֶיךָ וְתֵן חֶלְקֵנוּ בְּתוֹרָתֶךָ שַׂבְּעֵנוּ מִטּוּבֶךָ
וְשַׂמְּחֵנוּ בִּישׁוּעָתֶךָ· [וְהַנְחִילֵנוּ יְיָ אֱלֹהֵינוּ בְּאַהֲבָה וּבְרָצוֹן
שַׁבַּת קָדְשֶׁךָ וְיָנוּחוּ בָהּ יִשְׂרָאֵל מְקַדְּשֵׁי שְׁמֶךָ] וְטַהֵר
לִבֵּנוּ לְעָבְדְּךָ בֶּאֱמֶת· כִּי אַתָּה סָלְחָן לְיִשְׂרָאֵל וּמָחֳלָן
לְשִׁבְטֵי יְשֻׁרוּן בְּכָל דּוֹר וָדוֹר וּמִבַּלְעָדֶיךָ אֵין לָנוּ מֶלֶךְ
מוֹחֵל וְסוֹלֵחַ אֶלָּא אָתָּה· בָּרוּךְ אַתָּה יְיָ· מֶלֶךְ מוֹחֵל
וְסוֹלֵחַ לַעֲוֹנוֹתֵינוּ וְלַעֲוֹנוֹת עַמּוֹ בֵּית יִשְׂרָאֵל· וּמַעֲבִיר
אַשְׁמוֹתֵינוּ בְּכָל שָׁנָה וְשָׁנָה· מֶלֶךְ עַל כָּל הָאָרֶץ מְקַדֵּשׁ
[הַשַּׁבָּת וְ]יִשְׂרָאֵל וְיוֹם הַכִּפֻּרִים:

רְצֵה יְיָ אֱלֹהֵינוּ בְּעַמְּךָ יִשְׂרָאֵל וּבִתְפִלָּתָם· וְהָשֵׁב אֶת
הָעֲבוֹדָה לִדְבִיר בֵּיתֶךָ וְאִשֵּׁי יִשְׂרָאֵל וּתְפִלָּתָם בְּאַהֲבָה
תְקַבֵּל בְּרָצוֹן· וּתְהִי לְרָצוֹן תָּמִיד עֲבוֹדַת יִשְׂרָאֵל עַמֶּךָ:

all the sins of thy people, the house of Israel, thou wilt cast into a place where they shall not be remembered, neither shall they be visited, neither shall they ever come to mind. " Thou wilt perform truth to Jacob, and mercy to Abraham, as thou hast sworn unto our fathers from the days of old."

Our God and God of our fathers, pardon our iniquities [on this Sabbath day and] on this Day of Atonement ; blot out our transgressions and our sins and make them to pass away from before thine eyes ; as it is said, I, even I, am he that blotteth out thy transgressions for mine own sake, and will not remember thy sins. And it is said, I have blotted out as a thick cloud thy transgressions, and as a mist thy sins : return unto me ; for I have redeemed thee. And it is said, For on this day shall atonement be made for you, to cleanse you : from all your sins before the Lord shall ye be clean. [Our God and God of our fathers, accept our rest,] sanctify us by thy commandments and grant our portion be in thy Law ; satisfy us with thy goodness, and gladden us with thy salvation, [and cause us, O Lord our God, in love and favour, to inherit thy holy Sabbath ; and may Israel find repose thereon, who hallow thy Name,] and purify our hearts to serve thee in truth ; for thou art the Forgiver of Israel, and Pardoner of the tribes of Jeshurun in all generations, and beside thee we have no King to pardon and forgive our sins, yea, none but thee. Blessed art thou, O Lord, thou King who pardonest and forgivest our iniquities and the iniquities of thy people the house of Israel, and who makest our trespasses to pass away year by year : King over all the earth, who sanctifiest [the Sabbath and] Israel and the Day of Atonement.

Accept, O Lord our God, thy people Israel and their prayer ; restore the service to the innermost part of thine house ; receive in love and favour the fire-offerings of Israel and their prayer ; and may the service of thy people Israel be ever acceptable to thee.

The Priests ascend the steps of the Ark, which is then closed.

וְתֶעֱרַב לְפָנֶיךָ עֲתִירָתֵנוּ כְּעוֹלָה וּכְקָרְבָּן· *Cong. and Reader.*

אָנָּא רַחוּם בְּרַחֲמֶיךָ הָרַבִּים הָשֵׁב שְׁכִינָתְךָ לְצִיּוֹן עִירְךָ
וְסֵדֶר הָעֲבוֹדָה לִירוּשָׁלָיִם· וְתֶחֱזֶינָה עֵינֵינוּ בְּשׁוּבְךָ לְצִיּוֹן
בְּרַחֲמִים· וְשָׁם נַעֲבָדְךָ בְּיִרְאָה כִּימֵי עוֹלָם וּכְשָׁנִים
קַדְמֹנִיּוֹת:

בָּרוּךְ אַתָּה יְיָ שֶׁאוֹתְךָ לְבַדְּךָ בְּיִרְאָה נַעֲבוֹד: *Reader.*

*On Sabbath, or when there are no Priests present, the following is
substituted after* ישראל עמך :

וְתֶחֱזֶינָה עֵינֵינוּ בְּשׁוּבְךָ לְצִיּוֹן בְּרַחֲמִים· בָּרוּךְ אַתָּה
יְיָ הַמַּחֲזִיר שְׁכִינָתוֹ לְצִיּוֹן:

מוֹדִים אֲנַחְנוּ לָךְ שָׁאַתָּה הוּא יְיָ אֱלֹהֵינוּ וֵאלֹהֵי אֲבוֹתֵינוּ
לְעוֹלָם וָעֶד· צוּר חַיֵּינוּ מָגֵן יִשְׁעֵנוּ אַתָּה הוּא לְדוֹר וָדוֹר·
נוֹדֶה לְךָ וּנְסַפֵּר תְּהִלָּתֶךָ עַל חַיֵּינוּ הַמְּסוּרִים בְּיָדֶךָ וְעַל
נִשְׁמוֹתֵינוּ הַפְּקוּדוֹת לָךְ וְעַל נִסֶּיךָ שֶׁבְּכָל יוֹם עִמָּנוּ וְעַל
נִפְלְאוֹתֶיךָ וְטוֹבוֹתֶיךָ שֶׁבְּכָל עֵת עֶרֶב וָבֹקֶר וְצָהֳרָיִם·
הַטּוֹב כִּי לֹא כָלוּ רַחֲמֶיךָ וְהַמְּרַחֵם כִּי לֹא תַמּוּ חֲסָדֶיךָ
מֵעוֹלָם קִוִּינוּ לָךְ:

Whilst the Reader says the foregoing paragraph, the Congregation say:

מוֹדִים אֲנַחְנוּ לָךְ שָׁאַתָּה הוּא יְיָ אֱלֹהֵינוּ וֵאלֹהֵי אֲבוֹתֵינוּ
אֱלֹהֵי כָל בָּשָׂר יוֹצְרֵנוּ יוֹצֵר בְּרֵאשִׁית· בְּרָכוֹת וְהוֹדָאוֹת
לְשִׁמְךָ הַגָּדוֹל וְהַקָּדוֹשׁ עַל שֶׁהֶחֱיִיתָנוּ וְקִיַּמְתָּנוּ· כֵּן תְּחַיֵּנוּ
וּתְקַיְּמֵנוּ וְתֶאֱסוֹף גָּלֻיּוֹתֵינוּ לְחַצְרוֹת קָדְשֶׁךָ לִשְׁמֹר חֻקֶּיךָ
וְלַעֲשׂוֹת רְצוֹנֶךָ וּלְעָבְדְּךָ בְּלֵבָב שָׁלֵם עַל שֶׁאֲנַחְנוּ מוֹדִים
לָךְ· בָּרוּךְ אֵל הַהוֹדָאוֹת:

The Priests ascend the steps of the Ark, which is then closed.

Cong. and Reader. And may our prayer be acceptable unto thee as burnt offering and as sacrifice. O thou who art merciful, we beseech thee, in thine abundant mercy to restore thy divine presence unto Zion, and the ordained service to Jerusalem. And let our eyes behold thy return in mercy to Zion, and there will we worship thee in awe, as in the days of old and as in ancient years.

Reader. Blessed art thou, O Lord, whom alone we serve in awe.

On Sabbath, or when there are no Priests present, the following is substituted after ever acceptable to thee :

And let our eyes behold thy return in mercy to Zion. Blessed art thou, O Lord, who restorest thy divine presence unto Zion.

We make acknowledgment unto thee, that thou art the Lord our God and the God of our fathers for ever and ever ; thou art the Rock of our lives, the Shield of our salvation through every generation. We will give thanks unto thee and declare thy praise for our lives which are delivered into thy hand, and for our souls which are committed unto thy charge, and for thy miracles which are with us every day, and for thy wondrous benefits which are with us at all times, even morn and noon. Thou art the Beneficent One, for thy mercies never fail ; thou art the Merciful One, for thy kindnesses never cease. We have ever hoped in thee.

Whilst the Reader says the foregoing paragraph, the Congregation say :

We make acknowledgment unto thee, that thou art the Lord, our God and the God of our fathers, the God of all flesh, our Creator and the Creator of all things in the beginning. Blessings and thanksgivings be to thy great and holy Name, because thou hast kept us alive and supported us. So continue to keep us alive and support us ; and gather our exiles to thy holy courts to observe thy statutes, to perform thy will and to serve thee with a perfect heart ; for this we give thanks unto thee. Blessed be God to whom thanksgivings belong.

א"תפלת מוסף ליום כפור

193

וְעַל כֻּלָּם יִתְבָּרַךְ וְיִתְרוֹמַם שִׁמְךָ מַלְכֵּנוּ תָּמִיד לְעוֹלָם וָעֶד:

Cong. and Reader. אָבִינוּ מַלְכֵּנוּ זְכוֹר רַחֲמֶיךָ וּכְבוֹשׁ כַּעַסְךָ

וְכַלֵּה דֶּבֶר וְחֶרֶב וְרָעָב וּשְׁבִי וּמַשְׁחִית וְעָוֹן וּשְׁמַד

וּמַגֵּפָה וּפֶגַע רַע וְכָל מַחֲלָה וְכָל תַּקָלָה וְכָל קְטָטָה

וְכָל מִינֵי פֻרְעָנִיּוֹת וְכָל גְּזֵרָה רָעָה וְשִׂנְאַת חִנָּם· מֵעָלֵינוּ

וּמֵעַל כָּל בְּנֵי בְרִיתֶךָ:

Cong. and Reader. וּכְתוֹב לְחַיִּים טוֹבִים כָּל בְּנֵי בְרִיתֶךָ:

וְכָל הַחַיִּים יוֹדוּךָ סֶּלָה וִיהַלְלוּ אֶת שִׁמְךָ בֶּאֱמֶת הָאֵל

יְשׁוּעָתֵנוּ וְעֶזְרָתֵנוּ סֶּלָה· בָּרוּךְ אַתָּה יְיָ הַטּוֹב שִׁמְךָ

וּלְךָ נָאֶה לְהוֹדוֹת:

On Sabbath, or when there are no Priests present, the Reader continues:

אֱלֹהֵינוּ וֵאלֹהֵי אֲבוֹתֵינוּ בָּרְכֵנוּ בַּבְּרָכָה הַמְשֻׁלֶּשֶׁת

בַּתּוֹרָה הַכְּתוּבָה עַל יְדֵי מֹשֶׁה עַבְדֶּךָ הָאֲמוּרָה מִפִּי

אַהֲרֹן וּבָנָיו כֹּהֲנִים עַם קְדוֹשֶׁךָ כָּאָמוּר· יְבָרֶכְךָ יְיָ

וְיִשְׁמְרֶךָ: Cong. כֵּן יְהִי רָצוֹן: Reader. יָאֵר יְיָ פָּנָיו אֵלֶיךָ

וִיחֻנֶּךָ: Cong. כֵּן יְהִי רָצוֹן: Reader. יִשָּׂא יְיָ פָּנָיו אֵלֶיךָ

וְיָשֵׂם לְךָ שָׁלוֹם: Cong. כֵּן יְהִי רָצוֹן:

The Reader continues with שים שלום on page 195.

On a week-day the Reader says until ובניו in an undertone.

אֱלֹהֵינוּ וֵאלֹהֵי אֲבוֹתֵינוּ בָּרְכֵנוּ בַּבְּרָכָה הַמְשֻׁלֶּשֶׁת בַּתּוֹרָה

הַכְּתוּבָה עַל יְדֵי מֹשֶׁה עַבְדֶּךָ הָאֲמוּרָה מִפִּי אַהֲרֹן וּבָנָיו

כֹּהֲנִים Reader.

עַם קְדוֹשֶׁךָ כָּאָמוּר· Congregation.

The Priests pronounce the following blessing:

בָּרוּךְ אַתָּה יְיָ אֱלֹהֵינוּ מֶלֶךְ הָעוֹלָם אֲשֶׁר קִדְּשָׁנוּ

בִּקְדֻשָּׁתוֹ שֶׁל אַהֲרֹן וְצִוָּנוּ לְבָרֵךְ אֶת עַמּוֹ יִשְׂרָאֵל בְּאַהֲבָה:

And for all these things, O our King, thy Name shall be continually blessed and exalted for ever and ever.

Cong. and Reader. Our Father, our King, remember thy mercy and suppress thine anger, and remove pestilence, sword and famine, destruction, captivity, iniquity, apostasy and plague, all evil occurrences, and every disease, every stumbling-block and contention, every kind of punishment, every evil decree and all causeless enmity, from us and from all the children of thy covenant.

Cong. and Reader. And inscribe all the children of thy covenant for a happy life.

And every one that liveth shall give thanks unto thee, Selah ; and shall praise thy Name in truth, O God, our salvation and help, Selah. Blessed art thou, O Lord, whose Name is the Beneficent One, and unto whom it is becoming to give thanks.

On Sabbath, or when there are no Priests present, the Reader continues :

Our God and God of our fathers, bless us with the three-fold blessing in the Law, written by the hand of thy servant Moses, and uttered by the mouth of Aaron and his sons, the priests, thy holy people, as it is said : The Lord bless thee and keep thee.

Cong. May this be his will.

The Lord make his face shine upon thee and be gracious unto thee.

Cong. May this be his will.

The Lord incline his countenance unto thee and give thee peace.

Cong. May this be his will.

The Reader continues with Grant peace *on page* 195.
On a week-day the Reader says until his sons *in an undertone.*

Our God, and God of our fathers, bless us with the three-fold blessing in the Law, written by the hand of thy servant Moses, and uttered by the mouth of Aaron and his sons,

Reader. The priests,

Cong. Thy holy people, as it is said :

The Priests pronounce the following blessing :

Blessed be thou, O Lord our God, King of the Universe, who hast hallowed us with holiness of Aaron and hast commanded us to bless thy people Israel in love.

Congregation: *Reader followed by the Priests:*

אָמֵן : יְבָרֶכְךָ יְיָ וְיִשְׁמְרֶךָ׃

אָמֵן : יָאֵר יְיָ פָּנָיו אֵלֶיךָ וִיחֻנֶּךָּ׃

אָמֵן סֶלָה: יִשָּׂא יְיָ פָּנָיו אֵלֶיךָ וְיָשֵׂם לְךָ שָׁלוֹם׃

For silent prayer:

יְהִי רָצוֹן מִלְּפָנֶיךָ יְיָ אֱלֹהַי וֵאלֹהֵי אֲבוֹתַי שֶׁתַּעֲשֶׂה
לְמַעַן קְדֻשַּׁת חֲסָדֶיךָ וְגֹדֶל רַחֲמֶיךָ וּלְמַעַן טָהֳרַת שִׁמְךָ
הַגָּדוֹל הַגִּבּוֹר וְהַנּוֹרָא שֶׁתִּהְיֶה קָרוֹב לִי בְּקָרְאִי לְךָ
וְתִשְׁמַע תְּפִלָּתִי וְאַנְקָתִי תָּמִיד כְּשֵׁם שֶׁשָּׁמַעְתָּ אֶנְקַת
יַעֲקֹב תְּמִימֶךָ׃ וְתִתֶּן לִי וּלְכָל נַפְשׁוֹת בֵּיתִי מְזוֹנוֹתֵינוּ
וּפַרְנָסָתֵנוּ בְּרֶוַח וְלֹא בְצִמְצוּם בְּהֶתֵּר וְלֹא בְאִסּוּר בְּנַחַת
וְלֹא בְצַעַר מִתַּחַת יָדְךָ הָרְחָבָה כְּשֵׁם שֶׁנָּתַתָּ לֶחֶם לֶאֱכֹל
וּבֶגֶד לִלְבּוֹשׁ לְיַעֲקֹב אָבִינוּ׃ וְתִתְּנֵנוּ לְאַהֲבָה וּלְחֵן וּלְחֶסֶד
בְּעֵינֶיךָ וּבְעֵינֵי כָל רוֹאֵינוּ וְיִהְיוּ דְבָרַי נִשְׁמָעִים לַעֲבוֹדָתֶךָ
כְּשֵׁם שֶׁנָּתַתָּ אֶת יוֹסֵף צַדִּיקֶךָ לְחֵן וּלְחֶסֶד וּלְרַחֲמִים
בְּעֵינֶיךָ וּבְעֵינֵי כָל רוֹאָיו׃ וְתַעֲשֶׂה עִמִּי נִפְלָאוֹת וְנִסִּים
וְאוֹת לְטוֹבָה וְתַצְלִיחֵנִי בִּדְרָכַי׃ וְתֵן בְּלִבִּי בִּינָה לְהָבִין
וּלְהַשְׂכִּיל וּלְקַיֵּם אֶת כָּל דִּבְרֵי תַלְמוּד תּוֹרָתְךָ וְסוֹדוֹתֶיךָ׃
וְתַצִּילֵנִי מִשְּׁגִיאוֹת וּתְטַהֵר רַעְיוֹנַי וְלִבִּי לַעֲבוֹדָתֶךָ׃
וְתַאֲרִיךְ יָמַי [וִימֵי אִשְׁתִּי וּבָנַי וּבְנוֹתַי] [וִימֵי אָבִי וְאִמִּי]
בְּטוֹב וּבִנְעִימוֹת בְּרֹב עֹז וְשָׁלוֹם׃

אַדִּיר בַּמָּרוֹם שׁוֹכֵן בִּגְבוּרָה׃ אַתָּה שָׁלוֹם וְשִׁמְךָ
שָׁלוֹם׃ יְהִי רָצוֹן שֶׁתָּשִׂים עָלֵינוּ וְעַל עַמְּךָ בֵּית
יִשְׂרָאֵל חַיִּים וּבְרָכָה לְמִשְׁמֶרֶת שָׁלוֹם׃

Reader followed by the Priests :   *Cong :*

The Lord bless thee and keep thee :   Amen.
The Lord make his face to shine upon
    thee and be gracious unto thee :   Amen.
The Lord incline his countenance unto
    thee and give thee peace :   Amen.   Selah.

For silent prayer :

May it be thy will, O my God and God of my fathers,
to answer me for the sake of thy holy mercies and thy great
compassion, and for the sake of the purity of thy great and
mighty and terrible Name. Be near me when I call unto
thee and hear my prayer and my cry continually, even as
thou didst hear the cry of Jacob, thy perfect servant.
Grant me and all my household our food and sustenance,
in plenty and not in penury, earned by righteous and not
by wrongful means, in happiness and not in sorrow, from
out of thine ever-open hand, even as thou didst give Jacob
our father bread to eat and raiment for clothing. Grant
that we may find love and grace and favour in thy sight
and in the sight of all who see us, and may my words be
heard in thy service, even as thou didst grant grace and
favour and mercy unto Joseph, thy righteous one, in thy
sight and in the sight of all that beheld him. Do thy
wondrous deeds and miracles by me ; shew me a sign for
good and prosper me in my ways. Put understanding into
my heart, that I may discern and know and fulfil all the
words of the study of thy Law and thy deep mysteries.
Deliver me from error and purify my thoughts and my
heart for thy worship ; and prolong my days [and the days
of my wife, my sons and my daughters] [and the days of
my parents] in welfare, in happiness, in abundance of
strength and in peace.

Cong. O thou who art glorious on high, abiding in might,
thou art peace and thy Name is peace ; may it be thy will
to grant unto us and unto thy people, the house of Israel,
life and blessing with enduring peace.

Reader. שִׂים שָׁלוֹם טוֹבָה וּבְרָכָה חֵן וָחֶסֶד וְרַחֲמִים
עָלֵינוּ וְעַל כָּל יִשְׂרָאֵל עַמֶּךָ · בָּרְכֵנוּ אָבִינוּ כֻּלָּנוּ כְּאֶחָד
בְּאוֹר פָּנֶיךָ · כִּי בְאוֹר פָּנֶיךָ נָתַתָּ לָנוּ יְיָ אֱלֹהֵינוּ תּוֹרַת חַיִּים
וְאַהֲבַת חֶסֶד וּצְדָקָה וּבְרָכָה וְרַחֲמִים וְחַיִּים וְשָׁלוֹם ·
וְטוֹב בְּעֵינֶיךָ לְבָרֵךְ אֶת עַמְּךָ יִשְׂרָאֵל בְּכָל עֵת וּבְכָל
שָׁעָה בִּשְׁלוֹמֶךָ :

Cong. and Reader. בְּסֵפֶר חַיִּים בְּרָכָה וְשָׁלוֹם וּפַרְנָסָה טוֹבָה
נִזָּכֵר וְנִכָּתֵב לְפָנֶיךָ אֲנַחְנוּ וְכָל עַמְּךָ בֵּית יִשְׂרָאֵל לְחַיִּים
טוֹבִים וּלְשָׁלוֹם :

וְנֶאֱמַר כִּי בִי יִרְבּוּ יָמֶיךָ וְיוֹסִיפוּ לְךָ שְׁנוֹת חַיִּים :
לְחַיִּים טוֹבִים תִּכְתְּבֵנוּ · אֱלֹהִים חַיִּים כָּתְבֵנוּ בְּסֵפֶר
הַחַיִּים · כַּכָּתוּב · וְאַתֶּם הַדְּבֵקִים בַּיָי אֱלֹהֵיכֶם חַיִּים
כֻּלְּכֶם הַיּוֹם :

The Ark is opened.

Congregation.	Reader.
אָמֵן :	הַיּוֹם תְּאַמְּצֵנוּ :
אָמֵן :	הַיּוֹם תְּבָרְכֵנוּ :
אָמֵן :	הַיּוֹם תְּגַדְּלֵנוּ :
אָמֵן :	הַיּוֹם תִּדְרְשֵׁנוּ לְטוֹבָה :
אָמֵן :	הַיּוֹם תִּכְתְּבֵנוּ לְחַיִּים טוֹבִים :
אָמֵן :	הַיּוֹם תִּשְׁמַע שַׁוְעָתֵנוּ :
אָמֵן :	הַיּוֹם תְּקַבֵּל בְּרַחֲמִים וּבְרָצוֹן אֶת תְּפִלָּתֵנוּ :
אָמֵן :	הַיּוֹם תִּתְמְכֵנוּ בִּימִין צִדְקֶךָ :
אָמֵן :	הַיּוֹם תִּמְחוֹל וְתִסְלַח לְכָל עֲוֹנוֹתֵינוּ :

The Ark is closed.

Grant peace, welfare, blessing, grace, loving-kindness and mercy unto us and unto all Israel, thy people. Bless us, O our Father, yea, all of us together, with the light of thy countenance ; for by the light of thy countenance thou hast given unto us, O Lord our God, the Law of life, loving-kindness and righteousness, blessing, mercy, life and peace. And may it be good in thy sight to bless thy people Israel at all times and in every hour with thy peace.

Cong. and Reader. In the book of life, blessing, peace and good sustenance may we be remembered and inscribed before thee, we and all thy people, the house of Israel, for a happy life and peace.

And it is said, " For by me thy days shall be multiplied, and the years of thy life shall be increased." O inscribe us for a happy life. O thou living God ! write us in the book of life ; as it is written, " But ye that did cleave unto the Lord your God are alive, every one of you, this day."

Reader :	*Congregation :*
This day wilt thou strengthen us.	Amen.
This day wilt thou bless us.	Amen.
This day wilt thou uplift us.	Amen.
This day wilt thou visit us for good.	Amen.
This day wilt thou hear our cry.	Amen.
This day wilt thou inscribe us for happy life.	Amen.
This day wilt thou accept our prayer in mercy and favour.	Amen.
This day wilt thou support us with thy righteous hand.	Amen.
This day thou wilt pardon and forgive all our iniquities.	Amen.

The Ark is closed.

כְּהַיּוֹם הַזֶּה תְּבִיאֵנוּ שָׂשִׂים וּשְׂמֵחִים בְּבִנְיַן שָׁלֵם כַּכָּתוּב
עַל יַד נְבִיאֶךָ. וַהֲבִיאוֹתִים אֶל הַר קָדְשִׁי וְשִׂמַּחְתִּים
בְּבֵית תְּפִלָּתִי עוֹלֹתֵיהֶם וְזִבְחֵיהֶם לְרָצוֹן עַל מִזְבְּחִי
כִּי בֵיתִי בֵּית תְּפִלָּה יִקָּרֵא לְכָל הָעַמִּים: וְנֶאֱמַר. וַיְצַוֵּנוּ
יְיָ לַעֲשׂוֹת אֶת כָּל הַחֻקִּים הָאֵלֶּה לְיִרְאָה אֶת יְיָ אֱלֹהֵינוּ.
לְטוֹב לָנוּ כָּל הַיָּמִים לְחַיֹּתֵנוּ כְּהַיּוֹם הַזֶּה: וְנֶאֱמַר.
וּצְדָקָה תִּהְיֶה לָּנוּ כִּי נִשְׁמֹר לַעֲשׂוֹת אֶת כָּל הַמִּצְוָה
הַזֹּאת לִפְנֵי יְיָ אֱלֹהֵינוּ כַּאֲשֶׁר צִוָּנוּ: וּצְדָקָה וּבְרָכָה
וְרַחֲמִים וְחַיִּים וְשָׁלוֹם יִהְיֶה לָנוּ וּלְכָל יִשְׂרָאֵל עַד הָעוֹלָם.
בָּרוּךְ אַתָּה יְיָ עוֹשֶׂה הַשָּׁלוֹם:

יִתְגַּדַּל וְיִתְקַדַּשׁ שְׁמֵהּ רַבָּא. בְּעָלְמָא דִי בְרָא כִרְעוּתֵהּ.
וְיַמְלִיךְ מַלְכוּתֵהּ בְּחַיֵּיכוֹן וּבְיוֹמֵיכוֹן וּבְחַיֵּי דְכָל בֵּית
יִשְׂרָאֵל בַּעֲגָלָא וּבִזְמַן קָרִיב וְאִמְרוּ אָמֵן:
Cong. יְהֵא שְׁמֵהּ רַבָּא מְבָרַךְ לְעָלַם וּלְעָלְמֵי עָלְמַיָּא:
יִתְבָּרַךְ וְיִשְׁתַּבַּח וְיִתְפָּאַר וְיִתְרֹמַם וְיִתְנַשֵּׂא וְיִתְהַדָּר
וְיִתְעַלֶּה וְיִתְהַלָּל שְׁמֵהּ דְּקֻדְשָׁא. בְּרִיךְ הוּא. לְעֵלָּא וּלְעֵלָּא
מִן כָּל בִּרְכָתָא וְשִׁירָתָא תֻּשְׁבְּחָתָא וְנֶחֱמָתָא דַּאֲמִירָן
בְּעָלְמָא וְאִמְרוּ אָמֵן:
תִּתְקַבֵּל צְלוֹתְהוֹן וּבָעוּתְהוֹן דְּכָל יִשְׂרָאֵל קֳדָם אֲבוּהוֹן
דִּי בִשְׁמַיָּא וְאִמְרוּ אָמֵן:
יְהֵא שְׁלָמָא רַבָּא מִן שְׁמַיָּא וְחַיִּים עָלֵינוּ וְעַל כָּל
יִשְׂרָאֵל וְאִמְרוּ אָמֵן:
עֹשֶׂה שָׁלוֹם בִּמְרוֹמָיו הוּא יַעֲשֶׂה שָׁלוֹם עָלֵינוּ וְעַל
כָּל יִשְׂרָאֵל וְאִמְרוּ אָמֵן:

Upon a day like this thou wilt bring us glad and rejoicing unto thy Temple of peace, as it is written by the hand of thy prophet, " And I will bring them to my holy mountain and make them joyful in my house of prayer : their burnt offerings and their sacrifices shall be accepted upon mine altar ; for mine house shall be called an house of prayer for all peoples." And it is said, " And the Lord commanded us to do all those statutes, to fear the Lord our God for our good always, that he might preserve us alive, as at this day." And it is said, " And it shall be righteousness unto us, if we observe to do all this commandment before the Lord our God, as he hath commanded us." And righteousness and blessing, mercy, life and peace be unto us and unto all Israel for ever. Blessed art thou, O Lord, who makest peace.

Magnified and sanctified be his great Name in the world which he hath created according to his will. May he establish his kingdom in your life-time and in your days, and in the life-time of all the house of Israel, speedily and at a near time ; and say ye, Amen.

Cong. Let his great Name be blessed for ever and ever.

Blessed, praised and glorified, exalted, extolled and honoured, adored and lauded be the Name of the Holy One, blessed be he, beyond, yea, beyond all blessings and hymns, praises and songs, which are uttered in the world ; and say ye, Amen.

May the prayers and supplications of the whole house of Israel be accepted in the presence of their Father who is in heaven ; and say ye, Amen.

May there be abundant peace from heaven, and life for us and for all Israel ; and say ye, Amen.

May he who maketh peace in his high places, make peace for us and for all Israel ; and say ye, Amen.

מנחה ליום כפור

The Ark is opened.

וַיְהִי בִּנְסֹעַ הָאָרֹן וַיֹּאמֶר מֹשֶׁה קוּמָה יְיָ וְיָפֻצוּ אֹיְבֶיךָ
וְיָנֻסוּ מְשַׂנְאֶיךָ מִפָּנֶיךָ: כִּי מִצִּיּוֹן תֵּצֵא תוֹרָה וּדְבַר יְיָ
מִירוּשָׁלָיִם:

בָּרוּךְ שֶׁנָּתַן תּוֹרָה לְעַמּוֹ יִשְׂרָאֵל בִּקְדֻשָּׁתוֹ:

A Scroll of the Law is taken from the Ark.

Reader. גַּדְּלוּ לַיְיָ אִתִּי · וּנְרוֹמְמָה שְׁמוֹ יַחְדָּו:

Cong. לְךָ יְיָ הַגְּדֻלָּה וְהַגְּבוּרָה וְהַתִּפְאֶרֶת וְהַנֵּצַח וְהַהוֹד
כִּי כֹל בַּשָּׁמַיִם וּבָאָרֶץ לְךָ יְיָ הַמַּמְלָכָה וְהַמִּתְנַשֵּׂא לְכֹל
לְרֹאשׁ: רוֹמְמוּ יְיָ אֱלֹהֵינוּ וְהִשְׁתַּחֲווּ לַהֲדֹם רַגְלָיו קָדוֹשׁ
הוּא: רוֹמְמוּ יְיָ אֱלֹהֵינוּ וְהִשְׁתַּחֲווּ לְהַר קָדְשׁוֹ כִּי קָדוֹשׁ
יְיָ אֱלֹהֵינוּ:

Reader. אַב הָרַחֲמִים הוּא יְרַחֵם עַם עֲמוּסִים וְיִזְכֹּר בְּרִית
אֵיתָנִים וְיַצִּיל נַפְשׁוֹתֵינוּ מִן הַשָּׁעוֹת הָרָעוֹת וְיִגְעַר
בְּיֵצֶר הָרַע מִן הַנְּשׂוּאִים וְיָחֹן אוֹתָנוּ לִפְלֵיטַת עוֹלָמִים
וִימַלֵּא מִשְׁאֲלוֹתֵינוּ בְּמִדָּה טוֹבָה יְשׁוּעָה וְרַחֲמִים:

The Scroll being placed upon the reading-desk, the Reader says:

וְתִגָּלֶה וְתֵרָאֶה מַלְכוּתוֹ עָלֵינוּ בִּזְמַן קָרוֹב · וְיָחֹן
פְּלֵיטָתֵנוּ וּפְלֵיטַת עַמּוֹ בֵּית יִשְׂרָאֵל לְחֵן וּלְחֶסֶד וּלְרַחֲמִים

AFTERNOON SERVICE

The Ark is opened.

And it came to pass, when the ark set forward, that Moses said : Rise up, O Lord, and let thine enemies be scattered, and let them that hate thee flee before thee. For out of Zion shall go forth the Law, and the word of the Lord from Jerusalem.

Blessed be he who in his holiness hath given the Law unto his people Israel.

A Scroll of the Law is taken from the Ark.

Reader. Magnify the Lord with me, and let us exalt his Name together.

Cong. Thine, O Lord, are greatness and power, glory, victory and majesty ; for all that is in the heaven and in the earth is thine : thine is sovereignty, O Lord, and pre-eminence supreme. Exalt ye the Lord our God and worship at his footstool : holy is he. Exalt ye the Lord our God, and worship at his holy mount ; for the Lord our God is holy.

Reader. May the Father of compassion have mercy upon a people that have been borne aloft by him. May he remember the covenant with the patriarchs ; may he deliver our souls from evil hours, curb the evil inclination in them that have been carried by him, and graciously grant us an everlasting deliverance, and fulfil our desires in the measure of his goodness, salvation and mercy.

The Scroll being placed upon the reading-desk, the Reader says :

And may his Kingdom soon be revealed and made manifest unto us ; and may he have compassion upon our remnant and the remnant of his people, the house of Israel, for grace and kindness, mercy and favour ; and let us say,

וּלְרָצוֹן וְנֹאמַר אָמֵן: הַכֹּל הָבוּ גֹדֶל לֵאלֹהֵינוּ וּתְנוּ
כָבוֹד לַתּוֹרָה: כֹּהֵן קְרָב· יַעֲמֹד

The Reader here names the person first called to the reading of the Law.

בָּרוּךְ שֶׁנָּתַן תּוֹרָה לְעַמּוֹ יִשְׂרָאֵל בִּקְדֻשָּׁתוֹ: תּוֹרַת יְיָ
תְּמִימָה מְשִׁיבַת נָפֶשׁ עֵדוּת יְיָ נֶאֱמָנָה מַחְכִּימַת פֶּתִי:
פִּקּוּדֵי יְיָ יְשָׁרִים מְשַׂמְּחֵי לֵב מִצְוַת יְיָ בָּרָה מְאִירַת
עֵינָיִם: יְיָ עֹז לְעַמּוֹ יִתֵּן יְיָ יְבָרֵךְ אֶת עַמּוֹ בַשָּׁלוֹם:
הָאֵל תָּמִים דַּרְכּוֹ אִמְרַת יְיָ צְרוּפָה מָגֵן הוּא לְכָל
הַחֹסִים בּוֹ:

Congregation and Reader:

וְאַתֶּם הַדְּבֵקִים בַּיְיָ אֱלֹהֵיכֶם חַיִּים כֻּלְּכֶם הַיּוֹם:

Each person who is called to the reading of the Law says the following
Blessing:

בָּרְכוּ אֶת יְיָ הַמְבֹרָךְ:

Congregation:

בָּרוּךְ יְיָ הַמְבֹרָךְ לְעוֹלָם וָעֶד:

He repeats the response of the Congregation, and continues:

בָּרוּךְ אַתָּה יְיָ אֱלֹהֵינוּ מֶלֶךְ הָעוֹלָם· אֲשֶׁר בָּחַר בָּנוּ
מִכָּל הָעַמִּים וְנָתַן לָנוּ אֶת תּוֹרָתוֹ· בָּרוּךְ אַתָּה יְיָ·
נוֹתֵן הַתּוֹרָה:

After the reading of a Section of the Law, he says the following Blessing:

בָּרוּךְ אַתָּה יְיָ אֱלֹהֵינוּ מֶלֶךְ הָעוֹלָם· אֲשֶׁר נָתַן לָנוּ
תּוֹרַת אֱמֶת· וְחַיֵּי עוֹלָם נָטַע בְּתוֹכֵנוּ· בָּרוּךְ אַתָּה יְיָ·
נוֹתֵן הַתּוֹרָה:

Amen. Ascribe ye all greatness unto our God, and render honour to the Law. Stand forth—

The Reader here names the person who is first called to the reading of the Law.

Blessed be he, who in his holiness hath given the Law unto his people Israel. The Law of the Lord is perfect, restoring the soul : the testimony of the Lord is sure, making wise the simple. The statutes of the Lord are right, rejoicing the heart : the commandment of the Lord is pure, enlightening the eyes. The Lord will give strength unto his people ; the Lord will bless his people with peace. As for God, his way is perfect : the word of the Lord is tried ; he is a shield unto all that trust in him.

Cong. and Reader. And ye that cleave unto the Lord your God are alive every one of you this day.

Each person who is called to the reading of the Law says the following blessing :

Bless ye the Lord, who is blessed.

Congregation :

Blessed be the Lord, who is blessed for ever and evermore.

He repeats the response of the Congregation, and continues :

Blessed art thou, O Lord our God, King of the Universe, who hast chosen us from all peoples, and hast given us thy Law. Blessed art thou, O Lord, giver of the Law.

After the reading of a Section of the Law, he says the following blessing :

Blessed art thou, O Lord our God, King of the Universe, who hast given us the Law of truth, and hast planted everlasting life in our midst. Blessed art thou, O Lord, giver of the Law.

ויקרא י"ח

וַיְדַבֵּ֥ר יְהוָ֖ה אֶל־מֹשֶׁ֥ה לֵּאמֹֽר׃ דַּבֵּר֙ אֶל־בְּנֵ֣י יִשְׂרָאֵ֔ל
וְאָמַרְתָּ֣ אֲלֵהֶ֔ם אֲנִ֖י יְהוָ֥ה אֱלֹהֵיכֶֽם׃ כְּמַעֲשֵׂ֧ה אֶֽרֶץ־מִצְרַ֛יִם
אֲשֶׁ֥ר יְשַׁבְתֶּם־בָּ֖הּ לֹ֣א תַעֲשׂ֑וּ וּכְמַעֲשֵׂ֣ה אֶֽרֶץ־כְּנַ֡עַן אֲשֶׁ֣ר
אֲנִי֩ מֵבִ֨יא אֶתְכֶ֥ם שָׁ֙מָּה֙ לֹ֣א תַעֲשׂ֔וּ וּבְחֻקֹּתֵיהֶ֖ם לֹ֥א תֵלֵֽכוּ׃
אֶת־מִשְׁפָּטַ֧י תַּעֲשׂ֛וּ וְאֶת־חֻקֹּתַ֥י תִּשְׁמְר֖וּ לָלֶ֣כֶת בָּהֶ֑ם אֲנִ֖י
יְהוָ֥ה אֱלֹהֵיכֶֽם׃ וּשְׁמַרְתֶּ֤ם אֶת־חֻקֹּתַי֙ וְאֶת־מִשְׁפָּטַ֔י אֲשֶׁ֨ר
לוי יַעֲשֶׂ֥ה אֹתָ֛ם הָאָדָ֖ם וָחַ֣י בָּהֶ֑ם אֲנִ֖י יְהוָֽה׃* אִ֥ישׁ אִ֙ישׁ֙
אֶל־כָּל־שְׁאֵ֣ר בְּשָׂר֔וֹ לֹ֥א תִקְרְב֖וּ לְגַלּ֣וֹת עֶרְוָ֑ה אֲנִ֖י
יְהוָֽה׃ עֶרְוַ֥ת אָבִ֛יךָ וְעֶרְוַ֥ת אִמְּךָ֖ לֹ֣א תְגַלֵּ֑ה אִמְּךָ֣
הִ֔וא לֹ֥א תְגַלֶּ֖ה עֶרְוָתָֽהּ׃ עֶרְוַ֥ת אֵֽשֶׁת־אָבִ֖יךָ לֹ֣א
תְגַלֵּ֑ה עֶרְוַ֥ת אָבִ֖יךָ הִֽוא׃ עֶרְוַ֣ת אֲחֽוֹתְךָ֞ בַת־אָבִ֗יךָ
א֣וֹ בַת־אִמֶּ֗ךָ מוֹלֶ֣דֶת בַּ֙יִת֙ א֚וֹ מוֹלֶ֣דֶת ח֔וּץ לֹ֥א תְגַלֶּ֖ה
עֶרְוָתָֽן׃ עֶרְוַ֤ת בַּת־בִּנְךָ֙ א֣וֹ בַת־בִּתְּךָ֔ לֹ֥א תְגַלֶּ֖ה עֶרְוָתָ֑ן
כִּ֥י עֶרְוָתְךָ֖ הֵֽנָּה׃ עֶרְוַ֨ת בַּת־אֵ֤שֶׁת אָבִ֙יךָ֙ מוֹלֶ֣דֶת
אָבִ֔יךָ אֲחוֹתְךָ֖ הִ֑וא לֹ֥א תְגַלֶּ֖ה עֶרְוָתָֽהּ׃ עֶרְוַ֥ת
אֲחֽוֹת־אָבִ֖יךָ לֹ֣א תְגַלֵּ֑ה שְׁאֵ֥ר אָבִ֖יךָ הִֽוא׃ עֶרְוַ֨ת
אֲחֽוֹת־אִמְּךָ֖ לֹ֣א תְגַלֵּ֑ה כִּֽי־שְׁאֵ֥ר אִמְּךָ֖ הִֽוא׃ עֶרְוַ֥ת
אֲחִֽי־אָבִ֖יךָ לֹ֣א תְגַלֵּ֑ה אֶל־אִשְׁתּוֹ֙ לֹ֣א תִקְרָ֔ב דֹּדָֽתְךָ֖
הִֽוא׃ עֶרְוַ֥ת כַּלָּֽתְךָ֖ לֹ֣א תְגַלֵּ֑ה אֵ֤שֶׁת בִּנְךָ֙ הִ֔וא לֹ֥א
תְגַלֶּ֖ה עֶרְוָתָֽהּ׃ עֶרְוַ֥ת אֵֽשֶׁת־אָחִ֖יךָ לֹ֣א תְגַלֵּ֑ה
עֶרְוַ֥ת אָחִ֖יךָ הִֽוא׃ עֶרְוַ֥ת אִשָּׁ֣ה וּבִתָּ֖הּ לֹ֣א תְגַלֵּ֑ה
אֶֽת־בַּת־בְּנָ֞הּ וְאֶת־בַּת־בִּתָּ֗הּ לֹ֤א תִקַּח֙ לְגַלּ֣וֹת עֶרְוָתָ֔הּ
שַׁאֲרָ֥ה הֵ֖נָּה זִמָּ֥ה הִֽוא׃ וְאִשָּׁ֥ה אֶל־אֲחֹתָ֖הּ לֹ֣א תִקָּ֑ח לִצְרֹר֙

1 Leviticus xviii.

And the Lord spake unto Moses, saying : Speak unto the children of Israel, and say unto them, I am the Lord your God. After the doings of the land of Egypt, wherein ye dwelt, shall ye not do : and after the doings of the land of Canaan, whither I bring you, shall ye not do ; neither shall ye walk in their statutes. Ye shall do my judgments, and keep my statutes, to walk therein : I am the Lord your God. Ye shall therefore keep my statutes, and my judgments ; which if a man do, he shall live in them : I am the Lord. None of you shall approach to any that is near of kin to him, to uncover their nakedness : I am the Lord. The nakedness of thy father, even the nakedness of thy mother, shalt thou not uncover : she is thy mother ; thou shalt not uncover her nakedness. The nakedness of thy father's wife shalt thou not uncover : it is thy father's nakedness. The nakedness of thy sister, the daughter of thy father, or daughter of thy mother, whether she be born at home, or born abroad, even their nakedness thou shalt not uncover. The nakedness of thy son's daughter, or of thy daughter's daughter, even their nakedness thou shalt not uncover : for theirs is thine own nakedness. The nakedness of thy father's wife's daughter, begotten of thy father, she is thy sister : thou shalt not uncover her nakedness. Thou shalt not uncover the nakedness of thy father's sister : she is thy father's near kinswoman. Thou shalt not uncover the nakedness of thy mother's sister : for she is thy mother's near kinswoman. Thou shalt not uncover the nakedness of thy father's brother : thou shalt not approach to his wife ; she is thine aunt. Thou shalt not uncover the nakedness of thy daughter-in-law : she is thy son's wife ; thou shalt not uncover her nakedness. Thou shalt not uncover the nakedness of thy brother's wife : it is thy brother's nakedness. Thou shalt not uncover the nakedness of a woman and her daughter : thou shalt not take her son's daughter, or her daughter's daughter, to uncover her nakedness : they are near kinswomen ; it is enormity. And thou shalt not take a woman to her sister : to be a rival to her,

1 See Note VI., page 289.

לְגַלּוֹת עֶרְוָתָהּ עָלֶיהָ בְּחַיֶּיהָ: וְאֶל־אִשָּׁה בְּנִדַּת טֻמְאָתָהּ
לֹא תִקְרַב לְגַלּוֹת עֶרְוָתָהּ: וְאֶל־אֵשֶׁת עֲמִיתְךָ לֹא־תִתֵּן
שְׁכָבְתְּךָ לְזָרַע לְטָמְאָה־בָהּ: וּמִזַּרְעֲךָ לֹא־תִתֵּן
לְהַעֲבִיר לַמֹּלֶךְ וְלֹא תְחַלֵּל אֶת־שֵׁם אֱלֹהֶיךָ אֲנִי יְהוָֹה: *

מפטיר וְאֶת־זָכָר לֹא תִשְׁכַּב מִשְׁכְּבֵי אִשָּׁה תּוֹעֵבָה הִוא: וּבְכָל־
בְּהֵמָה לֹא־תִתֵּן שְׁכָבְתְּךָ לְטָמְאָה־בָהּ וְאִשָּׁה לֹא־תַעֲמֹד
לִפְנֵי בְהֵמָה לְרִבְעָהּ תֶּבֶל הוּא: אַל־תִּטַּמְּאוּ בְּכָל־אֵלֶּה
כִּי בְכָל־אֵלֶּה נִטְמְאוּ הַגּוֹיִם אֲשֶׁר־אֲנִי מְשַׁלֵּחַ מִפְּנֵיכֶם:
וַתִּטְמָא הָאָרֶץ וָאֶפְקֹד עֲוֹנָהּ עָלֶיהָ וַתָּקִא הָאָרֶץ אֶת־
יֹשְׁבֶיהָ: וּשְׁמַרְתֶּם אַתֶּם אֶת־חֻקֹּתַי וְאֶת־מִשְׁפָּטַי וְלֹא
תַעֲשׂוּ מִכֹּל הַתּוֹעֵבֹת הָאֵלֶּה הָאֶזְרָח וְהַגֵּר הַגָּר בְּתוֹכְכֶם:
כִּי אֶת־כָּל־הַתּוֹעֵבֹת הָאֵל עָשׂוּ אַנְשֵׁי־הָאָרֶץ אֲשֶׁר לִפְנֵיכֶם
וַתִּטְמָא הָאָרֶץ: וְלֹא־תָקִיא הָאָרֶץ אֶתְכֶם בְּטַמַּאֲכֶם
אֹתָהּ כַּאֲשֶׁר קָאָה אֶת־הַגּוֹי אֲשֶׁר לִפְנֵיכֶם: כִּי כָּל־אֲשֶׁר
יַעֲשֶׂה מִכֹּל הַתּוֹעֵבֹת הָאֵלֶּה וְנִכְרְתוּ הַנְּפָשׁוֹת הָעֹשֹׂת
מִקֶּרֶב עַמָּם: וּשְׁמַרְתֶּם אֶת־מִשְׁמַרְתִּי לְבִלְתִּי עֲשׂוֹת
מֵחֻקּוֹת הַתּוֹעֵבֹת אֲשֶׁר נַעֲשׂוּ לִפְנֵיכֶם וְלֹא תִטַּמְּאוּ בָּהֶם
אֲנִי יְהוָֹה אֱלֹהֵיכֶם:

The Scroll is held up and the Congregation say:

וְזֹאת הַתּוֹרָה אֲשֶׁר שָׂם מֹשֶׁה לִפְנֵי בְּנֵי יִשְׂרָאֵל עַל
פִּי יְיָ בְּיַד מֹשֶׁה: עֵץ חַיִּים הִיא לַמַּחֲזִיקִים בָּהּ וְתֹמְכֶיהָ
מְאֻשָּׁר: דְּרָכֶיהָ דַרְכֵי נֹעַם וְכָל־נְתִיבֹתֶיהָ שָׁלוֹם: אֹרֶךְ
יָמִים בִּימִינָהּ בִּשְׂמֹאלָהּ עֹשֶׁר וְכָבוֹד: יְיָ חָפֵץ לְמַעַן
צִדְקוֹ יַגְדִּיל תּוֹרָה וְיַאְדִּיר:

to uncover her nakedness, beside the other in her life-time. And unto a woman separated by her uncleanness thou shalt not approach to uncover her nakedness. And thou shalt not lie carnally with thy neighbour's wife, to defile thyself with her. And thou shalt not let any of thy seed pass through the fire to Molech, and shalt not profane the Name of thy God : I am the Lord. Thou shalt not lie with mankind, as with womankind : it is abomination. And thou shalt not lie with any beast to defile thyself therewith : neither shall any woman stand before a beast to lie down thereto ; it is confusion. Defile not ye yourselves in any of these things : for in all thèse the nations are defiled which I cast out before you. And the land is defiled ; therefore I do visit the iniquity thereof upon it : and the land vomiteth out her inhabitants. Ye shall therefore keep my statutes and my judgments, and shall not commit any of these abominations : neither the homeborn, nor the stranger that sojourneth among you. For all these abominations have the men of the land done, which were before you : and the land is defiled. That the land vomit not you out also, when ye defile it, as it vomited out the nations that were before you. For whosoever shall commit any of these abominations, even the souls that commit them shall be cut off from among their people. Therefore shall ye keep my charge, that ye commit not any one of these abominable customs, which were committed before you, and that ye defile not yourselves therein : I am the Lord your God.

The Scroll is held ·up and the Congregation say :

And this is the Law which Moses set before the children of Israel, according to the command of the Lord by the hand of Moses. It is a tree of life to them that lay hold of it, and happy is every one that retaineth it. Its ways are ways of pleasantness, and all its paths are peace. Length of days is in its right hand ; in its left hand are riches and honour. It pleased the Lord for the sake of his righteousness to magnify the Law and to make it honourable.

בָּרוּךְ אַתָּה יְיָ אֱלֹהֵינוּ מֶלֶךְ הָעוֹלָם אֲשֶׁר בָּחַר בִּנְבִיאִים
טוֹבִים וְרָצָה בְדִבְרֵיהֶם הַנֶּאֱמָרִים בֶּאֱמֶת· בָּרוּךְ אַתָּה
יְיָ הַבּוֹחֵר בַּתּוֹרָה וּבְמֹשֶׁה עַבְדּוֹ וּבְיִשְׂרָאֵל עַמּוֹ וּבִנְבִיאֵי
הָאֱמֶת וָצֶדֶק:

וַיְהִי דְּבַר־יְהֹוָה אֶל־יוֹנָה בֶן־אֲמִתַּי לֵאמֹר: קוּם לֵךְ
אֶל־נִינְוֵה הָעִיר הַגְּדוֹלָה וּקְרָא עָלֶיהָ כִּי־עָלְתָה רָעָתָם
לְפָנָי: וַיָּקָם יוֹנָה לִבְרֹחַ תַּרְשִׁישָׁה מִלִּפְנֵי יְהֹוָה וַיֵּרֶד
יָפוֹ וַיִּמְצָא אֳנִיָּה | בָּאָה תַרְשִׁישׁ וַיִּתֵּן שְׂכָרָהּ וַיֵּרֶד בָּהּ
לָבוֹא עִמָּהֶם תַּרְשִׁישָׁה מִלִּפְנֵי יְהֹוָה: וַיהֹוָה הֵטִיל רוּחַ־
גְּדוֹלָה אֶל־הַיָּם וַיְהִי סַעַר־גָּדוֹל בַּיָּם וְהָאֳנִיָּה חִשְּׁבָה
לְהִשָּׁבֵר: וַיִּירְאוּ הַמַּלָּחִים וַיִּזְעֲקוּ אִישׁ אֶל־אֱלֹהָיו וַיָּטִלוּ
אֶת־הַכֵּלִים אֲשֶׁר בָּאֳנִיָּה אֶל־הַיָּם לְהָקֵל מֵעֲלֵיהֶם וְיוֹנָה
יָרַד אֶל־יַרְכְּתֵי הַסְּפִינָה וַיִּשְׁכַּב וַיֵּרָדַם: וַיִּקְרַב אֵלָיו
רַב הַחֹבֵל וַיֹּאמֶר לוֹ מַה־לְּךָ נִרְדָּם קוּם קְרָא אֶל־
אֱלֹהֶיךָ אוּלַי יִתְעַשֵּׁת הָאֱלֹהִים לָנוּ וְלֹא נֹאבֵד: וַיֹּאמְרוּ
אִישׁ אֶל־רֵעֵהוּ לְכוּ וְנַפִּילָה גוֹרָלוֹת וְנֵדְעָה בְּשֶׁלְּמִי
הָרָעָה הַזֹּאת לָנוּ וַיַּפִּלוּ גּוֹרָלוֹת וַיִּפֹּל הַגּוֹרָל עַל־יוֹנָה:
וַיֹּאמְרוּ אֵלָיו הַגִּידָה־נָּא לָנוּ בַּאֲשֶׁר לְמִי־הָרָעָה הַזֹּאת
לָנוּ מַה־מְּלַאכְתְּךָ וּמֵאַיִן תָּבוֹא מָה אַרְצֶךָ וְאֵי־מִזֶּה עַם
אָתָּה: וַיֹּאמֶר אֲלֵיהֶם עִבְרִי אָנֹכִי וְאֶת־יְהֹוָה אֱלֹהֵי
הַשָּׁמַיִם אֲנִי יָרֵא אֲשֶׁר־עָשָׂה אֶת־הַיָּם וְאֶת־הַיַּבָּשָׁה:
וַיִּירְאוּ הָאֲנָשִׁים יִרְאָה גְדוֹלָה וַיֹּאמְרוּ אֵלָיו מַה־זֹּאת
עָשִׂיתָ כִּי־יָדְעוּ הָאֲנָשִׁים כִּי־מִלִּפְנֵי יְהֹוָה הוּא בֹרֵחַ כִּי
הִגִּיד לָהֶם: וַיֹּאמְרוּ אֵלָיו מַה־נַּעֲשֶׂה לָּךְ וְיִשְׁתֹּק הַיָּם

Blessed **art** thou, O Lord our God, King of the Universe, who hast chosen good prophets, and hast found pleasure in their words, which were spoken in truth. Blessed art thou, O Lord, who hast chosen the Law, and Moses thy servant, and prophets of truth and righteousness.

Jonah.

Now the word of the Lord came unto Jonah the son of Amittai, saying : Arise, go to Nineveh, that great city, and cry against it ; for their wickedness is come up before me. But Jonah rose up to flee unto Tarshish from the presence of the Lord, and went down to Joppa ; and he found a ship going to Tarshish ; so he paid the fare thereof, and went down into it, to go with them unto Tarshish from the presence of the Lord. But the Lord sent out a great wind into the sea, and there was a mighty tempest in the sea, so that the ship was like to be broken. Then the mariners were afraid, and cried every man unto his god, and cast forth the wares that were in the ship into the sea, to lighten it of them ; but Jonah was gone down into the innermost parts of the ship : and he lay, and was fast asleep. So the shipmaster came to him, and said unto him, What meanest thou, O sleeper ? arise, call upon thy God, if so be that God will think upon us, that we perish not. And they said every one to his fellow, Come, and let us cast lots, that we may know for whose cause this evil is upon us ; so they cast lots, and the lot fell upon Jonah. Then said they unto him, Tell us, we pray thee, for whose cause this evil is upon us ; what is thine occupation, and whence comest thou ? what is thy country, and of what people art thou ? And he said unto them, I am an Hebrew : and I fear the Lord, the God of heaven, which hath made the sea and the dry land. Then were the men exceedingly afraid, and said unto him, Why hast thou done this ? For the men knew that he fled from the presence of the Lord, because he had told them. Then said they unto him, What shall we do unto thee, that the sea may be calm unto us ? For the sea wrought,

מֵעָלֵינוּ כִּי הַיָּם הוֹלֵךְ וְסֹעֵר: וַיֹּאמֶר אֲלֵיהֶם שָׂאוּנִי
וַהֲטִילֻנִי אֶל־הַיָּם וְיִשְׁתֹּק הַיָּם מֵעֲלֵיכֶם כִּי יוֹדֵעַ אָנִי כִּי
בְשֶׁלִּי הַסַּעַר הַגָּדוֹל הַזֶּה עֲלֵיכֶם: וַיַּחְתְּרוּ הָאֲנָשִׁים
לְהָשִׁיב אֶל־הַיַּבָּשָׁה וְלֹא יָכֹלוּ כִּי הַיָּם הוֹלֵךְ וְסֹעֵר
עֲלֵיהֶם: וַיִּקְרְאוּ אֶל־יְהֹוָה וַיֹּאמְרוּ אָנָּה יְהֹוָה אַל־נָא
נֹאבְדָה בְּנֶפֶשׁ הָאִישׁ הַזֶּה וְאַל־תִּתֵּן עָלֵינוּ דָּם נָקִיא כִּי־
אַתָּה יְהֹוָה כַּאֲשֶׁר חָפַצְתָּ עָשִׂיתָ: וַיִּשְׂאוּ אֶת־יוֹנָה וַיְטִלֻהוּ
אֶל־הַיָּם וַיַּעֲמֹד הַיָּם מִזַּעְפּוֹ: וַיִּירְאוּ הָאֲנָשִׁים יִרְאָה
גְדוֹלָה אֶת־יְהֹוָה וַיִּזְבְּחוּ־זֶבַח לַיהֹוָה וַיִּדְּרוּ נְדָרִים:

וַיְמַן יְהֹוָה דָּג גָּדוֹל לִבְלֹעַ אֶת־יוֹנָה וַיְהִי יוֹנָה בִּמְעֵי
הַדָּג שְׁלֹשָׁה יָמִים וּשְׁלֹשָׁה לֵילוֹת: וַיִּתְפַּלֵּל יוֹנָה אֶל־
יְהֹוָה אֱלֹהָיו מִמְּעֵי הַדָּגָה: וַיֹּאמֶר קָרָאתִי מִצָּרָה לִי
אֶל־יְהֹוָה וַיַּעֲנֵנִי מִבֶּטֶן שְׁאוֹל שִׁוַּעְתִּי שָׁמַעְתָּ קוֹלִי:
וַתַּשְׁלִיכֵנִי מְצוּלָה בִּלְבַב יַמִּים וְנָהָר יְסֹבְבֵנִי כָּל־מִשְׁבָּרֶיךָ
וְגַלֶּיךָ עָלַי עָבָרוּ: וַאֲנִי אָמַרְתִּי נִגְרַשְׁתִּי מִנֶּגֶד עֵינֶיךָ אַךְ
אוֹסִיף לְהַבִּיט אֶל־הֵיכַל קָדְשֶׁךָ: אֲפָפוּנִי מַיִם עַד־נֶפֶשׁ
תְּהוֹם יְסֹבְבֵנִי סוּף חָבוּשׁ לְרֹאשִׁי: לְקִצְבֵי הָרִים יָרַדְתִּי
הָאָרֶץ בְּרִחֶיהָ בַעֲדִי לְעוֹלָם וַתַּעַל מִשַּׁחַת חַיַּי יְהֹוָה
אֱלֹהָי: בְּהִתְעַטֵּף עָלַי נַפְשִׁי אֶת־יְהֹוָה זָכָרְתִּי וַתָּבוֹא
אֵלֶיךָ תְּפִלָּתִי אֶל־הֵיכַל קָדְשֶׁךָ: מְשַׁמְּרִים הַבְלֵי־שָׁוְא
חַסְדָּם יַעֲזֹבוּ: וַאֲנִי בְּקוֹל תּוֹדָה אֶזְבְּחָה־לָּךְ אֲשֶׁר נָדַרְתִּי
אֲשַׁלֵּמָה יְשׁוּעָתָה לַיהֹוָה: וַיֹּאמֶר יְהֹוָה לַדָּג וַיָּקֵא אֶת־
יוֹנָה אֶל־הַיַּבָּשָׁה:

וַיְהִי דְבַר־יְהֹוָה אֶל־יוֹנָה שֵׁנִית לֵאמֹר: קוּם לֵךְ אֶל־
* יתיר א'

and was tempestuous. And he said unto them, Take me
up, and cast me forth into the sea ; so shall the sea be calm
unto you : for I know that for my sake this great tempest
is upon you. Nevertheless the men rowed hard to bring
it to the land ; but they could not : for the sea grew more
and more tempestuous against them. Wherefore they cried
unto the Lord, and said, We beseech thee, O Lord, we
beseech thee, let us not perish for this man's life, and lay
not upon us innocent blood : for thou, O Lord, hast done
as it pleased thee. So they took up Jonah, and cast him
forth into the sea : and the sea ceased from her raging,
Then the men feared the Lord exceedingly, and they offered
a sacrifice unto the Lord, and made vows.

And the Lord had prepared a great fish to swallow up
Jonah ; and Jonah was in the belly of the fish three days
and three nights. Then Jonah prayed unto the Lord his
God out of the fish's belly. And he said, I cried by reason
of mine affliction unto the Lord, and he answered me ; out
of the belly of hell cried I, and thou heardest my voice. For
thou hadst cast me into the deep, in the heart of the seas ;
and the flood compassed me about : all thy billows and thy
waves passed over me. And I said, I am cast out from before
thine eyes ; yet I will look again toward thy holy temple.
The waters compassed me about, even to the soul ; the
deep was round about me : the weeds were wrapped about
my head. I went down to the bottoms of the mountains ;
the earth with her bars was about me for ever : yet hast
thou brought up my life from the pit, O Lord my God.
When my soul fainted within me, I remembered the Lord :
and my prayer came in unto thee, into thine holy temple.
They that regard lying vanities forsake their own mercy.
But I will sacrifice unto thee with the voice of thanksgiving ;
I will pay that which I have vowed ; salvation is of the
Lord. And the Lord spake unto the fish, and it vomited
out Jonah upon the dry land.

And the word of the Lord came unto Jonah the second
time, saying, Arise, go unto Nineveh, that great city, and

נִינְוֵה הָעִיר הַגְּדוֹלָה וּקְרָא אֵלֶיהָ אֶת־הַקְּרִיאָה אֲשֶׁר
אָנֹכִי דֹּבֵר אֵלֶיךָ: וַיָּקָם יוֹנָה וַיֵּלֶךְ אֶל־נִינְוֵה כִּדְבַר יְהוָֹה
וְנִינְוֵה הָיְתָה עִיר־גְּדוֹלָה לֵאלֹהִים מַהֲלַךְ שְׁלֹשֶׁת יָמִים:
וַיָּחֶל יוֹנָה לָבוֹא בָעִיר מַהֲלַךְ יוֹם אֶחָד וַיִּקְרָא וַיֹּאמַר
עוֹד אַרְבָּעִים יוֹם וְנִינְוֵה נֶהְפָּכֶת: וַיַּאֲמִינוּ אַנְשֵׁי נִינְוֵה
בֵּאלֹהִים וַיִּקְרְאוּ־צוֹם וַיִּלְבְּשׁוּ שַׂקִּים מִגְּדוֹלָם וְעַד־קְטַנָּם:
וַיִּגַּע הַדָּבָר אֶל־מֶלֶךְ נִינְוֵה וַיָּקָם מִכִּסְאוֹ וַיַּעֲבֵר אַדַּרְתּוֹ
מֵעָלָיו וַיְכַס שַׂק וַיֵּשֶׁב עַל־הָאֵפֶר: וַיַּזְעֵק וַיֹּאמֶר בְּנִינְוֵה
מִטַּעַם הַמֶּלֶךְ וּגְדֹלָיו לֵאמֹר הָאָדָם וְהַבְּהֵמָה הַבָּקָר
וְהַצֹּאן אַל־יִטְעֲמוּ מְאוּמָה אַל־יִרְעוּ וּמַיִם אַל־יִשְׁתּוּ:
וְיִתְכַּסּוּ שַׂקִּים הָאָדָם וְהַבְּהֵמָה וְיִקְרְאוּ אֶל־אֱלֹהִים
בְּחָזְקָה וְיָשֻׁבוּ אִישׁ מִדַּרְכּוֹ הָרָעָה וּמִן־הֶחָמָס אֲשֶׁר
בְּכַפֵּיהֶם: מִי־יוֹדֵעַ יָשׁוּב וְנִחַם הָאֱלֹהִים וְשָׁב מֵחֲרוֹן אַפּוֹ
וְלֹא נֹאבֵד: וַיַּרְא הָאֱלֹהִים אֶת־מַעֲשֵׂיהֶם כִּי־שָׁבוּ
מִדַּרְכָּם הָרָעָה וַיִּנָּחֶם הָאֱלֹהִים עַל־הָרָעָה אֲשֶׁר־דִּבֶּר
לַעֲשׂוֹת־לָהֶם וְלֹא עָשָׂה:

וַיֵּרַע אֶל־יוֹנָה רָעָה גְדוֹלָה וַיִּחַר לוֹ: וַיִּתְפַּלֵּל אֶל־יְהוָֹה
וַיֹּאמַר אָנָּה יְהוָֹה הֲלוֹא־זֶה דְבָרִי עַד־הֱיוֹתִי עַל־אַדְמָתִי
עַל־כֵּן קִדַּמְתִּי לִבְרֹחַ תַּרְשִׁישָׁה כִּי יָדַעְתִּי כִּי אַתָּה אֵל־
חַנּוּן וְרַחוּם אֶרֶךְ אַפַּיִם וְרַב־חֶסֶד וְנִחָם עַל־הָרָעָה:
וְעַתָּה יְהוָֹה קַח־נָא אֶת־נַפְשִׁי מִמֶּנִּי כִּי טוֹב מוֹתִי מֵחַיָּי:
וַיֹּאמֶר יְהוָֹה הַהֵיטֵב חָרָה לָךְ: וַיֵּצֵא יוֹנָה מִן־הָעִיר
וַיֵּשֶׁב מִקֶּדֶם לָעִיר וַיַּעַשׂ לוֹ שָׁם סֻכָּה וַיֵּשֶׁב תַּחְתֶּיהָ
בַּצֵּל עַד אֲשֶׁר יִרְאֶה מַה־יִּהְיֶה בָּעִיר: וַיְמַן יְהוָֹה־אֱלֹהִים
קִיקָיוֹן וַיַּעַל | מֵעַל לְיוֹנָה לִהְיוֹת צֵל עַל־רֹאשׁוֹ לְהַצִּיל

preach unto it the preaching that I bid thee. So Jonah
arose, and went unto Nineveh, according to the word of the
Lord ; now Nineveh was an exceeding great city of three
days' journey. And Jonah began to enter into the city a
day's journey, and he cried, and said, Yet forty days, and
Nineveh shall be overthrown. And the people of Nineveh
believed God, and proclaimed a fast, and put on sackcloth,
from the greatest of them even to the least of them. For
word came unto the king of Nineveh, and he arose from his
throne, and he laid his robe from him, and covered him with
sackcloth, and sat in ashes. And he caused it to be pro-
claimed and published through Nineveh by the decree of
the king and his nobles, saying : Let neither man nor beast,
herd nor flock, taste any thing : let them not feed, nor
drink water. But let man and beast be covered with sack-
cloth, and cry mightily unto God : yea, let them turn every
one from his evil way, and from the violence that is in their
hands. Who knoweth whether God will turn and repent,
and turn away from his fierce anger, that we perish not ?
And God saw their works, that they turned from their evil
way : and God repented of the evil, that he had said that
he would do unto them ; and he did it not.

But it displeased Jonah exceedingly, and he was very
angry. And he prayed unto the Lord, and said, I pray
thee, O Lord, was not this my saying, when I was yet in
my country ? Therefore I fled before unto Tarshish : for
I knew that thou art a gracious God, and merciful, slow to
anger, and of great kindness, and repentest thee of the evil.
Therefore now, O Lord, take, I beseech thee, my life from
me ; for it is better for me to die than to live. Then said
the Lord, Doest thou well to be angry ? So Jonah went
out of the city, and sat on the east side of the city ; and
there made him a booth, and sat under it in the shadow,
till he might see what would become of the city. And the
Lord God prepared a gourd,[1] and made it to come up over
Jonah, that it might be a shadow over his head, to deliver

[1] *Kikayon,* a plant of luxurious foliage.

לוֹ מֵרָעָתוֹ וַיִּשְׂמַח יוֹנָה עַל־הַקִּיקָיוֹן שִׂמְחָה גְדוֹלָה: וַיְמַן
הָאֱלֹהִים תּוֹלַעַת בַּעֲלוֹת הַשַּׁחַר לַמָּחֳרָת וַתַּךְ אֶת־הַקִּיקָיוֹן
וַיִּיבָשׁ: וַיְהִי ׀ כִּזְרֹחַ הַשֶּׁמֶשׁ וַיְמַן אֱלֹהִים רוּחַ קָדִים
חֲרִישִׁית וַתַּךְ הַשֶּׁמֶשׁ עַל־רֹאשׁ יוֹנָה וַיִּתְעַלָּף וַיִּשְׁאַל אֶת־
נַפְשׁוֹ לָמוּת וַיֹּאמֶר טוֹב מוֹתִי מֵחַיָּי: וַיֹּאמֶר אֱלֹהִים
אֶל־יוֹנָה הַהֵיטֵב חָרָה־לְךָ עַל־הַקִּיקָיוֹן וַיֹּאמֶר הֵיטֵב
חָרָה־לִי עַד־מָוֶת: וַיֹּאמֶר יְהוָה אַתָּה חַסְתָּ עַל־הַקִּיקָיוֹן
אֲשֶׁר לֹא־עָמַלְתָּ בּוֹ וְלֹא גִדַּלְתּוֹ שֶׁבִּן־לַיְלָה הָיָה וּבִן־
לַיְלָה אָבָד: וַאֲנִי לֹא אָחוּס עַל־נִינְוֵה הָעִיר הַגְּדוֹלָה
אֲשֶׁר יֶשׁ־בָּהּ הַרְבֵּה מִשְׁתֵּים־עֶשְׂרֵה רִבּוֹ אָדָם אֲשֶׁר
לֹא־יָדַע בֵּין־יְמִינוֹ לִשְׂמֹאלוֹ וּבְהֵמָה רַבָּה:

מיכה ז' י"ח – כ'

מִי־אֵל כָּמוֹךָ נֹשֵׂא עָוֹן וְעֹבֵר עַל־פֶּשַׁע לִשְׁאֵרִית
נַחֲלָתוֹ לֹא־הֶחֱזִיק לָעַד אַפּוֹ כִּי־חָפֵץ חֶסֶד הוּא: יָשׁוּב
יְרַחֲמֵנוּ יִכְבֹּשׁ עֲוֹנֹתֵינוּ וְתַשְׁלִיךְ בִּמְצֻלוֹת יָם כָּל־חַטֹּאותָם:
תִּתֵּן אֱמֶת לְיַעֲקֹב חֶסֶד לְאַבְרָהָם אֲשֶׁר־נִשְׁבַּעְתָּ
לַאֲבֹתֵינוּ מִימֵי קֶדֶם:

בָּרוּךְ אַתָּה יְיָ אֱלֹהֵינוּ מֶלֶךְ הָעוֹלָם צוּר כָּל הָעוֹלָמִים
צַדִּיק בְּכָל הַדּוֹרוֹת הָאֵל הַנֶּאֱמָן הָאוֹמֵר וְעוֹשֶׂה הַמְדַבֵּר
וּמְקַיֵּם שֶׁכָּל דְּבָרָיו אֱמֶת וָצֶדֶק: נֶאֱמָן אַתָּה הוּא יְיָ
אֱלֹהֵינוּ וְנֶאֱמָנִים דְּבָרֶיךָ וְדָבָר אֶחָד מִדְּבָרֶיךָ אָחוֹר לֹא
יָשׁוּב רֵיקָם כִּי אֵל מֶלֶךְ נֶאֱמָן וְרַחֲמָן אָתָּה· בָּרוּךְ אַתָּה
יְיָ הָאֵל הַנֶּאֱמָן בְּכָל דְּבָרָיו:

him from his evil case ; so Jonah was exceeding glad of the
gourd. But God prepared a worm when the morning rose
the next day, and it smote the gourd that it withered. And
it came to pass, when the sun did arise, that God prepared
a vehement east wind ; and the sun beat upon the head of
Jonah, that he fainted, and desired for himself to die, and
said, It is better for me to die than to live. And God said
to Jonah, Doest thou well to be angry for the gourd ? And
he said, I do well to be angry, even unto death. Then said
the Lord, Thou hast had pity on the gourd, for the which
thou hast not laboured, neither madest it grow, which came
up in a night, and perished in a night. And should not I
spare Nineveh, that great city, wherein are more than six-
score thousand persons that cannot discern between their
right hand and their left hand, and also much cattle ?

Micah vii. 18–20.

Who is a God like unto thee, that pardoneth iniquity,
and passeth by the transgression of the remnant of his
heritage ? he retaineth not his anger for ever, because he
delighteth in mercy. He will turn again, and have com-
passion upon us ; he will subdue our iniquities ; and thou
wilt cast all their sins into the depths of the sea. Thou
wilt perform truth to Jacob, and mercy to Abraham, as
thou hast sworn unto our fathers from the days of old.

Blessed art thou, O Lord our God, King of the Universe,
Rock of all worlds, righteous throughout all generations,
O faithful God, who sayest and doest, who speakest and
fulfillest, whose words are all truth and righteousness.
Faithful art thou, O Lord our God, and faithful are thy
words, and not one of thy words shall return void ; for thou
art a faithful and merciful God and King. Blessed art
thou, O Lord God, who art faithful in all thy words.

רַחֵם עַל צִיּוֹן כִּי הִיא בֵּית חַיֵּינוּ וְלַעֲלוּבַת נֶפֶשׁ תּוֹשִׁיעַ
בִּמְהֵרָה בְיָמֵינוּ׃ בָּרוּךְ אַתָּה יְיָ מְשַׂמֵּחַ צִיּוֹן בְּבָנֶיהָ׃

שַׂמְּחֵנוּ יְיָ אֱלֹהֵינוּ בְּאֵלִיָּהוּ הַנָּבִיא עַבְדֶּךָ וּבְמַלְכוּת
בֵּית דָּוִד מְשִׁיחֶךָ בִּמְהֵרָה יָבֹא וְיָגֵל לִבֵּנוּ׃ עַל כִּסְאוֹ לֹא
יֵשֵׁב זָר וְלֹא יִנְחֲלוּ עוֹד אֲחֵרִים אֶת כְּבוֹדוֹ׃ כִּי בְשֵׁם
קָדְשְׁךָ נִשְׁבַּעְתָּ לּוֹ שֶׁלֹא יִכְבֶּה נֵרוֹ לְעוֹלָם וָעֶד׃ בָּרוּךְ
אַתָּה יְיָ מָגֵן דָּוִד׃

The Ark is opened.

יְהַלְלוּ אֶת שֵׁם יְיָ כִּי נִשְׂגָּב שְׁמוֹ לְבַדּוֹ   Reader.

Congregation:

הוֹדוֹ עַל אֶרֶץ וְשָׁמָיִם׃ וַיָּרֶם קֶרֶן לְעַמּוֹ תְּהִלָּה לְכָל
חֲסִידָיו לִבְנֵי יִשְׂרָאֵל עַם קְרֹבוֹ הַלְלוּיָהּ׃

כ"ד לְדָוִד מִזְמוֹר לַיהוָה הָאָרֶץ וּמְלוֹאָהּ תֵּבֵל וְיֹשְׁבֵי
בָהּ׃ כִּי הוּא עַל־יַמִּים יְסָדָהּ וְעַל־נְהָרוֹת יְכוֹנְנֶהָ׃ מִי־
יַעֲלֶה בְהַר יְהוָה וּמִי־יָקוּם בִּמְקוֹם קָדְשׁוֹ׃ נְקִי כַפַּיִם
וּבַר לֵבָב אֲשֶׁר לֹא־נָשָׂא לַשָּׁוְא נַפְשִׁי וְלֹא נִשְׁבַּע לְמִרְמָה׃
יִשָּׂא בְרָכָה מֵאֵת יְהוָה וּצְדָקָה מֵאֱלֹהֵי יִשְׁעוֹ׃ זֶה דּוֹר
דֹּרְשָׁו מְבַקְשֵׁי פָנֶיךָ יַעֲקֹב סֶלָה׃ שְׂאוּ שְׁעָרִים ׀ רָאשֵׁיכֶם
וְהִנָּשְׂאוּ פִּתְחֵי עוֹלָם וְיָבוֹא מֶלֶךְ הַכָּבוֹד׃ מִי זֶה מֶלֶךְ
הַכָּבוֹד יְהוָה עִזּוּז וְגִבּוֹר יְהוָה גִּבּוֹר מִלְחָמָה׃ שְׂאוּ
שְׁעָרִים ׀ רָאשֵׁיכֶם וּשְׂאוּ פִּתְחֵי עוֹלָם וְיָבֹא מֶלֶךְ הַכָּבוֹד׃
מִי הוּא זֶה מֶלֶךְ הַכָּבוֹד יְהוָה צְבָאוֹת הוּא מֶלֶךְ
הַכָּבוֹד סֶלָה׃

*נפשי קרי   *דרשיו קרי

Have mercy upon Zion, for it is the home of our life, and save her that is grieved in spirit speedily, in our days. Blessed art thou, O Lord, who causest Zion to rejoice in her children.

Make us to rejoice, O Lord our God, in Elijah the prophet, thy servant, and in the kingdom of the house of David, thine anointed. Soon may he come and gladden our hearts. Suffer not a stranger to sit upon his throne, nor let others any longer inherit his glory ; for by thy holy Name thou didst swear unto him, that his lamp should not be quenched for ever. Blessed art thou, O Lord, the Shield of David.

The Ark is opened.

Reader. Let them praise the Name of the Lord : for his Name alone is exalted ;

Cong. His glory is above the earth and heaven. He also hath lifted up the horn of his people, the praise of all his saints, even of the children of Israel, a people near unto him. Praise ye the Lord.

Psalm xxiv. A Psalm of David.

The earth is the Lord's, and the fulness thereof ; the world, and they that dwell therein. For he hath founded it upon the seas, and established it upon the floods. Who shall ascend into the hill of the Lord ? or who shall stand in his holy place ? He that hath clean hands, and a pure heart ; who hath not lifted up his soul unto vanity, nor sworn deceitfully. He shall receive a blessing from the Lord, and righteousness from the God of his salvation. This is the generation of them that seek him, that seek thy face ; O Jacob. Selah. Lift up your heads, O ye gates ; and be ye lift up, ye everlasting doors ; and the King of glory shall come in. Who is this King of glory ? The Lord strong and mighty, the Lord mighty in battle. Lift up your heads, O ye gates ; even lift them up, ye ever-lasting doors ; and the King of glory shall come in. Who is this King of glory ? The Lord of hosts, he is the King of glory. Selah.

As the Scroll is placed in the Ark, the following is said:

וּבְנֻחֹה יֹאמַר שׁוּבָה יְיָ רִבְבוֹת אַלְפֵי יִשְׂרָאֵל: קוּמָה
יְיָ לִמְנוּחָתֶךָ אַתָּה וַאֲרוֹן עֻזֶּךָ: כֹּהֲנֶיךָ יִלְבְּשׁוּ צֶדֶק
וַחֲסִידֶיךָ יְרַנֵּנוּ: בַּעֲבוּר דָּוִד עַבְדֶּךָ אַל תָּשֵׁב פְּנֵי
מְשִׁיחֶךָ: כִּי לֶקַח טוֹב נָתַתִּי לָכֶם תּוֹרָתִי אַל תַּעֲזֹבוּ:
עֵץ חַיִּים הִיא לַמַּחֲזִיקִים בָּהּ וְתֹמְכֶיהָ מְאֻשָּׁר: דְּרָכֶיהָ
דַרְכֵי נֹעַם וְכָל נְתִיבוֹתֶיהָ שָׁלוֹם: הֲשִׁיבֵנוּ יְיָ אֵלֶיךָ
וְנָשׁוּבָה חַדֵּשׁ יָמֵינוּ כְּקֶדֶם:

The Ark is closed.

Reader.

יִתְגַּדַּל וְיִתְקַדַּשׁ שְׁמֵהּ רַבָּא· בְּעָלְמָא דִי בְרָא כִרְעוּתֵהּ·
וְיַמְלִיךְ מַלְכוּתֵהּ בְּחַיֵּיכוֹן וּבְיוֹמֵיכוֹן וּבְחַיֵּי דְכָל בֵּית
יִשְׂרָאֵל בַּעֲגָלָא וּבִזְמַן קָרִיב וְאִמְרוּ· אָמֵן:

Cong. יְהֵא שְׁמֵהּ רַבָּא מְבָרַךְ לְעָלַם וּלְעָלְמֵי עָלְמַיָּא:

יִתְבָּרַךְ וְיִשְׁתַּבַּח וְיִתְפָּאַר וְיִתְרוֹמַם וְיִתְנַשֵּׂא וְיִתְהַדָּר
וְיִתְעַלֶּה וְיִתְהַלָּל שְׁמֵהּ דְּקֻדְשָׁא· בְּרִיךְ הוּא· לְעֵלָּא
וּלְעֵלָּא מִן כָּל בִּרְכָתָא וְשִׁירָתָא תֻּשְׁבְּחָתָא וְנֶחֱמָתָא
דַּאֲמִירָן בְּעָלְמָא וְאִמְרוּ· אָמֵן:

The Amidah until קדושׁיות *on page 215 is said standing and in silence.*

אֲדֹנָי שְׂפָתַי תִּפְתָּח וּפִי יַגִּיד תְּהִלָּתֶךָ:

בָּרוּךְ אַתָּה יְיָ אֱלֹהֵינוּ וֵאלֹהֵי אֲבוֹתֵינוּ· אֱלֹהֵי אַבְרָהָם
אֱלֹהֵי יִצְחָק וֵאלֹהֵי יַעֲקֹב· הָאֵל הַגָּדוֹל הַגִּבּוֹר וְהַנּוֹרָא

As the Scroll is placed in the Ark, the following is said :

And when it rested, he said, Return, O Lord, unto the many thousands of Israel. Arise, O Lord, unto thy resting-place ; thou, and the ark of thy strength. Let thy priests be clothed with righteousness ; and let thy pious ones shout for joy. For the sake of David thy servant, turn not away the face of thine anointed. For I give you good doctrine ; forsake ye not my Law. It is a tree of life to them that lay hold of it, and happy is every one that retaineth it. Its ways are ways of pleasantness, all its paths are peace. Turn thou us unto thee, O Lord, and we shall be turned ; renew our days as of old.

The Ark is closed.

Reader. Magnified and sanctified be his great Name in the world he hath created according to his will. May he establish his kingdom in your life-time and in your days, and in the life-time of all the house of Israel, speedily and at a near time ; and say ye, Amen.

Cong. Let his great Name be blessed for ever and ever.

Blessed, praised and glorified, exalted, extolled and honoured, adored and lauded be the Name of the Holy One, blessed be he, beyond, yea, beyond all blessings and hymns, praises and songs, which are uttered in the world ; and say ye, Amen.

The Amidah until in ancient years, *on page* 215, *is said standing and in silence.*

O Lord, open thou my lips, and my mouth shall declare thy praise.

Blessed art thou, O Lord our God and God of our fathers, God of Abraham, God of Isaac and God of Jacob, O great,

אֵל עֶלְיוֹן. גּוֹמֵל חֲסָדִים טוֹבִים וְקֹנֵה הַכֹּל. וְזוֹכֵר חַסְדֵי
אָבוֹת וּמֵבִיא גוֹאֵל לִבְנֵי בְנֵיהֶם לְמַעַן שְׁמוֹ בְּאַהֲבָה:
זָכְרֵנוּ לַחַיִּים מֶלֶךְ חָפֵץ בַּחַיִּים. וְכָתְבֵנוּ בְּסֵפֶר הַחַיִּים.
לְמַעַנְךָ אֱלֹהִים חַיִּים: מֶלֶךְ עוֹזֵר וּמוֹשִׁיעַ וּמָגֵן.
בָּרוּךְ אַתָּה יְיָ מָגֵן אַבְרָהָם:

אַתָּה גִבּוֹר לְעוֹלָם אֲדֹנָי מְחַיֵּה מֵתִים אַתָּה רַב לְהוֹשִׁיעַ.
מְכַלְכֵּל חַיִּים בְּחֶסֶד מְחַיֵּה מֵתִים בְּרַחֲמִים רַבִּים. סוֹמֵךְ
נוֹפְלִים וְרוֹפֵא חוֹלִים וּמַתִּיר אֲסוּרִים וּמְקַיֵּם אֱמוּנָתוֹ
לִישֵׁנֵי עָפָר. מִי כָמוֹךָ בַּעַל גְּבוּרוֹת וּמִי דוֹמֶה לָּךְ. מֶלֶךְ
מֵמִית וּמְחַיֶּה וּמַצְמִיחַ יְשׁוּעָה: מִי כָמוֹךָ אַב הָרַחֲמִים
זוֹכֵר יְצוּרָיו לַחַיִּים בְּרַחֲמִים: וְנֶאֱמָן אַתָּה לְהַחֲיוֹת מֵתִים.
בָּרוּךְ אַתָּה יְיָ מְחַיֵּה הַמֵּתִים:

אַתָּה קָדוֹשׁ וְשִׁמְךָ קָדוֹשׁ וּקְדוֹשִׁים בְּכָל יוֹם יְהַלְלוּךָ סֶּלָה:

וּבְכֵן תֵּן פַּחְדְּךָ יְיָ אֱלֹהֵינוּ עַל כָּל מַעֲשֶׂיךָ וְאֵימָתְךָ
עַל כָּל מַה שֶּׁבָּרָאתָ. וְיִירָאוּךָ כָּל הַמַּעֲשִׂים וְיִשְׁתַּחֲווּ
לְפָנֶיךָ כָּל הַבְּרוּאִים. וְיֵעָשׂוּ כֻלָּם אֲגֻדָּה אֶחָת לַעֲשׂוֹת
רְצוֹנְךָ בְּלֵבָב שָׁלֵם. כְּמוֹ שֶׁיָּדַעְנוּ יְיָ אֱלֹהֵינוּ שֶׁהַשִּׁלְטוֹן
לְפָנֶיךָ עֹז בְּיָדְךָ וּגְבוּרָה בִּימִינֶךָ וְשִׁמְךָ נוֹרָא עַל כָּל
מַה שֶּׁבָּרָאתָ:

וּבְכֵן תֵּן כָּבוֹד יְיָ לְעַמֶּךָ תְּהִלָּה לִירֵאֶיךָ וְתִקְוָה
לְדוֹרְשֶׁיךָ וּפִתְחוֹן פֶּה לַמְיַחֲלִים לָךְ. שִׂמְחָה לְאַרְצֶךָ
וְשָׂשׂוֹן לְעִירֶךָ וּצְמִיחַת קֶרֶן לְדָוִד עַבְדֶּךָ וַעֲרִיכַת נֵר לְבֶן
יִשַׁי מְשִׁיחֶךָ בִּמְהֵרָה בְיָמֵינוּ:

mighty and awful God, most high God, who bestowest gracious favours and who possessest all things, who rememberest the piety of the patriarchs, and who in love wilt bring a redeemer to their children's children, for the sake of thy Name. Remember us unto life, O King, who delightest in life, and inscribe us in the book of life, for thine own sake, O living God. O King, Helper, Saviour and Shield; blessed art thou, O Lord, the Shield of Abraham.

Thou art mighty for ever, O Lord; it is thou who quickenest the dead and art mighty to save. Thou sustainest the living with loving-kindness, quickenest the dead with great mercy, supportest the falling and healest the sick, loosest the bound, and keepest thy faith unto them that sleep in the dust. Who is like unto thee, Lord of mighty acts, and who can be compared unto thee, O King, who killest and restorest to life and causest salvation to spring forth ? Who is like unto thee, Father of mercy, who in mercy rememberest thy creatures unto life ? And faithful art thou to quicken the dead. Blessed art thou, O Lord, who quickenest the dead.

Thou art holy and thy Name is holy, and holy beings praise thee daily. Selah.

Now therefore, O Lord our God, impose thine awe upon all thy works and thy dread over all that thou hast created, that all thy works may fear thee, and all creatures prostrate themselves before thee, that they may all form one band to do thy will with a perfect heart ; even as we know, O Lord our God, that dominion is thine, strength is in thy hand, and might in thy right hand, and that thy Name is awful over all that thou hast created.

And therefore, O Lord, give glory unto thy people, praise to them that fear thee, hope to them that seek thee, confidence to them that wait for thee, joy to thy land, gladness to thy City, a flourishing horn unto David thy servant, and a constant light unto the son of Jesse, thine anointed, speedily in our days.

וּבְכֵן צַדִּיקִים יִרְאוּ וְיִשְׂמָחוּ וִישָׁרִים יַעֲלֹזוּ וַחֲסִידִים
בְּרִנָּה יָגִילוּ· וְעוֹלָתָה תִּקְפָּץ פִּיהָ· וְכָל הָרִשְׁעָה כֻּלָּהּ
כְּעָשָׁן תִּכְלֶה· כִּי תַעֲבִיר מֶמְשֶׁלֶת זָדוֹן מִן הָאָרֶץ:

וְתִמְלוֹךְ אַתָּה יְיָ לְבַדֶּךָ עַל כָּל מַעֲשֶׂיךָ בְּהַר צִיּוֹן
מִשְׁכַּן כְּבוֹדֶךָ· וּבִירוּשָׁלַיִם עִיר קָדְשֶׁךָ· כַּכָּתוּב בְּדִבְרֵי
קָדְשֶׁךָ· יִמְלוֹךְ יְיָ לְעוֹלָם אֱלֹהַיִךְ צִיּוֹן לְדֹר וָדֹר הַלְלוּיָהּ:

קָדוֹשׁ אַתָּה וְנוֹרָא שְׁמֶךָ וְאֵין אֱלוֹהַּ מִבַּלְעָדֶיךָ· כַּכָּתוּב·
וַיִּגְבַּהּ יְיָ צְבָאוֹת בַּמִּשְׁפָּט וְהָאֵל הַקָּדוֹשׁ נִקְדַּשׁ בִּצְדָקָה·
בָּרוּךְ אַתָּה יְיָ הַמֶּלֶךְ הַקָּדוֹשׁ:

אַתָּה בְחַרְתָּנוּ מִכָּל הָעַמִּים· אָהַבְתָּ אוֹתָנוּ· וְרָצִיתָ
בָּנוּ· וְרוֹמַמְתָּנוּ מִכָּל הַלְּשׁוֹנוֹת· וְקִדַּשְׁתָּנוּ בְּמִצְוֹתֶיךָ·
וְקֵרַבְתָּנוּ מַלְכֵּנוּ לַעֲבוֹדָתֶךָ· וְשִׁמְךָ הַגָּדוֹל וְהַקָּדוֹשׁ
עָלֵינוּ קָרָאתָ:

On Sabbath add the bracketed words:

וַתִּתֶּן לָנוּ יְיָ אֱלֹהֵינוּ בְּאַהֲבָה אֶת יוֹם [הַשַּׁבָּת הַזֶּה
לִקְדֻשָּׁה וְלִמְנוּחָה וְאֶת יוֹם] הַכִּפֻּרִים הַזֶּה לִמְחִילָה
וְלִסְלִיחָה וּלְכַפָּרָה וְלִמְחָל בּוֹ אֶת כָּל עֲוֹנֹתֵינוּ [בְּאַהֲבָה]
מִקְרָא קֹדֶשׁ· זֵכֶר לִיצִיאַת מִצְרָיִם:

אֱלֹהֵינוּ וֵאלֹהֵי אֲבוֹתֵינוּ יַעֲלֶה וְיָבֹא וְיַגִּיעַ וְיֵרָאֶה וְיֵרָצֶה
וְיִשָּׁמַע וְיִפָּקֵד וְיִזָּכֵר זִכְרוֹנֵנוּ וּפִקְדוֹנֵנוּ וְזִכְרוֹן אֲבוֹתֵינוּ
וְזִכְרוֹן מָשִׁיחַ בֶּן דָּוִד עַבְדֶּךָ וְזִכְרוֹן יְרוּשָׁלַיִם עִיר קָדְשֶׁךָ
וְזִכְרוֹן כָּל עַמְּךָ בֵּית יִשְׂרָאֵל לְפָנֶיךָ לִפְלֵיטָה לְטוֹבָה
לְחֵן וּלְחֶסֶד וּלְרַחֲמִים לְחַיִּים וּלְשָׁלוֹם בְּיוֹם הַכִּפּוּרִים
הַזֶּה: זָכְרֵנוּ יְיָ אֱלֹהֵינוּ בּוֹ לְטוֹבָה· וּפָקְדֵנוּ בוֹ לִבְרָכָה·

Then shall the just see and be glad, the upright shall exult, the pious shall rejoice in song, and iniquity shall close her mouth, and all wickedness shall be wholly consumed like smoke, when thou makest the dominion of arrogance to pass away from the earth.

And thou, O Lord, shalt reign, thou alone, over all thy works on Mount Zion, the dwelling-place of thy glory, and in Jerusalem, thy holy City ; as it is written in thy holy words, The Lord shall reign for ever, thy God, O Zion, unto all generations. Praise ye the Lord.

Holy art thou, and awful is thy Name, and there is no God beside thee ; as it is written, And the Lord of hosts is exalted in judgment and the holy God is sanctified in righteousness. Blessed art thou, O Lord, the holy King.

Thou hast chosen us from all peoples ; thou hast loved us and taken pleasure in us, and hast exalted us above all tongues. Thou hast sanctified us by thy commandments, and hast drawn us near, O our King, unto thy service, and hast called us by thy great and holy Name.

On Sabbath add the bracketed words :

And thou hast given us in love, O Lord our God, [this Sabbath day for holiness and rest and] this Day of Atonement for pardon, forgiveness and atonement, that we may [in love] obtain pardon thereon for all our iniquities : a holy convocation, a memorial of the departure from Egypt.

Our God and God of our fathers, may our remembrance and our name, and the remembrance of our fathers, the remembrance of Messiah the son of David, thy servant, the remembrance of Jerusalem thy holy City, and the remembrance of all thy people the house of Israel, rise and go up, approach to thy presence and find grace ; may it be heard, visited and remembered, for deliverance and for good, for grace, loving-kindness and mercy, for life and for peace on this Day of Atonement. Remember us, O Lord our God, thereon for good ; visit us with a blessing, and save us unto

וְהוֹשִׁיעֵנוּ בּוֹ לְחַיִּים · וּבִדְבַר יְשׁוּעָה וְרַחֲמִים חוּס וְחָנֵּנוּ
וְרַחֵם עָלֵינוּ וְהוֹשִׁיעֵנוּ כִּי אֵלֶיךָ עֵינֵינוּ · כִּי אֵל מֶלֶךְ
חַנּוּן וְרַחוּם אָתָּה :

אֱלֹהֵינוּ וֵאלֹהֵי אֲבוֹתֵינוּ מְחַל לַעֲוֹנוֹתֵינוּ בְּיוֹם [הַשַּׁבָּת
הַזֶּה וּבְיוֹם] הַכִּפֻּרִים הַזֶּה מְחֵה וְהַעֲבֵר פְּשָׁעֵינוּ וְחַטֹּאתֵינוּ
מִנֶּגֶד עֵינֶיךָ · כָּאָמוּר אָנֹכִי אָנֹכִי הוּא מֹחֶה פְשָׁעֶיךָ לְמַעֲנִי
וְחַטֹּאתֶיךָ לֹא אֶזְכֹּר : וְנֶאֱמַר מָחִיתִי כָעָב פְּשָׁעֶיךָ וְכֶעָנָן
חַטֹּאתֶיךָ שׁוּבָה אֵלַי כִּי גְאַלְתִּיךָ : וְנֶאֱמַר כִּי בַיּוֹם הַזֶּה
יְכַפֵּר עֲלֵיכֶם לְטַהֵר אֶתְכֶם מִכֹּל חַטֹּאתֵיכֶם לִפְנֵי יְיָ
תִּטְהָרוּ: [אֱלֹהֵינוּ וֵאלֹהֵי אֲבוֹתֵינוּ רְצֵה בִמְנוּחָתֵנוּ]
קַדְּשֵׁנוּ בְּמִצְוֹתֶיךָ וְתֵן חֶלְקֵנוּ בְּתוֹרָתֶךָ שַׂבְּעֵנוּ מִטּוּבֶךָ
וְשַׂמְּחֵנוּ בִּישׁוּעָתֶךָ · [וְהַנְחִילֵנוּ יְיָ אֱלֹהֵינוּ בְּאַהֲבָה וּבְרָצוֹן
שַׁבַּת קָדְשֶׁךָ וְיָנוּחוּ בָהּ יִשְׂרָאֵל מְקַדְּשֵׁי שְׁמֶךָ] וְטַהֵר
לִבֵּנוּ לְעָבְדְּךָ בֶּאֱמֶת · כִּי אַתָּה סָלְחָן לְיִשְׂרָאֵל וּמָחֳלָן
לְשִׁבְטֵי יְשֻׁרוּן בְּכָל דּוֹר וָדוֹר וּמִבַּלְעָדֶיךָ אֵין לָנוּ מֶלֶךְ
מוֹחֵל וְסוֹלֵחַ אֶלָּא אָתָּה · בָּרוּךְ אַתָּה יְיָ · מֶלֶךְ מוֹחֵל
וְסוֹלֵחַ לַעֲוֹנוֹתֵינוּ וְלַעֲוֹנוֹת עַמּוֹ בֵּית יִשְׂרָאֵל · וּמַעֲבִיר
אַשְׁמוֹתֵינוּ בְּכָל שָׁנָה וְשָׁנָה · מֶלֶךְ עַל כָּל הָאָרֶץ מְקַדֵּשׁ
[הַשַּׁבָּת וְ]יִשְׂרָאֵל וְיוֹם הַכִּפֻּרִים :

רְצֵה יְיָ אֱלֹהֵינוּ בְּעַמְּךָ יִשְׂרָאֵל וּבִתְפִלָּתָם · וְהָשֵׁב אֶת
הָעֲבוֹדָה לִדְבִיר בֵּיתֶךָ וְאִשֵּׁי יִשְׂרָאֵל וּתְפִלָּתָם בְּאַהֲבָה
תְקַבֵּל בְּרָצוֹן · וּתְהִי לְרָצוֹן תָּמִיד עֲבוֹדַת יִשְׂרָאֵל עַמֶּךָ ·
וְתֶחֱזֶינָה עֵינֵינוּ בְּשׁוּבְךָ לְצִיּוֹן בְּרַחֲמִים · בָּרוּךְ אַתָּה
יְיָ הַמַּחֲזִיר שְׁכִינָתוֹ לְצִיּוֹן :

life. And with thy word of salvation and mercy, spare us
and be gracious unto us ; have mercy upon us and save
us ; for unto thee our eyes are turned : for thou art a
gracious and merciful God and King.

Our God and God of our fathers, pardon our iniquities
[on this Sabbath day and] on, this Day of Atonement ;
blot out our transgressions and our sins and make them
to pass away from before thine eyes ; as it is said, I, even I,
am he that blotteth out thy transgressions for mine own
sake, and will not remember thy sins. And it is said,
I have blotted out, as a thick cloud, thy transgressions,
and as a mist thy sins : return unto me, for I have re-
deemed thee. And it is said, For on this day shall atone-
ment be made for you, to cleanse you : from all your sins
before the Lord shall ye be clean. [Our God and God
of our fathers, accept our rest,] sanctify us by thy com-
mandments and grant our portion be in thy Law ; satisfy
us with thy goodness, and gladden us with thy salvation,
[and cause us, O Lord our God, in love and favour to in-
herit thy holy Sabbath ; and may Israel find repose there-
on, who hallow thy Name,] and purify our hearts to serve
thee in truth ; for thou art the Forgiver of Israel, and Par-
doner of the tribes of Jeshurun in all generations, and
beside thee we have no King to pardon and forgive our
sins, yea, none but thee. Blessed art thou, O Lord, thou
King who pardonest and forgivest our iniquities and the
iniquities of thy people the house of Israel, and who makest
our trespasses to pass away year by year : King over all
the earth, who sanctifiest [the Sabbath and] Israel and the
Day of Atonement.

Accept, O Lord our God, thy people Israel and their
prayer ; restore the service to the innermost part of thine
house ; receive in love and favour the fire-offerings of Israel
and their prayer ; and may the service of thy people Israel
be ever acceptable to thee. And let our eyes behold thy
return in mercy to Zion. Blessed art thou, O Lord, who
restorest thy divine presence unto Zion.

מוֹדִים אֲנַחְנוּ לָךְ שָׁאַתָּה הוּא יְיָ אֱלֹהֵינוּ וֵאלֹהֵי אֲבוֹתֵינוּ
לְעוֹלָם וָעֶד ׃ צוּר חַיֵּינוּ מָגֵן יִשְׁעֵנוּ אַתָּה הוּא לְדוֹר וָדוֹר ׃
נוֹדֶה לְךָ וּנְסַפֵּר תְּהִלָּתֶךָ עַל חַיֵּינוּ הַמְּסוּרִים בְּיָדֶךָ
וְעַל נִשְׁמוֹתֵינוּ הַפְּקוּדוֹת לָךְ וְעַל נִסֶּיךָ שֶׁבְּכָל יוֹם עִמָּנוּ
וְעַל נִפְלְאוֹתֶיךָ וְטוֹבוֹתֶיךָ שֶׁבְּכָל עֵת עֶרֶב וָבֹקֶר וְצָהֳרָיִם ׃
הַטּוֹב כִּי לֹא כָלוּ רַחֲמֶיךָ וְהַמְרַחֵם כִּי לֹא תַמּוּ חֲסָדֶיךָ
מֵעוֹלָם קִוִּינוּ לָךְ ׃

וְעַל כֻּלָּם יִתְבָּרַךְ וְיִתְרוֹמַם שִׁמְךָ מַלְכֵּנוּ תָּמִיד לְעוֹלָם
וָעֶד ׃ וּכְתוֹב לְחַיִּים טוֹבִים כָּל בְּנֵי בְרִיתֶךָ ׃ וְכָל הַחַיִּים
יוֹדוּךָ סֶּלָה ׃ וִיהַלְלוּ אֶת שִׁמְךָ בֶּאֱמֶת הָאֵל יְשׁוּעָתֵנוּ
וְעֶזְרָתֵנוּ סֶלָה ׃ בָּרוּךְ אַתָּה יְיָ הַטּוֹב שִׁמְךָ וּלְךָ נָאֶה
לְהוֹדוֹת ׃

שִׂים שָׁלוֹם טוֹבָה וּבְרָכָה חֵן וָחֶסֶד וְרַחֲמִים עָלֵינוּ
וְעַל כָּל יִשְׂרָאֵל עַמֶּךָ ׃ בָּרְכֵנוּ אָבִינוּ כֻּלָּנוּ כְּאֶחָד בְּאוֹר
פָּנֶיךָ ׃ כִּי בְאוֹר פָּנֶיךָ נָתַתָּ לָּנוּ יְיָ אֱלֹהֵינוּ תּוֹרַת חַיִּים
וְאַהֲבַת חֶסֶד וּצְדָקָה וּבְרָכָה וְרַחֲמִים וְחַיִּים וְשָׁלוֹם ׃
וְטוֹב בְּעֵינֶיךָ לְבָרֵךְ אֶת עַמְּךָ יִשְׂרָאֵל בְּכָל עֵת וּבְכָל
שָׁעָה בִּשְׁלוֹמֶךָ ׃ בְּסֵפֶר חַיִּים בְּרָכָה וְשָׁלוֹם וּפַרְנָסָה
טוֹבָה נִזָּכֵר וְנִכָּתֵב לְפָנֶיךָ אֲנַחְנוּ וְכָל עַמְּךָ בֵּית יִשְׂרָאֵל
לְחַיִּים טוֹבִים וּלְשָׁלוֹם ׃ בָּרוּךְ אַתָּה יְיָ עוֹשֶׂה הַשָּׁלוֹם ׃

אֱלֹהֵינוּ וֵאלֹהֵי אֲבוֹתֵינוּ ׃

תָּבֹא לְפָנֶיךָ תְּפִלָּתֵנוּ וְאַל תִּתְעַלַּם מִתְּחִנָּתֵנוּ שֶׁאֵין
אֲנַחְנוּ עַזֵּי פָנִים וּקְשֵׁי עֹרֶף לוֹמַר לְפָנֶיךָ יְיָ אֱלֹהֵינוּ וֵאלֹהֵי
אֲבוֹתֵינוּ צַדִּיקִים אֲנַחְנוּ וְלֹא חָטָאנוּ אֲבָל אֲנַחְנוּ חָטָאנוּ ׃

We make acknowledgment unto thee, that thou art the Lord our God and the God of our fathers for ever and ever ; thou art the Rock of our lives, the Shield of our salvation through every generation. We will give thanks unto thee and declare thy praise for our lives which are delivered into thy hand, and for our souls which are committed unto thy charge, and for thy miracles which are with us every day, and for thy wondrous benefits which are with us at all times, even, morn and noon. Thou art the Beneficent One, for thy mercies never fail ; thou art the Merciful One, for thy kindnesses never cease. We have ever hoped in thee.

And for all these things, O our King, thy Name shall be continually blessed and exalted for ever and ever. And inscribe all the children of thy covenant for a happy life. And every one that liveth shall give thanks unto thee, Selah ; and shall praise thy Name in truth, O God, our salvation and help, Selah. Blessed art thou, O Lord, whose Name is the Beneficent One, and unto whom it is becoming to give thanks.

Grant peace, welfare, blessing, grace, loving-kindness and mercy unto us and unto all Israel, thy people. Bless us, O our Father, yea, all of us together, with the light of thy countenance ; for by the light of thy countenance thou hast given unto us, O Lord our God, the Law of life, loving-kindness and righteousness, blessing, mercy, life and peace ; and may it be good in thy sight to bless thy people Israel at all times and in every hour with thy peace. In the book of life, blessing, peace and good sustenance may we be remembered and inscribed before thee, we and all thy people the house of Israel, for a happy life and peace. Blessed art thou, O Lord, who makest peace.

Our God and God of our fathers,

Let our prayer come before thee : hide not thyself from our supplication ; for we are not arrogant and stiff-necked, that we should say before thee, O Lord our God and God of our fathers, we are righteous and have not sinned ; verily we have sinned.

אָשַׁמְנוּ· בָּגַדְנוּ· גָּזַלְנוּ· דִּבַּרְנוּ דֹּפִי· הֶעֱוִינוּ· וְהִרְשַׁעְנוּ·
זַדְנוּ· חָמַסְנוּ· טָפַלְנוּ שֶׁקֶר· יָעַצְנוּ רָע· כִּזַּבְנוּ· לַצְנוּ·
מָרַדְנוּ· נִאַצְנוּ· סָרַרְנוּ· עָוִינוּ· פָּשַׁעְנוּ· צָרַרְנוּ· קִשִּׁינוּ עֹרֶף·
רָשַׁעְנוּ· שִׁחַתְנוּ· תִּעַבְנוּ· תָּעִינוּ· תִּעְתָּעְנוּ:

סַרְנוּ מִמִּצְוֹתֶיךָ וּמִמִּשְׁפָּטֶיךָ הַטּוֹבִים וְלֹא שָׁוָה לָנוּ:
וְאַתָּה צַדִּיק עַל כָּל הַבָּא עָלֵינוּ· כִּי אֱמֶת עָשִׂיתָ וַאֲנַחְנוּ
הִרְשָׁעְנוּ:

מַה נֹּאמַר לְפָנֶיךָ יוֹשֵׁב מָרוֹם וּמַה נְּסַפֵּר לְפָנֶיךָ שׁוֹכֵן
שְׁחָקִים· הֲלֹא כָּל הַנִּסְתָּרוֹת וְהַנִּגְלוֹת אַתָּה יוֹדֵעַ:
אַתָּה יוֹדֵעַ רָזֵי עוֹלָם· וְתַעֲלוּמוֹת סִתְרֵי כָל חָי: אַתָּה
חוֹפֵשׂ כָּל חַדְרֵי בָטֶן וּבוֹחֵן כְּלָיוֹת וָלֵב: אֵין דָּבָר נֶעְלָם
מִמֶּךָּ· וְאֵין נִסְתָּר מִנֶּגֶד עֵינֶיךָ:

וּבְכֵן יְהִי רָצוֹן מִלְפָנֶיךָ יְיָ אֱלֹהֵינוּ וֵאלֹהֵי אֲבוֹתֵינוּ·
שֶׁתִּסְלַח לָנוּ עַל כָּל חַטֹּאתֵינוּ· וְתִמְחָל לָנוּ עַל כָּל עֲוֹנוֹתֵינוּ·
וּתְכַפֶּר לָנוּ עַל כָּל פְּשָׁעֵינוּ:

עַל חֵטְא שֶׁחָטָאנוּ לְפָנֶיךָ בְּאֹנֶס וּבְרָצוֹן:
וְעַל חֵטְא שֶׁחָטָאנוּ לְפָנֶיךָ בְּאִמּוּץ הַלֵּב:
עַל חֵטְא שֶׁחָטָאנוּ לְפָנֶיךָ בִּבְלִי דָעַת:
וְעַל חֵטְא שֶׁחָטָאנוּ לְפָנֶיךָ בְּבִטּוּי שְׂפָתָיִם:
עַל חֵטְא שֶׁחָטָאנוּ לְפָנֶיךָ בְּגִלּוּי עֲרָיוֹת:
וְעַל חֵטְא שֶׁחָטָאנוּ לְפָנֶיךָ בְּגָלוּי וּבַסָּתֶר:
עַל חֵטְא שֶׁחָטָאנוּ לְפָנֶיךָ בְּדַעַת וּבְמִרְמָה:
וְעַל חֵטְא שֶׁחָטָאנוּ לְפָנֶיךָ בְּדִבּוּר פֶּה:
עַל חֵטְא שֶׁחָטָאנוּ לְפָנֶיךָ בְּהוֹנָאַת רֵעַ:

We have trespassed, we have dealt treacherously, we have robbed, we have spoken slander, we have acted perversely and we have wrought wickedness, we have acted presumptuously, we have done violence, we have framed lies, we have counselled evil, we have spoken falsely, we have scoffed, we have revolted, we have provoked, we have rebelled, we have committed iniquity, we have transgressed, we have oppressed, we have been stiff-necked, we have acted wickedly, we have corrupted, we have committed abomination, we have gone astray, we have led others astray.

We have turned away from thy commandments, and thy judgments that are good, and it hath not profited us. But thou art righteous in all that hath come upon us ; for thou hast acted truthfully, but as for us, we have done wickedly.

What shall we say before thee, O thou who dwellest on high, and what shall we declare before thee, thou who abidest in the heavens ? Dost thou not know all things, both the hidden and the revealed ?

Thou knowest the mysteries of the Universe and the hidden secrets of all living. Thou searchest all the innermost recesses and triest the reins and the heart. Naught is hidden from thee, neither is anything concealed from thine eyes.

May it therefore be thy will, O Lord our God and God of our fathers, to forgive us all our sins, to pardon us all our iniquities, and to grant us atonement for all our transgressions.

For the sin wherein we have sinned before thee under compulsion or of freewill,
And for the sin wherein we have sinned before thee by hardening of the heart ;
For the sin wherein we have sinned before thee unwittingly,
And for the sin wherein we have sinned before thee with utterance of the lips ;
For the sin wherein we have sinned before thee by unchastity,
And for the sin wherein we have sinned before thee openly and secretly ;
For the sin wherein we have sinned before thee knowingly and deceitfully,
And for the sin wherein we have sinned before thee in speech ;
For the sin wherein we have sinned before thee by wronging a neighbour,

וְעַל חֵטְא שֶׁחָטָאנוּ לְפָנֶיךָ בְּהַרְהוֹר הַלֵּב:

עַל חֵטְא שֶׁחָטָאנוּ לְפָנֶיךָ בְּוַעֲדַת זְנוּת:

וְעַל חֵטְא שֶׁחָטָאנוּ לְפָנֶיךָ בְּוִדּוּי פֶּה:

עַל חֵטְא שֶׁחָטָאנוּ לְפָנֶיךָ בְּזִלְזוּל הוֹרִים וּמוֹרִים:

וְעַל חֵטְא שֶׁחָטָאנוּ לְפָנֶיךָ בְּזָדוֹן וּבִשְׁגָגָה:

עַל חֵטְא שֶׁחָטָאנוּ לְפָנֶיךָ בְּחֹזֶק יָד:

וְעַל חֵטְא שֶׁחָטָאנוּ לְפָנֶיךָ בְּחִלּוּל הַשֵּׁם:

עַל חֵטְא שֶׁחָטָאנוּ לְפָנֶיךָ בְּטֻמְאַת שְׂפָתָיִם:

וְעַל חֵטְא שֶׁחָטָאנוּ לְפָנֶיךָ בְּטִפְּשׁוּת פֶּה:

עַל חֵטְא שֶׁחָטָאנוּ לְפָנֶיךָ בְּיֵצֶר הָרָע:

וְעַל חֵטְא שֶׁחָטָאנוּ לְפָנֶיךָ בְּיוֹדְעִים וּבְלֹא יוֹדְעִים:

וְעַל כֻּלָם אֱלוֹהַּ סְלִיחוֹת סְלַח לָנוּ. מְחַל לָנוּ. כַּפֶּר לָנוּ:

עַל חֵטְא שֶׁחָטָאנוּ לְפָנֶיךָ בְּכַחַשׁ וּבְכָזָב:

וְעַל חֵטְא שֶׁחָטָאנוּ לְפָנֶיךָ בְּכַפַּת שֹׁחַד:

עַל חֵטְא שֶׁחָטָאנוּ לְפָנֶיךָ בְּלָצוֹן:

וְעַל חֵטְא שֶׁחָטָאנוּ לְפָנֶיךָ בְּלָשׁוֹן הָרָע:

עַל חֵטְא שֶׁחָטָאנוּ לְפָנֶיךָ בְּמַשָּׂא וּבְמַתָּן:

וְעַל חֵטְא שֶׁחָטָאנוּ לְפָנֶיךָ בְּמַאֲכָל וּבְמִשְׁתֶּה:

עַל חֵטְא שֶׁחָטָאנוּ לְפָנֶיךָ בְּנֶשֶׁךְ וּבְמַרְבִּית:

וְעַל חֵטְא שֶׁחָטָאנוּ לְפָנֶיךָ בִּנְטִיַת גָּרוֹן:

עַל חֵטְא שֶׁחָטָאנוּ לְפָנֶיךָ בְּשִׂיחַ שִׂפְתוֹתֵינוּ:

וְעַל חֵטְא שֶׁחָטָאנוּ לְפָנֶיךָ בְּשִׁקּוּר עָיִן:

עַל חֵטְא שֶׁחָטָאנוּ לְפָנֶיךָ בְּעֵינַיִם רָמוֹת:

וְעַל חֵטְא שֶׁחָטָאנוּ לְפָנֶיךָ בְּעַזּוּת מֵצַח:

And for the sin wherein we have sinned before thee in the meditation of the heart ;

For the sin wherein we have sinned before thee by association with impurity,

And for the sin wherein we have sinned before thee by confession of the lips ;

For the sin wherein we have sinned before thee by despising parents and teachers,

And for the sin wherein we have sinned before thee in presumption and in error ;

For the sin wherein we have sinned before thee by violence,

And for the sin wherein we have sinned before thee by the profanation of thy Name ;

For the sin wherein we have sinned before thee by impurity of the lips,

And for the sin wherein we have sinned before thee by foolish speech ;

For the sin wherein we have sinned before thee by the evil inclination,

And for the sin wherein we have sinned before thee wittingly or unwittingly.

> And for all these, O God of forgiveness, forgive us, pardon us, grant us atonement.

For the sin wherein we have sinned before thee by denying and lying,

And for the sin wherein we have sinned before thee by bribery ;

For the sin wherein we have sinned before thee by scoffing,

And for the sin wherein we have sinned before thee by evil speech ;

For the sin wherein we have sinned before thee in business,

And for the sin wherein we have sinned before thee in eating and drinking ;

For the sin wherein we have sinned before thee by usury and increase,

And for the sin wherein we have sinned before thee by an arrogant mien ;

For the sin wherein we have sinned before thee by the utterances of our lips,

And for the sin wherein we have sinned before thee by a wanton glance ;

For the sin wherein we have sinned before thee with haughty eyes,

And for the sin wherein we have sinned before thee with obdurate brow.

וְעַל כֻּלָּם אֱלוֹהַּ סְלִיחוֹת סְלַח לָנוּ· מְחַל לָנוּ· כַּפֶּר לָנוּ׃

עַל חֵטְא שֶׁחָטָאנוּ לְפָנֶיךָ בִּפְרִיקַת עֹל׃

וְעַל חֵטְא שֶׁחָטָאנוּ לְפָנֶיךָ בִּפְלִילוּת׃

עַל חֵטְא שֶׁחָטָאנוּ לְפָנֶיךָ בִּצְדִיַּת רֵעַ׃

וְעַל חֵטְא שֶׁחָטָאנוּ לְפָנֶיךָ בְּצָרוּת עָיִן׃

עַל חֵטְא שֶׁחָטָאנוּ לְפָנֶיךָ בְּקַלּוּת רֹאשׁ׃

וְעַל חֵטְא שֶׁחָטָאנוּ לְפָנֶיךָ בְּקַשְׁיוּת עֹרֶף׃

עַל חֵטְא שֶׁחָטָאנוּ לְפָנֶיךָ בְּרִיצַת רַגְלַיִם לְהָרַע׃

וְעַל חֵטְא שֶׁחָטָאנוּ לְפָנֶיךָ בִּרְכִילוּת׃

עַל חֵטְא שֶׁחָטָאנוּ לְפָנֶיךָ בִּשְׁבוּעַת שָׁוְא׃

וְעַל חֵטְא שֶׁחָטָאנוּ לְפָנֶיךָ בְּשִׂנְאַת חִנָּם׃

עַל חֵטְא שֶׁחָטָאנוּ לְפָנֶיךָ בִּתְשׂוּמֶת יָד׃

וְעַל חֵטְא שֶׁחָטָאנוּ לְפָנֶיךָ בְּתִמְהוֹן לֵבָב׃

וְעַל כֻּלָּם אֱלוֹהַּ סְלִיחוֹת סְלַח לָנוּ· מְחַל לָנוּ· כַּפֶּר לָנוּ׃

וְעַל חֲטָאִים שֶׁאָנוּ חַיָּבִים עֲלֵיהֶם עוֹלָה׃

וְעַל חֲטָאִים שֶׁאָנוּ חַיָּבִים עֲלֵיהֶם חַטָּאת׃

וְעַל חֲטָאִים שֶׁאָנוּ חַיָּבִים עֲלֵיהֶם קָרְבָּן עוֹלֶה וְיוֹרֵד׃

וְעַל חֲטָאִים שֶׁאָנוּ חַיָּבִים עֲלֵיהֶם אָשָׁם וַדַּאי וְאָשָׁם תָּלוּי׃

וְעַל חֲטָאִים שֶׁאָנוּ חַיָּבִים עֲלֵיהֶם מַכַּת מַרְדּוּת׃

וְעַל חֲטָאִים שֶׁאָנוּ חַיָּבִים עֲלֵיהֶם מַלְקוּת אַרְבָּעִים׃

וְעַל חֲטָאִים שֶׁאָנוּ חַיָּבִים עֲלֵיהֶם מִיתָה בִּידֵי שָׁמָיִם׃

וְעַל חֲטָאִים שֶׁאָנוּ חַיָּבִים עֲלֵיהֶם כָּרֵת וַעֲרִירִי׃

וְעַל כֻּלָּם אֱלוֹהַּ סְלִיחוֹת סְלַח לָנוּ· מְחַל לָנוּ· כַּפֶּר לָנוּ׃

> And for all these, O God of forgiveness, forgive us,
> pardon us, grant us atonement.

For the sin wherein we have sinned before thee by breaking off the yoke,

And for the sin wherein we have sinned before thee by contentiousness ;

For the sin wherein we have sinned before thee by ensnaring our neighbour,

And for the sin wherein we have sinned before thee by envy ;

For the sin wherein we have sinned before thee by levity,

And for the sin wherein we have sinned before thee by being stiff-necked ;

For the sin wherein we have sinned before thee by running to do evil,

And for the sin wherein we have sinned before thee by tale-bearing ;

For the sin wherein we have sinned before thee by a vain oath,

And for the sin wherein we have sinned before thee by causeless hatred ;

For the sin wherein we have sinned before thee by a breach of trust,

And for the sin wherein we have sinned before thee by terror of the heart.

> And for all these, O God of forgiveness, forgive us,
> pardon us, grant us atonement.

And for the sins for which we owe a burnt offering ;

And for the sins for which we owe a sin-offering ;

And for the sins for which we owe an offering according to our ability ;

And for the sins for which we owe a trespass-offering for certain guilt and a trespass-offering for doubtful guilt ;

And for the sins for which we deserve corporal punishment ;

And for the sins for which we deserve the punishment of forty stripes ;

And for the sins for which we deserve death by the hand of God ;

And for the sins for which we deserve the punishment of excision, and of being childless ;

> And for all these, O God of forgiveness, forgive us,
> pardon us, grant us atonement.

וְעַל חֲטָאִים שֶׁאָנוּ חַיָּבִים עֲלֵיהֶם אַרְבַּע מִיתוֹת בֵּית דִּין׃
סְקִילָה׃ שְׂרֵפָה׃ הֶרֶג׃ וְחֶנֶק׃ עַל מִצְוַת עֲשֵׂה וְעַל מִצְוַת
לֹא תַעֲשֶׂה׃ בֵּין שֶׁיֵּשׁ בָּהּ קוּם עֲשֵׂה׃ וּבֵין שֶׁאֵין בָּהּ קוּם
עֲשֵׂה׃ אֶת הַגְּלוּיִים לָנוּ וְאֶת שֶׁאֵינָם גְּלוּיִים לָנוּ׃ אֶת
הַגְּלוּיִים לָנוּ כְּבָר אֲמַרְנוּם לְפָנֶיךָ׃ וְהוֹדִינוּ לְךָ עֲלֵיהֶם׃
וְאֶת שֶׁאֵינָם גְּלוּיִים לָנוּ לְפָנֶיךָ הֵם גְּלוּיִים וִידוּעִים׃ כַּדָּבָר
שֶׁנֶּאֱמַר הַנִּסְתָּרֹת לַיָי אֱלֹהֵינוּ׃ וְהַנִּגְלֹת לָנוּ וּלְבָנֵינוּ עַד
עוֹלָם׃ לַעֲשׂוֹת אֶת כָּל דִּבְרֵי הַתּוֹרָה הַזֹּאת׃ כִּי אַתָּה
סַלְחָן לְיִשְׂרָאֵל וּמָחֳלָן לְשִׁבְטֵי יְשֻׁרוּן בְּכָל דּוֹר וָדוֹר
וּמִבַּלְעָדֶיךָ אֵין לָנוּ מֶלֶךְ מוֹחֵל וְסוֹלֵחַ אֶלָּא אָתָּה׃

אֱלֹהַי עַד שֶׁלֹּא נוֹצַרְתִּי אֵינִי כְדַי׃ וְעַכְשָׁו שֶׁנּוֹצַרְתִּי
כְּאִלּוּ לֹא נוֹצַרְתִּי׃ עָפָר אֲנִי בְּחַיָּי׃ קַל וָחֹמֶר בְּמִיתָתִי׃
הֲרֵי אֲנִי לְפָנֶיךָ כִּכְלִי מָלֵא בוּשָׁה וּכְלִמָּה׃ יְהִי רָצוֹן
מִלְּפָנֶיךָ יְיָ אֱלֹהַי וֵאלֹהֵי אֲבוֹתַי שֶׁלֹּא אֶחֱטָא עוֹד׃ וּמַה
שֶּׁחָטָאתִי לְפָנֶיךָ מָרֵק בְּרַחֲמֶיךָ הָרַבִּים׃ אֲבָל לֹא עַל
יְדֵי יִסּוּרִים וָחֳלָיִם רָעִים׃

אֱלֹהַי נְצוֹר לְשׁוֹנִי מֵרָע וּשְׂפָתַי מִדַּבֵּר מִרְמָה
וְלִמְקַלְלַי נַפְשִׁי תִדֹּם וְנַפְשִׁי כֶּעָפָר לַכֹּל תִּהְיֶה׃ פְּתַח
לִבִּי בְּתוֹרָתֶךָ וּבְמִצְוֹתֶיךָ תִּרְדּוֹף נַפְשִׁי׃ וְכָל הַחוֹשְׁבִים
עָלַי רָעָה מְהֵרָה הָפֵר עֲצָתָם וְקַלְקֵל מַחֲשְׁבוֹתָם׃ עֲשֵׂה
לְמַעַן שְׁמֶךָ עֲשֵׂה לְמַעַן יְמִינֶךָ עֲשֵׂה לְמַעַן קְדֻשָּׁתֶךָ עֲשֵׂה
לְמַעַן תּוֹרָתֶךָ׃ לְמַעַן יֵחָלְצוּן יְדִידֶיךָ הוֹשִׁיעָה יְמִינְךָ
וַעֲנֵנִי׃ יִהְיוּ לְרָצוֹן אִמְרֵי פִי וְהֶגְיוֹן לִבִּי לְפָנֶיךָ יְיָ צוּרִי
וְגֹאֲלִי׃ עֹשֶׂה שָׁלוֹם בִּמְרוֹמָיו הוּא יַעֲשֶׂה שָׁלוֹם עָלֵינוּ

And for the sins for which we deserve the four kinds of death
inflicted by the Court of Law : stoning, burning, beheading
and strangling.

For the breach of positive commands, and for the breach
of negative commands, whether an action be involved or
not ; both for the sins that are known unto us and those
that are unknown to us. Those that are known unto us
we have already avowed before thee, and we have made
acknowledgment of them unto thee : and those that are
unknown to us, lo, they are revealed and known unto thee,
according to the word which has been said : The secret
things belong unto the Lord our God, but the revealed
things belong unto us, and unto our children for ever, that
we may do all the words of this Law. For thou art the
Forgiver of Israel and the Pardoner of the tribes of Jeshurun
in all generations, and beside thee we have no king, to pardon
and forgive our sins. We have thee alone.

O my God, while yet I was unformed I was not worthy,
and now I have been formed, I am as though I had not been
formed. Dust am I in my life ; yea, even more so in my
death. Behold me before thee like a vessel filled with shame
and confusion. O may it be thy will, O Lord my God and
the God of my fathers, that I may sin no more, and as
to the sins I have sinned before thee, purge them away in
thine abundant mercy and not by means of affliction and
sore diseases.

O my God, guard my tongue from evil and my lips from
speaking guile ; and to such as curse me, let my soul be
silent, yea, let my soul be unto all as the dust. Open thou
my heart to thy Law, and let my soul pursue thy command-
ments. And as to any who devise evil against me, speedily
make their counsel of none effect and frustrate their designs.
Do thou it for the sake of thy Name, do it for the sake of thy
right hand, do it for the sake of thy holiness, do it for the sake
of thy Law, that thy beloved ones may be delivered. O save
with thy right hand and answer me. Let the words of my
mouth and the meditation of my heart be acceptable before
thee, O Lord, my Rock and my Redeemer. He who maketh
peace in his high places, may he make peace for us and for

וְעַל כָּל יִשְׂרָאֵל וְאִמְרוּ אָמֵן: יְהִי רָצוֹן לְפָנֶיךָ יְיָ אֱלֹהֵינוּ
וֵאלֹהֵי אֲבוֹתֵינוּ שֶׁיִּבָּנֶה בֵּית הַמִּקְדָּשׁ בִּמְהֵרָה בְיָמֵינוּ
וְתֵן חֶלְקֵנוּ בְּתוֹרָתֶךָ: וְשָׁם נַעֲבָדְךָ בְּיִרְאָה כִּימֵי עוֹלָם
וּכְשָׁנִים קַדְמֹנִיּוֹת: וְעָרְבָה לַיָי מִנְחַת יְהוּדָה וִירוּשָׁלַיִם
כִּימֵי עוֹלָם וּכְשָׁנִים קַדְמֹנִיּוֹת:

הזרת התפלה לשליח צבור

The Ark is opened.

Reader. בָּרוּךְ אַתָּה יְיָ אֱלֹהֵינוּ וֵאלֹהֵי אֲבוֹתֵינוּ· אֱלֹהֵי
אַבְרָהָם אֱלֹהֵי יִצְחָק וֵאלֹהֵי יַעֲקֹב· הָאֵל הַגָּדוֹל הַגִּבּוֹר
וְהַנּוֹרָא אֵל עֶלְיוֹן· גוֹמֵל חֲסָדִים טוֹבִים וְקֹנֵה הַכֹּל·
וְזוֹכֵר חַסְדֵּי אָבוֹת וּמֵבִיא גוֹאֵל לִבְנֵי בְנֵיהֶם לְמַעַן שְׁמוֹ
בְּאַהֲבָה:

מִסּוֹד חֲכָמִים וּנְבוֹנִים· וּמִלֶּמֶד דַּעַת מְבִינִים· אֶפְתְּחָה
פִּי בִּתְפִלָּה וּבְתַחֲנוּנִים· לְחַלּוֹת וּלְחַנֵּן פְּנֵי מֶלֶךְ מָלֵא
רַחֲמִים מוֹחֵל וְסוֹלֵחַ לַעֲוֹנִים:

Cong. אֵיתָן הִכִּיר אֱמוּנָתֶךָ· בְּדוֹר לֹא יָדְעוּ לַרְצוֹתֶךָ·
נָהַג בְּךָ וְיָדַע יִרְאָתֶךָ· דָּן לְהוֹדִיעַ לְכָל הַדָּרֶתֶךָ:
הִדְרִיךְ תּוֹעִים בִּנְתִיבָתֶךָ· וְנִקְרָא אָב לְאֻמָּתֶךָ· זֶהַר
לַעֲשׂוֹת דְּבָרֶתֶךָ· חָפֵץ לַחֲסוֹת בְּצֵל שְׁכִינָתֶךָ· מַעַם
לְעוֹבְרִים כַּלְכָּלֶךָ· יָדַע לַשָּׁבִים כִּי אֵין בִּלְתֶּךָ·

Reader : כִּי הֶאֱמִן בְּךָ לְחַלּוֹתֶךָ· לְטַע אֵשֶׁל וּלְהַזְכִּיר גְּבוּרוֹתֶיךָ:
Cong. צְדָקָה תֶּחָשֵׁב לָנוּ· בְּצֶדֶק אָב סְלַח לָנוּ·

all Israel, and say ye, Amen. May it be thy will, O Lord our God and God of our fathers, that the temple be speedily rebuilt in our days and grant our portion in thy Law.

And there we will serve thee with awe, as in the days of old and as in ancient years. And the offering of Judah and Jerusalem shall be pleasant unto the Lord, as in the days of old and as in ancient years.

READER'S REPETITION OF THE AMIDAH.

The Ark is opened.

Reader. Blessed art thou, O Lord our God and God of our fathers, God of Abraham, God of Isaac and God of Jacob, O great, mighty and awful God, most high God, who bestowest gracious favours and who possessest all things, who rememberest the piety of the patriarchs, and who in love wilt bring a Redeemer to their children's children, for the sake of thy Name.

From the counsel of the wise and understanding, and from knowledge gotten of the discerning, I will open my lips in prayer and supplication, to entreat and implore the presence of the King, who is full of compassion, who pardoneth and forgiveth iniquity.

Cong. The steadfast patriarch [1] discerned thy faithfulness in an age when yet man knew not thy will ; delighting in thee, he taught thy fear, yea, he rejoiced to make known thy glory unto all. Surnamed the father of thy people, he led the erring to thy paths. He exulted to do thy bidding : for he desired to repose in the shadow of thy Presence. With the food of thy Word he sustained the wanderers and taught the penitent that there is none beside thee.

Reader. He besought thee because he believed in thee, and planted a grove and there proclaimed thy mighty deeds.

Cong. O may his righteousness be accounted unto us ; yea, pardon us through the righteousness of the patriarch.

[1] Abraham.

Reader. לֹא כַחֲטָאֵינוּ תַּעֲשֶׂה לָנוּ • מָגִנֵּנוּ כִּי לְךָ יִחָלְנוּ:

זָכְרֵנוּ לַחַיִּים מֶלֶךְ חָפֵץ בַּחַיִּים • וְכָתְבֵנוּ בְּסֵפֶר הַחַיִּים • לְמַעַנְךָ אֱלֹהִים חַיִּים: מֶלֶךְ עוֹזֵר וּמוֹשִׁיעַ וּמָגֵן • בָּרוּךְ אַתָּה יְיָ מָגֵן אַבְרָהָם:

אַתָּה גִּבּוֹר לְעוֹלָם אֲדֹנָי מְחַיֵּה מֵתִים אַתָּה רַב לְהוֹשִׁיעַ • מְכַלְכֵּל חַיִּים בְּחֶסֶד מְחַיֵּה מֵתִים בְּרַחֲמִים רַבִּים • סוֹמֵךְ נוֹפְלִים וְרוֹפֵא חוֹלִים וּמַתִּיר אֲסוּרִים וּמְקַיֵּם אֱמוּנָתוֹ לִישֵׁנֵי עָפָר • מִי כָמוֹךָ בַּעַל גְּבוּרוֹת וּמִי דוֹמֶה לָּךְ מֶלֶךְ מֵמִית וּמְחַיֶּה וּמַצְמִיחַ יְשׁוּעָה:

Cong. מְאָהָב וְיָחִיד לְאִמּוֹ • נַפְשׁוֹ לְטֶבַח בְּהַשְׁלִימוֹ • שְׂרָפִים צָעֲקוּ מִמְּרוֹמוֹ • עוֹנִים חוּסָה לָאֵל מְרַחֲמוֹ • פּוֹדֶה וּמַצִּיל רַחֲמוֹ • צַוֵּה שֶׂה תְּמוּרָה בִּמְקוֹמוֹ • קָשֵׁב אַל תִּשְׁפֹּךְ דָּמוֹ • רַחֲמָו רָחוּם לְרוֹמְמוֹ • שְׁמָרוֹ וְקִיְּמוֹ לְשַׁמּוֹ • שֶׁפֶר תָּאֳרוֹ כְּנֹגַהּ יוֹמוֹ • *Reader.* תִּרְאֵהוּ הַיּוֹם כִּשְׂרוּף בְּאוּלָמוֹ • תִּזְכֹּר עֲקֵדָתוֹ וְתָחֹן עַמּוֹ:

Cong. לְפָנָיו יְקִימֵנוּ וְנִחְיֶה • בְּצֶדֶק אָב נִחְיֶה:

Reader. יְיָ מֵמִית וּמְחַיֶּה • בְּטַלְלָיו רְדוּמִים יְחַיֶּה:

מִי כָמוֹךָ אַב הָרַחֲמִים זוֹכֵר יְצוּרָיו לַחַיִּים בְּרַחֲמִים: וְנֶאֱמָן אַתָּה לְהַחֲיוֹת מֵתִים • בָּרוּךְ אַתָּה יְיָ מְחַיֵּה הַמֵּתִים:

Cong. אֶרְאֶלִים בְּשֵׁם תָּם מַמְלִיכִים • לְמֶלֶךְ מַלְכֵי הַמְּלָכִים • יָפְיוֹ לְשׁוּר בָּכֶם הוֹלְכִים • יַלְדֵּי הַיּוֹם צְנִים כְּמַלְאָכִים: הַמַּקְדִּישִׁים וְתַחַן עוֹרְכִים • בְּיוֹם זֶה אֵיכָה מַשְׁלִיכִים • יַחַד בְּשֵׁם אֲבִיהֶם מְבָרְכִים • רָם לְרָצוֹת

Reader. Deal not with us according to our sins, but shield us ; for in thee we put our trust.

Remember us unto life, O King, who delightest in life, and inscribe us in the book of life, for thine own sake, O living God. O King, Helper, Saviour and Shield ; blessed art thou, O Lord, the Shield of Abraham.

Thou art mighty for ever, O Lord ; it is thou who quickenest the dead and art mighty to save. Thou sustainest the living with loving-kindness, quickenest the dead with great mercy, supportest the falling and healest the sick, loosest the bound, and keepest thy faith unto them that sleep in the dust. Who is like unto thee, Lord of mighty acts, and who can be compared unto thee, O King, who killest and restorest to life and causest salvation to spring forth ?

Cong. When the only child,[1] beloved of his mother, surrendered his life as a sacrifice, the Seraphim from their heights cried aloud, O God of compassion, spare him ! In his mercy, the Redeemer and Deliverer appointed a lamb in his stead, and a voice was heard, Shed not his blood. God's tender love was moved toward him to make him great. He preserved him to bear witness to his Name, and the form of his visage made he glorious as the radiance of perfect day. *Reader.* O may the remembrance of his virtue be before thee now as the ashes of offering by thy Temple Porch. Remember the binding of him and be gracious unto his posterity.

Cong. O raise us near unto thee that we may live, yea, that we may live through our father's righteousness.

Reader. The Lord killeth and restoreth to life ; with his dew he will cause them that slumber to live again.

Who is like unto thee, Father of mercy, who in mercy rememberest thy creatures unto life ? And faithful art thou to quicken the dead. Blessed art thou, O Lord, who quickenest the dead.

Cong. In the name of the perfect patriarch,[2] heavenly beings proclaim thee Supreme King of kings, and gathering near, gaze on his [3] beauteous image graven on thy throne. His children like angels stand this day supplicating thee and hallowing thy Name ; on this day they cast away enmity, and in harmony bless thee in the name of their father, and humbly seek thy gracious favour, Most High. For the

[1] Isaac.   [2] Jacob.   [3] See note 3 to page 57.

בִּדְבָרִים רַבִּים: בִּזְכוּת הַתָּם יָצִיץ מֵחֲרַכִּים· יָהּ יָאִיר
עֵינֵי חֲשֵׁכִים· מֶלֶךְ נִצָּב בַּעֲדַת בְּרוּכִים· רוֹצֶה בְעַמּוֹ
יְפָאֵר נְמוּכִים: דּוֹפְקִים בִּתְפִלָּה לְהַשְׁכִּים· כְּטוֹב
וְסַלָּח עֳמָּם יַסְכִּים· *Reader.* יַשְׁמִיעַ לֹא תֵבוֹשׁוּ דַכִּים·
יֹאמֶר לָכֶן לְבֵית הַמְחַכִּים·

יִמְלֹךְ יְיָ לְעוֹלָם אֱלֹהַיִךְ צִיּוֹן לְדֹר וָדֹר הַלְלוּיָהּ:
וְאַתָּה קָדוֹשׁ יוֹשֵׁב תְּהִלּוֹת יִשְׂרָאֵל אֵל נָא:

Reader and Cong. אֱמוּנַת אוֹם נוֹטֶרֶת· לְמַעַנְךָ עֲזוֹר לַנִּשְׁאָרֶת·
זַעֲקָה רְצֵה נָא כִּקְטֹרֶת· קָדוֹשׁ:

Reader and Cong. יְכַפֵּר וְיִסְלַח· אֵל טוֹב וְסַלָּח· נוֹרָא וְקָדוֹשׁ:

Reader and Cong. תְּפִלָּתֵנוּ מִמְּעוֹנוֹת· יְקַבֵּל כְּקָרְבָּנוֹת·
הָאֵל קָדוֹשׁ:

Reader and Cong. מִיכָאֵל מִיָּמִין מְהַלֵּל· וְגַבְרִיאֵל מִשְּׂמֹאל
מְמַלֵּל· בַּשָּׁמַיִם אֵין כָּאֵל· וּבָאָרֶץ מִי כְּעַמְּךָ יִשְׂרָאֵל:

וּבְכֵן שְׂרָפִים עֹמְדִים מִמַּעַל לוֹ:

Cong. אֶרְאֶלֵּי הוֹד פּוֹצְחִים הִלּוּלוֹ· בְּרֶתֶת וָזִיעַ מִפְאֲרִים
סִלְסוּלוֹ· נָשִׁים וּבָאִים בְּשִׁנּוּן פִּלּוּלוֹ·
שְׂרָפִים עֹמְדִים מִמַּעַל לוֹ:

דָּגוּל מֶרְכָּבָה הוּא בְּלִי כְחָד· הַמַּבִּיט לָאָרֶץ וַתִּרְעַד
וַתִּפְחָד· וְעַמּוֹ צְבָא הַמָּשָׁל וָפָחַד:
שֵׁשׁ כְּנָפַיִם שֵׁשׁ כְּנָפַיִם לְאֶחָד:

זִקִּים וּבְרָקִים מַרְעִידִים לְפָנָיו· חֲרֵדִים לְהַרְעִיד בְּכָל
פָּנָיו· טָסִים בְּאַרְבַּע פְּנוֹת מַצְפּוּנָיו·
בִּשְׁתַּיִם יְכַסֶּה פָנָיו:

perfect father's sake, glance through thy lattice,[1] and kindle light, O God, in the eyes waxed dim. The King standeth in the assembly of the blessed ; he taketh pleasure in his people ; he will glorify the meek. They knock early at his gates to pray ; for as he is good and forgiving, he will be reconciled with them. *Reader.* He will cause the afflicted to hear the words, Ye shall not be ashamed ; yea, this shall be said unto the house of them that wait upon him :—

The Lord shall reign for ever, thy God, O Zion, unto all generations ; praise ye the Lord.

For thou art Holy, O thou that inhabitest the praises of Israel ; O God, we beseech thee.

Reader and Cong. For thine own sake, help the remnant of thy people, who preserve their faith : let their cry ascend, we pray thee, as incense, Most Holy !

Reader and Cong. Thou wilt atone, yea, thou wilt forgive ; for thou art ever good and ready to pardon, O thou awful and holy God !

Reader and Cong. From thine habitation accept our prayer as offerings, most holy God !

Reader and Cong. Michael on the right hand uttereth praise, and on the left Gabriel declareth, In the heavens there is none like God, and on the earth who is like unto thy people Israel ?

And thus, " The Seraphim stood above, ministering unto Him."

Cong. Glorious angels sing his praise ; in awe and trembling they extol his power ; they approach with lays of adoration on their lips.

" The Seraphim stood above, ministering unto him."

He is chiefest among ten thousand in his undisputed sway.

He looketh upon the earth, and it trembleth and is moved. In his train are dominion and fear.

" Each one had six wings."

Lightnings and flames carry terror before him, eager to shake every corner of the responsive earth ; yea, they dart to the confines of his secret places.

" With twain he covered his face."

[1] Cant. ii. 9.

יְרֵאִים וַחֲרֵדִים נְדוּדֵי חֲיָלָיו· כָּל מַלְאָכָיו וַחֲיָלֵי רַגְלָיו·
לְמוּלוֹ יָרוּצוּ לְנֶגְדּוֹ בִּשְׁכְלוּלָיו:

וּבִשְׁתַּיִם יְכַסֶּה רַגְלָיו:

מַיִם וְעַד יָם בְּרֶגַע מְעוֹפֵף· נוֹרָא בְּלִי יְכוֹלִים לָשׁוּר
וּלְצוֹפֵף· סְבִיבוֹת כִּסֵּא מִתְחוֹפֵף:

וּבִשְׁתַּיִם יְעוֹפֵף:

עוֹרְכִים עָנָן עֲווֹוּ לוֹמַר· פְּאֵר פִּקּוּד פֶּלֶל לִגְמַר·
צִפְצוּף צָהַל צֶדֶק כְּנֶאֱמַר:

וְקָרָא זֶה אֶל זֶה וְאָמַר:

קָלוּם קְדֻשּׁוֹת קָדוֹשׁ קְרָאוֹת· רִבּוֹא רִבְבָן עֵינָם
מְלֵאת· שׁוֹכֵן עַד מַעֲרִיצִים בִּיצִיאוֹת:

קָדוֹשׁ קָדוֹשׁ קָדוֹשׁ יְיָ צְבָאוֹת:

Reader. תַּקִּיף מֶרְכָּבָה מְפָאֲרִים לְסַלְדוּ· תְּלֵי תְלִים
עֹמְדִים לְכַבְּדוֹ· תֵּבֵל וְכָל דָּרֶיהָ מַקְדִּישִׁים הוֹדוּ·

מְלֹא כָל הָאָרֶץ כְּבוֹדוֹ:

Reader and Cong. מִיכָאֵל מִיָּמִין מְהַלֵּל· וְגַבְרִיאֵל מִשְּׂמֹאל
מְמַלֵּל· בַּשָּׁמַיִם אֵין כָּאֵל· וּבָאָרֶץ מִי כְּעַמְּךָ יִשְׂרָאֵל:

Reader. וּבְכֵן וּלְךָ תַעֲלֶה קְדֻשָּׁה כִּי אַתָּה

אֱלֹהֵינוּ מֶלֶךְ מוֹחֵל וְסוֹלֵחַ:

Cong. כִּי רְכוּבוֹ בָּעֲרָבוֹת· וְעֻזּוֹ בַּשְּׁחָקִים· וּזְרוֹעוֹ
בַּמְּעוֹנָה· וְקִדּוּשׁוֹ כַּזְּבוּל· וְאֵימָתוֹ בָּעֲרָפֶל· וּמוֹרָאוֹ
בִּשְׁמֵי שָׁמַיִם· וְקַשְׁתּוֹ בַּשָּׁמַיִם· וְקוֹלוֹ עַל הַמַּיִם·
וּמוֹשָׁבוֹ בָּרוּם· וּמַבָּטוֹ בַּתַּחַת· מִמַּעְלָה קָדוֹשׁ· וּמִמַּטָּה
בָּרוּךְ· מִמַּיִם אַדִּיר· וּמִנְּהָרוֹת קוֹל· וּמֵאָרֶץ זֶמֶר·
וּמֵעֲצִים רֶנֶן· וּמֵהָרִים רֶקֶד· וּמִגְּבָעוֹת שִׁיר· וּמִכָּל

In fear and dread his messengers and the armies of his ensigns, a glorious array, flow onward, to exalt him in his celestial abode.

" And with twain he covered his feet."

From sea to sea they flit as in a moment ; but lo ! they cannot look upon the dread Presence, as they wheel about the throne.

" And with twain he did fly."

They prepare to sing of the theme of his power in a tribute of adoration ; in triumphant strains they declare his righteousness, as it is written :

" And one cried unto another and said "—

They proclaim the threefold sanctification. The numberless myriads, many-eyed, in sweet cadence sanctify their Master, who inhabiteth Eternity :—

" Holy, holy, holy is the Lord of hosts."

Reader. They acclaim his majesty, peerless among myriads ; lo, throngs on throngs stand to do him honour. The earth also, with all that dwell therein, halloweth his sovereign sway.

" The whole earth is full of his glory."

Reader and Cong. Michael on the right hand uttereth praise, and on the left Gabriel declareth, In the heavens there is none like God, and on earth who is like unto thy people Israel ?

Reader. And thus may the Sanctification ascend unto thee ; for thou art our God, a King of pardon and forgiveness.

Cong. His chariot rideth the heavens and his strength is in the skies ; in the dwelling of his habitation his holy arm hath rule : his dread is in thick darkness and his awe is over the highest heavens. His bow spanneth the firmament ; his voice is on the waters. His throne is exalted, albeit he hath regard unto the lowly. " Holy " is his praise on high ; on earth men utter " Blessed." Gloriously resound the waters : the floods echo their thunder. The land is full of music ; yea, the trees rustle their joy. The mountains skip, the hills break forth with song ; yea, all Creation

בְּרִיָּה תָקֶף· וּמִכָּל רֹאשׁ כֶּפֶף· וּמִכָּל עַיִן רֶמֶז· וּמִכָּל
אֹזֶן שֶׁמַע· וּמִכָּל פֶּה הוֹדָיָה וּמִכָּל לָשׁוֹן שֶׁבַח· וּמִכָּל
גָּרוֹן רֹן· וּמִכָּל לֵב רַחַשׁ· וּמִכָּל קֶרֶב הִגָּיוֹן· וּמִכָּל
כֶּרֶךְ כְּרִיעָה· וּמִכָּל קוֹמָה הִשְׁתַּחֲוָיָה· וּמִזְּקֵנִים כָּבוֹד·
וּמֵאֲנָשִׁים וְנָשִׁים שִׁיר· וּמִבַּחוּרִים וּבְתוּלוֹת הַלֵּל·
וּמֵעוֹלְלִים וְיוֹנְקִים עֹז· וּמִדּוֹר לְדוֹר גְּבוּרָה· וּמֵעוֹלָם
וְעַד עוֹלָם בְּרָכָה· כִּי כֻלָּם בָּרֵאתָ לְמַעֲנֶךָ: יִקְרָאוּ זֶה
לָזֶה· וְיַעֲנוּ זֶה לָזֶה· וְיֹאמְרוּ זֶה לָזֶה· גְּשׁוּ עוֹשׂוּ חוּשׁוּ·
וְנַעֲרִיץ לְמֶלֶךְ הַכָּבוֹד· הָאֵל הַנַּעֲרָץ וְהַנִּקְדָּשׁ בַּקֹּדֶשׁ·
Reader. כַּכָּתוּב עַל יַד נְבִיאֶךָ· וְקָרָא זֶה אֶל זֶה וְאָמַר·
Cong. and Reader. קָדוֹשׁ קָדוֹשׁ קָדוֹשׁ יְיָ צְבָאוֹת· מְלֹא
כָל הָאָרֶץ כְּבוֹדוֹ:
Reader. כְּבוֹדוֹ מָלֵא עוֹלָם· מְשָׁרְתָיו שׁוֹאֲלִים זֶה לָזֶה
אַיֵּה מְקוֹם כְּבוֹדוֹ· לְעֻמָּתָם בָּרוּךְ יֹאמֵרוּ·
Cong. and Reader. בָּרוּךְ כְּבוֹד יְיָ מִמְּקוֹמוֹ:
Reader. מִמְּקוֹמוֹ הוּא יִפֶן בְּרַחֲמִים וְיָחֹן עַם הַמְיַחֲדִים
שְׁמוֹ עֶרֶב וָבֹקֶר בְּכָל יוֹם תָּמִיד פַּעֲמַיִם בְּאַהֲבָה שְׁמַע
אוֹמְרִים·
Cong. and Reader. שְׁמַע יִשְׂרָאֵל יְיָ אֱלֹהֵינוּ יְיָ אֶחָד:
Reader. אֶחָד הוּא אֱלֹהֵינוּ הוּא אָבִינוּ הוּא מַלְכֵּנוּ הוּא
מוֹשִׁיעֵנוּ· וְהוּא יַשְׁמִיעֵנוּ בְּרַחֲמָיו שֵׁנִית לְעֵינֵי כָּל חַי
לִהְיוֹת לָכֶם לֵאלֹהִים·
Cong. and Reader. אֲנִי יְיָ אֱלֹהֵיכֶם:
Reader. אַדִּיר אַדִּירֵנוּ יְיָ אֲדוֹנֵינוּ מָה אַדִּיר שִׁמְךָ בְּכָל
הָאָרֶץ: וְהָיָה יְיָ לְמֶלֶךְ עַל כָּל הָאָרֶץ בַּיּוֹם הַהוּא יִהְיֶה

acclaimeth his mighty power. Unto him every head boweth low, every eye turneth, every ear listeth. Thanksgiving from every mouth, praise from all tongues, from each throat goeth forth a shout of joy. Of him is the meditation of each heart and the deep and solemn thoughts of man. Therefore shall every knee bend before him and every stature be prostrated. The honour of the aged is of him, the song of men and women ascend to him with the hymns of youths and maidens ; lo ! from babes and sucklings hath he established strength. From generation unto generation is his might acclaimed, from everlasting unto everlasting is he blessed ; for all his creatures hath he formed for his own sake ; and they cry one to another, and answer each the other, saying : Approach, assemble, haste, that we may reverence the King of Glory, even God, who is reverenced and sanctified in the sanctuary—

Reader. As it is written by the hand of thy prophet, And one cried unto another and said,

Cong . and Reader. Holy, holy, holy is the Lord of hosts ; the whole earth is full of his glory.

Reader. His glory filleth the Universe : his ministering angels ask one of another, Where is the place of his glory ? Those over against them say, Blessed—

Cong. and Reader. Blessed be the glory of the Lord from his place.

Reader. From his place he will turn in mercy and be gracious unto a people who continually, evening and morning, twice every day, proclaim the unity of his Name, saying in love, Hear—

Cong. and Reader. Hear, O Israel : the Lord our God, the Lord is One.

Reader. One is he, our God, our Father, our King, our Saviour ; and he in his mercy will yet again let us hear, in the presence of all living, his promise, To be unto you for a God.

Cong. and Reader. " I am the Lord your God."

Reader. Thou art most glorious ; O Lord our Lord, how glorious is thy Name in all the earth ! And the Lord shall be King over all the earth ; in that day shall the Lord

יְיָ אֶחָד וּשְׁמוֹ אֶחָד: וּבְדִבְרֵי קָדְשְׁךָ כָּתוּב לֵאמֹר·
יִמְלֹךְ יְיָ לְעוֹלָם· אֱלֹהַיִךְ צִיּוֹן לְדֹר וָדֹר·
Cong. and Reader.
הַלְלוּיָהּ:

Reader. לְדוֹר וָדוֹר נַגִּיד גָּדְלֶךָ· וּלְנֵצַח נְצָחִים קְדֻשָּׁתְךָ
נַקְדִּישׁ· וְשִׁבְחֲךָ אֱלֹהֵינוּ מִפִּינוּ לֹא יָמוּשׁ לְעוֹלָם וָעֶד·
כִּי אֵל מֶלֶךְ גָּדוֹל וְקָדוֹשׁ אָתָּה:

חֲמוֹל עַל מַעֲשֶׂיךָ וְתִשְׂמַח בְּמַעֲשֶׂיךָ· וְיֹאמְרוּ לְךָ
חוֹסֶיךָ בְּצַדֶּקְךָ עֲמוּסֶיךָ תֻּקְדַּשׁ אָדוֹן עַל כָּל מַעֲשֶׂיךָ:

כִּי מַקְדִּישֶׁיךָ בִּקְדֻשָּׁתְךָ קִדַּשְׁתָּ· נָאֶה לְקָדוֹשׁ פְּאֵר
מִקְּדוֹשִׁים· בְּאֵין מֵלִיץ יֹשֶׁר מוּל מַגִּיד פֶּשַׁע· תַּגִּיד
לְיַעֲקֹב דְּבַר חֹק וּמִשְׁפָּט· וְצַדְּקֵנוּ בַּמִּשְׁפָּט הַמֶּלֶךְ
הַמִּשְׁפָּט: עוֹד יִזְכָּר לָנוּ אַהֲבַת אֵיתָן אֲדוֹנֵנוּ· וּבַבֵּן
הַנֶּעֱקַד יַשְׁבִּית מְדַיְּנֵנוּ· וּבִזְכוּת הַתָּם יוֹצִיא אָיוֹם לְצֶדֶק
דִּינֵנוּ· כִּי קָדוֹשׁ הַיּוֹם לַאֲדוֹנֵינוּ: וּבְכֵן יִתְקַדַּשׁ שִׁמְךָ יְיָ
אֱלֹהֵינוּ עַל יִשְׂרָאֵל עַמֶּךָ וְעַל יְרוּשָׁלַיִם עִירֶךָ וְעַל צִיּוֹן
מִשְׁכַּן כְּבוֹדֶךָ וְעַל מַלְכוּת בֵּית דָּוִד מְשִׁיחֶךָ וְעַל מְכוֹנְךָ
וְהֵיכָלֶךָ:

וּבְכֵן תֵּן פַּחְדְּךָ יְיָ אֱלֹהֵינוּ עַל כָּל מַעֲשֶׂיךָ וְאֵימָתְךָ עַל
כָּל מַה שֶּׁבָּרָאתָ· וְיִירָאוּךָ כָּל הַמַּעֲשִׂים וְיִשְׁתַּחֲווּ לְפָנֶיךָ
כָּל הַבְּרוּאִים· וְיֵעָשׂוּ כֻלָּם אֲגֻדָּה אֶחָת לַעֲשׂוֹת רְצוֹנְךָ
בְּלֵבָב שָׁלֵם· כְּמוֹ שֶׁיָּדַעְנוּ יְיָ אֱלֹהֵינוּ שֶׁהַשָּׁלְטוֹן לְפָנֶיךָ עֹז
בְּיָדְךָ וּגְבוּרָה בִּימִינֶךָ וְשִׁמְךָ נוֹרָא עַל כָּל מַה שֶּׁבָּרָאתָ:

וּבְכֵן תֵּן כָּבוֹד יְיָ לְעַמֶּךָ תְּהִלָּה לִירֵאֶיךָ וְתִקְוָה
לְדוֹרְשֶׁיךָ וּפִתְחוֹן פֶּה לַמְיַחֲלִים לָךְ· שִׂמְחָה לְאַרְצֶךָ

be One and his Name One. And in thy holy words it is written, saying :

Cong. and Reader. The Lord shall reign for ever, thy God, O Zion, unto all generations. Praise ye the Lord.

Reader. Unto all generations we will declare thy greatness, and to all eternity we will proclaim thy holiness ; and thy praise, O our God, shall not depart from our mouth for ever ; for thou art a great and holy God and King.

O have compassion upon thy work and rejoice therein. And when thou hast justified them that have been borne aloft by thee, thy faithful servants shall say : O Lord, be thou sanctified over all thy works.

For with thy holiness thou hast sanctified them that call thee holy. Meet unto the Holy One is his pious servants' crown of praise. If there be no advocate of righteousness to plead against the witness of transgression, do thou thyself teach Jacob the word even of law and justice ; and clear us in judgment, O King of justice. He will yet remember the love of the patriarch, our sire ; yea, and for the sake of the son who was bound, he will still our strife, and for the merit of the perfect one, the All-feared will bring forth our suit to the light of acquittal : for this day is holy unto our Lord. And thus may thy Name, O Lord our God, be hallowed over thy people Israel and over Jerusalem thy city, over Zion, the habitation of thy glory, over the kingdom of the house of David thine anointed, over thy dwelling-place and thy Temple.

Now therefore, O Lord our God, impose thine awe upon all thy works and thy dread over all that thou hast created, that all thy works may fear thee and all creatures prostrate themselves before thee, that they may all form one band to do thy will with a perfect heart : even as we know, O Lord our God, that dominion is thine, strength is in thy hand, and might in thy right hand, and that thy Name is awful over all that thou hast created.

And therefore, O Lord, give glory unto thy people, praise to them that fear thee, hope to them that seek thee, confidence to them that wait for thee, joy to thy land,

וְשָׂשׂוֹן לְעִירֶךָ וּצְמִיחַת קֶרֶן לְדָוִד עַבְדֶּךָ וַעֲרִיכַת נֵר לְבֶן
יִשַׁי מְשִׁיחֶךָ בִּמְהֵרָה בְיָמֵינוּ:

וּבְכֵן צַדִּיקִים יִרְאוּ וְיִשְׂמָחוּ וִישָׁרִים יַעֲלֹזוּ וַחֲסִידִים
בְּרִנָּה יָגִילוּ · וְעוֹלָתָה תִּקְפָּץ פִּיהָ · וְכָל הָרִשְׁעָה כֻּלָּה
כֶּעָשָׁן תִּכְלֶה · כִּי תַעֲבִיר מֶמְשֶׁלֶת זָדוֹן מִן הָאָרֶץ:

וְתִמְלוֹךְ אַתָּה יְיָ לְבַדֶּךָ עַל כָּל מַעֲשֶׂיךָ בְּהַר צִיּוֹן
מִשְׁכַּן כְּבוֹדֶךָ וּבִירוּשָׁלַיִם עִיר קָדְשֶׁךָ כַּכָּתוּב בְּדִבְרֵי
קָדְשֶׁךָ · יִמְלֹךְ יְיָ לְעוֹלָם אֱלֹהַיִךְ צִיּוֹן לְדֹר וָדֹר הַלְלוּיָהּ:

קָדוֹשׁ אַתָּה וְנוֹרָא שְׁמֶךָ וְאֵין אֱלוֹהַּ מִבַּלְעָדֶיךָ כַּכָּתוּב ·
וַיִּגְבַּהּ יְיָ צְבָאוֹת בַּמִּשְׁפָּט וְהָאֵל הַקָּדוֹשׁ נִקְדָּשׁ בִּצְדָקָה ·
בָּרוּךְ אַתָּה יְיָ הַמֶּלֶךְ הַקָּדוֹשׁ:

אַתָּה בְחַרְתָּנוּ מִכָּל הָעַמִּים · אָהַבְתָּ אוֹתָנוּ · וְרָצִיתָ
בָּנוּ · וְרוֹמַמְתָּנוּ מִכָּל הַלְּשׁוֹנוֹת · וְקִדַּשְׁתָּנוּ בְּמִצְוֹתֶיךָ ·
וְקֵרַבְתָּנוּ מַלְכֵּנוּ לַעֲבוֹדָתֶךָ · וְשִׁמְךָ הַגָּדוֹל וְהַקָּדוֹשׁ
עָלֵינוּ קָרָאתָ:

On Sabbath add the bracketed words:

וַתִּתֶּן לָנוּ יְיָ אֱלֹהֵינוּ בְּאַהֲבָה אֶת יוֹם [הַשַּׁבָּת הַזֶּה
לִקְדֻשָּׁה וְלִמְנוּחָה וְאֶת יוֹם] הַכִּפֻּרִים הַזֶּה לִמְחִילָה
וְלִסְלִיחָה וּלְכַפָּרָה וְלִמְחָל בּוֹ אֶת כָּל עֲוֹנוֹתֵינוּ [בְּאַהֲבָה]
מִקְרָא קֹדֶשׁ · זֵכֶר לִיצִיאַת מִצְרָיִם:

אֱלֹהֵינוּ וֵאלֹהֵי אֲבוֹתֵינוּ יַעֲלֶה וְיָבֹא וְיַגִּיעַ וְיֵרָאֶה וְיֵרָצֶה
וְיִשָּׁמַע וְיִפָּקֵד וְיִזָּכֵר זִכְרוֹנֵנוּ וּפִקְדוֹנֵנוּ וְזִכְרוֹן אֲבוֹתֵינוּ
וְזִכְרוֹן מָשִׁיחַ בֶּן דָּוִד עַבְדֶּךָ וְזִכְרוֹן יְרוּשָׁלַיִם עִיר קָדְשֶׁךָ
וְזִכְרוֹן כָּל עַמְּךָ בֵּית יִשְׂרָאֵל לְפָנֶיךָ לִפְלֵיטָה לְטוֹבָה

gladness to thy City, a flourishing horn unto David thy servant, and a constant light unto the son of Jesse, thine anointed, speedily in our days.

Then shall the just see and be glad, the upright shall exult, the pious shall rejoice in song, and iniquity shall close her mouth, and all wickedness shall be wholly consumed like smoke, when thou makest the dominion of arrogance to pass away from the earth.

And thou, O Lord, shalt reign, thou alone, over all thy works on Mount Zion, the dwelling-place of thy glory, and in Jerusalem, thy holy City ; as it is written in thy holy words, The Lord shall reign for ever, thy God, O Zion, unto all generations. Praise ye the Lord.

Holy art thou, and awful is thy Name, and there is no God beside thee ; as it is written, And the Lord of hosts is exalted in judgment and the holy God is sanctified in righteousness. Blessed art thou, O Lord, the holy King.

Thou hast chosen us from all peoples ; thou hast loved us and taken pleasure in us, and hast exalted us above all tongues. Thou hast sanctified us by thy commandments, and hast drawn us near, O our King, unto thy service, and hast called us by thy great and holy Name.

On Sabbath add the bracketed words :

And thou hast given us in love, O Lord our God, [this Sabbath day for holiness and rest and] this Day of Atonement for pardon, forgiveness and atonement, that we may [in love] obtain pardon thereon for all our iniquities : a holy convocation, a memorial of the departure from Egypt.

Our God and God of our fathers, may our remembrance and our name, and the remembrance of our fathers, the remembrance of Messiah the son of David, thy servant, the remembrance of Jerusalem thy holy City, and the remembrance of all thy people the house of Israel, rise and go up, approach to thy presence and find grace ; may it be heard, visited and remembered, for deliverance and for good, for

לְהֵן וּלְחֶסֶד וּלְרַחֲמִים לְחַיִּים וּלְשָׁלוֹם בְּיוֹם הַכִּפֻּרִים
הַזֶּה: זָכְרֵנוּ יְיָ אֱלֹהֵינוּ בּוֹ לְטוֹבָה• וּפָקְדֵנוּ בוֹ לִבְרָכָה•
וְהוֹשִׁיעֵנוּ בּוֹ לְחַיִּים• וּבִדְבַר יְשׁוּעָה וְרַחֲמִים חוּס וְחָנֵּנוּ
וְרַחֵם עָלֵינוּ וְהוֹשִׁיעֵנוּ כִּי אֵלֶיךָ עֵינֵינוּ• כִּי אֵל מֶלֶךְ
חַנּוּן וְרַחוּם אָתָּה:

סליחות לתפלת מנחה

סְלַח לָנוּ אָבִינוּ כִּי בְּרֹב אִוַּלְתֵּנוּ שָׁגִינוּ: מְחַל לָנוּ
מַלְכֵּנוּ כִּי רַבּוּ עֲוֹנֵינוּ:

Cong. יְיָ אֱלֹהֵי הַצְּבָאוֹת יֹשֵׁב הַכְּרוּבִים• בְּטִית שׁוּבוּ
בָנִים שׁוֹבָבִים: נְשׂוּ נָא אֵלַי בִּדְבָרִים עֲרֵבִים• דָּרְשׁוּנִי
וִחְיוּ יָמִים רַבִּים: הֲלֹא דְבָרֶיךָ לְעוֹלָם נִצָּבִים• וּבָם אָנוּ
נִשְׁעָנִים וְנִקְרָבִים: זָכְרֵנוּ לְחַיִּים טוֹבִים• חָנֵּנוּ כְּחַסְדְּךָ
הַמְרֻבִּים: טוֹב אַתָּה לָרָעִים וְלַטּוֹבִים• יְמִינְךָ פְּשׁוּטָה
לְקַבֵּל שָׁבִים: כִּי לֹא תַחְפֹּץ בְּמִיתַת הַחַיָּבִים• לְכֵן אָנוּ
מַשְׁכִּימִים וּמַעֲרִיבִים: מֶלֶךְ מְהֻלָּל בְּמַחֲנוֹת כְּרוּבִים•
נַקֵּנוּ מֵחֵטְא וּמֵחוֹבִים: סְלַח לָנוּ כִּי פְשָׁעֵינוּ רַבִּים•
עֲנֵנוּ לְמַעַן צוּרִים הַחֲצוּבִים: פִּתְחֵי תְשׁוּבָה לְבַל יְהוּ
נִשְׁלָבִים• צַעֲקָתֵנוּ לְפָנֶיךָ יְהוּ מְקוֹרָבִים: קָרְבֵנוּ אֵלֶיךָ
חָצֵב לְהָבִים• רְצֵנוּ כְּעֹלַת פָּרִים וּכְשָׁבִים: שֵׁבָנוּ אֵלֶיךָ
נְעָרִים וְשָׂבִים• תְּמוּכִים וּבְטוּחִים עַל רַחֲמֶיךָ הָרַבִּים:

כִּי עַל רַחֲמֶיךָ הָרַבִּים אָנוּ בְטוּחִים• וְעַל צִדְקוֹתֶיךָ
אָנוּ נִשְׁעָנִים• וְלִסְלִיחוֹתֶיךָ אָנוּ מְצַפִּים• וְלִישׁוּעָתְךָ אָנוּ

grace, loving-kindness and mercy, for life and for peace on this Day of Atonement. Remember us, O Lord our God, thereon for good ; visit us with a blessing, and save us unto life. And with thy word of salvation and mercy, spare us and be gracious unto us ; have mercy upon us and save us ; for unto thee our eyes are turned : for thou art a gracious and merciful God and King.

PENITENTIAL PRAYERS—AFTERNOON SERVICE.

Forgive us, O our Father, for in the abundance of our folly we have gone astray. Pardon us, our King, for our iniquities have multiplied.

Lord God of Hosts, whom Cherubim engird,
" Return, backsliding children," comes Thy word.

" Approach and seek My face in pleasantness,
Thereby yourselves with length of days to bless."

Do not Thy words eternally endure,
In which, approaching Thee, we rest secure ?

Remember us for long and happy life,
With all Thy wealth of gracious memories rife.

On good and bad alike Thy goodness falls ;
Thy outstretched hand the penitent recalls.

The death of sinners is not Thy delight,
And hence we worship Thee both morn and night.

O King, whom choirs of Cherubim acclaim,
In cleansing love expunge our guilty shame.

Forgive our many sins, we importune,
Considering the rock whence we were hewn.

Shut not the gates on our repentant plea,
But let our anguish penetrate to Thee.

Lord, cleaving through the sacrificial fires,
Accept as bulls and lambs our burnt desires.

For we return to Thee, both young and old,
Confiding in Thy tenderness untold.

For in thy compassion we put our trust, upon thy charity we depend, to thy forgiveness we look, and for thy

מְקוֹיֵם: אַתָּה הוּא מֶלֶךְ אוֹהֵב צְדָקוֹת מִקֶּדֶם· מַעֲבִיר
עֲוֹנוֹת עַמּוֹ וּמֵסִיר חַטֹּאת יְרֵאָיו· כֹּרֵת בְּרִית לָרִאשׁוֹנִים·
וּמְקַיֵּם שְׁבוּעָה לָאַחֲרוֹנִים: אַתָּה הוּא שֶׁיָּרַדְתָּ בַּעֲנַן
כְּבוֹדְךָ עַל הַר סִינַי· וְהֶרְאֵיתָ דַּרְכֵי טוּבְךָ לְמֹשֶׁה
עַבְדֶּךָ: אָרְחוֹת חֲסָדֶיךָ גִּלִּיתָ לוֹ· וְהוֹדַעְתּוֹ כִּי אַתָּה אֵל
רַחוּם וְחַנּוּן אֶרֶךְ אַפַּיִם וְרַב חֶסֶד וּמַרְבֶּה לְהֵיטִיב·
וּמַנְהִיג אֶת כָּל הָעוֹלָם כֻּלּוֹ בְּמִדַּת הָרַחֲמִים: וְכֵן כָּתוּב·
וַיֹּאמֶר אֲנִי אַעֲבִיר כָּל טוּבִי עַל פָּנֶיךָ וְקָרָאתִי בְשֵׁם יְיָ
לְפָנֶיךָ· וְחַנֹּתִי אֶת אֲשֶׁר אָחֹן וְרִחַמְתִּי אֶת אֲשֶׁר אֲרַחֵם:

אֵל אֶרֶךְ אַפַּיִם אַתָּה· וּבַעַל הָרַחֲמִים נִקְרֵאתָ· וְדֶרֶךְ
תְּשׁוּבָה הוֹרֵיתָ: גְּדֻלַּת רַחֲמֶיךָ וַחֲסָדֶיךָ תִּזְכּוֹר הַיּוֹם
וּבְכָל יוֹם לְזֶרַע יְדִידֶיךָ: תֵּפֶן אֵלֵינוּ בְּרַחֲמִים· כִּי אַתָּה
הוּא בַּעַל הָרַחֲמִים: בְּתַחֲנוּן וּבִתְפִלָּה פָּנֶיךָ נְקַדֵּם·
כְּהוֹדַעְתָּ לֶעָנָו מִקֶּדֶם: מֵחֲרוֹן אַפְּךָ שׁוּב· כְּמוֹ בְתוֹרָתְךָ
כָּתוּב: וּבְצֵל כְּנָפֶיךָ נֶחֱסֶה וְנִתְלוֹנָן· כְּיוֹם וַיֵּרֶד יְיָ בֶּעָנָן·
תַּעֲבוֹר עַל פֶּשַׁע וְתִמְחֶה אָשָׁם· כְּיוֹם וַיִּתְיַצֵּב עִמּוֹ שָׁם:
תַּאֲזִין שַׁוְעָתֵנוּ וְתַקְשִׁיב מֶנּוּ מַאֲמָר· כְּיוֹם וַיִּקְרָא בְשֵׁם
יְיָ וְשָׁם נֶאֱמַר·

וַיַּעֲבֹר יְיָ עַל פָּנָיו וַיִּקְרָא·

יְיָ יְיָ אֵל רַחוּם וְחַנּוּן אֶרֶךְ אַפַּיִם וְרַב חֶסֶד וֶאֱמֶת:
נֹצֵר חֶסֶד לָאֲלָפִים נֹשֵׂא עָוֹן וָפֶשַׁע וְחַטָּאָה וְנַקֵּה·
וְסָלַחְתָּ לַעֲוֹנֵנוּ וּלְחַטָּאתֵנוּ וּנְחַלְתָּנוּ:

סְלַח לָנוּ אָבִינוּ כִּי חָטָאנוּ· מְחַל לָנוּ מַלְכֵּנוּ כִּי פָשָׁעְנוּ:
כִּי אַתָּה אֲדֹנָי טוֹב וְסַלָּח וְרַב חֶסֶד לְכָל קֹרְאֶיךָ:

salvation we hope. Thou art the King who lovest charity from of old, causing the iniquities of thy people to pass away and removing the sins of them that fear thee. Thou didst enter into covenant with the fathers and keepest oath with their children. Thou art he who didst descend in the cloud of thy glory upon Mount Sinai and madest manifest the ways of thy goodness to Moses, thy servant. The paths of thy mercies thou didst reveal unto him and taughtest him that thou art a compassionate and gracious God, slow to anger, abundant in mercy and full of beneficence, governing the whole world with the attribute of compassion. And thus it is written, And he said, I will make all my goodness pass before thee, and I will proclaim the Name of the Lord before thee ; and will be gracious to whom I will be gracious, and will shew mercy on whom I will shew mercy.

Thou art a God slow to anger and art called Lord of compassion. Thou hast shewn the way of repentance. O remember this day and every day the greatness of thy compassion and thy loving-kindness unto the seed of thy beloved. Turn thou unto us in compassion, who art Lord of compassion. With supplication and prayer we come into thy presence, as thou didst teach the meek man of old. O turn from thy fierce wrath, as it is written in thy Law. May we lodge and shelter in the shadow of thy wings, as on the day whereon the Lord descended in the cloud. Forgive our transgression and blot out our trespass, as on the day when thou didst stand by the prophet there. Give ear to our cry and hearken to our speech, as on the day thou proclaimedst the Name of the Lord. And there it is said :

And the Lord passed by before him and proclaimed :

The Lord, the Lord, a God full of compassion and gracious, slow to anger, and abundant in mercy and truth ; keeping mercy for thousands, forgiving iniquity, transgression and sin ; and acquitting. O pardon our iniquity and our sin, and take us for thine inheritance.

Forgive us, O our Father, for we have sinned ; pardon us, our King, for we have transgressed. For thou, O Lord, art good and ready to forgive, and plenteous in mercy unto all them that call upon thee.

אָנָּא יְיָ אֱלֹהֵי הַשָּׁמַיִם תִּכּוֹן תְּפִלָּתֵנוּ קְטֹרֶת לְפָנֶיךָ: וְתוֹצִיא כָאוֹר צִדְקֵנוּ וּמִשְׁפָּטֵנוּ כַּצָּהֳרָיִם: אֲמָרֵינוּ הַאֲזִינָה יְיָ בִּינָה הֲגִיגֵנוּ: בְּקָרְאֵנוּ עֲנֵנוּ אֱלֹהֵי צִדְקֵנוּ:

רַחֲמֶיךָ רַבִּים יְיָ כְּמִשְׁפָּטֶיךָ חַיֵּינוּ: אַל תָּבֹא בְּמִשְׁפָּט עִמָּנוּ כִּי לֹא יִצְדַּק לְפָנֶיךָ כָל חָי:

כְּרַחֵם אָב עַל בָּנִים כֵּן תְּרַחֵם יְיָ עָלֵינוּ: לַיְיָ הַיְשׁוּעָה עַל עַמְּךָ בִרְכָתֶךָ סֶּלָה: יְיָ צְבָאוֹת עִמָּנוּ מִשְׂגָּב לָנוּ אֱלֹהֵי יַעֲקֹב סֶלָה: יְיָ צְבָאוֹת אַשְׁרֵי אָדָם בֹּטֵחַ בָּךְ: יְיָ הוֹשִׁיעָה הַמֶּלֶךְ יַעֲנֵנוּ בְיוֹם קָרְאֵנוּ:

Reader. סְלַח נָא לַעֲוֹן הָעָם הַזֶּה כְּגֹדֶל חַסְדֶּךָ וְכַאֲשֶׁר נָשָׂאתָה לָעָם הַזֶּה מִמִּצְרַיִם וְעַד הֵנָּה: וְשָׁם נֶאֱמַר

Cong. וַיֹּאמֶר יְיָ סָלַחְתִּי כִּדְבָרֶךָ:

הַטֵּה אֱלֹהַי אָזְנְךָ וּשְׁמָע פְּקַח עֵינֶיךָ וּרְאֵה שֹׁמְמֹתֵינוּ וְהָעִיר אֲשֶׁר נִקְרָא שִׁמְךָ עָלֶיהָ. כִּי לֹא עַל צִדְקֹתֵינוּ אֲנַחְנוּ מַפִּילִים תַּחֲנוּנֵינוּ לְפָנֶיךָ כִּי עַל רַחֲמֶיךָ הָרַבִּים: אֲדֹנָי שְׁמָעָה אֲדֹנָי סְלָחָה אֲדֹנָי הַקְשִׁיבָה וַעֲשֵׂה אַל תְּאַחַר לְמַעֲנְךָ אֱלֹהַי. כִּי שִׁמְךָ נִקְרָא עַל עִירְךָ וְעַל עַמֶּךָ:

Reader. אֱלֹהֵינוּ וֵאלֹהֵי אֲבוֹתֵינוּ.

מַשְׂאַת כַּפַּי מִנְחַת עֶרֶב רְצֵה נָא בְּכָשֵׁר.

תִּכּוֹן תְּפִלָּתִי קְטֹרֶת לְפָנֶיךָ בְּתֹם וּבְישֶׁר.

בְּקָרְאִי עֲנֵנִי צוּרִי. הַיּוֹם יִפְנֶה.

Cong. כַּאֲשֶׁר יָבִיאוּ בְנֵי יִשְׂרָאֵל אֶת הַמִּנְחָה:

רֵיחַ נִיחֹחַ אִמְרֵי פִי לְפָנֶיךָ צוּר עוֹלָמִים.

חֶלְבִּי וְדָמִי הַנִּמְעַט בְּצוֹמִי תְמוּר חֲלָבִים וְדָמִים.

We beseech thee, O God of heaven, let our prayer be set forth before thee as incense. Bring forth our righteousness as the light, and our judgment as the noonday. Give ear unto our words, O Lord, consider our meditation. Hear us when we call, O God of our righteousness.

Great are thy tender mercies, O Lord ; quicken us according to thy judgments. Enter not into judgment with us : for in thy sight shall no man living be justified.

Like as a father pitieth his children, so pity us, O Lord. Salvation belongeth unto the Lord : thy blessing be upon thy people. Selah. The Lord of hosts is with us ; the God of Jacob is a high tower unto us. Selah. O Lord of hosts, happy is the man that trusteth in thee. Save, O Lord : may the King answer us on the day we call.

Reader. Pardon, I beseech thee, the iniquity of this people according to the greatness of thy mercy, and according as thou hast forgiven this people from Egypt even until now. And there it is said :—

Cong. And the Lord said, I have forgiven according to thy word.

O my God, incline thine ear and hear ; open thine eyes and behold our desolations, and the city which is called by thy Name ; for we do not present our supplications before thee for our righteous deeds, but because of thy great mercies. O Lord, hear ; O Lord, forgive ; O Lord, hearken and do ; defer not, for thine own sake, O my God ; for thy city and thy people are called by thy Name.

Our God and God of our fathers,

The lifting of mine hands accept of me
　　As though it were pure evening sacrifice,
　　And let my prayer be incense of sweet spice
Accounted right and perfect unto Thee.
And when I call Thee, hear ; for day once more
Sinks to the hour when Israel brought of yore
　　The evening sacrifice.

My words before Thee shall be savours sweet,
　　O everlasting Rock ; and all the waste
　　Of strength and body spent in this my fast
Shall seem to Thee a sacrifice complete.

קַבֵּל הִגָּיוֹן לִבִּי אֲשֶׁר עָרַכְתִּי זֶה עֲשֶׂרֶת הַיָּמִים׃
Cong. כְּחַטָּאת וְכָאָשָׁם וְכַמִּנְחָה׃

דְּרוֹשׁ נָא בְּיוֹם זֶה דּוֹרְשֶׁיךָ וְהִדָּרֵשׁ לָהֶם בְּנִיב שְׂפָתַיִם׃
שְׁעֵה לְמַעֲמָדָם וְטַהֲרֵם כַּכֶּסֶף מְזֻקָּק שִׁבְעָתָיִם׃
וּרְצֵה שְׁחִיתָתָם כְּשֶׂה אַחַת מִן הַצֹּאן מִן הַמָּאתָיִם׃
Cong. מִמַּשְׁקֵה יִשְׂרָאֵל לַמִּנְחָה׃

כָּלִיל וְעֹלָה תְּחִנָּתִי תַּחְשָׁב וּמַשְׂטִינִי רִיב תָּרִיב׃
וְהוֹצֵא כָאוֹר צִדְקִי טֶרֶם יָבֹא הַשֶּׁמֶשׁ וְיַעֲרִיב׃
שָׁפַךְ כַּמַּיִם לִבּוֹ בִּתְפִלָּתוֹ כָּל אִישׁ׃
Cong. וְהִקְרִיב הַמַּקְרִיב קָרְבָּנוֹ לַיְיָ מִנְחָה׃

יְשֻׁרוּן עַמְּךָ יָשִׁיר חַסְדְּךָ בְּטוּב לֶקַח׃
הַטֵּה אֵלָיו אָזְנְךָ לִשְׁמֹעַ וְעֵינֶיךָ פְּקַח׃
וּרְאֵה כִּי טוֹב מִסְתּוֹפֵף בְּשַׁעֲרֵי רַחֲמֶיךָ׃
Cong. וַיִּקַּח מִן הַבָּא בְיָדוֹ מִנְחָה׃

בְּרֹב רַחֲמֶיךָ אִמְרֵי הַאֲזִינָה יְיָ׃ הַגִּיגִי בִּינָה׃
וְאִם נָא מָצָאתִי חֵן בְּעֵינֶיךָ אֱלֹהֵי קֶדֶם מְעֹנָה׃
וְלָקַחְתָּ מִיָּדִי מִנְחָתִי אֲשֶׁר הֵבֵאתִי לְךָ בְּתַחֲנָה׃
Cong. וַיְהִי כַּעֲלוֹת הַמִּנְחָה׃

שַׁדַּי לֹא מְצָאנוּךָ שַׂגִּיא כֹחַ לָעֵדָה קֶדֶם קָנִיתָ׃
אֶחָד הַמַּרְבֶּה וְאֶחָד הַמַּמְעִיט בְּשׁוּבוֹ נַפְשׁוֹ רָצִיתָ׃
אַךְ יָכֵן לִבּוֹ לְפָנֶיךָ בְּמִנְחָתוֹ בְּעֵת הַקְרִיב אַתָּה׃
Cong. וְזֹאת תּוֹרַת הַמִּנְחָה׃

בִּהְיוֹת מִזְבְּחִי וּמִקְדָּשִׁי עַל מְכוֹנוֹ וּגְבוּלוֹ׃
הָיוּ מְכַפְּרִים עָלֵינוּ בִּשְׂעִירִים הָעוֹלִים לְגוֹרָלוֹ׃
וְעַתָּה בְּאַשְׁמָתֵנוּ לוּ חָפֵץ יְיָ לַהֲמִיתֵנוּ׃

Take mine heart's prayer, which, these ten days within,
I have prepared like offerings for sin
    And evening sacrifice.

Seek them this day that seek Thee ; let them find
    Thy mercy, sought from Thee by their lips' fruit.
    Look at their throng assembled destitute ;
Cleanse them like silver seven times refined.
Accept their prayer like one lamb, where there stand
Two hundred sheep from Israel's pasture-land
    For evening sacrifice.

Count it a whole burnt offering when I call ;
    Prevail with him that is my wrongful foe.
    O make my righteousness like light to glow
Before the sun shall set and evening fall.
Each man pours out his heart in this his word,
And brings his gift to offer to the Lord
    An evening sacrifice.[1]

Jeshurun, thy people, of Thy mercy sing,
    Holding a goodly doctrine ; bend Thine ear,
    Open Thine eyes on them, and see, and hear
How good it is to stand thus tarrying
At portals of Thy pity, till Thou lift
Out of the hand of him that brings his gift
    An evening sacrifice.

In Thy great mercy hear and understand
    My words, my meditation ; if I hold
    Grace in Thy sight, O God, Who from of old
Hast been a dwelling-place, then from mine hand
Take Thou the gift I bring Thee, pleading here
With supplication when the hour draws near
    For evening sacrifice.

God whom we have not found, whose might is whole
    For them Thou madest Thine in ages gone,
    If man give much or little 'tis all one—
When he returns Thou wilt accept his soul—
If but his heart be true when he shall draw
Nigh with his offering : this is all the law
    Of evening sacrifice.

When sanctuary and altar stood of old
    Within their border on the ancient spot,
    They made atonement, choosing forth by lot
He-goats for offering ; now, if God should hold
That our transgression should our death demand,

[1] Ezek. lxv. 15.

Cong. לֹא לָקַח מִיָּדֵינוּ עֹלָה וּמִנְחָה:

תַּחֲנוּנִים יְדַבֵּר עַמָּךְ· יְבַקֵּשׁ סְלִיחָה בְּלֵב מַר·

הִנּוּ מִתְיַצֵּב עַל מָצוֹר וְעוֹמֵד עַל הַמִּשְׁמָר·

מְחַלֶּה פָנֶיךָ לְעֵת מִנְחַת עֶרֶב וּמְצַפֶּה כְפֶר·

Cong. כִּי אָמַר אֲכַפְּרָה פָנָיו בַּמִּנְחָה:

יְרוּשָׁלַיִם עִירָךְ בְּנֵה וַעֲרֶיהָ מִקָּצֶה·

אֲסוּרִים רְצוּצִים פְּתַח וְלַחָפְשִׁי הוֹצֵא·

וְעָרְבָה לַיָי מִנְחָתָם כִּימֵי עוֹלָם וְתָשׁוּב וְתִרְצֶה·

Cong. עוֹד פְּנוֹת אֶל הַמִּנְחָה:

נִדְחֵי יִשְׂרָאֵל וּנְפוּצוֹת יְהוּדָה לְקַבֵּץ עוֹד יָדָךְ שֵׁנִית תּוֹסֵף·

כְּרוֹעֶה עֶדְרוֹ יִרְעֶה בִּנְוֵה טוֹב תֶּאֱסֹף·

וְיָשַׁב מְצָרֵף וְטִהַר אֶת בְּנֵי יִשְׂרָאֵל כַּזָּהָב וְכַכָּסֶף·

Cong. וְהָיוּ לַיָי מַגִּישֵׁי מִנְחָה:

אֱלֹהֵינוּ בּוֹשְׁנוּ בְמַעֲשֵׂינוּ וְנִכְלַמְנוּ בַּעֲוֺנֵנוּ: אֱלֹהֵינוּ בּוֹשְׁנוּ וְנִכְלַמְנוּ לְהָרִים אֱלֹהֵינוּ פָּנֵינוּ אֵלֶיךָ: אֵין לָנוּ פֶּה לְהָשִׁיב וְלֹא מֵצַח לְהָרִים רֹאשׁ:

Reader. לְךָ יְיָ הַצְּדָקָה תִּלְבַּשְׁתָּ· כִּי אֱמֶת עָשִׂיתָ וְלָנוּ הַבֹּשֶׁת· וַאֲנַחְנוּ הִרְשַׁעְנוּ וּבְכִינוּ אֶרֶשֶׁת·

נוֹאַלְנוּ חָטָאנוּ נָא לָנוּ אַל תָּשֵׁת:

תָּעֵינוּ אַחַר יֵצֶר· תֵּעֻתָּנוּ דִין יוֹצֵר· שְׁלוֹחַ לֹא עֹצֵר·

שַׁחַר וָעֶרֶב נוֹצֵר: רַצְנוּ רַע הַרְגֵּל· יַשְּׁרֵנוּ צֶדֶק מַעְגֵּל·

קַשְּׁרֵנוּ אָהַב הַדְּגֵל· קִלְקַלְנוּ קֶטֶב גַּלְגֵּל: צָרְפֵנוּ מְקוֹר רֹטֶב· צִמָּאוֹן לֹא קִרְטֹב· פַּצֵּנוּ רַע לְטוֹב· פַּרְקֵנוּ עַל מְלַחְטוֹב: נוֹאַלְנוּ חָטָאנוּ נָא לָנוּ אַל תָּשֵׁת:

He would not take burnt offering from our hand
    Nor evening sacrifice.

But supplications do Thy people speak,
    Seeking forgiveness with a bitter heart ;
    Behold them standing at the siege, apart,
Watching, entreating Thee whose face they seek,
Hoping Thou wilt give respite for their debt
At even—saying " I shall appease him yet
        With evening sacrifice."

Jerusalem Thy city build again,
    And all her cities strengthen round about,
    And her oppressèd prisoners bring out
To freedom, loosened from the binding chain.
Sweet be their offering as in days of yore,
And Thou wilt turn, Thou wilt accept once more
        Their evening sacrifice.

All Israel's outcasts, Judah's scattered ones
    Shall yet again be gathered to Thine hand,
    And fed as by a shepherd in good land ;
And God shall sit refining Israel's sons
Like gold, until their cleansing shall be wrought,
And they shall be to Him as though they brought
        An evening sacrifice.

Our God, we are ashamed of our works and confounded by our
iniquity. Our Lord, we are ashamed and blush to lift up our face
to thee, our God. We have no words wherewith to make answer
nor have we the effrontery to lift up the head.

Reader.   O Lord, thou art clothed in righteousness and
hast wrought truth, but shame is ours, for we have acted
wickedly, and this our lips aver.
    We have done foolishly, we have sinned ;
    We pray thee, lay not the sin upon us.
We have strayed after our inclination and erred against
thy Law, our Creator, albeit thou hast not held back thy
message ; nay, thou hast kept watch over us both morning
and evening. Our foot hath sped to evil and we have
missed the path of righteousness : we have revolted from
the banner of thy love, and lo ! we are caught in the vortex
of desolation. Planted by the Fount of living waters, we
have turned to an arid well : we have opened wide the
mouth to evil and eschewed the good ; we have broken the
yoke and thy Law have we not graven on thy land.
    We have done foolishly, we have sinned ;
    We pray thee, lay not the sin upon us.

עַל עֵסֶק כְּעוֹרִים· עָזַבְנוּ אַלּוּף נְעוּרִים· סוֹחִים בְּכֵן
סְעוֹרִים· סְגוּף עָנִי וּצְעוּרִים· נַחְנוּ בְּמֶרֶד וּבְמַעַל·
נוֹאַשְׁנוּ יֵשַׁע מִמַּעַל· מַרְיֵנוּ מָאַס וְגָעַל· מִדַּת רַחֲמִים
נָעַל: לֹא בְּצֶדֶק וּבְיִשֶׁר· לָנוּ נֶגְדְּךָ פֵּשֶׁר· כֹּחַ וְיִתְרוֹן
הַכְשֵׁר· כַּבִּיר תֵּן לְפֵשֶׁר:
נוֹאַלְנוּ חָטָאנוּ נָא לָנוּ אַל תָּשֵׁת:

יָם שָׂם לְגֶשֶׁר· יִשְׂרָאֵל מִקְוֵה כְּשֵׁר· טָהֳרָה תִּזְרוֹק
וְתֵחָשֵׁר· טֻמְאָה תַּשְׁלִיךְ וּתְנַשֵּׁר: חַבָּא חֵטְא וְיִגְרַע·
חֲזוֹר אָחוֹר מֵרַע· זְכֻיּוֹת כַּף הַכְרַע· זָרוֹת חוֹבוֹת
מִלְהִפָּרַע: וְאַתָּה הוּא פוֹנֶה· וְלֹא בוֹזֶה וְעוֹנֶה· הָעָם
עָנִי וּמְעֻנֶּה· הַיּוֹם לְטוֹבָה תִּפְנֶה:
נוֹאַלְנוּ חָטָאנוּ נָא לָנוּ אַל תָּשֵׁת:

דַּלַת רֹאשׁ דַּלְתֶךָ· דּוֹפֶקֶת הַיּוֹם דְּלָתֶיךָ· גַּלֵּה לָהּ
גְּאֻלָּתֶךָ· וְגוֹנְנָה בִּגְדֻלָּתֶךָ: דְּרוֹשׁ הַיּוֹם חִנָּם· דִּגְלֵי רֹבַע
מַחֲנָם· גִּישׁוּת עָדֶיךָ וְחִנּוּנָם· גְּמוֹל חֶסֶד חִנָּם· בְּרִבּוּעַ
תָּשִׁיב בְּמִצְוִי· בְּמִקְרָא מְשֻׁלָּשׁ בְּפִצּוּי· אַחַר גְּמַר מִצְוִי·
אֱכוֹל דָּצוּי וְרָצוּי·
נוֹאַלְנוּ חָטָאנוּ נָא לָנוּ אַל תָּשֵׁת:

בַּלַּע בֶּגֶד בּוֹגְדִים· בְּבוֹא חֲמוּץ בְּגָדִים· אֱסוֹף אוֹבְדִים
אֲגוּדִים· אַחַר אֲחֵיהֶם אֲזַגְּדִים: שַׁדַּי שׁוֹכֵן שְׁחָקִים·
שׁוֹר שְׁנַיִם שְׁחוּקִים· לְךָ לְבַד לְהָקִים· לְהוֹקִים בְּקוֹקִים
נְקוּקִים: מְרֻדֵּמוּ מַרְיֵּמוֹ מְרוּקִים· מַהֵר מְחֵה מְחוּקִים·
הַבְּרִית וְהַתוֹרוֹת הָקֵם· הַזְכֵּר הָעֵדוּת וְהַחֻקִּים:
נוֹאַלְנוּ חָטָאנוּ נָא לָנוּ אַל תָּשֵׁת:

In unworthy pursuits have we forsaken the Guide of our youth and have become as the sweepings of the storm, and stricken in affliction and sorrow. Because of our rebellion and trespass we despair of salvation from on high ; for thou hast despised and abhorred our perversity, and hast sealed up thine attribute of mercy. There is no righteousness or truth in us to conciliate thy Presence. Yet in the pre-eminence of thy power, Almighty, grant us thy grace.

We have done foolishly, we have sinned ;
We pray thee, lay not the sin upon us.

Thou who art the Fount of Israel, who didst turn the sea into a pathway, sprinkle us with the flowing waters of purity : cast out uncleanness and scatter it far away. Let sin be hid and vanish ; hurl back the evil-doer in his course, and in the scale let our merit outweigh and nullify our guilt. And thou who beholdest and despisest not, but answerest a poor and afflicted people, turn thou this day unto us for good.

We have done foolishly, we have sinned ;
We pray thee, lay not the sin upon us.

The people thou hast exalted knock at thy gates this day : reveal thy redemption unto them and shield them with thy might. Seek them now in charity, recall their fourfold bannered camp, and as they approach thy Presence with suppliant prayer, freely bestow on them thy mercy. O turn thee in reconciliation at our fourfold strain of prayer, at our threefold reading of thy Law : yea, after our service is ended, thou wilt surely be reconciled ; then may we eat our bread in joy, in that thou hast accepted our works.[1]

We have done foolishly, we have sinned ;
We pray thee, lay not the sin upon us.

Let the guile of the treacherous be swallowed up when thou comest in scarlet-dyed garments. Gather them in troops that be ready to perish, and send messengers after their brethren. O Almighty, who dwellest in the heavens, behold them ground between the nations' teeth ! thou alone canst raise up thine assembly that hath been stricken low and hunted into the clefts of the rocks. Purge us from our rebellion and perversity : O blot out the stain : uphold the covenant and Law, and be mindful of thy testimony and ordinance.

We have done foolishly, we have sinned ;
We pray thee, lay not the sin upon us.

[1] Eccles. ix. 7.

Cong. אַל תָּבֹא בְמִשְׁפָּט עִמָּנוּ · כִּי לֹא יִצְדַּק לְפָנֶיךָ כָל
חָי: יְהִי יְיָ אֱלֹהֵינוּ עִמָּנוּ כַּאֲשֶׁר הָיָה עִם אֲבֹתֵינוּ · אַל
יַעַזְבֵנוּ וְאַל יִטְּשֵׁנוּ יְיָ לְאֹרֶךְ יָמִים: יְהִי כְבוֹד יְיָ לְעוֹלָם ·
יִשְׂמַח יְיָ בְּמַעֲשָׂיו:

Reader. סְלַח נָא לַעֲוֹן הָעָם הַזֶּה כְּגֹדֶל חַסְדֶּךָ · וְכַאֲשֶׁר
נָשָׂאתָה לָעָם הַזֶּה מִמִּצְרַיִם וְעַד הֵנָּה: וְשָׁם נֶאֱמַר
Congregation. וַיֹּאמֶר יְיָ סָלַחְתִּי כִּדְבָרֶךָ:

אֱלֹהֵינוּ וֵאלֹהֵי אֲבוֹתֵינוּ ·

אֱמוּנִים בְּנֵי מַאֲמִינִים הַנֶּאֱמָנִים בִּבְרִיתֶךָ · בָּאִים לָקוֹד
וְלִכְרוֹעַ בְּסִפֵּי חֲצֵרוֹתֶיךָ · גּוֹעִים בִּתְפִלָּה וּמִתְפַּקְקִים
בִּכְרִיעָה · דּוֹפְקִים דְּלָתֶיךָ וְאוֹמְרִים אֲדֹנִי שְׁמָעָה:
הַמַּקְרִיבִים תַּקְרֹבֶת מִנְחָה רוּחַ נִשְׁבָּרָה · וְדִכְאוּת
רוּחַ תַּחַת עֹלָה תְמוּרָה · זֶבַח כָּלִיל הַמַּזְכִּירִים עֲקֵדַת
מֹרִיָּה · חֶלְבֵּי אַשִּׁים כְּעֹלַת רְאִיָּה: טְעִנַת עֵצִים אֲשֶׁר
עַל הַמִּזְבֵּחַ נֶעֱמָסָה · יְקוֹד אֵשׁ וּמַאֲכֶלֶת אֲשֶׁר אָב נָשָׂא ·
כְּפִיפַת יָדַיִם וְרַגְלַיִם אֲשֶׁר עַל הַמַּעֲרָכָה נֶעֶקְדָה · לַהַב
בַּרְזֶל וְקֶצֶף מְרוּטָה וְחַדָּה: מַאֲכֶלֶת לְקוֹחָה וְצַוָּאר
לִשְׁחִיטָה פָּשׁוּט · נִתְכַּפָּה סְמִיכָה וְלַקֶּרֶן אָב קָשׁוּט ·
שָׂמַח הָאָב בְּזִבְחָתוֹ כְּעַל מִשְׁתֶּה בְנוֹ · עָלַץ הַבֵּן בְּקָרְבָּנוּ
כְּבַחֲתָנוֹת אֶפִּרְיוֹנוֹ: פְּעֻלַּת צִדְקָתָם בְּנֵיהֶם בְּהַזְכִּירָם
לְפָנֶיךָ · צָפוֹן לָהֶם תּוֹשִׁיָּתָם וּבְמָגִנְּךָ תָּגֵן חֲנוּנֶיךָ · קַרְנֵי
סְבִיכַת אַיִל הַנֶּאֱחַז בָּחֳרָשִׁים · רְצֵה לְהִנָּתֵן כֹּפֶר לְעַם
קְדוֹשִׁים: שָׁעַת נִיחוֹחוֹ וְנִשְׁבַּעְתָּ לּוֹ · תּוֹלְדוֹתָיו לְהַרְבּוֹת

Cong. Enter not into judgment with us : for in thy sight shall no man living be justified. The Lord our God be with us as he was with our fathers : let him not leave us, nor forsake us for ever. Let the glory of the Lord endure for ever ; let the Lord rejoice in his works.

Reader. Pardon, I beseech thee, the iniquity of this people according to the greatness of thy mercy, and according as thou hast forgiven this people from Egypt even until now. And there it is said :—

Cong. And the Lord said, I have forgiven according to thy word.

Our God and God of our fathers,

Faithful sons of faithful sires, true to thy covenant, we come to bow down and to kneel at the threshold of thy courts. We raise our voice in prayer and bend our limbs to thy worship, knocking at thy gates and crying : Hearken, Lord. Our offering is a broken heart, yea, a contrite spirit is our oblation : for a whole burnt sacrifice I will make mention of the binding on Moriah ; my fasting shall be my sanctuary-gift. The son bore the wood to lay on the altar, the father the bright fire and the knife. He bound the boy's hands and feet above the ordered wood. The light leapt from the keen iron of the knife as he seized it. The willing neck was stretched forth to meet the stroke. He laid his hands upon the head and directed the blade toward the throat. The father rejoiced in the sacrifice of his son as though it were his feast. The son's heart beat high as for his wedding canopy. And now when their children make mention of this their righteous deed, let it be unto them for a treasured help ; with thy buckler shield thou thy suppliants. Grant that the horns of the ram caught in the thicket be as a ransom for thy holy people. Thou didst incline to the fragrance of the sacrifice and didst swear unto him to multiply his begotten children,

וְשַׁעַר אִיבָיו לְהַנְחִילוֹ · בְּדַר יְיָ יֵרָאֶה וּלְבָנָיו יְהִי מַחְסֶה ·
נִקְרָא שֵׁם הַמָּקוֹם יְיָ יֵרָאֶה עַל שֵׁם הַמַּעֲשֶׂה: יְלָדָיו
הַיּוֹם בְּצַר וּבְמָצוֹק בְּעָמְדָם · מְעוֹדֵי מָתְנַיִם וּכְשׁוּלֵי
בִרְכַּיִם וּרְפוֹת יָדָם · נוֹשְׂאֵי לְךָ עֵינַיִם בָּרַר לֵב מַעֲנָם ·
זְכוֹר רֵיחַ נִיחֹחַ וְחַזֵּק רִפְיוֹנָם: *Reader.* וּנְפוּצוֹתֵיהֶם
תְּקַבֵּץ וְנִדְחֵיהֶם תֶּאֱסוֹף · וְאוֹבְדֵיהֶם תְּבַקֵּשׁ וּנְוֵיהֶם
תִּיַּשֵּׁב · וְתוֹשִׁיבֵם בֶּטַח וּתְשַׁכְּנֵם שַׁאֲנָן בְּהַר מְרוֹם
יִשְׂרָאֵל · וְתִמְלוֹךְ עֲלֵיהֶם לְעוֹלָם לְבַדֶּךָ · הֵמָה יִהְיוּ
לְךָ לְעָם וְאַתָּה תִּהְיֶה לָהֶם לֵאלֹהִים:

אֵל מֶלֶךְ יוֹשֵׁב עַל כִּסֵּא רַחֲמִים · מִתְנַהֵג בַּחֲסִידוּת
מוֹחֵל עֲוֹנוֹת עַמּוֹ · מַעֲבִיר רִאשׁוֹן רִאשׁוֹן · מַרְבֶּה מְחִילָה
לַחַטָּאִים וּסְלִיחָה לַפּוֹשְׁעִים · עוֹשֶׂה צְדָקוֹת עִם כָּל
בָּשָׂר וָרוּחַ · לֹא כְרָעָתָם תִּגְמוֹל · אֵל הוֹרֵיתָ לָנוּ לוֹמַר
שְׁלֹשׁ עֶשְׂרֵה · זְכָר לָנוּ הַיּוֹם בְּרִית שְׁלֹשׁ עֶשְׂרֵה · כְּמוֹ
שֶׁהוֹדַעְתָּ לֶעָנָו מִקֶּדֶם כְּמוֹ שֶׁכָּתוּב · וַיֵּרֶד יְיָ בֶּעָנָן וַיִּתְיַצֵּב
עִמּוֹ שָׁם וַיִּקְרָא בְשֵׁם יְיָ:

וַיַּעֲבֹר יְיָ עַל פָּנָיו וַיִּקְרָא ·

יְיָ יְיָ אֵל רַחוּם וְחַנּוּן אֶרֶךְ אַפַּיִם וְרַב חֶסֶד וֶאֱמֶת:
נֹצֵר חֶסֶד לָאֲלָפִים נֹשֵׂא עָוֹן וָפֶשַׁע וְחַטָּאָה וְנַקֵּה ·
וְסָלַחְתָּ לַעֲוֹנֵנוּ וּלְחַטָּאתֵנוּ וּנְחַלְתָּנוּ:

סְלַח לָנוּ אָבִינוּ כִּי חָטָאנוּ · מְחַל לָנוּ מַלְכֵּנוּ כִּי פָשָׁעְנוּ:
כִּי אַתָּה אֲדֹנָי טוֹב וְסַלָּח וְרַב חֶסֶד לְכָל קֹרְאֶיךָ:

and to cause him to possess the gate of his enemies. " On the mount of the Lord shall it be seen," and endure as a stronghold for his sons. So was the spot named after the miracle. Lo, as his beloved stand this day in stress and trouble, with fainting loins and unstrung knees, with trembling hands and eyes uplifted still to thee, do thou purify their hearts' prayer, and remembering the sweet savour of yore, make their weakness strong. O restore their scattered remnant and gather in their exiles. Seek out their lost ones and plant them once again in their own habitations. In safety lead them back and give them to dwell securely upon the lofty mount of Israel. Reign thou over them alone for ever. They will be thy people : thou shalt be their God.

Almighty King, who sittest upon a throne of mercy, and governest the world with loving-kindness, who pardonest the sins of thy people, causing them to pass away one by one, freely extending pardon to sinners, and forgiveness to transgressors, doing charity to the spirit of all flesh, and not requiting them according to their evil ; O God, thou hast taught us to recite thy thirteen attributes. Remember then unto us this day the covenant of the thirteen attributes, even as thou didst reveal them of old to the meek man, as it is written : And the Lord descended in the cloud and stood with him there, and proclaimed the Name of the Lord. And the Lord passed by before him and proclaimed :

The Lord, the Lord, a God full of compassion and gracious, slow to anger, and abundant in mercy and truth : keeping mercy for thousands, forgiving iniquity, transgression and sin ; and acquitting. O pardon our iniquity and our sin, and take us for thine inheritance.

Forgive us, O our Father, for we have sinned ; pardon us, our King, for we have transgressed. For thou, O Lord, art good and ready to forgive, and plenteous in mercy unto all them that call upon thee.

זְכֹר רַחֲמֶיךָ יְיָ וַחֲסָדֶיךָ כִּי מֵעוֹלָם הֵמָּה: אַל תִּזְכָּר
לָנוּ עֲוֹנוֹת רִאשֹׁנִים מַהֵר יְקַדְּמוּנוּ רַחֲמֶיךָ כִּי דַלּוֹנוּ
מְאֹד: זָכְרֵנוּ יְיָ בִּרְצוֹן עַמֶּךָ· פָּקְדֵנוּ בִּישׁוּעָתֶךָ: זְכֹר
עֲדָתְךָ קָנִיתָ קֶּדֶם גָּאַלְתָּ שֵׁבֶט נַחֲלָתֶךָ הַר צִיּוֹן זֶה
שָׁכַנְתָּ בּוֹ: זְכֹר יְיָ חִבַּת יְרוּשָׁלָיִם· אַהֲבַת צִיּוֹן אַל
תִּשְׁכַּח לָנֶצַח: זְכֹר יְיָ לִבְנֵי אֱדוֹם אֵת יוֹם יְרוּשָׁלָיִם
הָאֹמְרִים עָרוּ עָרוּ עַד הַיְסוֹד בָּהּ: אַתָּה תָקוּם תְּרַחֵם
צִיּוֹן כִּי עֵת לְחֶנְנָהּ כִּי בָא מוֹעֵד: זְכֹר לְאַבְרָהָם לְיִצְחָק
וּלְיִשְׂרָאֵל עֲבָדֶיךָ אֲשֶׁר נִשְׁבַּעְתָּ לָהֶם בָּךְ וַתְּדַבֵּר אֲלֵהֶם
אַרְבֶּה אֶת זַרְעֲכֶם כְּכוֹכְבֵי הַשָּׁמָיִם וְכָל הָאָרֶץ הַזֹּאת
אֲשֶׁר אָמַרְתִּי אֶתֵּן לְזַרְעֲכֶם וְנָחֲלוּ לְעֹלָם: זְכֹר לַעֲבָדֶיךָ
לְאַבְרָהָם לְיִצְחָק וּלְיַעֲקֹב· אַל תֵּפֶן אֶל קְשִׁי הָעָם הַזֶּה
וְאֶל רִשְׁעוֹ וְאֶל חַטָּאתוֹ:

אַל נָא תָשֵׁת עָלֵינוּ חַטָּאת אֲשֶׁר נוֹאַלְנוּ וַאֲשֶׁר חָטָאנוּ:
חָטָאנוּ צוּרֵנוּ· סְלַח לָנוּ יוֹצְרֵנוּ:

זְכֹר לָנוּ בְּרִית אָבוֹת כַּאֲשֶׁר אָמַרְתָּ· וְזָכַרְתִּי אֶת
בְּרִיתִי יַעֲקוֹב וְאַף אֶת בְּרִיתִי יִצְחָק וְאַף אֶת בְּרִיתִי
אַבְרָהָם אֶזְכֹּר וְהָאָרֶץ אֶזְכֹּר: זְכֹר לָנוּ בְּרִית רִאשׁוֹנִים
כַּאֲשֶׁר אָמַרְתָּ· וְזָכַרְתִּי לָהֶם בְּרִית רִאשֹׁנִים אֲשֶׁר
הוֹצֵאתִי אֹתָם מֵאֶרֶץ מִצְרַיִם לְעֵינֵי הַגּוֹיִם לִהְיוֹת לָהֶם
לֵאלֹהִים אֲנִי יְיָ: עֲשֵׂה עִמָּנוּ כְּמָה שֶׁהִבְטַחְתָּנוּ· וְאַף
גַּם זֹאת בִּהְיוֹתָם בְּאֶרֶץ אֹיְבֵיהֶם לֹא מְאַסְתִּים וְלֹא

Remember, O Lord, thy tender mercies and thy loving-kindnesses ; for they are of old. O remember not former iniquities against us ; let thy tender mercies speedily prevent us, for we are brought very low. Remember us, O Lord, with the favour that thou bearest unto thy people : O visit us with thy salvation. Remember thy congregation which thou hast gotten of old, which thou hast redeemed to be the tribe of thine inheritance, and mount Zion wherein thou hast dwelt. Remember, O Lord, the devotion of Jerusalem, and forget not for all time the love of Zion. Remember, O Lord, against the children of Edom the day of Jerusalem ; who said, Rase it, rase it even unto the foundation thereof. Thou wilt arise and have mercy upon Zion : for it is time to have pity upon her, yea, the set time is come. Remember Abraham, Isaac and Israel, thy servants, to whom thou swarest by thine own self and saidst unto them : I will multiply your seed as the stars of heaven, and all this land that I have spoken of will I give unto your seed and they shall inherit it for ever. Remember thy servants, Abraham, Isaac and Jacob ; look not unto the stubbornness of this people, nor to their wickedness, nor to their sin.

Lay not the sin, we beseech thee, upon us, wherein we have done foolishly and wherein we have sinned.

We have sinned, O our Rock ! Our Creator, forgive us !

Remember unto us the covenant of the patriarchs, even as thou hast said : " And I will remember my covenant with Jacob, and also my covenant with Isaac, and also my covenant with Abraham will I remember ; and I will remember the land." Remember unto us the covenant of our ancestors, as thou hast said : " And I will, for their sakes, remember the covenant of their ancestors, whom I brought forth out of the land of Egypt in the sight of the heathen, that I might be their God : I am the Lord." Do by us as thou hast promised : " And yet for all that, when they be in the land of their enemies, I will not cast them away, neither will I abhor them to destroy them utterly

גְעַלְתִּים לְכַלֹּתָם לְהָפֵר בְּרִיתִי אִתָּם כִּי אֲנִי יְיָ אֱלֹהֵיהֶם:
רַחֵם עָלֵינוּ וְאַל תַּשְׁחִיתֵנוּ כְּמָה שֶׁכָּתוּב· כִּי אֵל רַחוּם
יְיָ אֱלֹהֶיךָ לֹא יַרְפְּךָ וְלֹא יַשְׁחִיתֶךָ וְלֹא יִשְׁכַּח אֶת בְּרִית
אֲבוֹתֶיךָ אֲשֶׁר נִשְׁבַּע לָהֶם: מוֹל אֶת לְבָבֵנוּ לְאַהֲבָה
וּלְיִרְאָה אֶת שְׁמֶךָ כַּכָּתוּב בְּתוֹרָתֶךָ· וּמָל יְיָ אֱלֹהֶיךָ
אֶת לְבָבְךָ וְאֶת לְבַב זַרְעֶךָ לְאַהֲבָה אֶת יְיָ אֱלֹהֶיךָ בְּכָל
לְבָבְךָ וּבְכָל נַפְשְׁךָ לְמַעַן חַיֶּיךָ: הָשֵׁב שְׁבוּתֵנוּ וְרַחֲמֵנוּ
כְּמָה שֶׁכָּתוּב· וְשָׁב יְיָ אֱלֹהֶיךָ אֶת שְׁבוּתְךָ וְרִחֲמֶךָ וְשָׁב
וְקִבֶּצְךָ מִכָּל הָעַמִּים אֲשֶׁר הֱפִיצְךָ יְיָ אֱלֹהֶיךָ שָׁמָּה:
קַבֵּץ נִדָּחֵנוּ כְּמָה שֶׁכָּתוּב· אִם יִהְיֶה נִדַּחֲךָ בִּקְצֵה
הַשָּׁמָיִם מִשָּׁם יְקַבֶּצְךָ יְיָ אֱלֹהֶיךָ וּמִשָּׁם יִקָּחֶךָ: הִמָּצֵא
לָנוּ בְּבַקָּשָׁתֵנוּ כְּמָה שֶׁכָּתוּב· וּבִקַּשְׁתֶּם מִשָּׁם אֶת יְיָ
אֱלֹהֶיךָ וּמָצָאתָ כִּי תִדְרְשֶׁנּוּ בְּכָל לְבָבְךָ וּבְכָל נַפְשֶׁךָ:
מְחֵה פְּשָׁעֵינוּ לְמַעַנְךָ כַּאֲשֶׁר אָמַרְתָּ· אָנֹכִי אָנֹכִי הוּא
מֹחֶה פְשָׁעֶיךָ לְמַעֲנִי וְחַטֹּאתֶיךָ לֹא אֶזְכֹּר: מְחֵה פְּשָׁעֵינוּ
כָעָב וְכֶעָנָן כַּאֲשֶׁר אָמַרְתָּ· מָחִיתִי כָעָב פְּשָׁעֶיךָ וְכֶעָנָן
חַטֹּאתֶיךָ שׁוּבָה אֵלַי כִּי גְאַלְתִּיךָ: הַלְבֵּן חֲטָאֵינוּ כַּשֶּׁלֶג
וְכַצֶּמֶר כְּמָה שֶׁכָּתוּב· לְכוּ נָא וְנִוָּכְחָה יֹאמַר יְיָ אִם
יִהְיוּ חֲטָאֵיכֶם כַּשָּׁנִים כַּשֶּׁלֶג יַלְבִּינוּ אִם יַאְדִּימוּ כַתּוֹלָע
כַּצֶּמֶר יִהְיוּ: זְרוֹק עָלֵינוּ מַיִם טְהוֹרִים וְטַהֲרֵנוּ כְּמָה
שֶׁכָּתוּב· וְזָרַקְתִּי עֲלֵיכֶם מַיִם טְהוֹרִים וּטְהַרְתֶּם מִכָּל
טֻמְאוֹתֵיכֶם וּמִכָּל גִּלּוּלֵיכֶם אֲטַהֵר אֶתְכֶם: כַּפֵּר חַטָּאֵינוּ
בַּיּוֹם הַזֶּה וְטַהֲרֵנוּ כְּמָה שֶׁכָּתוּב· כִּי בַיּוֹם הַזֶּה יְכַפֵּר
עֲלֵיכֶם לְטַהֵר אֶתְכֶם מִכֹּל חַטֹּאתֵיכֶם לִפְנֵי יְיָ תִּטְהָרוּ:
הֲבִיאֵנוּ אֶל הַר קָדְשֶׁךָ וְשַׂמְּחֵנוּ בְּבֵית תְּפִלָּתֶךָ כְּמָה

and to break my covenant with them : for I am the Lord their God." Have mercy upon us and destroy us not, even as it is written : " For the Lord thy God is a merciful God : he will not forsake thee, neither will he destroy thee, nor forget the covenant of thy fathers which he sware unto them." Circumcise our hearts to love and revere thy Name, as it is written in thy Law : " And the Lord thy God will circumcise thy heart and the heart of thy seed, to love the Lord thy God with all thine heart and with all thy soul, that thou mayest live." Bring back our captivity and have compassion upon us, as it is written : " Then the Lord thy God will turn thy captivity and have compassion upon thee, and will again gather thee from all the peoples whither the Lord thy God hath scattered thee." Gather our dispersed ones, as it is written : " If any of them be driven out unto the utmost parts of heaven, from thence will the Lord thy God gather thee, and from thence will he fetch thee." Be thou found of us by our supplication, as it is written : " And if from thence thou shalt seek the Lord thy God, thou shalt find him, if thou seek him with all thine heart and with all thy soul." O blot out our transgressions for thy sake, as thou hast said : " I, even I, am he that blotteth out thy transgressions for mine own sake, and will not remember thy sins." Blot out our transgressions as a thick cloud and as a mist, as it is written : " I have blotted out as a thick cloud thy transgressions, and as a mist thy sins : return unto me ; for I have redeemed thee." Turn thou our sins as white as snow or wool, as it is written : " Come now, and let us reason together, saith the Lord : though your sins be as scarlet, they shall be as white as snow ; though they be red like crimson, they shall be as wool." Sprinkle clean water upon us and cleanse us, as it is written : " Then will I sprinkle clean water upon you, and ye shall be clean ; from all your defilements and from all your idols will I cleanse you." Atone our sins on this day and purify us, as it is written : " For on this day shall atonement be made for you to cleanse you : from all your sins before the Lord shall ye be clean." O bring us to thy holy mountain

שֶׁכָּתוּב· וַהֲבִיאוֹתִים אֶל הַר קָדְשִׁי וְשִׂמַּחְתִּים בְּבֵית
תְּפִלָּתִי עוֹלוֹתֵיהֶם וְזִבְחֵיהֶם לְרָצוֹן עַל מִזְבְּחִי כִּי בֵיתִי
בֵּית תְּפִלָּה יִקָּרֵא לְכָל הָעַמִּים:

Reader and Cong. שְׁמַע קוֹלֵנוּ יְיָ אֱלֹהֵינוּ חוּס וְרַחֵם עָלֵינוּ
וְקַבֵּל בְּרַחֲמִים וּבְרָצוֹן אֶת תְּפִלָּתֵנוּ:

Reader and Cong. הֲשִׁיבֵנוּ יְיָ אֵלֶיךָ וְנָשׁוּבָה חַדֵּשׁ יָמֵינוּ כְּקֶדֶם:

אֲמָרֵינוּ הַאֲזִינָה יְיָ בִּינָה הֲגִיגֵנוּ: יִהְיוּ לְרָצוֹן אִמְרֵי
פִינוּ וְהֶגְיוֹן לִבֵּנוּ לְפָנֶיךָ יְיָ צוּרֵנוּ וְגֹאֲלֵנוּ: אַל תַּשְׁלִיכֵנוּ
מִלְּפָנֶיךָ וְרוּחַ קָדְשְׁךָ אַל תִּקַּח מִמֶּנּוּ: אַל תַּשְׁלִיכֵנוּ
לְעֵת זִקְנָה כִּכְלוֹת כֹּחֵנוּ אַל תַּעַזְבֵנוּ: אַל תַּעַזְבֵנוּ יְיָ
אֱלֹהֵינוּ אַל תִּרְחַק מִמֶּנּוּ: עֲשֵׂה עִמָּנוּ אוֹת לְטוֹבָה
וְיִרְאוּ שׂוֹנְאֵינוּ וְיֵבֹשׁוּ כִּי אַתָּה יְיָ עֲזַרְתָּנוּ וְנִחַמְתָּנוּ: כִּי
לְךָ יְיָ הוֹחָלְנוּ אַתָּה תַעֲנֶה אֲדֹנָי אֱלֹהֵינוּ:

אֱלֹהֵינוּ וֵאלֹהֵי אֲבוֹתֵינוּ אַל תַּעַזְבֵנוּ· וְאַל תִּטְּשֵׁנוּ· וְאַל
תַּכְלִימֵנוּ· וְאַל תָּפֵר בְּרִיתְךָ אִתָּנוּ· קָרְבֵנוּ לְתוֹרָתֶךָ·
לַמְּדֵנוּ מִצְוֹתֶיךָ· הוֹרֵנוּ דְּרָכֶיךָ· הַט לִבֵּנוּ לְיִרְאָה אֶת
שְׁמֶךָ· וּמוֹל אֶת לְבָבֵנוּ לְאַהֲבָתֶךָ· וְנָשׁוּב אֵלֶיךָ בֶּאֱמֶת
וּבְלֵב שָׁלֵם· וּלְמַעַן שִׁמְךָ הַגָּדוֹל תִּמְחוֹל וְתִסְלַח
לַעֲוֹנֵינוּ כַּכָּתוּב בְּדִבְרֵי קָדְשֶׁךָ לְמַעַן שִׁמְךָ יְיָ וְסָלַחְתָּ
לַעֲוֹנִי כִּי רַב הוּא:

אֱלֹהֵינוּ וֵאלֹהֵי אֲבוֹתֵינוּ סְלַח לָנוּ· מְחַל לָנוּ· כַּפֶּר לָנוּ:

כִּי אָנוּ עַמֶּךָ וְאַתָּה אֱלֹהֵינוּ· אָנוּ בָנֶיךָ וְאַתָּה אָבִינוּ:

אָנוּ עֲבָדֶיךָ וְאַתָּה אֲדוֹנֵנוּ· אָנוּ קְהָלֶךָ וְאַתָּה חֶלְקֵנוּ:

and make us joyful in thy house of prayer, as it is written :
" And I will bring them to my holy mountain and make
them joyful in my house of prayer : their burnt offerings
and their sacrifices shall be accepted upon mine altar ;
for mine house shall be called an house of prayer for all
peoples."

Reader and Cong. Hear our voice, O Lord our God ; have
pity and compassion upon us ; and accept our prayer in
mercy and favour.

Reader and Cong. Turn thou us unto thee, O Lord, and we
shall be turned ; renew our days as of old.

Give ear unto our words, O Lord, consider our meditation.
Let the words of our mouth and the meditation of our heart
be acceptable before thee, O Lord, our Rock and our
Redeemer. Cast us not away from thy presence, and take
not thy holy spirit from us. O cast us not off in the time
of old age, forsake us not when our strength faileth. For-
sake us· not, O Lord our God, be not far from us. Show
us a token for good : that our adversaries may see it and
be ashamed : because thou, O Lord, hast holpen us and
comforted us. For in thee, O Lord, do we hope. Thou
wilt answer, O Lord our God.

Our God and God of our fathers, forsake us not, nor
leave us : put us not to shame, nor annul thy covenant with
us. Bring us nearer to thy Law, teach us thy command-
ments, shew us thy ways, incline our hearts to fear thy
Name. O circumcise our hearts for thy love, that we may
return unto thee in truth, and with a perfect heart. And for
thy great Name's sake pardon and forgive our sins, even
as it is written in thy holy writings : For thy Name's sake,
O Lord, pardon my iniquity ; for it is great.

Our God and God of our fathers, forgive us, pardon us,
grant us atonement.

Cong. For we are thy people, and thou art our God ;
We are thy children, and thou our father.
We are thy servants, and thou art our master ;
We are thy congregation, and thou our portion.

אָנוּ נַחֲלָתֶךָ וְאַתָּה גוֹרָלֵנוּ׃ אָנוּ צֹאנֶךָ וְאַתָּה רוֹעֵנוּ ׃

אָנוּ כַרְמֶךָ וְאַתָּה נוֹטְרֵנוּ׃ אָנוּ פְעֻלָּתֶךָ וְאַתָּה יוֹצְרֵנוּ ׃

אָנוּ רַעֲיָתֶךָ וְאַתָּה דוֹדֵנוּ׃ אָנוּ סְגֻלָּתֶךָ וְאַתָּה קְרוֹבֵנוּ ׃

אָנוּ עַמֶּךָ וְאַתָּה מַלְכֵּנוּ׃ אָנוּ מַאֲמִירֶךָ וְאַתָּה מַאֲמִירֵנוּ׃

Reader. אָנוּ עַזֵּי פָנִים וְאַתָּה רַחוּם וְחַנּוּן׃ אָנוּ קְשֵׁי עֹרֶף׃

וְאַתָּה אֶרֶךְ אַפַּיִם׃ אָנוּ מְלֵאֵי עָוֺן וְאַתָּה מָלֵא רַחֲמִים׃

אָנוּ יָמֵינוּ כְּצֵל עוֹבֵר׃ וְאַתָּה הוּא וּשְׁנוֹתֶיךָ לֹא יִתָּמּוּ׃

אֱלֹהֵינוּ וֵאלֹהֵי אֲבוֹתֵינוּ׃

תָּבֹא לְפָנֶיךָ תְּפִלָּתֵנוּ וְאַל תִּתְעַלַּם מִתְּחִנָּתֵנוּ׃ שֶׁאֵין

אֲנַחְנוּ עַזֵּי פָנִים וּקְשֵׁי עֹרֶף לוֹמַר לְפָנֶיךָ יְיָ אֱלֹהֵינוּ

וֵאלֹהֵי אֲבוֹתֵינוּ צַדִּיקִים אֲנַחְנוּ וְלֹא חָטָאנוּ אֲבָל אֲנַחְנוּ

חָטָאנוּ׃

Reader and Cong. אָשַׁמְנוּ׃ בָּגַדְנוּ׃ גָּזַלְנוּ׃ דִּבַּרְנוּ דֹפִי׃

הֶעֱוִינוּ׃ וְהִרְשַׁעְנוּ׃ זַדְנוּ׃ חָמַסְנוּ׃ טָפַלְנוּ שֶׁקֶר׃ יָעַצְנוּ

רָע׃ כִּזַּבְנוּ׃ לַצְנוּ׃ מָרַדְנוּ׃ נִאַצְנוּ׃ סָרַרְנוּ׃ עָוִינוּ׃ פָּשַׁעְנוּ׃

צָרַרְנוּ׃ קִשִּׁינוּ עֹרֶף׃ רָשַׁעְנוּ׃ שִׁחַתְנוּ׃ תִּעַבְנוּ׃ תָּעִינוּ׃

תִּעְתָּעְנוּ׃

סַרְנוּ מִמִּצְוֺתֶיךָ וּמִמִּשְׁפָּטֶיךָ הַטּוֹבִים וְלֹא שָׁוָה לָנוּ׃

וְאַתָּה צַדִּיק עַל כָּל הַבָּא עָלֵינוּ׃ כִּי אֱמֶת עָשִׂיתָ וַאֲנַחְנוּ

הִרְשָׁעְנוּ׃

הִרְשַׁעְנוּ וּפָשַׁעְנוּ׃ לָכֵן לֹא נוֹשָׁעְנוּ׃ וְתֵן בְּלִבֵּנוּ לַעֲזוֹב

דֶּרֶךְ רֶשַׁע וְחִישׁ לָנוּ יֶשַׁע׃ כַּכָּתוּב עַל יַד נְבִיאֶךָ׃

יַעֲזֹב רָשָׁע דַּרְכּוֹ וְאִישׁ אָוֶן מַחְשְׁבֹתָיו וְיָשֹׁב אֶל יְיָ

וִירַחֲמֵהוּ וְאֶל אֱלֹהֵינוּ כִּי יַרְבֶּה לִסְלוֹחַ׃

We are thine inheritance, thou our lot ;
We are thy flock, thou our shepherd.
We are thy vineyard, and thou art our keeper ;
We are thy work, and thou our creator.
We are thy faithful ones : thou art our beloved ;
We are thy chosen : thou art the Lord our God.
We are thy subjects, thou our King ;
We are thine acknowledged people, thou our acknowledged Lord.

Reader. We are brazen-faced, but thou art merciful and compassionate ; we are stiff-necked, but thou art long-suffering. We are full of sin, but thou art full of mercy. As for us, our days are as a shadow ; but thou art immutable, and thy years never-ending.

Our God and God of our fathers,

Let our prayer come before thee, hide not thyself from our supplication, for we are not arrogant and stiff-necked, that we should say before thee, O Lord our God and God of our fathers, we are righteous and have not sinned ; verily we have sinned.

Reader and Cong. We have trespassed, we have dealt treacherously, we have robbed, we have spoken slander, we have acted perversely and we have wrought wickedness, we have acted presumptuously, we have done violence, we have framed lies, we have counselled evil, we have spoken falsely, we have scoffed, we have revolted, we have provoked, we have rebelled, we have committed iniquity, we have transgressed, we have oppressed, we have been stiff-necked, we have acted wickedly, we have corrupted, we have committed abomination, we have gone astray, we have led others astray.

We have turned away from thy commandments and thy judgments that are good, and it hath not profited us. But thou art righteous in all that hath come upon us ; for thou hast acted truthfully, but as for us, we have done wickedly.

We have acted wickedly and have transgressed ; wherefore we have not been saved. O incline our hearts to forsake the path of wickedness, and hasten thou salvation unto us ; as it is written by the hand of thy prophet, Let the wicked forsake his way, and the unrighteous man his thoughts ; let him return unto the Lord, and he will have mercy upon him, and unto our God, for he will abundantly pardon.

אֱלֹהֵינוּ וֵאלֹהֵי אֲבוֹתֵינוּ׳ סְלַח וּמְחַל לַעֲוֹנוֹתֵינוּ בְּיוֹם
[הַשַּׁבָּת הַזֶּה וּבְיוֹם] הַכִּפּוּרִים הַזֶּה׳ וְהַעֲתֵר לָנוּ בִּתְפִלָּתֵנוּ׳
מְחֵה וְהַעֲבֵר פְּשָׁעֵינוּ מִנֶּגֶד עֵינֶיךָ׳ וְכוֹף אֶת יִצְרֵנוּ
לְהִשְׁתַּעְבֶּד לָךְ׳ וְהַכְנַע עָרְפֵּנוּ לָשׁוּב אֵלֶיךָ׳ וְחַדֵּשׁ
כִּלְיוֹתֵינוּ לִשְׁמוֹר פִּקּוּדֶיךָ׳ וּמוֹל אֶת לְבָבֵנוּ לְאַהֲבָה
וּלְיִרְאָה אֶת שְׁמֶךָ כַּכָּתוּב בְּתוֹרָתֶךָ׳ וּמָל יְיָ אֱלֹהֶיךָ
אֶת לְבָבְךָ וְאֶת לְבַב זַרְעֶךָ לְאַהֲבָה אֶת יְיָ אֱלֹהֶיךָ בְּכָל
לְבָבְךָ וּבְכָל נַפְשְׁךָ לְמַעַן חַיֶּיךָ:

הַזְּדוֹנוֹת וְהַשְּׁגָגוֹת אַתָּה מַכִּיר׳ הָרָצוֹן וְהָאֹנֶס הַגְּלוּיִם
וְהַנִּסְתָּרִים לְפָנֶיךָ הֵם גְּלוּיִם וִידוּעִים: מָה אָנוּ׳ מֶה חַיֵּינוּ׳
מֶה חַסְדֵּנוּ׳ מַה צִּדְקֵנוּ׳ מַה יִּשְׁעֵנוּ׳ מַה כֹּחֵנוּ׳ מַה
גְּבוּרָתֵנוּ׳ מַה נֹּאמַר לְפָנֶיךָ יְיָ אֱלֹהֵינוּ וֵאלֹהֵי אֲבוֹתֵינוּ׳
הֲלֹא כָּל הַגִּבּוֹרִים כְּאַיִן לְפָנֶיךָ וְאַנְשֵׁי הַשֵּׁם כְּלֹא הָיוּ
וַחֲכָמִים כִּבְלִי מַדָּע וּנְבוֹנִים כִּבְלִי הַשְׂכֵּל׳ כִּי רֹב
מַעֲשֵׂיהֶם תֹּהוּ וִימֵי חַיֵּיהֶם הֶבֶל לְפָנֶיךָ׳ וּמוֹתַר הָאָדָם
מִן הַבְּהֵמָה אָיִן כִּי הַכֹּל הָבֶל:

מַה נֹּאמַר לְפָנֶיךָ יוֹשֵׁב מָרוֹם׳ וּמַה נְּסַפֵּר לְפָנֶיךָ שׁוֹכֵן
שְׁחָקִים׳ הֲלֹא כָּל הַנִּסְתָּרוֹת וְהַנִּגְלוֹת אַתָּה יוֹדֵעַ:

אַתָּה יוֹדֵעַ רָזֵי עוֹלָם׳ וְתַעֲלוּמוֹת סִתְרֵי כָּל חָי: אַתָּה
חוֹפֵשׂ כָּל חַדְרֵי בָטֶן וּבוֹחֵן כְּלָיוֹת וָלֵב: אֵין דָּבָר נֶעְלָם
מִמֶּךָּ׳ וְאֵין נִסְתָּר מִנֶּגֶד עֵינֶיךָ:

וּבְכֵן יְהִי רָצוֹן מִלְּפָנֶיךָ יְיָ אֱלֹהֵינוּ וֵאלֹהֵי אֲבוֹתֵינוּ׳
שֶׁתִּסְלַח לָנוּ עַל כָּל חַטֹּאתֵינוּ׳ וְתִמְחַל לָנוּ עַל כָּל
עֲוֹנוֹתֵינוּ׳ וּתְכַפֶּר לָנוּ עַל כָּל פְּשָׁעֵינוּ:

Our God and God of our fathers, forgive and pardon our iniquities [on this Sabbath day and] on this Day of Atonement. O be thou entreated of us! Forgive our transgressions and our sins, and cause them to pass away from before thine eyes. Subdue our heart to serve thee, and bend our will to turn unto thee ; renew our reins to observe thy precepts, and circumcise our hearts to love and revere thy Name, as it is written in thy Law : And the Lord thy God will circumcise thy heart and the heart of thy seed, to love the Lord thy God with all thine heart and with all thy soul, that thou mayest live.

Thou art acquainted with our sins both of presumption and of ignorance, whether of will or by compulsion, both the revealed and the secret. Before thee they are revealed and known. What are we ? What is our life ? What our piety ? What our righteousness ? What our salvation ? What our strength ? What our might ? What shall we say before thee, O Lord our God and God of our fathers ? Are not all the mighty ones as naught before thee, and men of fame as though they were not, wise men as if they were without knowledge, and men of understanding as though they were void of discretion ? For the multitude of their works is emptiness, and the days of their life are vanity before thee ; and the pre-eminence of man over beast is naught : for all is vanity.

What shall we say before thee, O thou who dwellest on high, and what shall we declare before thee, thou who abidest in the heavens ? Dost thou not know all things, both the hidden and the revealed ?

Thou knowest the mysteries of the Universe and the hidden secrets of all living. Thou searchest all the innermost recesses and triest the reins and the heart. Naught is hidden from thee, neither is anything concealed from thine eyes.

May it therefore be thy will, O Lord our God and God of our fathers, to forgive us all our sins, to pardon us all our iniquities, and to grant us atonement for all our transgressions.

עַל חֵטְא שֶׁחָטָאנוּ לְפָנֶיךָ בְּאֹנֶס וּבְרָצוֹן:

וְעַל חֵטְא שֶׁחָטָאנוּ לְפָנֶיךָ בְּאִמּוּץ הַלֵּב:

עַל חֵטְא שֶׁחָטָאנוּ לְפָנֶיךָ בִּבְלִי דָעַת:

וְעַל חֵטְא שֶׁחָטָאנוּ לְפָנֶיךָ בְּבִטּוּי שְׂפָתָיִם:

עַל חֵטְא שֶׁחָטָאנוּ לְפָנֶיךָ בְּגִלּוּי עֲרָיוֹת:

וְעַל חֵטְא שֶׁחָטָאנוּ לְפָנֶיךָ בְּגָלוּי וּבַסָּתֶר:

עַל חֵטְא שֶׁחָטָאנוּ לְפָנֶיךָ בְּדַעַת וּבְמִרְמָה:

וְעַל חֵטְא שֶׁחָטָאנוּ לְפָנֶיךָ בְּדִבּוּר פֶּה:

עַל חֵטְא שֶׁחָטָאנוּ לְפָנֶיךָ בְּהוֹנָאַת רֵעַ:

וְעַל חֵטְא שֶׁחָטָאנוּ לְפָנֶיךָ בְּהַרְהוֹר הַלֵּב:

עַל חֵטְא שֶׁחָטָאנוּ לְפָנֶיךָ בְּוְעִידַת זְנוּת:

וְעַל חֵטְא שֶׁחָטָאנוּ לְפָנֶיךָ בְּוִדּוּי פֶּה:

עַל חֵטְא שֶׁחָטָאנוּ לְפָנֶיךָ בְּזִלְזוּל הוֹרִים וּמוֹרִים:

וְעַל חֵטְא שֶׁחָטָאנוּ לְפָנֶיךָ בְּזָדוֹן וּבִשְׁגָגָה:

עַל חֵטְא שֶׁחָטָאנוּ לְפָנֶיךָ בְּחֹזֶק יָד:

וְעַל חֵטְא שֶׁחָטָאנוּ לְפָנֶיךָ בְּחִלּוּל הַשֵּׁם:

עַל חֵטְא שֶׁחָטָאנוּ לְפָנֶיךָ בְּטֻמְאַת שְׂפָתָיִם:

וְעַל חֵטְא שֶׁחָטָאנוּ לְפָנֶיךָ בְּטִפְשׁוּת פֶּה:

עַל חֵטְא שֶׁחָטָאנוּ לְפָנֶיךָ בְּיֵצֶר הָרָע:

וְעַל חֵטְא שֶׁחָטָאנוּ לְפָנֶיךָ בְּיוֹדְעִים וּבְלֹא יוֹדְעִים:

וְעַל כֻּלָּם אֱלוֹהַּ סְלִיחוֹת סְלַח לָנוּ · מְחַל לָנוּ · כַּפֶּר לָנוּ:

עַל חֵטְא שֶׁחָטָאנוּ לְפָנֶיךָ בְּכַחַשׁ וּבְכָזָב:

וְעַל חֵטְא שֶׁחָטָאנוּ לְפָנֶיךָ בְּכַפַּת שֹׁחַד:

עַל חֵטְא שֶׁחָטָאנוּ לְפָנֶיךָ בְּלָצוֹן:

For the sin wherein we have sinned before thee under compulsion or of freewill,

And for the sin wherein we have sinned before thee by hardening of the heart ;

For the sin wherein we have sinned before thee unwittingly,

And for the sin wherein we have sinned before thee with utterance of the lips ;

For the sin wherein we have sinned before thee by unchastity,

And for the sin wherein we have sinned before thee openly and secretly ;

For the sin wherein we have sinned before thee knowingly and deceitfully,

And for the sin wherein we have sinned before thee in speech ;

For the sin wherein we have sinned before thee by wronging a neighbour,

And for the sin wherein we have sinned before thee in the meditation of the heart ;

For the sin wherein we have sinned before thee by association with impurity,

And for the sin wherein we have sinned before thee by confession of the lips ;

For the sin wherein we have sinned before thee by despising parents and teachers,

And for the sin wherein we have sinned before thee in presumption and in error ;

For the sin wherein we have sinned before thee by violence,

And for the sin wherein we have sinned before thee by the profanation of thy Name ;

For the sin wherein we have sinned before thee by impurity of the lips,

And for the sin wherein we have sinned before thee by foolish speech ;

For the sin wherein we have sinned before thee by the evil inclination,

And for the sin wherein we have sinned before thee wittingly or unwittingly.

And for all these, O God of forgiveness, forgive us, pardon us, grant us atonement.

For the sin wherein we have sinned before thee by denying and lying,

And for the sin wherein we have sinned before thee by bribery ;

For the sin wherein we have sinned before thee by scoffing,

וְעַל חֵטְא שֶׁחָטָאנוּ לְפָנֶיךָ בְּלָשׁוֹן הָרָע:

עַל חֵטְא שֶׁחָטָאנוּ לְפָנֶיךָ בְּמַשָּׂא וּבְמַתָּן:

וְעַל חֵטְא שֶׁחָטָאנוּ לְפָנֶיךָ בְּמַאֲכָל וּבְמִשְׁתֶּה:

עַל חֵטְא שֶׁחָטָאנוּ לְפָנֶיךָ בְּנֶשֶׁךְ וּבְמַרְבִּית:

וְעַל חֵטְא שֶׁחָטָאנוּ לְפָנֶיךָ בִּנְטִיַּת גָּרוֹן:

עַל חֵטְא שֶׁחָטָאנוּ לְפָנֶיךָ בְּשִׂיחַ שִׂפְתוֹתֵינוּ:

וְעַל חֵטְא שֶׁחָטָאנוּ לְפָנֶיךָ בְּשִׁקּוּר עָיִן:

עַל חֵטְא שֶׁחָטָאנוּ לְפָנֶיךָ בְּעֵינַיִם רָמוֹת:

וְעַל חֵטְא שֶׁחָטָאנוּ לְפָנֶיךָ בְּעַזּוּת מֶצַח:

וְעַל כֻּלָּם אֱלוֹהַּ סְלִיחוֹת סְלַח לָנוּ מְחַל לָנוּ כַּפֶּר לָנוּ:

עַל חֵטְא שֶׁחָטָאנוּ לְפָנֶיךָ בִּפְרִיקַת עֹל:

וְעַל חֵטְא שֶׁחָטָאנוּ לְפָנֶיךָ בִּפְלִילוּת:

עַל חֵטְא שֶׁחָטָאנוּ לְפָנֶיךָ בִּצְדִיַּת רֵעַ:

וְעַל חֵטְא שֶׁחָטָאנוּ לְפָנֶיךָ בְּצָרוּת עָיִן:

עַל חֵטְא שֶׁחָטָאנוּ לְפָנֶיךָ בְּקַלּוּת רֹאשׁ:

וְעַל חֵטְא שֶׁחָטָאנוּ לְפָנֶיךָ בְּקַשְׁיוּת עֹרֶף:

עַל חֵטְא שֶׁחָטָאנוּ לְפָנֶיךָ בְּרִיצַת רַגְלַיִם לְהָרַע:

וְעַל חֵטְא שֶׁחָטָאנוּ לְפָנֶיךָ בִּרְכִילוּת:

עַל חֵטְא שֶׁחָטָאנוּ לְפָנֶיךָ בִּשְׁבוּעַת שָׁוְא:

וְעַל חֵטְא שֶׁחָטָאנוּ לְפָנֶיךָ בְּשִׂנְאַת חִנָּם:

עַל חֵטְא שֶׁחָטָאנוּ לְפָנֶיךָ בִּתְשׂוּמֶת יָד:

וְעַל חֵטְא שֶׁחָטָאנוּ לְפָנֶיךָ בְּתִמְהוֹן לֵבָב:

וְעַל כֻּלָּם אֱלוֹהַּ סְלִיחוֹת סְלַח לָנוּ מְחַל לָנוּ כַּפֶּר לָנוּ:

And for the sin wherein we have sinned before thee by evil speech ;

For the sin wherein we have sinned before thee in business,

And for the sin wherein we have sinned before thee in eating and drinking ;

For the sin wherein we have sinned before thee by usury and increase,

And for the sin wherein we have sinned before thee by an arrogant mien ;

For the sin wherein we have sinned before thee by the utterances of our lips,

And for the sin wherein we have sinned before thee by a wanton glance ;

For the sin wherein we have sinned before thee with haughty eyes,

And for the sin wherein we have sinned before thee with obdurate brow.

> And for all these, O God of forgiveness, forgive us, pardon us, grant us atonement.

For the sin wherein we have sinned before thee by breaking off the yoke,

And for the sin wherein we have sinned before thee by contentiousness ;

For the sin wherein we have sinned before thee by ensnaring our neighbour,

And for the sin wherein we have sinned before thee by envy ;

For the sin wherein we have sinned before thee by levity,

And for the sin wherein we have sinned before thee by being stiff-necked ;

For the sin wherein we have sinned before thee by running to do evil,

And for the sin wherein we have sinned before thee by talebearing,

For the sin wherein we have sinned before thee by a vain oath,

And for the sin wherein we have sinned before thee by causeless hatred ;

For the sin wherein we have sinned before thee by a breach of trust,

And for the sin wherein we have sinned before thee by terror of the heart,

> And for all these, O God of forgiveness, forgive us, pardon us, grant us atonement.

וְעַל חֲטָאִים שֶׁאָנוּ חַיָּבִים עֲלֵיהֶם עוֹלָה:

וְעַל חֲטָאִים שֶׁאָנוּ חַיָּבִים עֲלֵיהֶם חַטָּאת:

וְעַל חֲטָאִים שֶׁאָנוּ חַיָּבִים עֲלֵיהֶם קָרְבָּן עוֹלֶה וְיוֹרֵד:

וְעַל חֲטָאִים שֶׁאָנוּ חַיָּבִים עֲלֵיהֶם אָשָׁם וַדַּי וְאָשָׁם תָּלוּי:

וְעַל חֲטָאִים שֶׁאָנוּ חַיָּבִים עֲלֵיהֶם מַכַּת מַרְדּוּת:

וְעַל חֲטָאִים שֶׁאָנוּ חַיָּבִים עֲלֵיהֶם מַלְקוּת אַרְבָּעִים:

וְעַל חֲטָאִים שֶׁאָנוּ חַיָּבִים עֲלֵיהֶם מִיתָה בִּידֵי שָׁמָיִם:

וְעַל חֲטָאִים שֶׁאָנוּ חַיָּבִים עֲלֵיהֶם כָּרֵת וַעֲרִירִי:

וְעַל כֻּלָּם אֱלוֹהַּ סְלִיחוֹת סְלַח לָנוּ · מְחַל לָנוּ · כַּפֶּר לָנוּ:

וְעַל חֲטָאִים שֶׁאָנוּ חַיָּבִים עֲלֵיהֶם אַרְבַּע מִיתוֹת בֵּית דִּין ·
סְקִילָה · שְׂרֵפָה · הֶרֶג · וְחֶנֶק: עַל מִצְוַת עֲשֵׂה וְעַל מִצְוַת
לֹא תַעֲשֵׂה · בֵּין שֶׁיֶּשׁ בָּהּ קוּם עֲשֵׂה · וּבֵין שֶׁאֵין בָּהּ קוּם
עֲשֵׂה · אֶת הַגְּלוּיִים לָנוּ וְאֶת שֶׁאֵינָם גְּלוּיִים לָנוּ: אֶת
הַגְּלוּיִים לָנוּ כְּבָר אֲמַרְנוּם לְפָנֶיךָ · וְהוֹדִינוּ לְךָ עֲלֵיהֶם ·
וְאֶת שֶׁאֵינָם גְּלוּיִים לָנוּ לְפָנֶיךָ הֵם גְּלוּיִים וִידוּעִים · כַּדָּבָר
שֶׁנֶּאֱמַר הַנִּסְתָּרֹת לַיָי אֱלֹהֵינוּ · וְהַנִּגְלֹת לָנוּ וּלְבָנֵינוּ עַד
עוֹלָם · לַעֲשׂוֹת אֶת כָּל דִּבְרֵי הַתּוֹרָה הַזֹּאת:

וְדָוִד עַבְדְּךָ אָמַר לְפָנֶיךָ · שְׁגִיאוֹת מִי יָבִין מִנִּסְתָּרוֹת
נַקֵּנִי: נַקֵּנוּ יְיָ אֱלֹהֵינוּ מִכָּל פְּשָׁעֵינוּ וְטַהֲרֵנוּ מִכָּל
טֻמְאוֹתֵינוּ וּזְרוֹק עָלֵינוּ מַיִם טְהוֹרִים וְטַהֲרֵנוּ כַּכָּתוּב עַל
יַד נְבִיאֶךָ · וְזָרַקְתִּי עֲלֵיכֶם מַיִם טְהוֹרִים וּטְהַרְתֶּם מִכָּל
טֻמְאוֹתֵיכֶם וּמִכָּל גִּלּוּלֵיכֶם אֲטַהֵר אֶתְכֶם:

אַל תִּירָא יַעֲקֹב שׁוּבוּ שׁוֹבָבִים · שׁוּבָה יִשְׂרָאֵל: הִנֵּה
לֹא יָנוּם וְלֹא יִישָׁן שׁוֹמֵר יִשְׂרָאֵל: כַּכָּתוּב עַל יַד נְבִיאֶךָ ·

And for the sins for which we owe a burnt offering ;
And for the sins for which we owe a sin-offering ;
And for the sins for which we owe an offering according to our ability ;
And for the sins for which we owe a trespass-offering for certain guilt and a trespass-offering for doubtful guilt ;
And for the sins for which we deserve corporal chastisement ;
And for the sins for which we deserve the punishment of forty stripes ;
And for the sins for which we deserve death by the hand of God;
And for the sins for which we deserve the punishment of excision, and of being childless ;
   And for all these, O God of forgiveness, forgive us, pardon us, grant us atonement.
And for the sins for which we deserve the four kinds of death inflicted by the Court of Law : stoning, burning, beheading and strangling.

For the breach of positive commands, and for the breach of negative commands, whether an action be involved or not ; both for the sins that are known unto us and those that are unknown to us. Those that are known unto us we have already avowed before thee, and we have made acknowledgment of them unto thee : and those that are unknown to us, lo, they are revealed and known unto thee, according to the word which has been said : The secret things belong unto the Lord our God, but the revealed things belong unto us, and unto our children for ever, that we may do all the words of this Law.

Thy servant David declared in thy presence, " Who can discern his errors ? Clear thou me from secret faults." Clear us, O Lord our God, from all our transgressions, and purify us from all our impurities, and sprinkle clean waters upon us, and cleanse us ; as it is written by the hand of thy prophet, " Then will I sprinkle clean water upon you, and ye shall be clean ; from all your defilements and from all your idols will I cleanse you."

Fear not, O Jacob ; return, ye backsliders ; return, O Israel. Behold, he that keepeth Israel slumbereth not nor sleepeth, as it is written by the hand of thy prophet : O

שׁוּבָה יִשְׂרָאֵל עַד יְיָ אֱלֹהֶיךָ כִּי כָשַׁלְתָּ בַּעֲוֺנֶךָ: וְנֶאֱמַר׃
קְחוּ עִמָּכֶם דְּבָרִים וְשׁוּבוּ אֶל יְיָ אִמְרוּ אֵלָיו כָּל תִּשָּׂא
עָוֺן וְקַח טוֹב וּנְשַׁלְּמָה פָרִים שְׂפָתֵינוּ:
וְאַתָּה רַחוּם מְקַבֵּל שָׁבִים וְעַל הַתְּשׁוּבָה מֵרֹאשׁ
הִבְטַחְתָּנוּ וְעַל הַתְּשׁוּבָה עֵינֵינוּ מְיַחֲלוֹת לָךְ:

On Sabbath add the bracketed words:

וּמֵאַהֲבָתְךָ יְיָ אֱלֹהֵינוּ שֶׁאָהַבְתָּ אֶת יִשְׂרָאֵל עַמֶּךָ
וּמֵחֶמְלָתְךָ מַלְכֵּנוּ שֶׁחָמַלְתָּ עַל בְּנֵי בְרִיתֶךָ נָתַתָּ לָּנוּ יְיָ
אֱלֹהֵינוּ אֶת יוֹם [הַשַּׁבָּת הַזֶּה לִקְדֻשָּׁה וְלִמְנוּחָה וְאֶת יוֹם]
הַכִּפֻּרִים הַזֶּה לִמְחִילַת חֵטְא וְלִסְלִיחַת עָוֺן וּלְכַפָּרַת פָּשַׁע:
Reader. יוֹם אֲשֶׁר הֻחַק לְכַפָּרָתֵנוּ׃

Cong. and Reader. הַיּוֹם תְּבַשְּׂרֵנוּ צוּרֵנוּ תִּטְהָרוּ: כַּכָּתוּב
בְּתוֹרָתֶךָ׃ וְהָיְתָה זֹּאת לָכֶם לְחֻקַּת עוֹלָם לְכַפֵּר עַל
בְּנֵי יִשְׂרָאֵל מִכָּל חַטֹּאתָם:
Reader. יוֹם מַנְחִיל דָּת שׁוּעַ בְּעַד דּוֹר׃

Cong. and Reader. הַיּוֹם נָשָׂא לוֹ בְּבַקְשׁוּ סְלַח נָא:
כַּכָּתוּב בְּתוֹרָתֶךָ׃ סְלַח נָא לַעֲוֺן הָעָם הַזֶּה כְּגֹדֶל חַסְדֶּךָ
וְכַאֲשֶׁר נָשָׂאתָה לָעָם הַזֶּה מִמִּצְרַיִם וְעַד הֵנָּה׃ וְשָׁם
נֶאֱמַר׃ וַיֹּאמֶר יְיָ סָלַחְתִּי כִּדְבָרֶךָ:
Reader. יוֹם קְרָאֵי בְשִׁמְךָ יִמָּלֵטוּ׃

Cong. and Reader. הַיּוֹם רַחֵם עָלֵינוּ כִּאָז קָרָא בְשֵׁם:
כַּכָּתוּב בְּתוֹרָתֶךָ׃ וַיֵּרֶד יְיָ בֶּעָנָן וַיִּתְיַצֵּב עִמּוֹ שָׁם וַיִּקְרָא
בְשֵׁם יְיָ: וַיַּעֲבֹר יְיָ עַל פָּנָיו וַיִּקְרָא יְיָ יְיָ אֵל רַחוּם
וְחַנּוּן אֶרֶךְ אַפַּיִם וְרַב חֶסֶד וֶאֱמֶת: נֹצֵר חֶסֶד לָאֲלָפִים
נֹשֵׂא עָוֺן וָפֶשַׁע וְחַטָּאָה וְנַקֵּה׃

Israel, return unto the Lord thy God ; for thou hast fallen by thine iniquity. And it is said : Take with you words and return unto the Lord ; say unto him, Take away all iniquity, and accept that which is good, so will we render as bullocks the offering of our lips.

And thou, being all-merciful, dost receive them that repent ; concerning repentance, thou hast promised us of old ; and in repentance our eyes wait upon thee.

On Sabbath add the bracketed words :

And because of the love, O Lord our God, wherewith thou hast loved thy people Israel, and because of the pity, O our King, wherewith thou hast pitied the children of thy covenant, thou hast given unto us, O Lord our God [this Sabbath day for holiness and rest, and] this Day of Atonement for the pardoning of sin, the forgiveness of iniquity, and the atonement of transgression.

Reader. A day ordained to atone for us.

Cong. and Reader. This day, O our Rock, thou wilt proclaim the tidings unto us, Ye shall be clean ; as it is written in thy Law, And this shall be an everlasting statute unto you to make atonement for the children of Israel, because of all their sins.

Reader. A day whereon the bearer of thy Law cried unto thee for his generation.

Cong. and Reader. This day thou didst grant forgiveness to him who entreated for thy pardon ; as it is written in thy Law, Pardon, I pray thee, the iniquity of this people according to the greatness of thy mercy, and according as thou hast forgiven this people from Egypt even until now. And the Lord said, I have forgiven according to thy word.

Reader. A day whereon they shall be delivered who call upon thy Name.

Cong. and Reader. This day have compassion upon us as of old when thou didst proclaim thy Name, as it is written in thy Law, And the Lord descended in the cloud and stood with him there, and proclaimed the Name of the Lord. And the Lord passed by before him and proclaimed : the Lord, the Lord, a God full of compassion and gracious, slow to anger, and abundant in mercy and truth ; keeping mercy for thousands, forgiving iniquity, transgression and sin ; and acquitting.

Cong. and Reader. בַּעֲבוּר כְּבוֹד שִׁמְךָ הִמָּצֵא לָנוּ מוֹחֵל
וְסוֹלֵחַ׃ סְלַח נָא לְמַעַן שְׁמֶךָ׃

Reader. יוֹם שְׁמָמוֹת הֵיכָלֶךָ תַּבִּיט׃

Cong. and Reader. הַיּוֹם תַּעֲשֶׂה לְמַעַן שִׁמְךָ כְּנָם כְּנָם אִישׁ חֲמוּדוֹת׃

כַּכָּתוּב בְּדִבְרֵי קָדְשֶׁךָ׃ הַטֵּה אֱלֹהַי אָזְנְךָ וּשְׁמַע פְּקַח
עֵינֶיךָ וּרְאֵה שֹׁמְמֹתֵינוּ וְהָעִיר אֲשֶׁר נִקְרָא שִׁמְךָ עָלֶיהָ׃
כִּי לֹא עַל צִדְקֹתֵינוּ אֲנַחְנוּ מַפִּילִים תַּחֲנוּנֵינוּ לְפָנֶיךָ כִּי
עַל רַחֲמֶיךָ הָרַבִּים׃

Cong. and Reader. בַּעֲבוּר כְּבוֹד שִׁמְךָ הִמָּצֵא לָנוּ חַנּוּן
וְרַחוּם׃ שְׁמַע נָא תְּפִלָּתֵנוּ לְמַעַן שְׁמֶךָ׃
מִי אֵל כָּמוֹךָ׃

Congregation: | *Reader:*
מִי אֵל כָּמוֹךָ׃ | אֲדוֹן אַבִּיר׃ בְּמַעֲשָׂיו כַּבִּיר׃
מִי אֵל כָּמוֹךָ׃ | גּוֹלֶה עֲמֻקּוֹת׃ דּוֹבֵר צְדָקוֹת׃
מִי אֵל כָּמוֹךָ׃ | הַצּוּר תָּמִים׃ וּמָלֵא רַחֲמִים׃
מִי אֵל כָּמוֹךָ׃ | כּוֹבֵשׁ כְּעָסִים׃ לְהַצְדִּיק עֲמוּסִים׃

כַּכָּתוּב עַל יַד נְבִיאֶךָ׃ מִי אֵל כָּמוֹךָ נֹשֵׂא עָוֹן וְעֹבֵר עַל פֶּשַׁע
לִשְׁאֵרִית נַחֲלָתוֹ לֹא הֶחֱזִיק לָעַד אַפּוֹ כִּי חָפֵץ חֶסֶד הוּא׃
יָשׁוּב יְרַחֲמֵנוּ יִכְבּוֹשׁ עֲוֹנֹתֵינוּ וְתַשְׁלִיךְ בִּמְצֻלוֹת יָם כָּל
חַטֹּאתָם׃ וְכָל חַטֹּאת עַמְּךָ בֵּית יִשְׂרָאֵל תַּשְׁלִיךְ בִּמְקוֹם אֲשֶׁר
לֹא יִזָּכְרוּ וְלֹא יִפָּקְדוּ וְלֹא יַעֲלוּ עַל לֵב לְעוֹלָם׃ תִּתֵּן אֱמֶת
לְיַעֲקֹב חֶסֶד לְאַבְרָהָם אֲשֶׁר נִשְׁבַּעְתָּ לַאֲבוֹתֵינוּ מִימֵי קֶדֶם׃

אֱלֹהֵינוּ וֵאלֹהֵי אֲבוֹתֵינוּ מְחַל לַעֲוֹנוֹתֵינוּ בְּיוֹם [הַשַּׁבָּת
הַזֶּה וּבְיוֹם] הַכִּפֻּרִים הַזֶּה מְחֵה וְהַעֲבֵר פְּשָׁעֵינוּ וְחַטֹּאתֵינוּ
מִנֶּגֶד עֵינֶיךָ׃ כָּאָמוּר אָנֹכִי אָנֹכִי הוּא מֹחֶה פְשָׁעֶיךָ לְמַעֲנִי

Cong. and Reader. For the sake of the glory of thy Name, be thou found of us, O thou who pardonest and forgivest. Pardon us, we beseech thee, for thy Name's sake.

Reader. A day whereon thou wilt behold the desolations of thy Temple.

Cong. and Reader. This day thou wilt answer for the sake of thy Name, according to the word of the man greatly beloved,[1] as it is written in thy holy words, O my God, incline thine ear, and hear ; open thine eyes, and behold our desolations, and the city which is called by thy Name ; for we do not present our supplications before thee for our righteous deeds, but because of thy great mercies.

Cong. and Reader. For the sake of the glory of thy Name be thou found of us, O thou who art gracious and compassionate ; hear our prayer, we beseech thee, for thy Name's sake.

O God, who is like unto thee ?

Reader :	*Congregation :*
O Lord Almighty, thou art exceeding great in all thy works.	O God, who is like unto thee ?
Revealing hidden things and speaking righteousness.	O God, who is like unto thee ?
Thou art the perfect Rock, yea, thou art full of mercy.	O God, who is like unto thee ?
Subduing thine indignation to clear them that have been borne up by thee.	O God, who is like unto thee ?

As it is written by the hand of thy prophet : "Who is a God like unto thee, that pardoneth iniquity, and passeth by the transgression of the remnant of his heritage ? He retaineth not his anger for ever, because he delighteth in mercy. He will turn again and have compassion upon us ; he will subdue our iniquities ; and thou wilt cast all their sins into the depths of the sea." And all the sins of thy people, the house of Israel, thou wilt cast into a place where they shall not be remembered, neither shall they be visited, neither shall they ever come to mind. " Thou wilt perform truth to Jacob, and mercy to Abraham, as thou hast sworn unto our fathers from the days of old."

Our God and God of our fathers, pardon our iniquities [on this Sabbath day and] on this Day of Atonement ; blot out our transgressions and our sins and make them to pass away from before thine eyes ; as it is said, I, even I, am he that blotteth out thy transgressions for

[1] **Dan. x.** 11, 19.

וְחַטֹּאתֶיךָ לֹא אֶזְכֹּר: וְנֶאֱמַר מָחִיתִי כָעָב פְּשָׁעֶיךָ וְכֶעָנָן
חַטֹּאתֶיךָ שׁוּבָה אֵלַי כִּי גְאַלְתִּיךָ: וְנֶאֱמַר כִּי בַיּוֹם הַזֶּה
יְכַפֵּר עֲלֵיכֶם לְטַהֵר אֶתְכֶם מִכֹּל חַטֹּאתֵיכֶם לִפְנֵי יְיָ
תִּטְהָרוּ: [אֱלֹהֵינוּ וֵאלֹהֵי אֲבוֹתֵינוּ רְצֵה בִמְנוּחָתֵנוּ]
קַדְּשֵׁנוּ בְּמִצְוֹתֶיךָ וְתֵן חֶלְקֵנוּ בְּתוֹרָתֶךָ שַׂבְּעֵנוּ מִטּוּבֶךָ
וְשַׂמְּחֵנוּ בִּישׁוּעָתֶךָ • [וְהַנְחִילֵנוּ יְיָ אֱלֹהֵינוּ בְּאַהֲבָה וּבְרָצוֹן
שַׁבַּת קָדְשֶׁךָ וְיָנוּחוּ בָה יִשְׂרָאֵל מְקַדְּשֵׁי שְׁמֶךָ] וְטַהֵר
לִבֵּנוּ לְעָבְדְּךָ בֶּאֱמֶת • כִּי אַתָּה סָלְחָן לְיִשְׂרָאֵל וּמָחֳלָן
לְשִׁבְטֵי יְשֻׁרוּן בְּכָל דּוֹר וָדוֹר וּמִבַּלְעָדֶיךָ אֵין לָנוּ מֶלֶךְ
מוֹחֵל וְסוֹלֵחַ אֶלָּא אָתָּה • בָּרוּךְ אַתָּה יְיָ • מֶלֶךְ מוֹחֵל
וְסוֹלֵחַ לַעֲוֹנוֹתֵינוּ וְלַעֲוֹנוֹת עַמּוֹ בֵּית יִשְׂרָאֵל • וּמַעֲבִיר
אַשְׁמוֹתֵינוּ בְּכָל שָׁנָה וְשָׁנָה • מֶלֶךְ עַל כָּל הָאָרֶץ מְקַדֵּשׁ
[הַשַּׁבָּת וְ]יִשְׂרָאֵל וְיוֹם הַכִּפֻּרִים:

רְצֵה יְיָ אֱלֹהֵינוּ בְּעַמְּךָ יִשְׂרָאֵל וּבִתְפִלָּתָם • וְהָשֵׁב אֶת
הָעֲבוֹדָה לִדְבִיר בֵּיתֶךָ וְאִשֵּׁי יִשְׂרָאֵל וּתְפִלָּתָם בְּאַהֲבָה
תְקַבֵּל בְּרָצוֹן • וּתְהִי לְרָצוֹן תָּמִיד עֲבוֹדַת יִשְׂרָאֵל עַמֶּךָ •
וְתֶחֱזֶינָה עֵינֵינוּ בְּשׁוּבְךָ לְצִיּוֹן בְּרַחֲמִים • בָּרוּךְ אַתָּה
יְיָ הַמַּחֲזִיר שְׁכִינָתוֹ לְצִיּוֹן:

מוֹדִים אֲנַחְנוּ לָךְ שָׁאַתָּה הוּא יְיָ אֱלֹהֵינוּ וֵאלֹהֵי אֲבוֹתֵינוּ
לְעוֹלָם וָעֶד • צוּר חַיֵּינוּ מָגֵן יִשְׁעֵנוּ אַתָּה הוּא לְדוֹר וָדוֹר:
נוֹדֶה לְּךָ וּנְסַפֵּר תְּהִלָּתֶךָ עַל חַיֵּינוּ הַמְּסוּרִים בְּיָדֶךָ
וְעַל נִשְׁמוֹתֵינוּ הַפְּקוּדוֹת לָךְ וְעַל נִסֶּיךָ שֶׁבְּכָל יוֹם עִמָּנוּ
וְעַל נִפְלְאוֹתֶיךָ וְטוֹבוֹתֶיךָ שֶׁבְּכָל עֵת עֶרֶב וָבֹקֶר וְצָהֳרָיִם •
הַטּוֹב כִּי לֹא כָלוּ רַחֲמֶיךָ וְהַמְרַחֵם כִּי לֹא תַמּוּ חֲסָדֶיךָ
מֵעוֹלָם קִוִּינוּ לָךְ:

mine own sake, and will not remember thy sins. And
it is said, I have blotted out as a thick cloud thy trans-
gressions, and as a mist thy sins : return unto me ; for I
have redeemed thee. And it is said, For on this day shall
atonement be made for you, to cleanse you : from all your
sins before the Lord shall ye be clean. [Our God and
God of our fathers, accept our rest,] sanctify us by thy
commandments and grant our portion be in thy Law ;
satisfy us with thy goodness, and gladden us with thy
salvation, [and cause us, O Lord our God, in love and favour
to inherit thy holy Sabbath ; and may Israel find repose
thereon, who hallow thy Name,] and purify our hearts to
serve thee in truth ; for thou art the Forgiver of Israel, and
Pardoner of the tribes of Jeshurun in all generations, and
beside thee we have no King to pardon and forgive our sins,
yea, none but thee. Blessed art thou, O Lord, thou King
who pardonest and forgivest our iniquities and the iniqui-
ties of thy people the house of Israel, and who makest our
trespasses to pass away year by year : King over all the
earth, who sanctifiest [the Sabbath and] Israel and the Day
of Atonement.

Accept, O Lord our God, thy people Israel and their
prayer ; restore the service to the innermost part of thine
house ; receive in love and favour the fire offerings of Israel
and their prayer ; and may the service of thy people Israel
be ever acceptable to thee. And let our eyes behold thy
return in mercy to Zion. Blessed art thou, O Lord, who
restorest thy divine presence unto Zion.

We make acknowledgment unto thee, that thou art the
Lord our God and the God of our fathers for ever and
ever ; thou art the Rock of our lives, the Shield of our
salvation through every generation. We will give thanks
unto thee and declare thy praise for our lives which are
delivered into thy hand, and for our souls which are com-
mitted unto thy charge, and for thy miracles which are
with us every day, and for thy wondrous benefits which
are with us at all times, even, morn and noon. Thou art
the Beneficent One, for thy mercies never fail ; thou art
the Merciful One, for thy kindnesses never cease. We have
ever hoped in thee.

Whilst the Reader says the foregoing paragraph, the Congregation say:

מוֹדִים אֲנַחְנוּ לָךְ שָׁאַתָּה הוּא יְיָ אֱלֹהֵינוּ וֵאלֹהֵי אֲבוֹתֵינוּ
אֱלֹהֵי כָל בָּשָׂר יוֹצְרֵנוּ יוֹצֵר בְּרֵאשִׁית· בְּרָכוֹת וְהוֹדָאוֹת
לְשִׁמְךָ הַגָּדוֹל וְהַקָּדוֹשׁ עַל שֶׁהֶחֱיִיתָנוּ וְקִיַּמְתָּנוּ· כֵּן תְּחַיֵּינוּ
וּתְקַיְּמֵנוּ וְתֶאֱסוֹף גָּלֻיוֹתֵינוּ לְחַצְרוֹת קָדְשֶׁךָ לִשְׁמֹר חֻקֶּיךָ
וְלַעֲשׂוֹת רְצוֹנֶךָ וּלְעָבְדְּךָ בְּלֵבָב שָׁלֵם עַל שֶׁאֲנַחְנוּ מוֹדִים
לָךְ· בָּרוּךְ אֵל הַהוֹדָאוֹת:

וְעַל כֻּלָּם יִתְבָּרַךְ וְיִתְרוֹמַם שִׁמְךָ מַלְכֵּנוּ תָּמִיד לְעוֹלָם וָעֶד:

Cong. and Reader. אָבִינוּ מַלְכֵּנוּ זְכוֹר רַחֲמֶיךָ וּכְבוֹשׁ כַּעַסְךָ

וְכַלֵּה דֶּבֶר וְחֶרֶב וְרָעָב וּשְׁבִי וּמַשְׁחִית וְעָוֹן וּשְׁמַד
וּמַגֵּפָה וּפֶגַע רַע וְכָל מַחֲלָה וְכָל תַּקָּלָה וְכָל קְטָטָה
וְכָל מִינֵי פֻרְעָנִיּוֹת וְכָל גְּזֵרָה רָעָה וְשִׂנְאַת חִנָּם· מֵעָלֵינוּ
וּמֵעַל כָּל בְּנֵי בְרִיתֶךָ:

Cong. and Reader. וּכְתוֹב לְחַיִּים טוֹבִים כָּל בְּנֵי בְרִיתֶךָ:

וְכָל הַחַיִּים יוֹדוּךָ סֶּלָה וִיהַלְלוּ אֶת שִׁמְךָ בֶּאֱמֶת הָאֵל
יְשׁוּעָתֵנוּ וְעֶזְרָתֵנוּ סֶלָה· בָּרוּךְ אַתָּה יְיָ הַטּוֹב שִׁמְךָ
וּלְךָ נָאֶה לְהוֹדוֹת:

אֱלֹהֵינוּ וֵאלֹהֵי אֲבוֹתֵינוּ בָּרְכֵנוּ בַּבְּרָכָה הַמְשֻׁלֶּשֶׁת
בַּתּוֹרָה הַכְּתוּבָה עַל יְדֵי מֹשֶׁה עַבְדֶּךָ הָאֲמוּרָה מִפִּי
אַהֲרֹן וּבָנָיו כֹּהֲנִים עַם קְדוֹשֶׁךָ כָּאָמוּר· יְבָרֶכְךָ יְיָ
וְיִשְׁמְרֶךָ: *Cong.* כֵּן יְהִי רָצוֹן: *Reader.* יָאֵר יְיָ פָּנָיו אֵלֶיךָ
וִיחֻנֶּךָּ: *Cong.* כֵּן יְהִי רָצוֹן: *Reader.* יִשָּׂא יְיָ פָּנָיו אֵלֶיךָ
וְיָשֵׂם לְךָ שָׁלוֹם: *Cong.* כֵּן יְהִי רָצוֹן:

שִׂים שָׁלוֹם טוֹבָה וּבְרָכָה חֵן וָחֶסֶד וְרַחֲמִים עָלֵינוּ
וְעַל כָּל יִשְׂרָאֵל עַמֶּךָ· בָּרְכֵנוּ אָבִינוּ כֻּלָּנוּ כְּאֶחָד בְּאוֹר

Whilst the Reader says the foregoing paragraph, the Congregation say :

We make acknowledgment unto thee, that thou art the Lord, our God and the God of our fathers, the God of all flesh, our Creator and the Creator of all things in the beginning. Blessings and thanksgivings be to thy great and holy Name, because thou hast kept us alive and supported us. So continue to keep us alive and support us ; and gather our exiles to thy holy courts to observe thy statutes, to perform thy will and to serve thee with a perfect heart ; for this we give thanks unto thee. Blessed be God to whom thanksgivings belong.

And for all these things, O our King, thy Name shall be continually blessed and exalted for ever and ever.

Cong. and Reader. Our Father, our King, remember thy mercy and suppress thine anger, and remove pestilence, sword and famine, destruction, captivity, iniquity, apostasy and plague, all evil occurrences, and every disease, every stumbling-block and contention, every kind of punishment, every evil decree and all causeless enmity, from us and from all the children of thy covenant.

Cong. and Reader. And inscribe all the children of thy covenant for a happy life.

And every one that liveth shall give thanks unto thee, Selah ; and shall praise thy Name in truth, O God, our salvation and help, Selah. Blessed art thou, O Lord, whose Name is the Beneficent One, and unto whom it is becoming to give thanks.

Our God and God of our fathers, bless us with the threefold blessing in the Law, written by the hand of thy servant Moses, and uttered by the mouth of Aaron and his sons, the priests, thy holy people, as it is said : The Lord bless thee and keep thee.

Cong. May this be his will.

The Lord make his face shine upon thee, and be gracious unto thee.

Cong. May this be his will.

The Lord incline his countenance unto thee, and give thee peace.

Cong. May this be his will.

Grant peace, welfare, blessing, grace, loving-kindness and mercy unto us and unto all Israel, thy people. Bless us, O our Father, yea, all of us together, with the light of

פָּנֶיךָ · כִּי בְאוֹר פָּנֶיךָ נָתַתָּ לָּנוּ יְיָ אֱלֹהֵינוּ תּוֹרַת חַיִּים
וְאַהֲבַת חֶסֶד וּצְדָקָה וּבְרָכָה וְרַחֲמִים וְחַיִּים וְשָׁלוֹם ·
וְטוֹב בְּעֵינֶיךָ לְבָרֵךְ אֶת עַמְּךָ יִשְׂרָאֵל בְּכָל עֵת וּבְכָל
שָׁעָה בִּשְׁלוֹמֶךָ :

Cong. and Reader. בְּסֵפֶר חַיִּים בְּרָכָה וְשָׁלוֹם וּפַרְנָסָה טוֹבָה
נִזָּכֵר וְנִכָּתֵב לְפָנֶיךָ אֲנַחְנוּ וְכָל עַמְּךָ בֵּית יִשְׂרָאֵל לְחַיִּים
טוֹבִים וּלְשָׁלוֹם :

בָּרוּךְ אַתָּה יְיָ עוֹשֶׂה הַשָּׁלוֹם :

The Ark is closed.

יִתְגַּדַּל וְיִתְקַדַּשׁ שְׁמֵהּ רַבָּא · בְּעָלְמָא דִּי בְרָא כִרְעוּתֵהּ ·
וְיַמְלִיךְ מַלְכוּתֵהּ בְּחַיֵּיכוֹן וּבְיוֹמֵיכוֹן וּבְחַיֵּי דְכָל בֵּית
יִשְׂרָאֵל בַּעֲגָלָא וּבִזְמַן קָרִיב וְאִמְרוּ · אָמֵן :

Cong. יְהֵא שְׁמֵהּ רַבָּא מְבָרַךְ לְעָלַם וּלְעָלְמֵי עָלְמַיָּא :

יִתְבָּרַךְ וְיִשְׁתַּבַּח וְיִתְפָּאַר וְיִתְרֹמַם וְיִתְנַשֵּׂא וְיִתְהַדָּר
וְיִתְעַלֶּה וְיִתְהַלָּל שְׁמֵהּ דְּקֻדְשָׁא · בְּרִיךְ הוּא · לְעֵלָּא וּלְעֵלָּא
מִן כָּל בִּרְכָתָא וְשִׁירָתָא תֻּשְׁבְּחָתָא וְנֶחֱמָתָא דַּאֲמִירָן
בְּעָלְמָא וְאִמְרוּ · אָמֵן :

תִּתְקַבַּל צְלוֹתְהוֹן וּבָעוּתְהוֹן דְּכָל יִשְׂרָאֵל קֳדָם אֲבוּהוֹן
דִּי בִשְׁמַיָּא וְאִמְרוּ · אָמֵן :

יְהֵא שְׁלָמָא רַבָּא מִן שְׁמַיָּא וְחַיִּים עָלֵינוּ וְעַל כָּל
יִשְׂרָאֵל וְאִמְרוּ · אָמֵן :

עוֹשֶׂה שָׁלוֹם בִּמְרוֹמָיו הוּא יַעֲשֶׂה שָׁלוֹם עָלֵינוּ וְעַל
כָּל יִשְׂרָאֵל וְאִמְרוּ · אָמֵן :

thy countenance ; for by the light of thy countenance thou hast given unto us, O Lord our God, the Law of life, loving-kindness and righteousness, blessing, mercy, life and peace. And may it be good in thy sight to bless thy people Israel at all times and in every hour with thy peace.

Cong. and Reader. In the book of life, blessing, peace and good sustenance may we be remembered and inscribed before thee, we and all thy people, the house of Israel, for a happy life and peace.

Blessed art thou, O Lord, who makest peace.

The Ark is closed.

Magnified and sanctified be his great Name in the world which he hath created according to his will. May he establish his kingdom in your life-time and in your days, and in the life-time of all the house of Israel, speedily and at a near time ; and say ye, Amen.

Cong. Let his great Name be blessed for ever and ever.

Blessed, praised and glorified, exalted, extolled and honoured, adored and lauded be the Name of the Holy One, blessed be he, beyond, yea, beyond all blessings and hymns, praises and songs, which are uttered in the world ; and say ye, Amen.

May the prayers and supplications of the whole house of Israel be accepted in the presence of their Father who is in heaven ; and say ye, Amen.

May there be abundant peace from heaven, and life for us and for all Israel ; and say ye, Amen.

May he who maketh peace in his high places, make peace for us and for all Israel ; and say ye, Amen.

תפלת נעילה

אַשְׁרֵי יוֹשְׁבֵי בֵיתֶךָ עוֹד יְהַלְלוּךָ סֶּלָה:

אַשְׁרֵי הָעָם שֶׁכָּכָה לּוֹ אַשְׁרֵי הָעָם שֶׁיְיָ אֱלֹהָיו:

קמ"ה תְּהִלָּה לְדָוִד

אֲרוֹמִמְךָ אֱלוֹהַי הַמֶּלֶךְ וַאֲבָרְכָה שִׁמְךָ לְעוֹלָם וָעֶד:

בְּכָל־יוֹם אֲבָרְכֶךָּ וַאֲהַלְלָה שִׁמְךָ לְעוֹלָם וָעֶד:

גָּדוֹל יְהוָה וּמְהֻלָּל מְאֹד וְלִגְדֻלָּתוֹ אֵין חֵקֶר:

דּוֹר לְדוֹר יְשַׁבַּח מַעֲשֶׂיךָ וּגְבוּרֹתֶיךָ יַגִּידוּ:

הֲדַר כְּבוֹד הוֹדֶךָ וְדִבְרֵי נִפְלְאֹתֶיךָ אָשִׂיחָה:

* וגדלתך ק' וֶעֱזוּז נוֹרְאֹתֶיךָ יֹאמֵרוּ וּגְדֻלָּתְךָ אֲסַפְּרֶנָּה:

זֵכֶר רַב־טוּבְךָ יַבִּיעוּ וְצִדְקָתְךָ יְרַנֵּנוּ:

* יתיר ו' חַנּוּן וְרַחוּם יְהוָה אֶרֶךְ אַפַּיִם וּגְדָל־חָסֶד:

טוֹב־יְהוָה לַכֹּל וְרַחֲמָיו עַל־כָּל־מַעֲשָׂיו:

יוֹדוּךָ יְהוָה כָּל־מַעֲשֶׂיךָ וַחֲסִידֶיךָ יְבָרְכוּכָה:

כְּבוֹד מַלְכוּתְךָ יֹאמֵרוּ וּגְבוּרָתְךָ יְדַבֵּרוּ:

לְהוֹדִיעַ ׀ לִבְנֵי הָאָדָם גְּבוּרֹתָיו וּכְבוֹד הֲדַר מַלְכוּתוֹ:

מַלְכוּתְךָ מַלְכוּת כָּל־עֹלָמִים וּמֶמְשַׁלְתְּךָ בְּכָל־דּוֹר וָדֹר:

סוֹמֵךְ יְהוָה לְכָל־הַנֹּפְלִים וְזוֹקֵף לְכָל־הַכְּפוּפִים:

עֵינֵי כֹל אֵלֶיךָ יְשַׂבֵּרוּ וְאַתָּה נוֹתֵן־לָהֶם אֶת־אָכְלָם בְּעִתּוֹ:

פּוֹתֵחַ אֶת־יָדֶךָ וּמַשְׂבִּיעַ לְכָל־חַי רָצוֹן:

צַדִּיק יְהוָה בְּכָל־דְּרָכָיו וְחָסִיד בְּכָל־מַעֲשָׂיו:

CONCLUDING SERVICE

Happy are they that dwell in thy house; they will be ever praising thee. Selah. Happy is the people that is in such a case; happy is the people whose God is the Lord.

Psalm cxlv. A Psalm of Praise of David.

I will extol thee, my God, O King; and I will bless thy Name for ever and ever. Every day will I bless thee; and I will praise thy Name for ever and ever. Great is the Lord and greatly to be praised; and his greatness is unsearchable. One generation shall laud thy works to another, and shall declare thy mighty acts. Of the glorious honour of thy majesty, and of thy wondrous works, will I speak. And men shall speak of the might of thy terrible acts: and I will declare thy greatness. They shall utter the memory of thy great goodness, and shall sing of thy righteousness. The Lord is gracious and full of compassion; slow to anger and of great mercy. The Lord is good to all; and his tender mercies are over all his works. All thy works shall give thanks unto thee, O Lord; and thy pious servants shall bless thee. They shall speak of the glory of thy kingdom, and talk of thy power; to make known to the sons of men his mighty acts, and the glory of the majesty of his kingdom. Thy kingdom is an everlasting kingdom, and thy dominion endureth throughout all generations. The Lord upholdeth all that fall, and raiseth up all those that be bowed down. The eyes of all wait upon thee, and thou givest them their meat in due season. Thou openest thine hand, and satisfiest the desire of every living thing. The Lord is righteous in all his ways, and merciful

קָרוֹב יְהוָה לְכָל־קֹרְאָיו לְכֹל אֲשֶׁר יִקְרָאֻהוּ בֶאֱמֶת:
רְצוֹן־יְרֵאָיו יַעֲשֶׂה וְאֶת־שַׁוְעָתָם יִשְׁמַע וְיוֹשִׁיעֵם:
שׁוֹמֵר יְהוָה אֶת־כָּל־אֹהֲבָיו וְאֵת כָּל־הָרְשָׁעִים יַשְׁמִיד:
תְּהִלַּת יְהוָה יְדַבֶּר־פִּי וִיבָרֵךְ כָּל־בָּשָׂר שֵׁם קָדְשׁוֹ
לְעוֹלָם וָעֶד:
וַאֲנַחְנוּ נְבָרֵךְ יָהּ מֵעַתָּה וְעַד עוֹלָם הַלְלוּיָהּ:

וּבָא לְצִיּוֹן גּוֹאֵל וּלְשָׁבֵי פֶשַׁע בְּיַעֲקֹב נְאָם יְיָ: וַאֲנִי
זֹאת בְּרִיתִי אֹתָם אָמַר יְיָ רוּחִי אֲשֶׁר עָלֶיךָ וּדְבָרַי אֲשֶׁר
שַׂמְתִּי בְּפִיךָ לֹא יָמוּשׁוּ מִפִּיךָ וּמִפִּי זַרְעֲךָ וּמִפִּי זֶרַע
זַרְעֲךָ אָמַר יְיָ מֵעַתָּה וְעַד עוֹלָם: וְאַתָּה קָדוֹשׁ יוֹשֵׁב
תְּהִלּוֹת יִשְׂרָאֵל: וְקָרָא זֶה אֶל זֶה וְאָמַר קָדוֹשׁ קָדוֹשׁ קָדוֹשׁ
יְיָ צְבָאוֹת מְלֹא כָל הָאָרֶץ כְּבוֹדוֹ: וּמְקַבְּלִין דֵּין מִן דֵּין
וְאָמְרִין קַדִּישׁ בִּשְׁמֵי מְרוֹמָא עִלָּאָה בֵּית שְׁכִינְתֵּהּ קַדִּישׁ
עַל אַרְעָא עוֹבַד גְּבוּרְתֵּהּ קַדִּישׁ לְעָלַם וּלְעָלְמֵי עָלְמַיָּא
יְיָ צְבָאוֹת מַלְיָא כָל אַרְעָא זִיו יְקָרֵהּ: וַתִּשָּׂאֵנִי רוּחַ
וָאֶשְׁמַע אַחֲרַי קוֹל רַעַשׁ גָּדוֹל· בָּרוּךְ כְּבוֹד יְיָ מִמְּקוֹמוֹ:
וּנְטָלַתְנִי רוּחָא וְשִׁמְעֵת בַּתְרַי קָל זִיע סַגִּיא דִּי מְשַׁבְּחִין
וְאָמְרִין· בְּרִיךְ יְקָרָא דִי יְיָ מֵאֲתַר בֵּית שְׁכִינְתֵּהּ: יְיָ יִמְלֹךְ
לְעֹלָם וָעֶד: יְיָ מַלְכוּתֵהּ קָאֵם לְעָלַם וּלְעָלְמֵי עָלְמַיָּא:
יְיָ אֱלֹהֵי אַבְרָהָם יִצְחָק וְיִשְׂרָאֵל אֲבוֹתֵינוּ שָׁמְרָה זֹאת
לְעוֹלָם לְיֵצֶר מַחְשְׁבוֹת לְבַב עַמֶּךָ וְהָכֵן לְבָבָם אֵלֶיךָ:
וְהוּא רַחוּם יְכַפֵּר עָוֹן וְלֹא יַשְׁחִית וְהִרְבָּה לְהָשִׁיב אַפּוֹ
וְלֹא יָעִיר כָּל חֲמָתוֹ: כִּי אַתָּה אֲדֹנָי טוֹב וְסַלָּח וְרַב
חֶסֶד לְכָל קֹרְאֶיךָ: צִדְקָתְךָ צֶדֶק לְעוֹלָם וְתוֹרָתְךָ אֱמֶת:

in all his works. The Lord is nigh unto all them that call upon him, to all that call upon him in truth. He will fulfil the desire of them that fear him ; he also will hear their cry, and will save them. The Lord preserveth all them that love him ; but all the wicked will he destroy. My mouth shall speak the praise of the Lord ; and let all flesh bless his holy Name for ever and ever.

And as for us, we will bless the Lord from this time forth, and for evermore. Praise ye the Lord.

And a redeemer shall come to Zion and unto them that turn from transgression in Jacob, saith the Lord. And as for me, this is my covenant with them, saith the Lord : my spirit that is upon thee, and my words which I have put in thy mouth, shall not depart out of thy mouth, nor out of the mouth of thy seed, nor out of the mouth of thy seed's seed, saith the Lord, from henceforth and for ever. But thou art holy, that dwellest amid the praises of Israel. And one cried unto another, and said, Holy, holy, holy is the Lord of hosts : the whole earth is full of his glory. [¹ And they receive sanction one from the other, and say, Holy in the highest heavens, the place of his abode ; holy upon earth, the work of his might ; holy for ever and to all eternity is the Lord of hosts ; the whole earth is full of the radiance of his glory.] And a wind lifted me up, and I heard behind me the voice of a mighty rushing—Blessed be the glory of the Lord from his place. [¹ And a wind lifted me up, and I heard behind me the voice of a mighty rushing of those who uttered praises and said, Blessed be the glory of the Lord from the place of his abode.] The Lord shall reign for ever and ever. [¹ The kingdom of the Lord endureth for ever and to all eternity.] O Lord, God of Abraham, Isaac and Israel, our fathers, keep this for ever in the innate thoughts of the heart of thy people, and direct their heart unto thee. And he, being full of compassion, forgiveth iniquity and destroyeth not : yea, many a time he turneth his anger away, and stirreth not up all his wrath. For thou, O Lord, art good and ready to forgive, and plenteous in mercy unto all them that call upon thee. Thy righteousness is an everlasting righteousness, and thy Law is truth. Thou wilt perform truth

¹ The Targum or Aramaic paraphrase of the preceding verses.

תִּתֵּן אֱמֶת לְיַעֲקֹב חֶסֶד לְאַבְרָהָם אֲשֶׁר נִשְׁבַּעְתָּ לַאֲבֹתֵינוּ
מִימֵי קֶדֶם: בָּרוּךְ אֲדֹנָי יוֹם יוֹם יַעֲמָס לָנוּ הָאֵל
יְשׁוּעָתֵנוּ סֶלָה: יְיָ צְבָאוֹת עִמָּנוּ מִשְׂגָּב לָנוּ אֱלֹהֵי יַעֲקֹב
סֶלָה: יְיָ צְבָאוֹת אַשְׁרֵי אָדָם בֹּטֵחַ בָּךְ: יְיָ הוֹשִׁיעָה
הַמֶּלֶךְ יַעֲנֵנוּ בְיוֹם קָרְאֵנוּ: בָּרוּךְ (הוּא) אֱלֹהֵינוּ שֶׁבְּרָאָנוּ
לִכְבוֹדוֹ וְהִבְדִּילָנוּ מִן הַתּוֹעִים וְנָתַן לָנוּ תּוֹרַת אֱמֶת וְחַיֵּי
עוֹלָם נָטַע בְּתוֹכֵנוּ הוּא יִפְתַּח לִבֵּנוּ בְּתוֹרָתוֹ וְיָשֵׂם בְּלִבֵּנוּ
אַהֲבָתוֹ וְיִרְאָתוֹ וְלַעֲשׂוֹת רְצוֹנוֹ וּלְעָבְדוֹ בְּלֵבָב שָׁלֵם
לְמַעַן לֹא נִיגַע לָרִיק וְלֹא נֵלֵד לַבֶּהָלָה: יְהִי רָצוֹן מִלְּפָנֶיךָ
יְיָ אֱלֹהֵינוּ וֵאלֹהֵי אֲבוֹתֵינוּ שֶׁנִּשְׁמוֹר חֻקֶּיךָ בָּעוֹלָם הַזֶּה
וְנִזְכֶּה וְנִחְיֶה וְנִרְאֶה וְנִירַשׁ טוֹבָה וּבְרָכָה לִשְׁנֵי יְמוֹת
הַמָּשִׁיחַ וּלְחַיֵּי הָעוֹלָם הַבָּא: לְמַעַן יְזַמֶּרְךָ כָבוֹד וְלֹא
יִדֹּם יְיָ אֱלֹהֵי לְעוֹלָם אוֹדֶךָ: בָּרוּךְ הַגֶּבֶר אֲשֶׁר יִבְטַח
בַּיְיָ וְהָיָה יְיָ מִבְטַחוֹ: בִּטְחוּ בַיְיָ עֲדֵי עַד כִּי בְּיָהּ יְיָ צוּר
עוֹלָמִים: וְיִבְטְחוּ בְךָ יוֹדְעֵי שְׁמֶךָ כִּי לֹא עָזַבְתָּ דֹּרְשֶׁיךָ
יְיָ: יְיָ חָפֵץ לְמַעַן צִדְקוֹ יַגְדִּיל תּוֹרָה וְיַאְדִּיר:

Reader.
יִתְגַּדַּל וְיִתְקַדַּשׁ שְׁמֵהּ רַבָּא· בְּעָלְמָא דִּי בְרָא
כִרְעוּתֵהּ· וְיַמְלִיךְ מַלְכוּתֵהּ בְּחַיֵּיכוֹן וּבְיוֹמֵיכוֹן וּבְחַיֵּי דְכָל
בֵּית יִשְׂרָאֵל בַּעֲגָלָא וּבִזְמַן קָרִיב וְאִמְרוּ· אָמֵן:

Cong. and Reader.
יְהֵא שְׁמֵהּ רַבָּא מְבָרַךְ לְעָלַם וּלְעָלְמֵי
עָלְמַיָּא:

Reader.
יִתְבָּרַךְ וְיִשְׁתַּבַּח וְיִתְפָּאַר וְיִתְרוֹמַם וְיִתְנַשֵּׂא
וְיִתְהַדָּר וְיִתְעַלֶּה וְיִתְהַלָּל שְׁמֵהּ דְּקֻדְשָׁא· בְּרִיךְ הוּא·
לְעֵלָּא וּלְעֵלָּא מִן כָּל בִּרְכָתָא וְשִׁירָתָא תֻּשְׁבְּחָתָא
וְנֶחֱמָתָא דַּאֲמִירָן בְּעָלְמָא וְאִמְרוּ· אָמֵן:

to Jacob and mercy to Abraham, as thou hast sworn unto
our fathers from the days of old. Blessed be the Lord who
day by day loadeth us with blessings : he is the God of our
salvation, Selah. The Lord of hosts is with us ; the God
of Jacob is a stronghold unto us. Selah. O Lord of hosts,
happy is the man that trusteth in thee. Save, O Lord :
may the King answer us on the day when we call.

Blessed is our God who hath created us for his glory, and
hath separated us from them that go astray, who hath given
us the Law of truth and planted everlasting life in our
midst. May he open our heart unto his Law, and set his
love and fear within our hearts, that we may do his will
and serve him with a perfect heart, that we may not
labour in vain, nor bring forth unto confusion. May it be
thy will, O Lord our God and God of our fathers, that we
may keep thy statutes in this world, and be worthy to live,
witness and inherit happiness and blessing in the days of
the Messiah and in the life of the world to come. To the
end that my glory may sing praise to thee and not be silent ;
O Lord my God, I will give thanks unto thee for ever.
Blessed is the man that trusteth in the Lord and whose
trust the Lord is. Trust ye in the Lord for ever : for in
Jah the Lord is an everlasting rock. And they that know
thy Name will put their trust in thee ; for thou hast not
forsaken them that seek thee, O Lord. It pleased the Lord
for the sake of his righteousness to magnify the Law and
to make it honourable.

Reader. Magnified and sanctified be his great Name in
the world he hath created according to his will. May he
establish his kingdom in your life-time and in your days,
and in the life-time of all the house of Israel, speedily and
at a near time ; and say ye, Amen.

Cong. and Reader. Let his great Name be blessed for ever
and ever.

Reader. Blessed, praised and glorified, exalted, extolled
and honoured, adored and lauded be the Name of the Holy
One, blessed be he, beyond, yea, beyond all blessings and
hymns, praises and songs, which are uttered in the world;
and say ye, Amen.

The Amidah until קדמניות on page 252 is said standing and in silence.

אֲדֹנָי שְׂפָתַי תִּפְתָּח וּפִי יַגִּיד תְּהִלָּתֶךָ:

בָּרוּךְ אַתָּה יְיָ אֱלֹהֵינוּ וֵאלֹהֵי אֲבוֹתֵינוּ· אֱלֹהֵי אַבְרָהָם
אֱלֹהֵי יִצְחָק וֵאלֹהֵי יַעֲקֹב· הָאֵל הַגָּדוֹל הַגִּבּוֹר וְהַנּוֹרָא
אֵל עֶלְיוֹן· גּוֹמֵל חֲסָדִים טוֹבִים וְקֹנֵה הַכֹּל· וְזוֹכֵר חַסְדֵּי
אָבוֹת וּמֵבִיא גוֹאֵל לִבְנֵי בְנֵיהֶם לְמַעַן שְׁמוֹ בְּאַהֲבָה:
זָכְרֵנוּ לַחַיִּים מֶלֶךְ חָפֵץ בַּחַיִּים· וְחָתְמֵנוּ בְּסֵפֶר הַחַיִּים·
לְמַעַנְךָ אֱלֹהִים חַיִּים: מֶלֶךְ עוֹזֵר וּמוֹשִׁיעַ וּמָגֵן·
בָּרוּךְ אַתָּה יְיָ מָגֵן אַבְרָהָם:

אַתָּה גִבּוֹר לְעוֹלָם אֲדֹנָי מְחַיֵּה מֵתִים אַתָּה רַב לְהוֹשִׁיעַ·
מְכַלְכֵּל חַיִּים בְּחֶסֶד מְחַיֵּה מֵתִים בְּרַחֲמִים רַבִּים· סוֹמֵךְ
נוֹפְלִים וְרוֹפֵא חוֹלִים וּמַתִּיר אֲסוּרִים וּמְקַיֵּם אֱמוּנָתוֹ
לִישֵׁנֵי עָפָר· מִי כָמוֹךָ בַּעַל גְּבוּרוֹת וּמִי דּוֹמֶה לָּךְ· מֶלֶךְ
מֵמִית וּמְחַיֶּה וּמַצְמִיחַ יְשׁוּעָה: מִי כָמוֹךָ אַב הָרַחֲמִים
זוֹכֵר יְצוּרָיו לַחַיִּים בְּרַחֲמִים: וְנֶאֱמָן אַתָּה לְהַחֲיוֹת מֵתִים·
בָּרוּךְ אַתָּה יְיָ מְחַיֵּה הַמֵּתִים:

אַתָּה קָדוֹשׁ וְשִׁמְךָ קָדוֹשׁ וּקְדוֹשִׁים בְּכָל יוֹם יְהַלְלוּךָ סֶּלָה:

וּבְכֵן תֵּן פַּחְדְּךָ יְיָ אֱלֹהֵינוּ עַל כָּל מַעֲשֶׂיךָ וְאֵימָתְךָ
עַל כָּל מַה שֶּׁבָּרָאתָ· וְיִירָאוּךָ כָּל הַמַּעֲשִׂים וְיִשְׁתַּחֲווּ
לְפָנֶיךָ כָּל הַבְּרוּאִים· וְיֵעָשׂוּ כֻלָּם אֲגֻדָּה אֶחָת לַעֲשׂוֹת
רְצוֹנְךָ בְּלֵבָב שָׁלֵם· כְּמוֹ שֶׁיָּדַעְנוּ יְיָ אֱלֹהֵינוּ שֶׁהַשִּׁלְטוֹן
לְפָנֶיךָ עֹז בְּיָדְךָ וּגְבוּרָה בִּימִינֶךָ וְשִׁמְךָ נוֹרָא עַל כָּל
מַה שֶּׁבָּרָאתָ:

וּבְכֵן תֵּן כָּבוֹד יְיָ לְעַמֶּךָ תְּהִלָּה לִירֵאֶיךָ וְתִקְוָה
לְדוֹרְשֶׁיךָ וּפִתְחוֹן פֶּה לַמְיַחֲלִים לָךְ· שִׂמְחָה לְאַרְצֶךָ

The Amidah until in ancient years, *on page 252, is said standing and in silence.*

O Lord, open thou my lips, and my mouth shall declare thy praise.

Blessed art thou, O Lord our God and God of our fathers, God of Abraham, God of Isaac and God of Jacob, O great, mighty and awful God, most high God, who bestowest gracious favours and who possessest all things, who rememberest the piety of the patriarchs, and who in love wilt bring a redeemer to their children's children, for the sake of thy Name. Remember us unto life, O King, who delightest in life, and seal us in the book of life, for thine own sake, O living God. O King, Helper, Saviour and Shield ; blessed art thou, O Lord, the Shield of Abraham.

Thou art mighty for ever, O Lord ; it is thou who quickenest the dead and art mighty to save. Thou sustainest the living with loving-kindness, quickenest the dead with great mercy, supportest the falling and healest the sick, loosest the bound, and keepest thy faith unto them that sleep in the dust. Who is like unto thee, Lord of mighty acts, and who can be compared unto thee, O King, who killest and restorest to life and causest salvation to spring forth ? Who is like unto thee, Father of mercy, who in mercy rememberest thy creatures unto life ? And faithful art thou to quicken the dead. Blessed art thou, O Lord, who quickenest the dead.

Thou art holy and thy Name is holy, and holy beings praise thee daily. Selah.

Now therefore, O Lord our God, impose thine awe upon all thy works and thy dread over all that thou hast created, that all thy works may fear thee and all creatures prostrate themselves before thee, that they may all form one band to do thy will with a perfect heart : even as we know, O Lord our God, that dominion is thine, strength is in thy hand, and might in thy right hand, and that thy Name is awful over all that thou hast created.

And therefore, O Lord our God, give glory unto thy people, praise to them that fear thee, hope to them that seek thee, confidence to them that wait for thee, joy to thy land,

וְשָׂשׂוֹן לְעִירֶךָ וּצְמִיחַת קֶרֶן לְדָוִד עַבְדֶּךָ וַעֲרִיכַת נֵר לְבֶן
יִשַׁי מְשִׁיחֶךָ בִּמְהֵרָה בְיָמֵינוּ:

וּבְכֵן צַדִּיקִים יִרְאוּ וְיִשְׂמָחוּ וִישָׁרִים יַעֲלוּ וַחֲסִידִים
בְּרִנָּה יָגִילוּ · וְעוֹלָתָה תִּקְפָּץ פִּיהָ · וְכָל הָרִשְׁעָה כֻּלָּה
כְּעָשָׁן תִּכְלֶה · כִּי תַעֲבִיר מֶמְשֶׁלֶת זָדוֹן מִן הָאָרֶץ:

וְתִמְלוֹךְ אַתָּה יְיָ לְבַדֶּךָ עַל כָּל מַעֲשֶׂיךָ בְּהַר צִיּוֹן
מִשְׁכַּן כְּבוֹדֶךָ וּבִירוּשָׁלַיִם עִיר קָדְשֶׁךָ כַּכָּתוּב בְּדִבְרֵי
קָדְשֶׁךָ · יִמְלֹךְ יְיָ לְעוֹלָם אֱלֹהַיִךְ צִיּוֹן לְדֹר וָדֹר הַלְלוּיָהּ:

קָדוֹשׁ אַתָּה וְנוֹרָא שְׁמֶךָ וְאֵין אֱלוֹהַּ מִבַּלְעָדֶיךָ כַּכָּתוּב ·
וַיִּגְבַּהּ יְיָ צְבָאוֹת בַּמִּשְׁפָּט וְהָאֵל הַקָּדוֹשׁ נִקְדַּשׁ בִּצְדָקָה ·
בָּרוּךְ אַתָּה יְיָ הַמֶּלֶךְ הַקָּדוֹשׁ:

אַתָּה בְחַרְתָּנוּ מִכָּל הָעַמִּים · אָהַבְתָּ אוֹתָנוּ · וְרָצִיתָ
בָּנוּ · וְרוֹמַמְתָּנוּ מִכָּל הַלְּשׁוֹנוֹת · וְקִדַּשְׁתָּנוּ בְּמִצְוֹתֶיךָ ·
וְקֵרַבְתָּנוּ מַלְכֵּנוּ לַעֲבוֹדָתֶךָ · וְשִׁמְךָ הַגָּדוֹל וְהַקָּדוֹשׁ
עָלֵינוּ קָרָאתָ:

On Sabbath add the bracketed words:

וַתִּתֶּן לָנוּ יְיָ אֱלֹהֵינוּ בְּאַהֲבָה אֶת יוֹם [הַשַּׁבָּת הַזֶּה
לִקְדֻשָּׁה וְלִמְנוּחָה וְאֶת יוֹם] הַכִּפֻּרִים הַזֶּה לִמְחִילָה
וְלִסְלִיחָה וּלְכַפָּרָה וְלִמְחָל בּוֹ אֶת כָּל עֲוֹנוֹתֵינוּ [בְּאַהֲבָה]
מִקְרָא קֹדֶשׁ · זֵכֶר לִיצִיאַת מִצְרָיִם:

אֱלֹהֵינוּ וֵאלֹהֵי אֲבוֹתֵינוּ יַעֲלֶה וְיָבֹא וְיַגִּיעַ וְיֵרָאֶה וְיֵרָצֶה
וְיִשָּׁמַע וְיִפָּקֵד וְיִזָּכֵר זִכְרוֹנֵנוּ וּפִקְדּוֹנֵנוּ וְזִכְרוֹן אֲבוֹתֵינוּ
וְזִכְרוֹן מָשִׁיחַ בֶּן דָּוִד עַבְדֶּךָ וְזִכְרוֹן יְרוּשָׁלַיִם עִיר קָדְשֶׁךָ
וְזִכְרוֹן כָּל עַמְּךָ בֵּית יִשְׂרָאֵל לְפָנֶיךָ לִפְלֵיטָה לְטוֹבָה

gladness to thy City, a flourishing horn unto David thy servant, and a constant light unto the son of Jesse, thine anointed, speedily in our days.

Then shall the just see and be glad, the upright shall exult, the pious shall rejoice in song, and iniquity shall close her mouth, and all wickedness shall be wholly consumed like smoke, when thou makest the dominion of arrogance to pass away from the earth.

And thou, O Lord, shalt reign, thou alone, over all thy works on Mount Zion, the dwelling-place of thy glory, and in Jerusalem, thy holy City ; as it is written in thy holy words, The Lord shall reign for ever, thy God, O Zion, unto all generations. Praise ye the Lord.

Holy art thou, and awful is thy Name, and there is no God beside thee ; as it is written, And the Lord of hosts is exalted in judgment and the holy God is sanctified in righteousness. Blessed art thou, O Lord, the holy King.

Thou hast chosen us from all peoples ; thou hast loved us and taken pleasure in us, and hast exalted us above all tongues. Thou hast sanctified us by thy commandments, and hast drawn us near, O our King, unto thy service, and hast called us by thy great and holy Name.

On Sabbath add the bracketed words :

And thou hast given us in love, O Lord our God, [this Sabbath day for holiness and rest and] this Day of Atonement for pardon, forgiveness and atonement, that we may [in love] obtain pardon thereon for all our iniquities : a holy convocation, a memorial of the departure from Egypt.

Our God and God of our fathers, may our remembrance and our name, and the remembrance of our fathers, the remembrance of Messiah, the son of David, thy servant, the remembrance of Jerusalem thy holy City, and the remembrance of all thy people the house of Israel, rise and go up, approach to thy presence and find grace ; may it be heard, visited and remembered, for deliverance and for good, for

לְחֵן וּלְחֶסֶד וּלְרַחֲמִים לְחַיִּים וּלְשָׁלוֹם בְּיוֹם הַכִּפּוּרִים
הַזֶּה: זָכְרֵנוּ יְיָ אֱלֹהֵינוּ בּוֹ לְטוֹבָה· וּפָקְדֵנוּ בוֹ לִבְרָכָה·
וְהוֹשִׁיעֵנוּ בוֹ לְחַיִּים· וּבִדְבַר יְשׁוּעָה וְרַחֲמִים חוּס וְחָנֵּנוּ
וְרַחֵם עָלֵינוּ וְהוֹשִׁיעֵנוּ כִּי אֵלֶיךָ עֵינֵינוּ· כִּי אֵל מֶלֶךְ
חַנּוּן וְרַחוּם אָתָּה:

אֱלֹהֵינוּ וֵאלֹהֵי אֲבוֹתֵינוּ מְחַל לַעֲוֹנוֹתֵינוּ בְּיוֹם [הַשַּׁבָּת
הַזֶּה וּבְיוֹם] הַכִּפֻּרִים הַזֶּה מְחֵה וְהַעֲבֵר פְּשָׁעֵינוּ וְחַטֹּאתֵינוּ
מִנֶּגֶד עֵינֶיךָ· כָּאָמוּר אָנֹכִי אָנֹכִי הוּא מֹחֶה פְשָׁעֶיךָ לְמַעֲנִי
וְחַטֹּאתֶיךָ לֹא אֶזְכֹּר: וְנֶאֱמַר מָחִיתִי כָעָב פְּשָׁעֶיךָ וְכֶעָנָן
חַטֹּאתֶיךָ שׁוּבָה אֵלַי כִּי גְאַלְתִּיךָ: וְנֶאֱמַר כִּי בַיּוֹם הַזֶּה
יְכַפֵּר עֲלֵיכֶם לְטַהֵר אֶתְכֶם מִכֹּל חַטֹּאתֵיכֶם לִפְנֵי יְיָ
תִּטְהָרוּ: [אֱלֹהֵינוּ וֵאלֹהֵי אֲבוֹתֵינוּ רְצֵה בִמְנוּחָתֵנוּ]
קַדְּשֵׁנוּ בְּמִצְוֹתֶיךָ וְתֵן חֶלְקֵנוּ בְּתוֹרָתֶךָ שַׂבְּעֵנוּ מִטּוּבֶךָ
וְשַׂמְּחֵנוּ בִּישׁוּעָתֶךָ· [וְהַנְחִילֵנוּ יְיָ אֱלֹהֵינוּ בְּאַהֲבָה וּבְרָצוֹן
שַׁבַּת קָדְשֶׁךָ וְיָנוּחוּ בָה יִשְׂרָאֵל מְקַדְּשֵׁי שְׁמֶךָ] וְטַהֵר
לִבֵּנוּ לְעָבְדְּךָ בֶּאֱמֶת· כִּי אַתָּה סָלְחָן לְיִשְׂרָאֵל וּמָחֳלָן
לְשִׁבְטֵי יְשֻׁרוּן בְּכָל דּוֹר וָדוֹר וּמִבַּלְעָדֶיךָ אֵין לָנוּ מֶלֶךְ
מוֹחֵל וְסוֹלֵחַ אֶלָּא אָתָּה· בָּרוּךְ אַתָּה יְיָ· מֶלֶךְ מוֹחֵל
וְסוֹלֵחַ לַעֲוֹנוֹתֵינוּ וְלַעֲוֹנוֹת עַמּוֹ בֵּית יִשְׂרָאֵל· וּמַעֲבִיר
אַשְׁמוֹתֵינוּ בְּכָל שָׁנָה וְשָׁנָה· מֶלֶךְ עַל כָּל הָאָרֶץ מְקַדֵּשׁ
[הַשַּׁבָּת וְ]יִשְׂרָאֵל וְיוֹם הַכִּפֻּרִים:

רְצֵה יְיָ אֱלֹהֵינוּ בְּעַמְּךָ יִשְׂרָאֵל וּבִתְפִלָּתָם· וְהָשֵׁב אֶת
הָעֲבוֹדָה לִדְבִיר בֵּיתֶךָ וְאִשֵּׁי יִשְׂרָאֵל וּתְפִלָּתָם בְּאַהֲבָה
תְקַבֵּל בְּרָצוֹן וּתְהִי לְרָצוֹן תָּמִיד עֲבוֹדַת יִשְׂרָאֵל עַמֶּךָ·

grace, loving-kindness and mercy, for life and for peace on this Day of Atonement. Remember us, O Lord our God, thereon for good ; visit us with a blessing, and save us unto life. And with thy word of salvation and mercy, spare us and be gracious unto us ; have mercy upon us and save us ; for unto thee our eyes are turned : for thou art a gracious and merciful God and King.

Our God and God of our fathers, pardon our iniquities [on this Sabbath day and] on this Day of Atonement ; blot out our transgressions and our sins and make them to pass away from before thine eyes ; as it is said, I, even I, am he that blotteth out thy transgressions for mine own sake ; and I will not remember thy sins. And it is said, I have blotted out as a thick cloud thy transgressions, and as a mist thy sins : return unto me, for I have redeemed thee. And it is said, For on this day shall atonement be made for you, to cleanse you : from all your sins before the Lord shall ye be clean. [Our God and God of our fathers, accept our rest], sanctify us by thy commandments and grant our portion be in thy Law ; satisfy us with thy goodness, and gladden us with thy salvation, [and cause us, O Lord our God, in love and favour to inherit thy holy Sabbath ; and may Israel find repose thereon, who hallow thy Name,] and purify our hearts to serve thee in truth ; for thou art the Forgiver of Israel, and Pardoner of the tribes of Jeshurun in all generations, and beside thee we have no King to pardon and forgive our sins, yea, none but thee. Blessed art thou, O Lord, thou King who pardonest and forgivest our iniquities and the iniquities of thy people the house of Israel, and who makest our trespasses to pass away year by year : King over all the earth, who sanctifiest [the Sabbath and] Israel and the Day of Atonement.

Accept, O Lord our God, thy people Israel and their prayer ; restore the service to the innermost part of thine house ; receive in love and favour the fire offerings of Israel and their prayer ; and may the service of thy people Israel

וְתֶחֱזֶינָה עֵינֵינוּ בְּשׁוּבְךָ לְצִיּוֹן בְּרַחֲמִים ׃ בָּרוּךְ אַתָּה
יְיָ הַמַּחֲזִיר שְׁכִינָתוֹ לְצִיּוֹן׃

מוֹדִים אֲנַחְנוּ לָךְ שָׁאַתָּה הוּא יְיָ אֱלֹהֵינוּ וֵאלֹהֵי אֲבוֹתֵינוּ
לְעוֹלָם וָעֶד ׃ צוּר חַיֵּינוּ מָגֵן יִשְׁעֵנוּ אַתָּה הוּא לְדוֹר וָדוֹר ׃
נוֹדֶה לְךָ וּנְסַפֵּר תְּהִלָּתֶךָ עַל חַיֵּינוּ הַמְּסוּרִים בְּיָדֶךָ
וְעַל נִשְׁמוֹתֵינוּ הַפְּקוּדוֹת לָךְ וְעַל נִסֶּיךָ שֶׁבְּכָל יוֹם עִמָּנוּ
וְעַל נִפְלְאוֹתֶיךָ וְטוֹבוֹתֶיךָ שֶׁבְּכָל עֵת עֶרֶב וָבֹקֶר וְצָהֳרָיִם ׃
הַטּוֹב כִּי לֹא כָלוּ רַחֲמֶיךָ וְהַמְרַחֵם כִּי לֹא תַמּוּ חֲסָדֶיךָ
מֵעוֹלָם קִוִּינוּ לָךְ׃

וְעַל כֻּלָּם יִתְבָּרַךְ וְיִתְרוֹמַם שִׁמְךָ מַלְכֵּנוּ תָּמִיד
לְעוֹלָם וָעֶד ׃

וַחֲתוֹם לְחַיִּים טוֹבִים כָּל בְּנֵי בְרִיתֶךָ׃

וְכֹל הַחַיִּים יוֹדוּךָ סֶּלָה וִיהַלְלוּ אֶת שִׁמְךָ בֶּאֱמֶת הָאֵל
יְשׁוּעָתֵנוּ וְעֶזְרָתֵנוּ סֶלָה ׃ בָּרוּךְ אַתָּה יְיָ הַטּוֹב שִׁמְךָ וּלְךָ
נָאֶה לְהוֹדוֹת׃

שִׂים שָׁלוֹם טוֹבָה וּבְרָכָה חֵן וָחֶסֶד וְרַחֲמִים עָלֵינוּ
וְעַל כָּל יִשְׂרָאֵל עַמֶּךָ ׃ בָּרְכֵנוּ אָבִינוּ כֻּלָּנוּ כְּאֶחָד
בְּאוֹר פָּנֶיךָ ׃ כִּי בְאוֹר פָּנֶיךָ נָתַתָּ לָּנוּ יְיָ אֱלֹהֵינוּ תּוֹרַת
חַיִּים וְאַהֲבַת חֶסֶד וּצְדָקָה וּבְרָכָה וְרַחֲמִים וְחַיִּים וְשָׁלוֹם ׃
וְטוֹב בְּעֵינֶיךָ לְבָרֵךְ אֶת עַמְּךָ יִשְׂרָאֵל בְּכָל עֵת וּבְכָל
שָׁעָה בִּשְׁלוֹמֶךָ ׃ בְּסֵפֶר חַיִּים בְּרָכָה וְשָׁלוֹם וּפַרְנָסָה

be ever acceptable to thee. And let our eyes behold thy return in mercy to Zion. Blessed art thou, O Lord, who restorest thy divine presence unto Zion.

We make acknowledgment unto thee, that thou art the Lord our God and the God of our fathers for ever and ever ; thou art the Rock of our lives, the Shield of our salvation through every generation. We will give thanks unto thee and declare thy praise for our lives which are delivered into thy hand, and for our souls which are committed unto thy charge, and for thy miracles which are with us every day, and for thy wondrous benefits which are with us at all times, even, morn and noon. Thou art the Beneficent One, for thy mercies never fail ; thou art the Merciful One, for thy kindnesses never cease. We have ever hoped in thee.

And for all these things, O our King, thy Name shall be continually blessed and exalted for ever and ever. And seal all the children of thy covenant for a happy life. And every one that liveth shall give thanks unto thee, Selah ; and shall praise thy Name in truth, O God, our salvation and help, Selah. Blessed art thou, O Lord, whose Name is the Beneficent One, and unto whom it is becoming to give thanks.

Grant peace, welfare, blessing, grace, loving-kindness and mercy unto us and unto all Israel, thy people. Bless us, O our Father, yea, all of us together, with the light of thy countenance ; for by the light of thy countenance thou hast given unto us, O Lord our God, the Law of life, loving-kindness and righteousness, blessing, mercy, life and peace ; and may it be good in thy sight to bless thy people Israel at all times and in every hour with thy peace. In the book of life, blessing, peace and good sustenance,

טוֹבָה נִזָּכֵר וְנֵחָתֵם לְפָנֶיךָ אֲנַחְנוּ וְכָל עַמְּךָ בֵּית יִשְׂרָאֵל
לְחַיִּים טוֹבִים וּלְשָׁלוֹם· בָּרוּךְ אַתָּה יְיָ עוֹשֵׂה הַשָּׁלוֹם:

אֱלֹהֵינוּ וֵאלֹהֵי אֲבוֹתֵינוּ·

תָּבֹא לְפָנֶיךָ תְּפִלָּתֵנוּ וְאַל תִּתְעַלַּם מִתְּחִנָּתֵנוּ· שֶׁאֵין
אֲנַחְנוּ עַזֵּי פָנִים וּקְשֵׁי עֹרֶף לוֹמַר לְפָנֶיךָ יְיָ אֱלֹהֵינוּ
וֵאלֹהֵי אֲבוֹתֵינוּ צַדִּיקִים אֲנַחְנוּ וְלֹא חָטָאנוּ אֲבָל אֲנַחְנוּ
חָטָאנוּ:

אָשַׁמְנוּ· בָּגַדְנוּ· גָּזַלְנוּ· דִּבַּרְנוּ דֹפִי· הֶעֱוִינוּ· וְהִרְשַׁעְנוּ·
זַדְנוּ· חָמַסְנוּ· טָפַלְנוּ שֶׁקֶר· יָעַצְנוּ רָע· כִּזַּבְנוּ· לַצְנוּ·
מָרַדְנוּ· נִאַצְנוּ· סָרַרְנוּ· עָוִינוּ· פָּשַׁעְנוּ· צָרַרְנוּ· קִשִּׁינוּ
עֹרֶף· רָשַׁעְנוּ· שִׁחַתְנוּ· תִּעַבְנוּ· תָּעִינוּ· תִּעְתָּעְנוּ:

סַרְנוּ מִמִּצְוֹתֶיךָ וּמִמִּשְׁפָּטֶיךָ הַטּוֹבִים וְלֹא שָׁוָה לָנוּ·
וְאַתָּה צַדִּיק עַל כָּל הַבָּא עָלֵינוּ כִּי אֱמֶת עָשִׂיתָ וַאֲנַחְנוּ
הִרְשָׁעְנוּ:

מַה נֹּאמַר לְפָנֶיךָ יוֹשֵׁב מָרוֹם וּמַה נְּסַפֵּר לְפָנֶיךָ שׁוֹכֵן
שְׁחָקִים· הֲלֹא כָּל הַנִּסְתָּרוֹת וְהַנִּגְלוֹת אַתָּה יוֹדֵעַ:

אַתָּה נוֹתֵן יָד לְפוֹשְׁעִים וִימִינְךָ פְשׁוּטָה לְקַבֵּל שָׁבִים·
וַתְּלַמְּדֵנוּ יְיָ אֱלֹהֵינוּ לְהִתְוַדּוֹת לְפָנֶיךָ עַל כָּל עֲוֹנוֹתֵינוּ
לְמַעַן נֶחְדַּל מֵעֹשֶׁק יָדֵינוּ וּתְקַבְּלֵנוּ בִּתְשׁוּבָה שְׁלֵמָה
לְפָנֶיךָ כְּאִשִּׁים וּכְנִיחוֹחִים לְמַעַן דְּבָרֶיךָ אֲשֶׁר אָמָרְתָּ·
אֵין קֵץ לְאִשֵּׁי חוֹבוֹתֵינוּ וְאֵין מִסְפָּר לְנִיחוֹחֵי אַשְׁמָתֵנוּ·
וְאַתָּה יוֹדֵעַ שֶׁאַחֲרִיתֵנוּ רִמָּה וְתוֹלֵעָה· לְפִיכָךְ הִרְבִּיתָ
סְלִיחָתֵנוּ: מָה אָנוּ· מֶה חַיֵּינוּ· מֶה חַסְדֵּנוּ· מַה צִּדְקֵנוּ· מַה
יִּשְׁעֵנוּ· מַה כֹּחֵנוּ· מַה גְּבוּרָתֵנוּ· מַה נֹּאמַר לְפָנֶיךָ יְיָ

may we be remembered and sealed before thee, we and all thy people the house of Israel, for a happy life and peace. Blessed art thou, O Lord, who makest peace.

Our God and God of our fathers,
Let our prayer come before thee : hide not thyself from our supplication ; for we are not arrogant and stiff-necked, that we should say before thee, O Lord our God and God of our fathers, we are righteous and have not sinned ; verily we have sinned.

We have trespassed, we have dealt treacherously, we have robbed, we have spoken slander, we have acted perversely and we have wrought wickedness, we have acted presumptuously, we have done violence, we have framed lies, we have counselled evil, we have spoken falsely, we have scoffed, we have revolted, we have provoked, we have rebelled, we have committed iniquity, we have transgressed, we have oppressed,we have been stiff-necked, we have acted wickedly, we have corrupted, we have committed abomination, we have gone astray, we have led others astray.

We have turned away from thy commandments, and thy judgments that are good, and it hath not profited us. But thou art righteous in all that hath come upon us ; for thou hast acted truthfully, but as for us, we have done wickedly.

What shall we say before thee, O thou who dwellest on high, and what shall we declare before thee, thou who abidest in the heavens ? Dost thou not know all things, both the hidden and the revealed ?

Thou givest the hand to transgressors and thy right hand is stretched forth to receive the repentant. Thou hast taught us, O Lord our God, to make confession before thee of all our iniquities, so that we may stay our hands from violence : for then wilt thou receive us back in perfect penitence before thee even as fire offerings and as sweet-savoured sacrifices, for the sake of the words thou hast spoken. There is no end to the fire offerings we owe, nor to the sweet savours for our trespasses. But thou knowest that our latter end is the worm, and therefore thou hast multiplied thy forgiveness to us. What are we ? What is our life ? What our piety ? What our righteousness ? What our salvation ? What our strength ? What our might ? And what shall we say before thee, O Lord our

אֱלֹהֵינוּ וֵאלֹהֵי אֲבוֹתֵינוּ. הֲלֹא כָּל הַגִּבּוֹרִים כְּאַיִן לְפָנֶיךָ
וְאַנְשֵׁי הַשֵּׁם כְּלֹא הָיוּ וַחֲכָמִים כִּבְלִי מַדָּע וּנְבוֹנִים
כִּבְלִי הַשְׂכֵּל. כִּי רֹב מַעֲשֵׂיהֶם תֹּהוּ וִימֵי חַיֵּיהֶם הֶבֶל
לְפָנֶיךָ. וּמוֹתַר הָאָדָם מִן הַבְּהֵמָה אָיִן כִּי הַכֹּל הָבֶל:

אַתָּה הִבְדַּלְתָּ אֱנוֹשׁ מֵרֹאשׁ וַתַּכִּירֵהוּ לַעֲמֹד לְפָנֶיךָ:
כִּי מִי יֹאמַר לְךָ מַה תִּפְעַל וְאִם יִצְדַּק מַה יִּתֶּן לָךְ:
וַתִּתֶּן לָנוּ יְיָ אֱלֹהֵינוּ בְּאַהֲבָה אֶת יוֹם הַכִּפֻּרִים הַזֶּה קֵץ
וּמְחִילָה וּסְלִיחָה. עַל כָּל עֲוֹנוֹתֵינוּ לְמַעַן נֶחְדַּל מֵעֹשֶׁק
יָדֵנוּ וְנָשׁוּב אֵלֶיךָ לַעֲשׂוֹת חֻקֵּי רְצוֹנְךָ בְּלֵבָב שָׁלֵם:
וְאַתָּה בְּרַחֲמֶיךָ הָרַבִּים רַחֵם עָלֵינוּ. כִּי לֹא תַחְפֹּץ
בְּהַשְׁחָתַת עוֹלָם. שֶׁנֶּאֱמַר. דִּרְשׁוּ יְיָ בְּהִמָּצְאוֹ קְרָאֻהוּ
בִּהְיוֹתוֹ קָרוֹב: וְנֶאֱמַר. יַעֲזֹב רָשָׁע דַּרְכּוֹ וְאִישׁ אָוֶן
מַחְשְׁבֹתָיו וְיָשֹׁב אֶל יְיָ וִירַחֲמֵהוּ וְאֶל אֱלֹהֵינוּ כִּי יַרְבֶּה
לִסְלוֹחַ: וְאַתָּה אֱלוֹהַּ סְלִיחוֹת חַנּוּן וְרַחוּם אֶרֶךְ אַפַּיִם
וְרַב חֶסֶד וֶאֱמֶת וּמַרְבֶּה לְהֵיטִיב. וְרוֹצֶה אַתָּה בִּתְשׁוּבַת
רְשָׁעִים וְאֵין אַתָּה חָפֵץ בְּמִיתָתָם שֶׁנֶּאֱמַר. אֱמֹר אֲלֵיהֶם
חַי אָנִי נְאֻם אֲדֹנָי יְהוִה אִם אֶחְפֹּץ בְּמוֹת הָרָשָׁע כִּי אִם
בְּשׁוּב רָשָׁע מִדַּרְכּוֹ וְחָיָה. שׁוּבוּ שׁוּבוּ מִדַּרְכֵיכֶם הָרָעִים
וְלָמָּה תָמוּתוּ בֵּית יִשְׂרָאֵל: וְנֶאֱמַר. הֶחָפֹץ אֶחְפֹּץ מוֹת
רָשָׁע נְאֻם אֲדֹנָי יְהוִה הֲלֹא בְּשׁוּבוֹ מִדְּרָכָיו וְחָיָה. וְנֶאֱמַר.
כִּי לֹא אֶחְפֹּץ בְּמוֹת הַמֵּת נְאֻם אֲדֹנָי יְהוִה וְהָשִׁיבוּ וִחְיוּ:
כִּי אַתָּה סָלְחָן לְיִשְׂרָאֵל וּמָחֳלָן לְשִׁבְטֵי יְשֻׁרוּן בְּכָל
דּוֹר וָדוֹר וּמִבַּלְעָדֶיךָ אֵין לָנוּ מֶלֶךְ מוֹחֵל וְסוֹלֵחַ
אֶלָּא אָתָּה:

God and God of our fathers ? Are not all the mighty ones
as naught before thee, and the men of fame as though they
were not, wise men as if they were without knowledge, and
men of understanding as though they were devoid of dis-
cretion ? For the multitude of their works is emptiness,
and the days of their life are vanity before thee ; and the
pre-eminence of man over beast is naught : for all is vanity.

Thou hast set man apart from the beginning and acknow-
ledged him that he should stand before thee. Yet who shall
say unto thee : " What dost thou ? " and if he be righteous,
what boon is that to thee ? Howbeit thou hast given us,
O Lord our God, this Day of Atonement to be an end, a
forgiving and pardoning of all our iniquities : that so we
may stay our hand from violence and return unto thee to
perform the statutes of thy will with a perfect heart. And
do thou in thine abundant mercies have compassion upon
us. For thou delightest not in the destruction of the world,
even as it is said : Seek ye the Lord while he may be found,
call ye upon him while he is near. And it is said : Let the
wicked forsake his way, and the unrighteous man his
thoughts ; and let him return unto the Lord, and he will
have mercy upon him ; and to our God, for he will
abundantly pardon. For thou art a God ready to pardon,
gracious and merciful, slow to anger, plenteous in mercy,
and abundant in goodness. Thou acceptest the repentance
of the wicked and delightest not in their death, as it is said :
Say unto them, As I live, saith the Lord God, I have no
pleasure in the death of the wicked ; but that the wicked
turn from his way and live : turn ye, turn ye from your
evil ways ; for why will ye die, O house of Israel ? And it
is said : Have I any pleasure at all that the wicked should
die ? saith the Lord God : and not that he should return
from his ways and live ? And it is said : For I have no
pleasure in the death of him that dieth, saith the Lord God :
wherefore turn yourselves and live ye. For thou art the
Forgiver of Israel and the Pardoner of the tribes of Jeshurun
in every generation, and beside thee we have no king to
pardon and forgive our sins. We have thee alone.

אֱלֹהַי עַד שֶׁלֹא נוֹצַרְתִּי אֵינִי כְדַי· וְעַכְשָׁו שֶׁנּוֹצַרְתִּי
כְּאִלּוּ לֹא נוֹצַרְתִּי· עָפָר אֲנִי בְּחַיָּי· קַל וָחֹמֶר בְּמִיתָתִי·
הֲרֵי אֲנִי לְפָנֶיךָ כִּכְלִי מָלֵא בוּשָׁה וּכְלִמָּה: יְהִי רָצוֹן
מִלְּפָנֶיךָ יְיָ אֱלֹהַי וֵאלֹהֵי אֲבוֹתַי שֶׁלֹּא אֶחֱטָא עוֹד· וּמַה
שֶּׁחָטָאתִי לְפָנֶיךָ מָרֵק בְּרַחֲמֶיךָ הָרַבִּים· אֲבָל לֹא עַל
יְדֵי יִסּוּרִים וָחֳלָיִם רָעִים:

אֱלֹהַי נְצוֹר לְשׁוֹנִי מֵרָע וּשְׂפָתַי מִדַּבֵּר מִרְמָה
וְלִמְקַלְלַי נַפְשִׁי תִדּוֹם וְנַפְשִׁי כֶּעָפָר לַכֹּל תִּהְיֶה: פְּתַח
לִבִּי בְּתוֹרָתֶךָ וּבְמִצְוֹתֶיךָ תִּרְדּוֹף נַפְשִׁי· וְכָל הַחוֹשְׁבִים
עָלַי רָעָה מְהֵרָה הָפֵר עֲצָתָם וְקַלְקֵל מַחְשְׁבוֹתָם: עֲשֵׂה
לְמַעַן שְׁמֶךָ עֲשֵׂה לְמַעַן יְמִינֶךָ עֲשֵׂה לְמַעַן קְדֻשָּׁתֶךָ עֲשֵׂה
לְמַעַן תּוֹרָתֶךָ: לְמַעַן יֵחָלְצוּן יְדִידֶיךָ הוֹשִׁיעָה יְמִינְךָ
וַעֲנֵנִי: יִהְיוּ לְרָצוֹן אִמְרֵי פִי וְהֶגְיוֹן לִבִּי לְפָנֶיךָ יְיָ צוּרִי
וְגוֹאֲלִי: עֹשֶׂה שָׁלוֹם בִּמְרוֹמָיו הוּא יַעֲשֶׂה שָׁלוֹם עָלֵינוּ
וְעַל כָּל יִשְׂרָאֵל וְאִמְרוּ אָמֵן: יְהִי רָצוֹן לְפָנֶיךָ יְיָ אֱלֹהֵינוּ
וֵאלֹהֵי אֲבוֹתֵינוּ שֶׁיִּבָּנֶה בֵּית הַמִּקְדָּשׁ בִּמְהֵרָה בְיָמֵינוּ
וְתֵן חֶלְקֵנוּ בְּתוֹרָתֶךָ:

וְשָׁם נַעֲבָדְךָ בְּיִרְאָה כִּימֵי עוֹלָם וּכְשָׁנִים קַדְמֹנִיּוֹת:
וְעָרְבָה לַיָי מִנְחַת יְהוּדָה וִירוּשָׁלָיִם כִּימֵי עוֹלָם וּכְשָׁנִים
קַדְמֹנִיּוֹת:

O my God, while yet I was unformed I was not worthy, and now I have been formed, I am as though I had not been formed.   Dust am I in my life ; yea, even more so in my death.   Behold me before thee like a vessel filled with shame and confusion.   O may it be thy will, O Lord my God and the God of my fathers, that I may sin no more, and as to the sins I have sinned before thee, purge them away in thine abundant mercy and not by means of affliction and sore diseases.

O my God, guard my tongue from evil and my lips from speaking guile ; and to such as curse me, let my soul be silent, yea, let my soul be unto all as the dust.   Open thou my heart to thy Law, and let my soul pursue thy commandments.   And as to any who devise evil against me, speedily make their counsel of none effect and frustrate their designs. Do thou it for the sake of thy Name, do it for the sake of thy right hand, do it for the sake of thy holiness, do it for the sake of thy Law, that thy beloved ones may be delivered.   O save with thy right hand and answer me.   Let the words of my mouth and the meditation of my heart be acceptable before thee, O Lord, my Rock and my Redeemer.   He who maketh peace in his high places, may he make peace for us and for all Israel, and say ye, Amen.   May it be thy will, O Lord our God and God of our fathers, that the temple be speedily rebuilt in our days and grant our portion in thy Law.

And there we will serve ¦thee with awe, as in the days of old and as in ancient years.   And the offering of Judah and Jerusalem shall be pleasant unto the Lord, as in the days of old and as in ancient years.

חזרת התפלה לשליח צבור

The Ark is opened.

Reader. בָּרוּךְ אַתָּה יְיָ אֱלֹהֵינוּ וֵאלֹהֵי אֲבוֹתֵינוּ· אֱלֹהֵי
אַבְרָהָם אֱלֹהֵי יִצְחָק וֵאלֹהֵי יַעֲקֹב· הָאֵל הַגָּדוֹל הַגִּבּוֹר
וְהַנּוֹרָא אֵל עֶלְיוֹן· גּוֹמֵל חֲסָדִים טוֹבִים וְקוֹנֵה הַכֹּל· וְזוֹכֵר
חַסְדֵי אָבוֹת וּמֵבִיא גּוֹאֵל גּוֹאֵל בְּנֵיהֶם לְמַעַן שְׁמוֹ
בְּאַהֲבָה:

מְסוֹד חֲכָמִים וּנְבוֹנִים· וּמִלֶּמֶד דַּעַת מְבִינִים· אֶפְתְּחָה
פִי בִּתְפִלָּה וּבְתַחֲנוּנִים· לְחַלּוֹת וּלְחַנֵּן פְּנֵי מֶלֶךְ מָלֵא
רַחֲמִים מוֹחֵל וְסוֹלֵחַ לַעֲוֹנִים:

Congregation:

אָב יְדָעֲךָ מִנַּעַר· בְּחַנְתּוֹ בְּעֶשֶׂר בַּל עֲבוֹר בְּרֹאשׁ תַּעַר:

Reader:

גַּשׁ לְחַלּוֹתְךָ כְּנַעַר וְלֹא כְּבַעַר· דְּגָלָיו לָבֹא בְּזֶה הַשָּׁעַר:

Congregation:

אֱמוּנִים גָּשׁוּ לְנַצְּחָךְ אָיוֹם· נֶצַח כָּל הַיּוֹם:

Reader:

עֲבוּר כִּי פָנָה יוֹם· גּוֹנְנֵנוּ בְּצֶדֶק יוֹשֵׁב כְּחֹם הַיּוֹם:

זָכְרֵנוּ לַחַיִּים מֶלֶךְ חָפֵץ בַּחַיִּים· וְחָתְמֵנוּ בְּסֵפֶר הַחַיִּים·
לְמַעַנְךָ אֱלֹהִים חַיִּים: מֶלֶךְ עוֹזֵר וּמוֹשִׁיעַ וּמָגֵן· בָּרוּךְ
אַתָּה יְיָ מָגֵן אַבְרָהָם:

READER'S REPETITION OF THE AMIDAH.

The Ark is opened.

Reader. Blessed art thou, O Lord our God and God of our fathers, God of Abraham, God of Isaac and God of Jacob, great, mighty and awful God, most high God, who bestowest gracious favours and who possessest all things, who rememberest the piety of the patriarchs, and who in love wilt bring a Redeemer to their children's children, for the sake of thy Name.

From the counsel of the wise and understanding, and from knowledge gotten of the discerning, I will open my lips in prayer and supplication, to entreat and implore the presence of the King, who is full of compassion, who pardoneth and forgiveth iniquity.

Cong. The patriarch [1] knew thee from childhood and strayed not by a hair-breadth from thy path, albeit thou didst prove him with ten trials.

Reader. As a child, yet not untaught, he drew nigh and besought thee. Even so his hosts now long to enter these thy gates.

Cong. Yea, all the day the faithful have approached thy dread Presence with strains of praise.

Reader. O shield them with his righteousness who reposed in the heat of day ; for lo ! the day waneth.

Remember us unto life, O King who delightest in life, and seal us in the book of life, for thine own sake, O living God. O King, Helper, Saviour and Shield ; blessed art thou, O Lord, the Shield of Abraham.

[1] Abraham.

אַתָּה גִבּוֹר לְעוֹלָם אֲדֹנָי מְחַיֵּה מֵתִים אַתָּה רַב לְהוֹשִׁיעַ׃
מְכַלְכֵּל חַיִּים בְּחֶסֶד מְחַיֵּה מֵתִים בְּרַחֲמִים רַבִּים׃
סוֹמֵךְ נוֹפְלִים וְרוֹפֵא חוֹלִים וּמַתִּיר אֲסוּרִים וּמְקַיֵּם
אֱמוּנָתוֹ לִישֵׁנֵי עָפָר׃ מִי כָמוֹךָ בַּעַל גְּבוּרוֹת וּמִי דוֹמֶה
לָךְ׃ מֶלֶךְ מֵמִית וּמְחַיֶּה וּמַצְמִיחַ יְשׁוּעָה׃

Congregation:

הַנִּקְרָא לְאָב זֶרַע׃ וְנִפְנֶה לָסוּר מִמּוֹקְשֵׁי רַע׃

Reader:

זַעַק וְחִנֵּן וְשִׂיחָה לֹא נָרַע׃ חָסַן בְּרָכָה בַּאֲשֶׁר זָרַע׃

Congregation:

יָהּ שִׁמְךָ בָּנוּ יֶעֱרַב׃ וְיֶשְׁעֲךָ לָנוּ תְקָרֵב׃

Reader:

גְּאַל נָא מִקָּרֵב׃ הַחֲיֵנוּ בְטַל כְּשָׁח לִפְנוֹת עָרֶב׃

מִי כָמוֹךָ אַב הָרַחֲמִים זוֹכֵר יְצוּרָיו לַחַיִּים בְּרַחֲמִים׃
וְנֶאֱמָן אַתָּה לְהַחֲיוֹת מֵתִים׃ בָּרוּךְ אַתָּה יְיָ מְחַיֵּה הַמֵּתִים׃

טֶבַע זִיו תָּאֳרֵהּ׃ יָהּ חֲקָקוֹ בָּכֶם יְקָרֵהּ׃ *Cong.*
כִּשַּׁר תָּם מְקוֹם מַה נּוֹרָא׃ לְעֵת קֵץ חָז וַיִּירָא׃ *Reader.*

יִמְלֹךְ יְיָ לְעוֹלָם אֱלֹהַיִךְ צִיּוֹן לְדֹר וָדֹר הַלְלוּיָהּ׃
וְאַתָּה קָדוֹשׁ יוֹשֵׁב תְּהִלּוֹת יִשְׂרָאֵל אֵל נָא׃

שְׁמַע נָא סְלַח נָא הַיּוֹם׃ עֲבוּר כִּי פָנָה *Reader and Cong.*
יוֹם׃ וּנְהַלֶּלְךָ נוֹרָא וְאָיוֹם׃ קָדוֹשׁ׃

וּבְכֵן וּלְךָ תַעֲלֶה קְדֻשָּׁה כִּי אַתָּה *Reader.*
אֱלֹהֵינוּ מֶלֶךְ מוֹחֵל וְסוֹלֵחַ׃

Thou art mighty for ever, O Lord ; it is thou who quickenest the dead and art mighty to save. Thou sustainest the living with loving-kindness, quickenest the dead with great mercy, supportest the falling and healest the sick, loosest the bound, and keepest thy faith unto them that sleep in the dust. Who is like unto thee, Lord of mighty acts, and who can be compared unto thee, O King, who killest and restorest to life and causest salvation to spring forth ?

Cong. He in whom his father's seed was called,[1] who turned aside from every evil snare—

Reader. He cried and made entreaty and spared not prayer. He reaped rich harvest of his seed.

Cong. O God, thy Name is interwoven with our own. O bring thy salvation near.

Reader. We pray thee now redeem. Revive us with thy dew as him that meditated on thee as the evening waned.

Who is like unto thee, Father of mercy, who in mercy rememberest thy creatures unto life ? And faithful art thou to quicken the dead. Blessed art thou, O Lord, who quickenest the dead.

Cong. He, the impress of whose beauteous visage is graven on the glorious throne of Jah—

Reader. The perfect patriarch,[2] waking from his vision of the dreaded place, was filled with awe.

The Lord shall reign for ever, thy God, O Zion, unto all generations ; praise ye the Lord.

For thou art holy, O thou that inhabitest the praises of Israel ; O God, we beseech thee.

Reader and Cong. Hearken, we beseech thee, pardon us, we pray, this day, for lo ! the day waneth ; and we will praise thee, O thou who art awful and fearful and holy.

Reader. And thus may the sanctification ascend unto thee ; for thou art our God, a King of pardon and forgiveness.

[1] Isaac.   [2] Jacob.

Congregation:

שַׁעֲרֵי אַרְמוֹן· מְהֵרָה תִפְתַּח לְבוֹאֲרֵי דַת אָמוֹן ׃

שַׁעֲרֵי גְנוּזִים· מְהֵרָה תִפְתַּח לְדָתְךָ אֲחוּזִים ׃

שַׁעֲרֵי הֵיכָל הַנֶּחֱמָדִים· מְהֵרָה תִפְתַּח לְוֹעֲדִים ׃

שַׁעֲרֵי זְבוּל מַחֲנֶיִם· מְהֵרָה תִפְתַּח לְחַכְלִילִי עֵינֶָיִם ׃

שַׁעֲרֵי טָהֳרָה· מְהֵרָה תִפְתַּח לְיָפָה וּבָרָה ׃

שַׁעֲרֵי כֶתֶר הַמְיֻמָּן· מְהֵרָה תִפְתַּח לְלֹא אַלְמָן ׃

וּבָהֶם תַּעֲרַץ וְתִקְדַּשׁ·

כְּסוֹד שִׂיחַ שַׂרְפֵי קֹדֶשׁ הַמַּקְדִּישִׁים שִׁמְךָ בַּקֹּדֶשׁ·

Reader. כַּכָּתוּב עַל יַד נְבִיאֶךָ· וְקָרָא זֶה אֶל זֶה וְאָמַר·

Cong. and Reader. קָדוֹשׁ קָדוֹשׁ קָדוֹשׁ יְיָ צְבָאוֹת· מְלֹא

כָל הָאָרֶץ כְּבוֹדוֹ׃

Reader. כְּבוֹדוֹ מָלֵא עוֹלָם· מְשָׁרְתָיו שׁוֹאֲלִים זֶה לָזֶה

אַיֵּה מְקוֹם כְּבוֹדוֹ· לְעֻמָּתָם בָּרוּךְ יֹאמֵרוּ·

Cong. and Reader. בָּרוּךְ כְּבוֹד יְיָ מִמְּקוֹמוֹ׃

Reader. מִמְּקוֹמוֹ הוּא יִפֶן בְּרַחֲמִים וְיָחֹן עַם הַמְיַחֲדִים

שְׁמוֹ עֶרֶב וָבֹקֶר בְּכָל יוֹם תָּמִיד פַּעֲמַיִם בְּאַהֲבָה שְׁמַע

אוֹמְרִים·

Cong. and Reader. שְׁמַע יִשְׂרָאֵל יְיָ אֱלֹהֵינוּ יְיָ אֶחָד׃

Reader. אֶחָד הוּא אֱלֹהֵינוּ הוּא אָבִינוּ הוּא מַלְכֵּנוּ הוּא

מוֹשִׁיעֵנוּ· וְהוּא יַשְׁמִיעֵנוּ בְּרַחֲמָיו שֵׁנִית לְעֵינֵי כָּל חָי

לִהְיוֹת לָכֶם לֵאלֹהִים·

Cong. and Reader. אֲנִי יְיָ אֱלֹהֵיכֶם׃

Congregation :

Open the gates—the gates of the Temple,
Swift to Thy sons, who Thy truths have displayed.

Open the gates—the gates that are hidden,
Swift to Thy sons, who Thy Law have obeyed.

Open the gates—of the coveted Temple,
Swift to Thy sons who confess and seek grace.

Open the gates—of the armies celestial,
Swift to Thy sons, Judah's tearful-eyed race.

Open the gates—the radiant portals,
Swift to Thy sons who are lovely and pure.

Open the gates—of the crown of fidelity,
Swift to Thy sons who in God rest secure.

And within them thou shalt be reverenced and hallowed according to the mystic utterance of the holy Seraphim, who hallow thy Name in the sanctuary—

Reader. As it is written by the hand of thy prophet, And one cried unto another and said,

Cong. and Reader. Holy, holy, holy is the Lord of hosts; the whole earth is full of his glory.

Reader. His glory filleth the Universe : his ministering angels ask one of another, Where is the place of his glory ? Those over against them say, Blessed—

Cong. and Reader. Blessed be the glory of the Lord from his place.

Reader. From his place he will turn in mercy and be gracious unto a people who continually, evening and morning, twice every day, proclaim the unity of his Name, saying in love, Hear—

Cong. and Reader. Hear, O Israel : the Lord our God, the Lord is One.

Reader. One is he, our God, our Father, our King, our Saviour ; and he in his mercy will yet again let us hear, in the presence of all living, his promise, To be unto you for a God.

Cong. and Reader. " I am the Lord your God."

Reader. אַדִּיר אַדִּירֵנוּ יְיָ אֲדֹנֵינוּ מָה אַדִּיר שִׁמְךָ בְּכָל
הָאָרֶץ׃ וְהָיָה יְיָ לְמֶלֶךְ עַל כָּל הָאָרֶץ בַּיּוֹם הַהוּא יִהְיֶה
יְיָ אֶחָד וּשְׁמוֹ אֶחָד׃ וּבְדִבְרֵי קָדְשְׁךָ כָּתוּב לֵאמֹר׃

Cong. and Reader. יִמְלֹךְ יְיָ לְעוֹלָם׃ אֱלֹהַיִךְ צִיּוֹן לְדֹר וָדֹר׃

הַלְלוּיָהּ׃

Reader. לְדוֹר וָדוֹר נַגִּיד גָּדְלֶךָ׃ וּלְנֵצַח נְצָחִים קְדֻשָּׁתְךָ
נַקְדִּישׁ׃ וְשִׁבְחֲךָ אֱלֹהֵינוּ מִפִּינוּ לֹא יָמוּשׁ לְעוֹלָם וָעֶד׃
כִּי אֵל מֶלֶךְ גָּדוֹל וְקָדוֹשׁ אָתָּה׃

חֲמוֹל עַל מַעֲשֶׂיךָ וְתִשְׂמַח בְּמַעֲשֶׂיךָ׃ וְיֹאמְרוּ לְךָ
חוֹסֶיךָ בְּצַדֶּקְךָ עֲמוּסֶיךָ תִּקְדַּשׁ אָדוֹן עַל כָּל מַעֲשֶׂיךָ׃

כִּי מַקְדִּישֶׁיךָ בִּקְדֻשָּׁתְךָ קִדַּשְׁתָּ׃ נָאֶה לְקָדוֹשׁ פְּאֵר
מִקְּדוֹשִׁים׃ בְּאֵין מֵלִיץ יֹשֶׁר מוּל מַגִּיד פֶּשַׁע׃ תַּגִּיד
לְיַעֲקֹב דְּבַר חֹק וּמִשְׁפָּט׃ וְצַדְּקֵנוּ בַּמִּשְׁפָּט הַמֶּלֶךְ
הַמִּשְׁפָּט׃ עוֹד יִזְכָּר לָנוּ אַהֲבַת אֵיתָן אֲדוֹנֵנוּ׃ וּבַבֵּן
הַנֶּעֱקַד יַשְׁבִּית מְדַיְּנֵנוּ׃ וּבִזְכוּת הַתָּם יוֹצִיא אָיוֹם לְצֶדֶק
דִּינֵנוּ׃ כִּי קָדוֹשׁ הַיּוֹם לַאֲדוֹנֵינוּ׃ וּבְכֵן יִתְקַדַּשׁ שִׁמְךָ
יְיָ אֱלֹהֵינוּ עַל יִשְׂרָאֵל עַמֶּךָ וְעַל יְרוּשָׁלַיִם עִירֶךָ וְעַל
צִיּוֹן מִשְׁכַּן כְּבוֹדֶךָ וְעַל מַלְכוּת בֵּית דָּוִד מְשִׁיחֶךָ וְעַל
מְכוֹנְךָ וְהֵיכָלֶךָ׃

וּבְכֵן תֵּן פַּחְדְּךָ יְיָ אֱלֹהֵינוּ עַל כָּל מַעֲשֶׂיךָ וְאֵימָתְךָ
עַל כָּל מַה שֶּׁבָּרָאתָ׃ וְיִירָאוּךָ כָּל הַמַּעֲשִׂים וְיִשְׁתַּחֲווּ
לְפָנֶיךָ כָּל הַבְּרוּאִים׃ וְיֵעָשׂוּ כֻלָּם אֲגֻדָּה אֶחָת לַעֲשׂוֹת
רְצוֹנְךָ בְּלֵבָב שָׁלֵם׃ כְּמוֹ שֶׁיָּדַעְנוּ יְיָ אֱלֹהֵינוּ שֶׁהַשִּׁלְטוֹן

Reader. Thou art most glorious ; O Lord our Lord, how glorious is thy Name in all the earth ! And the Lord shall be King over the whole earth ; in that day shall the Lord be One and his Name One. And in thy holy words it is written, saying :

Cong. and Reader. The Lord shall reign for ever, thy God, O Zion, unto all generations. Praise ye the Lord.

Reader. Unto all generations we will declare thy greatness, and to all eternity we will proclaim thy holiness ; and thy praise, O our God, shall not depart from our mouth for ever, for thou art a great and holy God and King.

O have compassion upon thy work and rejoice therein. And when thou hast justified them that have been borne aloft by thee, thy faithful servants shall say : O Lord, be thou sanctified over all thy works.

For with thy holiness thou hast sanctified them that call thee holy. Meet unto the Holy One is his pious servants' crown of praise. If there be no advocate of righteousness to plead against the witness of transgression, do thou thyself teach Jacob the word even of law and justice ; and clear us in judgment, O King of justice. He will yet remember the love of the patriarch, our sire ; yea, and for the sake of the son who was bound, he will still our strife, and for the merit of the perfect one, the All-feared will bring forth our suit to the light of acquittal : for this day is holy unto our Lord. And thus may thy Name, O Lord our God, be hallowed over thy people Israel, and over Jerusalem thy city, over Zion, the habitation of thy glory, over the kingdom of the house of David thine anointed, over thy dwelling-place and thy Temple.

Now therefore, O Lord our God, impose thine awe upon all thy works and thy dread over all that thou hast created, that all thy works may fear thee and all creatures prostrate themselves before thee, that they may all form one band to do thy will with a perfect heart : even as we know, O Lord our God, that dominion is thine, strength is in thy

לְפָנֶיךָ עֹז בְּיָדְךָ וּגְבוּרָה בִּימִינֶךָ וְשִׁמְךָ נוֹרָא עַל כָּל
מַה שֶּׁבָּרָאתָ:

וּבְכֵן תֵּן כָּבוֹד יְיָ לְעַמֶּךָ תְּהִלָּה לִירֵאֶיךָ וְתִקְוָה
לְדוֹרְשֶׁיךָ וּפִתְחוֹן פֶּה לַמְיַחֲלִים לָךְ · שִׂמְחָה לְאַרְצֶךָ
וְשָׂשׂוֹן לְעִירֶךָ וּצְמִיחַת קֶרֶן לְדָוִד עַבְדֶּךָ וַעֲרִיכַת נֵר לְבֶן
יִשַׁי מְשִׁיחֶךָ בִּמְהֵרָה בְיָמֵינוּ:

וּבְכֵן צַדִּיקִים יִרְאוּ וְיִשְׂמָחוּ וִישָׁרִים יַעֲלֹזוּ וַחֲסִידִים
בְּרִנָּה יָגִילוּ · וְעוֹלָתָה תִּקְפָּץ פִּיהָ · וְכָל הָרִשְׁעָה כֻּלָּהּ
כְּעָשָׁן תִּכְלֶה · כִּי תַעֲבִיר מֶמְשֶׁלֶת זָדוֹן מִן הָאָרֶץ:

וְתִמְלוֹךְ אַתָּה יְיָ לְבַדֶּךָ עַל כָּל מַעֲשֶׂיךָ בְּהַר צִיּוֹן
מִשְׁכַּן כְּבוֹדֶךָ וּבִירוּשָׁלַיִם עִיר קָדְשֶׁךָ כַּכָּתוּב בְּדִבְרֵי
קָדְשֶׁךָ · יִמְלֹךְ יְיָ לְעוֹלָם אֱלֹהַיִךְ צִיּוֹן לְדֹר וָדֹר הַלְלוּיָהּ:
קָדוֹשׁ אַתָּה וְנוֹרָא שְׁמֶךָ וְאֵין אֱלוֹהַּ מִבַּלְעָדֶיךָ כַּכָּתוּב ·
וַיִּגְבַּהּ יְיָ צְבָאוֹת בַּמִּשְׁפָּט וְהָאֵל הַקָּדוֹשׁ נִקְדַּשׁ בִּצְדָקָה ·
בָּרוּךְ אַתָּה יְיָ הַמֶּלֶךְ הַקָּדוֹשׁ:

אַתָּה בְחַרְתָּנוּ מִכָּל הָעַמִּים · אָהַבְתָּ אוֹתָנוּ · וְרָצִיתָ
בָּנוּ · וְרוֹמַמְתָּנוּ מִכָּל הַלְּשׁוֹנוֹת · וְקִדַּשְׁתָּנוּ בְּמִצְוֹתֶיךָ ·
וְקֵרַבְתָּנוּ מַלְכֵּנוּ לַעֲבוֹדָתֶךָ · וְשִׁמְךָ הַגָּדוֹל וְהַקָּדוֹשׁ
עָלֵינוּ קָרָאתָ:

On Sabbath add the bracketed words:

וַתִּתֶּן לָנוּ יְיָ אֱלֹהֵינוּ בְּאַהֲבָה אֶת יוֹם [הַשַּׁבָּת הַזֶּה
לִקְדֻשָׁה וְלִמְנוּחָה וְאֶת יוֹם] הַכִּפֻּרִים הַזֶּה לִמְחִילָה
וְלִסְלִיחָה וּלְכַפָּרָה וְלִמְחָל בּוֹ אֶת כָּל עֲוֹנוֹתֵינוּ [בְּאַהֲבָה]
מִקְרָא קֹדֶשׁ · זֵכֶר לִיצִיאַת מִצְרָיִם:

hand, and might in thy right hand, and that thy Name is awful over all that thou hast created.

And therefore, O Lord our God, give glory unto thy people, praise to them that fear thee, hope to them that seek thee, confidence to them that wait for thee, joy to thy land, gladness to thy City, a flourishing horn unto David thy servant, and a constant light unto the son of Jesse thine anointed, speedily in our days.

Then shall the just see and be glad, the upright shall exult, the pious shall rejoice in song, and iniquity shall close her mouth, and all wickedness shall be wholly consumed like smoke, when thou makest the dominion of arrogance to pass away from the earth.

And thou, O Lord, shalt reign, thou alone, over all thy works on Mount Zion, the dwelling-place of thy glory, and in Jerusalem, thy holy City ; as it is written in thy holy words, The Lord shall reign for ever, thy God, O Zion, unto all generations. Praise ye the Lord.

Holy art thou, and awful is thy Name, and there is no God beside thee ; as it is written, And the Lord of hosts is exalted in judgment and the holy God is sanctified in righteousness. Blessed art thou, O Lord, the holy King.

Thou hast chosen us from all peoples ; thou hast loved us and taken pleasure in us, and hast exalted us above all tongues. Thou hast sanctified us by thy commandments, and hast drawn us near, O our King, unto thy service, and hast called us by thy great and holy Name.

On Sabbath add the bracketed words :

And thou hast given us in love, O Lord our God, [this Sabbath day for holiness and rest and] this Day of Atonement for pardon, forgiveness and atonement, that we may [in love] obtain pardon thereon for all our iniquities : a holy convocation, a memorial of the departure from Egypt.

Our God and God of our fathers, may our remembrance and our name, and the remembrance of our fathers, the

אֱלֹהֵינוּ וֵאלֹהֵי אֲבוֹתֵינוּ יַעֲלֶה וְיָבֹא וְיַגִּיעַ וְיֵרָאֶה וְיֵרָצֶה
וְיִשָּׁמַע וְיִפָּקֵד וְיִזָּכֵר זִכְרוֹנֵנוּ וּפִקְדוֹנֵנוּ וְזִכְרוֹן אֲבוֹתֵינוּ
וְזִכְרוֹן מָשִׁיחַ בֶּן דָּוִד עַבְדֶּךָ וְזִכְרוֹן יְרוּשָׁלַיִם עִיר קָדְשֶׁךָ
וְזִכְרוֹן כָּל עַמְּךָ בֵּית יִשְׂרָאֵל לְפָנֶיךָ לִפְלֵיטָה לְטוֹבָה
לְחֵן וּלְחֶסֶד וּלְרַחֲמִים לְחַיִּים וּלְשָׁלוֹם בְּיוֹם הַכִּפֻּרִים
הַזֶּה: זָכְרֵנוּ יְיָ אֱלֹהֵינוּ בּוֹ לְטוֹבָה· וּפָקְדֵנוּ בּוֹ לִבְרָכָה·
וְהוֹשִׁיעֵנוּ בּוֹ לְחַיִּים· וּבִדְבַר יְשׁוּעָה וְרַחֲמִים חוּס וְחָנֵּנוּ
וְרַחֵם עָלֵינוּ וְהוֹשִׁיעֵנוּ כִּי אֵלֶיךָ עֵינֵינוּ· כִּי אֵל מֶלֶךְ
חַנּוּן וְרַחוּם אָתָּה:

The following three verses are said by the Reader and repeated by the Congregation :

פְּתַח לָנוּ שַׁעַר· בְּעֵת נְעִילַת שַׁעַר· כִּי פָנָה יוֹם:

הַיּוֹם יִפְנֶה· הַשֶּׁמֶשׁ יָבֹא וְיִפְנֶה· נָבוֹאָה שְׁעָרֶיךָ:

אָנָּא אֵל נָא· שָׂא נָא· סְלַח נָא· מְחַל נָא· חֲמָל
נָא· רַחֵם נָא· כַּפֶּר נָא· כְּבוֹשׁ חֵטְא וְעָוֹן:

אֵל מֶלֶךְ יוֹשֵׁב עַל כִּסֵּא רַחֲמִים· מִתְנַהֵג בַּחֲסִידוּת
מוֹחֵל עֲוֹנוֹת עַמּוֹ· מַעֲבִיר רִאשׁוֹן רִאשׁוֹן· מַרְבֶּה מְחִילָה
לְחַטָּאִים וּסְלִיחָה לְפוֹשְׁעִים· עוֹשֶׂה צְדָקוֹת עִם כָּל
בָּשָׂר וָרוּחַ· לֹא כְרָעָתָם תִּגְמוֹל· אֵל הוֹרֵיתָ לָנוּ לוֹמַר
שְׁלֹשׁ עֶשְׂרֵה· זְכָר לָנוּ הַיּוֹם בְּרִית שְׁלֹשׁ עֶשְׂרֵה· כְּמוֹ
שֶׁהוֹדַעְתָּ לֶעָנָו מִקֶּדֶם כְּמוֹ שֶׁכָּתוּב· וַיֵּרֶד יְיָ בֶּעָנָן וַיִּתְיַצֵּב
עִמּוֹ שָׁם וַיִּקְרָא בְשֵׁם יְיָ:

וַיַּעֲבֹר יְיָ עַל פָּנָיו וַיִּקְרָא·

remembrance of Messiah the son of David, thy servant, the remembrance of Jerusalem thy holy City, and the remembrance of all thy people the house of Israel, rise and go up, approach to thy presence and find grace ; may it be heard, visited and remembered, for deliverance and for good, for grace, loving-kindness and mercy, for life and for peace on this Day of Atonement. Remember us, O Lord our God, thereon for good ; visit us with a blessing, and save us unto life. And with thy word of salvation and mercy, spare us and be gracious unto us ; have mercy upon us and save us ; for unto thee our eyes are turned : for thou art a gracious and merciful God and King.

> Open the gate for us,
>   Yea, even at the closing of the gate,
>   For day is nearly past.
> The day is passing thus ;
>   The sun is low, the day is growing late :
>   O let us come into Thy gates at last.

We beseech thee, O God, forgive, pardon, condone ; have pity and compassion ; grant us atonement, and subdue our sin and iniquity.

Almighty King, who sittest upon a throne of mercy, and governest the world with loving-kindness, who pardonest the sins of thy people, causing them to pass away one by one, freely extending pardon to sinners, and forgiveness to transgressors, doing charity to the spirit of all flesh, and not requiting them according to their evil ; O God, thou hast taught us to recite thy thirteen attributes. Remember then unto us this day the covenant of the thirteen attributes, even as thou didst reveal them of old to the meek man, as it is written : And the Lord descended in the cloud and stood with him there, and proclaimed the Name of the Lord.

יְיָ יְיָ אֵל רַחוּם וְחַנּוּן אֶרֶךְ אַפַּיִם וְרַב חֶסֶד וֶאֱמֶת:
נֹצֵר חֶסֶד לָאֲלָפִים נֹשֵׂא עָוֹן וָפֶשַׁע וְחַטָּאָה וְנַקֵּה·
וְסָלַחְתָּ לַעֲוֹנֵנוּ וּלְחַטָּאתֵנוּ וּנְחַלְתָּנוּ:

סְלַח לָנוּ אָבִינוּ כִּי חָטָאנוּ· מְחַל לָנוּ מַלְכֵּנוּ כִּי פָשָׁעְנוּ:
כִּי אַתָּה אֲדֹנָי טוֹב וְסַלָּח וְרַב חֶסֶד לְכָל קֹרְאֶיךָ:

כִּי עִמְּךָ הַסְּלִיחָה לְמַעַן תִּוָּרֵא: כִּי עִמְּךָ מְקוֹר חַיִּים
בְּאוֹרְךָ נִרְאֶה אוֹר: שְׁמַע יְיָ קוֹלֵנוּ נִקְרָא וְחָנֵּנוּ וַעֲנֵנוּ:

רַחֲמֶיךָ רַבִּים יְיָ כְּמִשְׁפָּטֶיךָ חַיֵּינוּ: אַל תָּבֹא בְמִשְׁפָּט
עִמָּנוּ כִּי לֹא יִצְדַּק לְפָנֶיךָ כָל חָי:

כְּרַחֵם אָב עַל בָּנִים כֵּן תְּרַחֵם יְיָ עָלֵינוּ: לַיְיָ הַיְשׁוּעָה
עַל עַמְּךָ בִרְכָתֶךָ סֶּלָה: יְיָ צְבָאוֹת עִמָּנוּ מִשְׂגָּב לָנוּ
אֱלֹהֵי יַעֲקֹב סֶלָה: יְיָ צְבָאוֹת אַשְׁרֵי אָדָם בֹּטֵחַ בָּךְ:
יְיָ הוֹשִׁיעָה הַמֶּלֶךְ יַעֲנֵנוּ בְיוֹם קָרְאֵנוּ:

Reader. סְלַח נָא לַעֲוֹן הָעָם הַזֶּה כְּגֹדֶל חַסְדֶּךָ וְכַאֲשֶׁר
נָשָׂאתָה לָעָם הַזֶּה מִמִּצְרַיִם וְעַד הֵנָּה: וְשָׁם נֶאֱמַר
Cong. וַיֹּאמֶר יְיָ סָלַחְתִּי כִּדְבָרֶךָ:

הַטֵּה אֱלֹהַי אָזְנְךָ וּשְׁמָע פְּקַח עֵינֶיךָ וּרְאֵה שֹׁמְמֹתֵינוּ
וְהָעִיר אֲשֶׁר נִקְרָא שִׁמְךָ עָלֶיהָ: כִּי לֹא עַל צִדְקֹתֵינוּ
אֲנַחְנוּ מַפִּילִים תַּחֲנוּנֵינוּ לְפָנֶיךָ· כִּי עַל רַחֲמֶיךָ הָרַבִּים:
אֲדֹנָי שְׁמָעָה אֲדֹנָי סְלָחָה אֲדֹנָי הַקְשִׁיבָה וַעֲשֵׂה אַל
תְּאַחַר לְמַעַנְךָ אֱלֹהַי· כִּי שִׁמְךָ נִקְרָא עַל עִירְךָ וְעַל עַמֶּךָ

And the Lord passed by before him and proclaimed :

The Lord, the Lord, a God full of compassion and gracious, slow to anger, and abundant in mercy and truth ; keeping mercy for thousands, forgiving iniquity, transgression and sin ; and acquitting. O pardon our iniquity and our sin, and take us for thine inheritance.

Forgive us, O our Father, for we have sinned ; pardon us, our King, for we have transgressed. For thou, O Lord, art good and ready to forgive, and plenteous in mercy unto all them that call upon thee.

For there is forgiveness with thee, that thou mayest be feared. For with thee is the fountain of life : in thy light shall we see light. Hear our voice, O Lord, when we cry ; have mercy also upon us and answer us.

Great are thy tender mercies, O Lord ; quicken us according to thy judgments. Enter not into judgment with us : for in thy sight shall no man living be justified.

Like as a father pitieth his children, so pity us, O Lord. Salvation belongeth unto the Lord : thy blessing be upon thy people. Selah. The Lord of hosts is with us ; the God of Jacob is a high tower unto us. Selah. O Lord of hosts, happy is the man that trusteth in thee. Save, O Lord : may the King answer us on the day we call.

Reader. Pardon, I beseech thee, the iniquity of this people according to the greatness of thy mercy, and according as thou hast forgiven this people from Egypt even until now. And there it is said :—

Cong. And the Lord said, I have forgiven according to thy word.

O my God, incline thine ear and hear ; open thine eyes and behold our desolations, and the city which is called by thy Name ; for we do not present our supplications before thee for our righteous deeds, but because of thy great mercies. O Lord, hear ; O Lord, forgive ; O Lord, hearken and do ; defer not, for thine own sake, O my God ; for thy city and thy people are called by thy Name.

Reader. אֱלֹהֵינוּ וֵאלֹהֵי אֲבוֹתֵינוּ׃

וּמִי יַעֲמוֹד חֵטְא אִם תִּשְׁמוֹר׃
וּמִי יָקוּם דִּין אִם תִּגְמוֹר׃
הַסְּלִיחָה עִמְּךָ סָלַחְתִּי לֵאמוֹר׃
Cong. הָרַחֲמִים גַּם לְךָ מִדָּתְךָ לִכְמוֹר׃

דְּכַדּוּךְ דַּלּוּתֵנוּ רְאֵה וְאַל תַּכְלִים׃
דַּעַת נְתִיב דְּרָכֶיךָ חֶפְצֵנוּ הַשְׁלִים׃
גָּדוֹל וְקָטוֹן רוּחַ שֵׂכֶל הַחֲלִים׃
Cong. גִּבּוֹרֵי כֹחַ רְצוֹנְךָ חַזֵּק וְהָאֱלִים׃

בְּצִלְּךָ שֶׁבֶת שָׁבִים קַבֵּל נְדָבָה׃
בֵּיתְךָ יַפְרִיחוּ וְלֹא יוֹסִיפוּ לְדַאֲבָה׃
אוֹבֵד וְנִדָּח תַּשְׁבִּית נוֹגֵשׂ וּמַדְהֵבָה׃
Cong. אָז יַעֲלוּ וְיֵרָאוּ בְּרוּחַ נְדִיבָה׃

שָׁלוּם פָּרִים שְׂפָתֵינוּ תִּכּוֹן אֱמֶת׃
לֶכְתֵּנוּ אַחֲרֶיךָ בְּתֹם וְיֹשֶׁר הַעֲמֶת׃
מֵלִיץ יֹשֶׁר קַבֵּל וּמַלְשִׁנִי צַמֵּת׃
Cong. הֶחָפֵץ בַּחַיִּים וְלֹא בְּמוֹת הַמֵּת׃

הֲקִימֵנוּ בְּאוֹר פָּנֶיךָ וְחֶשְׁבּוֹן יִתְמַצֶּה׃
קִיּוּם מֶרֶדֶת שַׁחַת כֹּפֶר יִמָּצֵא׃
טֶרֶם נִקְרָא עוֹד דִּבּוּר יֵצֵא׃
Cong. נִדְבוֹת פִּינוּ יְיָ רְצֵה׃

מַרְבִּים צָרְכֵי עַמְּךָ וְדַעְתָּם קְצָרָה׃
מַחְסוֹרָם וּמִשְׁאֲלוֹתָם בַּל יוּכְלוּ לְסַפְּרָה׃

Our God, and God of our fathers,
Lo, who could stand, if sin remained unshriven,
And who abide, didst Thou his doom fulfil ?
But it is Thine to say, " I have forgiven."
Cong. O guard Thy attribute of Mercy still.

Abash us not, our poor estate beholding,
Our longed-for knowledge of Thy ways complete,
Intelligence in young and old unfolding.
Cong. Make strong to follow Thee Thy servants' feet.

Thy shadow throw o'er penitent transgressors,
So they shall flourish and no longer pine ;
The lost and exiled loose from their oppressors,
Cong. That they may freely offer at Thy shrine.

Accept our words as ancient sacrifices,
When joined with righteousness, not merely breath ;
Our pleader heed, destroy his foe's devices :
Cong. Thou lovest life and not the sinner's death.

Establish us within Thy face's shining,
Annul our sins and save us from the grave ;
Before we call, our unsaid words divining,
Cong. Accept the off'rings of our mouth, we crave.

Thy people's needs are large, their knowledge broken,
Their wants and wishes they can scarce express ;

נָא בִּינָה הֲגִיגֵנוּ טֶרֶם נִקְרָא·

Cong. הָאֵל הַגָּדוֹל הַגִּבּוֹר וְהַנּוֹרָא:

סָפוּ וְגַם כָּלוּ יוֹדְעֵי פְּנִיעָה·
סָדֵר תְּפִלּוֹת בְּמַעֲנֶה לְשׁוֹנָם לְהַבְקִיעָה·
עֲרֵמִים נוֹתַרְנוּ וְרָבְתָה הָרָעָה·

Cong. עַל כֵּן לֹא תַשִּׂיג יְשׁוּעָה:

פָּנִים אֵין לָנוּ פָּנֶיךָ לְחַלּוֹת·
פָּשַׁעְנוּ וּמָרַדְנוּ וְהָעֵינוּ מְסִלּוֹת·
צְדָקָה לְךָ לְבַד וּנְבַקֵּשׁ בְּמַעַרְכֵי תְהִלּוֹת·

Cong. הָעֹמְדִים בְּבֵית יְיָ בַּלֵּילוֹת:

קָדוֹשׁ רְאֵה כִּי פַס מֵלִיץ כַּשּׁוּרָה·
קַבֵּל נִיבִי כְּמַרְבִּית תְּשׁוּרָה·
רְנָתִי הַיּוֹם תְּהֵא בְּכִתְרְךָ קְשׁוּרָה·

Cong. אֵל נֶאְזָר בִּגְבוּרָה:

שַׁוְעָתִי שְׁעֵה וּתְפִלָּתִי תְּהֵא נְעִימָה·
שְׁמַע פְּגִיעָתִי כִּפְגִיעַת תַּמָּה·
תְּחוֹקְקֵנוּ לְחַיִּים וְתֵיטִיב לָנוּ הַחֲתִימָה·

Cong. תֹּלֶה אֶרֶץ עַל בְּלִימָה:

יָדְךָ פְּשׁוֹט וְקַבֵּל תְּשׁוּבָתִי בְּמַעֲמָדִי·
סְלַח וּמְחַל רֹעַ מַעֲבָדִי·
פְּנֵה נָא וַעֲסוֹק בְּטוֹבַת מְשַׁחֲרֶיךָ דּוֹדִי וּמְעוֹדְדִי·

Cong. וְאַתָּה יְיָ מָגֵן בַּעֲדִי:

O listen to their thought before 'tis spoken,
Cong. Great God, so awful in Thy mightiness.

Bereft are we of all the holy masters,
    In every form of prayer eloquent ;
Hence grows the daily tale of our disasters,
    Cong. And hence salvation tarries in descent.

We lack the heart for Prayer's true relation,
    For we have sinned, rebelled and gone astray ;
Mere alms the substance of our supplication,
    Cong. When in Thy house at night we stand and pray.

Vain-spun, O Lord, the pleader's specious seeming,
    Accept my plea as though a gift I brought ;
And in Thy crown, O set my prayer gleaming,
    Cong. O God, whose girdle is of Power wrought.

With pleasure hear my humble cry, forgiving,
    As though I were of goodness unalloyed ;
Inscribe us all for life and happy living,
    Cong. Suspender of the earth upon the void.

Stretch out Thy hand and take my true contrition,
    Belovèd, pardon every evil deed ;
And grant them good who at the dawn petition,
    Cong. O Lord, the shield and buckler of my need.

זְכוֹר בְּרִית אַבְרָהָם וַעֲקֵדַת יִצְחָק· וְהָשֵׁב שְׁבוּת
אָהֳלֵי יַעֲקֹב וְהוֹשִׁיעֵנוּ לְמַעַן שְׁמֶךָ:

גּוֹאֵל חָזָק לְמַעַנְךָ פְּדֵנוּ ·

רְאֵה כִּי אָזְלַת יָדֵנוּ ·

שׁוּר כִּי אָבְדוּ חֲסִידֵינוּ ·

מַפְגִּיעַ אֵין בַּעֲדֵנוּ :

וְשׁוּב בְּרַחֲמִים עַל שְׁאֵרִית יִשְׂרָאֵל · וְהוֹשִׁיעֵנוּ לְמַעַן שְׁמֶךָ:

הָעִיר הַקֹּדֶשׁ וְהַמְּחוֹזוֹת ·

הָיוּ לְחֶרְפָּה וּלְבִזּוֹת ·

וְכָל מַחֲמַדֶּיהָ טְבוּעוֹת וּגְנוּזוֹת·

וְאֵין שִׁיּוּר רַק הַתּוֹרָה הַזֹּאת·

וְהָשֵׁב שְׁבוּת אָהֳלֵי יַעֲקֹב· וְהוֹשִׁיעֵנוּ לְמַעַן שְׁמֶךָ :

The following verses are said by the Reader and repeated by the Congregation:

אֶנְקַת מְסַלְּדֶיךָ· תַּעַל לִפְנֵי כִסֵּא כְבוֹדֶךָ· מַלֵּא
מִשְׁאֲלוֹת עַם מְיַחֲדֶיךָ· שׁוֹמֵעַ תְּפִלַּת בָּאֵי עָדֶיךָ:

יִשְׂרָאֵל נוֹשַׁע בַּיְיָ תְּשׁוּעַת עוֹלָמִים· גַּם הַיּוֹם יִוָּשְׁעוּ
מִפִּיךָ שׁוֹכֵן מְרוֹמִים· כִּי אַתָּה רַב סְלִיחוֹת וּבַעַל
הָרַחֲמִים:

יַחְבִּיאֵנוּ צֵל יָדוֹ תַּחַת כַּנְפֵי הַשְּׁכִינָה· חֹן יָחֹן כִּי
יִבְחוֹן לֵב עָקֹב לְהָכִינָה· קוּמָה נָא אֱלֹהֵינוּ עֻזָּה עֻזִּי נָא·
יְיָ לְשַׁוְעָתֵנוּ הַאֲזִינָה:

יַשְׁמִיעֵנוּ סָלַחְתִּי יוֹשֵׁב בְּסֵתֶר עֶלְיוֹן· בִּימִין יֵשַׁע
לְהוֹשַׁע עַם עָנִי וְאֶבְיוֹן· בְּשַׁוְּעֵנוּ אֵלֶיךָ נוֹרָאוֹת בְּצֶדֶק
תַּעֲנֵנוּ· יְיָ הֱיֵה עוֹזֵר לָנוּ:

Remember the covenant of Abraham and the binding of Isaac ; and turn again the captivity of Jacob's tents, and save us for thy Name's sake.

O strong Redeemer ! save us for Thy sake :
See that our strength is gone ;
Look, for the pious perish every one,
And intercession for us none can make.

But return in mercy unto the remnant of Israel, and save us for Thy Name's sake.

The holy city and strong place have grown
To be reproached, despised ;
Sunken and hidden are all things she prized,
And naught remaineth but this Law alone.

But turn again the captivity of Jacob's tents, and save us for Thy Name's sake.

The cry of those who praise Thee, to Thy throne
Shall rise. Fulfil their wants who call Thee One,
Thou, hearing all that come before Thee now.

Israel is saved for ever by the Lord,
Yea, saved this day, O Highest, by Thy word ;
Great to forgive, Lord of compassion Thou.

The shade of His hand shall cover us
Under the wings of His Presence ;
He surely will pity, trying thus
The wrongful heart, to show the righteous way.
Arise, God, I beseech Thee :
My Help ! help now, I pray ;
Lord, now let our crying reach Thee.

" Forgiven " He will let us hear,
He in His secret dwelling ;
His hand shall bring salvation near
The people, poor and lowly and astray.
While we to Thee be crying,
Help wondrously we pray ;
Lord, now be Thou replying.

יְיָ יְיָ אֵל רַחוּם וְחַנּוּן אֶרֶךְ אַפַּיִם וְרַב חֶסֶד וֶאֱמֶת:
נֹצֵר חֶסֶד לָאֲלָפִים נֹשֵׂא עָוֹן וָפֶשַׁע וְחַטָּאָה וְנַקֵּה·
וְסָלַחְתָּ לַעֲוֹנֵנוּ וּלְחַטָּאתֵנוּ וּנְחַלְתָּנוּ:

אֶזְכְּרָה אֱלֹהִים וְאֶהֱמָיָה·
בִּרְאוֹתִי כָּל עִיר עַל תִּלָּהּ בְּנוּיָה·
וְעִיר הָאֱלֹהִים מֻשְׁפֶּלֶת עַד שְׁאוֹל תַּחְתִּיָּה·
וּבְכָל זֹאת אָנוּ לְיָהּ וְעֵינֵינוּ לְיָהּ:

רַחֲמֶיךָ עָלֵינוּ גַּלְגֵּל נָא גֹאֲלִי·
לְפָנָיו נַפְשִׁי תְּחִנָּתֵךְ הַפִּילִי·
וּבְעַד עַמִּי רַחֲמִים שַׁאֲלִי·
כִּי כָל לֵבָב דַּוָּי וְכָל רֹאשׁ לָחֳלִי:

תָּמַכְתִּי יְתֵדוֹתַי בִּשְׁלֹשׁ עֶשְׂרֵה תֵּיבוֹת·
וּבְשַׁעֲרֵי דְמָעוֹת כִּי לֹא נִשְׁלָבוֹת·
לָכֵן שָׁפַכְתִּי שִׂיחַ פְּנֵי בוֹחֵן לִבּוֹת·
בָּטוּחַ אֲנִי בָּאֵלֶּה וּבִזְכוּת שְׁלֹשֶׁת אָבוֹת:

יְהִי רָצוֹן לְפָנֶיךָ שׁוֹמֵעַ קוֹל בְּכִיּוֹת·
שֶׁתָּשִׂים דִּמְעוֹתֵינוּ בְנֹאדְךָ לִהְיוֹת·
וְתַצִּילֵנוּ מִכָּל גְּזֵרוֹת אַכְזָרִיּוֹת·
כִּי לְךָ לְבַד עֵינֵינוּ תְלוּיוֹת: יְיָ יְיָ

Reader and Cong. רַחֵם נָא קְהַל עֲדַת יְשֻׁרוּן· סְלַח וּמְחַל
עֲוֹנָם· וְהוֹשִׁיעֵנוּ אֱלֹהֵי יִשְׁעֵנוּ:

Reader and Cong. שַׁעֲרֵי שָׁמַיִם פְּתַח· וְאוֹצָרְךָ הַטּוֹב לָנוּ
תִפְתַּח· תּוֹשִׁיעַ וְרִיב אַל תִּמְתַּח· וְהוֹשִׁיעֵנוּ אֱלֹהֵי יִשְׁעֵנוּ:

The Lord, the Lord, a God full of compassion and gracious, slow to anger, and abundant in mercy and truth ; keeping mercy for thousands, forgiving iniquity, transgression and sin ; and acquitting. O pardon our iniquity and our sin, and take us for thine inheritance.

Lord, I remember, and am sore amazed
To see each city standing in her state,
And God's own city to the low grave razed :
Yet in all time we look to Thee and wait.

Send us Thy mercy, O Redeemer ! Make,
O Thou my soul, to Him thy mournful plaint ;
And crave compassion for my people's sake :
Each head is weary and each heart is faint.

I rest on pillars, on God's holy parts,[1]
On tears that flow with never-ceasing might ;
I pour out prayer to Him who searcheth hearts :
Herein I trust, and in the Father's right.

O Thou who hearest weeping, healest woe,
Our tears within Thy vase of crystal store ;
Save us, and all Thy dread decrees forego,
For unto Thee our eyes turn evermore.

Reader and Congregation :

O pity Jeshurun's hosts, I pray to thee ;
Forgive them, pardon their iniquity—
    And save us, O God of our salvation.

The gates of heaven—open these for us,
And thy good treasure—open it for us ;
O save, I pray, and draw not strife out thus—
    But save us, O God of our salvation.

[1] Exod. xxxiv. 6.

אֱלֹהֵינוּ וֵאלֹהֵי אֲבוֹתֵינוּ סְלַח לָנוּ · מְחַל לָנוּ · כַּפֶּר לָנוּ ·

כִּי אָנוּ עַמֶּךָ וְאַתָּה אֱלֹהֵינוּ · אָנוּ בָנֶיךָ וְאַתָּה אָבִינוּ :

אָנוּ עֲבָדֶיךָ וְאַתָּה אֲדוֹנֵנוּ · אָנוּ קְהָלֶךָ וְאַתָּה חֶלְקֵנוּ :

אָנוּ נַחֲלָתֶךָ וְאַתָּה גוֹרָלֵנוּ · אָנוּ צֹאנֶךָ וְאַתָּה רוֹעֵנוּ :

אָנוּ כַרְמֶךָ וְאַתָּה נוֹטְרֵנוּ · אָנוּ פְעֻלָּתֶךָ וְאַתָּה יוֹצְרֵנוּ :

אָנוּ רַעְיָתֶךָ וְאַתָּה דוֹדֵנוּ · אָנוּ סְגֻלָּתֶךָ וְאַתָּה קְרוֹבֵנוּ :

אָנוּ עַמֶּךָ וְאַתָּה מַלְכֵּנוּ · אָנוּ מַאֲמִירֶךָ וְאַתָּה מַאֲמִירֵנוּ:

Reader. אָנוּ עַזֵּי פָנִים וְאַתָּה רַחוּם וְחַנּוּן · אָנוּ קְשֵׁי עֹרֶף

וְאַתָּה אֶרֶךְ אַפַּיִם · אָנוּ מְלֵאֵי עָוֹן וְאַתָּה מָלֵא רַחֲמִים ·

אָנוּ יָמֵינוּ כְּצֵל עוֹבֵר · וְאַתָּה הוּא וּשְׁנוֹתֶיךָ לֹא יִתָּמּוּ :

אֱלֹהֵינוּ וֵאלֹהֵי אֲבוֹתֵינוּ ·

תָּבֹא לְפָנֶיךָ תְּפִלָּתֵנוּ וְאַל תִּתְעַלַּם מִתְּחִנָּתֵנוּ · שֶׁאֵין
אֲנַחְנוּ עַזֵּי פָנִים וּקְשֵׁי עֹרֶף לוֹמַר לְפָנֶיךָ יְיָ אֱלֹהֵינוּ
וֵאלֹהֵי אֲבוֹתֵינוּ צַדִּיקִים אֲנַחְנוּ וְלֹא חָטָאנוּ אֲבָל אֲנַחְנוּ
חָטָאנוּ:

Reader and Cong. אָשַׁמְנוּ · בָּגַדְנוּ · גָּזַלְנוּ · דִּבַּרְנוּ דֹפִי ·
הֶעֱוִינוּ · וְהִרְשַׁעְנוּ · זַדְנוּ · חָמַסְנוּ · טָפַלְנוּ שֶׁקֶר · יָעַצְנוּ
רָע · כִּזַּבְנוּ · לַצְנוּ · מָרַדְנוּ · נִאַצְנוּ · סָרַרְנוּ · עָוִינוּ · פָּשַׁעְנוּ ·
צָרַרְנוּ · קִשִּׁינוּ עֹרֶף · רָשַׁעְנוּ · שִׁחַתְנוּ · תִּעַבְנוּ · תָּעִינוּ ·
תִּעְתָּעְנוּ :

סַרְנוּ מִמִּצְוֹתֶיךָ וּמִמִּשְׁפָּטֶיךָ הַטּוֹבִים וְלֹא שָׁוָה לָנוּ:
וְאַתָּה צַדִּיק עַל כָּל הַבָּא עָלֵינוּ · כִּי אֱמֶת עָשִׂיתָ וַאֲנַחְנוּ
הִרְשָׁעְנוּ:

O God and God of our fathers, forgive us, pardon us, grant us atonement.

Cong. For we are thy people, and thou art our God ;
We are thy children, and thou our father.
We are thy servants, and thou art our master ;
We are thy congregation, and thou our portion.

We are thine inheritance, thou our lot ;
We are thy flock, thou our shepherd.
We are thy vineyard, and thou art our keeper ;
We are thy work, and thou our creator.

We are thy faithful ones : thou art our beloved ;
We are thy chosen : thou art the Lord our God.
We are thy subjects, thou our King ;
We are thine acknowledged people, thou our acknowledged Lord.

Reader. We are brazen-faced, but thou art merciful and compassionate ; we are stiff-necked, but thou art long-suffering. We are full of sin, but thou art full of mercy. As for us, our days are as a shadow ; but thou art immutable, and thy years never-ending.

Our God and God of our fathers,

Let our prayer come before thee, hide not thyself from our supplication, for we are not arrogant and stiff-necked, that we should say before thee, O Lord our God and God of our fathers, we are righteous and have not sinned ; verily we have sinned.

Reader and Cong. We have trespassed, we have dealt treacherously, we have robbed, we have spoken slander, we have acted perversely and we have wrought wickedness, we have acted presumptuously, we have done violence, we have framed lies, we have counselled evil, we have spoken falsely, we have scoffed, we have revolted, we have provoked, we have rebelled, we have committed iniquity, we have transgressed, we have oppressed, we have been stiff-necked, we have acted wickedly, we have corrupted, we have committed abomination, we have gone astray, we have led others astray.

We have turned away from thy commandments and thy judgments that are good, and it hath not profited us. But thou art righteous in all that hath come upon us ; for thou hast acted truthfully, but as for us, we have done wickedly.

מַה נֹּאמַר לְפָנֶיךָ יוֹשֵׁב מָרוֹם. וּמַה נְּסַפֵּר לְפָנֶיךָ שׁוֹכֵן
שְׁחָקִים. הֲלֹא כָּל הַנִּסְתָּרוֹת וְהַנִּגְלוֹת אַתָּה יוֹדֵעַ:

אַתָּה נוֹתֵן יָד לְפוֹשְׁעִים וִימִינְךָ פְשׁוּטָה לְקַבֵּל שָׁבִים.
וַתְּלַמְּדֵנוּ יְיָ אֱלֹהֵינוּ לְהִתְוַדּוֹת לְפָנֶיךָ עַל כָּל עֲוֹנוֹתֵינוּ
לְמַעַן נֶחְדַּל מֵעֹשֶׁק יָדֵינוּ וּתְקַבְּלֵנוּ בִּתְשׁוּבָה שְׁלֵמָה
לְפָנֶיךָ כְּאִשִּׁים וּכְנִיחֹחִים לְמַעַן דְּבָרֶיךָ אֲשֶׁר אָמָרְתָּ:
אֵין קֵץ לְאִשֵּׁי חוֹבוֹתֵינוּ וְאֵין מִסְפָּר לְנִיחוֹחֵי אַשְׁמָתֵנוּ.
וְאַתָּה יוֹדֵעַ שֶׁאַחֲרִיתֵנוּ רִמָּה וְתוֹלֵעָה לְפִיכָךְ הִרְבֵּיתָ
סְלִיחָתֵנוּ: מָה אָנוּ מֶה חַיֵּינוּ מֶה חַסְדֵּנוּ מַה צִּדְקֵנוּ מַה
יִּשְׁעֵנוּ מַה כֹּחֵנוּ מַה גְּבוּרָתֵנוּ. וּמַה נֹּאמַר לְפָנֶיךָ יְיָ
אֱלֹהֵינוּ וֵאלֹהֵי אֲבוֹתֵינוּ. הֲלֹא כָּל הַגִּבּוֹרִים כְּאַיִן לְפָנֶיךָ
וְאַנְשֵׁי הַשֵּׁם כְּלֹא הָיוּ וַחֲכָמִים כִּבְלִי מַדָּע וּנְבוֹנִים
כִּבְלִי הַשְׂכֵּל. כִּי רֹב מַעֲשֵׂיהֶם תֹּהוּ וִימֵי חַיֵּיהֶם הֶבֶל
לְפָנֶיךָ. וּמוֹתַר הָאָדָם מִן הַבְּהֵמָה אָיִן כִּי הַכֹּל הָבֶל:

On Sabbath the bracketed words are added.

אַתָּה הִבְדַּלְתָּ אֱנוֹשׁ מֵרֹאשׁ וַתַּכִּירֵהוּ לַעֲמֹד לְפָנֶיךָ: כִּי
מִי יֹאמַר לְךָ מַה תִּפְעָל וְאִם יִצְדַּק מַה יִּתֶּן לָךְ: וַתִּתֶּן לָנוּ
יְיָ אֱלֹהֵינוּ בְּאַהֲבָה אֶת יוֹם [הַשַּׁבָּת הַזֶּה וְאֶת יוֹם] הַכִּפֻּרִים
הַזֶּה קֵץ וּמְחִילָה וּסְלִיחָה עַל כָּל עֲוֹנוֹתֵינוּ לְמַעַן נֶחְדַּל
מֵעֹשֶׁק יָדֵינוּ וְנָשׁוּב אֵלֶיךָ לַעֲשׂוֹת חֻקֵּי רְצוֹנְךָ בְּלֵבָב שָׁלֵם:
וְאַתָּה בְּרַחֲמֶיךָ הָרַבִּים רַחֵם עָלֵינוּ כִּי לֹא תַחְפֹּץ
בְּהַשְׁחָתַת עוֹלָם. שֶׁנֶּאֱמַר דִּרְשׁוּ יְיָ בְּהִמָּצְאוֹ קְרָאֻהוּ
בִּהְיוֹתוֹ קָרוֹב: וְנֶאֱמַר. יַעֲזֹב רָשָׁע דַּרְכּוֹ וְאִישׁ אָוֶן
מַחְשְׁבֹתָיו וְיָשֹׁב אֶל יְיָ וִירַחֲמֵהוּ וְאֶל אֱלֹהֵינוּ כִּי יַרְבֶּה

What shall we say before thee, O thou who dwellest on high, and what shall we declare before thee, thou who abidest in the heavens ?   Dost thou not know all things, both the hidden and the revealed ?

Thou givest the hand to transgressors and thy right hand is stretched forth to receive the repentant.   Thou hast taught us, O Lord our God, to make confession before thee of all our iniquities, so that we may stay our hands from violence : for then wilt thou receive us back in perfect penitence before thee even as fire offerings and as sweet-savoured sacrifices, for the sake of the words thou hast spoken.   There is no end to the fire offerings we owe, nor to the sweet savours for our trespasses.   But thou knowest that our latter end is the worm, and therefore thou hast multiplied thy forgiveness to us.   What are we ?   What is our life ?   What our piety ?   What our righteousness ?   What our salvation ?   What our strength ?   What our might ?   And what shall we say before thee, O Lord our God and God of our fathers ?   Are not all the mighty ones as naught before thee, and the men of fame as though they were not, wise men as if they were without knowledge, and men of understanding as though they were devoid of dis-cretion ?   For the multitude of their works is emptiness, and the days of their life are vanity before thee ; and the pre-eminence of man over beast is naught : for all is vanity.

On Sabbath the bracketed words are added :

Thou hast set man apart from the beginning and acknow-ledged him that he should stand before thee.   Yet who shall say unto thee : " What dost thou ? " and if he be righteous, what boon is that to thee ?   Howbeit thou hast given us, O Lord our God, this [Sabbath day and this] Day of Atonement to be an end, a forgiving, and pardoning of all our iniquities : that so we may stay our hand from violence and return unto thee to perform the statutes of thy will with a perfect heart.   And do thou, in thine abundant mercies, have compassion upon us. For thou delightest not in the destruction of the world, even as it is said : Seek ye the Lord while he may be found, call ye upon him while he is near.   And it is said : Let the wicked forsake his way, and the unrighteous man his thoughts ; and let him return unto the Lord, and he will have mercy upon him ; and to our God, for he will

לִסְלוֹחַ: וְאַתָּה אֱלוֹהַ סְלִיחוֹת חַנּוּן וְרַחוּם אֶרֶךְ אַפַּיִם
וְרַב חֶסֶד וֶאֱמֶת וּמַרְבֶּה לְהֵיטִיב· וְרוֹצֶה אַתָּה בִּתְשׁוּבַת
רְשָׁעִים וְאֵין אַתָּה חָפֵץ בְּמִיתָתָם שֶׁנֶּאֱמַר· אֱמֹר אֲלֵיהֶם
חַי אָנִי נְאֻם אֲדֹנָי יֱהֹוִה אִם אֶחְפֹּץ בְּמוֹת הָרָשָׁע כִּי אִם
בְּשׁוּב רָשָׁע מִדַּרְכּוֹ וְחָיָה· שׁוּבוּ שׁוּבוּ מִדַּרְכֵיכֶם הָרָעִים
וְלָמָּה תָמוּתוּ בֵּית יִשְׂרָאֵל: וְנֶאֱמַר· הֶחָפֹץ אֶחְפֹּץ מוֹת
רָשָׁע נְאֻם אֲדֹנָי יֱהֹוִה הֲלֹא בְּשׁוּבוֹ מִדְּרָכָיו וְחָיָה· וְנֶאֱמַר·
כִּי לֹא אֶחְפֹּץ בְּמוֹת הַמֵּת נְאֻם אֲדֹנָי יֱהֹוִה וְהָשִׁיבוּ וִחְיוּ:

אֱלֹהֵינוּ וֵאלֹהֵי אֲבוֹתֵינוּ מְחַל לַעֲוֹנוֹתֵינוּ בְּיוֹם [הַשַּׁבָּת
הַזֶּה וּבְיוֹם] הַכִּפֻּרִים הַזֶּה מְחֵה וְהַעֲבֵר פְּשָׁעֵינוּ וְחַטֹּאתֵינוּ
מִנֶּגֶד עֵינֶיךָ· כָּאָמוּר אָנֹכִי אָנֹכִי הוּא מֹחֶה פְּשָׁעֶיךָ לְמַעֲנִי
וְחַטֹּאתֶיךָ לֹא אֶזְכֹּר: וְנֶאֱמַר מָחִיתִי כָעָב פְּשָׁעֶיךָ וְכֶעָנָן
חַטֹּאתֶיךָ שׁוּבָה אֵלַי כִּי גְאַלְתִּיךָ: וְנֶאֱמַר כִּי בַיּוֹם הַזֶּה
יְכַפֵּר עֲלֵיכֶם לְטַהֵר אֶתְכֶם מִכֹּל חַטֹּאתֵיכֶם לִפְנֵי יְיָ
תִּטְהָרוּ: [אֱלֹהֵינוּ וֵאלֹהֵי אֲבוֹתֵינוּ רְצֵה בִמְנוּחָתֵנוּ]
קַדְּשֵׁנוּ בְּמִצְוֹתֶיךָ וְתֵן חֶלְקֵנוּ בְּתוֹרָתֶךָ שַׂבְּעֵנוּ מִטּוּבֶךָ
וְשַׂמְּחֵנוּ בִּישׁוּעָתֶךָ· [וְהַנְחִילֵנוּ יְיָ אֱלֹהֵינוּ בְּאַהֲבָה וּבְרָצוֹן
שַׁבַּת קָדְשֶׁךָ וְיָנוּחוּ בָהּ יִשְׂרָאֵל מְקַדְּשֵׁי שְׁמֶךָ] וְטַהֵר
לִבֵּנוּ לְעָבְדְּךָ בֶּאֱמֶת· כִּי אַתָּה סָלְחָן לְיִשְׂרָאֵל וּמָחֳלָן
לְשִׁבְטֵי יְשֻׁרוּן בְּכָל דּוֹר וָדוֹר וּמִבַּלְעָדֶיךָ אֵין לָנוּ מֶלֶךְ
מוֹחֵל וְסוֹלֵחַ אֶלָּא אָתָּה· בָּרוּךְ אַתָּה יְיָ· מֶלֶךְ מוֹחֵל
וְסוֹלֵחַ לַעֲוֹנוֹתֵינוּ וְלַעֲוֹנוֹת עַמּוֹ בֵּית יִשְׂרָאֵל· וּמַעֲבִיר
אַשְׁמוֹתֵינוּ בְּכָל שָׁנָה וְשָׁנָה· מֶלֶךְ עַל כָּל הָאָרֶץ מְקַדֵּשׁ
[הַשַּׁבָּת וְ]יִשְׂרָאֵל וְיוֹם הַכִּפֻּרִים:

abundantly pardon. For thou art a God ready to pardon, gracious and merciful, slow to anger, plenteous in mercy, and abundant in goodness. Thou acceptest the repentance of the wicked and delightest not in their death, as it is said : Say unto them, As I live, saith the Lord God, I have no pleasure in the death of the wicked ; but that the wicked turn from his way and live : turn ye, turn ye from your evil ways ; for why will ye die, O house of Israel ? And it is said : Have I any pleasure at all that the wicked should die ? saith the Lord God : and not that he should return from his ways and live ? And it is said : For I have no pleasure in the death of him that dieth, saith the Lord God : wherefore turn yourselves and live ye.

Our God and God of our fathers, pardon our iniquities (on this Sabbath day and) on this Day of Atonement ; blot out our transgressions and our sins and make them to pass away from before thine eyes ; as it is said, I, even I, am he that blotteth out thy transgressions for mine own sake : and I will not remember thy sins. And it is said, I have blotted out as a thick cloud thy transgressions, and as a mist thy sins : return unto me, for I have redeemed thee. And it is said, For on this day shall atonement be made for you, to cleanse you : from all your sins before the Lord shall ye be clean. (Our God and God of our fathers, accept our rest,) sanctify us by thy commandments and grant our portion be in thy Law ; satisfy us with thy goodness, and gladden us with thy salvation, (and cause us, O Lord our God, in love and favour to inherit thy holy Sabbath ; and may Israel find repose thereon, who hallow thy Name,) and purify our hearts to serve thee in truth, for thou art the Forgiver of Israel, and Pardoner of the tribes of Jeshrun in all generations, and beside thee we have no King to pardon and forgive our sins, yea, none but thee. Blessed art thou, O Lord, thou King, who pardonest and forgivest our iniquities and the iniquities of thy people the house of Israel, and who makest our trespasses to pass away year by year : King over all the earth, who sanctifiest (the Sabbath and) Israel and the Day of Atonement.

רְצֵה יְיָ אֱלֹהֵינוּ בְּעַמְּךָ יִשְׂרָאֵל וּבִתְפִלָּתָם· וְהָשֵׁב אֶת
הָעֲבוֹדָה לִדְבִיר בֵּיתֶךָ וְאִשֵּׁי יִשְׂרָאֵל וּתְפִלָּתָם בְּאַהֲבָה
תְקַבֵּל בְּרָצוֹן· וּתְהִי לְרָצוֹן תָּמִיד עֲבוֹדַת יִשְׂרָאֵל עַמֶּךָ·
וְתֶחֱזֶינָה עֵינֵינוּ בְּשׁוּבְךָ לְצִיּוֹן בְּרַחֲמִים· בָּרוּךְ אַתָּה יְיָ
הַמַּחֲזִיר שְׁכִינָתוֹ לְצִיּוֹן:

מוֹדִים אֲנַחְנוּ לָךְ שָׁאַתָּה הוּא יְיָ אֱלֹהֵינוּ וֵאלֹהֵי אֲבוֹתֵינוּ
לְעוֹלָם וָעֶד· צוּר חַיֵּינוּ מָגֵן יִשְׁעֵנוּ אַתָּה הוּא לְדוֹר וָדוֹר·
נוֹדֶה לְּךָ וּנְסַפֵּר תְּהִלָּתֶךָ עַל חַיֵּינוּ הַמְּסוּרִים בְּיָדֶךָ
וְעַל נִשְׁמוֹתֵינוּ הַפְּקוּדוֹת לָךְ וְעַל נִסֶּיךָ שֶׁבְּכָל יוֹם עִמָּנוּ
וְעַל נִפְלְאוֹתֶיךָ וְטוֹבוֹתֶיךָ שֶׁבְּכָל עֵת עֶרֶב וָבֹקֶר וְצָהֳרָיִם·
הַטּוֹב כִּי לֹא כָלוּ רַחֲמֶיךָ וְהַמְרַחֵם כִּי לֹא תַמּוּ חֲסָדֶיךָ
מֵעוֹלָם קִוִּינוּ לָךְ:

Whilst the Reader says the foregoing paragraph, the Congregation say:

מוֹדִים אֲנַחְנוּ לָךְ שָׁאַתָּה הוּא יְיָ אֱלֹהֵינוּ וֵאלֹהֵי אֲבוֹתֵינוּ
אֱלֹהֵי כָל בָּשָׂר יוֹצְרֵנוּ יוֹצֵר בְּרֵאשִׁית· בְּרָכוֹת וְהוֹדָאוֹת
לְשִׁמְךָ הַגָּדוֹל וְהַקָּדוֹשׁ עַל שֶׁהֶחֱיִיתָנוּ וְקִיַּמְתָּנוּ· כֵּן תְּחַיֵּנוּ
וּתְקַיְּמֵנוּ וְתֶאֱסוֹף גָּלִיּוֹתֵינוּ לְחַצְרוֹת קָדְשֶׁךָ לִשְׁמֹר חֻקֶּיךָ
וְלַעֲשׂוֹת רְצוֹנֶךָ וּלְעָבְדְּךָ בְּלֵבָב שָׁלֵם עַל שֶׁאֲנַחְנוּ מוֹדִים
לָךְ· בָּרוּךְ אֵל הַהוֹדָאוֹת:

וְעַל כֻּלָּם יִתְבָּרַךְ וְיִתְרוֹמַם שִׁמְךָ מַלְכֵּנוּ תָּמִיד לְעוֹלָם וָעֶד:

Cong. and Reader. אָבִינוּ מַלְכֵּנוּ זְכוֹר רַחֲמֶיךָ וּכְבוֹשׁ כַּעַסְךָ
וְכַלֵּה דֶּבֶר וְחֶרֶב וְרָעָב וּשְׁבִי וּמַשְׁחִית וְעָוֹן וּשְׁמַד

Accept, O Lord our God, thy people Israel and their prayer ; restore the service to the innermost part of thine house ; receive in love and favour the fire-offerings of Israel and their prayer ; and may the service of thy people Israel be ever acceptable to thee. And let our eyes behold thy return in mercy to Zion. Blessed art thou, O Lord, who restorest thy divine presence unto Zion.

We make acknowledgment unto thee, that thou art the Lord our God and the God of our fathers for ever and ever ; thou art the Rock of our lives, the Shield of our salvation through every generation. We will give thanks unto thee and declare thy praise for our lives which are delivered into thy hand, and for our souls which are committed unto thy charge, and for thy miracles which are with us every day, and for thy wondrous benefits which are with us at all times, even, morn and noon. Thou art the Beneficent One, for thy mercies never fail ; thou art the Merciful One, for thy kindnesses never cease. We have ever hoped in thee.

Whilst the Reader says the foregoing paragraph, the Congregation say :

We make acknowledgment unto thee, that thou art the Lord, our God and the God of our fathers, the God of all flesh, our Creator and the Creator of all things in the beginning. Blessings and thanksgivings be to thy great and holy Name, because thou hast kept us alive and supported us. So continue to keep us alive and support us ; and gather our exiles to thy holy courts to observe thy statutes, to perform thy will and to serve thee with a perfect heart ; for this we give thanks unto thee. Blessed be God to whom thanksgivings belong.

And for all these things, O our King, thy Name shall be continually blessed and exalted for ever and ever.

Cong. and Reader. Our Father, our King, remember thy mercy and suppress thine anger, and remove pestilence, sword and famine, destruction, captivity, iniquity, apostasy

וּמַגֵּפָה וּפֶגַע רַע וְכָל מַחֲלָה וְכָל תַּקָלָה וְכָל קְטָטָה
וְכָל מִינֵי פֻרְעָנִיוֹת וְכָל גְּזֵרָה רָעָה וְשִׂנְאַת חִנָּם· מֵעָלֵינוּ
וּמֵעַל כָּל בְּנֵי בְרִיתֶךָ:

Cong. and Reader.

וַחֲתוֹם לְחַיִּים טוֹבִים כָּל בְּנֵי בְרִיתֶךָ:

וְכֹל הַחַיִּים יוֹדוּךָ סֶלָה וִיהַלְלוּ אֶת שִׁמְךָ בֶּאֱמֶת הָאֵל
יְשׁוּעָתֵנוּ וְעֶזְרָתֵנוּ סֶלָה· בָּרוּךְ אַתָּה יְיָ הַטּוֹב שִׁמְךָ
וּלְךָ נָאֶה לְהוֹדוֹת:

אֱלֹהֵינוּ וֵאלֹהֵי אֲבוֹתֵינוּ בָּרְכֵנוּ בַּבְּרָכָה הַמְשֻׁלֶּשֶׁת
בַּתּוֹרָה הַכְּתוּבָה עַל יְדֵי מֹשֶׁה עַבְדֶּךָ הָאֲמוּרָה מִפִּי
אַהֲרֹן וּבָנָיו כֹּהֲנִים עַם קְדוֹשֶׁךָ כָּאָמוּר· יְבָרֶכְךָ יְיָ
וְיִשְׁמְרֶךָ: Cong. כֵּן יְהִי רָצוֹן: Reader. יָאֵר יְיָ פָּנָיו אֵלֶיךָ
וִיחֻנֶּךָּ: Cong. כֵּן יְהִי רָצוֹן: Reader. יִשָּׂא יְיָ פָּנָיו אֵלֶיךָ
וְיָשֵׂם לְךָ שָׁלוֹם: Cong. כֵּן יְהִי רָצוֹן:

שִׂים שָׁלוֹם טוֹבָה וּבְרָכָה חֵן וָחֶסֶד וְרַחֲמִים עָלֵינוּ
וְעַל כָּל יִשְׂרָאֵל עַמֶּךָ· בָּרְכֵנוּ אָבִינוּ כֻּלָּנוּ כְּאֶחָד בְּאוֹר
פָּנֶיךָ· כִּי בְאוֹר פָּנֶיךָ נָתַתָּ לָנוּ יְיָ אֱלֹהֵינוּ תּוֹרַת חַיִּים
וְאַהֲבַת חֶסֶד וּצְדָקָה וּבְרָכָה וְרַחֲמִים וְחַיִּים וְשָׁלוֹם·
וְטוֹב בְּעֵינֶיךָ לְבָרֵךְ אֶת עַמְּךָ יִשְׂרָאֵל בְּכָל עֵת וּבְכָל
שָׁעָה בִּשְׁלוֹמֶךָ:

Cong. and Reader.

בְּסֵפֶר חַיִּים בְּרָכָה וְשָׁלוֹם וּפַרְנָסָה
טוֹבָה נִזָּכֵר וְנִחָתֵם לְפָנֶיךָ אֲנַחְנוּ וְכָל עַמְּךָ בֵּית יִשְׂרָאֵל
לְחַיִּים טוֹבִים וּלְשָׁלוֹם·

בָּרוּךְ אַתָּה יְיָ עוֹשֶׂה הַשָּׁלוֹם:

and plague ; all evil occurrences, and every disease, every stumbling-block and contention, every kind of punishment, every evil decree and all causeless enmity, from us and from all the children of thy covenant.

Cong. and Reader. And seal all the children of thy covenant for a happy life.

And every one that liveth shall give thanks unto thee. Selah ; and shall praise thy Name in truth, O God, our salvation and help, Selah. Blessed art thou, O Lord, whose Name is the Beneficent One, and unto whom it is becoming to give thanks.

Our God and God of our fathers, bless us with the three-fold blessing in the Law, written by the hand of thy servant Moses, and uttered by the mouth of Aaron and his sons, the priests, thy holy people, as it is said : The Lord bless thee and keep thee.

Cong. May this be his will.

The Lord make his face shine upon thee, and be gracious unto thee.

Cong. May this be his will.

The Lord incline his countenance unto thee, and give thee peace.

Cong. May this be his will.

Grant peace, welfare, blessing, grace, loving-kindness and mercy unto us and unto all Israel, thy people. Bless us, O our Father, yea, all of us together, with the light of thy countenance ; for by the light of thy countenance thou hast given unto us, O Lord our God, the Law of life, loving-kindness and righteousness, blessing, mercy, life and peace. And may it be good in thy sight to bless thy people Israel at all times and in every hour with thy peace.

Cong. and Reader. In the book of life, blessing, peace and good sustenance may we be remembered and sealed before thee, we and all thy people, the house of Israel, for a happy life and peace.

Blessed art thou, O Lord, who makest peace.

The following verses are said aloud by the Reader, and repeated by the Congregation.

אָבִינוּ מַלְכֵּנוּ חָטָאנוּ לְפָנֶיךָ:

אָבִינוּ מַלְכֵּנוּ אֵין לָנוּ מֶלֶךְ אֶלָּא אָתָּה:

אָבִינוּ מַלְכֵּנוּ עֲשֵׂה עִמָּנוּ לְמַעַן שְׁמֶךָ:

אָבִינוּ מַלְכֵּנוּ חַדֵּשׁ עָלֵינוּ שָׁנָה טוֹבָה:

אָבִינוּ מַלְכֵּנוּ בַּטֵּל מֵעָלֵינוּ כָּל גְּזֵרוֹת קָשׁוֹת:

אָבִינוּ מַלְכֵּנוּ בַּטֵּל מַחְשְׁבוֹת שׂוֹנְאֵינוּ:

אָבִינוּ מַלְכֵּנוּ הָפֵר עֲצַת אוֹיְבֵינוּ:

אָבִינוּ מַלְכֵּנוּ כַּלֵּה כָּל צַר וּמַשְׂטִין מֵעָלֵינוּ:

אָבִינוּ מַלְכֵּנוּ סְתוֹם פִּיּוֹת מַשְׂטִינֵינוּ וּמְקַטְרִגֵינוּ:

אָבִינוּ מַלְכֵּנוּ כַּלֵּה דֶּבֶר וְחֶרֶב וְרָעָב וּשְׁבִי וּמַשְׁחִית
מִבְּנֵי בְרִיתֶךָ:

אָבִינוּ מַלְכֵּנוּ מְנַע מַגֵּפָה מִנַּחֲלָתֶךָ:

אָבִינוּ מַלְכֵּנוּ סְלַח וּמְחַל לְכָל עֲוֹנוֹתֵינוּ:

אָבִינוּ מַלְכֵּנוּ מְחֵה וְהַעֲבֵר פְּשָׁעֵינוּ וְחַטֹּאתֵינוּ מִנֶּגֶד עֵינֶיךָ:

אָבִינוּ מַלְכֵּנוּ מְחוֹק בְּרַחֲמֶיךָ הָרַבִּים כָּל שִׁטְרֵי חוֹבוֹתֵינוּ:

אָבִינוּ מַלְכֵּנוּ הַחֲזִירֵנוּ בִּתְשׁוּבָה שְׁלֵמָה לְפָנֶיךָ:

אָבִינוּ מַלְכֵּנוּ שְׁלַח רְפוּאָה שְׁלֵמָה לְחוֹלֵי עַמֶּךָ:

אָבִינוּ מַלְכֵּנוּ קְרַע רֹעַ גְּזַר דִּינֵנוּ:

אָבִינוּ מַלְכֵּנוּ זָכְרֵנוּ בְּזִכָּרוֹן טוֹב לְפָנֶיךָ:

אָבִינוּ מַלְכֵּנוּ חָתְמֵנוּ בְּסֵפֶר חַיִּים טוֹבִים:

אָבִינוּ מַלְכֵּנוּ חָתְמֵנוּ בְּסֵפֶר גְּאֻלָּה וִישׁוּעָה:

אָבִינוּ מַלְכֵּנוּ חָתְמֵנוּ בְּסֵפֶר פַּרְנָסָה וְכַלְכָּלָה:

אָבִינוּ מַלְכֵּנוּ חָתְמֵנוּ בְּסֵפֶר זְכֻיּוֹת:

The following verses are said aloud by the Reader, and repeated by the Congregation :

Our Father, our King, we have sinned before thee.

Our Father, our King, we have no king beside thee.

Our Father, our King, deal with us according to thy Name.

Our Father, our King, renew unto us a happy year.

Our Father, our King, annul every severe decree concerning us.

Our Father, our King, annul the designs of those who hate us.

Our Father, our King, frustrate the counsel of our enemies.

Our Father, our King, cause every oppressor and adversary to vanish from us.

Our Father, our King, stay the mouths of our adversaries and of those who accuse us.

Our Father, our King, remove pestilence, sword, famine, captivity and destruction from the children of thy covenant.

Our Father, our King, hold back the plague from thine heritage.

Our Father, our King, forgive and pardon all our iniquities.

Our Father, our King, blot out, and cause our transgressions and sins to pass away from before thine eyes.

Our Father, our King, efface in thine abundant mercy all records of our guilt.

Our Father, our King, cause us to return unto thee in perfect repentance.

Our Father, our King, send perfect healing to the sick of thy people.

Our Father, our King, repeal the evil sentence of our judgment.

Our Father, our King, remember us with a good remembrance from before thee.

Our Father, our King, seal us in the book of happy life.

Our Father, our King, seal us in the book of redemption and salvation.

Our Father, our King, seal us in the book of sustenance and maintenance.

Our Father, our King, seal us in the book of merit.

אָבִינוּ מַלְכֵּנוּ חָתְמֵנוּ בְּסֵפֶר סְלִיחָה וּמְחִילָה:

אָבִינוּ מַלְכֵּנוּ הַצְמַח לָנוּ יְשׁוּעָה בְּקָרוֹב:

אָבִינוּ מַלְכֵּנוּ הָרֵם קֶרֶן יִשְׂרָאֵל עַמֶּךָ:

אָבִינוּ מַלְכֵּנוּ הָרֵם קֶרֶן מְשִׁיחֶךָ:

אָבִינוּ מַלְכֵּנוּ מַלֵּא יָדֵינוּ מִבִּרְכוֹתֶיךָ:

אָבִינוּ מַלְכֵּנוּ מַלֵּא אֲסָמֵינוּ שָׂבָע:

אָבִינוּ מַלְכֵּנוּ שְׁמַע קוֹלֵנוּ חוּס וְרַחֵם עָלֵינוּ:

אָבִינוּ מַלְכֵּנוּ קַבֵּל בְּרַחֲמִים וּבְרָצוֹן אֶת תְּפִלָּתֵנוּ:

אָבִינוּ מַלְכֵּנוּ פְּתַח שַׁעֲרֵי שָׁמַיִם לִתְפִלָּתֵנוּ:

אָבִינוּ מַלְכֵּנוּ נָא אַל תְּשִׁיבֵנוּ רֵיקָם מִלְּפָנֶיךָ:

אָבִינוּ מַלְכֵּנוּ זְכוֹר כִּי עָפָר אֲנָחְנוּ:

אָבִינוּ מַלְכֵּנוּ תְּהֵא הַשָּׁעָה הַזֹּאת שְׁעַת רַחֲמִים וְעֵת
רָצוֹן מִלְּפָנֶיךָ:

אָבִינוּ מַלְכֵּנוּ חֲמוֹל עָלֵינוּ וְעַל עוֹלָלֵינוּ וְטַפֵּנוּ:

אָבִינוּ מַלְכֵּנוּ עֲשֵׂה לְמַעַן הֲרוּגִים עַל שֵׁם קָדְשֶׁךָ:

אָבִינוּ מַלְכֵּנוּ עֲשֵׂה לְמַעַן טְבוּחִים עַל יִחוּדֶךָ:

אָבִינוּ מַלְכֵּנוּ עֲשֵׂה לְמַעַן בָּאֵי בָאֵשׁ וּבַמַּיִם עַל קִדּוּשׁ שְׁמֶךָ:

אָבִינוּ מַלְכֵּנוּ נְקוֹם לְעֵינֵינוּ נִקְמַת דַּם עֲבָדֶיךָ הַשָּׁפוּךְ:

אָבִינוּ מַלְכֵּנוּ עֲשֵׂה לְמַעַנְךָ אִם לֹא לְמַעֲנֵנוּ:

אָבִינוּ מַלְכֵּנוּ עֲשֵׂה לְמַעַנְךָ וְהוֹשִׁיעֵנוּ:

אָבִינוּ מַלְכֵּנוּ עֲשֵׂה לְמַעַן רַחֲמֶיךָ הָרַבִּים:

אָבִינוּ מַלְכֵּנוּ עֲשֵׂה לְמַעַן שִׁמְךָ הַגָּדוֹל הַגִּבּוֹר וְהַנּוֹרָא
שֶׁנִּקְרָא עָלֵינוּ:

The following verse is said silently:

אָבִינוּ מַלְכֵּנוּ חָנֵּנוּ וַעֲנֵנוּ כִּי אֵין בָּנוּ מַעֲשִׂים עֲשֵׂה עִמָּנוּ
צְדָקָה וָחֶסֶד וְהוֹשִׁיעֵנוּ:

Our Father, our King, seal us in the book of forgiveness and pardon.

Our Father, our King, cause salvation speedily to spring forth for us.

Our Father, our King, exalt the horn of Israel thy people.

Our Father, our King, exalt the horn of thine anointed.

Our Father, our King, fill our hands with thy blessings.

Our Father, our King, fill our storehouses with plenty.

Our Father, our King, hear our voice, have pity and compassion upon us.

Our Father, our King, accept our prayer in mercy and favour.

Our Father, our King, open the gates of heaven to our prayer.

Our Father, our King, O turn us not back empty from thy presence.

Our Father, our King, remember we are dust.

Our Father, our King, let this hour be an hour of mercy and a time of favour before thee.

Our Father, our King, have pity upon us, and upon our children and infants.

Our Father, our King, do it for the sake of those who were slain for thy holy Name.

Our Father, our King, do it for the sake of those who were slaughtered for thy Unity.

Our Father, our King, do it for the sake of those who went through fire and water for the sanctification of thy Name.

Our Father, our King, avenge before our eyes the blood of thy servants that hath been spilt.

Our Father, our King, do it for thy sake, if not for our sake.

Our Father, our King, do it for thy sake and save us.

Our Father, our King, do it for the sake of thine abundant mercies.

Our Father, our King, do it for the sake of thy great, mighty and awful Name, by which we are called.

The following verse is said silently :

Our Father, our King, be thou gracious unto us and answer us; for lo ! we are destitute of works ; deal thou with us in charity and loving-kindness, and save us.

Reader and Congregation once:

שְׁמַע יִשְׂרָאֵל יְיָ אֱלֹהֵינוּ יְיָ אֶחָד:

Reader and Congregation thrice:

בָּרוּךְ שֵׁם כְּבוֹד מַלְכוּתוֹ לְעוֹלָם וָעֶד:

Reader and Congregation seven times:

יְיָ הוּא הָאֱלֹהִים:

יִתְגַּדַּל וְיִתְקַדַּשׁ שְׁמֵהּ רַבָּא· בְּעָלְמָא דִי בְרָא כִרְעוּתֵהּ
וְיַמְלִיךְ מַלְכוּתֵהּ בְּחַיֵּיכוֹן וּבְיוֹמֵיכוֹן וּבְחַיֵּי דְכָל בֵּית
יִשְׂרָאֵל בַּעֲגָלָא וּבִזְמַן קָרִיב וְאִמְרוּ· אָמֵן:

Cong. יְהֵא שְׁמֵהּ רַבָּא מְבָרַךְ לְעָלַם וּלְעָלְמֵי עָלְמַיָּא·

יִתְבָּרַךְ וְיִשְׁתַּבַּח וְיִתְפָּאַר וְיִתְרֹמַם וְיִתְנַשֵּׂא וְיִתְהַדָּר
וְיִתְעַלֶּה וְיִתְהַלָּל שְׁמֵהּ דְּקֻדְשָׁא· בְּרִיךְ הוּא· לְעֵלָּא וּלְעֵלָּא
מִן כָּל בִּרְכָתָא וְשִׁירָתָא תֻּשְׁבְּחָתָא וְנֶחֱמָתָא דַּאֲמִירָן
בְּעָלְמָא וְאִמְרוּ· אָמֵן:

תִּתְקַבַּל צְלוֹתְהוֹן וּבָעוּתְהוֹן דְּכָל יִשְׂרָאֵל קֳדָם אֲבוּהוֹן
דִּי בִשְׁמַיָּא וְאִמְרוּ· אָמֵן:

יְהֵא שְׁלָמָא רַבָּא מִן שְׁמַיָּא וְחַיִּים עָלֵינוּ וְעַל כָּל יִשְׂרָאֵל
וְאִמְרוּ· אָמֵן:

עֹשֶׂה שָׁלוֹם בִּמְרוֹמָיו הוּא יַעֲשֶׂה שָׁלוֹם עָלֵינוּ וְעַל
כָּל יִשְׂרָאֵל וְאִמְרוּ· אָמֵן:

Reader and Congregation once :

Hear, O Israel : the Lord our God, the Lord is One.

Reader and Congregation thrice :

Blessed be his glorious, sovereign Name for ever and ever.

Reader and Congregation seven times :

The Lord he is God.

Magnified and sanctified be his great Name in the world which he hath created according to his will. May he establish his kingdom in your life-time and in your days, and in the life-time of all the house of Israel, speedily and at a near time ; and say ye, Amen.

Cong. Let his great Name be blessed for ever and ever.

Blessed, praised and glorified, exalted, extolled and honoured, adored and lauded be the Name of the Holy One, blessed be he, beyond, yea, beyond all blessings and hymns, praises and songs, which are uttered in the world ; and say ye, Amen.

May the prayers and supplications of the whole house of Israel be accepted in the presence of their Father who is in heaven ; and say ye, Amen.

May there be abundant peace from heaven, and life for us and for all Israel ; and say ye, Amen.

May he who maketh peace in his high places, make peace for us and for all Israel ; and say ye, Amen.

תפלת ערבית למוצאי יום כפור

וְהוּא רַחוּם יְכַפֵּר עָוֹן וְלֹא יַשְׁחִית וְהִרְבָּה לְהָשִׁיב אַפּוֹ וְלֹא יָעִיר כָּל חֲמָתוֹ: יְיָ הוֹשִׁיעָה הַמֶּלֶךְ יַעֲנֵנוּ בְיוֹם קָרְאֵנוּ:

Reader. בָּרְכוּ אֶת יְיָ הַמְבֹרָךְ:

Congregation silently:

יִתְבָּרַךְ וְיִשְׁתַּבַּח וְיִתְפָּאַר וְיִתְרוֹמַם וְיִתְנַשֵּׂא שְׁמוֹ שֶׁל מֶלֶךְ מַלְכֵי הַמְּלָכִים הַקָּדוֹשׁ בָּרוּךְ הוּא שֶׁהוּא רִאשׁוֹן וְהוּא אַחֲרוֹן וּמִבַּלְעָדָיו אֵין אֱלֹהִים: סֹלּוּ לָרֹכֵב בָּעֲרָבוֹת בְּיָהּ שְׁמוֹ וְעִלְזוּ לְפָנָיו: וּשְׁמוֹ מְרוֹמָם עַל כָּל בְּרָכָה וּתְהִלָּה: בָּרוּךְ שֵׁם כְּבוֹד מַלְכוּתוֹ לְעוֹלָם וָעֶד: יְהִי שֵׁם יְיָ מְבֹרָךְ מֵעַתָּה וְעַד עוֹלָם:

Cong. and Reader. בָּרוּךְ יְיָ הַמְבֹרָךְ לְעוֹלָם וָעֶד:

בָּרוּךְ אַתָּה יְיָ אֱלֹהֵינוּ מֶלֶךְ הָעוֹלָם אֲשֶׁר בִּדְבָרוֹ מַעֲרִיב עֲרָבִים בְּחָכְמָה פּוֹתֵחַ שְׁעָרִים וּבִתְבוּנָה מְשַׁנֶּה עִתִּים וּמַחֲלִיף אֶת הַזְּמַנִּים וּמְסַדֵּר אֶת הַכּוֹכָבִים בְּמִשְׁמְרוֹתֵיהֶם בָּרָקִיעַ כִּרְצוֹנוֹ בּוֹרֵא יוֹם וָלַיְלָה גּוֹלֵל אוֹר מִפְּנֵי חֹשֶׁךְ וְחֹשֶׁךְ מִפְּנֵי אוֹר · וּמַעֲבִיר יוֹם וּמֵבִיא לַיְלָה וּמַבְדִּיל בֵּין יוֹם וּבֵין לָיְלָה יְיָ צְבָאוֹת שְׁמוֹ · אֵל חַי וְקַיָּם תָּמִיד יִמְלוֹךְ עָלֵינוּ לְעוֹלָם וָעֶד · בָּרוּךְ אַתָּה יְיָ הַמַּעֲרִיב עֲרָבִים:

EVENING SERVICE ON THE TERMINATION OF THE DAY OF ATONEMENT

And he being full of compassion forgiveth iniquity and destroyeth not : yea, many a time he turneth his anger away, and stirreth not up all his wrath. Save, O Lord : may the King answer us on the day we call.

Reader. Bless ye the Lord, who is blessed.

Congregation silently :

Blessed, praised, glorified, exalted and extolled be the Name of the supreme King of kings, the Holy One, blessed be he, who is the first and the last, and beside him there is no God. Extol him that rideth upon the heavens whose Name is Jah, and rejoice before him. His Name is exalted above all blessing and praise. Blessed be his glorious, sovereign Name for ever and ever. Let the Name of the Lord be blessed from this time forth and for evermore.

Cong. and Reader. Blessed be the Lord, who is blessed for ever and evermore.

Blessed art thou, O Lord our God, King of the Universe, who at thy word bringest on the evening, with wisdom openest the gates, and with understanding changest the times and variest the seasons and orderest the stars in their watches in the firmament according to thy will. Thou createst day and night ; thou rollest away the light from before the darkness, and the darkness before the light ; thou makest the day to pass and the night to approach, and dividest the day from the night : the Lord of hosts is thy Name ; O God, living and enduring continually, who wilt reign over us for ever and ever. Blessed art thou, O Lord, who bringest on the evening.

אַהֲבַת עוֹלָם בֵּית יִשְׂרָאֵל עַמְּךָ אָהָבְתָּ· תּוֹרָה וּמִצְוֹת
חֻקִּים וּמִשְׁפָּטִים אוֹתָנוּ לִמַּדְתָּ· עַל כֵּן יְיָ אֱלֹהֵינוּ
בְּשָׁכְבֵּנוּ וּבְקוּמֵנוּ נָשִׂיחַ בְּחֻקֶּיךָ· וְנִשְׂמַח בְּדִבְרֵי תוֹרָתֶךָ
וּבְמִצְוֹתֶיךָ לְעוֹלָם וָעֶד· כִּי הֵם חַיֵּינוּ וְאֹרֶךְ יָמֵינוּ וּבָהֶם
נֶהְגֶּה יוֹמָם וָלָיְלָה· וְאַהֲבָתְךָ אַל תָּסִיר מִמֶּנּוּ לְעוֹלָמִים·
בָּרוּךְ אַתָּה יְיָ אוֹהֵב עַמּוֹ יִשְׂרָאֵל:

דברים ו' ד'' – ט''

שְׁמַע יִשְׂרָאֵל יְהֹוָה אֱלֹהֵינוּ יְהֹוָה | אֶחָד:

The following verse is said silently:

בָּרוּךְ שֵׁם כְּבוֹד מַלְכוּתוֹ לְעוֹלָם וָעֶד:

וְאָהַבְתָּ אֵת יְהֹוָה אֱלֹהֶיךָ בְּכָל־לְבָבְךָ וּבְכָל־נַפְשְׁךָ
וּבְכָל־מְאֹדֶךָ: וְהָיוּ הַדְּבָרִים הָאֵלֶּה אֲשֶׁר אָנֹכִי מְצַוְּךָ
הַיּוֹם עַל־לְבָבֶךָ: וְשִׁנַּנְתָּם לְבָנֶיךָ וְדִבַּרְתָּ בָּם בְּשִׁבְתְּךָ
בְּבֵיתֶךָ וּבְלֶכְתְּךָ בַדֶּרֶךְ וּבְשָׁכְבְּךָ וּבְקוּמֶךָ: וּקְשַׁרְתָּם
לְאוֹת עַל־יָדֶךָ וְהָיוּ לְטֹטָפֹת בֵּין עֵינֶיךָ: וּכְתַבְתָּם עַל־
מְזֻזוֹת בֵּיתֶךָ וּבִשְׁעָרֶיךָ:

דברים י"א י"ג – כ"א

וְהָיָה אִם־שָׁמֹעַ תִּשְׁמְעוּ אֶל־מִצְוֹתַי אֲשֶׁר אָנֹכִי מְצַוֶּה
אֶתְכֶם הַיּוֹם לְאַהֲבָה אֶת־יְהֹוָה אֱלֹהֵיכֶם וּלְעָבְדוֹ בְּכָל־
לְבַבְכֶם וּבְכָל־נַפְשְׁכֶם: וְנָתַתִּי מְטַר־אַרְצְכֶם בְּעִתּוֹ יוֹרֶה
וּמַלְקוֹשׁ וְאָסַפְתָּ דְגָנֶךָ וְתִירֹשְׁךָ וְיִצְהָרֶךָ: וְנָתַתִּי עֵשֶׂב
בְּשָׂדְךָ לִבְהֶמְתֶּךָ וְאָכַלְתָּ וְשָׂבָעְתָּ: הִשָּׁמְרוּ לָכֶם פֶּן
יִפְתֶּה לְבַבְכֶם וְסַרְתֶּם וַעֲבַדְתֶּם אֱלֹהִים אֲחֵרִים
וְהִשְׁתַּחֲוִיתֶם לָהֶם: וְחָרָה אַף־יְהֹוָה בָּכֶם וְעָצַר אֶת־
הַשָּׁמַיִם וְלֹא־יִהְיֶה מָטָר וְהָאֲדָמָה לֹא תִתֵּן אֶת־יְבוּלָהּ

With everlasting love hast thou loved the house of Israel,
thy people ; a law and commandments, statutes and judg-
ments hast thou taught us.   Therefore, O Lord our God,
when we lie down and when we rise up, we will meditate on
thy statutes, and we will rejoice in the words of thy Law and
in thy commandments for ever and ever ; for they are our
life and the length of our days, and on them we will medi-
tate day and night.   And mayest thou never take thy love
away from us.   Blessed art thou, O Lord, who lovest thy
people Israel.

Deuteronomy vi. 4–9.

Hear, O Israel : the Lord our God, the Lord is One.

The following verse is said silently :

Blessed be his glorious, sovereign Name for ever and ever.

And thou shalt love the Lord thy God with all thine
heart, and with all thy soul, and with all thy might.   And
these words, which I command thee this day, shall be in
thine heart : and thou shalt teach them diligently unto
thy children, and shalt talk of them when thou sittest in
thine house, and when thou walkest by the way, and when
thou liest down, and when thou risest up.   And thou shalt
bind them for a sign upon thine hand, and they shall be for
frontlets between thine eyes.   And thou shalt write them
upon the door-posts of thine house and upon thy gates.

Deuteronomy xi. 13–21.

And it shall come to pass, if ye will hearken diligently
unto my commandments which I command you this day,
to love the Lord your God, and to serve him with all your
heart and with all your soul : that I will give the rain of
your land in its season, the first rain and the latter rain,
that thou mayest gather in thy corn and thy wine and
thine oil.   And I will send grass in thy fields for thy cattle,
that thou mayest eat and be satisfied.   Take heed to your-
selves, that your heart be not deceived, and ye turn aside,
and serve other gods, and worship them : and the Lord's
wrath be kindled against you, and he shut up the heaven
and there be no rain, and that the land yield not her fruit,

וַאֲבַדְתֶּם מְהֵרָה מֵעַל הָאָרֶץ הַטּבָה אֲשֶׁר יְהוָה נֹתֵן
לָכֶם: וְשַׂמְתֶּם אֶת־דְּבָרַי אֵלֶּה עַל־לְבַבְכֶם וְעַל־נַפְשְׁכֶם
וּקְשַׁרְתֶּם אֹתָם לְאוֹת עַל־יֶדְכֶם וְהָיוּ לְטוֹטָפֹת בֵּין עֵינֵיכֶם:
וְלִמַּדְתֶּם אֹתָם אֶת־בְּנֵיכֶם לְדַבֵּר בָּם בְּשִׁבְתְּךָ בְּבֵיתֶךָ
וּבְלֶכְתְּךָ בַדֶּרֶךְ וּבְשָׁכְבְּךָ וּבְקוּמֶךָ: וּכְתַבְתָּם עַל־מְזוּזוֹת
בֵּיתֶךָ וּבִשְׁעָרֶיךָ: לְמַעַן יִרְבּוּ יְמֵיכֶם וִימֵי בְנֵיכֶם עַל
הָאֲדָמָה אֲשֶׁר נִשְׁבַּע יְהוָה לַאֲבֹתֵיכֶם לָתֵת לָהֶם כִּימֵי
הַשָּׁמַיִם עַל־הָאָרֶץ:

במדבר ט"ו ל"ז – מ"א

וַיֹּאמֶר יְהוָה אֶל־מֹשֶׁה לֵּאמֹר: דַּבֵּר אֶל־בְּנֵי יִשְׂרָאֵל
וְאָמַרְתָּ אֲלֵהֶם וְעָשׂוּ לָהֶם צִיצִת עַל־כַּנְפֵי בִגְדֵיהֶם
לְדֹרֹתָם וְנָתְנוּ עַל־צִיצִת הַכָּנָף פְּתִיל תְּכֵלֶת: וְהָיָה
לָכֶם לְצִיצִת וּרְאִיתֶם אֹתוֹ וּזְכַרְתֶּם אֶת־כָּל־מִצְוֹת יְהוָה
וַעֲשִׂיתֶם אֹתָם וְלֹא־תָתוּרוּ אַחֲרֵי לְבַבְכֶם וְאַחֲרֵי עֵינֵיכֶם
אֲשֶׁר־אַתֶּם זֹנִים אַחֲרֵיהֶם: לְמַעַן תִּזְכְּרוּ וַעֲשִׂיתֶם אֶת־
כָּל־מִצְוֹתָי וִהְיִיתֶם קְדֹשִׁים לֵאלֹהֵיכֶם: אֲנִי יְהוָה אֱלֹהֵיכֶם
אֲשֶׁר הוֹצֵאתִי אֶתְכֶם מֵאֶרֶץ מִצְרַיִם לִהְיוֹת לָכֶם לֵאלֹהִים
אֲנִי יְהוָה אֱלֹהֵיכֶם:

אֱמֶת וֶאֱמוּנָה כָּל זֹאת וְקַיָּם עָלֵינוּ כִּי הוּא יְיָ אֱלֹהֵינוּ
וְאֵין זוּלָתוֹ וַאֲנַחְנוּ יִשְׂרָאֵל עַמּוֹ הַפּוֹדֵנוּ מִיַּד מְלָכִים
מַלְכֵּנוּ הַגּוֹאֲלֵנוּ מִכַּף כָּל הֶעָרִיצִים הָאֵל הַנִּפְרָע לָנוּ
מִצָּרֵינוּ וְהַמְשַׁלֵּם גְּמוּל לְכָל אוֹיְבֵי נַפְשֵׁנוּ הָעֹשֶׂה גְדֹלוֹת
עַד אֵין חֵקֶר וְנִפְלָאוֹת עַד אֵין מִסְפָּר: הַשָּׂם נַפְשֵׁנוּ בַּחַיִּים

and ye perish quickly from off the good land which the Lord giveth you. Therefore shall ye lay up these my words in your heart and in your soul, and bind them for a sign upon your hand, and they shall be for frontlets between your eyes. And ye shall teach them your children, speaking of them when thou sittest in thine house, and when thou walkest by the way, when thou liest down, and when thou risest up. And thou shalt write them upon the door-posts of thine house and upon thy gates : that your days may be multiplied, and the days of your children, in the land which the Lord sware unto your fathers to give them, as the days of the heavens upon the earth.

Numbers xv. 37-41.

And the Lord spake unto Moses, saying : Speak unto the children of Israel, and bid them that they make them fringes in the corners of their garments throughout their generations, and that they put upon the fringe of the corner a thread of blue : and it shall be unto you for a fringe, that ye may look upon it and remember all the commandments of the Lord, and do them ; and that ye seek not after your own heart and your own eyes, after which ye use to go astray ; that ye may remember and do all my commandments, and be holy unto your God. I am the Lord your God, who brought you out of the land of Egypt, to be your God ; I am the Lord your God.

True and faithful is all this, and it is established with us that he is the Lord our God, and there is none beside him, and that we, Israel, are his people. It is he who redeemed us from the hand of kings ; he is our King who delivered us from the hand of all the terrible ones ; the God, who on our behalf dealt retribution to our adversaries, and requited all the enemies of our soul ; who doeth great things past finding out, and marvellous things without number ; who hath appointed our soul in life, and hath not suffered our

וְלֹא נָתַן לַמּוֹט רַגְלֵנוּ הַמַּדְרִיכֵנוּ עַל בָּמוֹת אוֹיְבֵינוּ וַיָּרֶם
קַרְנֵנוּ עַל כָּל שׂוֹנְאֵינוּ׃ הָעֹשֶׂה לָנוּ נִסִּים וּנְקָמָה בְּפַרְעֹה
אוֹתֹת וּמוֹפְתִים בְּאַדְמַת בְּנֵי חָם הַמַּכֶּה בְעֶבְרָתוֹ כָּל
בְּכוֹרֵי מִצְרָיִם וַיּוֹצֵא אֶת עַמּוֹ יִשְׂרָאֵל מִתּוֹכָם לְחֵרוּת
עוֹלָם׃ הַמַּעֲבִיר בָּנָיו בֵּין גִּזְרֵי יַם סוּף אֶת רוֹדְפֵיהֶם
וְאֶת שׂוֹנְאֵיהֶם בִּתְהוֹמוֹת טִבַּע וְרָאוּ בָנָיו גְּבוּרָתוֹ שִׁבְּחוּ
וְהוֹדוּ לִשְׁמוֹ וּמַלְכוּתוֹ בְּרָצוֹן קִבְּלוּ עֲלֵיהֶם׃ מֹשֶׁה וּבְנֵי
יִשְׂרָאֵל לְךָ עָנוּ שִׁירָה בְּשִׂמְחָה רַבָּה וְאָמְרוּ כֻלָּם׃

מִי כָמֹכָה בָּאֵלִים יְיָ מִי כָּמֹכָה נֶאְדָּר בַּקֹּדֶשׁ נוֹרָא
תְהִלֹּת עֹשֵׂה פֶלֶא׃

מַלְכוּתְךָ רָאוּ בָנֶיךָ בּוֹקֵעַ יָם לִפְנֵי מֹשֶׁה זֶה אֵלִי עָנוּ
וְאָמְרוּ׃ יְיָ יִמְלֹךְ לְעֹלָם וָעֶד׃

וְנֶאֱמַר כִּי פָדָה יְיָ אֶת יַעֲקֹב וּגְאָלוֹ מִיַּד חָזָק מִמֶּנּוּ׃
בָּרוּךְ אַתָּה יְיָ גָּאַל יִשְׂרָאֵל׃

הַשְׁכִּיבֵנוּ יְיָ אֱלֹהֵינוּ לְשָׁלוֹם וְהַעֲמִידֵנוּ מַלְכֵּנוּ לְחַיִּים׃
וּפְרוֹשׂ עָלֵינוּ סֻכַּת שְׁלוֹמֶךָ וְתַקְּנֵנוּ בְּעֵצָה טוֹבָה מִלְּפָנֶיךָ
וְהוֹשִׁיעֵנוּ לְמַעַן שְׁמֶךָ׃ וְהָגֵן בַּעֲדֵנוּ וְהָסֵר מֵעָלֵינוּ אוֹיֵב
דֶּבֶר וְחֶרֶב וְרָעָב וְיָגוֹן וְהָסֵר שָׂטָן מִלְּפָנֵינוּ וּמֵאַחֲרֵינוּ׃
וּבְצֵל כְּנָפֶיךָ תַּסְתִּירֵנוּ כִּי אֵל שׁוֹמְרֵנוּ וּמַצִּילֵנוּ אָתָּה כִּי
אֵל מֶלֶךְ חַנּוּן וְרַחוּם אָתָּה׃ וּשְׁמוֹר צֵאתֵנוּ וּבוֹאֵנוּ לְחַיִּים
וּלְשָׁלוֹם מֵעַתָּה וְעַד עוֹלָם׃ בָּרוּךְ אַתָּה יְיָ שׁוֹמֵר עַמּוֹ
יִשְׂרָאֵל לָעַד׃

בָּרוּךְ יְיָ לְעוֹלָם אָמֵן וְאָמֵן׃ בָּרוּךְ יְיָ מִצִּיּוֹן שֹׁכֵן
יְרוּשָׁלָיִם הַלְלוּיָהּ׃ בָּרוּךְ יְיָ אֱלֹהִים אֱלֹהֵי יִשְׂרָאֵל עֹשֵׂה

feet to be moved ; who made us tread upon the high places of our enemies, and exalted our horn over all them that hated us ; who wrought for us miracles and vengeance upon Pharaoh, signs and wonders in the land of the children of Ham ; who, in his wrath, smote all the first-born of Egypt, and brought forth his people Israel from among them to everlasting freedom ; who made his children pass between the divisions of the Red Sea, and sank their pursuers and their enemies in the depths. Then his children beheld his might ; they praised and gave thanks unto his Name, and willingly accepted his sovereignty. Moses and the children of Israel sang a song unto thee with great joy, saying all of them :

Who is like unto thee, O Lord, among the mighty ones ? Who is like unto thee, glorious in holiness, fearful in praises, doing wonders ?

Thy children beheld thy sovereign power as thou didst cleave the sea before Moses ; they exclaimed, This is my God ! and said : The Lord shall reign for ever and ever.

And it is said, For the Lord hath delivered Jacob, and redeemed him from the hand of him that was stronger than he. Blessed art thou, O Lord, who hast redeemed Israel.

Cause us, O Lord our God, to lie down in peace, and raise us up, O our King, unto life, and spread over us the canopy of thy peace ; direct us with thy counsel, and save us for the sake of thy Name. Be thou a shield about us ; remove from us every enemy, pestilence, sword, famine and sorrow ; remove also the adversary from before us and from behind us. Shelter us beneath the shadow of thy wings. For thou, O God, art our Guardian and our Deliverer ; yea, thou, O God, art a gracious and merciful King. Guard our going out and our coming in, unto life and peace from this time forth and for evermore. Blessed art thou, O Lord, who guardest thy people Israel for ever.

Blessed be the Lord for evermore. Amen. Amen. Blessed be the Lord out of Zion, who dwelleth in Jerusalem. Praise ye the Lord. Blessed be the Lord God, the God of Israel, who alone doeth wondrous things. And blessed be

נִפְלָאוֹת לְבַדּוֹ: וּבָרוּךְ שֵׁם כְּבוֹדוֹ לְעוֹלָם וְיִמָּלֵא כְבוֹדוֹ
אֶת כָּל הָאָרֶץ אָמֵן וְאָמֵן: יְהִי כְבוֹד יְיָ לְעוֹלָם יִשְׂמַח
יְיָ בְּמַעֲשָׂיו: יְהִי שֵׁם יְיָ מְבֹרָךְ מֵעַתָּה וְעַד עוֹלָם: כִּי לֹא
יִטּשׁ יְיָ אֶת עַמּוֹ בַּעֲבוּר שְׁמוֹ הַגָּדוֹל כִּי הוֹאִיל יְיָ לַעֲשׂוֹת
אֶתְכֶם לוֹ לְעָם: וַיַּרְא כָּל הָעָם וַיִּפְּלוּ עַל פְּנֵיהֶם וַיֹּאמְרוּ
יְיָ הוּא הָאֱלֹהִים יְיָ הוּא הָאֱלֹהִים: וְהָיָה יְיָ לְמֶלֶךְ עַל
כָּל הָאָרֶץ בַּיּוֹם הַהוּא יִהְיֶה יְיָ אֶחָד וּשְׁמוֹ אֶחָד: יְהִי
חַסְדְּךָ יְיָ עָלֵינוּ כַּאֲשֶׁר יִחַלְנוּ לָךְ: הוֹשִׁיעֵנוּ יְיָ אֱלֹהֵינוּ
וְקַבְּצֵנוּ מִן הַגּוֹיִם לְהוֹדוֹת לְשֵׁם קָדְשֶׁךָ לְהִשְׁתַּבֵּחַ
בִּתְהִלָּתֶךָ: כָּל גּוֹיִם אֲשֶׁר עָשִׂיתָ יָבוֹאוּ וְיִשְׁתַּחֲווּ לְפָנֶיךָ
אֲדֹנָי וִיכַבְּדוּ לִשְׁמֶךָ: כִּי גָדוֹל אַתָּה וְעֹשֵׂה נִפְלָאוֹת
אַתָּה אֱלֹהִים לְבַדֶּךָ: וַאֲנַחְנוּ עַמְּךָ וְצֹאן מַרְעִיתֶךָ נוֹדֶה
לְּךָ לְעוֹלָם לְדוֹר וָדוֹר נְסַפֵּר תְּהִלָּתֶךָ: בָּרוּךְ יְיָ בַּיּוֹם•
בָּרוּךְ יְיָ בַּלַּיְלָה• בָּרוּךְ יְיָ בְּשָׁכְבֵנוּ• בָּרוּךְ יְיָ בְּקוּמֵנוּ:
כִּי בְיָדְךָ נַפְשׁוֹת הַחַיִּים וְהַמֵּתִים: אֲשֶׁר בְּיָדוֹ נֶפֶשׁ כָּל
חָי וְרוּחַ כָּל בְּשַׂר אִישׁ: בְּיָדְךָ אַפְקִיד רוּחִי פָּדִיתָה
אוֹתִי יְיָ אֵל אֱמֶת: אֱלֹהֵינוּ שֶׁבַּשָּׁמַיִם יַחֵד שִׁמְךָ וְקַיֵּם
מַלְכוּתְךָ תָּמִיד וּמְלוֹךְ עָלֵינוּ לְעוֹלָם וָעֶד:

יִרְאוּ עֵינֵינוּ וְיִשְׂמַח לִבֵּנוּ וְתָגֵל נַפְשֵׁנוּ בִּישׁוּעָתְךָ בֶּאֱמֶת
בֶּאֱמֹר לְצִיּוֹן מָלַךְ אֱלֹהָיִךְ: יְיָ מֶלֶךְ יְיָ מָלָךְ יְיָ יִמְלֹךְ
לְעוֹלָם וָעֶד: כִּי הַמַּלְכוּת שֶׁלְּךָ הִיא וּלְעוֹלְמֵי עַד תִּמְלוֹךְ
בְּכָבוֹד כִּי אֵין לָנוּ מֶלֶךְ אֶלָּא אַתָּה• בָּרוּךְ אַתָּה יְיָ
הַמֶּלֶךְ בִּכְבוֹדוֹ תָּמִיד יִמְלוֹךְ עָלֵינוּ לְעוֹלָם וָעֶד וְעַל כָּל
מַעֲשָׂיו:

his glorious Name for ever ; and let the whole earth be filled with his glory ; Amen and Amen. Let the glory of the Lord endure for ever ; let the Lord rejoice in his works. Blessed be the Name of the Lord from this time forth and for evermore. For the Lord will not forsake his people for his great Name's sake ; because it hath pleased the Lord to make you a people unto himself. And all the people saw it, and they fell on their faces : and they said, The Lord, he is God ; the Lord, he is God. And the Lord shall be King over all the earth ; in that day shall the Lord be One and his Name One. Let thy mercy, O Lord, be upon us, according as we have hoped in thee. Save us, O God of our salvation, and gather us together, and deliver us from the nations, to give thanks unto thy holy Name and to triumph in thy praise. All nations whom thou hast made shall come and worship before thee, O Lord, and they shall glorify thy Name. For thou art great and doest wondrous things : thou art God alone. So we, thy people and sheep of thy pasture, will give thee thanks for ever : we will shew forth thy praise to all generations. Blessed be the Lord by day. Blessed be the Lord by night. Blessed be the Lord when we lie down. Blessed be the Lord when we rise up. For in thine hand are the souls of the living and the dead—in whose hand is the soul of every living thing and the breath of all mankind. Into thine hand I commend my spirit : thou hast redeemed me, O Lord, God of truth. Our God who art in heaven, confirm the unity of thy Name and establish thy Kingdom perpetually and reign over us for evermore.

Let our eyes see and our hearts rejoice and our souls be glad in thy salvation in truth ; when it shall be said unto Zion : Thy God reigneth. The Lord reigneth : the Lord hath reigned : the Lord will reign for ever and ever. For the Kingdom is thine, and unto all eternity thou wilt reign in glory ; for we have no King but thee. Blessed art thou, O Lord, thou King, who in thy glory wilt eternally reign over us for evermore and over all thy works.

יִתְגַּדַּל וְיִתְקַדַּשׁ שְׁמֵהּ רַבָּא· בְּעָלְמָא דִּי בְרָא כִרְעוּתֵהּ·
וְיַמְלִיךְ מַלְכוּתֵהּ בְּחַיֵּיכוֹן וּבְיוֹמֵיכוֹן וּבְחַיֵּי דְכָל בֵּית
יִשְׂרָאֵל בַּעֲגָלָא וּבִזְמַן קָרִיב וְאִמְרוּ אָמֵן׃

Cong. יְהֵא שְׁמֵהּ רַבָּא מְבָרַךְ לְעָלַם וּלְעָלְמֵי עָלְמַיָּא׃

יִתְבָּרַךְ וְיִשְׁתַּבַּח וְיִתְפָּאַר וְיִתְרוֹמַם וְיִתְנַשֵּׂא וְיִתְהַדָּר
וְיִתְעַלֶּה וְיִתְהַלָּל שְׁמֵהּ דְּקֻדְשָׁא· בְּרִיךְ הוּא· לְעֵלָּא מִן
כָּל בִּרְכָתָא וְשִׁירָתָא תֻּשְׁבְּחָתָא וְנֶחֱמָתָא דַּאֲמִירָן
בְּעָלְמָא וְאִמְרוּ אָמֵן׃

The Amidah until קדמניות *on p. 281 is said standing and in silence.*

אֲדֹנָי שְׂפָתַי תִּפְתָּח וּפִי יַגִּיד תְּהִלָּתֶךָ׃

בָּרוּךְ אַתָּה יְיָ אֱלֹהֵינוּ וֵאלֹהֵי אֲבוֹתֵינוּ· אֱלֹהֵי אַבְרָהָם
אֱלֹהֵי יִצְחָק וֵאלֹהֵי יַעֲקֹב· הָאֵל הַגָּדוֹל הַגִּבּוֹר וְהַנּוֹרָא
אֵל עֶלְיוֹן· גּוֹמֵל חֲסָדִים טוֹבִים וְקֹנֵה הַכֹּל· וְזוֹכֵר חַסְדֵי
אָבוֹת וּמֵבִיא גוֹאֵל לִבְנֵי בְנֵיהֶם לְמַעַן שְׁמוֹ בְּאַהֲבָה·
מֶלֶךְ עוֹזֵר וּמוֹשִׁיעַ וּמָגֵן· בָּרוּךְ אַתָּה יְיָ מָגֵן אַבְרָהָם׃

אַתָּה גִבּוֹר לְעוֹלָם אֲדֹנָי מְחַיֵּה מֵתִים אַתָּה רַב לְהוֹשִׁיעַ·
מְכַלְכֵּל חַיִּים בְּחֶסֶד מְחַיֵּה מֵתִים בְּרַחֲמִים רַבִּים·
סוֹמֵךְ נוֹפְלִים וְרוֹפֵא חוֹלִים וּמַתִּיר אֲסוּרִים וּמְקַיֵּם
אֱמוּנָתוֹ לִישֵׁנֵי עָפָר· מִי כָמוֹךָ בַּעַל גְּבוּרוֹת וּמִי דוֹמֶה
לָּךְ· מֶלֶךְ מֵמִית וּמְחַיֶּה וּמַצְמִיחַ יְשׁוּעָה· וְנֶאֱמָן אַתָּה
לְהַחֲיוֹת מֵתִים· בָּרוּךְ אַתָּה יְיָ מְחַיֵּה הַמֵּתִים׃

אַתָּה קָדוֹשׁ וְשִׁמְךָ קָדוֹשׁ וּקְדוֹשִׁים בְּכָל יוֹם יְהַלְלוּךָ
סֶּלָה· בָּרוּךְ אַתָּה יְיָ הָאֵל הַקָּדוֹשׁ׃

Magnified and sanctified be his great Name in the world he hath created according to his will. May he establish his kingdom in your life-time and in your days, and in the life-time of all the house of Israel, speedily and at a near time ; and say ye, Amen.

Cong. Let his great Name be blessed for ever and ever.

Blessed, praised and glorified, exalted, extolled and honoured, adored and lauded be the Name of the Holy One, blessed be he, beyond all blessings and hymns, praises and songs, which are uttered in the world ; and say ye, Amen.

The Amidah until as in ancient years, *on page* 281, *is said standing and in silence.*

O Lord, open thou my lips, and my mouth shall declare thy praise.

Blessed art thou, O Lord our God and God of our fathers, God of Abraham, God of Isaac and God of Jacob, O great, mighty and awful God, most high God, who bestowest gracious favours and who possessest all things, who rememberest the piety of the patriarchs, and who in love wilt bring a redeemer to their children's children, for the sake of thy Name. O King, Helper, Saviour and Shield ; blessed art thou, O Lord, the Shield of Abraham.

Thou art mighty for ever, O Lord ; it is thou who quickenest the dead and art mighty to save. Thou sustainest the living with loving-kindness, quickenest the dead with great mercy, supportest the falling and healest the sick, loosest the bound, and keepest thy faith unto them that sleep in the dust. Who is like unto thee, Lord of mighty acts, and who can be compared unto thee, O King, who killest and restorest to life and causest salvation to spring forth ? And faithful art thou to quicken the dead. Blessed art thou, O Lord, who quickenest the dead.

Thou art holy and thy Name is holy, and holy beings praise thee daily. Selah. Blessed art thou, O Lord, the holy God.

אַתָּה חוֹנֵן לְאָדָם דַּעַת וּמְלַמֵּד לֶאֱנוֹשׁ בִּינָה· אַתָּה
חוֹנַנְתָּנוּ לְמַדַּע תּוֹרָתֶךָ· וַתְּלַמְּדֵנוּ לַעֲשׂוֹת חֻקֵּי
רְצוֹנֶךָ· וַתַּבְדֵּל יְיָ אֱלֹהֵינוּ בֵּין קֹדֶשׁ לְחוֹל בֵּין אוֹר
לְחֹשֶׁךְ בֵּין יִשְׂרָאֵל לָעַמִּים בֵּין יוֹם הַשְּׁבִיעִי לְשֵׁשֶׁת יְמֵי
הַמַּעֲשֶׂה: אָבִינוּ מַלְכֵּנוּ הָחֵל עָלֵינוּ הַיָּמִים הַבָּאִים
לִקְרָאתֵנוּ לְשָׁלוֹם חֲשׂוּכִים מִכָּל חֵטְא וּמְנֻקִּים מִכָּל עָוֹן
וּמְדֻבָּקִים בְּיִרְאָתֶךָ· וְחָנֵּנוּ מֵאִתְּךָ דֵּעָה בִּינָה וְהַשְׂכֵּל·
בָּרוּךְ אַתָּה יְיָ חוֹנֵן הַדָּעַת:

הֲשִׁיבֵנוּ אָבִינוּ לְתוֹרָתֶךָ וְקָרְבֵנוּ מַלְכֵּנוּ לַעֲבוֹדָתֶךָ
וְהַחֲזִירֵנוּ בִּתְשׁוּבָה שְׁלֵמָה לְפָנֶיךָ· בָּרוּךְ אַתָּה יְיָ הָרוֹצֶה
בִּתְשׁוּבָה:

סְלַח לָנוּ אָבִינוּ כִּי חָטָאנוּ מְחַל לָנוּ מַלְכֵּנוּ כִּי פָשָׁעְנוּ
כִּי מוֹחֵל וְסוֹלֵחַ אָתָּה· בָּרוּךְ אַתָּה יְיָ חַנּוּן הַמַּרְבֶּה לִסְלוֹחַ:

רְאֵה בְעָנְיֵנוּ וְרִיבָה רִיבֵנוּ וּגְאָלֵנוּ מְהֵרָה לְמַעַן שְׁמֶךָ·
כִּי גּוֹאֵל חָזָק אָתָּה· בָּרוּךְ אַתָּה יְיָ גּוֹאֵל יִשְׂרָאֵל:

רְפָאֵנוּ יְיָ וְנֵרָפֵא הוֹשִׁיעֵנוּ וְנִוָּשֵׁעָה כִּי תְהִלָּתֵנוּ אָתָּה·
וְהַעֲלֵה רְפוּאָה שְׁלֵמָה לְכָל מַכּוֹתֵינוּ כִּי אֵל מֶלֶךְ רוֹפֵא
נֶאֱמָן וְרַחֲמָן אָתָּה· בָּרוּךְ אַתָּה יְיָ רוֹפֵא חוֹלֵי עַמּוֹ יִשְׂרָאֵל:

בָּרֵךְ עָלֵינוּ יְיָ אֱלֹהֵינוּ אֶת הַשָּׁנָה הַזֹּאת וְאֶת כָּל מִינֵי
תְבוּאָתָהּ לְטוֹבָה וְתֵן בְּרָכָה עַל פְּנֵי הָאֲדָמָה וְשַׂבְּעֵנוּ
מִטּוּבֶךָ וּבָרֵךְ שְׁנָתֵנוּ כַּשָּׁנִים הַטּוֹבוֹת· בָּרוּךְ אַתָּה יְיָ
מְבָרֵךְ הַשָּׁנִים:

תְּקַע בְּשׁוֹפָר גָּדוֹל לְחֵרוּתֵנוּ וְשָׂא נֵס לְקַבֵּץ גָּלֻיוֹתֵינוּ
וְקַבְּצֵנוּ יַחַד מֵאַרְבַּע כַּנְפוֹת הָאָרֶץ· בָּרוּךְ אַתָּה יְיָ
מְקַבֵּץ נִדְחֵי עַמּוֹ יִשְׂרָאֵל:

Thou dost graciously give knowledge unto man, and teachest mortals understanding. Thou hast bestowed upon us knowledge of thy Law, and thou hast taught us to perform the statutes of thy will. Thou, hast made a distinction, O Lord our God, between holy and profane, between light and darkness, between Israel and other peoples, between the seventh day and the six days of work. Our Father, our King, let the days that approach us begin in peace, and let us be free from all sin, and clear from all iniquity, and steadfast in thy fear, and bestow upon us knowledge, understanding and discernment from thee. Blessed art thou, O Lord, gracious giver of knowledge.

Cause us to return, O our Father, unto thy Law; draw us near, O our King, unto thy service, and bring us back in perfect repentance unto thy presence. Blessed art thou, O Lord, who delightest in repentance.

Forgive us, O our Father, for we have sinned : pardon us, O our King, for we have transgressed ; for thou dost pardon and forgive. Blessed art thou, O Lord, who art gracious and dost abundantly forgive.

Look upon our affliction and plead our cause, and redeem us speedily for the sake of thy Name ; for thou art a mighty Redeemer. Blessed art thou, O Lord, the Redeemer of Israel.

Heal us, O Lord, and we shall be healed, save us and we shall be saved ; for thou art our praise. And bring perfect healing to all our wounds ; for thou, Almighty King, art a faithful and merciful healer. Blessed art thou, O Lord, who healest the sick of thy people Israel.

Bless this year unto us, O Lord our God, and every kind of the produce thereof for our benefit ; set a blessing upon the face of the earth. O satisfy us from thy goodness, and bless our year like other good years. Blessed art thou, O Lord, who blessest the years.

Sound the great horn for our freedom ; lift up the ensign to gather our exiles, and gather us together from the four corners of the earth. Blessed art thou, O Lord, who gatherest the outcasts of thy people Israel.

הָשִׁיבָה שׁוֹפְטֵינוּ כְּבָרִאשׁוֹנָה וְיוֹעֲצֵינוּ כְּבַתְּחִלָּה וְהָסֵר
מִמֶּנּוּ יָגוֹן וַאֲנָחָה וּמְלוֹךְ עָלֵינוּ אַתָּה יְיָ לְבַדְּךָ בְּחֶסֶד
וּבְרַחֲמִים וְצַדְּקֵנוּ בַּמִּשְׁפָּט· בָּרוּךְ אַתָּה יְיָ מֶלֶךְ אוֹהֵב
צְדָקָה וּמִשְׁפָּט:

וְלַמַּלְשִׁינִים אַל תְּהִי תִקְוָה וְכָל הָרִשְׁעָה כְּרֶגַע תֹּאבֵד·
וְכָל אוֹיְבֶיךָ מְהֵרָה יִכָּרֵתוּ וּמַלְכוּת זָדוֹן מְהֵרָה תְעַקֵּר
וּתְשַׁבֵּר וּתְמַגֵּר וְתַכְנִיעַ בִּמְהֵרָה בְיָמֵינוּ· בָּרוּךְ אַתָּה יְיָ
שֹׁבֵר אוֹיְבִים וּמַכְנִיעַ זֵדִים:

עַל הַצַּדִּיקִים וְעַל הַחֲסִידִים וְעַל זִקְנֵי עַמְּךָ בֵּית
יִשְׂרָאֵל וְעַל פְּלֵיטַת סוֹפְרֵיהֶם וְעַל גֵּרֵי הַצֶּדֶק וְעָלֵינוּ
יֶהֱמוּ רַחֲמֶיךָ יְיָ אֱלֹהֵינוּ וְתֵן שָׂכָר טוֹב לְכָל הַבּוֹטְחִים
בְּשִׁמְךָ בֶּאֱמֶת וְשִׂים חֶלְקֵנוּ עִמָּהֶם לְעוֹלָם וְלֹא נֵבוֹשׁ
כִּי בְךָ בָּטָחְנוּ· בָּרוּךְ אַתָּה יְיָ מִשְׁעָן וּמִבְטָח לַצַּדִּיקִים:

וְלִירוּשָׁלַיִם עִירְךָ בְּרַחֲמִים תָּשׁוּב וְתִשְׁכּוֹן בְּתוֹכָהּ כַּאֲשֶׁר
דִּבַּרְתָּ וּבְנֵה אוֹתָהּ בְּקָרוֹב בְּיָמֵינוּ בִּנְיַן עוֹלָם וְכִסֵּא דָוִד
מְהֵרָה לְתוֹכָהּ תָּכִין· בָּרוּךְ אַתָּה יְיָ בּוֹנֵה יְרוּשָׁלָיִם:

אֶת צֶמַח דָּוִד עַבְדְּךָ מְהֵרָה תַצְמִיחַ וְקַרְנוֹ תָּרוּם
בִּישׁוּעָתֶךָ כִּי לִישׁוּעָתְךָ קִוִּינוּ כָּל הַיּוֹם· בָּרוּךְ אַתָּה יְיָ
מַצְמִיחַ קֶרֶן יְשׁוּעָה:

שְׁמַע קוֹלֵנוּ יְיָ אֱלֹהֵינוּ חוּס וְרַחֵם עָלֵינוּ וְקַבֵּל בְּרַחֲמִים
וּבְרָצוֹן אֶת תְּפִלָּתֵנוּ כִּי אֵל שׁוֹמֵעַ תְּפִלּוֹת וְתַחֲנוּנִים אָתָּה·
וּמִלְּפָנֶיךָ מַלְכֵּנוּ רֵיקָם אַל תְּשִׁיבֵנוּ· כִּי אַתָּה שׁוֹמֵעַ
תְּפִלַּת עַמְּךָ יִשְׂרָאֵל בְּרַחֲמִים· בָּרוּךְ אַתָּה יְיָ שׁוֹמֵעַ
תְּפִלָּה:

Restore our judges as at the first, and our councillors as at the beginning : remove from us sorrow and sighing ; reign thou over us, O Lord, thou alone, in kindness and tender mercy, and justify us in judgment. Blessed art thou, O Lord, thou King who lovest righteousness and judgment.

And for slanderers let there be no hope ; and let all wickedness perish in a moment, let all thine enemies be speedily cut off, and the dominion of arrogance do thou uproot and crush and cast down and humble speedily in our days. Blessed art thou, O Lord, who breakest the enemies and humblest the arrogant.

Upon the righteous and the pious, upon the elders of thy people the house of Israel, upon the remnant of their scribes, upon the proselytes of righteousness and upon us, may thy tender mercies be moved, O Lord, our God. O grant a good reward unto all who faithfully trust in thy Name ; set our portion with them for ever ; so that we may not be put to shame ; for we have trusted in thee. Blessed art thou, O Lord, the stay and trust of the righteous.

And to Jerusalem, thy City, return in mercy, and dwell in the midst thereof as thou hast spoken ; rebuild it soon in our days as an everlasting building, and speedily set up therein the throne of David. Blessed art thou, O Lord, who buildest up Jerusalem.

Speedily cause the offspring of David, thy servant, to flourish, and let his horn be exalted by thy salvation ; for we wait for thy salvation all the day. Blessed art thou, O Lord, who causest the horn of salvation to flourish.

Hear our voice, O Lord our God, pity and compassionate us, and accept our prayer in mercy and favour : for thou art a God who hearkenest unto prayers and supplications. And from thy presence, O our King, turn us not away empty ; for thou hearkenest in mercy to the prayer of thy people Israel. Blessed art thou, O Lord, who hearkenest unto prayer.

רְצֵה יְיָ אֱלֹהֵינוּ בְּעַמְּךָ יִשְׂרָאֵל וּבִתְפִלָּתָם· וְהָשֵׁב אֶת
הָעֲבוֹדָה לִדְבִיר בֵּיתֶךָ וְאִשֵׁי יִשְׂרָאֵל וּתְפִלָּתָם בְּאַהֲבָה
תְקַבֵּל בְּרָצוֹן· וּתְהִי לְרָצוֹן תָּמִיד עֲבוֹדַת יִשְׂרָאֵל עַמֶּךָ·
וְתֶחֱזֶינָה עֵינֵינוּ בְּשׁוּבְךָ לְצִיּוֹן בְּרַחֲמִים· בָּרוּךְ אַתָּה יְיָ
הַמַּחֲזִיר שְׁכִינָתוֹ לְצִיּוֹן:

מוֹדִים אֲנַחְנוּ לָךְ שָׁאַתָּה הוּא יְיָ אֱלֹהֵינוּ וֵאלֹהֵי אֲבוֹתֵינוּ
לְעוֹלָם וָעֶד· צוּר חַיֵּינוּ מָגֵן יִשְׁעֵנוּ אַתָּה הוּא לְדוֹר וָדוֹר·
נוֹדֶה לְךָ וּנְסַפֵּר תְּהִלָּתֶךָ עַל חַיֵּינוּ הַמְּסוּרִים בְּיָדֶךָ וְעַל
נִשְׁמוֹתֵינוּ הַפְּקוּדוֹת לָךְ וְעַל נִסֶּיךָ שֶׁבְּכָל יוֹם עִמָּנוּ וְעַל
נִפְלְאוֹתֶיךָ וְטוֹבוֹתֶיךָ שֶׁבְּכָל עֵת עֶרֶב וָבֹקֶר וְצָהֳרָיִם·
הַטּוֹב כִּי לֹא כָלוּ רַחֲמֶיךָ וְהַמְרַחֵם כִּי לֹא תַמּוּ חֲסָדֶיךָ
מֵעוֹלָם קִוִּינוּ לָךְ:

וְעַל כֻּלָּם יִתְבָּרַךְ וְיִתְרוֹמַם שִׁמְךָ מַלְכֵּנוּ תָּמִיד לְעוֹלָם
וָעֶד: וְכָל הַחַיִּים יוֹדוּךָ סֶּלָה וִיהַלְלוּ אֶת שִׁמְךָ בֶּאֱמֶת
הָאֵל יְשׁוּעָתֵנוּ וְעֶזְרָתֵנוּ סֶלָה· בָּרוּךְ אַתָּה יְיָ הַטּוֹב שִׁמְךָ
וּלְךָ נָאֶה לְהוֹדוֹת:

שָׁלוֹם רָב עַל יִשְׂרָאֵל עַמְּךָ תָּשִׂים לְעוֹלָם· כִּי אַתָּה
הוּא מֶלֶךְ אָדוֹן לְכָל הַשָּׁלוֹם· וְטוֹב בְּעֵינֶיךָ לְבָרֵךְ אֶת
עַמְּךָ יִשְׂרָאֵל בְּכָל עֵת וּבְכָל שָׁעָה בִּשְׁלוֹמֶךָ· בָּרוּךְ
אַתָּה יְיָ הַמְבָרֵךְ אֶת עַמּוֹ יִשְׂרָאֵל בַּשָּׁלוֹם:

אֱלֹהַי נְצוֹר לְשׁוֹנִי מֵרָע וּשְׂפָתַי מִדַּבֵּר מִרְמָה
וְלִמְקַלְלַי נַפְשִׁי תִדּוֹם וְנַפְשִׁי כֶּעָפָר לַכֹּל תִּהְיֶה: פְּתַח
לִבִּי בְּתוֹרָתֶךָ וּבְמִצְוֹתֶיךָ תִּרְדּוֹף נַפְשִׁי· וְכָל הַחוֹשְׁבִים
עָלַי רָעָה מְהֵרָה הָפֵר עֲצָתָם וְקַלְקֵל מַחֲשְׁבוֹתָם: עֲשֵׂה

Accept, O Lord our God, thy people Israel and their prayer ; restore the service to the innermost part of thine house ; receive in love and favour the fire-offerings of Israel and their prayer ; and may the service of thy people Israel be ever acceptable to thee. And let our eyes behold thy return in mercy to Zion. Blessed art thou, O Lord, who restorest thy divine presence unto Zion.

We make acknowledgment unto thee, that thou art the Lord our God and the God of our fathers for ever and ever ; thou art the Rock of our lives, the Shield of our salvation through every generation. We will give thanks unto thee and declare thy praise for our lives which are delivered into thy hand, and for our souls which are committed unto thy charge, and for thy miracles which are with us every day, and for thy wondrous benefits which are with us at all times, even, morn and noon. Thou art the Beneficent One, for thy mercies never fail ; thou art the Merciful One, for thy kindnesses never cease. We have ever hoped in thee.

And for all these things, O our King, thy Name shall be continually blessed and exalted for ever and ever. And every one that liveth shall give thanks unto thee, Selah ; and shall praise thy Name in truth, O God, our salvation and help, Selah. Blessed art thou, O Lord, whose Name is the Beneficent One, and unto whom it is becoming to give thanks.

Grant abundant peace unto Israel thy people for ever ; for thou art Sovereign of all peace ; and may it be good in thy sight to bless thy people Israel at all times and in every hour with thy peace. Blessed art thou, O Lord, who blessest thy people Israel with peace.

O my God, guard my tongue from evil and my lips from speaking guile ; and to such as curse me, let my soul be silent, yea, let my soul be unto all as the dust. Open thou my heart to thy Law, and let my soul pursue thy commandments. And as to any who devise evil against me, speedily make their counsel of none effect and frustrate their designs.

לְמַעַן שְׁמֶךָ עֲשֵׂה לְמַעַן יְמִינֶךָ עֲשֵׂה לְמַעַן קְדֻשָּׁתֶךָ עֲשֵׂה
לְמַעַן תּוֹרָתֶךָ: לְמַעַן יֵחָלְצוּן יְדִידֶיךָ הוֹשִׁיעָה יְמִינְךָ
וַעֲנֵנִי: יִהְיוּ לְרָצוֹן אִמְרֵי פִי וְהֶגְיוֹן לִבִּי לְפָנֶיךָ יְיָ צוּרִי
וְגֹאֲלִי: עֹשֶׂה שָׁלוֹם בִּמְרוֹמָיו הוּא יַעֲשֶׂה שָׁלוֹם עָלֵינוּ
וְעַל כָּל יִשְׂרָאֵל וְאִמְרוּ אָמֵן: יְהִי רָצוֹן לְפָנֶיךָ יְיָ אֱלֹהֵינוּ
וֵאלֹהֵי אֲבוֹתֵינוּ שֶׁיִּבָּנֶה בֵּית הַמִּקְדָּשׁ בִּמְהֵרָה בְיָמֵינוּ
וְתֵן חֶלְקֵנוּ בְּתוֹרָתֶךָ:   וְשָׁם נַעֲבָדְךָ
בְּיִרְאָה כִּימֵי עוֹלָם וּכְשָׁנִים קַדְמֹנִיּוֹת: וְעָרְבָה לַיָי
מִנְחַת יְהוּדָה וִירוּשָׁלָיִם כִּימֵי עוֹלָם וּכְשָׁנִים קַדְמֹנִיּוֹת:

Reader:

יִתְגַּדַּל וְיִתְקַדַּשׁ שְׁמֵהּ רַבָּא· בְּעָלְמָא דִי בְרָא כִרְעוּתֵהּ·
וְיַמְלִיךְ מַלְכוּתֵהּ בְּחַיֵּיכוֹן וּבְיוֹמֵיכוֹן וּבְחַיֵּי דְכָל בֵּית
יִשְׂרָאֵל בַּעֲגָלָא וּבִזְמַן קָרִיב וְאִמְרוּ· אָמֵן:

Cong.   יְהֵא שְׁמֵהּ רַבָּא מְבָרַךְ לְעָלַם וּלְעָלְמֵי עָלְמַיָּא:

יִתְבָּרַךְ וְיִשְׁתַּבַּח וְיִתְפָּאַר וְיִתְרוֹמַם וְיִתְנַשֵּׂא וְיִתְהַדָּר
וְיִתְעַלֶּה וְיִתְהַלָּל שְׁמֵהּ דְּקֻדְשָׁא· בְּרִיךְ הוּא· לְעֵלָּא
מִן כָּל בִּרְכָתָא וְשִׁירָתָא תֻּשְׁבְּחָתָא וְנֶחֱמָתָא דַּאֲמִירָן
בְּעָלְמָא וְאִמְרוּ· אָמֵן:

תִּתְקַבֵּל צְלוֹתְהוֹן וּבָעוּתְהוֹן דְּכָל יִשְׂרָאֵל קֳדָם אֲבוּהוֹן
דִּי בִשְׁמַיָּא וְאִמְרוּ· אָמֵן:

יְהֵא שְׁלָמָא רַבָּא מִן שְׁמַיָּא וְחַיִּים עָלֵינוּ וְעַל כָּל
יִשְׂרָאֵל וְאִמְרוּ· אָמֵן:

עֹשֶׂה שָׁלוֹם בִּמְרוֹמָיו הוּא יַעֲשֶׂה שָׁלוֹם עָלֵינוּ וְעַל
כָּל יִשְׂרָאֵל וְאִמְרוּ· אָמֵן:

Do thou it for the sake of thy Name, do it for the sake of thy right hand, do it for the sake of thy holiness, do it for the sake of thy Law, that thy beloved ones may be delivered. O save with thy right hand and answer me. Let the words of my mouth and the meditation of my heart be acceptable before thee, O Lord, my Rock and my Redeemer. He who maketh peace in his high places, may he make peace for us and for all Israel, and say ye, Amen. May it be thy will, O Lord our God and God of our fathers, that the temple be speedily rebuilt in our days, and grant our portion in thy Law.

And there we will serve thee with awe, as in the days of old and as in ancient years. And the offering of Judah and Jerusalem shall be pleasant unto the Lord, as in the days of old and as in ancient years.

Reader :

Magnified and sanctified be his great Name in the world which he hath created according to his will. May he establish his kingdom in your life-time and in your days, and in the life-time of all the house of Israel, speedily and at a near time ; and say ye, Amen.

Cong. Let his great Name be blessed for ever and ever.

Blessed, praised and glorified, exalted, extolled and honoured, adored and lauded be the Name of the Holy One, blessed be he, beyond all blessings and hymns, praises and songs, which are uttered in the world ; and say ye, Amen.

May the prayers and supplications of the whole house of Israel be accepted in the presence of their Father who is in heaven ; and say ye, Amen.

May there be abundant peace from heaven, and life for us and for all Israel ; and say ye, Amen.

May he who maketh peace in his high places, make peace for us and for all Israel ; and say ye, Amen.

On Saturday evening, the following until עַל יִשְׂרָאֵל, *page 285, is added:*

וְיִתֶּן לְךָ הָאֱלֹהִים מִטַּל הַשָּׁמַיִם וּמִשְׁמַנֵּי הָאָרֶץ וְרֹב
דָּגָן וְתִירֹשׁ: יַעַבְדוּךָ עַמִּים וְיִשְׁתַּחֲווּ לְךָ לְאֻמִּים הֱוֵה
גְבִיר לְאַחֶיךָ וְיִשְׁתַּחֲווּ לְךָ בְּנֵי אִמֶּךָ אֹרֲרֶיךָ אָרוּר
וּמְבָרֲכֶיךָ בָּרוּךְ: וְאֵל שַׁדַּי יְבָרֵךְ אֹתְךָ וְיַפְרְךָ וְיַרְבֶּךָ
וְהָיִיתָ לִקְהַל עַמִּים: וְיִתֶּן לְךָ אֶת בִּרְכַּת אַבְרָהָם לְךָ
וּלְזַרְעֲךָ אִתָּךְ לְרִשְׁתְּךָ אֶת אֶרֶץ מְגֻרֶיךָ אֲשֶׁר נָתַן אֱלֹהִים
לְאַבְרָהָם: מֵאֵל אָבִיךָ וְיַעְזְרֶךָ וְאֵת שַׁדַּי וִיבָרֲכֶךָ בִּרְכֹת
שָׁמַיִם מֵעָל בִּרְכֹת תְּהוֹם רֹבֶצֶת תָּחַת בִּרְכֹת שָׁדַיִם
וָרָחַם: בִּרְכֹת אָבִיךָ גָּבְרוּ עַל בִּרְכֹת הוֹרַי עַד תַּאֲוַת
גִּבְעֹת עוֹלָם תִּהְיֶיןָ לְרֹאשׁ יוֹסֵף וּלְקָדְקֹד נְזִיר אֶחָיו:
וַאֲהֵבְךָ וּבֵרַכְךָ וְהִרְבֶּךָ וּבֵרַךְ פְּרִי בִטְנְךָ וּפְרִי
אַדְמָתֶךָ דְּגָנְךָ וְתִירֹשְׁךָ וְיִצְהָרֶךָ שְׁגַר אֲלָפֶיךָ וְעַשְׁתְּרֹת
צֹאנֶךָ עַל הָאֲדָמָה אֲשֶׁר נִשְׁבַּע לַאֲבֹתֶיךָ לָתֶת לָךְ:
בָּרוּךְ תִּהְיֶה מִכָּל הָעַמִּים לֹא יִהְיֶה בְךָ עָקָר וַעֲקָרָה
וּבִבְהֶמְתֶּךָ: וְהֵסִיר יְיָ מִמְּךָ כָּל חֹלִי וְכָל מַדְוֵי מִצְרַיִם
הָרָעִים אֲשֶׁר יָדַעְתָּ לֹא יְשִׂימָם בָּךְ וּנְתָנָם בְּכָל שֹׂנְאֶיךָ:

הַמַּלְאָךְ הַגֹּאֵל אֹתִי מִכָּל רָע יְבָרֵךְ אֶת הַנְּעָרִים וְיִקָּרֵא
בָהֶם שְׁמִי וְשֵׁם אֲבֹתַי אַבְרָהָם וְיִצְחָק וְיִדְגּוּ לָרֹב בְּקֶרֶב
הָאָרֶץ: יְיָ אֱלֹהֵיכֶם הִרְבָּה אֶתְכֶם וְהִנְּכֶם הַיּוֹם כְּכוֹכְבֵי
הַשָּׁמַיִם לָרֹב: יְיָ אֱלֹהֵי אֲבוֹתֵיכֶם יֹסֵף עֲלֵיכֶם כָּכֶם
אֶלֶף פְּעָמִים וִיבָרֵךְ אֶתְכֶם כַּאֲשֶׁר דִּבֶּר לָכֶם:

בָּרוּךְ אַתָּה בָּעִיר וּבָרוּךְ אַתָּה בַּשָּׂדֶה: בָּרוּךְ אַתָּה
בְּבֹאֶךָ וּבָרוּךְ אַתָּה בְּצֵאתֶךָ: בָּרוּךְ טַנְאֲךָ וּמִשְׁאַרְתֶּךָ:

On Saturday evening, the following until upon Israel, page 285, is added:

And God give thee of the dew of heaven, and of the fatness of the earth, and plenty of corn and wine. Let peoples serve thee, and nations bow down to thee : be lord over thy brethren, and let thy mother's sons bow down to thee : cursed be every one that curseth thee, and blessed be every one that blesseth thee. And God Almighty bless thee, and make thee fruitful, and multiply thee, that thou mayest be a company of peoples ; and give thee the blessing of Abraham, to thee and to thy seed with thee, that thou mayest inherit the land of thy sojournings, which God gave unto Abraham—From the God of thy father, who shall help thee, and from the Almighty, who shall bless thee, with blessings of heaven above, blessings of the deep that coucheth beneath, blessings of the breasts and of the womb. The blessings of thy father have prevailed above the blessings of my progenitors unto the utmost bound of the everlasting hills : they shall be on the head of Joseph and on the crown of the head of him that was separate from his brethren. And he will love thee and bless thee and multiply thee : he will also bless the fruit of thy body and the fruit of thy ground, thy corn and thy wine and thine oil, the increase of thy kine and the young of thy flock, the land which he sware unto thy fathers to give thee. Thou shalt be blessed above all peoples : there shall not be male or female barren among you, or among your cattle. And the Lord will take away from thee all sickness ; and will put none of the evil diseases of Egypt, which thou knowest, upon thee ; but will lay them upon all them that hate thee.

The angel which hath redeemed me from all evil, bless the lads ; and let my name be named on them, and the name of my fathers Abraham and Isaac ; and let them grow into a multitude in the midst of the earth. The Lord your God hath multiplied you, and behold ye are this day as the stars of heaven for multitude. The Lord, the God of your fathers, make you a thousand times so many more as ye are, and bless you, as he hath promised you !

Blessed shalt thou be in the city, and blessed shalt thou be in the field. Blessed shalt thou be when thou comest in,

בָּרוּךְ פְּרִי בִטְנְךָ וּפְרִי אַדְמָתְךָ וּפְרִי בְהֶמְתֶּךָ שְׁגַר
אֲלָפֶיךָ וְעַשְׁתְּרוֹת צֹאנֶךָ: יְצַו יְיָ אִתְּךָ אֶת הַבְּרָכָה
בַּאֲסָמֶיךָ וּבְכֹל מִשְׁלַח יָדֶךָ וּבֵרַכְךָ בָּאָרֶץ אֲשֶׁר יְיָ
אֱלֹהֶיךָ נֹתֵן לָךְ: יִפְתַּח יְיָ לְךָ אֶת אוֹצָרוֹ הַטּוֹב אֶת
הַשָּׁמַיִם לָתֵת מְטַר אַרְצְךָ בְּעִתּוֹ וּלְבָרֵךְ אֵת כָּל מַעֲשֵׂה
יָדֶךָ וְהִלְוִיתָ גּוֹיִם רַבִּים וְאַתָּה לֹא תִלְוֶה: כִּי יְיָ אֱלֹהֶיךָ
בֵּרַכְךָ כַּאֲשֶׁר דִּבֶּר לָךְ וְהַעֲבַטְתָּ גּוֹיִם רַבִּים וְאַתָּה לֹא
תַעֲבֹט וּמָשַׁלְתָּ בְּגוֹיִם רַבִּים וּבְךָ לֹא יִמְשֹׁלוּ: אַשְׁרֶיךָ
יִשְׂרָאֵל מִי כָמוֹךָ עַם נוֹשַׁע בַּיָי מָגֵן עֶזְרֶךָ וַאֲשֶׁר חֶרֶב
גַּאֲוָתֶךָ וְיִכָּחֲשׁוּ אֹיְבֶיךָ לָךְ וְאַתָּה עַל בָּמוֹתֵימוֹ תִדְרֹךְ:

מָחִיתִי כָעָב פְּשָׁעֶיךָ וְכֶעָנָן חַטֹּאתֶיךָ שׁוּבָה אֵלַי כִּי
גְאַלְתִּיךָ: רָנּוּ שָׁמַיִם כִּי עָשָׂה יְיָ הָרִיעוּ תַּחְתִּיּוֹת אָרֶץ
פִּצְחוּ הָרִים רִנָּה יַעַר וְכָל עֵץ בּוֹ כִּי גָאַל יְיָ יַעֲקֹב
וּבְיִשְׂרָאֵל יִתְפָּאָר: גֹּאֲלֵנוּ יְיָ צְבָאוֹת שְׁמוֹ קְדוֹשׁ יִשְׂרָאֵל:

יִשְׂרָאֵל נוֹשַׁע בַּיָי תְּשׁוּעַת עוֹלָמִים לֹא תֵבֹשׁוּ וְלֹא
תִכָּלְמוּ עַד עוֹלְמֵי עַד: וַאֲכַלְתֶּם אָכוֹל וְשָׂבוֹעַ וְהִלַּלְתֶּם
אֶת שֵׁם יְיָ אֱלֹהֵיכֶם אֲשֶׁר עָשָׂה עִמָּכֶם לְהַפְלִיא וְלֹא
יֵבֹשׁוּ עַמִּי לְעוֹלָם: וִידַעְתֶּם כִּי בְקֶרֶב יִשְׂרָאֵל אָנִי וַאֲנִי
יְיָ אֱלֹהֵיכֶם וְאֵין עוֹד וְלֹא יֵבֹשׁוּ עַמִּי לְעוֹלָם: כִּי בְשִׂמְחָה
תֵצֵאוּ וּבְשָׁלוֹם תּוּבָלוּן הֶהָרִים וְהַגְּבָעוֹת יִפְצְחוּ לִפְנֵיכֶם
רִנָּה וְכָל עֲצֵי הַשָּׂדֶה יִמְחֲאוּ כָף: הִנֵּה אֵל יְשׁוּעָתִי
אֶבְטַח וְלֹא אֶפְחָד כִּי עָזִּי וְזִמְרָת יָהּ יְיָ וַיְהִי לִי לִישׁוּעָה:
וּשְׁאַבְתֶּם מַיִם בְּשָׂשׂוֹן מִמַּעַיְנֵי הַיְשׁוּעָה: וַאֲמַרְתֶּם בַּיּוֹם
הַהוּא הוֹדוּ לַיָי קִרְאוּ בִשְׁמוֹ הוֹדִיעוּ בָעַמִּים עֲלִילֹתָיו

and blessed shalt thou be when thou goest out. Blessed
shall be thy basket and thy kneading-trough. Blessed shall
be the fruit of thy body and the fruit of thy ground and
the fruit of thy cattle, the increase of thy kine and the
young of thy flock. The Lord shall command the blessing
upon thee in thy barns, and in all that thou settest thine
hand unto ; and he shall bless thee in the land which the
Lord thy God giveth thee. The Lord shall open unto thee
his good treasure, the heaven, to give the rain of thy land in
its season, and to bless all the work of thine hand : and
thou shalt lend unto many nations, and thou shalt not
borrow. For the Lord thy God will bless thee, as he pro-
mised thee : and thou shalt lend unto many nations, but
thou shalt not borrow ; and thou shalt rule over many
nations, but they shall not rule over thee. Happy art thou,
O Israel : who is like unto thee, a people saved by the Lord,
the shield of thy help, and that is the sword of thy excel-
lency ! And thine enemies shall submit themselves unto
thee ; and thou shalt tread upon their high places.

I have blotted out as a thick cloud thy transgressions,
and as a mist thy sins : return unto me ; for I have re-
deemed thee. Sing, O ye heavens, for the Lord hath done
it ; shout, ye lower parts of the earth : break forth into
singing, ye mountains, O forest and every tree therein : for
the Lord hath redeemed Jacob, and will glorify himself in
Israel. Our Redeemer, the Lord of Hosts is his Name, the
Holy One of Israel.

Israel shall be saved by the Lord with an everlasting
salvation : ye shall not be ashamed nor confounded, world
without end. And ye shall eat in plenty and be satisfied,
and shall praise the Name of the Lord your God, that hath
dealt wondrously with you : and my people shall never be
ashamed. And ye shall know that I am in the midst of
Israel, and that I am the Lord your God, and there is none
else : and my people shall never be ashamed. For ye shall
go out with joy, and be led forth with peace : the mountains
and the hills shall break forth before you into singing, and
all the trees of the field shall clap their hands. Behold,
God is my salvation ; I will trust and will not be afraid :
for the Lord God is my strength and song ; and he is become
my salvation. Therefore with joy shall ye draw water out
of the wells of salvation. And in that day shall ye say,
Give thanks unto the Lord, call upon his Name, declare his

הַזְכִּירוּ כִּי נִשְׂגָּב שְׁמוֹ: זַמְּרוּ יְיָ כִּי גֵאוּת עָשָׂה מוּדַעַת
זֹאת בְּכָל הָאָרֶץ: צַהֲלִי וָרֹנִּי יוֹשֶׁבֶת צִיּוֹן כִּי גָדוֹל בְּקִרְבֵּךְ
קְדוֹשׁ יִשְׂרָאֵל: וְאָמַר בַּיּוֹם הַהוּא הִנֵּה אֱלֹהֵינוּ זֶה קִוִּינוּ
לוֹ וְיוֹשִׁיעֵנוּ זֶה יְיָ קִוִּינוּ לוֹ נָגִילָה וְנִשְׂמְחָה בִּישׁוּעָתוֹ:

בֵּית יַעֲקֹב לְכוּ וְנֵלְכָה בְּאוֹר יְיָ: וְהָיָה אֱמוּנַת עִתֶּיךָ
חֹסֶן יְשׁוּעֹת חָכְמַת וָדָעַת יִרְאַת יְיָ הִיא אוֹצָרוֹ: וַיְהִי
דָוִד לְכָל דְּרָכָיו מַשְׂכִּיל וַיְיָ עִמּוֹ: פָּדָה בְשָׁלוֹם נַפְשִׁי
מִקְּרָב לִי כִּי בְרַבִּים הָיוּ עִמָּדִי: וַיֹּאמֶר הָעָם אֶל שָׁאוּל
הֲיוֹנָתָן יָמוּת אֲשֶׁר עָשָׂה הַיְשׁוּעָה הַגְּדוֹלָה הַזֹּאת בְּיִשְׂרָאֵל
חָלִילָה חַי יְיָ אִם יִפֹּל מִשַּׂעֲרַת רֹאשׁוֹ אַרְצָה כִּי עִם
אֱלֹהִים עָשָׂה הַיּוֹם הַזֶּה וַיִּפְדּוּ הָעָם אֶת יוֹנָתָן וְלֹא מֵת:
וּפְדוּיֵי יְיָ יְשֻׁבוּן וּבָאוּ צִיּוֹן בְּרִנָּה וְשִׂמְחַת עוֹלָם עַל
רֹאשָׁם שָׂשׂוֹן וְשִׂמְחָה יַשִּׂיגוּ וְנָסוּ יָגוֹן וַאֲנָחָה: הָפַכְתָּ
מִסְפְּדִי לְמָחוֹל לִי פִּתַּחְתָּ שַׂקִּי וַתְּאַזְּרֵנִי שִׂמְחָה: וְלֹא
אָבָה יְיָ אֱלֹהֶיךָ לִשְׁמֹעַ אֶל בִּלְעָם וַיַּהֲפֹךְ יְיָ אֱלֹהֶיךָ לְךָ
אֶת הַקְּלָלָה לִבְרָכָה כִּי אֲהֵבְךָ יְיָ אֱלֹהֶיךָ: אָז תִּשְׂמַח
בְּתוּלָה בְּמָחוֹל וּבַחֻרִים וּזְקֵנִים יַחְדָּו וְהָפַכְתִּי אֶבְלָם
לְשָׂשׂוֹן וְנִחַמְתִּים וְשִׂמַּחְתִּים מִיגוֹנָם:

בּוֹרֵא נִיב שְׂפָתָיִם שָׁלוֹם שָׁלוֹם לָרָחוֹק וְלַקָּרוֹב אָמַר
יְיָ וּרְפָאתִיו: וְרוּחַ לָבְשָׁה אֶת עֲמָשַׂי רֹאשׁ הַשָּׁלִישִׁים
לְךָ דָוִד וְעִמְּךָ בֶן יִשַׁי שָׁלוֹם שָׁלוֹם לְךָ וְשָׁלוֹם לְעֹזְרֶךָ
כִּי עֲזָרְךָ אֱלֹהֶיךָ וַיְקַבְּלֵם דָּוִיד וַיִּתְּנֵם בְּרָאשֵׁי הַגְּדוּד:
וַאֲמַרְתֶּם כֹּה לֶחָי וְאַתָּה שָׁלוֹם וּבֵיתְךָ שָׁלוֹם וְכֹל אֲשֶׁר
לְךָ שָׁלוֹם: יְיָ עֹז לְעַמּוֹ יִתֵּן יְיָ יְבָרֵךְ אֶת עַמּוֹ בַשָּׁלוֹם:

doings among the peoples, make mention that his Name is exalted. Sing unto the Lord ; for he hath done excellent things : let this be known in all the earth. Cry aloud and shout, thou inhabitant of Zion : for great is the Holy One of Israel in the midst of thee. And it shall be said in that day, Lo, this is our God : we have waited for him, and he will save us : this is the Lord ; we have waited for him : we will be glad and rejoice in his salvation.

O house of Jacob, come ye, and let us walk in the light of the Lord. And there shall be stability in thy times, abundance of salvation, wisdom and knowledge : the fear of the Lord is his treasure. And David behaved himself wisely in all his ways ; and the Lord was with him. He hath delivered my soul in peace from the battle that was against me : for there were many that strove with me. And the people said unto Saul, Shall Jonathan die, who hath wrought this great salvation in Israel ? God forbid : as the Lord liveth, there shall not one hair of his head fall to the ground ; for he hath wrought with God this day. So the people rescued Jonathan that he died not. And the ransomed of the Lord shall return, and come with singing unto Zion ; and everlasting joy shall be upon their heads : they shall obtain gladness and joy, and sorrow and sighing shall flee away. Thou hast turned for me my mourning into dancing ; thou hast loosed my sackcloth, and girded me with gladness. Nevertheless the Lord thy God would not hearken unto Balaam ; but the Lord thy God turned the curse into a blessing unto thee, because the Lord thy God loved thee. Then shall the virgin rejoice in the dance, both young men and old together : for I will turn their mourning into joy, and will comfort them, and make them rejoice from their sorrow.

I create the fruit of the lips ; peace, peace to him that is far off, and to him that is near, saith the Lord ; and I will heal him. Then the Spirit came upon Amasai, who was chief of the captains, and he said, Thine are we, David, and on thy side, thou son of Jesse : peace, peace be unto thee, and peace be to thine helpers ; for thy God helpeth thee. Then David received them, and made them captains of the band. And thus shall ye say to him that liveth, Peace be both unto thee, and peace be to thine house, and peace be unto all that thou hast. The Lord will give strength unto his people ; the Lord will bless his people with peace.

אָמַר רַבִּי יוֹחָנָן בְּכָל מָקוֹם שֶׁאַתָּה מוֹצֵא גְּדֻלָּתוֹ שֶׁל
הַקָּדוֹשׁ בָּרוּךְ הוּא שָׁם אַתָּה מוֹצֵא עַנְוְתָנוּתוֹ. דָּבָר זֶה
כָּתוּב בַּתּוֹרָה. וְשָׁנוּי בַּנְּבִיאִים. וּמְשֻׁלָּשׁ בַּכְּתוּבִים:
כָּתוּב בַּתּוֹרָה כִּי יְיָ אֱלֹהֵיכֶם הוּא אֱלֹהֵי הָאֱלֹהִים וַאֲדֹנֵי
הָאֲדֹנִים הָאֵל הַגָּדֹל הַגִּבֹּר וְהַנּוֹרָא אֲשֶׁר לֹא יִשָּׂא פָנִים
וְלֹא יִקַּח שֹׁחַד: וּכְתִיב בַּתּוֹרָה עֹשֶׂה מִשְׁפַּט יָתוֹם
וְאַלְמָנָה וְאֹהֵב גֵּר לָתֶת לוֹ לֶחֶם וְשִׂמְלָה: שָׁנוּי בַּנְּבִיאִים
דִּכְתִיב כִּי כֹה אָמַר רָם וְנִשָּׂא שֹׁכֵן עַד וְקָדוֹשׁ שְׁמוֹ
מָרוֹם וְקָדוֹשׁ אֶשְׁכּוֹן וְאֶת דַּכָּא וּשְׁפַל רוּחַ לְהַחֲיוֹת רוּחַ
שְׁפָלִים וּלְהַחֲיוֹת לֵב נִדְכָּאִים: מְשֻׁלָּשׁ בַּכְּתוּבִים דִּכְתִיב
שִׁירוּ לֵאלֹהִים זַמְּרוּ שְׁמוֹ סֹלּוּ לָרֹכֵב בָּעֲרָבוֹת בְּיָהּ
שְׁמוֹ וְעִלְזוּ לְפָנָיו: וּכְתִיב בַּתּוֹרָה אֲבִי יְתוֹמִים וְדַיַּן
אַלְמָנוֹת אֱלֹהִים בִּמְעוֹן קָדְשׁוֹ: יְהִי יְיָ אֱלֹהֵינוּ עִמָּנוּ
כַּאֲשֶׁר הָיָה עִם אֲבֹתֵינוּ אַל יַעַזְבֵנוּ וְאַל יִטְּשֵׁנוּ: וְאַתֶּם
הַדְּבֵקִים בַּיְיָ אֱלֹהֵיכֶם חַיִּים כֻּלְּכֶם הַיּוֹם: כִּי נִחַם יְיָ
צִיּוֹן נִחַם כָּל חָרְבֹתֶיהָ וַיָּשֶׂם מִדְבָּרָהּ כְּעֵדֶן וְעַרְבָתָהּ
כְּגַן יְיָ שָׂשׂוֹן וְשִׂמְחָה יִמָּצֵא בָהּ תּוֹדָה וְקוֹל זִמְרָה: יְיָ
חָפֵץ לְמַעַן צִדְקוֹ יַגְדִּיל תּוֹרָה וְיַאְדִּיר:

קכ״ח שִׁיר הַמַּעֲלוֹת אַשְׁרֵי כָּל־יְרֵא יְהוָה הַהֹלֵךְ
בִּדְרָכָיו: יְגִיעַ כַּפֶּיךָ כִּי תֹאכֵל אַשְׁרֶיךָ וְטוֹב לָךְ:
אֶשְׁתְּךָ ׀ כְּגֶפֶן פֹּרִיָּה בְּיַרְכְּתֵי בֵיתֶךָ בָּנֶיךָ כִּשְׁתִלֵי זֵיתִים
סָבִיב לְשֻׁלְחָנֶךָ: הִנֵּה כִי־כֵן יְבֹרַךְ גָּבֶר יְרֵא יְהוָה:
יְבָרֶכְךָ יְהוָה מִצִּיּוֹן וּרְאֵה בְּטוּב יְרוּשָׁלָ͏ִם כֹּל יְמֵי חַיֶּיךָ:
וּרְאֵה־בָנִים לְבָנֶיךָ שָׁלוֹם עַל־יִשְׂרָאֵל:

Rabbi Jochanan said : In every passage where thou findest
mention of the greatness of the Holy One, blessed be he,
there thou findest his gentleness. This is written in the
Law ; a second time in the Prophets, and a third time in
the Holy Writings. It is written in the Law : For the Lord
your God, he is God of gods, and Lord of lords, the great
God, the mighty, and the terrible, which regardeth not
persons, nor taketh reward. And afterwards it is written :
He doth execute the judgment of the fatherless and widow,
and loveth the stranger, in giving him food and raiment.
A second time in the Prophets, as it is written : For thus
saith the high and lofty One that inhabiteth eternity, whose
Name is Holy : I dwell in the high and holy place, with
him also that is of a contrite and humble spirit, to revive
the spirit of the humble, and to revive the heart of the
contrite ones. A third time in the Holy Writings : as it is
written : Sing unto God, sing praises unto his Name ;
extol him that rideth upon the heavens, whose Name is
Jah, and rejoice before him. And afterwards it is written :
A father of the fatherless, and a judge of the widows, is
God in his holy habitation. The Lord our God be with us,
as he was with our fathers : let him not leave us, nor forsake
us. And ye that cleave unto the Lord your God are alive
every one of you this day. For the Lord hath comforted
Zion : he hath comforted all her waste places, and hath
made her wilderness like Eden, and her desert like the
garden of the Lord ; joy and gladness shall be found therein,
thanksgiving and the voice of melody. It pleased the Lord
for the sake of his righteousness to magnify the Law and to
make it honourable.

Psalm cxxviii.   A Song of Ascents.

Blessed is every one that feareth the Lord, that walketh
in his ways. For thou shalt eat the labour of thine hands :
happy shalt thou be, and it shall be well with thee. Thy
wife shall be as a fruitful vine, in the innermost parts of
thine house : thy children like olive plants, round about
thy table. Behold, that thus shall the man be blessed that
feareth the Lord. The Lord shall bless thee out of Zion :
and thou shalt see the good of Jerusalem all the days of thy
life. Yea, thou shalt see thy children's children. Peace
be upon Israel.

The Reader takes a cup of wine in his right hand, and says:

בָּרוּךְ אַתָּה יְיָ אֱלֹהֵינוּ מֶלֶךְ הָעוֹלָם· בּוֹרֵא פְּרִי הַגָּפֶן:

[On Saturday night the Reader takes the spice-box and says:

בָּרוּךְ אַתָּה יְיָ אֱלֹהֵינוּ מֶלֶךְ הָעוֹלָם· בּוֹרֵא מִינֵי בְשָׂמִים:]

The Reader takes a kindled taper and says:

בָּרוּךְ אַתָּה יְיָ אֱלֹהֵינוּ מֶלֶךְ הָעוֹלָם· בּוֹרֵא מְאוֹרֵי הָאֵשׁ:

בָּרוּךְ אַתָּה יְיָ אֱלֹהֵינוּ מֶלֶךְ הָעוֹלָם· הַמַּבְדִּיל בֵּין קֹדֶשׁ לְחוֹל בֵּין אוֹר לְחשֶׁךְ בֵּין יִשְׂרָאֵל לָעַמִּים· בֵּין יוֹם הַשְּׁבִיעִי לְשֵׁשֶׁת יְמֵי הַמַּעֲשֶׂה· בָּרוּךְ אַתָּה יְיָ הַמַּבְדִּיל בֵּין קֹדֶשׁ לְחוֹל:

עָלֵינוּ לְשַׁבֵּחַ לַאֲדוֹן הַכֹּל לָתֵת גְּדֻלָּה לְיוֹצֵר בְּרֵאשִׁית שֶׁלֹּא עָשָׂנוּ כְּגוֹיֵי הָאֲרָצוֹת וְלֹא שָׂמָנוּ כְּמִשְׁפְּחוֹת הָאֲדָמָה שֶׁלֹּא שָׂם חֶלְקֵנוּ כָּהֶם וְגֹרָלֵנוּ כְּכָל הֲמוֹנָם: וַאֲנַחְנוּ כּוֹרְעִים וּמִשְׁתַּחֲוִים וּמוֹדִים לִפְנֵי מֶלֶךְ מַלְכֵי הַמְּלָכִים הַקָּדוֹשׁ בָּרוּךְ הוּא שֶׁהוּא נוֹטֶה שָׁמַיִם וְיוֹסֵד אָרֶץ וּמוֹשַׁב יְקָרוֹ בַּשָּׁמַיִם מִמַּעַל וּשְׁכִינַת עֻזּוֹ בְּגָבְהֵי מְרוֹמִים: הוּא אֱלֹהֵינוּ אֵין עוֹד· אֱמֶת מַלְכֵּנוּ אֶפֶס זוּלָתוֹ· כַּכָּתוּב בְּתוֹרָתוֹ וְיָדַעְתָּ הַיּוֹם וַהֲשֵׁבֹתָ אֶל לְבָבֶךָ כִּי יְיָ הוּא הָאֱלֹהִים בַּשָּׁמַיִם מִמַּעַל וְעַל הָאָרֶץ מִתָּחַת אֵין עוֹד:

עַל כֵּן נְקַוֶּה לְּךָ יְיָ אֱלֹהֵינוּ לִרְאוֹת מְהֵרָה בְּתִפְאֶרֶת עֻזֶּךָ לְהַעֲבִיר גִּלּוּלִים מִן הָאָרֶץ וְהָאֱלִילִים כָּרוֹת יִכָּרֵתוּן· לְתַקֵּן עוֹלָם בְּמַלְכוּת שַׁדַּי· וְכָל בְּנֵי בָשָׂר יִקְרְאוּ בִשְׁמֶךָ לְהַפְנוֹת אֵלֶיךָ כָּל רִשְׁעֵי אָרֶץ· יַכִּירוּ וְיֵדְעוּ כָּל יוֹשְׁבֵי תֵבֵל· כִּי לְךָ תִּכְרַע כָּל בֶּרֶךְ תִּשָּׁבַע כָּל לָשׁוֹן: לְפָנֶיךָ

The Reader takes a cup of wine in his right hand, and says :

Blessed art thou, O Lord our God, King of the Universe, who createst the fruit of the vine.

[*On Saturday night the Reader takes the spice-box and says :*

Blessed art thou, O Lord our God, King of the Universe, who createst divers kinds of spices.]

Blessed art thou, O Lord our God, King of the Universe, who createst the light of the fire.

Blessed art thou, O Lord our God, King of the Universe, who hast made a distinction between holy and profane, between light and darkness, between Israel and other peoples, between the seventh day and the six days of work. Blessed art thou, O Lord, who hast made a distinction between holy and profane.

It behoveth us to praise the Lord of all, to ascribe greatness to him who formed the world in the beginning ; that he hath not made us like the nations of other lands, and hath not placed us like other families of the earth, that he hath not given unto us a portion as unto them, nor a lot as unto all their multitude ; for we bend the knee and prostrate ourselves and make acknowledgment before the supreme King of kings, the Holy One, blessed be he, who stretched forth the heavens and laid the foundations of the earth, the abode of whose glory is in the heavens above, and the dwelling of whose majesty is upon the loftiest heights. He is our God, there is none else : in truth he is our King, there is none beside him, as it is written in his Law, Know therefore this day, and lay it to thine heart, that the Lord he is God in heaven above and upon the earth beneath : there is none else.

Therefore we hope in thee, O Lord our God, that we may speedily behold the glory of thy might, when thou wilt remove the abominations from the earth, and the idols shall be utterly cut off ; when the world shall be set under the kingdom of the Almighty, and all the children of flesh shall call upon thy Name, when thou wilt turn unto thyself all the wicked of the earth. All the inhabitants of the world shall know and acknowledge that unto thee every knee must bend, every tongue must swear. Before thee, O Lord

יְיָ אֱלֹהֵינוּ יִכְרְעוּ וְיִפֹּלוּ · וְלִכְבוֹד שִׁמְךָ יְקָר יִתֵּנוּ · וִיקַבְּלוּ
כֻלָם אֶת עֹל מַלְכוּתֶךָ · וְתִמְלוֹךְ עֲלֵיהֶם מְהֵרָה לְעוֹלָם
וָעֶד · כִּי הַמַּלְכוּת שֶׁלְּךָ הִיא וּלְעוֹלְמֵי עַד תִּמְלוֹךְ
בְּכָבוֹד: כַּכָּתוּב בְּתוֹרָתֶךָ יְיָ יִמְלֹךְ לְעוֹלָם וָעֶד: וְנֶאֱמַר
וְהָיָה יְיָ לְמֶלֶךְ עַל כָּל הָאָרֶץ בַּיּוֹם הַהוּא יִהְיֶה יְיָ אֶחָד
וּשְׁמוֹ אֶחָד:

Mourners' קדיש.

יִתְגַּדַּל וְיִתְקַדַּשׁ שְׁמֵהּ רַבָּא· בְּעָלְמָא דִי בְרָא Mourner.
כִרְעוּתֵהּ · וְיַמְלִיךְ מַלְכוּתֵהּ בְּחַיֵּיכוֹן וּבְיוֹמֵיכוֹן וּבְחַיֵּי
דְכָל בֵּית יִשְׂרָאֵל בַּעֲגָלָא וּבִזְמַן קָרִיב וְאִמְרוּ · אָמֵן:
יְהֵא שְׁמֵהּ רַבָּא מְבָרַךְ לְעָלַם וּלְעָלְמֵי Cong. and Mourner.
עָלְמַיָּא:

יִתְבָּרַךְ וְיִשְׁתַּבַּח וְיִתְפָּאַר וְיִתְרֹמַם וְיִתְנַשֵּׂא Mourner.
וְיִתְהַדַּר וְיִתְעַלֶּה וְיִתְהַלָּל שְׁמֵהּ דְּקֻדְשָׁא· בְּרִיךְ הוּא ·
לְעֵלָּא מִן כָּל בִּרְכָתָא וְשִׁירָתָא תֻּשְׁבְּחָתָא וְנֶחֱמָתָא
דַּאֲמִירָן בְּעָלְמָא וְאִמְרוּ · אָמֵן:
יְהֵא שְׁלָמָא רַבָּא מִן שְׁמַיָּא וְחַיִּים עָלֵינוּ וְעַל כָּל
יִשְׂרָאֵל וְאִמְרוּ · אָמֵן·
עֹשֶׂה שָׁלוֹם בִּמְרוֹמָיו הוּא יַעֲשֶׂה שָׁלוֹם עָלֵינוּ וְעַל
כָּל יִשְׂרָאֵל וְאִמְרוּ · אָמֵן:

The Shophar is sounded.

The Ark is closed.

our God, shall they kneel and fall ; and they shall give honour unto thy glorious Name ; they shall all accept the yoke of thy kingdom, and over them thou wilt speedily reign for ever and ever. For the Kingdom is thine, and to all eternity wilt thou reign in glory, as it is written in thy Law, The Lord shall reign for ever and ever. And it is said, The Lord shall be King over all the earth ; in that day shall the Lord be One, and his Name One.

Mourners' Kaddish.

Mourner. Magnified and sanctified be his great Name in the world which he hath created according to his will. May he establish his kingdom in your life-time and in your days, and in the life-time of all the house of Israel, speedily and at a near time ; and say ye, Amen.

Cong. and Mourner. Let his great Name be blessed for ever and ever.

Mourner. Blessed, praised and glorified, exalted, extolled and honoured, adored and lauded, be the Name of the Holy One, blessed be he, beyond all blessings and hymns, praises and songs, which are uttered in the world ; and say ye, Amen.

May there be abundant peace from heaven, and life for us, and for all Israel ; and say ye, Amen.

May he who maketh peace in his high places, make peace for us and for all Israel ; and say ye, Amen.

The Shophar is sounded.

The Ark is closed.

NOTES ON THE TEXT.

I (to pages 53, 134, 215 and 253).

THE poems which have found a place between the three first blessings of the repetition of the Amidah in each Service are known as קרובות or propitiatory prayers. They dilate upon and expand the theme of the first blessing, the piety of the three patriarchs, and illustrate it in language rich in Midrashic allusions.

H. M. A.

II (to page 111).

עזאזל—" Azazel " occurs only in Leviticus xvi. 8, 10 and 26. From these verses and verse 21 it is clear that the word is a place-name, indicating a region of the desert or the wilderness itself. This interpretation is supported by verse 22, where the place is described as " a desolate land" (ארץ גזרה). The etymology of the word is obscure; the traditional rendering is " steep or rock-bound region of the desert," the word being derived from עז strength (hence rock), and אזל, to go precipitately. See Talmud Babli Yoma, 67b.

A. D.

III (to page 149).

ונתנה תקף.

This meditation was composed, or at least reduced to its present form, by R. Meshullam ben Kalonymos, who flourished in Mayence about the year 1000 C.E. There is a well-known legend as to its origin, which is recounted in a MS. attributed to R. Ephraim of Bonn, who lived in the latter part of twelfth century. It tells of one Rabbi Amnon of Mayence, and relates how the Archbishop of that Court continually urged the Rabbi to change his faith, and how, exasperated at length by his repeated refusals, he ordered his hands and feet to be mutilated. The Festival of the New Year was then at hand, and the Rabbi, dying from the effects of his wounds, was at his own request carried into the synagogue. When the Hazan was about to recite the Kedushah, Rabbi Amnon stayed him, saying, " Pause that I may sanctify the most holy Name." He then began the hymn ונתנה תקף and expired as he reached the words ושמנו קראת בשמך. R. Meshullam ben Kalonymos was said to have published this poem as a memorial of the martyr, and it has formed a portion of the New Year's service among the Jews observing the German and Polish ritual since that period.

H. M. A.

IV (to pages 159 sqq.)

ORDER OF THE SERVICE OF THE HIGH PRIEST IN THE TEMPLE ON THE DAY OF ATONEMENT.—Since the destruction of the Temple and the consequent cessation of the priestly functions, it became a widespread custom

amongst the scattered congregations of Israel to recite a prayer in memory
of the Service of the High Priest ordained in Leviticus, chapter xvi.
Many forms of this service are mentioned, including those found in the
rituals of the Jews of Spain, Rome, Tripoli and Montpellier. Our own
form, which is according to the German and Polish rite, was composed
by R. Meshullam ben Kalonymos (tenth century). It is mainly based
upon the records preserved in the Mishnah *Yoma*. With the exception
of the three confessions, the paragraphs that follow relating the part taken
by the people in the worship, and the two passages describing the manner
in which the High Priest performed the sprinkling of blood, the piyut is
written in alphabetical order. It possesses neither metre nor rhyme, but
is set in stanzas of four lines ; each line is composed of five words, the
first letter in the line being repeated from four to twenty-four times in
regular alphabetical sequence, until the last twenty lines are reached,
the initial letters of which form an acrostic on the composer's name.

A. D.

V (to page 161).

In Leviticus xvi. 16 and 21–22, sin is mentioned by three different terms,
traditionally rendered חטאת—sin in ignorance, פּשׁע—transgression, i.e.
the sin of rebellion, and עון—iniquity, i.e. presumptuous sin.

A. D.

VI (to page 199).

This chapter is read in accordance with the direction by the Talmud
(*Megillah*, 31a): ובמנחה קורין בשריות. This selection was no doubt
prompted by the desire to inculcate on the most solemn day in the
Calendar the paramount duty of purity and self-control. And there is
but little doubt that obedience to these behests has been, by Divine
Providence, one of the most potent factors in the preservation of Israel.

H. A.

Page	Hebrew	Author / Source	First line	Translator
87	מכלי אלי	Mordecai	*O God, my one Deliverer*	I. Zangwill.
101	אל־לי	Eleasar Kalir, 8th–10th century	*Shield of Abraham*	Arthur Davis.
134–138	אמון נטשמו	Eleasar Kalir	*The nation likened*	Arthur Davis.
136	אתה כוננת	Eleasar Kalir	*While yet we dwell* [1]	Alice Lucas.
138	אז בקול	Eleasar Kalir	*O regard us*	} Arthur Davis.
141	אין כערכך		*None can be compared*	
141	אל תזכר		*Remember not*	
143	אלהינו	Meshullam b. Kalonymos	*Yea, with supplication*	
144	הנני	Meshullam b. Kalonymos	*Praise give to God*	I. Zangwill.
146	במרום		*In the height*	Elsie Davis.
147	נורא	Before Kalir	*Thou whose fear*	} Arthur Davis.
149	נגילה	Meshullam b. Kalonymos	*We will celebrate*	
152	ורחמיך	Unknown, but based on Ecclesiasticus ch. L.	*Whose hand*	I. Zangwill.
154	עני ורש	Solomon ibn Gabirol	*All the world*	} Arthur Davis.
159–165	עבודה	Ephraim b. Yakar, not later than 13th century	*Abodah*	
166	כזהר הרקיע	Baruch b. Samuel, died in Mayence, 1221	*As the brightness*	
167	אשרי עין	Ephraim b. Isaac, 12th century	*Happy the eye*	Nina Salaman.
169	אין בפי	Meir b. Isaac	*I have no speech*	Nina Salaman.
172	אני המתחנן	Judah, (1300–1540)	*I am the suppliant* [2]	H. M. Adler.
175	באשר נעמד	Elijah b. Mordecai, 11th century	*Since we be standing*	Nina Salaman.
176	הברית	Elijah b. Mordecai	*The covenant*	Arthur Davis.
178	אלה אזכרה	Mordecai b. Sabbattai, 13th century	*These things I do remember*	H. M. Adler.
215–217	זכר צור	Solomon b. Judah Hababli, 11th century (cited in Tosephoth to T. B. *Sabbath*, 114b)	*The patriarch discerned*	Arthur Davis.
217	מלאכי צבאות		*Glorious angels*	I. Zangwill.
218	רוכב ערבות		*His chariot rideth*	Nina Salaman.
222	יי אלהי הצבאות	Benjamin bar Zarach	*Lord God of Hosts*	Arthur Davis.
224	משא כפי		*The lifting of mine hands*	H. M. Adler.
226	לבושי צדקה		*O Lord, thou art clothed*	Arthur Davis.
228	בנים אמונים	Part of a Selichah by Gershom bar Judah ("Light of the Exile"), born at Metz, 960 "Moses"	*Faithful sons*	} I. Zangwill.
253–254	ידעך אב		*The patriarch knew thee*	
255	פתחו לי שערי		*Open the gates*	
260	מי יעמוד		*Lo, who could stand*	
262	זכר ברית	Shephatiah, 11th century	*Remember the covenant*	} Nina Salaman.
262	שועת עניים		*The cry of those*	
262	נושע ישראל	Isaac b. Samuel	*Israel is saved*	
262	צל ידו	Solomon b. Samuel, 13th century	*The shade of his hand* [2]	
262	סלחתי	Amittai b. Shephatiah, 11th century A.D.	*"Forgiven"* [2]	
263	אזכרה אלהים		*Lord, I remember*	

[1] Reprinted from *The Jewish Year*, by permission of Macmillan & Co., Ltd.
[2] Reprinted from *Songs of Exile*, by permission of the Jewish Publication Society of America.

NAMES OF COMPOSERS AND TRANSLATORS.

Prayers.

Pages 1-9, 16, 24-25, 31-33, 82-84, 85, 87, 89-93, 170-171, 177-178, 181-184, 194, 223-224, 229-233, 250-251, 258-259, 264-266 } The Editor (Herbert M. Adler).

Pages 10, 34, 37-39, 40-53, 78-81, 93-110, 113, 115-117, 123-134, 151-158, 166, 168, 184-198, 204-215, 219-222, 234-242, 244-250, 252, 255-258, 266-281, 286-287 } Arthur Davis,

Hymns.

PAGE.	Hebrew.	Composers.	English.	Translators.
1	שיר יגדל	Solomon ibn Gabirol, 11th century	At the dawn	Nina Salaman.
2	אלהי אושל	Attributed to Daniel b. Judah, 13th century	The Living God	Israel Zangwill.
3	אז בטרם		Lord of the World.	I. Zangwill.
35	כמליכני	? Kalonymos of Lucca, father of R. Meshullam	Of yore, this day	Nina Salaman.
39	אני נבד	Meshullam b. Kalonymos ("the Great"),	His sovereignty	Nina Salaman.
53-57		flourished at Rome or Lucca circ. 970		
56	עד יום מותו		I suffer thy terrors	} Arthur Davis.
57	אתה הוא אלהי		Until the day	
58	מודה אתה		Thou art our God	} H. M. Adler.
60	אני בין		Thou who shewest	
60	אנא אלהי חיים		I will declare	
61	חיים אלהי חיים	Joseph b. Isaac b. Stans Abitur, born in Merida, 10th century	O God of Life	
63	אל אחד		Upon this day	Nina Salaman.
64	ובכן לאחד	Meshullam b. Kalonymos	Yea, thy faithful ones	H. M. Adler
67	מעשה אלהינו		Say ye unto God	Arthur Davis.
68	אתה הכח!	Meshullam b. Kalonymos	The work of our God	} Elsie Davis.
68	על ישראל		Thou, the might	
69	אלהי מי		Over Israel	
69	כמוך מי	Meshullam b. Kalonymos	The ends of the earth	
70	אין כלל		Who is like unto thee ?	} H. M. Adler.
70	הדרת	Found in Pirkê Hechaloth, a Cabbalistical work attributed to Ishmael b. Elisha	There is none	
71	ונודה		Majesty and faithfulness	
71	ובכן		We will acknowledge thee	
72	אנוה אל	Meshullam b. Kalonymos	Exalt ye God	
72	הבלב		Extol him	} Arthur Davis.
73	אמונתך		Thy faithfulness	
73	אלף לאלף		Hallowed by thousands	
75	אל שמע		The sixfold winged angels[1]	Alice Lucas.
75	זה זאל זה		One asketh of another	
77	לאין דמות זו		Unto God who ordereth	} Arthur Davis.
81	יי צבאת	Unknown, but not later than 13th century	O Lord God of hosts	I. Zargwill.
84	אנא אבותינו	Solomon b. Abun of France, flor. 1170-1190	God and God of our fathers	Nina Salaman.
86	שפט כל הארץ		Thou Judge of all the earth